短视频营销

王　辉　编著

民主与建设出版社

图书在版编目（CIP）数据

新零售实战营销系列 . 1，短视频营销 / 王辉编著 . -- 北京 : 民主与建设出版社 , 2020.10（2014.1 重印）

ISBN 978-7-5139-3227-1

Ⅰ . ①新… Ⅱ . ①王… Ⅲ . ①零售业—网络营销 Ⅳ . ① F713.32 ② F713.365.2

中国版本图书馆 CIP 数据核字（2020）第 185706 号

短视频营销
DUANSHIPIN YINGXIAO

编　　著　王　辉
责任编辑　刘树民
总 策 划　李建华
封面设计　黄　辉
出版发行　民主与建设出版社有限责任公司
电　　话　（010）59417747　59419778
社　　址　北京市海淀区西三环中路 10 号望海楼 E 座 7 层
邮　　编　100142
印　　刷　三河市天润建兴印务有限公司
版　　次　2020 年 10 月第 1 版
印　　次　2024 年 1 月第 2 次印刷
开　　本　850mm × 1168mm　1/32
印　　张　5 印张
字　　数　125 千字
书　　号　ISBN 978-7-5139-3227-1
定　　价　168.00 元（全 5 册）

前 言

随着经济水平的不断提高，越来越多的用户对于文娱有了更高的追求。并且由于消费观念的转变，其中的大部分用户对于文娱领域内消费也越来越认可。用户在追求消费的同时，对于内容的需求也在不断升级。伴随着经济的发展和技术的进步，大数据时代已经悄然来临。对于短视频新媒体运营者来说，无论是从用户的层面，还是从新媒体经营的层面，新媒体运营者必须靠技术提高自己的经营效率。一句话，大数据时代让短视频有了更多的可能。

曾经，人们的记忆还依旧停留在传统媒体的图文形式上。而现在，包括微信公众平台、直播平台，甚至是火得一塌糊涂的短视频在内的各种新媒体，已经逐渐成为互联网发展的主流。我们可以明显地发现，地铁站中的广告不再是图文形式的海报，取而代之的是几分钟的短视频；网购中产品的详细介绍，也被很多商家制作成短视频……可以说，短视频逐渐渗透到了人们生活中的各个方面。

内容为王不仅存在于其他媒体中，同样存在于短视频领域中，可以预见的是未来内容将成为很多栏目甚至是平台之间竞争的主要资源。只有不断地刺激用户生产出优质的内容，才能在行业竞争中获得有利地位。

短视频未来的销售市场规模会不断扩大。这其中就涉及了短视频的变现问题。相较于商业广告的贴片和冠名方式，短视频更适合软性植入广告的模式。除了这几种变现方式，不少视频团队开始涉足短视频与电商结合的变现模式，和短视频的其他变现模式。

再有，随着内容投资创业的热火朝天，很多企业、团队甚至个人都投入到这场激烈的竞争中。很多传统的长视频网站平台也在尝试向视频短化、轻化的方向发展。因此，未来短视频的创作还会有更多的方式加入，短视频在今后的发展中将呈现出多元化、多样化和专业化的特点。

短视频行业从其诞生之日起，就注定了要走共享经济的商业模式。短视频的发布与传播时刻“共享”，短视频内容的变现时刻“经济”。所有参与短视频生产和推广的成员都有机会在这个方兴未艾的领域分一杯羹。短视频作为一种人人都喜爱的传播形式，不仅会深刻地影响共享经济的整体面貌，还会成为共享经济产业中的重要组成部分。可以预见，在未来的共享经济生态中，短视频必将会绽放出越来越耀眼的光芒。

目录

第一章

视频营销的崛起

➡ 短视频的快速普及

短视频行业从其诞生之日起，就注定了要走共享经济的商业模式。短视频的发布与传播时刻“共享”，所有参与短视频生产和推广的成员都有机会在这个方兴未艾的领域分一杯羹。短视频作为一种人人都喜爱的传播形式，不仅会深刻地影响共享经济的整体面貌，

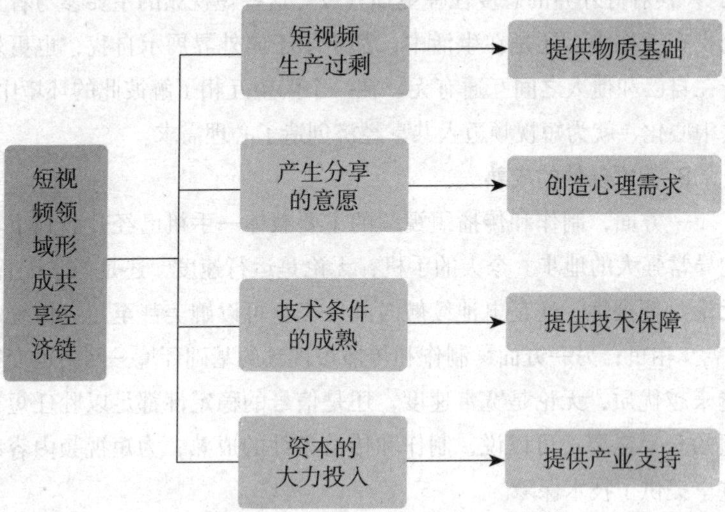

还会成为共享经济产业中的重要组成部分。可以预见，在未来的共享经济生态中，短视频必将会绽放出越来越耀眼的光芒。

共享经济作为一种“使用而不占有”的特殊商业模式，而短视频这种新型的媒介要想正式切入共享经济领域，更需要在本行业内形成多种有利的条件。从现实的角度来看，今天的短视频领域之所以能形成比较完整的共享经济链，主要还是源于以下 4 个成熟的条件。

1. 短视频的爆发

当今的中国经济，早已走出了资源匮乏的时代。一方面，我国现在每年产出的短视频数量数以千万计，而时长更是达到了几十亿小时，这是一个非常惊人的数字；另一方面，创作短视频的主体也从单一化走向了全民化。现在，短视频不仅可以由科班出身的艺术创作人员制作，也可以由非专业的普通人制作。短视频绝对数量的飙升和创作主体的多样化，为短视频内容的共享提供了物质基础。

2. 自我展示的意愿

在网络环境中成长起来的“00”后，作为互联网时代的“原住民”，其对待外界的态度往往更加开放。这些短视频的主要参与者无论是在工作中，还是在生活中，都更乐于向外界展示自我，也更乐于在自己和他人之间互通有无。在一个渴望互相了解彼此的环境中，去中心化，就为短视频迈入共享经济创造了心理需求。

3. 技术条件的成熟

一方面，制作和传播短视频的主要载体—手机已经升级到了功能异常强大的地步。今天的手机，无论是运行速度，还是像素配置，无论是便携性，还是电池续航时间，完全可以媲美甚至超过传统的 DV 及相机；另一方面，制作和传播短视频的基础环境—网络也变得越来越优质，无论是宽带速度，还是信号的稳定性都足以胜任短视频的分享需要。可以说，制作和传播条件的成熟，为短视频内容的共享提供了技术保障。

4. 资本的大力投入

得益于巨额资本的强势参与，现在各类新媒体都能将本平台上的各项功能最大限度地简化，这其中就包括短视频分享功能。短视频的创作者只需要先在平台上完成注册，接着将自己的短视频上传，最后直接选择发布即可完成短视频内容的分享，整个过程轻松简单，一气呵成。而这种便捷的分享体验在资金缺乏的情况下，是难以实现的。

同时，投资方为了尽快实现盈利，也为了最大限度地发掘短视频的潜在价值，在对短视频的传播中，也很重视对其进行全民性推广。资本的大力投入，在客观上为短视频行业走共享经济之路提供了产业支持。

常言道：有知更要有行。面对日趋激烈的行业竞争，各个短视频新媒体纷纷使出浑身解数，持续地探索短视频和共享经济相结合的最佳模式。在这一过程中，相关企业不但以自己独特的经营思路丰富了共享经济的内涵，更宣告了短视频全民分享时代的到来。

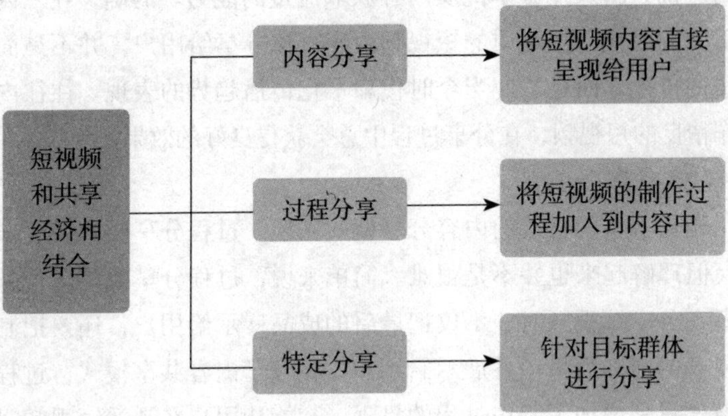

（1）内容分享

作为业界应用最普遍的共享经济模式，将短视频的内容直接向广大用户分享受到了很多短视频新媒体平台的青睐。做好内容，然后呈现给用户，不仅能立即起到“吸睛”的效果，还能带动相关短视频内容的传播。

东北猫新媒体作为东北地区极具影响力的新媒体品牌之一，自2014年正式创立以来，累计获得的用户数量已经超过了2000万人，累计播放量已经突破了8亿次。平均每月产出的各品类短视频数量都在150部以上，平均每月的播放量都在2000万次以上，平均每月的新增粉丝数量都在5万人以上。

例如微博粉丝数量达450万的美食自媒体大号“办公室小野”，自2017年2月开始正式涉足短视频领域。到2017年5月20日，“办公室小野”共发出了16条视频，单条视频的播放量超过3000万，全网点击量超过5亿次。仅仅3个月的时间，“办公室小野”用绝佳的创意、高质量的制作和多样的营销手段吸引了大批粉丝，成为近两年来最成功的爆款制造者之一。2018年1月7日，“办公室小野”获得了首届“金鲛奖”2017年度十佳短视频的荣誉。

“办公室小野”的成功可谓是对内容分享模式的极佳诠释，无论是从其总体的发展表现来看，还是从其具体的案例来看，我们都能看到短视频新媒体分享优质内容获取流量的能力。的确，在“内容为王”的时代，把优质的短视频内容直接分享给用户，并不是简单粗暴的传达，而是适应当今时代扁平化传播趋势的表现。往往内容制作精良的短视频，在分享过程中总会获得良好的效果。

（2）过程分享

相对于手段直接的内容分享模式来说，过程分享要稍微复杂一些，但理解起来也并不是很难。简单来说，过程分享就是短视频创作者在分享短视频时，不仅把最后的成品展示给用户，还要把制作短视频的前因后果一并展示给用户。相较于内容共享模式，过程分享模式只是增加了制作过程的呈现，却能让用户在观看短视频时对短视频的创作者有更多的了解，继而激发好感，所以过程分享模式往往能迅速拉近短视频新媒体和用户的距离。

2016年2月，短视频社交平台“约定”正式对外宣布它完成了由友田资本和青松基金联合提供的首轮融资。该消息一出，迅速在新媒体领域引发了广泛的关注。而在约定首席执行官蒲长翼看来，“约定”之所以能受到投资方的青睐，主要还是在于其独特的过程分享模式。在“约定”这个平台上，用户可以互相提出请求，并把自己从提出请求到请求获得满足的全过程通过短视频的形式呈现给用户。

作为一家主打社交的新媒体平台，“约定”在对共享商业模式的探索中，独辟蹊径地采用了过程分享的形式。这不仅丰富了短视频的内涵，还激发了用户对短视频主人公的了解欲望，保证了用户持续的关注，继而保证了短视频新媒体平台的流量。

（3）特定分享

尽管互联网的发展正在驱使广大新媒体平台向全民化演进，但是对于短视频新媒体来说，有时候“走得远”倒不如“扎得深”，蜻蜓点水式地对所有用户进行短视频分享，并不能为自己创出知名度。垂直领域的短视频制作与分享，则能在极短的时间内吸引自媒体的关注，这不仅是短视频新媒体影响力的保证，更是流量及变现的保证。

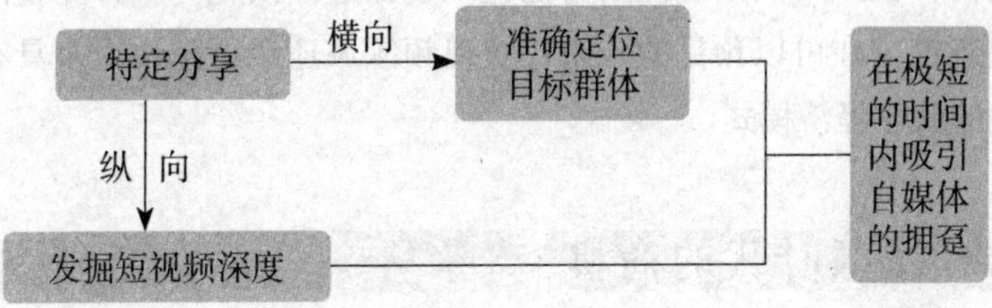

国内知名短视频社区“美拍”自上线之日起，就以服务爱美女性作为自身的特色。无论是其界面上醒目的“美妆”这个关键板块，还是张沫凡 MOMO、poppy 乔小厨、美妆师二言等知名短视频 UP 主，都在时刻体现着该短视频平台的时尚特色。而通过“美拍”发布的毕业季护肤、明星仿妆等短视频更成了时尚女性时刻关注的特色内容。

据相关资料显示，“美拍”正式上线的时间为 2014 年 5 月，但其在上线后的9个月内，一举获得了1亿多名用户，其用户增速远超微博、微信的用户增速。不得不说，这是一个奇迹，但在这个奇迹背后，却隐含着某种必然。那就是“美拍”对于特定分享模式的坚持。对于短视频新媒体运营者而言，如果自己暂时还没有全民普及的能力，或者短视频的内容不需要向全民普及，那倒不如集中力量，在更熟悉的垂直领域中深耕。这样一来，不但能减少不必要的成本，而且还能在特定的细分领域尽早创出名气。

通过短视频的制作和输出，用户的心情得到了放松、眼界得到了开阔，一些具有艺术天分的人才找到了施展才华的途径，渠道运营商发掘出了全新的业务增长点，商家得到了展示自我的平台，而新媒体平台更是通过各种渠道和广告获得了很多的粉丝和收益。所有的参与者都在日趋繁荣的短视频产业中取得了令自己满意的收获。策划过程共同参与，创作成果共同分享，也许这就是共享经济在短视频领域的本质体现。

不难看出，短视频领域经过过去6年的高速发展，已然通过共享经济这一全新的商业模式，对盈利、传播、服务等各个方面进行了重构，让原本只是随性而为的艺术创作逐渐演化为一种完整的经济生态链。在可以预见的未来，短视频领域还会衍生出更多具有颠覆性的共享经济模式。

➡ 短视频时代的商机

短视频的诞生与兴起，改变了许多用户原本的生活习惯，平台及企业看到了其中的商机，如果加以良好利用，就能够得到更多的发展机遇。短视频带来的发展机遇，体现在线上线下的方方面面。

1.“社交+电商”商业模式

在互联网逐渐形成规模之后，企业从中看到了机遇，纷纷做起了电商。在短视频日渐火爆的时候，电商企业再度从中看到了机遇，开创了“视频+社交+电商”新模式，从而将产品与短视频紧密地连接了起来。下面就来分析一下企业是如何从中抓住机遇的。

（1）打造品牌文化

在过去，企业销售产品的重点往往都着重于产品本身。产品的相关广告也总是想要通过激烈的声音、画面来刺激用户的感官，从而激发起用户的购买欲望。而随着短视频在电商领域的运用，传统广告形式逐渐被走心的短视频所取代。

电商类短视频在制作的过程中，注重的是对内容的打造，要传递的是品牌的文化。这是营销内容从产品向文化的一个转变。电商所针对的用户更年轻，接受新事物的速度也更快，想让这些用户能够快速认同一个产品，必须在最短的时间内为其展现一个包含品牌文化内核的短视频。

电商类短视频所体现的内容，最重要的就是“真实”两个字。能够在网络上引起巨大关注的相关短视频无一不体现这一特点。短视频内容的真实不仅仅体现在“根据真实故事、人物”改编这一点，更重要的是情感的真实。短视频内容上体现的情感越真实，也就越能够引起用户的认同。

（2）用户思维

随着电商的不断发展，越来越多的企业涌入电商这个大市场，逐渐从卖方市场向买方市场进行转化，当今电商领域的选择权已经从企业转移到了用户手中。为了能够从同类的产品中脱颖而出，企业必须要获得用户情感的认同，只有这样才能够赢得用户的青睐。

电商在制作相关短视频的时候，内容不能够仅仅是体现其产品本身，而是要通过这一形式来与用户建立连接。电商短视频可以成为企业与用户之间进行社交的通道。企业通过短视频向用户传递自身品牌的观点，而用户则在观看过后通过购买或留言的方式进行反馈。企业从而真正做到了与用户成为朋友。

（3）注重信息传播

一件产品想要被更多的用户注意到，不扩大其传播范围是绝对不行的。企业在拍摄短视频之后想要得到良好的传播效果，主要依靠用户的分享。

淘宝上聚集了总量相当可观的消费用户群体，这些用户在该平台购物时，几乎都会用到“分享”这个功能。“分享”功能非常便捷与强大。淘宝网的每个页面里都设有“分享”按钮，方便用户随时与自己的好友进行分享，将产品推送给对方。并且该功能覆盖了全部常用社交平台，使用户可以随意选择，从而取得最好的传播效果。

电商类短视频的分享与传播，是企业在与用户建立社交关系之后，再通过用户的关系网再度与其他用户建立联系的一个过程。这种传播以网状式向外扩散，每一个在社交圈子的用户都是潜在的消费者。电商从短视频领域中抓住的这一机遇，可以为其带来巨大的后续经济回报。

2. 自媒体时代的到来

自媒体即“公民媒体”，是一种私人化、普遍化的信息传播者，依托于网络社交平台，向不特定的用户传递信息。自媒体注重打造内容，短视频就是其表现内容的一种方式。随着这种方式被运用得越来越多，现如今已经开启了短视频自媒体时代。不同的自媒体在对这一机遇的把握上有不同的特点。

（1）个人自媒体

个人自媒体需要进行一定的自我包装。想要成为一个成功的个人自媒体，首先必须要挖掘自身的特点，在找到最与众不同的那一点后，将其融入短视频的内容当中，采用夸张等方法不断放大，从而使用户能够更容易地记住。

如今的个人自媒体犹如雨后春笋一般，层出不穷。想要从中脱颖而出，就需要对内容进行着重打造。个人自媒体要选准目标用户，然后在对该目标用户的数据进行收集与研究后，根据结果来进行内容的筛选。短视频的内容越能够符合其需求，在运营过程中就能够起到越好的效果。

个人自媒体包罗万象，任何专业领域都可以成为其内容。也正是因为这种包容性，个人自媒体的发展机遇也有很多。以 Zealer 为例，Zealer是互联网领域内的知名科技类短视频自媒体，每天提供大量的科技类短视频供用户观看。Zealer提倡的是一种科技生活的态度，将高新技术这一特点不断放大，给用户留下了深刻的印象。

（2）新闻自媒体

新闻自媒体是传统新闻媒体的一种延伸。随着网络技术的日益发展，传统的以纸媒为主导的新闻行业，逐渐被网络新闻所取代。为了能够抓住这一机遇，搜狐、网易等新闻平台纷纷成立了新闻自媒体，通过这种方式来加强在用户中的影响。

新闻的最重要的两个特点就是快速与真实。新闻是有时效性的，为了能够在新闻行业当中有足够的竞争力，作为新闻自媒体，必须要在事件发生的第一时间就能进行报道。这就要求新闻自媒体制作短视频的时候，需要一个团队来进行合作，这样才能保证足够的效率。

并且，新闻自媒体对于自身发布的消息必须要保证其真实性。只有真实的新闻才有传播的价值，虚假的新闻会使用户在观看过后产生错误认知。如果新闻自媒体一味地仅仅追求效率而不能保证其真实性，长此以往就会失去用户的信任。这在新闻行业中是大忌。

（3）企业自媒体

企业自媒体是企业进行自我运营的一种方法。企业自媒体所制作的短视频，凸显的是其品牌文化，其传播的过程就是在进行IP的打造。为了能够与用户更加贴近，企业自媒体在运营过程中往往采用拟人化的方法，将自媒体账号赋予一个人格，使得用户对其产生感情，从而拉近与用户之间的关系。

企业自媒体在运营的过程中，首先要分析的就是用户究竟想看什么。在初期，企业自媒体不妨多尝试几个短视频方向，然后从用户的反馈中分析其究竟对哪一种更加感兴趣，为什么会对这种形式感兴趣，从中吸取经验之后再选定道路，正确的自媒体运营道路可以帮助企业取得更好的推广效果。

3. 促进商业场景的转移

短视频行业的不断发展，也促进了线下场景的线上转移。在传统行业领域中许多必须要经过实体操作的内容也开始逐渐向虚拟过渡。这其中存在许多发展机遇，不同的行业都受到了冲击，而能否抓住机遇是一个严峻的考验。以下就以几个行业作为例子，来讨论短视频是如何促进线下场景向线上转移的。

（1）广告业

广告业是受短视频发展冲击最大的行业之一。传统的广告往往由广告公司为企业提供创意设计，然后制作成展板等，在线下进行推广。但是随着企业对线上影响力的不断重视，线下广告逐渐被短视频取代。

短视频的制作可以在体现产品特点的基础上，同时对企业文化、精神加以宣传，能够为企业树立更加正面的形象，从而引起用户的购买欲望。广告业为了满足众多企业的需求，现在就连招聘员工都会要求其具备相应的短视频制作的专业技能。原本单一形式的广告策划案，也逐渐变成了短视频脚本设计。就连城市公共设施，也在各大交通要道设置了大屏幕，方便企业短视频的播放。

（2）销售业

虽然随着电商的发展，实体销售业受到了一定程度上的打击。但是由于图片与实物还是存在着一定的差异，许多销售人员还是会选择实体进货的方式，眼见为实，避免出现差错。由于短视频在销售业的广泛运用，通过短视频能全面地对产品加以展示，有效弥补了信息不对称问题。

以服装行业为例。服装行业原本非常依靠实体看货，服装的材质以及样式需要通过这种方法才能确定其是否满足需求。但是随着短视频的发展，有许多商家都会雇用一批身材高挑、妆容精致的模特，每天试穿几十套衣服进行短视频拍摄，然后让购买者通过观看该短视频的方式来确定是否满足其需求。

这些短视频模特甚至可以根据观看者的反馈做出反应，改变拍摄角度，进行全方位的服装展示，让购买者更全面地了解服装。通过这种方法就保证了无论购买者在什么地方，只要他从短视频中看到这件衣服觉得喜欢就可以购买，这样就淡化了销售行业过去所受的地域限制。

不仅仅是这种本就与电商有所合作的销售业可以通过短视频的方式进行线上运营，甚至有些过去仅局限于线下销售的产品也同样可以。以“抓娃娃”游戏为例。“抓娃娃”游戏是从国外传进的一种深受年轻人喜爱的娱乐方式，用户在投币后可以使用机器上的按钮，操作其中的铁爪进行移动，从而抓取到玩偶或其他物品。

由于“抓娃娃”游戏对实体机器有所要求，这就使其在过往始终是线下模式。但是在2017年各种与“抓娃娃”相关的短视频层出不穷，受到了广大用户的欢迎，一些企业从中看到了商机，开发了线上“抓娃娃”APP，来满足用户的需求。这打破了过往线下行业的运营模式，真正将线下场景转移到了线上。

（3）教育业

教育业是一个有着悠久历史的传统行业，虽然过去也有网络课程等形式，但是由于其需要通过直播或者回看，当用户在学习过程中产生疑问的时候，难以得到及时的回复，所以其主体还是局限于线下。但是随着短视频与教育业的融合，在很大程度上弥补了即时性的不足。讲师可以将知识点以及用户的常见问题录制成短视频，在题目中标注关键字，然后有疑问的用户可以在数据库中进行搜索，得到回答。

步步高是专注于制作教育产品的企业，现在推出的新型号的家教机往往都配备一支扫描笔，用户在使用扫描笔对题目进行扫描之后，家教机会从其数据库中按照关键字检索出相关的短视频，使用户的问题可以即时得到解答，真正将教育业从线下发展到了线上。

在短视频领域，内容不断升级，品质也逐步朝着更有深度的方向发展，未来短视频行业的产业链将逐步成熟。随着人工智能等技术的不断发展，这类技术也将逐步应用到短视频产业链的各个环节，在用户体验上增加更多 AR、VR 特效，在商业变现上实现程序化购买等功能。

经过一段时间的井喷式发展，短视频商业化空间也会逐步被激活并放大，最终将开发成互联网领域中不可或缺的一大金矿！

➡ 电商营销的三要素

不可否认，在互联网领域中短视频已经成为内容传播的一种重要形式，甚至成了互联网行业乃至整个创业圈的新风口。伴随着来自行业内部的重视，各类企业纷纷加入短视频的创业大潮中，以期分得一块“蛋糕”。然而“蛋糕”虽好，若想得之却不是一件容易的事情，在完成短视频变现的过程中，既需要相关短视频新媒体运营者对平台日常的稳健经营，也需要他们对视觉、流量、转化率三者的细致把握和完美融合。

在阐述视觉、流量、转化率这 3 个电商要素和短视频之间的关系之前，我们应当首先理清这三大要素的内部关系。视觉对应的是感官上的享受，是短视频自身品质的直观体现。而流量对于短视频来说则是用户在认可其视觉呈现后带来的一种自然而然的副产品。

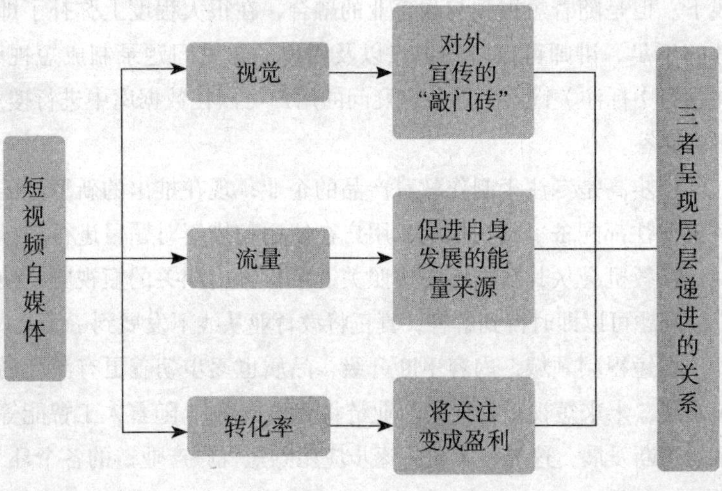

至于转化率，其本质上就是对流量的变现。因此，在谈论这三者对短视频的影响时，我们应当把视觉放在最前面，再把流量放在中间，而转化率则应放在最后进行阐述。

1. 视觉效果是“敲门砖”

当用户点开一个短视频时，呈现在其眼前的，首先是短视频的内容，也就是行业内部通常所说的视觉呈现。在拥有短视频的新媒体平台为用户推送短视频时，炫酷而富有美感的视觉呈现不仅能带给用户极大的视觉冲击，更能为新媒体平台本身带来良好的效益。可以说，视觉呈现之于短视频，就好比是后者在对外宣传过程中的“敲门砖”。

一方面，从短期来看，优美的画面能够带给用户视觉上的享受，继而使之沉浸其中。这样就能在极短的时间内迅速引起用户关注，特别是急需“冷启动”的新组建的新媒体，让短视频的画面更有吸引力就好比是战场上的第一仗，首战必胜。另一方面，从长期来看，“画风”独特的视觉呈现，可以使短视频新媒体在用户心中形成特有的印象，这样不仅能够增强用户对新媒体的黏性，还有利于塑造新媒体的品牌个性。

作为新媒体在运营短视频业务中的第一步，运营人员在对视觉呈现进行优化时，必须把握好短视频视觉呈现的两个特点。

（1）环境简单

短视频不同于电影，既不需要纷繁复杂的情节，更不需要宏大的场景。所以在拍摄背景方面，应当从简。但是简单并不意味着简陋，为了呈现出良好的视觉效果，运营者应当把环境布置得富有质感。

（2）节奏快

“快”是指情节进展节奏快。观看短视频的用户一般都比较缺乏耐心，但又希望在较短的时间内了解一个故事或一种知识。轻快的画面呈现无疑能够迎合用户的这种需求，同时快速切换的画面本身也能带给用户目不暇接、意犹未尽的感觉。

为了让短视频的视觉呈现更富吸引力，同时也为了让短视频具备“简”和“快”这两个特点，短视频新媒体既要通过各种技术手段把短视频的画面做出精致的感觉，增强画面质感，又要将现实场景和虚拟动画场景结合起来，使视觉呈现效果更生动。

2. 有流量才有生命力

互联网行业一直强调“流量为王”，这一点对于短视频新媒体来说同样重要。一方面，充沛的用户流量意味着关注或了解短视频新媒体的用户较多，这可以直接提升短视频新媒体的知名度和影响力。另一方面，足够多的流量也是短视频新媒体进行广告投送、内容电商、企业并购，乃至与其他新媒体同行竞争的物质基础。

无论是从增加名气这个“务虚”的角度，还是实现变现这个“务实”的角度，流量之于短视频，毫无疑问是促进其发展的能量来源。而这种关键作用，也就注定了任何一家短视频新媒体都必须将通过发布短视频来为自己带来流量，当成一项必须做到的基本功。

然而，正如罗振宇在某场演讲上所说的那样，中国国民的总时间到了今天，已经达到了饱和，从今往后很难再有新增的流量了。当今短视频创业领域的实际情况，也印证了这个悲观的说法：短视频领域的流量开始越来越多地向头部聚集，内容深度化、专业化的新媒体得到了用户更多的偏爱。面对严峻的形势，短视频新媒体必须采取更有针对性的措施，以争取有限的流量。

从当前的形势来看，要想稳定地获取流量，短视频新媒体的从业人员至少要做到以下两点。

（1）为短视频拟一个富有吸引力的标题

正所谓“每个人都是充满好奇的宝宝”，每个人都有猎奇心理，当短视频的标题具备了神秘感甚至是悬念时，用户自然会出于好奇心一探究竟，这时流量便产生了。

（2）拓宽短视频的题材选择范围

纵观当前的短视频领域，以情景喜剧为主的泛娱乐内容无疑占据了绝大部分，然而总是在短视频里表演段子难免会让人感到乏味。

同时，人们对和自己生活息息相关的美食、健身等题材还是存在一定需求的，所以短视频新媒体运营者如果能够让自己的短视频涉及面更广一些，就可以获得更可观的流量。

3. 变现才是最终目的

根据专业机构的统计，早在网页端互联网时代，有视频的网络媒体的流量转化率往往要比没有视频的网络媒体高出两倍还要多。而到了今日这个资讯异常发达、信息极度过剩的移动端互联网时代，短视频更是成了各类新媒体获得流量转化的标配手段。在此背景下，短视频新媒体运营者应当时刻思考的不应是是否进行转化，而应是怎样加快转化。

和传统的电视媒体、纸质媒体一样，在互联网世界备受欢迎的新媒体从本质上来说，依然是企业。既然是企业，那就必须考虑盈利。作为短视频新媒体核心产品的短视频，更应该起到提升转化率的作用。事实上，短视频存在的最终意义，就是充分地呈现信息，建立和用户之间的黏性，继而刺激变现。

作为互联网行业公认的“离钱最近的媒介形式”，短视频在流量转化、内容变现方面具有不可比拟的优势。一方面，和传统的图片、文字等媒介相比，短视频可以凭借更低的成本和更广维度的用户建立连接。另一方面，和网络中的另一个媒介—直播相比，短视频占用用户的时间较短、重复率更低、灵活性更高，备受有推广需求的企业青睐。

短视频领域的火爆，从侧面反映出移动互联网从早期的工具属性转变为平台属性的趋势，而这个转变过程正好为多样化的变现模式创造了产生和发展的条件，而新的变现模式也在一步步影响传统变现模式的升级换代。从短视频领域目前所处的发展阶段来看，短视频领域还没有形成一套成熟稳定的流量转化体系，不过这并不影响短视频领域的“领头羊”企业对商业变现道路的探索。在这方面，“一条”“罐头视频”两家短视频新媒体可以说是率先垂范的典型代表。

2016年8月，“一条”旗下的“一条生活馆”正式上线。“一条生活馆”本质上是个手机购物平台，通过这个平台，“一条”的用户可以购买各种商品。无论是日用百货还是家具，无论是电子产品还是护肤用品，甚至是线下的培训课程和旅游产品，用户都能在“一条”的专属卖场上找到。实际上，“一条”已经和线下的500多家供应商达成了合作共识。

“一条”通过搭建电商平台进行流量变现，可以说，这是当今短视频领域最直接、最常见的变现方法。不过与纯粹的电商不同的是，依托生活美学性短视频建立起来的“一条生活馆”，更像是一种兴趣电商。

和“一条”简单的另建电商平台不同，“罐头视频”在流量变现方面，走的是和短视频内容制作息息相关的商业定制广告之路。

在广告定制业务领域，“罐头视频”已经完成了和九阳 Onecu 咖啡机，京润珍珠面膜等多个品牌的商业定制广告制作播放任务。通过和这些知名品牌的营销合作，二更不但获得了可观的收益，而且自身的品牌知名度也得到了提高。

“罐头视频”为知名企业定制广告，既赚到了钱，又赚到了名，真可谓名利双收。事实上，不管是兴趣电商模式，还是广告定制模式，对于短视频新媒体来说，都是从短视频的角度切入，通过高品质的内容获得用户和流量后，再将其进行变现的标准商业化方式。只要能够高效率地转化，那么任何方式都值得一试。

对于短视频新媒体来说，短视频带给用户的首先是视觉上的震撼，在此基础上，用户开始为本平台提供流量，伴随着这个过程，用户的身份从初始用户到核心用户的转化便得以实现，这便是视觉、流量、转化率这3个电商要素完美融合的具体体现。视觉、流量、转化率三者并不是完全孤立的，而是互相促进、互相影响的。我们身处的商业环境正变得越来越“年轻”，对从短视频生产一直到最终转化为收益的商业模式的探索也应该与时俱进、时刻创新。

➡ 碎片化时间的优势

众所周知，我国已经全面迈入移动互联网时代。据权威数据显示，国内移动互联网用户的规模早已超过 8 亿人。从现实的角度看，人们利用手机时刻开展社交、网购、阅读、观影等在线行为早已不再是新鲜事。而这种客观环境的变化，在带给短视频新媒体大量流量及用户的同时，也带来了前所未有的挑战。

1. 碎片化时代的到来

技术的进步、经济的发展以及信息的极度丰富共同造就了当前中国社会碎片化的发展趋势，并且这种发展趋势已经渗透到了人们日常工作和生活的方方面面。从客观上讲，碎片化是广大民众适应今天日益紧张的生活节奏的需要。从主观上看，碎片化是广大民众追逐自我、追逐个性的必然结果，而智能手机的大范围普及更从硬件层面加快了碎片化来临的进程。现今，人们每日接收和处理的信息要比过去高出许多倍。基于这种现实，我们正处的这个时期被称为“新碎片化时代”。

互联网进入碎片时代，这并不是耸人听闻，而是客观现实。在当今的网民群体，特别是以“80 后”“90 后”为代表的年轻网民群体中，依托不同载体、不同时间乃至不同地域的无意识活动已经成

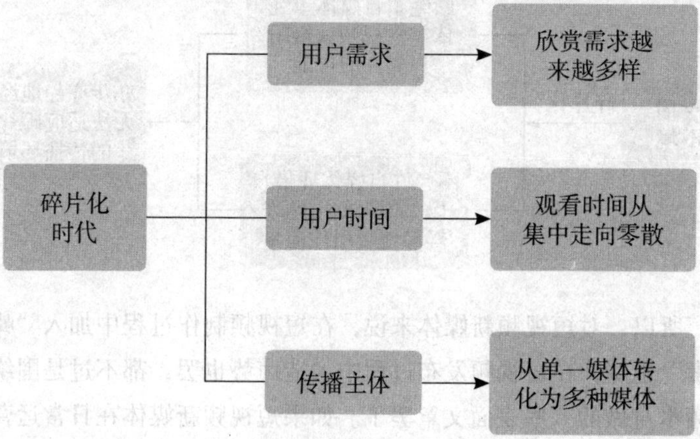

为互联网体验的主流现象。在这一过程中，用户的注意力已被如巨浪般涌来的信息冲击得七零八落。而仅凭残存下来的注意力，显然不足以支撑他们在日新月异的网络世界中对某一个信息乃至某一个媒体产生长久而稳固的黏性。

在一些初入新媒体领域的从业人员看来，短视频的时长最短不过三五分钟，最长也不过十几分钟，占用用户的时间极少。同时，大多数新媒体均依托于移动互联网，也就是手机端，用户可以随时随地观看和转发。这种在时间与空间上的固有优势，使得很多短视频从业人员认为，自己并不需要刻意去了解新碎片时代下短视频观看者的观看习惯，也不需要为应对新碎片时代专门去探索相关的流量获取模式。事实上，这种认知是非常错误的。

短视频在传播方面独到的优势固然能为短视频新媒体带来一时的红利，但是仅凭这种红利显然不能帮助其稳定而持久地吸引粉丝、获取用户。一方面，日渐零散的时间并不允许用户在欣赏短视频之外再和拥有短视频的新媒体平台有长久的沟通，这就断绝了拥有短视频的新媒体平台单纯依靠短视频获得用户黏性的可能。另一方面，用户喜好的变幻莫测也不可能让拥有短视频的新媒体平台凭借自以为很火的短视频主题就牢牢地吸引住流量。

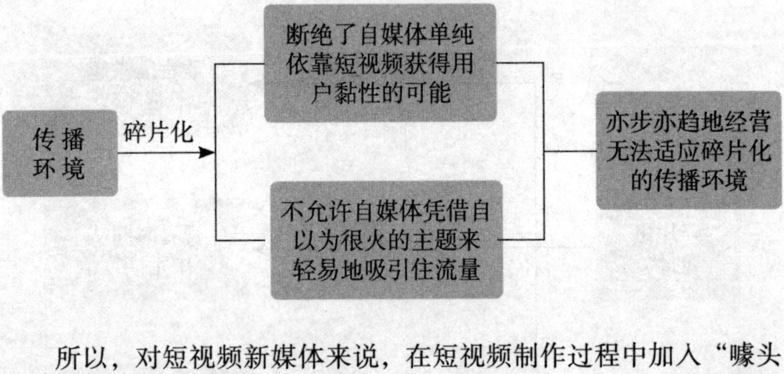
传播环境
碎片化
断绝了自媒体单纯依靠短视频获得用户黏性的可能
不允许自媒体凭借自以为很火的主题来轻易地吸引住流量
亦步亦趋地经营无法适应碎片化的传播环境

所以，对短视频新媒体来说，在短视频制作过程中加入“噱头因素”也好，在短视频发布过程中大造声势也罢，都不过是围绕短视频本身做的一些表面文章罢了。如果短视频新媒体在日常运营中只是一味地埋头创作短视频内容，单纯地追求创作高质量、高品质的内容，全然不顾新碎片时代“山雨欲来”的客观形势，那么必然会导致自己的运营进入“死胡同”。作为新媒体尤其是短视频新媒体来说，其仅仅创作内容还是不够的，还需要运用多种手段吸引碎片化时代的流量。而如何找到新碎片时代的电商流量逻辑才是对一家新媒体真正的考验。

2. 短视频获取流量的方法

基于多年从事新媒体行业的经验和深刻观察，笔者在这里为大家总结了两种适应新碎片时代获取流量的方法。

（1）打破常规

伴随着资本和人员的大量投入，短视频行业内容同质化的现象日益严重，当所有短视频的呈现都千篇一律时，很容易引起用户的无聊感。在新碎片化时代，用户更不可能把有限的时间和精力放在这些平庸的短视频上。反过来说，如果相关新媒体能够制作出打破常规的短视频，那么必然会给用户造成眼前一亮的观感。

（2）深入发掘热点

时事、娱乐新闻、时尚美妆等题材一向是短视频内容选择的热点，关于这些题材的短视频在网上更是数不胜数，但真正有深刻内涵的短视频却寥寥无几。绝大多数短视频对热点的呈现仅仅停留在外在表现上，根本没有进行深入解读。在注意力越来越碎片化的当下，用户对内容的深度要求肯定会越来越挑剔，内容浅显的短视频不可能吸引用户的关注，而只有能深入挖掘热点、带给用户更多启示的短视频，才能让用户在大呼过瘾的同时为其公众号引流。

papi 酱吐槽式的短视频刚在网络上火起来的时候，一个叫艾克里里的“时尚博主”引起了很多年轻人的关注。艾克里里本身是时尚圈出身的，早已在短视频领域发布了不少作品，但他真正被众人熟知应该是在 2015 年 9 月，他配合小学生化妆大赛的话题，发布了一条用公交卡、马克笔等工具化妆的搞笑短视频。这个短视频发布后，瞬间引来数万人的关注，艾克里里也因此收获了上百万的粉丝。

短视频领域中涉及时尚美妆的内容有很多，但艾克里里却不按套路出牌，发布了一系列奇奇怪怪的妆容短视频。在某种意义上，艾克里里的短视频就是发掘出了时尚美妆题材的一个新的热点。

打开艾克里里的微博账号，可以发现其推送的短视频内容常常使用自黑的口吻，画风奇特、幽默搞笑；每条短视频的播放量都达到上千万次，并且不断刷爆微博平台。

时尚美妆题材作为时下年轻人讨论的话题，一直以来都是一个值得关注的热点，网络上关于时尚穿搭、化妆的短视频更是不胜枚举。然而，在时尚领域能像艾克里里这样有较高播放量的新媒体却不多。其中的原因很简单，就是大部分的时尚美妆短视频都是以“美”为主的，用户对这类短视频的新鲜感在不断降低，加之审美视觉的疲劳，因此不会有太大的触动。而艾克里里却打破常规，深入挖掘时尚美妆的热点，以“丑”为主，颠覆了以往的审美标准，从而刷新了人们的视觉感观。面对这样新鲜奇特的内容，用户自然会被深深吸引。

➡短视频平台流量是关键

随着移动互联网和移动设备的不断发展，移动端的短视频也愈发火热，各种短视频 APP 层出不穷，如快手、抖音、火山小视频和美拍等。那么，这些移动端的短视频平台侧重点有什么区别，他们又是如何运营的呢?

1. 抖音

抖音是一款备受年轻人喜爱的音乐短视频 APP，平台还常常与品牌主发起相关话题挑战，吸引用户参与，以便推广品牌。

抖音平台上发起的话题挑战，实际上是需要通过品牌商、平台方、达人以及用户等一系列的合作才能实现的。平台方和品牌商发起话题挑战，利用达人和活动运营炒热话题，从而吸引广大用户参与挑战。如果用户生产出优质的内容，且引起了较为广泛的传播，那么平台就会给出奖赏和补贴。

2. 快手

快手是一款比较接地气的 APP，同时也是普通老百姓娱乐的绝佳平台，它的收益方式主要是以直播的粉丝打赏为主。对于主播而言，只要有足够的粉丝支持，内容质量高，就能够获取较为客观的收益。

快手的直播功能可以提供给主播收益，如果粉丝想要给自己喜欢的主播送礼物，就需要充值快币，而快币又是与现实中的货币挂钩的，故礼物赠送越多，主播获取的收益也会更多。

3. 火山

火山小视频是一款收益分成比较清晰、进入门槛较低的短视频平台。火山小视频的定位从一开始就很准确，而且也把握了用户想要盈利的心理，打出的口号就是“会赚钱的小视频”。

火山小视频是由今日头条孵化而成的，同时今日头条还为其提供了10亿元的资金补贴，以全力打造平台上的内容，聚集流量，炒热 APP。因此，火山小视频的主要收益也是来自于平台补贴。那么，用户要怎样才能获得这些补贴呢?

利用第三方账号微信、QQ、微博等登录火山小视频之后，进入火山小视频的个人主页，点击“火力”按钮，即可进入相应页面通过页面切换查看与火力、钻石相关的数据。

火山小视频是通过火力值来计算收益的，10火力值相当于1块钱，所以盈利是非常可观的，关键在于内容要有保障，最好垂直细分，而不是低俗、无聊的内容。

4. 美拍

美拍 APP 是一款由厦门美图网科技有限公司研制发布的一款集直播、手机视频拍摄和手机视频后期于一身的视频软件。

美拍 APP 自 2014 年刚面世以来，就赢得了众多人的狂热参与，可以算得上开启了短视频拍摄的大流行阶段。后经众多明星的使用与倾情推荐，将其真正深入到人们的心中，每当人们一想起短视频拍摄，总会想到美拍 APP，所以这款软件深入民心的程度可见一斑。

此外，美拍 APP 主打“美拍 + 短视频 + 直播 + 社区平台”。这是美拍 APP 的第二大特色，从视频开拍到推广和分享，一条完整的生态链，足以使它为用户积蓄粉丝力量，再将其变成一种营销方式。

5. 腾讯视频

腾讯视频是中国优秀的在线视频平台之一，为广大用户提供了较为丰富的内容和良好的使用体验，其内容包罗万象，如热门影视、体育赛事、新闻时事、综艺娱乐等。

腾讯视频于 2016 年底提出了全新的品牌理念——“不负好时光”，以更加年轻化、更能引起用户情感共鸣的定位全新亮相，并展现了全新品牌标识。秉承“内容为王，用户为本”的价值观，腾讯视频通过此次品牌升级，着力凸显优质内容的差异化竞争优势，深化与消费者的情感沟通，持续为观众和广告客户创造更大价值。

6. 哔哩哔哩

哔哩哔哩现为中国年轻世代高度聚集的文化社区和视频平台，该网站于 2009 年 6 月 26 日创建，被粉丝们亲切地称为“B 站”。是年轻人喜欢聚集的潮流文化娱乐社区，同时也是网络热词的发源地之一。哔哩哔哩不仅是一个在线视频平台，也是聚集粉丝的社区。因此，粉丝资源对于平台的作用是至关重要的，对于创作者而言也是内容变现的重要支撑。

B 站早期是一个 ACG（动画、漫画、游戏）内容创作与分享的视频网站。经过十年多的发展，围绕用户、创作者和内容，构建了一个源源不断产生优质内容的生态系统，B 站已经涵盖 7000 多个兴趣圈层的多元文化社区，2019 年 B 站被评为最具价值中国品牌 100 强。

4. 第一视频

第一视频是中国第一家微视频新闻门户网站，同时也是一个融视频、新闻以及移动终端为一体的综合性媒体平台。第一视频的视频播放界面比较简洁，而且没有广告，内容大多数是短短的几分钟视频。

在这种情况下，第一视频的主要收益来自哪里呢？打赏收入。但是需要注意的是，如果想要在第一视频平台获得打赏收益，就必须成功晋级为此平台的自媒体认证会员，否则是无法获取收益的。

第二章

如何制作“爆款”短视频

➡ 如何选择适合的器材

工欲善其事，必先利其器。在短视频制作时必须要选择合适的器材。器材的选择首要的标准就是要与你所制作的短视频相适合，匹配的器材可以让你在制作过程中更加得心应手。现在最常见的短视频多以情景短剧的形式出现，这种短视频最需要仔细挑选的器材就是拍摄器材，以下是几种常见的拍摄设备。

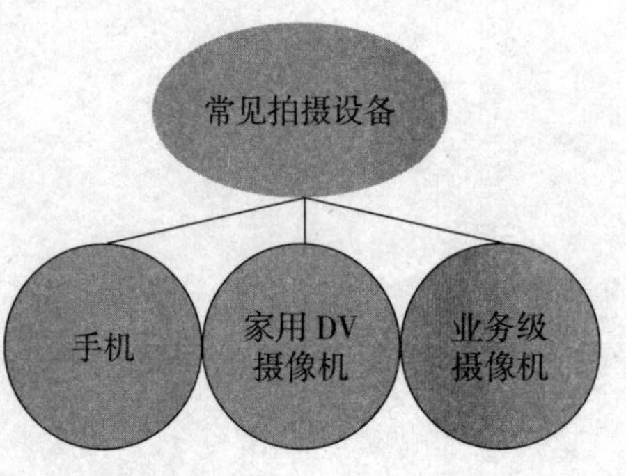

1. 手机

随着智能机的普及，手机可以说是最常见的拍摄设备了。尤其是现在短视频投放平台功能日趋完善，有很多平台的 APP 可以直接拍摄短视频进行投放，大大降低了门槛，令毫无拍摄经验的新手也可以快速拍摄投放。但是手机虽然便捷，却存在着许多的问题。首先，手机摄像头的清晰度不足，简单的人像拍摄还可以进行，但是如果拍摄复杂的场景则很难操控。其次手机拍摄出的画面多有抖动，对于观众而言观看体验不佳。最后手机拍摄的短视频后期处理较为麻烦，不利于制作者调整。

2. 家用 DV 摄像机

家用 DV 摄像机在手机普及之前是最常见的视频拍摄设备。在拍摄短视频的时候，家用 DV 摄像机还是有着许多优势的。首先，家用 DV 摄像机的变焦能力更强大，适合大范围变焦，还可以实现光学变焦；其次，家用 DV 自动化程度较高，对于拍摄新手而言操控方便，较为亲切；最后，家用 DV 的续航能力也较好，适合长时间拍摄。

3. 业务级摄像机

业务级摄像机是较为专业的一种摄像设备。一般比较专业的新闻、综艺类拍摄都是由这种摄像机完成的。业务级摄像机的像素较高，对于画面要求较高的短视频非常合适。而且业务级摄像机的储存量大，非常适合大量素材的采集。如果需要组建一个较为专业的短视频拍摄团队，还是比较推荐业务级摄像机。

但是业务级摄像机也存在着一定的不足之处。体积较大、不便于携带是其最明显的缺点；并且业务级摄像机的价格也比较昂贵，对于一些刚刚起步没有资金支持的小短视频拍摄团队而言，成本过高难以支持。在拍摄过程中，业务级摄影机在画面的处理上也较为死板，还需要后期来进行调整。

除了这种情景短剧类的短视频以外，动画短视频也是现在短视频平台上非常流行的一种表现形式。这种短视频对制作者的画工要求较高，而且对于绘画设备也有一定的要求，现在动画短视频制作的最常见方式就是“板绘”，在进行板绘的时候对手绘板也有一定的要求。越专业的手绘板价格自然也就越高昂，短视频制作者在挑选手绘板的时候要根据短视频的需求和经济实力综合考量，慎重挑选。

在短视频素材采集完成后，其后期制作的设备也非常重要。后期制作一般而言都是使用电脑，但是不同要求的短视频后期对于电脑性能的要求也不尽相同，越复杂的短视频制作需要电脑的功能也就越强大，尤其是动画类短视频，在使用动画制作软件时对电脑的性能要求是非常高的，如果电脑不够专业可能会带来一定的后期麻烦。

制作短视频的相关器材对于一个团队而言确实是非常大的一笔前期投入，制作团队应该根据自己的需求挑选器材，而不能一味地买最好的，浪费前期资金。但是在资金不足的时候也不能为了节省就随意购买一些性能不足的设备，观众的眼睛都是雪亮的，粗制滥造的短视频在他们那里一定得不到认可。如果资金实在不够充分，还可以选择租赁这一方式来短期缓解压力。

➡ 策划制作短视频的方向

选题是短视频内容制作的方向，就算短视频的内容只围绕一个领域，在制作中也可以有很多不同的选题。

卫龙辣条制作过一条短视频，成绩很不错，有 6 万多次点赞。短视频的内容是主角在“双 11”过后没钱了，连外卖也吃不起，只能靠辣条泡水来下饭。剧情真实地再现了生活中的场景。

2018 年 11 月，在 IG 游戏战队夺冠时，王思聪吃热狗的画面被媒体抓拍到。某辣条厂商就用这个话题作为选题，模仿王思聪吃热狗的画面，拍摄了一条短视频。当时，王思聪穿着一件绿色的大毛领衣服，辣条厂商在短视频中把这个细节也模仿了，并且模仿得很像，用自家辣条产品替换了王思聪吃的热狗。这条短视频的长度不到 10 秒，却收获了超过 70 万次点赞，播放量为 2000 万次左右，比上一条短视频的粉丝反映更好。所以，我们在为短视频找选题时，有很多不同的方向可以选择，可以选择蹭节日热点，也可以选择蹭热门人物热点。

1. 选择方向的五个维度

有很多人在拍短视频的时候感觉没有选题思路。对于这种情况，我向你推荐一个方法，就是寻找方向的五个维度。

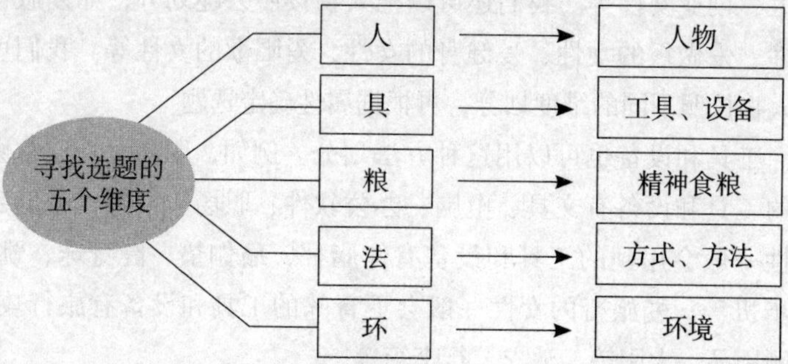

（1）人就是人物。比如，拍摄的主角是什么样的人？他有什么属性？他的身份是什么？是一个宝妈、一个父亲，还是一个刚毕业的大学生？未来的客户群体是什么样的人？

（2）具就是工具和设备。如果短视频的女主角是一位职场女性，那么她平时会用到PowerPoint、Word、Photoshop、投影仪等，这些属于角色的工具和设备。

（3）粮就是精神食粮。例如，职场女性喜欢什么书，或者喜欢什么电影，会去参加什么培训等。我们要分析粉丝群体，了解他们的需求，从而创作出合适的短视频。

（4）法就是方式和方法。如果短视频的女主角是一位职场女性，那么她在职场中会用哪些方式和方法呢？比如，怎么在办公室交际、怎么与客户沟通等，这些都属于方式和方法。

（5）环就是环境。不一样的剧情要求不一样的环境。如果对拍摄时间有要求，那么环境可以为白天或者黑夜。如果对拍摄地点有要求，那么环境的选择就更多了，如学校、办公室、餐厅都可以作为拍摄地点。

下面具体介绍如何用五字真言扩充选题。我们可以利用人物确定选题方向，可以把人物按照年龄或者身份划分，如单身女性、已婚女性、孩子的妈妈、单亲母亲、女儿等。假如客户群体是女性，我们要触发女性的共鸣，短视频的人设最好也是一位女性。我们也可以把人物按照场景或者职业划分，如女大学生、职场女性、全职太太、创业女性等。我们还可以把人物按照兴趣划分，如爱旅行的女性、爱做饭的女性、爱健身的女性、爱唱歌的女性等。我们可以把人物按照不同的维度划分，再根据属性确定选题。

工具和设备也可以用这种方法划分。例如，职场女性通常会用到的工具和设备有文具、电脑、办公软件、职场App等；爱健身的女性一般会用到的工具和设备有体脂秤、瑜伽垫、健身球、跳绳、跑步机等；爱旅行的女性一般会更青睐的工具和设备有旅行攻略、防晒用品、太阳镜、泳衣、行李箱等。

精神食粮也很多，常见的精神食粮有电影和书。参加讲座、观看展览、报名微课、学习培训等都是精神食粮的获取方式。

方式和方法有瘦身方法、育儿方法、职场技能提升方法、时间管理方法、周末出行如何躲避拥堵的方法、手账选购方法、快速记读书笔记的方法等。

环境可以具体到地点上，比如大学生平常在学校的图书馆、教室、食堂、实习公司、宿舍活动，按照人物的设定就可以联想到具体的活动环境。

只要把寻找选题的五个维度梳理一遍，就可以做成选题树，可以做成二级或者三级，甚至更多层级的选题树。以一个爱旅行的女性为例，我们可以制作各种各样的选题。人可以分为出游同伴、旅途中认识的朋友、导游，可以再细分为同班的出游同伴、导游的朋友、旅途中认识的朋友的老婆等。人物可以无限延伸，作为你的选题内容。具可以分为旅行箱、票据夹、保湿喷雾。粮可以分为浪漫的法国电影、适合旅行看的书，或者学习旅行。法可以分为挑选土特产、穷游或者挑选客栈的方法等。环可以分为各种花海、各地酒庄或者环境优美的私人海岛等。

当然，我们扩展选题树并不是一朝一夕的工作，随着时间的推移，能够扩展出无穷无尽的选题树。当选题越来越多时，每逢遇到相同的节假日或者相同的热点，我们就能够快速地在选题树中挑选出选题制作内容。

2. 寻找方向的方法

我们要想寻找更多的选题，一般还要借助外力，具体方法如下。

（1）我们可以看一看其他平台有哪些最新的热点。各大门户网站每天都会更新资讯，在首页上一般都会有最热门的资讯内容。

（2）我们可以列出每年的重要节日，根据这些节日提前制作内容。这样，在到了节假日的时候我们就不会手忙脚乱，从而有时间应对突发的事情。

（3）我们可以关注热门的公众话题和事件，平时多关注公众号或者门户网站，留意有哪些内容是一出来大家就都在讨论的。在找到合适的选题后，快速做内容是最重要的。谁能够用最短的时间发布短视频，使用重要的素材，谁就取得了初步的胜利。

➡ 如何制造“爆点”话题

新手在很多时候都是随心所欲地拍摄短视频内容，很少考虑短视频的选题、切入点和受众。因此，拍出来的短视频要么选题陈旧，要么观点不新颖，根本无法引起观众的共鸣。选题永远是第一位的，短视频只有让读者认同，才会受到追捧。所以，很多时候对于一样的选题，切入点不一样就能趁机制造话题爆点，从而超越同行，脱颖而出。

1. 选择切入点

对于同一个选题，如何找到不同的切入点呢？2018 年 9 月台风

“山竹”登陆广东后，对广东造成了很大的破坏。一条短视频迅速火遍全网，视频表达主旨是在人民群众最危难的时刻，人民警察总是守护在他们身边，他们帮助人民排忧解难。虽然短视频的内容很简单，但是收获了100多万次点赞，也印证了正能量的短视频更受欢迎。价值观正确的短视频在抖音上是最受欢迎的，你可以试想一下，如果让你做台风的选题，你会怎么做呢？我相信大多数人都会选择一个正能量的切入点，就是警察保护人民群众的故事。但是如果你与同行都选择同样的切入点，那么同质化情况会加重，短视频成为“爆款”的概率会大大降低。

同样是台风“山竹”的话题，但是切入点完全不一样。在狂风暴雨的天气下，主角居然在打篮球，然后配上搞笑的音乐。即使拍摄效果一般，短视频时长不到10秒，也收获了30万次点赞。作者同样蹭了台风这个热点选题，却用不同的切入点讲述台风这个话题，让观众产生了耳目一新的感觉。

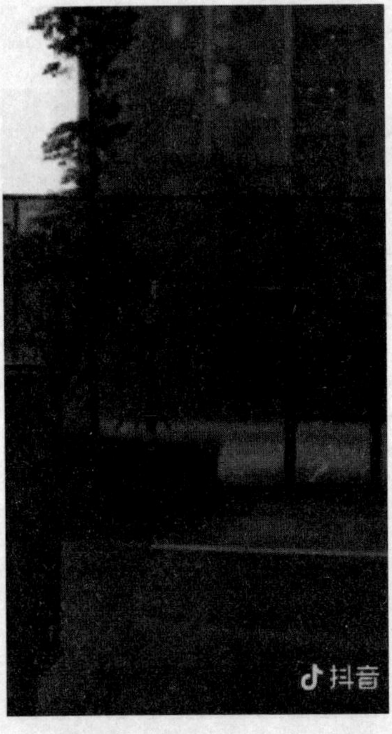

在平台内，在同一时期肯定会有很多的正能量短视频。在刚开始的时候观众看到这些短视频可能会心潮澎湃，但是在看多了以后就会产生审美疲劳。这个时候突然有一个非常搞笑、以在风雨中打篮球为切入点的短视频出现在观众眼前，观众肯定会感觉耳目一新。这就是切入点的关键作用。

2. 如何寻找热点话题

（1）在微信公众号里寻找热点

现在微信公众号的内容要成为“爆款”难度比抖音、火山大多了。微信公众号采用了中心化的运营机制，你如果没有关注某个微信公众号，那么看不到它推送的文章。如果微信公众号的文章想成为“爆款”文章，那么必须要写得很好、很有趣，并且适当结合热点，只有读者愿意转发、协助传播，它才有可能成为“爆款”文章。

抖音、火山、快手采用了去中心化的运营机制，系统会根据短视频的标签分配流量。只要内容好，能够吸引观众点赞、写评论，系统就会继续推送，所以我们能够看到有些零粉丝的账号也能做出“爆款”。

微信公众号的“爆款”文章的质量肯定很高，并且能够与用户产生共鸣。既然如此，我们就可以把“爆款”文章的内容作为拍摄短视频的素材，这样火的概率会更大。

除了“爆款”文章的内容，读者对文章的评论也尤为重要。2018年7月5日，徐峥导演的电影《我不是药神》一上映就掀起了全民讨论的热潮，同时众多公众号发表了与该电影相关的文章。据统计，有40多篇文章因追逐此热点而成为阅读量超过10万次的“爆款”文章。其中，公众号“拾遗”在7月6日发表了与该电影相关的文章，该文章不到12小时即成为阅读量超过10万次的“爆款”文章，并且评论数众多。

我们可以发现一个有趣的现象，在正常的阅读量超过10万次的文章里，文章的点赞数一般只有2000—3000次。评论被点赞的比例会更小，为100—400次。而“拾遗”里最火的评论居然有6000多个读者为其点赞，可见这位评论者说出了绝大多数人的心声。

从这个角度考虑，我们是否可以用评论中的核心观点制作“爆款”短视频呢？事实证明是可以的。在同一时期，抖音、火山、快手中出现了很多以医务人员尽力拯救危难病人为题材的短视频，其中很多都成了当时的“爆款”，收获了几百万次点赞。

（2）在微博中挖掘热点

微博的展示为短小、简洁的图文形式，有点像去中心化运营的朋友圈，各路媒体、明星都喜欢在上面做营销。微博的口号是“随时随地发现新鲜事”，因此在微博上经常会出现热点事件首发的现

象，非常值得作者关注。

在登录微博后，我们在界面的右侧就能看到当下的热门话题。其中 NBA 季后赛的关注人数高达 143.3 亿人，可见当时很多人在热议此话题。如果你没有找到适合你的领域的热点，那么可以点击“换一换”按钮。除此之外，热点也分为短期热点和长期热点。我们在寻找热点时，要判断该热点能否持续发酵，否则当我们把短视频制作出来后，如果观众已经不再关心这个热点了，我们就白费力气了。

（3）在资讯聚合类平台里发现热点

一些资讯聚合类平台与抖音一样，平台不生产内容，所有内容都由作者发布，系统再根据标签把内容推送到用户面前。我们打开某资讯聚合类的网站，可以看到左边有一列按钮，它们根据内容的领域分类，“推荐”和“热点”为综合性的文章。猫眼娱乐发布的与《我不是药神》相关的文章，在 30 分钟就收到了 121 条评论，因此也印证了我们前面的观点：人们关心的内容，不论在哪个平台都会成为热点，人们也乐于讨论。

我们在找到适合自己领域的热点事件后，要将其中的精华部分抽取出来，再结合前面章节教授的方法加以创作，就能做出一条很有“爆款”潜力的短视频。

好的编导无所不能

在一个短视频创作团队中，编导是最高指挥官。在传统影视作品中，导演的工作内容包括策划、脚本创作、镜头、包装以及部分剪辑工作，这一情况在新媒体视频创作中同样适用。一个短视频，虽然只有5分钟左右，但是其需要表现的内容却必须完整。视频信息密度大，同时还得吸引用户注意并引起转发，这对于视频的整体规划提出了更高的要求，也是短视频编导的日常工作范围。

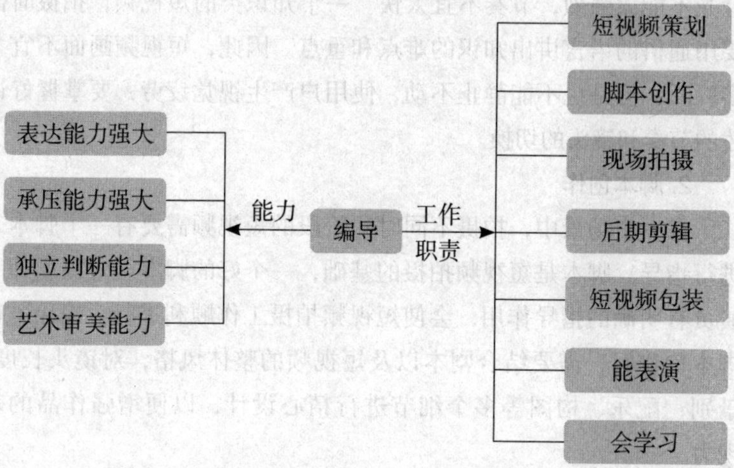

一个好的编导，必须按照视频定位以及风格确定好拍摄计划，协调各方面人员保证工作进程。对于人员的整体素质有更高的要求。一般情况下，编导的任职是需要多年工作经验，拥有影视作品的创作经历的，对于拍摄过程中出现的各种情况都能够做到心中有数。此外，短视频需要在短时间内吸引大量的流量，在这个过程中，编导的创意思维是不可或缺的。

1. 短视频策划

短视频策划是指根据短视频受众的特征，确定短视频风格以及创作内容的方向。根据内容，短视频大致可以分为以下几种类型：泛娱乐类、知识类、生活类和商业类。

泛娱乐类的受众相对比较年轻，喜欢吐槽和恶搞，这类受众在互联网上是最多的。这类短视频的策划，需要了解受众喜欢的话题，提出创意的想法，对短视频内容的要求就是“有趣”。知识类短视频的受众相对比较理性，喜欢博学以及经历丰富的主讲人，对于短视频内容的要求就是“有料”。对于生活类短视频来讲，受众比较注重的是“有用”。对于商业类短视频，受众比较重视的感觉是“有关”。这些原则对于短视频拍摄具有十分重要的指导意义。

例如，一个生活类的短视频在拍摄时，演员表演不能太夸张，灯光不能太强烈，节奏不宜太快。一个知识类的短视频，拍摄时需要用通俗的语言讲出知识的难点和重点。因此，短视频画面不宜太多跳跃，但是也不能静止不动，使用户产生视觉疲劳，要掌握好讲述的节奏和镜头的切换。

2. 脚本创作

在一个场景中，拍摄不同时间阶段的短视频需要有一个脚本来进行指导。脚本是短视频拍摄的基础，一个好的脚本会对摄影师和演员有明确的指导作用，会使短视频拍摄工作顺利进行。编导进行脚本创作时，需要结合剧本以及短视频的整体风格，对镜头长度、景别、配乐、构图等多个细节进行精心设计，以便增强作品的表现力。

3. 现场拍摄

现场拍摄的工作是前期创作脚本的执行过程。在拍摄期间，涉及编导、摄影、演员对脚本的理解和沟通。编导在现场要严密监控拍摄现场的动向，观察是否完整地体现出短视频的设计思路，对于其他工作人员提出具体要求，力争圆满完成拍摄工作。

4. 后期剪辑

后期剪辑的工作对于能否完整体现出短视频的意图是非常重要的。在这个时候，编导要负责与后期制作人员进行沟通，保证短视频的风格可以得到全面展现。

5. 短视频包装

短视频包装是指片头片尾的设计。包装可以提升短视频的价值，需要编导与客户进行沟通确定最终的设计方案，并且切实执行。

6. 能表演

在短视频创作团队中，编导是一切工作的司令部，最能够理解短视频创作的核心思想和整体风格。在某些创作团队中，如果没有合适的演员进行表演，编导可以充当演员进行创作。

7. 会学习

作为编导，创作短视频不是一蹴而就的。即使是科班毕业的编导，在实际工作中也需要经过多年的学习和磨炼，才能创作出高水平的作品。如果是纯粹爱好者，就更应该加紧知识的学习。其中最重要的途径就是观摩优秀的短视频作品，熟悉常见的拍摄技巧以及镜头表现力，不断磨炼自己的实力。

编导是一个团队的绝对核心。作为短视频创业者，在视频拍摄初期，能选择专业的编导是最好的情况。如果没有选择到科班出身的编导，或者是创业者亲自上阵，创意和热情是必不可少的。短视频的受众不是要看视频有多专业，而是要看视频是否有趣，是否有用。拍摄技巧不足，可以慢慢学习，热情和创意对一个短视频创作团队是非常稀缺的。

➡ 短视频创意来自哪里

你认为创意是什么？创意是我们在洗澡时突然灵感迸发得到的一个点子吗？创意是一群人在办公室里头脑风暴，你一言我一语产生出来的吗？创意是冥思苦想后得出来的吗？都不是，创意本身没有创意，创意只是你脑海内所有元素的重新组合，所有的创新都是微创新。有人做出一条优秀的短视频，你在这条短视频的基础上完成二次创作，这也算你的创意，并且更优秀。如果你想快速成功，那么你只需要站在前人的肩膀上，就会超越前人。

简单来说，创意是输入—改造—输出的过程。当我们的头脑里空空如也时，我们根本不知道可以用什么素材拍，也不知道可以用什么套路拍，怎么都得不到新的创意。即使我们将头脑里所有元素的组合都尝试了，也没有找到新的组合，完全想不出创意。创意就像一缸水，我们不断地输出想法就像不断地从缸里往外舀水。如果没有水源补充，即使缸再大，也总有舀完的一天。我们需要增加见识、知识，要多看、多听、多想。每个人的生活半径都不大，主要围绕工作与生活这两个主题，接触到的事情也是与之相关的。

下面举两个例子：

一位全职宝妈每天围着孩子转，她所接触的事大多与孩子相关，如果让她构思短视频素材，那么绝大多数都是育儿方面的。

一位从小生活在城市里的职场白领，每天公司和家两点一线，也没有特别的生活体验。她在很多时候做创意的输出就会“难产”。

所以，如果我们想增加创意的输入，那么有以下几个比较简单的方法。一是看相关的书，二是看相关的影视作品，如电影、电视剧等。艺术源于生活又高于生活。同样，创意是一个凝聚、升华的过程。

创意的作用有什么作用呢？

第一个作用是使说服的过程更有趣。我们生活在充满说服的世界里，做任何事情的目的都是说服。拍短视频的目的是说服粉丝，让粉丝认为我们是很有意思、很有才华的人，粉丝才愿意持续关注。销售产品的目的是说服客户购买产品，客户只有对产品认可才会付出金钱。追求婚姻伴侣的目的是说服对方与自己共度一生，要展示自己优秀的一面和展望幸福的未来。做所有事情的最终目的都是说服，而在说服中添加创意就能够使说服的过程变得更有趣，而不是生硬地说服。你可以试想一下。销售员说：“我的产品很好，你买吧。”短视频作者说：“我的短视频很好看，你给我点赞吧。”在结婚的时候，新郎只会说：“我是好男人，和我在一起吧。”

在短视频的内容中增加创意，就会使生硬的说服变成有吸引力的说服，对方就会不自觉地想主动关注你，而不用你主动要求他关注你。

第二个作用是使说服的过程更有诚意。很多公司在培训员工进行电话销售时，要求打电话的同时要保持微笑。有些销售新手会疑惑：与客户通话又不是面对面交流，即使笑得再灿烂客户也看不见。

实验证明这样做是有效的，人在微笑的时候，语气、措辞、态度都会释放出善意，而这些善意虽然看不见、摸不着，但是电话另一头的客户却能真真切切地感受到。所以，我们在制作短视频的过程中花了很多时间和精力，观众在观看的过程中也能感受到你的诚意，即使短视频的效果一般，观众也会被你的诚意打动。在生活中，有的销售员采用了关怀客户的方式，其实这也是对销售行为做出的一次创意，虽然客户暂时不需要他的产品，但是他像朋友一样长时间关心客户，为销售行为增加更多的诚意，最终客户就会被他的诚意打动而买单。

第三个作用是使说服的过程更有感染力。假如你想通过短视频卖一款服装，简单的文案是“我的这件衣服非常漂亮，材质好，拉链拉起来很顺滑”，但是这种生硬的文案是没有作用的。所以，我们要在内容里增加创意，可以用互动短剧的形式展示以下内容：在穿上这件衣服后马上显得雍容华贵；穿这件衣服能够促成业务；穿这件衣服能够马上找到男朋友；穿这件衣服参加聚会能让老公非常有面子。如果增加这些创意文案在内容里，那么可以使说服的过程更有感染力，客户在看了后更有掏钱买单的冲动。

既然创意是元素的有机组合，那么要如何组合才能得出优秀的创意呢？接下来重点介绍创意的产生过程。首先，把产品元素拆分出来做成横轴，如果产品是保险产品，那么产品元素可以拆分为保障、身故、家庭、幸福、储蓄、教育、养老等，如图 11–2 所示。保险产品具有保障的功能，家庭成员万一遭遇意外，起码能够给予一定的保障，整个家庭不至于被拖垮。保险产品也可以让我们的家庭更幸福，在生活上没有后顾之忧。有些保险产品是带有储蓄功能的，只要持续若干年不出险，除了可以领回全部保险金之外还能得到利息。有些保险产品是教育险，我们可以把钱攒起来供孩子读大学使用。另外，还有具有养老功能的养老险等。

我们还可以在横轴里加上公司元素，如公司的价值观、企业文化、企业建立初心、创始人的故事等，把这些元素逐一罗列出来。把产品元素和公司元素拆分得越细致，横轴就越长，分析得出的结果自然也越详细。接着，再把热点元素拆分，做成竖轴。例如，“520”这个热点事件可以形成日期、表白、浪漫、求婚、约会等。5月20日是一个具体的日期，在这一天里，有很多男孩会尝试向心仪的对象表白或者与女朋友度过浪漫的一天，一起吃晚餐、看电影。有些人也会在这一天向女朋友求婚。我们把与热点事件相关的全部元素都拆分出来形成热点元素。接下来，我们就可以把横轴的产品元素和竖轴的热点元素一对一结合形成创意核心。我们可以使用穷尽法，尝试把所有元素都连接一次，看看哪个创意核心比较好。例如，从竖轴的日期开始，逐个连接保障、身故、家庭等产品元素。

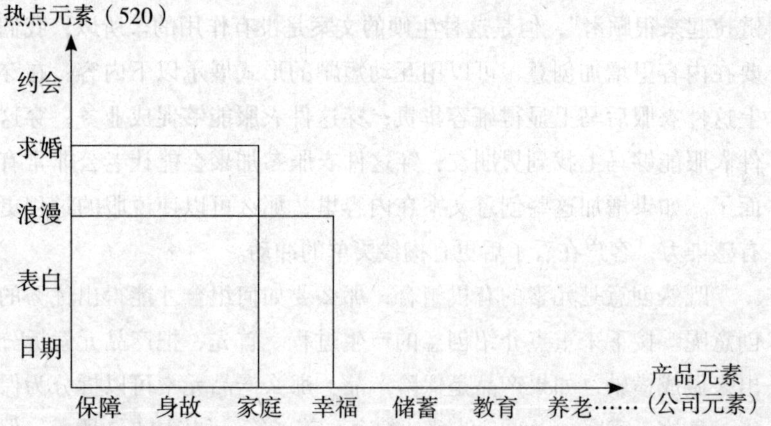

如果热点元素有10个、产品元素有10个，那么使用穷尽法，我们可以得到100个创意核心。但是这100个创意核心并不都适合用来拍短视频，我们从中挑选一两个即可。

在一个短视频案例中，男主角在女主角的生日当天送给她一份特殊的生日礼物——保险，并说出：“很幸运能够让我遇到你，我错过了你的前22年，但是我想之后的每一天都有我和它一起保护你，保险生效的附加条款是被保人只能是父母、子女、配偶，所以我顺便向你求婚。”你在看完后是不是会被感动？在日常生活中，我们经常会遇到保险业务员一上来就推销："买份保险吧，我的保险产品很好，覆盖面很广，万一你哪天出事了能保你的家庭幸福。"这种推销就是前面提到的没有创意的硬性推广法，一上来就推销会让人很反感。要把内容拍成短视频就需要再增加创意，这样的短视频有核心才能成为"爆款"。很多观众都被这条短视频感动了，纷纷在评论区留言："我也想买一份保险，业务员请赶紧联系我。"其实这条短视频是一家保险公司投放的广告，这个创意对保险产品的销售产生了巨大的推动作用。

你如果细心观察短视频内容，就可以看出作者其实使用了上面讲的方法，把产品元素和热点元素有机结合，产生出了短视频的创意核心。这条短视频是在 2018 年 5 月 20 日发布的，作者把浪漫和幸福做了有机的创意连接。这天是女主角的生日，男主角在带女主角外出吃饭的时候，把保险单作为生日礼物送给她，同时又掏出戒指顺便求婚，这样保险才能生效。这个创意核心是把热点元素求婚和产品元素家庭有机连接得出来的。作者正是通过这种方法，在确立了两个创意核心后，围绕它们进行编剧的。

有人可能会提出疑问：创意核心越多越好吗？其实并不是的。如果创意核心太多，短视频就会显得没有重点，杂乱无章。短视频的时长最多为一分钟，如果创意核心太多那么是无法一一展示的，并且核心太分散、不够突出。前面提到过新手的拍摄手法需要磨炼，如果短视频太长就会降低完播率。所以，创意核心有一两个就够了，超过两个会导致内容没有重点，而且短视频时长也不允许。

在正常情况下，热点事件能够拆分出的热点元素不会很多，一般是 10 个左右。而某些产品元素不太适合形成创意核心。在实操几次后，你就会对热点特别敏感，知道哪些热点事件可以做成创意核心。

热点事件分为两类。一类是固定热点，例如春节、圣诞节、情人节、中秋节等节日。我们可以提前组合创意核心进行拍摄。另一类是突发性热点，例如各类新闻事件。这类热点更考验我们的快速反应能力。只有先蹭热点的人才能先吃到“螃蟹”，当人们都在蹭这个热点时，这个热点对观众来说已经失去了吸引力，甚至让观众产生审美疲劳了。

➡ 如何创作出爆款短视频

除了生产创意核心，还有没有其他更简单的方法能够帮助我们制作出“爆款”短视频呢？答案是有的，只要掌握了下面这些模板，你就能快速地制作出人人都为你点赞的“爆款”短视频。

1. 利用情感和情绪

人类与动物很重要的区别是人类具有丰富的情感，并且很容易被这些情感所触动。前面的章节讲到要想成为“网红”需要调动观众的情绪，让观众产生共鸣，从而为你的短视频点赞。现实生活中的情感与情绪有很多。因为作品的题材和想要表达的思想不同，我们将各种情感和情绪组合起来可以得到不同的效果。举个例子，2018 年上映的情感电影《后来的我们》十分火爆，收获了不错的票房。据说很多人在电影院里看哭了，它是一部催泪大片。情感和情绪元素分别有爱情、亲情、愧疚等。①爱情。影片主要讲述了男主角和女主角之间的爱情故事，这是影片的主旋律。②亲情。男主角与他父亲的关系在影片中有很多不同形式的呈现。父亲的身体不好，一直待在老家，而男主角的事业无成，没有办法把父亲接到身边。因为回家不方便，男主角很少回去看父亲。③愧疚。男主角因为工作不顺利破罐子破摔，沉迷于游戏无法自拔，女主角觉得和他在一起太累而选择分手。后来，男主角终于发现问题所在，他感觉对不起女主角，非常的愧疚，进而发愤图强，终于成就了一番事业。电影中涵盖的情感和情绪很多，很多人在观看电影时，会不自觉地被代入故事情节中，仿佛在影片中看到了自己，因此有感而发。网上有大量与电影相关的评论，为电影带来了大量的关注，从而吸引更多人观影，形成了正向循环。

2. 热点续写

我们经常讲要蹭热点，那么如何蹭才是最有效的呢？如果你只是将热点简单地翻拍，那么虽然创作门槛很低，但是竞争对手会很多，你想要脱颖而出是非常困难的。热点续写是一个很好的蹭热点方法，也称为二次创作。在如图 11–4 所示的短视频案例中，视频主角是酒吧驻唱歌手。这条非常简单的视频却收获了 1.9 万次点赞，换算成播放量大约为 35 万次。具体短视频参见短视频案例 11–2。

我们如果想蹭这个热点，那么可以在这个热点的基础上二次创作，以产生新的创意。这样做的好处有很多，首先在续写的时候可以结合自己账号的领域，这样就不会出现领域不统一的问题。其次，在续写热点时故事线多种多样，与竞争对手内容重复的概率微乎其微，更容易脱颖而出。

3. 引发好奇

在短视频的后半部分埋伏一个“神”转折，这样不好吗？在短视频的后半部分埋伏大反转，如果短视频开头部分的内容太无趣，那么观众也没有耐心往下看，会直接划过，所以即使转折做得再好也没有用。你要想让观众看到“神”转折，前提条件是让他停留在你的短视频中，最简单的方法就是引发观众的好奇，让观众很想知道答案，然后出现转折，再给出最终答案。

引发好奇有以下三个常用的方法。

（1）设置一个让人摸不着头脑的场景

在短视频开篇设置了一个让人摸不着头脑的场景，已经成功地引起了观众的好奇，好奇心会驱使他们一直看下去。在短视频的前几秒，直到短视频的中段才出现了转折，吸入人们一直看完才恍然明白。

（2）开篇直接提出问题

问题的类型要针对账号的目标用户，对于粉丝普遍关注的问题，在短视频中解答，这样一定能够吸引很多的粉丝。例如，小腿粗是很多女孩头疼的问题。因为小腿粗，所以她们在夏天不愿意穿短裙，在走路时不自信，但是没有好的解决方法。当看到短视频片头这行字时，目标粉丝就会被这个标题所吸引并停留下来。她们在看完后，如果觉得有用就会持续关注我们的账号，我们就达到了“涨粉”的目的。

（3）用文字、音乐暗示结尾有转折

我们可以使用文字和音乐暗示结尾有转折，让观众停留下来看到最后。例如，“他，曾经是个王者，后来，他妈妈来了……”观众在看到这个文案后会很好奇，这个小孩遇到了什么事情？他妈妈如何对付他，是打他，还是骂他一顿？观众会带着强烈的好奇心一直看下去。这条简单的短视频收获了超过11万次点赞。

我们在抖音中应该听到过很多带转折的音乐，原理是一样的，这里不再赘述。

4. 学会共情

每个人都有不同的标签，如籍贯、职业、身份等，观众在遇到与他们标签一样的人时会感到特别亲切。中国人有很重的乡土意识。住在某一个地区的人往往会受那个地区环境的影响，形成具有地方特色的风俗习惯、礼仪。当我们在异地碰上老乡时，共同的乡土文化会立刻把我们拉拢在一起，我们会用自己的方言谈起家乡的山、水、人物。所以，销售高手喜欢问顾客是哪里人，如果恰巧与对方的籍贯相同，接下来的相处与成交将会非常顺利。拍摄短视频也一样，当内容表达出了与粉丝相同的身份属性时，粉丝会将作者视为同类人而更愿意接纳他。

5. 学习借鉴

我们可以把同领域的优秀微信公众号、短视频账号、微博账号全部关注，把这些账号最近1年的“爆款”文章、短视频全部收集并下载，摘出最引人入胜的内容并整理成册，形成创意素材库。未来如果哪天出现了相同的热点或事件，我们就可以直接在创意素材库里调取相关的素材。对于曾经火过的内容，我们只要稍做加工即可使之再次成为“爆款”。

➡ 视频制作应注意的问题

短视频的制作过程中有许多注意事项，这其中的每一点对于短视频的最后成品都有着很大的影响。提高对这些事项的关注度，形成一个短视频制作的良好习惯，可以大大提高短视频制作的效率，高水平地完成深受观众喜爱的短视频作品。

1. 合理利用和整合现有资源

在短视频行业领域中，素材的积累和整合是非常重要的，尤其是在进行后期制作的时候，合理利用已有的资源可以大大提高工作的效率。短视频的后期需要添加大量的音乐素材、模板素材以及滤镜素材等，这些素材有些是免费的，有些则是收费的，所以在整合这些素材的过程中一定要注意版权问题。

除了短视频素材的合理利用与整合以外，人脉资源也同样重要。人脉即人际关系，指的是人与人之间的交际脉络，在当今社会上，人脉是非常重要的一种资源，在拥有了强大人脉的情况下，无论是在前期制作短视频还是后期运营的过程中，都可以提供强大的助力，甚至对于短视频团队整体的未来发展也会有很大的好处。

想要整合人脉资源，首先要先拥有一定的人脉，人脉的建立是一个漫长的过程，绝不能等到需要用到某个人的时候才试图与对方联系感情，必须要经历长期的感情维护才能建立稳固的人脉关系。想要丰富人脉，首先要做到的就是多认识朋友，甚至是朋友的朋友，也就是所谓的二度人脉，在认识了这些人后还要加强对对方的了解，这样才能确定在什么样的方面会需要这个人脉。

在有了一定的人脉资源之后，就要开始整合了。在整合的最初，要将所有认识的人，不管当时你认为是相关人员还是无关人员，全部列出来，然后根据层级进行分类。人脉可以分为核心层人脉资源、紧密层人脉资源与松散备用层人脉资源，越靠近核心层的人脉也就越重要，也就越需要耗费大量的时间来进行维系。

2. 视频要顺畅自然

短视频最终效果的呈现与镜头的运用是分不开的，想要完成一部高质量的短视频作品，镜头的流动与转换必须要自然。镜头的运用是剪辑师在剪辑过程中的最基本技巧，想要达到转换自然的效果就要求剪辑师在剪辑过程中要遵循一定的逻辑与原则。

一个短视频中镜头的运用要符合一定的逻辑，符合事物发展的客观规律。每个人根据生活经验都会建立出自己的逻辑，这就意味着他在观看短视频时会根据自己的已有逻辑来对其进行判断，除了是结尾处想要给观众意外感的悬疑类短视频以外，一般的短视频如果让观众觉得逻辑不通，就会导致其评价较低，甚至会被认为是烂片，所以镜头转化符合逻辑对于一个短视频而言是非常重要的。

短视频的镜头在拍摄时需要遵从匹配原则。匹配原则指的是镜头中的人与物应上下统一，以保持观众在观看时的一致感。物品的拍摄应该保持空间的一致，这样在观看的时候才不会有出戏的感觉。在拍摄过程中，镜头与演员的视线也应该匹配，这样才能给观众带来身临其境的体验。

镜头的流动和转换自然是需要在摄影师与剪辑师的共同努力下才能够完成的，缺一不可。虽然在镜头运动的过程中也可以采用一些手法来起到强化剧情的作用，但是总体上依旧必须符合相应的原则与逻辑，镜头的运用是否得当将最终影响成品的效果，所以说在为镜头赋予故事核心深意的同时也要注重观众的体验。

3. 拍摄尽量少用转场特效

在短视频剧本完成之后，还不能够立即投入拍摄，这个时候还需要制作出分镜头剧本来帮助拍摄的顺利进行。分镜头剧本是一种将平面的文字转化为立体视听效果的媒介。分镜头剧本可以用来把握短视频的创作风格与整体节奏。在制作分镜头剧本的时候，有许多需要把握的细节。

首先分镜头剧本的创作必须充分体现短视频故事所要表达的内容的真实意图，只有这样才能避免短视频成品出来后与原剧本意图相左的情况；其次分镜头剧本必须要简单易懂，它是一个在拍摄与后期过程中起指导性作用的总纲领，如果太过繁杂或者艰涩难懂，会给后期的工作带来相应的麻烦；最后分镜头剧本还必须表示清楚对话和音效，这样才能令后期制作完美地表达出原剧本的真实意图。

短视频剧情的衔接虽然可以使用一些转场特效来使其更加流畅，但是也绝对不能滥用。转场特效应该用在前后镜头画面色彩相差过大或者故事发生重大改变的时候，以起到一种承接的过程，但是即使是这种情况下，转场特效也应该尽量与短视频内容本身贴合，做到浑然一体。如果滥用转场特效，虽然看起来起到了转移注意的作用，但是这样做容易打断视觉思维，扰乱故事节奏，可谓是得不偿失。

4. 音乐和背景声音要贴合画面

短视频背景音乐和普通的音乐截然不同，短视频背景音乐是依托于故事想要表达的内核而生的。短视频的音乐和背景声音如果使用得当，可以起到为短视频增添色彩的作用。对于一个短视频而言，不同的气氛下需要不同的音乐，这种音乐的选择需要剪辑师与脚本提供者沟通过后再确定。

背景音乐离不开短视频本身，想要评价一个背景音乐是否出色，要看其与短视频的结合度有多高。好的背景音乐可以烘托气氛突出重点，让观众更好地理解短视频制作团队想要表达的意图。在短视频剧情逐渐走向高潮的时候，可以选用激荡的背景音乐，充分调动观众的情绪。如果是悬疑主题的短视频，在谜底揭开前选用令人紧张的背景音乐，可以令观众对剧情更加投入。

当你找到一个认为适合的背景音乐时也不是立刻就可以投入使用的。往往一个背景音乐还不足以完全表现出复杂的情节，那就要求剪辑师将多个背景音乐按照剧情的发展剪辑到一起，从而令短视频使人更有代入感。

背景音乐在剪辑配适画面的时候，要按照音乐的节奏来切换画面，这样可以让画面更加有层次感。同时音乐的选用还应该张弛有度，节奏快的地方多适用于多镜头快速切换，而节奏慢的地方则多适用于长镜头。背景音乐应该尽量选用纯音乐，避免歌词对观众的思维产生影响。当然，版权问题也必须要注意，背景音乐千万不能侵权，防止产生纠纷。

5. 片头片尾体现变化

片头与片尾在一部影视作品中的重要作用不可替代。短视频作为影视作品中的一类，自然也同样需要片头片尾进行气氛的烘托。而短视频的特性要求它的总体时长较短，能够分给片头与片尾的时间也就更加短暂了，想要在如此之短的时间内体现出片头与片尾的重要意义，这就要看制作者的技术了。

片头位于整个短视频的起始位置上，应该快速引入整个故事的主题，让观众迅速入戏，将注意力全部投入其中。利用节奏与故事主题相适应的音乐烘托气氛，激发出观众的感情。同时片头还需要对主要演员与故事背景进行一个短暂的介绍，让观众有一定的了解后，在观看的时候才会觉得更加顺畅。

片尾位于短视频的最末端，也有着其不可或缺的作用。一个好的短视频片尾应该在最后回顾整个故事，渲染气氛，最终升华主题，做到有始有终。好的片尾可以在整篇后面继续调动观众的注意力，令观众对短视频故事本身产生更多的思考。同时在全部内容结束后，还可以令观众感到回味，引发其思考。

片头和片尾既相互呼应，又相互区别。片头片尾通常采取不同的手法来达到不同的目的。片头主要需要快速将观众代入故事，通常戏剧冲突较为强烈，引人入胜。而片尾则是需要帮助观众在最后理清思路，回顾全局。无论是片头或者片尾，对于一个短视频而言都能够体现出其水平，所以应该得到短视频制作团队更多的重视。

以上就是短视频制作的过程当中应该注意和避免的一些事项。这些事项在具体实践运用的过程当中应该具体问题具体分析，根据不同短视频情况采用不同的方法，避免其中提到一些的错误。只有这样才能够真正将一个短视频团队运营好，吸引到“粉丝”的目光，成为一个成功的短视频运营团队。

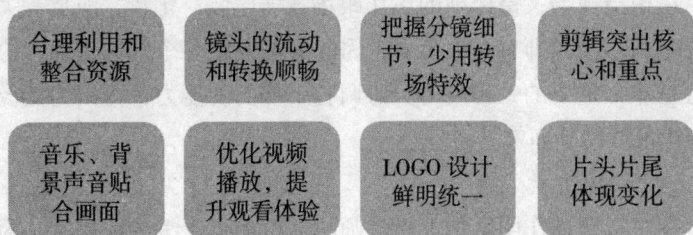

合理利用和整合资源	镜头的流动和转换顺畅	把握分镜细节，少用转场特效	剪辑突出核心和重点
音乐、背景声音贴合画面	优化视频播放，提升观看体验	LOGO 设计鲜明统一	片头片尾体现变化

➡ 视频的摄像与剪辑

短视频是拍出来的，短视频的表现力以及意境都是通过镜头语言来表现的。一个好的摄像师能通过镜头来完成编导规划出的拍摄任务，并给剪辑留下非常好的原始素材，节约大量的制作成本，并完美地实现拍摄目的。

1. 摄像师的重要性

（1）观察力

摄像师在拍摄现场的工作，就是捕捉演员或者拍摄主体一系列的瞬间，以完成影片的拍摄。其中，细致的观察能力是必不可少的。

例如，一个演员的表情有可能是一闪而过的。如果有细致的观察能力，就可以辨别出其中的区别，挑选一个最有表现力的完成拍摄。

此外，在现场拍摄中，摄像师还需要根据实际情况，对编导的脚本提出建设性的意见，以便增强作品表现力。这一切的基础就是摄像师细致入微的观察力。

（2）应变力

在拍摄现场会发生各种各样的情况，演员的表现也会呈现多种不同的状态。在各种情况下，摄像师需要在一系列的镜头中，挑选到最佳的拍摄角度、最佳的光线效果以及演员最丰富的表情和个性，以便为短视频的后期制作提供最佳的素材。

（3）协调力

在拍摄现场，摄像师的工作跟场景、服装、化妆、演员等关系非常密切。摄像师对画面负责，因此必然要跟各个部门沟通，协调能力是非常重要的一种能力。协调各个部门的能力，可以为摄像师呈现出最好的画面效果。

（4）沟通力

在短视频创作团队中，摄像师的地位相当于编导的副手。为了拍摄出更好的画面，一些摄像师经常需要跟演员、灯光等部门的人员进行沟通。与编导一样，协调沟通能力对于摄像师来讲，也是非常重要的。

在各个部门协作时，经常不会是一帆风顺的。摄像师要接受来自编导的脚本，了解编导的拍摄意图，指导拍摄工作，又要在实际拍摄过程中，与其接触的演员、化妆、灯光等部门密切沟通，确保画面完美呈现。因此，摄像师是一个非常需要各部门配合的工作，优秀的沟通能力是其必不可少的。

2. 视频剪辑需要哪些能力

短视频的剪辑可以说是为短视频赋予第二次生命的一个过程。在这个过程中，剪辑师会将个人对于整个短视频故事的理解投入其中，这就意味着，最后的成品会突出什么都是由不同的剪辑手法来决定的。所以一名剪辑师必须要对整个故事想要表现的核心思想有一定的了解，这样做出的成品才能够突出重点。

一个短视频作品的核心可以分为脚本想要表达什么与想让观众看到什么。脚本的核心是整个短视频中最本质的内容，所有的镜头最终都是为了这个核心来服务的，该核心在脚本确定下来的时候就已经形成了，而它是否能让观众感受到就要由“想让观众看到什么”这个部分来决定了。

让观众看到什么是短视频作品核心的外部表现，在这个部分剪辑工作会起到相当大的作用。剪辑过程就是重塑整个故事的过程，每一个镜头的转换与事物的凸显都会给观众留下相当大的印象，从而帮助观众理解剧情。适当的剪辑手法的运用可以将短视频所想要讲述的故事表达得更加清晰。一部好的短视频作品在剪辑过程中必须要突出核心与重点，只有这样才能令观众真正地理解作品。

后期制作是短视频创作团队中不可或缺的职位。一般情况下，在短视频制作完成之后，需要对拍摄的素材进行选择组合，舍弃一些不必要的素材，保留精华的部分，还会利用一些后期编辑软件对摄影作品进行配乐、配音以及特效工作，其根本目的就是要更加准确地突出短视频的主题思想，保证短视频结构严谨，风格鲜明。

对于短视频创作来讲，后期制作犹如“点睛之笔”，可以使杂乱无章的片段有机组合，形成一个完整的成果。将素材变为作品的过程实际上也是一个精心的再创作过程。

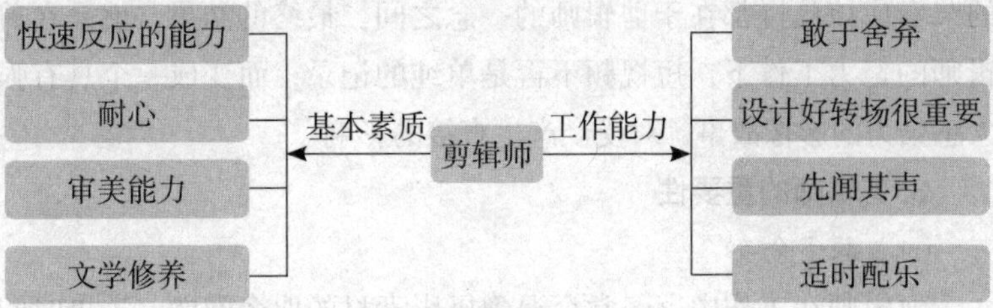

那么，在一个短视频创作团队中，剪辑师的工作需要哪些基本的素质呢？具体如下。

（1）快速反应的能力

在拍摄完成之后，剪辑师会按照编导的想法进行后期制作，因此与导演的交流过程是确定后期制作方向和风格的关键时期。在这个时期，剪辑师需要具备的能力就是快速地记忆、理解，对于一些不甚清楚的细节要进行最终确认。这种快速反应能力是一个剪辑师必不可少的素质。

（2）耐心

在工作中，一段短短的视频通常情况下需要好几个小时才能剪辑完成。如果中途去做别的事情，会将剪辑前期积累的思路破坏掉，对整个剪辑过程都会产生不好的影响。因此，剪辑过程往往是一气呵成的，需要剪辑师在计算机前持续工作，其必要的耐心不可或缺。

（3）审美能力

审美能力是剪辑师的基本素质。虽然审美能力在不同类型视频中的需求不同，例如，美业短视频所需的审美能力最高。但是世界上没有观众会喜欢丑的东西，因此不断提升自身的审美能力是剪辑师的重要任务。

（4）文学修养

一些零散的素材被重新整合，成就一个完整的作品，这个过程本身就相当于将一个个方块字组合成一篇文章。对于短视频，作品的亮点和高潮都由剪辑师来负责。对于整篇作品中做到抑扬顿挫，哪里应该添加音乐，哪里应该添加特效，哪里的节奏应该快，哪里的节奏应该放慢都在于剪辑师的一念之间。最终的结果，就是在剪辑师的努力工作下，短视频不再是单纯的记录，而变成一个具有强大感染力的影像故事，对受众产生直接的影响。

3. 剪辑师的重要性

（1）敢于舍弃

剪辑师在工作中，经常会遇到摄影素材的取舍问题。拍摄时间经常要 10 多个小时，但是剪辑下来一般也就几分钟。对于演员以及摄像师来讲，舍弃一些片段是十分可惜的，但是剪辑师的工作就是去粗取精。对于一些与影片目的明显不符的片段，要勇于舍弃。

（2）设计好转场很重要

剪辑师日常工作中最常见的内容之一是设计转场。转场是指两个场景之间的衔接。在原始素材中，是不存在衔接的。剪辑师的工作一方面使各类转场自然衔接，另一方面是照顾观众的视觉感受以及整个作品的整体氛围。

（3）先闻其声

在剪辑师的工作中，一个常用的技巧是将音乐或者语音放置在画面的前段位置。最终的呈现效果就是，先闻其声，后见其行。这样在设计的时候，画面出现得比较自然，给观众非常流畅的观感。

（4）适时配乐

在短视频的高潮阶段或者温馨时刻，经常会响起应景的音乐。此时的音乐除了可以表达情绪，增强感染力外，还可以使画面的衔接更加自然，对于短视频流畅度的提升有很好的效果。

第三章

如何持续活跃用户

➡ 分析用户的需求

运用短视频进行营销，和其他任何一种营销方式相同，都必须要根据用户的需求来进行定位。目标人群的选择是否准确是短视频营销是否成功的重要因素之一，下面我们就来说明一下如何确定目标人群。

对于一个短视频而言，由于其观看群体的复杂性，观看者的需求是多种多样的，单独的某个短视频是不可能将所有观众的全部需求都满足的，在这种时候短视频制作者就应该建立用户需求模型，从而更简便地将用户的需求按照重要程度进行排序。Kano 模型就是一个可以帮制作者解决问题的用户需求模型。

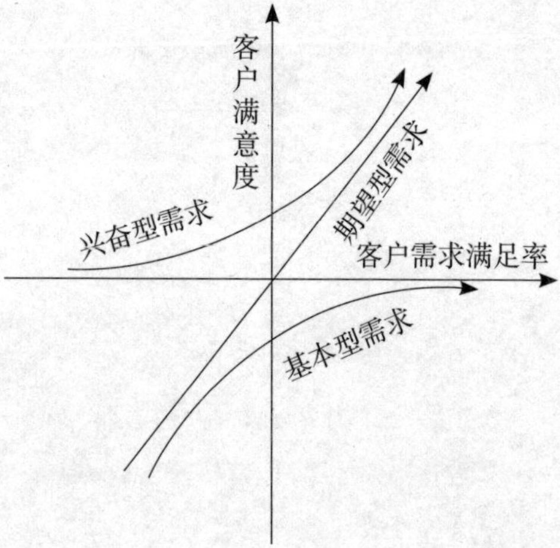

Kano 模型是由东京理工大学教授狩野纪昭发明的，其主要作用是在将用户的需求进行分类后按照重要程度再进行排序。短视频制作者如果采用这个模型对所收集到的用户需求的相关数据进行分析，可以高效率地得出短视频内容所要满足需求的轻重缓急，帮助制作者更好地制订计划。

Kano 模型根据用户不同需求的重要程度，将其分为了 5 类：基本型需求、期望型需求、兴奋型需求、无差异型需求和反向型需求。这 5 类重要程度依次递减，也就意味着短视频用户的基本型需求是必须要满足的，而反向型需求则是不应该做的，如果出现反而会适得其反，引起用户的不满。

根据图示我们可以看出，纵轴越向上客户的满意度越高，横轴越向右客户需求的满足率也就越大。基本型需求是基础，短视频的内容必须要满足用户的基本型需求才能得到用户的认可，如果没有达到的话就会招致用户的不满。

期望型需求指的是用户在观看短视频之前所预期中想要达到的那部分需求，也就是所谓的“痛点”。期望型需求虽然不是必需的，但是一个短视频作品的内容如果可以满足这部分需求，在与其他同类短视频进行竞争的时候，就会有极大的优势，在用户的心里也会留下无可替代的印象。

兴奋型需求对于客户的需求满足率的提升，是有重大影响的。用户在观看短视频的时候如果兴奋型需求被满足，其需求的总体满足率就会急剧上升。想要满足用户的兴奋型需求就需要短视频制作者给予用户出其不意的惊喜。惊喜的内容就是用户的潜在需求，如果短视频可以满足，则有利于快速提高用户的忠诚度。

所以制作者在制作短视频的过程当中，应该在收集整理分析数据后，根据该模型，确定用户需求的综合的最高点，通过对短视频用户需求的深度分析来对制作内容不断地进行调整，主动对用户的满意度进行升级。只有这样才能保证用户的黏着性，避免用户的流失，保持短视频发展的稳定性。

堪称抖音第一美女的李子柒，她的诗意生活吸引了很多人的关注。网红李子柒是四川人，她曾经是微博知名博主，后在抖音平台上绽放异彩，凭借制作美食的短视频被大家熟知。目前，李子柒全网的粉丝高达2000万人，她发出的短视频播放量高达30亿次。

在李子柒很小的时候，她的父母就离婚了，她和爷爷奶奶相伴一起长大，后来爷爷也去世了，李子柒就和奶奶相依为命，奶奶是她至亲的亲人。从小缺乏父母的关爱，感受不到家庭的温暖，在李子柒14岁，就因为生活的压力，她被迫独自一人外出打工，独自在外生活了七八年。她曾做过餐厅服务员，还做过酒吧DJ，正是这段经历，让她更清楚地知道自己未来要走的路，更加明确自己未来的人生方向。

2012年，李子柒的奶奶生了一场大病，此后，她决定花更多的时间陪伴自己唯一最亲近的亲人，回家陪伴奶奶。同时期，中国网购用户规模达2.47亿人，李子柒紧跟时代潮流，开始自己拍摄短视频宣传自己的淘宝店。就这样，她开始了探索之路。

一开始，李子柒一个人拍摄、一个人剪辑，虽然一个人做这些很辛苦，不过她还是保持更新。2015年，为了活跃淘宝店的生意，李子柒自拍自导古风美食视频，并上传到美拍，没想到视频受到欢迎，淘宝店反而没有多少起色，她干脆关了店专心弄视频。

李子柒会做饭也是因为小时候受爷爷的影响。她的爷爷是一位乡厨，经常会教她一些技巧，所以拍摄做菜类的视频，李子柒信手拈来。

后来的事情大家应该都知道了，当她积累了一定量粉丝数后，她签约了MCN微念科技公司。加入微念后，李子柒的粉丝数迅速增长，现如今，她的粉丝数超

过了千万，有着非凡的商业价值。

再后来，李子柒天猫旗舰店正式营业，店铺上线当天，店铺内的大部分商品销售过万。而李子柒日常发布的视频的转发量也超过10万次，评论量超过8万，点赞数突破30多万。

李子柒的定位：闲云野鹤，田园人家。李子柒的视频，给在都市生活的人们带来了一种全新的感受：青山绿水，悠然自得，每天可以不用为生活奔波，陪伴着自己的亲人，过着世外桃源般的生活。

或许是因为城市里的人们每天生活节奏很快，辛苦工作后回家看看李子柒发的视频，可以让人很放松，忘记一天的疲惫。也许李子柒这样的生活，正是大多数人理想的生活，所以大批人关注了她。

凡是看过李子柒的视频都知道，她把日子过成了诗，她的生活如诗一般的美好。有网友说：李子柒的生活才是每个人真正向往的生活，这样的生活谁不想要呢？

➡ 做好市场定位

“定位”是最近几年的商业热词，但真正能参透定位精髓的人并不多。这个词出自地理，也就是经纬度坐标，后来延伸至营销学以及心理学。举个例子来帮助大家理解吧。

有这么一个地方，它的地理坐标是：纬度22.542724，经度114.110650。如果不借助工具，我们不知道它是什么地方，对吧？如果告诉你，这个位置在深圳市罗湖区深南东路5002号，你是不是更清晰一点了？好了，再告诉你，这个地方它叫“地王大厦”，现在很多人都知道了吧？其实呢，“地王大厦”只是个外号，它的正式名称

叫“信兴广场”。

纬度 22.542724，经度 114.110650；深南东路 5002 号；信兴广场；地王大厦。这四个都是定位，依照各自的描述都能找到那个位置，但是，前面三个都不如“地王大厦”深入人心，为什么？因为“地王大厦”是在消费者心智中的定位，这才是王道。

对定位最大的曲解和误区就在这里，很多人认为自己懂定位了，认为我想去做什么或者我要去做什么，其实都不是。

定位，就是去消费者心智中找到一个空位，锚定它！这个空位就是受众的需求或者潜在需求，不以需求为基础的所谓定位只是自嗨。

有些需求是不明显的，甚至连消费者自己都不知道，那么，就要去把它挖掘出来，转化成需求。例如，很早之前，“上火”只是一种感觉，王老吉便找到了消费者心智中的这个空位，将感觉转化为需求，并借助“凉茶”和“王老吉”来锚定它——怕上火喝王老吉。

1. 个人 IP 定位

个人 IP 的定位不像产品那么宏大、严谨，能给人新鲜的感觉就算定位成功了。个人 IP 定位三要素：特产、特长、特点。有其中一种就可以了，同时具备多种更好。

比如：华农兄弟的竹鼠——特产，动不动就要把这么萌的竹鼠吃掉——特点；杜子建，一个头发很长的瘦“老头”玩抖音——特点，很能聊情商——特长。

好的定位也要落地了才能成功。个人 IP 定位好比挖一口井，定位是找准了挖井的位置，确定那个位置下面有水。然后就要在这个位置持续笔直地挖下去，这是内容垂直。

随着抖音用户基数的不断攀升，越来越多的短视频制作团队入驻抖音，在注册账号之前，一定要思考账号的定位，主要聚焦什么细分领域做内容。没有定位你很难持续地产出内容。

重点在于持续。定位相当于是一个框，框住我们的思维，框住我们的内容，引导我们朝着什么方向去做内容。一旦没有定位，你的方向就会迷茫，你不知道该专注于哪个行列。最终，你就会失去方向，失去用户。

即使你是做搞笑内容，也要有自己的定位。这关乎你在用户头脑里，要构建怎样的一个形象。比如《陈翔六点半》的定位就是“屌丝文化”，一开始拍这类视频就是给这个人群看的，所以他的视频内容区别于大部分短视频所走的文艺唯美画风。前期的定位，关乎人们提起这个 IP 账号时，是用什么样的一句话来传播这个 IP 的。

2. 如何做好定位？

（1）找到自己擅长的点

优点和特长容易理解，很多人也能够自己发现自己的特点。

伯乐很重要。德云社的相声演员很多都是非常普通的人，如果没遇上郭德纲，岳云鹏可能还在端盘子，他的搭档孙越可能还在动物园里喂大象。你身上那些算不上亮点甚至感觉是缺陷的经历、相貌、习惯动作、口头禅、表情，甚至单边小酒窝，都可能是特点，并且可能变成优势和特长，用于个人 IP 定位。

做短视频之前，石年一直在做与销售相关的培训，但我们发现石年在创业方面比销售更在行，而且，创业和销售的关联度非常高，所以建议她做《石年说创业》。另外，考虑到要给受众和学员以足够的信心，特意保留了石年质朴的风格，她就像我们身边很常见的一个邻居，或者是表姐、表妹；语言风格也走通俗易懂的线路，尽量不用成语——这样一个小姑娘都能成功，我们也能！目前，这个 IP 也是收获了几百万的粉丝。

（2）专注自己喜欢的领域

做自己真正喜欢的东西，你将会有更多热情去坚持，不会因为一些挫折就丧失信心。只有自己擅长并喜欢的东西，才能够逐渐在这一块把内容做精细，也会得到一个好的结果。如果某个领域的内容真的是你发自内心喜欢的，那你做起来也会觉得十分有趣，这样更容易坚持下去，并产生优质的内容！

（3）更垂直、更差异，抢占某块内容阵地的高地

在做定位时，建议去做一下市场调查，尽量避开网络上的同质化内容，因为同质化内容无法提起广大粉丝的兴趣。可以尝试不断深挖自己所选择的领域，往往你做的内容足够垂直，也就与同类内容创作者间产生了差异化。

杜子健于2018年5月15日开始做抖音内容，他之前也在各种平台上做自媒体内容输出。后来，他看准了短视频这个风口，开始转战抖音。他最早的定位是励志，曾经，他的一条视频就爆粉了400多万。

杜子健能够在抖音上爆火，也是在特定时间内的一种必然。当时内涵段子被封，2000多万用户瞬间失去了方向，随后，一些忠实粉丝便转向了抖音。当时，抖音上面生产内容的人少于观看内容的人，正所谓时势造英雄，最早期制作内容的人，就逐渐被推为网红。

在负能量时期，出现了杜老师，他每天在抖音上发布正能量的内容，收获了一批粉丝。随后，他得到了抖音的青睐，并给了他大波流量，所有刷抖音的人每天都能看到他的内容至少三四遍，而他的内容正好是比较有“营养”的，大部分用户都选择了关注他。

（4）关注热门视频，学习并创新

多看一些热门视频，并思考其内核，总是可以获得一些启发。比如那些热门视频是如何起标题的，是如何与粉丝进行互动的，他们内容的亮点在哪里，他们是靠什么吸引粉丝的……每天坚持去学习，当自己开始创作内容时就会多一些灵感。

（5）专注原创，切忌搬运

很多人一开始的想法就是做搬运，搬运其他平台现有的内容，但是事实证明，其效果非常差。抖音平台是限制搬运的，搬运其他平台的内容，即使积累了一定量的粉丝，也难以拥有自己的核心竞争力，很难形成自己独特的标签，这样粉丝也必定不会有较强的黏性，后期想要变现也是非常困难的。

一旦做好定位，接下来就是坚持，尽量不要做太大的改变。前期的视频内容可能不会有太多人关注，不过不要灰心，要坚持创作。在这里还需要提醒大家，抖音没有爆款，重在坚持，不断改进、优化内容，提高视频质量是关键。

个人 IP 打造七步曲		
1	自有资源分析	显在和潜在的优点、特长、特色、特点，要考虑资源的可持续性
2	市场需求分析	某个群体的特殊需求，或者是人们共有的一个小需求点，已存在的竞品
3	定位	用户画像，用一句话形容自己的产品 / 服务，品牌、昵称、ID
4	烙印设计	标签、标志（图形 / 表情 / 动作）、VI（视觉设计）、UI（用户界面）
5	竞争壁垒构筑	100 条视频铺底、粉丝关系维护、知识产权保护
6	运营推广	点赞、评论、转发、互动
7	转化变现	产品梯队、粉丝经营、视商、线下活动

➡ 传递有价值的信息

想要持续活跃用户，短视频团队制作的作品必须传递正向的价值观。内容要有营养，可以令用户在观看过后得到一定的养分。仅仅有深刻含义还不够，想要得到好的效果，该短视频同时还要有一定的趣味性，这样寓教于乐才能真正打动用户。

1. 持续输出走心的短视频

想要牢牢笼络住老用户的同时积极吸取新的用户，短视频团队需要保持一个较高的更新频率。高频率更新的同时最好还要定时更新，这样便于培养出用户的习惯，增加用户的黏性。一味地为了保持高频率更新而忽略短视频的内容质量是不可取的，只有走心真实的高质量短视频才能获得用户的青睐。

万合天宜作为一个2012年成立的新媒体影视公司，推出了《万万没想到》《报告老板》等系列短视频，截止到2018年1月，其点击量已经突破了20亿。《万万没想到》《报告老板》这两个系列的短视频，都是采取每期一个新主题、每周定时更新的方式，从而做到始终保持用户的活跃度。

万合天宜的短视频作品内容虽然多以搞笑为主，但是在内容的编排上体现了主创团队的真实想法，真情实感地做出了打动人心的短视频优秀作品，《最强选秀王》是《万万没想到》第一季中的一期，仅在B站上就获得了302万的播放量。作为万合天宜早期的作品，在当时尚未积累起太多活跃用户的时期，能取得如此好的成绩，自然是有其独到之处的。

2013年是选秀节目频出的一年，唱歌、跳舞、演讲等各种技能相关的选秀节目层出不穷，吸引了大批的观众。万合天宜选取这个主题，迎合了当时的社会热点，很快就获得了一定的热度。在《最强选秀王》中，万合天宜没有以各个主人公有什么绝活来作为主要内容，而是另辟蹊径，表现了当时观众极为不满的一个现象——“卖惨”。

“卖惨”指的是利用自己的惨状博得他人同情，然后从中获得利益的一种行为。过去的选秀节目当中，有一些选手由于自身的悲惨遭遇获得了评委的同情，得到了更多的鼓励。一些想要走捷径的心怀不轨的选手就从中看到了机会，开始编造自己的惨状，欺骗评委与观众。随着这样的选手越来越多，许多节目被搞得乌烟瘴气，观众对于这种现象也越来越不满。

《最强选秀王》就是在这样一个背景下制作完成的。这个短视频以非常荒诞的方式表现了几个选手不合逻辑的故意“卖惨”，而评委出于各种考量，不仅没有揭穿还假装被感动，夸大而搞笑地表现出了当时的社会现象。并且借主人公之口说出了用户心中对于这种现实的真实感官与评价，获得了用户的认可。而某些之前没有注意到这种现象的用户，也会在观看之后引起思考。

万合天宜的大多数短视频作品都是如此，以当时的热点话题作为背景创作出脚本，然后令演员以搞笑的方式表演出来。用户在观看过这些分外真实的内容后，哈哈一笑的同时还会引发自己的深思，从而体会到了制作团队的用心，自然而然地就产生了认同感，在无形中将这些用户转化成了活跃用户。

短视频团队想要做出真实走心的短视频作品，一方面要关注当下的热点话题，找到独特的切入点，创新地表现出热点现象背后所隐含的真实意义；另一方面也要关注目标用户的需求，从他们的想法出发，打造出一个既内容用心又观点动人的优秀作品，这样才能做到持续活跃用户。

2. 视频内容易引发用户共鸣

为了在众多的短视频作品中突出重围，引起用户的关注，现在很多短视频团队都开始了短视频创新之路。每个团队的尝试方向各有不同，而真正被广大用户关注的团队，他们的作品都有着相同的特点——可以真正地打动用户，引起用户的思考，引发用户的共鸣。

以现在热度最高的短视频制作者 papi 酱为例，她能获得高播放量的短视频都有一个相同的特点，那就是内容接地气。这些短视频都是选取用户与其身边人在生活中一定曾经遇到过的事情或者听到的话，在观看时就会令用户产生共鸣，甚至还会因此将该短视频推荐给身边的亲朋。通过这样的方式，papi 酱既抓住了老用户，又吸引到了新用户，真正做到了持续活跃用户。

接地气的内容是一个有趣又有料的短视频所必不可少的。而什么样的内容才算是接地气的内容，是一个需要深思的问题。不是所有世俗的内容都接地气，也不是所有高雅的内容都不接地气，一个好的短视频内容应该做到雅俗共赏。真正的接地气是要广泛地反映出用户最普通的生活，让他们有代入感，感觉这个短视频表现出的就是他们真实的生活。想要做到这一点，不同方向的短视频团队虽然需要不同的方法，但是其中本质的道理是共通的。

（1）反映用户需求

想要短视频内容接地气，就要切实反映用户的普通生活。普通生活涵盖了方方面面，在一个短视频中不可能每一处都体现出来，必须要选择最具代表性的部分。在内容确定下来之后，还要选取适当的观点。对于一件事，每个人都可能有不同的看法，这些看法一般可以归为几类，每一类看法都有其出发点，一类看法是正确的并不意味着剩下的看法是错误的。

团队要在这些看法中选取出一个在短视频中表现，其依据必须是目标用户的需求。不同的用户由于性别、年龄、地域以及受教育情况等不同，对于同一件事必然抱有不同的看法。短视频想要活跃用户，必须抓住目标用户的心声，才能引起他们的共鸣。如果仅参考团队的意见来完成作品，很可能与用户的需求背道而驰，难以做到真正的接地气。

（2）结合当下热点

热点话题是有时效性的，相同的一个话题不一定在任何时间点都能引起用户的共鸣。比如，一个以“吐槽”亲戚令人反感的题材为主要内容的短视频，一定是在过年前后才能引起最广泛的认同。这是由于只有在这样特定的时期里，用户才会因为事件即将发生或者刚刚结束而感到焦躁，从而被短视频的内容引起共鸣。

对于这种每年会在固定时间引发热议的内容，短视频团队有较长的时间来进行准备。除此之外，更多的热点话题是突然产生的。这一类热点发生速度快，得到的关注度高，团队如果想要制作此类相关的短视频，一定要高效率地完成。因为用户对于此类话题的关注度在其成为热点的时候达到最高，然后就会逐渐降低。团队如果制作速度慢，晚于讨论度最高时期发出，很难引起用户的关注。

“亲爱的，好久不见”是2017年初在朋友圈被疯狂转载的一部短视频。它讲的是“吴安良”即吴维纯、安来宁、左明良这三个都会弹吉他写歌的人平日里在上海的各个角落里努力奋斗，当2017年的新年来临的时刻，他们又得以重聚，一起重温老友情，共饮百威科罗纳的故事。

从故事的叙述来看，似乎只是一个讲述普通的、温暖人心的故事的短视频。但其实，它却是百威科罗纳的一次成功的短视频营销。百威科罗纳是一款深受大家喜欢的啤酒，它的用户群体非常广泛，并不局限于某一个年龄阶段，只要是会喝酒的人就可以成为其用户，由于这一特性，百威科罗纳想要持续活跃用户就需要投入相当大的精力。

百威科罗纳对于短视频内容的选择可谓是别出心裁，摒弃了往常惯用的以球赛或者酒吧等为背景的方法，采用了“友谊”这个特殊的短视频主题，巧妙地将各个年龄层次的用户串联到了一起。不论用户属于哪一个年龄层，都会有几个感情很好但是因为工作生活变得不再那么经常相聚的朋友。

“友谊”是一个容易引起用户回忆的话题。百威科罗纳的这一则短视频并不是采用编造一个故事的方法，而是将现实的生活搬上了荧幕，没有经过艺术加工的短视频作品更加真实，与用户的普通生活的重合度也更高，产生的反响也就更强烈。百威科罗纳的这一决定既针对老用户又针对新用户，受众群体广泛。

在这样一个关于友谊的短视频里，将百威科罗纳巧妙地作为老朋友相聚时刻的饮品植入其中，提出“就为这一刻”的广告概念，就会令观众产生一种联想，一想到要和老友重聚，就会想到百威科罗纳，而等到真正和老友重聚的时候，就会自然而然地选择百威科罗纳作为饮品了。

百威科罗纳短视频营销的成功，体现了短视频营销中内容要真实有趣、直指人心的重要性。一个好的短视频主题可以让观众产生新鲜感与共鸣感，从而激发起观众的购买欲望。这样精准地制作短视频，比起其他同类的短视频营销能取得更好的效果。

当短视频团队在内容选取上找不准方向的时候，不妨从现实生活中找找灵感。一部好的短视频作品往往就是源于一个富有新意的灵感，只是从其他短视频中学习经验的话只会拾人牙慧，丢失自己的特色。艺术源于生活，短视频虽然形式简单，但是同样是艺术的一种，想要获得用户的认可，必须回归到最本质的生活当中，就如同百威科罗纳的这次尝试一样。

➡ 新用户如何快速涨粉

在早期获取第一批用户的阶段，短视频团队应该多参加各个平台举办的相关活动或者多多通过分享的方式增加曝光度，最大限度地令更多的用户看到。只有被用户看到了，以后才可能有机会将其转化为自己的“粉丝”。

1. 参加短视频比赛

现在短视频相关的比赛种类繁多，参与者也同样众多，这就导致了想在众多短视频中脱颖而出变成了一件难度较大的事。想要在短视频比赛中得到名次，其重中之重就是让该短视频获得足够的热度，也就是足够的关注度。热度有了，短视频就会在列表里排到更靠前的位置，也就会被更多的人看到，这是一个相辅相成的过程。于是如何才能得到高热度就成为一个短视频团队所首要思考的问题。下面就以抖音这个短视频 APP 中的一个比赛为例来说明一下。

抖音作为一个新生的短视频 APP，凭借着广泛的广告铺设，很快蹿红了网络，成为当下新兴的流行短视频 APP。抖音开展的“爱的手势舞”短视频大赛得到了很多关注。这个比赛的背景音乐共被 164.7 万人使用，参加比赛的人群基数较大。再加上视频的形式较为固定，想要从中取得好名次似乎变得非常困难。有许多短视频播主想要借亮眼的外形来得到一个蹿红的机会，但现下俊男美女层出不穷，观众们似乎也早已审美疲劳了，颜值已经不再是最能打动人的了。

在这个时候一个特别的视频被越来越多的人关注到，一时在网络中走红。这个视频中两个表演“爱的手势舞”的表演者不再是一对外貌出众的小情侣或是闺中密友，而是两个相貌平平但是在短视频中无时无刻都透露着温馨幸福的老夫妇。这个不同以往的短视频之所以能走红网络，是因为其创新性。提到爱似乎每个人都会想到情侣之爱、朋友之爱，而注意到了经过岁月沉淀的爱的这个短视频制作者，正是因为他的全面化、多角度思维方式，才能在这个短视频比赛中脱颖而出。

2. 活动造势，吸引眼球

活动造势其实就是宣传营销短视频的一种方法，通过这种方法，可以起到吸引用户眼球的目的。活动造势是短视频真正投放前的一个前期积累人气的过程，活动造势的方法多种多样，不同的短视频团队可以根据自己现有的资源选择不同的方法。

（1）预告片投放

对于一些制作周期较长的短视频，尤其是微电影类的，可以在正片正式投放前，先制作一个预告片，起到一个预热的效果。预告片中涵盖的内容，必须要能够满足目标用户的心理需求，从而引发其期待度。为了做到这一点，预告片的情感冲击一定要大，最好可以制造悬念引人观看。

虽然预告片中应该体现正片的精髓，但是千万不能将正片中全部精彩的画面都剪辑进去，否则就会发生用户在观看预告片后期望值过高，而正片却不能满足这种期望值，最终导致用户败兴而归。同时预告片的逻辑与情感基调也应和正片相同，避免用户在观看正片后产生被预告片欺骗的感受。

（2）“大咖”推荐

如果短视频团队中有相熟的“大咖”，无论是不是短视频领域内的，只要有一定的关联度都可以拜托他们帮忙进行一下前期宣传，这样可以吸引来一批他们本身的“粉丝”，而且这部分“粉丝”对于短视频团队自带一定的好感度，只要短视频的质量高，很容易就可以从中获取到第一批用户。

（3）社交平台推广

社交平台的推广如今大多发生在微博或者微信上。在微博上如果没有相熟的“网红”博主，可以付出一些资金，雇用营销号来进行前期推广。营销号往往都拥有大量的“粉丝”，而且它们之所以能够成为营销号，在文案创作上也有一定的功力，可以正确帮助短视频造势。在微信上也可寻找一些知名度较高的公众号来进行前期造势。

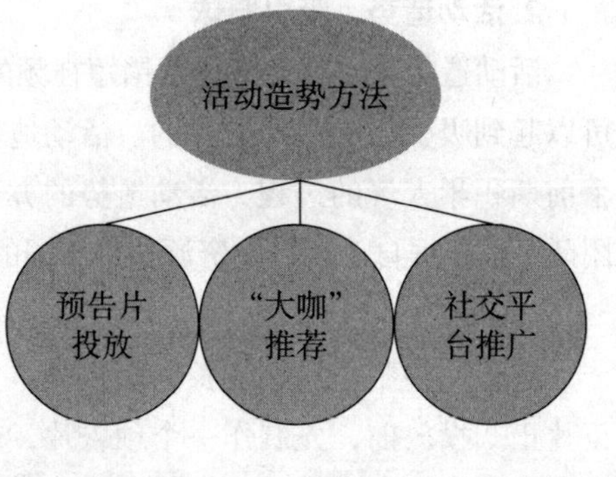

活动造势主要是为了对短视频正片进行宣传，在用户的心里打下坚实的基础，也就是通过前期造势活动，使得短视频正片投放以后，能够迅速获取第一批用户。在活动造势的过程中一定要注意目标用户的感受，造势只是一个推广的过程，绝对不能让用户产生被强迫感。强迫容易让用户产生逆反心理，降低了其接收信息的兴趣。

3. 熟人转发分享

在一个全新的短视频团队发展之初，还未积累起用户的时候，拜托熟人帮助转发是走出运营第一步的好方法。这种方法是依托现有社交资源来实行的，每个人都有过被熟人找上门来要求帮忙分享微信、微博或者各种作品的经历，当这样的人多了，很多人在烦不胜烦中也逐渐找到了应对的方法，不是视而不见就是虽然帮忙但是仅对分组可见。在这样的情况下，不仅根本无法达成拜托熟人帮助在社交工具分享的原有目的，而且还会影响熟人的感受。所以如何有技巧地拜托熟人帮助分享就成了一个问题。

社交媒体经济学中有一个概念是社交货币，这是一个用来衡量用户究竟愿意在社交工具中分享什么内容的概念。社交工具中的分享是一个非常私人的行为，用户往往认为他的分享体现了其思想与品位，所以在他人要求帮忙转发的时候会认为是强加给自己的一个思想，于是就不愿意做出这样的行为，在这样的情况下必须树立一个良好的熟人社交关系才能扭转这种思维。

（1）建立互助关系

在社交过程中，一味地要求对方帮你做什么，很快就会招致对方的厌烦，但是如果建立了一个良好的互助关系，就会形成一个良性循环。想要建立这种关系，首先就要做到当熟人求助的时候，如果不是非分要求并且在能力范围之内时，应该积极给予帮助。在得到你的帮助后，该熟人就会对你产生歉疚感，并且还会抱有补偿心理。等到你拜托其帮忙在社交工具中分享短视频作品时，对方自然乐意而为，还会主动帮你在朋友圈内进行宣传，达到良好的分享结果。

（2）控制求助频率

在拜托熟人帮助分享短视频的时候要注意控制频率，这件事不能成为你与熟人之间的主要交流内容。如果平时与熟人很少交流，甚至是不交流，突然找其帮忙分享，一次两次对方会念在之前建立的情谊上给予帮助，但是长此以往对方会觉得你是在利用他，不仅以后不会再帮助分享，甚至还会破坏与熟人之间的关系。

（3）选取有兴趣的熟人

拜托熟人帮助分享短视频去社交圈的时候，熟人其实就是最初

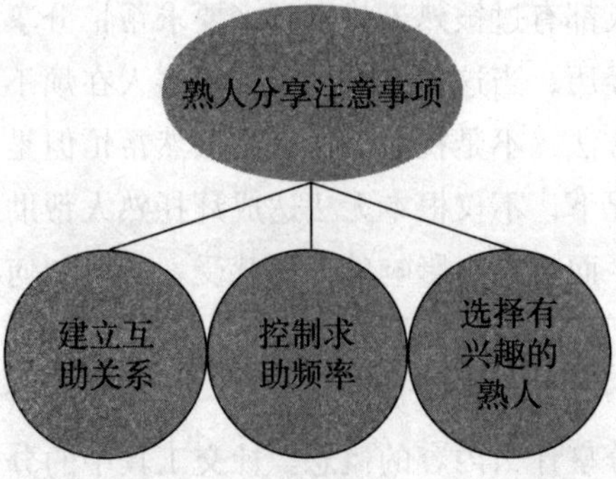

的用户。所以在选取熟人的时候，就如同选取第一批用户一样，尽量选取需求导向一致的。当熟人本身对于短视频产生兴趣的时候，就意味着该短视频是符合他的思想、品位的，他自然而然地就会主动选择分享该短视频，并配上真心实意地高评价，这样才能达到最好的分享效果。

拜托熟人对短视频进行社交工具分享，是一个信息传播的过程。当熟人的熟人看到并且产生兴趣后，会再次分享到自己的社交圈中，而他的熟人中也会有人做出同样的行为，依此类推。通过这种信息的不断传递，短视频的传播范围就越来越广，辐射用户群体也在不断扩大，从而能够更大范围地获取第一批用户。

4. 社会化媒体互动转发

社会化媒体种类繁多，是一个复杂的媒体合集。社会化媒体指的是一种给予用户极大参与空间的新型在线媒体，是植根于用户之间的交流、分享、传播的社交网络平台，是给予了用户一定空间和可支配度的在线媒体。社会化媒体的出现改变了用户固有的娱乐方式，在营销过程当中用户的自发性作用也愈加突出。

社会化媒体互动转发，其实是一个通过社会化媒体进行短视频营销的过程。社会化媒体营销指的是利用社会化网络，在不同的社交网络平台上来进行营销，建立公共关系和针对用户服务进行维护开拓的一种方式。社会化媒体互动转发现在常常运用在微博等综合性社交网站当中，短视频团队通过这种方式可以提升作品的传播速度。

在进行这种营销前，首先要确定的就是营销的目的。概括来讲，对于一个短视频而言主要目的有两个：扩大影响力与增加播放量。这种影响力必须是正面的，只有正面的影响力才能塑造好的口碑，从而形成口碑效应。这种影响力的塑造还需要思考主体是什么，是要提高这一个短视频的影响力，还是要提高整个短视频团队的影响力？前者针对的是作品，后者针对的是人，为达成两种目的有不同的营销方法。想要通过社会化媒体互动转发提高播放量，要打造好该短视频的题目与介绍，必须第一时间吸引到目标用户的眼球。

张沫凡是微博上知名的一个“网红”博主，经常录一些穿搭类、美妆类短视频，分享自己的心得。她的“每周一穿搭”系列每一期上传都会得到很好的反响。她在 2015 年 10 月，发布了讲述自己失败爱情的短视频《失恋过吗》，该短视频被微博上很多知名的“大V”账号转发，有很多网友纷纷在她的微博下讲述自己的故事，她也会选择有代表性的评论予以回复，完成互动。凭借这种社会化媒体的互动转发，她收获了超过 14 万次转发，“粉丝”也在 2015 年底达到了 200 万。

张沫凡的例子是一次成功的社会化媒体营销，她通过这种互动转发，大大提高了短视频的播放量。微博上失恋过的人数不胜数，他们中的每个人心里都有属于自己的故事，张沫凡以失恋作为切入角度，引起了用户的共鸣。同时，她还提高了自己的影响力，获取了大量的“粉丝”，为后来的穿搭、美妆类短视频的曝光度打下了坚实的基础。

在社交平台上进行社会化媒体营销，一定要有一个优秀的创意直指人心。而在过程中一旦造成了轰动，甚至是社交平台运营者发现了这个可以引爆话题的机会参与进来时，应该立刻乘胜追击，加大力度佐以其他营销方法对自己的短视频进行宣传，从而取得更大的胜利，引起更加轰动的讨论。

➡ 如何与粉丝互动

短视频团队想要留住用户并使其活跃，互动是绝对不能少的。用户对于自己喜欢的短视频团队，天然地带有一种认同感及崇拜感，在发出评论并且得到该团队的回应后，用户的这种感情会得到极大的满足，从而产生归属感。这就是为什么许多“网红”短视频团队都存在大量的死忠用户。

1.让粉丝参与创作

让用户参与到短视频的创作当中可以大大拉近短视频团队与用户之间的距离。而且在短视频制作完毕之后参与到其中的用户还会持续关注该短视频的发展情况，因为这其中含有他们的一部分心血。而如何才能让用户参与到其中就是短视频团队需要考虑的了，以下几种都是短视频领域内常见的用户参与方法。

（1）话题征集

每个短视频团队在长期制作短视频的过程中，难免都会遇到瓶颈期，不知道该做些什么新内容比较好。在这种时候不妨发起一个活动，让用户评论他们想看到什么。这样的方法一方面使用户表达出自己的感想，让团队了解其需求，再根据该需求来调整未来的短视频方向；另一方面也让用户在表达自我的过程中产生参与感，让用户感觉自己成了团队中的一部分。

同道大叔在制作《大叔吐槽星座》的时候，经常发布一些主题为“你与某某星座发生过哪些有趣的事”的微博。从微博评论中选取出最有代表性的事例作为以后短视频作品的话题。当评论的用户未来看到这期短视频的时候，必然会感到非常亲切，对于这个系列的短视频作品也会产生不一样的感情。

（2）短视频征集

一个短视频团队的力量是有限的，对于同一个主题不可能做出太多种不同方案的短视频，而向用户征集短视频后再进行筛选则可以涵盖普通人会真实发生的各种可能性。这种可以让用户参与进来的短视频形式可以大大提升用户的热情。

《吉米鸡毛秀》（以下简称《鸡毛秀》）是美国 ABC 的一档深夜脱口秀节目。作为一个老牌的脱口秀节目，自 2011 年起，每一年的万圣节，主持人吉米都会发起一个“告诉你的孩子，吉米让你吃光了他的糖果”的主题活动，要求家长将孩子听到后的反应拍成短视频上传，然后节目组再从其中选取出最有趣的剪辑到一起播放出来。

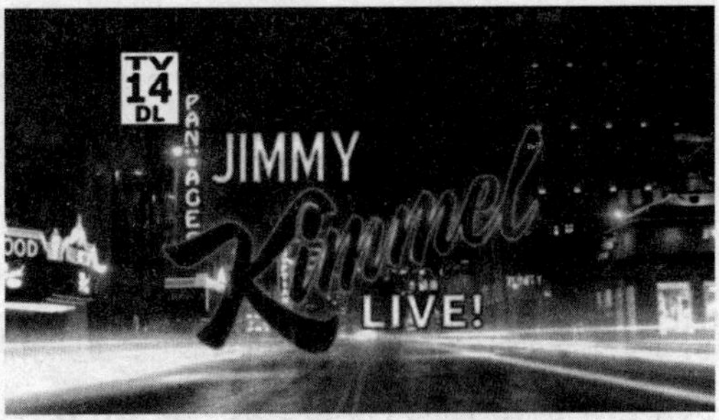

万圣节是美国的一个传统节日，每到这一天，小孩就会打扮成各种样子挨家挨户地要糖果，这些糖果对于他们而言都是辛苦了一个晚上得来的最珍贵的东西。一觉醒来得知家长把糖果吃掉了以后可想而知会是什么反应，哭闹发脾气都不会在意料之外。但是同样存在一些孩子会轻易地原谅家长，让观众看到了另一种可能。

吉米通过这个短视频征集活动，很大程度上达到了宣传《鸡毛秀》的效果。而这些参与到其中的家长，就转化成了活跃用户。节目在播出之后，他们必然会把相关的节目片段再转发给其他认识的人观看，从而形成二次传播，使得传播范围不断扩大，吸引到更多的观众前来观看节目，提高收视率与关注度。

短视频团队同样可以采取相同的方法，选取更贴近国内普通人生活的主题，发出征集活动，有兴趣的用户在看到该活动后自然会参与其中。在用户的参与过程中，自然地提高了短视频团队在其心中的地位。在团队位置提高以后，用户与团队之间的互动也就会变得更加频繁，同时带动其他用户，一起活跃起来。

（3）抛出争议话题

有争议才会有话题，争议话题指的是从多个角度解读都有其道理的一种话题。在短视频抛出一个争议话题后，必然会引起用户的思考。当在评论区看到与自己不同的看法时，用户自然地就会进行回复讨论，从而提高短视频的热度，吸引来更多的用户参与其中，进行讨论。

“阅后即瞎”是一个以独特方式讲解电影的短视频团队，在2018

年1月制作了一个关于影片《迫在眉睫》的短视频。如图8-5所示，阅后即瞎团队以诙谐的方法描述了这部电影的内容，这是这个团队的惯例，每一部电影解说的标题都会用夸张或者恶搞的方式来重新诠释原电影，让用户感到轻松有趣。

《迫在眉睫》讲述了这样一个故事：一个穷苦的黑人父亲在儿子得了心脏病却得不到救治的情况下，迫不得已选择抢劫医院，逼迫医生给他的儿子进行换心手术。最终在媒体直播解救医院的过程中，大家都被这位父亲对儿子的爱所感动，医院最终答应了为其儿子实施手术。但是由于没有心脏源，父亲打算自杀将自己的心脏给儿子。就在这千钧一发之际，终于传来了找到合适心脏的好消息。最后父亲服刑，儿子恢复了健康。

这是一期非常感人的电影解说，然而“阅后即瞎”团队却在短视频的最后提出了一个问题：“最终是爱解决了问题，还是暴力解决了问题？”这个问题令所有看过电影以及看过解说的用户展开了讨论，他们以不同的角度分别阐述自己的看法，完成了一次非常好的短视频团队与用户之间的互动。

2. 为粉丝提供归属感

忠实用户对于商家而言是价值最高的那一部分用户。忠实用户是随着商家不断调整运营方向一步步最终筛选出来的用户，这一部分用户不易流失，而且愿意为产品花费资金，是商家应该重点挽留的对象。对于忠实用户而言，商家在原有商品的基础上提供高附加价值是一种非常有效的活跃方法。

高附加价值对于忠实用户而言会给其一种专属感，从而对商家产生归属感。在通过短视频这种方式进行运营的时候，高附加价值不再仅仅指的是用户物质上可以得到的好处，还可以延伸到心理层面上。

为忠实用户提供实体的高附加价值在实际操作过程中比较容易。作为忠实用户，商家发布的每一个短视频用户一定都会观看，可以在短视频过程中或者最末尾处剪辑促销、折扣或者抽奖等相关内容，并且标注只有满足了什么条件的忠实用户才可以参加。这样一方面让忠实用户得到了高附加价值，另一方面也给了新用户转化为忠实用户的动力，充分活跃了用户。

除了物质上的高附加价值以外，心理层面上的附加价值同样也应该得到商家的重视。心理层面上的高附加价值分为品牌属性的以及娱乐属性的，想要从这两种属性的角度为忠实用户提供高附加价值需要采取不同的方法。

（1）品牌属性高附加价值

品牌属性指的是一个品牌首先给人带来的特定属性。如今社会将他人标签化的情况屡见不鲜，用户在选择品牌的时候也同样将这个品牌标签化了，也就是所谓的品牌属性。用户之所以能够成为忠实用户，就代表着他认为这个品牌的属性与自身的定位是相同的，商家在制作短视频的时候可以突出这种品牌属性，让忠实用户感到被认同，从而得到心理上的高附加价值。

（2）娱乐属性高附加价值

商家制作的短视频往往都是带有娱乐属性的。轻松搞笑的短视频氛围更容易让用户接受商家想要传递的事情。在这种情况下，想让忠实用户从本就充满娱乐属性的短视频中获得专属的高附加价值，商家就需要对其量身定制了。

忠实用户的一大特点就是喜欢的时间长，对事情了解得全面。所以商家在制作短视频的时候可以适当地加入一些"老梗"，即只有忠实用户才能理解的搞笑点。这样在新用户评论询问某些内容是什么含义的时候，忠实用户可以通过解答科普而获得一种成就感，感受到自己的一种优势，从而对品牌产生更强烈的归属感。

高附加价值对于忠实用户而言是锦上添花的内容。商家想要使用户对其产生归属感，首先还是要做好产品本身。只有好的产品才能吸引来更多的用户。高附加价值是使忠实用户产生归属感的一种手段，但绝不是决定性因素。

"回家，你怕了吗？"是一汽马自达在2017年初拍摄的一部以回家过年为主题的短视频。在这部短视频当中，体现了不同年龄不同职业的人新年在哪儿过年这一情况，引发了用户的共鸣。并且马自达还在微博、微信上发起了“在哪儿过年”的话题讨论，引起了网友纷纷“吐槽”自己过年的真实情况，如图 8-6 所示。

马自达的这次短视频营销活动借助了“春节”这个可以令全部中国人都有话可说的热点话题，再加上微博、微信两大平台共同互动，可谓是大大赚足了讨论度。“春节”这个节日对于每个中国人而言都有着不一样的意义。每个用户关于过年都有着属于自己的独特回忆。就如同短视频中所说：“不管在哪过年，都要过自己的年。”

短视频一开始选择了春运的场景，非常真实。许多人在回家过年的时候都经历过春运时拥挤的火车站与一望无尽的人群，就算没有亲身经历，也在电视中看到过。这种贴近普通人生活的接地气内容，会引起广大用户的共鸣，为之后的微博、微信互动活动打下了坚实的基础。

商家与用户之间在“双微”平台上进行互动的例子早已数不胜数了，而像马自达这种发起的话题与自己产品完全没有任何关系的却并不多见。一个通过“双微”平台与短视频来进行产品营销，却没有在平台上提到自己产品的营销活动真的能够起到好的作用吗？我们来看一些数据。

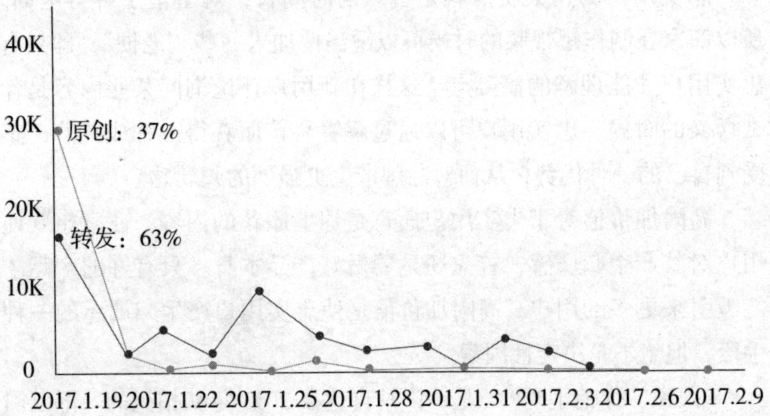

由折线图可以看出，在 2017 年 1 月 19 日，“去哪儿过年”这一话题推出的当天讨论度达到了最高点。此后在过年回家以及返程的时候又分别到达了一个小高峰。这表现出用户对于这个话题的讨论，在春运往返的过程中是最有兴趣的，与短视频当中的情景相符，体现出了短视频内容的真实性。

自 2017 年 1 月 22 日开始，马自达在微博的热度不断上升，直到 2017 年 1 月 29 日才恢复平时的状态。而在 2017 年 2 月 5 日之前，马自达的热度又迎来了一个小高峰。马自达的微博热议指数的变化与“去哪儿过年”这一话题讨论热度的变化是相同的，这表明了“去哪儿过年”这一话题虽然看似与其无关，但是由于是马自达发起的，所以同样为其带来了正面的影响。

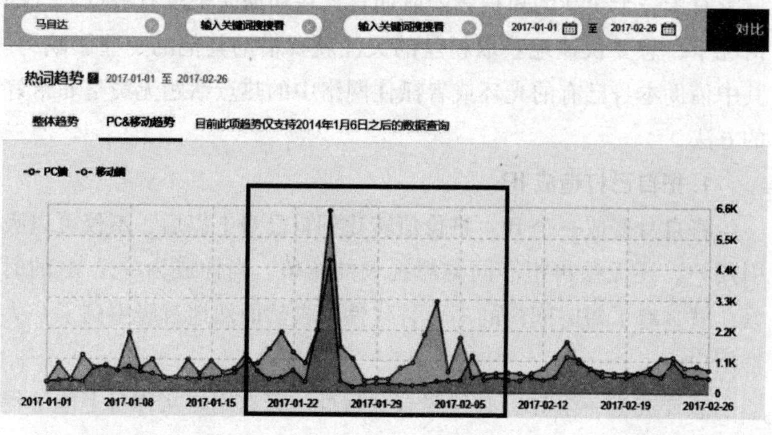

新媒体营销时代已经与传统的营销完全不同了，想要宣传一个品牌不再意味着必须为这个品牌的产品本身打广告，从其他角度选取热门话题，引发社交平台讨论一样可以对品牌有积极的影响。一汽马自达的营销重点是其当时将要推出的两款新车“未来派轿跑阿特兹”与“马自达旗舰 CX–4”。在经过这次的短视频以及“去哪儿过年”话题营销之后，马自达吸引到了用户极高的关注度，在此之后发布的新产品自然而然地就会同样得到这些用户的关注，达到了一汽马自达此次营销的目的。

马自达这次营销能够成功，首先是因为短视频真实地表现出了普通用户过年时的场景，令这些用户产生了共鸣，从而为其后推出的“双微”话题讨论活动做出了良好的铺垫。而“双微”话题讨论依旧选取的是普通用户最有感触的“去哪儿过年”，令每一个用户都能够参与其中，产生互动，引发了高热度讨论。最后话题的高热度又持续到了一汽马自达推出的新款车的发布上，成功达到了营销产品的目的。这样一环扣一环，紧贴用户心理，真正做到了持续活跃用户，达到了预期营销效果。

➡ 如何快速聚集影响力

对于一个全新的短视频团队而言，在初期完全没有一点人气的情况下，想要快速地获取粉丝的关注就要借助其他的一些影响力。其中借助本身已有的光环或者抓住网络中的热点话题无疑是非常好的方法。

1. 把自己打造成 IP

将自身变成一个 IP。将价值转化到自己身上以后，不仅可以吸引用户，还无须再担心同类短视频的竞争。当你成为一个 IP 的时候，就具有了短时间内的不可替代性，自然而然地就吸引到了一大群用户。

想要成为一个 IP，必须要有独特性。只有用户从你身上能够得到从别人那里得不到的东西时，他们才会认同你，并且这些东西必须是原创的，抄袭而来的东西永远都不会真正变成自己的，只有原创才是保证短视频持续生命力的不二关键。这必定是一个艰难的过程，坚持很重要，只有不断地坚持努力才能获得最终的认可。

在自身 IP 的打造阶段，首先要选准定位。准确的定位来自短视频制作者对于自身作品的正确认知。制作者可以通过用户调研、访谈的方法多多了解用户对作品的看法，这样才能抓准重点，避免出现偏差。

在打造IP的过程中，抓住时机是非常重要的。现在各大平台上都有数不胜数的短视频团队，然而成为“网红”的却是凤毛麟角。每一个机会都是稍纵即逝的，在发展过程中如果没能把握住机会，想要再次打造IP，或许要等待很长的时间。抓准时间，打造爆款IP可以为短视频未来的发展提供极大的便利。

在某个短视频在用户群体中得到很大的反响的时候，短视频制作者就应该对此种现象加以研究，找出其最受用户欢迎的点，从而以这个角度打造系列IP，不断刷新存在感，在不同的平台上进行发布推广，最大限度地吸引来用户，与其加深联系。只有将作品与用户紧密联系在一起，才能使得IP真正产生影响力。

2.“大咖”背书，传递影响力

“大咖”指的是在某个领域取得很大成功的人。而背书则指的是某个人发表对某人或某事的支持。“大咖”背书利用了“大咖”自有的影响力来为一个新的短视频团队做推荐，从而将自己的“粉丝”传递成对方的“粉丝”，现在有很多“网红”公司都是以这种方式来进行营销的，在他们捧红了一个短视频主播后就会令其与该公司新人互动，从而带动新人人气，快速获取第一批用户。

心理学上将这种现象称为“名人效应”。名人效应指的是名人会引起他人注意并扩大影响的一种心理现象的统称。用户通过“大咖”背书会获得一种天然的信任感，起到一种“名人效应”的效果。用户作为该“大咖”的“粉丝”，对于自己喜爱的人自然是信任的，对于“大咖”推荐的人，也就产生了一种爱屋及乌的心理，自然也就愿意去关注。“大咖”背书利用其知名度与美誉度为用户提供了安全感，从而建立了信任体系，增强了新短视频团队的可信任度。

Papitube是papi酱所发起的一个创意视频平台，截止到2017年底，已经签约了30名短视频创作者。Papitube就是一个非常典型的通过“大咖”背书来传递影响力的平台，其签约的短视频创作者有很多在之前都没有什么名气，但是通过平台的推广之后，很快就吸引了一批用户。这种多元化的融合就让Papitube这个平台拥有了丰富的形式及不断创新的内容。

“大咖”背书是一个信息传播的过程，其为新短视频团队提供了获取第一批用户的机会，起到了正面积极的作用，而当该团队逐渐取得人气之后又会反作用于“大咖”，形成一个良性循环。随着团体的不断外扩，可以吸收更多的短视频团队，影响力也同样不断在变大，对于用户的吸引力也就在不断增强。

3. 借助热点话题，提升热度

想要借助热点话题提升短视频的热度，首先要找到热点话题。热点话题指的是在一定时间、范围内，人们最为关心的问题。短视频团队通过制作与其相关的短视频可以在用户基础非常薄弱的时候获取第一批用户。常见的热点话题分为周期性热点话题与突发性热点话题两种。

周期性热点话题在用户间造成影响的持续性较长，短视频团队在进行制作的时候准备时间也比较充分。比如，在 2017 年末大火的网剧《白夜追凶》就成了喜爱电视剧的用户群体中一个被津津乐道的热点话题，几乎所有与电视剧相关的网站与杂志都在关注。一个想要走影视剧解说类的短视频团队借助这个热点话题无疑可以很快提升热度。

在《白夜追凶》的热度逐步攀升到最高点的时候，各个制作影视剧解说类短视频的团队都纷纷推出了相关的短视频。由于《白夜追凶》的观众群体基数较大，很快这些短视频就得到一定的关注。对于一个热点问题，一定会有很多短视频团队都进行相关内容的制作，想要从中脱颖而出，就必须要有自己的特色。每个短视频的侧重点都有所不同，有的是在讲解剧情，有的是在评价演员演技，有的是侧重于情感。从同一个热点问题中找到不同的切入点，才是一个短视频通过结合热点从而获得热度的最有效方法。

突发性热点话题往往不具备预测性，一经爆出就引起轩然大波。对于短视频团队而言，由于作品的制作需要时间，很难在这种热点话题讨论度最高的时候推出短视频。而且突发性热点话题的变化性也很大，很有可能在讨论过一两天后突然又爆出新的证据翻转原来的事实。对于这种话题，短视频团队在选取的时候必须仔细分辨，避免短视频制作到一半后又不得不作废的情况产生。

热点问题的借助也必须遵从一定的章法。热点的选取必须与短视频未来发展的定位相关联，关联性强的短视频吸引来的用户才会为以后的发展提供帮助。在这个信息社会里，每天都会产生新的热点，作为制作者一定要有所取舍，避免出现短视频作品内容松散的情况。而且选择的切入点尽量符合主流用户的思想观念，避免产生冲突。虽然冲突会在一定时间内带来关注度，但是同时也会导致用户的流失，令短视频热度下跌。

➡ 争强用户的黏性

能够获取利益对于用户总是具有很大的吸引力，短视频团队在早期获取用户的阶段，可以适当地给目标用户一些利益，从而驱动他们产生关注的兴趣。用户在被吸引而来之后，团队应该使用一定的方法，令用户养成习惯，增加其黏性。

1. 发放小福利，实惠用户

发放小利益是吸引用户的一种很好的方法，虽然在前期需要一定的支出，但是造成的影响较大，在短期内就可以获取到大量的用户，而且摊薄了获取一个用户的成本，同时给了目标用户一个关注你的契机。在发放这些小福利的时候也有不同的方法，可以根据短视频类型的不同和平台的不同来进行选择。

在微博上发布短视频的可以采用转发抽奖的形式。微博转发是一种很好的扩散信息的方法，一个用户转发了团队的短视频抽奖微博就意味着关注他的全部“粉丝”都有机会看到，而他们中看到的用户再度转发参与就可以再次令他的“粉丝”看到，从而大大增加了该短视频的曝光度，同时将这些人的“粉丝”转化成用户。papi酱这类常驻微博的短视频博主经常使用这种方法，快速积累了人气，同时还获得了一个好的口碑。

这种发放小福利吸引用户的方法，是对代表性启发思维的一种利用。代表性启发思维指的是在做出一个行为的时候，会首先考虑到之前相同或者相似事件的已有经验，即以往出现的结果，然后再推理出结果。现在微博抽奖的博主数不胜数，用户的身边人总会有几个中奖的，这就会为用户带来一种“我也能中奖”的错觉，从而对转发抽奖这种行为抱有很大的期待度，愿意参与进来。

如果是在固定独立平台发布短视频的团队，可以采取点赞送礼物的方式，即选取评论中点赞数最高的几位用户送出小礼品。这种方式尤其适合一些发布美妆类或者商品测评类小视频的团队使用。这类短视频中出现的单品都可以成为最后送出的礼物，其价值大多不高，而且多为受用户群体欢迎的爆款，所以用户对于参加这个活动就会有极大的热情，为了能最终获得这份礼物，他们还会要求自己的亲朋好友来帮忙点赞，从而扩大了能够转化的用户群体的基数，吸引更多用户的到来。

2. 坚持每日更新，培养用户习惯

每日更新短视频在一个短视频团队初期积累“粉丝”的阶段是必不可少的。每日更新短视频有利于在新手时期快速找准自己的定位。每一个短视频制作团队在新手时期都可能会走各种各样的弯路，每日更新短视频可以将这些弯路大大缩短，短视频想要火最重要的就是要找准一个发展的方向，每日更新可以保证在尝试不同短视频制作方向的同时在短期内积累大量的数据以进行分析。

每日更新短视频同时还可以快速地吸引大量的“粉丝”。现在是一个信息爆炸的时代，各种新鲜的网络事物层出不穷，淘汰速度也是一样的快，如果长时间不推出新的短视频的话，无疑是会被“粉丝”抛之脑后的。短视频的每日更新可以保证账号的活跃，避免被“粉丝”遗忘，真正在“粉丝”群体中站稳脚跟，获得一席之地。

坚持每日更新也是培养用户习惯的一种好的方法。培养习惯其实是神经科学领域所研究的，习惯并非是与生俱来的，其有一个自

身的形成机制，而每日更新短视频恰好符合这种形成机制的构成。想要成功培养用户的习惯，就必须充分了解这个机制并且按照其步骤按部就班地进行下去。

（1）给予暗示，激发渴求

短视频团队保持每日更新，可以给予用户一定的暗示，尤其是在更新时间固定的时候，用户一旦到了时间就会想起短视频更新了，而之后当其觉得无聊时自然而然就会去观看了，这就将短视频与无聊时可以画上等号。用户每天也就都有了期待感，从而养成了每天都要去看的习惯。

给予用户暗示的同时，还要注意激发用户对短视频的渴求。网络上的同类短视频非常多，想要将用户牢牢地吸引在你这里，必须有独到之处。在短视频内容的编排上团队必须要注重创新，只有无可替代才不会被用户抛弃。在用户产生了渴求之后，短视频团队还必须继续保持每日更新才不会破坏这种感觉，令用户愿意长期关注。

（2）保证条件，方便执行

单单为用户激发了渴求还不足以令用户养成习惯，短视频团队还必须保证用户能够有遵从渴求去执行的条件。比如，如果团队总是在一般工薪阶层上班的点更新短视频，而当用户收到更新的提醒推送时，正因为工作忙得焦头烂额，那自然是分不出时间来看短视频了，等到他终于闲下来的时候，因为相隔时间太长，没准早就将短视频的事忘在脑后了。

所以短视频团队每日更新的时间最好选择用户方便观看的时候，比如，下班后或者晚饭后。大多数的用户目前还是选择公共交通，在拥挤的公交或者地铁里，用户原本被挤得心烦意乱，然而在此时收到了短视频更新的通知，刚好拿出来看一下来缓解憋闷的心情。在晚饭后也是同理，用户忙了一天终于可以休息了，刚好可以看短视频来放松一下。这样为用户制造了执行的条件，很容易就能养成其每天来看短视频的习惯。

(3)达成目标，给予奖励

在用户每天坚持来看短视频之后给予一定的奖励，可以有效活跃用户。这种奖励既可以是物质上的也可以是精神上的。物质上的比较简单，比如，每天坚持在新发的短视频下面评论，集齐多少天的评论，用户可以凭借截图换取礼品。这种方法比较直白，同时需要的成本也比较高，而且容易造成用户疲劳，不适宜长期使用。

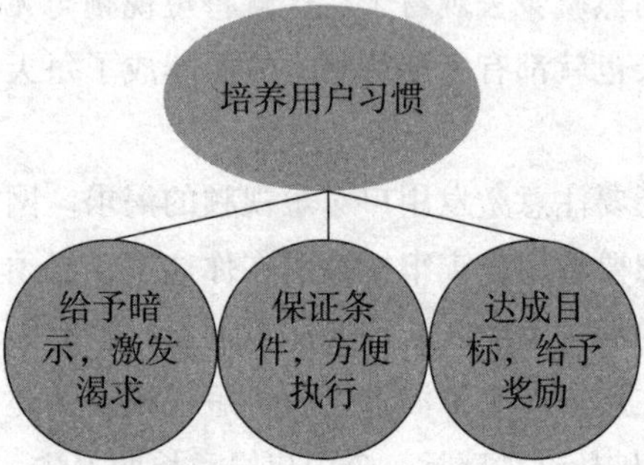

给予用户的奖励同样可以是精神上的。这就需要短视频团队充分了解目标用户，他们最重要的心理需求是什么，然后在之后的短视频作品里通过情节的编排满足用户的这种心理需求，这就令用户产生了满足感，从中得到了精神上的奖励。这样就可以很轻易地令用户养成习惯了。

坚持每日更新不仅仅是在培养用户的习惯，同时也是在培养短视频团队的一个习惯。每个短视频都需要一定的制作周期，保持每日更新虽然难度较大，但也不是不可能完成的。为了达成这个更新频率，必然会需要短视频团队耗费相当大的心血。当团队适应了每日更新的工作强度，养成习惯以后，制作效率比过去有了相当大的提高，这也为未来的工作发展打下了良好的基础。

➡ 如何持续产出好的视频

在聚集一些粉丝后，短视频团队想要长时间吸引住这些用户，不仅仅要继续创作优秀的短视频作品，还需要与其建立稳定的感情联系，形成一个短视频生态圈。

1. 视频内容保持统一的风格和水准

用户之所以能被团队之前的短视频作品吸引而来，是因为那些短视频作品能够满足他们的需求，用户对那些短视频的内容有兴趣。所以短视频内容保持统一的风格是非常重要的。统一的风格可以令用户更好地适应，使用户量较为稳定。

一个短视频团队想要在之后的制作中保持统一的风格，首先需要了解自己究竟是什么风格。短视频的风格是由团队在初期对于目标用户的需求进行调研过后确立下来的，后期吸引而来的用户也是在这个基础上的，如果贸然改变风格，用户最开始可能会因为情感因素而表示支持，但是长期下去必然会因为与其需求不相符而离开，最终造成大量用户流失的局面。

有些短视频团队认为长期制作同类的短视频会令用户审美疲劳，于是就开始寻求改变的道路。推陈出新固然是好的，但是这不意味着要改变短视频的风格。推陈出新的“新”是对短视频内容的创新。在保证原有风格的基础上，遵循着用户的喜好需求，对内容不断进行创新，是短视频团队可以经久不衰、长期保持热度的风险最小、效果最好的方法。

除了风格以外，水准的保持也是短视频团队需要注意的。短视频的质量是决定其能否长期笼络人气的重要因素。短视频团队的组建有两种情形，一种是网友无意间拍摄一个短视频并上传后意外走红，于是该网友决定组建一个团队专门进行短视频拍摄制作；另一种是团队的领导者在组建之前就已经有了一个计划，然后根据这个计划挑选成员，制作短视频作品再上传。

这两种情形都非常常见。前者由于是意外走红，所以最初的短视频只是随手拍摄，大多质量不佳。在这种情况下，团队如果想要得到可持续的发展，就必须在之后的短视频制作过程中注意质量，不断提高水准，不能满足于现状。只有短视频的水准提高了，才能获得更大的受众群体。

后者由于第一个短视频作品必然是精心策划制作的，其水准是当时团队的最高值，之后的短视频往往会多多少少有所下滑。这对于短视频团队的发展是非常不利的。就以美剧为例，大多数的美剧都是边播边放的，电视台在购买的时候往往会先买前几集，然后根据收视率以及观众的反馈来决定是否续订。美剧拍摄方为了能成功卖出，通常会将大部分经费花在这前几集，而后面的内容由于经费不足，在拍摄时就需要尽量从简。由于这样的原因，有许多美剧在播放的后期会出现收视率下滑的情况。

短视频也是同理。最初的短视频质量较高，会令用户产生期待感，在心中设下一个判断标准。如果后面的短视频作品达不到这个标准，用户就会认为其是不合格的，从而心中产生落差感，导致用户流失。短视频团队在制作的时候一定要保持水准，即使是为了赶上热点话题仓促完成的，也不能为了热度而牺牲质量。

2. 用情感链接用户

从情感科学上来讲，情感驱动对于用户的决定会起到很大的影响。情感科学是一种研究感情或感动的科学，情感驱动对于用户的影响就在其研究领域内。每个人的情感都是十分复杂的，无论是正面情感还是负面情感，都会驱使其做出相应决定。想要持续活跃用户就必须保证用户对短视频团队具有正面的情感。

短视频团队在用情感驱动用户的时候应该保持一种不确定感。面对不确定的情况，大多数用户都会产生一种探寻的欲望。在这种欲望的驱动下，用户就会持续对短视频团队保持关注。

以回忆专用小马甲（以下简称小马甲）为例，众所周知，小马甲在网络上是从来没有正面出现过的，即便是参加晚会、采访，他也戴着口罩拒绝全脸出镜。在这样的情况下，他的“粉丝”就越发好奇他究竟长什么样子了，是帅是丑，还是只是个普通的路人？这种不确定感给他的“粉丝”带来了一种探知欲，在微博上还掀起了讨论小马甲究竟长什么样子的讨论浪潮，有的“粉丝”甚至说可以凭狗认人，找到妞妞也就找到小马甲了。

这种猜测小马甲样貌的讨论固然只是“粉丝”之间的一个玩笑，但是对于小马甲而言，确实带来了极高的讨论度。这也是保持不确定感的一个优点。当用户感到不确定的时候，用户之间自然会产生讨论乃至争论，在这样的情况下还会吸引到越来越多的用户参与其中，短视频团队就能通过这种方法保持话题度。

B 站上的这种福袋开箱类短视频能够得到不错的播放量，也是利用了用户的这种心理。福袋是商家的一种新型促销模式，在下单页面中没有购买者能够买到什么的具体标注，只是划分了类别，在东西寄到打开前，买到的东西究竟能否令其满意也是未知的。由于这种神秘色彩，用户和短视频制作者在开箱前都保持着一种不确定心理，所以用户在观看时就自然而然地产生了一种刺激的感觉。

短视频团队想要用户能够稳定，同样也需要与其产生情感的连接。情感连接可以将团队与用户之间这种一对多的群体性关系转化为私人关系，让其之间的联系更为牢固，从而用户便不易流失。下面就为如何与用户之间产生情感连接提供几个好的方法。

（1）使用专属昵称

在娱乐圈中，明星的“粉丝”团体都有独特的称谓，明星本人在提起“粉丝”的时候也会亲昵地称呼该称谓。于是“粉丝”便觉得自己与其他明星的“粉丝”是不同的，也就产生了归属感。短视频团队也可以借鉴这个方法，为自己的用户选取一个专属昵称。

短视频团队在选择昵称的时候必须有其特色。有特色的昵称才有辨识度，这样才能令用户有专属感。当用户有了和短视频团队是一个群体的意识之后，就能够被转化为忠实用户，为团队的发展带来极大的好处。

（2）回复私人信息

有很多用户都会选择私信的方式与自己喜爱的团队分享一些小事。用户在做出这种行为的时候大多只是单方面地分享，没有得到回应的期盼，所以如果短视频团队对这些私人信息进行了回复就会令该用户感到惊喜，在交谈过程中也会不断加深双方的联系。

团队还可以在争取用户同意后将两人的对话转出到公共平台上，该短视频团队的其他用户看到后也可能会被驱使做出同样的行为，通过这种方法可以与用户之间形成一个良性的联系循环，从而与用户紧密连接。

（3）增加互动频率

和用户互动，是短视频运营过程中非常重要的一环，应增加互动频率。互动的方法有很多，无论是回复评论、转发抽奖还是其他的一些互动方法，都可以给用户留下很好的印象，当用户形成了与短视频团队互动的习惯后就会对团队产生归属感，认为和团队之间是存在牢固联系的，在这样的情况下，用户群体也就变得更加稳定，不会轻易发生用户大规模流失的情况。

秀兜是首款移动视频购物平台，改变了以往卖家以一对多的传统经营模式，以短视频的方式通过多对多的信息传播，快速扩展买家群体，形成了独特的销售网络。秀兜的板块分类有许多，但是大多与科技、数码相关，所以秀兜一经推出就成了广大科技爱好者和极客的聚集地。

秀兜这个平台板块的设立可以吸引来许多对科技感兴趣的用户，这些用户在平台上发布科技类的专业短视频，又可以吸引来更多的用户，从而形成一个小圈子。用户既是短视频发布者也是短视频内容的观众，彼此之间不断加强联系，于是就构成了一个稳定的用户群体，为秀兜这个平台的发展打下了坚实的基础。

同时秀兜还会为用户量身定制专属的相关话题节目，推送用户真正感兴趣的短视频，可以让用户在有限的碎片时间里了解到更多专业的科技知识。秀兜的短视频始终保持统一的科技感风格，并且内容水准也始终维持在一个较高的层面上，这样为用户打造出的专属短视频生态区自然可以受到用户的欢迎。

秀兜是一个有社交属性的平台，用户在其上不仅仅是观看科技相关的短视频内容，还可以将自己的所见所感与其他用户分享、讨论。在这样的不断互动的过程中，用户对于秀兜这个平台就产生了归属感，不易出现用户大规模流失的情况。

除了用户自发上传的短视频之外，秀兜还引入了专业的短视频团队以及知名媒体人，从专业角度优化短视频内容质量，打造出一个专属于科技爱好者的 PVG 生态圈。通过这种方式确保最新的科技信息能够第一时间让用户看到，从而令秀兜在用户心中有不可替代性，保证用户群体牢固。

秀兜同时为平台上的卖家也提供了一定程度上的便利。卖家可以通过拍摄科技类商品相关的短视频，全方位多角度地进行展现，让用户可以真正了解其优点。卖家在发布该短视频之后还会实时生成一个商品的链接，供其他用户直接购买，为买卖双方都简化了流程，提高了效率。

秀兜在与淘宝、京东等大平台的竞争上并不具备优势，所以秀兜为了能够更好地将其上的商品推广出去，采用了全新的分享模式——“佣金”与“分销客”。佣金由商家自行设置，最高不能超过商品销售价格的 50%，当用户对该商品的短视频进行分享与转发以后，如果其顺利卖出，用户也会得到相应的那部分佣金。在这个过程中，用户也就成为分销客。通过这种方式，秀兜大大调动了用户转发分享的兴趣，增加了卖家商品的曝光量。

秀兜的成功经验，体现了对用户群体加以重视的重要性。秀兜通过走心的短视频内容吸引用户前来，再通过打造 PVG 专属生态圈来留住这些用户，最后还以“佣金”的方式来保证用户参与到转发分享的过程当中，持续活跃了用户。秀兜是广大科技爱好者与极客的聚集地，同时也是一个持续活跃用户的有参考意义的实例。

第四章

电商如何做好短视频运营

如何做一个合格的运营者

经过前期的努力，短视频的内容被创作出来，形成一个完整的作品，等待上线。但这并不意味着大功告成了，而正好预示着另一段新历程的开始，这段历程就是网络推广，是团队中运营人员的主要工作内容。

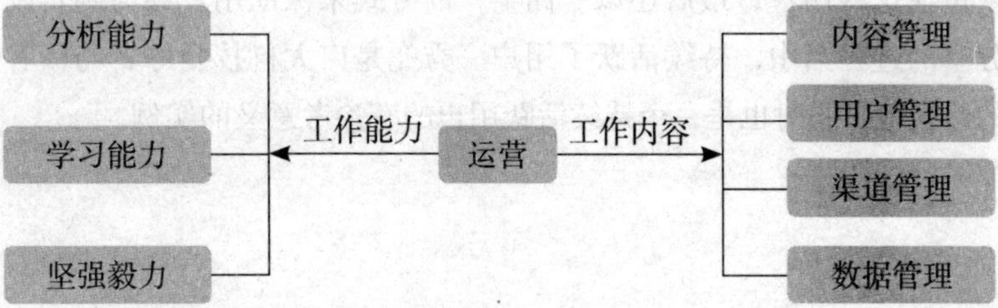

人们常说短视频创业属于内容创业的范畴，精彩的内容是短视频爆红的基本要求，但是短视频的运营推广依然是个不容忽视的领域。在现在这种多渠道、多平台的传播时代，如果没有一个优秀的运营人员，无论多么精彩的内容，恐怕都会被淹没在茫茫的信息大潮中。由此可见，运营人员的工作直接关系着短视频能否被粉丝注意，进入商业变现的流程。

1. 运营者的工作内容

（1）内容管理

运营人员并不直接参与内容创作，但是运营可以根据市场和用户需求的分析，为短视频的创作方向提供一些导向性意见。例如，运营可以根据网络数据，指导短视频团队的创作方向。一般来说，与粉丝生活相近的内容会获得较多的关注，网络上爆红的短视频大多与新闻、美食、情感等相关。运营人员给出方向性建议，跟编导进行密切沟通，使得拍出的短视频符合大多数用户的心理需求，为后期的推广以及吸粉提供较大的便利。

（2）用户管理

短视频创作出来之后，会被上传至各大网站，供用户观看。短视频的传播跟观众的感受息息相关，一些提升用户感受的活动均在运营的工作范围内，例如，收集用户对短视频的反馈、策划用户活动、筹建用户社群等。好的运营人员，可以充分利用每一次互动的机会增强用户对团队的好感，增加短视频的社会影响力。

（3）渠道管理

人们身处一个多平台的网络传播时代。现在人们上传短视频，不仅可以通过微信、微博、今日头条等大型平台，还可以通过美拍、秒拍等专门的短视频网站。众多网站为了扩大知名度会举行一系列主题推广活动以吸引大量用户观看，作为运营人员，需要及时掌握各类渠道的推广动向，积极参与各种活动。利用平台的力量，为自己的团队多多争取曝光机会，以便获得更多的粉丝。

（4）数据管理

互联网时代，任何线上产品的反馈都会以数据形式展现出来，短视频也不例外，短视频的效果就暗藏在一连串的数据中。例如，某一条视频的全网播放量、单渠道播放量、评论数、收藏数、转发数背后都有一定的意义。一条视频全网播放量很高，但是某一网站的播放量很低，这说明该网站的主流人群对这一类型的视频兴趣不大，此时应该减少该网站的推广预算，并将预算转移到其他渠道上。

运营在团队中的地位相当于“大管家”，其主要职责是将创作出来的内容在网上迅速传播，获得粉丝，侧重于创作团队的整体规划。因此运营人员既要懂内容，又要懂传播。简而言之，对于网民的口味以及团队内的内容创作流程有简单的了解，知道现有的设备和人员可以做到的最好效果是怎样的；在宣传推广时期，有意识地扬长避短，积极引导更多观众传播。

2. 运营者要具备的能力

（1）分析能力

对于一些刚刚接触短视频领域的新手，其进步最快速的方式就是参考一些优秀的短视频。先从模仿强者开始，逐渐发现规律，慢慢形成自己的风格。

面对一个传播量很高的短视频，我们应该分析哪些方面呢？具体如下。

★ 数据

数据最大的特征就是客观。播放量、转发量、收藏量、评论量一目了然，而且各个数据相结合可以说明很多问题。话题对于视频的传播效果影响很大，通过分析，我们可以知道，粉丝对于哪些话题具有强烈的兴趣，对于什么样的话题吐槽最多，这可以为话题策划提供重要依据。

★ 用户评论

评论区是运营人员直接获得客户反馈的地方，客户会将观看作品的感受写在下面。短视频中打动用户的“点”一般都会被留言出来，这些对于运营人员来讲是非常宝贵的资料。

★ 标题

标题对于传播的影响力不言而喻，一个短视频是否爆红跟标题有很大的关系，点击量高的短视频一般都有漂亮的标题。通过对标题的分析找到用户的偏爱，为短视频传播提供重要的保障。

短视频标题都非常精彩，例如“有些鸡，注定要留在回忆里（泪点低的就别看了，会哭）”“茅屋和我的饭盒煲仔饭”等对于生活在城市里的人们来说非常新奇有趣，容易引起用户的广泛兴趣。

短视频领域此类创意较少，野食小哥每次发布视频，转发和评论数都在 2 万以上。从用户评论可以看出，用户对于此类短视频十分喜爱。

这些都是其他短视频团队需要借鉴的宝贵之处。

（2）学习能力

短视频是一个全新的创业领域，其运营方式还没有形成体系，需要在工作中不断摸索。此外，短视频运营人员大多来源于其他运营领域，需要在工作过程中及时补充有关短视频创作的各种知识，形成自己的运营方式，这才是团队长期发展的最好保障。

（3）坚强毅力

运营是一个压力很大的工作，对内要负责内容的策划方向，对外要负责内容的推广，经常跟各种人员打交道，尽量满足各方面的要求。因此，这个岗位需要工作人员有很强的自我调节能力，才能将工作坚持到底。

精彩的内容是短视频的必备技能，网络运营是短视频能够爆红的幕后推手。在各种新媒体泛滥的时代，运营已经变成团队的必要配置。通过运营的努力工作，短视频才能到达喜爱它的用户面前，整个团队才可以脱颖而出，获得健康的发展。

➡ 运营者要掌握的运营技巧

电商在做短视频运营的时候，经常会遇到一些问题。比如，短视频的创意非常好，点击率却很低或者账号莫名其妙地就被封了。其实出现这些问题都是因为对短视频平台没有足够的了解，只有熟悉了运营技巧才能事半功倍。下面我介绍一下短视频运营的九大技巧。

1. 先做内容，再做营销

硬广告不仅让观众反感，而且从长期来看广告太多也会影响整个平台的短视频质量。我们在运营账号时要多留意平台的政策动态，短视频内容一定要合法、合规，要不然很容易被封号。

如果账号刚注册好就马上发布短视频，即使发布的是日常的普通短视频，账号的权重也会受到影响，更不用说刚注册就发布营销短视频了，账号一旦被官方系统判断为营销账号，各方面权重就都会被降低。

另外，账号的昵称和简介不能带有过多的营销色彩。

很多人会问拍摄什么内容和主题比较好呢？简单来说，多拍美好的事物就不会错。例如，美食、美景、帅哥、美女、欢乐的故事等。我不建议前期拍摄悲伤的故事。虽然悲伤的故事非常容易引起共鸣，但是稍有不慎会使短视频的主基调带有负面情绪，不好把握。

2. 专注做垂直领域

如果你是做美食的，那么账号的所有内容就要与美食相关。领域要固定，但展示形式可以有很多种，有教学类、生活兴趣类、才艺类等。如果你是做美妆的，那么账号的所有内容就要与美妆相关，展示形式也有很多种，比如化妆教程、化妆品测评、卸妆前后的素颜对比、化妆品真假识别，只要内容都围绕化妆品就可以。你如果只纯粹卖产品，那么在做内容的时候可以围绕产品。比如，对于一个销售健康类产品的账号，短视频的内容就可以围绕健康这个话题，但是不能直接把产品的信息做成短视频，这种短视频属于营销广告，如果发布这种短视频，那么账号很容易被官方降权重。我们不能做硬广告，但是可以做软广告给观众提供价值。在销售健康类产品的账号中，我们可以专门做一个栏目，用于普及健康知识和纠正错误的观念。通过输出干货给用户提供价值，在短视频中巧妙地引入产品信息，这样观众会更好地接受广告而不会反感。如果你发布的短视频的领域不固定（比如，今天发布跳舞短视频，明天发布美妆短视频，后天发布美食短视频），那么系统对你的账号定位就会有偏差。这会导致系统给你推荐的粉丝不精准，从而使得各项数据下降。

3. 掌握好发布时间

短视频的发布通常在 12 点到 14 点和 18 点到 22 点，这两个时间段发布的短视频的点赞数和播放量比较多，这是为什么呢？其实我们可以结合自身的情况考虑，在中午下班后会有吃饭时间和午休时间，通常会玩手机消遣时间。在晚上刚下班的这段时间，我们可能在坐交通工具回家的途中，这时通常也玩手机。一般来说，这两个时间段的在线人数是最多的，而且据某些机构的大数据统计，这时候发布的短视频的点赞数和评论数也是最多的。在这两个时间段发布短视频，曝光量会更大。所以，我们应该在这两个时间段发布短视频，而具体在哪个时间点发布短视频，则要根据账号的粉丝人群来定，如果账号类型是与游戏相关的，粉丝人群上线的时间可能会比较晚，那么在 22 点左右发布短视频的效果会很好。如果账号类型是与宝妈相关的，那么粉丝人群上线的时间可能比较早，午休时间或者 18 点到 20 点发布短视频效果好。我们要研究短视频的数据与用户群体，这样才能更好地判断发布短视频的时间点。另外，发布短视频的时间点要固定，如果习惯在 18 点发布短视频，那么最好所有短视频都在 18 点发布。如果习惯在 22 点发布短视频，那么最好所有短视频都在 22 点发布。这样可以培养粉丝的习惯，每天到了该更新短视频的时间，粉丝就会专门登录平台看新短视频。

4. 保证视频的质量

如果在拍摄时光线不好，那么无论你是用手机拍摄还是用相机拍摄，拍摄出来的效果都比较差，噪点比较多，而且人脸灰暗、没有立体感。所以，在拍摄时光线一定要清晰，在户外不用开灯，但是在室内必须要开灯。一定要拿稳拍摄的设备，在室内尽量用三脚架，在室外拍摄运动画面时，尽量用稳定器，如果实在没有辅助仪器，那么也一定要手持稳定。

5. 拍摄背景会影响平台推广

宏大背景指的是什么？户外漂亮的风景或者视野很宽广的地方就是宏大背景，多人照就是多人拍摄。短视频平台每天新增的内容很多，可以达到三四百万条，系统会优先选择最好的内容推送到观众面前，系统如何判断短视频内容的质量好坏呢？其中的一条判断标准就是户外和多人，为什么呢？因为我们去户外拍摄并且多人拍摄，内容制作门槛会高得多。举个例子，如果我们拍摄脱口秀形式的短视频，那么在室内只要把相机架好，坐在板凳上就可以开始拍摄了，非常简单，但是如果到户外拍摄脱口秀，困难就多得多了，要把机器扛出去，把演员叫出去，在户外拍摄时还要换上适当的服装，并带上道具。在户外拍摄还受到天气因素的影响，如果下雨可能就无法拍摄，如果阳光太强那么拍摄出来的效果不好。在户外单人拍摄和多人拍摄的流程基本一致，但是单人拍摄的拍摄难度比较小，在单人拍摄时只要保证自己不出错，拍摄过程就会比较流畅，但是多人拍摄的难度比较大，如果两个人一起表演，只要有一个人在表演时卡壳，就需要重新拍摄。拍摄的人越多，重新拍摄的次数可能就越多，拍摄就越困难，所以户外多人拍摄基本上都是团队运作的，团队运作出来的肯定要比个人运作得好。系统就用这个方式初步判定你的内容是否优质。我们可以有针对性地做短视频，多去户外拍摄宏大的背景，尽量多找人入镜，可以去商场门口或者公园等人流量比较大的地方，把路人放到背景里。这样，短视频会出现多人画面，就像在进行多人拍摄一样。系统会识别出短视频里有很多人，会判断为多人拍摄，所以会给短视频更多流量，让短视频更容易上热门。

6. 选择好热门的背景音乐

在拍摄短视频的时候，我们经常需要添加与主题相关的音乐。比如，如果拍摄一个搞笑的主题，那么搭配一首有魔性、欢乐的背景音乐会让视频更有感染力。如果我们要拍摄一个情感类的主题，那么搭配一首比较舒缓的轻音乐，渲染出一种适合人情感流露的情景，更能引起观众的共鸣。反过来，我们如果拍摄一个很快乐的主题，但是配了一首哀伤的音乐，那么观众会产生一种奇怪的、不协调的感觉。同样，我们拍摄一个正能量的故事，内容是激情澎湃的，但是配了一首舒缓的轻音乐，也是很不对劲的。所以，音乐要契合主题，并且我们要尽量挑选热门的音乐。

7. 竖屏 + 全屏

因为抖音和快手等短视频平台，在播放短视频的时候全屏播放而不带黑边，所以我们在拍摄的时候也一样，要尽量符合条件。官方网站中有明文写出要倡导竖屏的内容，如果短视频是横屏的并且上下有黑边或者要让观众侧着手机才能看到内容，那么受推荐的概率会小得多，我们不要去冒险拍摄横屏短视频。我们要把短视频拍摄成全屏的，全屏的分辨率是有讲究的，最好拍摄成1080px × 1920px 的分辨率，这样就可以保证全屏显示并且上下没有黑边。如果分辨率不一样，在其他分辨率的情况下拍摄出来的短视频就有可能上下有黑边或者左右有黑边。系统在第一次初审短视频时，一旦发现短视频的上下有黑边就会怀疑是搬运的短视频、抄袭别的平台的短视频，这样对账号的权重和流量是有影响的。短视频要尽量保证是竖屏的、全屏的，而且短视频的画质也要好，画质越细腻，观众自然看得越投入。画质越差，系统给的评分就越低；画质越好，系统给的评分就越高。当账号所有的综合条件都很好、评分都很高的时候，上热门就非常简单了。

8. 提高更新的频率

如果你每天能够在固定的时间更新，系统一般会认为你是优秀的内容作者，能够长时间提供有价值的内容，会给你的账号更多的权重，但是如果你实在做不到每天更新，那么至少一周要更新两条。如果你连一周更新两条都做不到，系统就会判断你为普通的作者，给账号的权重就会低一些。当然，你最好能做到每日更新，而且最好在固定的时间更新。

9. 追逐大家都关注的热点话题

如果短视频的内容跟着热点拍摄，就会吸引观众的目光，如果短视频的内容没有跟着热点拍摄，观众可能就会认为你的短视频不流行、不新鲜。所以，我们在做内容时一定要追逐热点，不管是做新媒体、短视频，还是写微博和微信公众号文章都要追逐热点。如果我们不追逐热点，那么流量会比别人少得多，所以我们在拍摄题材上要尽量选择热点题材。

众人笑是什么意思呢？短视频平台都是有价值观的，抖音的价值观是记录美好生活，快手的价值观是展示真实自我。如果我们能在内容里嵌入与平台相关的正能量内容，上热门的概率就会高得多，系统如果能够识别出相符的内容，就会给更多的流量扶持和权重扶持。

➡ 如何提高视频播放量

今日头条为2016年宣布加入短视频分发行列，并投入了大量的资金作为补贴，给予短视频内容原创作者。这无疑给很多短视频新媒体人打了一剂兴奋剂，而今日头条在抓住短视频这一风口后，也逐渐成了中国重要的短视频平台。

相关资料显示，头条视频在过去的某一个月里视频的播放量就达到了302.7亿次，而当月上传视频的总量就已经达到了91.2万部，其中原创视频就占据了4.7万部。从2015年开始今日头条试水短视频行业，到了2016年短视频被正式作为重点项目进行开发，今日头条逐步利用短视频点燃自己的社交梦。

不仅如此，在2017年2月2日今日头条全资收购了Flipagram团队，正式进入了全球范围的短视频市场。

毫无疑问，今日头条在短视频领域已经占据了重要的地位，其拥有的视频内容量也是非常大的。而要想从这个拥有海量短视频的平台中获得高流量，也变得越来越难。但是我们都知道，头条是根据推荐算法来进行短视频推荐的，每一个账号都有机会，只要配合着我们自身的运营能力，还是能够从中间摸索出提高流量的技巧的。

想了解如何才能提高头条短视频播放量，我们需要先弄清楚头条平台的推荐机制是如何运行的。只有充分了解后，才能更深入地探索和发掘提高流量的技巧。我们在分析后，了解到头条视频的推荐机制是这样运作的。

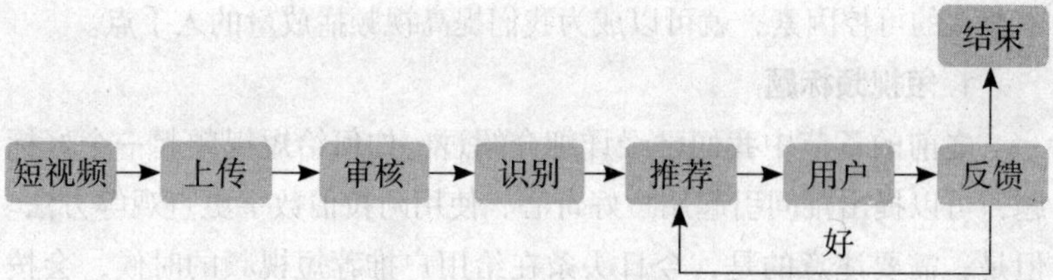

这个推荐机制相当于一场一场的比赛，而评委就是广大的头条用户。我们在头条中上传短视频后，会经过平台的审核和识别，按照短视频的内容和标题进行标签化分类，紧接着会将短视频试探性地推荐给一部分目标用户。

按照第一批用户的反馈情况决定是否要继续推荐，反馈好的短视频将进行再次推荐，而反馈情况差的短视频就会直接停止推荐。

从这个流程上可以看出，影响头条推荐量的因素正是来源于用户的反馈，而用户的反馈可以理解为视频的热度和转化率，其中包含着各种影响因素。

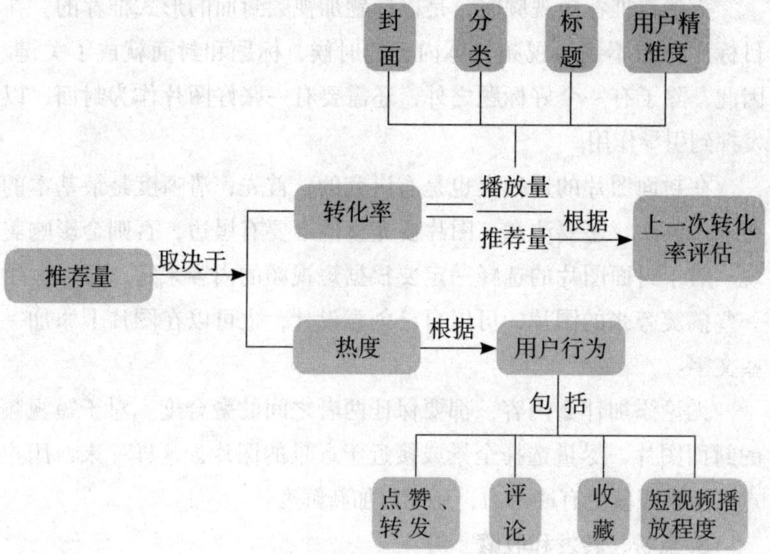

清楚了今日头条的短视频推荐机制，其中存在着很多可控和不可控因素。对于平台自身的机制规则我们是无法进行修改的，而其

中存在的可控因素，就可以成为我们提高视频播放量的入手点。

1. 短视频标题

之前的章节中我们已经详细介绍过，如何给短视频起一个好标题，可以提出疑问引起用户好奇心、使用阿拉伯数字更直观等方法。但是，需要注意的是，今日头条在给用户推荐短视频的时候，会按照标题涉及的关键词标签，将其推荐给打过同样标签的用户。例如，我们在今日头条中推送的视频内容主要讲的是华为手机的使用技巧，若是短视频标题中包含“华为”这一关键词，那么头条就会将该条短视频推送给所有打了“华为”标签的用户。

因此，在写标题时一定要注意，不要做“标题党”，要保证标题和内容的一致性，好内容才是王道。当然，在保证优质内容和标题相匹配的基础上，更具特点的标题才会更吸引用户，而这带来的好处就是影响短视频的各项数据表现。

2. 短视频封面

头条在推荐短视频时，是以标题加视频封面的形式推荐的。在目标用户看不到短视频具体内容的时候，标题和封面就成了关键。因此，除了有一个好标题之外，还需要有一张好图片作为封面，以发挥到引导作用。

在封面图片的选择上也是有讲究的，首先，清晰度是最基本的要求。其次，还要注意，图片要完整但不要有黑边，否则会影响美观。对于封面图片的选择一定要根据短视频的内容来定，可以运用一些搞笑夸张的图片，可以自己创意设计，也可以在图片上添加一些文字。

无论添加什么内容，都要保证两者之间的融合度。对于短视频的封面图片，尽量选择全景或接近于远景的图片，这样一来，用户点开短视频就更有冲击力，还能增加新鲜度。

3. 点赞、转发和收藏

从今日头条上我们可以发现收藏、点赞和转发量高的短视频都具有以下的特点。

（1）实用性

内容实用的短视频更容易被收藏转发，例如生活小技巧、美食制作、手工艺教程等。这类短视频能让用户观看完后学会一种技能，对自己有帮助还会增加有新的认识。

例如，“夏天蚊子最怕它，摆在门口和窗边，不用挂蚊帐，家里一只蚊子看不见”，这个视频的标题很长，从标题就能清楚知道视频的内容。虽然视频仅仅只有1分21秒，却因为内容的实用性获得了1404万次播放量。由此可见，实用性内容的短视频是很受用户喜爱的。

（2）延续性

来不及或没有时间看完的短视频用户都会先进行收藏或转发，方便下次自己能快速找到该内容。但是这个特点存在一定的偶然性。

（3）新奇幽默

对一些搞笑幽默、新奇的内容，用户总是保持着较高的兴趣，因此，一些非常炫酷、神奇的短视频内容都能成为用户转发、点赞和收藏的内容。

根据以上的这些特点，在制作短视频的时候可以多运用些用户喜爱的选题，在短视频的内容、时间长短和题材等方面更迎合用户的口味。这样一来，就更能提高短视频的转发量、收藏量和点赞数量。

这3个方面数量的提高所带来的必定是短视频热度的提升，那么最终转化成高流量就不成问题了。

4. 头条的评论区

提高短视频热度的另一方面就是增加和用户之间的互动，短视频在被头条推荐后并不是什么都不做就能等来高播放量的。互动程度是直接关系到短视频播放量和推荐量的主要因素，因此，在短视频运营初期，一定要积极回复评论区中的内容。

除了及时回复用户，活跃头条评论区还可以从以下两个方面入手。

（1）内容

用户一般都是在观看完短视频后才会进行评论的，因此，我们要让用户观看完视频后有想要评论的意愿和冲动，这就涉及短视频内容题材的选择，选择一些用户感兴趣、贴近用户生活的、有共鸣的话题作为内容，这样很容易引起用户的表达欲望。

而对于一些深奥的内容，用户看不懂自然也就没有想要参与评论的意愿了。内容选题是一方面，我们还可以在短视频中多加入一些可以吐槽的点，抛出一些有争议能互动的话题，引导用户在评论区中讨论。

（2）自己评论

短视频在刚刚被推荐时，参与评论的人很少，我们就可以在评论区中自己发布评论来引导用户参与，从而营造出热闹的氛围，其他用户看到了自然也就想凑一凑热闹了。

提高播放量是很多短视频媒体人最渴望的，但是在提高播放量的同时也要遵循头条发布内容的规则，例如，短视频中添加的广告不宜过长，避免抄袭等。只有在保证内容质量的基础上，运用这些技巧才能达到想要的效果。

头条平台是在不断发展的，随之而来的就是机制的变化。想要在头条中获得高播放量，单凭以上的技巧是不足以完成目标的，因此，就需要我们在日后的运营中多观察、多发现。

➡ 如何成为合格的主播

快速崛起的短视频行业正如当时如火如荼的微电影一样，吸引了大批优秀的内容创作者，对于短视频演员的需求也开始大量增加。一个优秀的短视频，可以在网上造成上百万的浏览量，这与编导、摄像等工作固然密不可分。但是不管多新颖的创意，都需要踏踏实实地落实在演员的表现上。因此，对演员的挑选也是创业团队不可或缺的部分。

短视频行业的演员根据视频类型的不同，需要具备的表演技能也不同。短视频的时长决定了短视频演员跟传统的演员不同。通常情况下，不同类型的短视频对演员的要求也不一样。

例如，脱口秀类视频，倾向于一些表情表现比较夸张，可以惟妙惟肖地诠释台词的演员；故事叙述类视频，倾向于对演员的肢体语言表现力以及演技要求较高；美食类视频节目，对于演员的要求是传达食物的吸引力，很多视频产品经常选用体型相对肥胖的演员，因为他们更容易突出主题；此外，一些生活技巧类、科技数码类以及电影混剪等视频对演员并没有太多演技上的要求。

许多想要进入短视频行业的演员经常会同传统的专业演员相比较，感觉自己并不适合做短视频的拍摄。其实这么想是因为其对短视频行业不够熟悉造成的。专业演员有专业演员的优势，在一些注重故事情节的视频中，采用专业演员是不错的选择。但是其他短视频类型对演员的要求相对低得多，只要演员不惧怕跟各岗位人员沟通，不怕镜头，心理素质较强，可以应付拍摄期间编导和摄像的基本要求即可。可以说，这样的起始条件很多人都具备。因此，短视频中出现的演员有很多都是团队本身的工作人员，各岗位人员都有做演员的机会。

虽然如此，作为短视频呈现最重要的环节，一个未曾经过专业训练的素人如何才能够胜任镜头前的几分钟，圆满地完成任务呢？

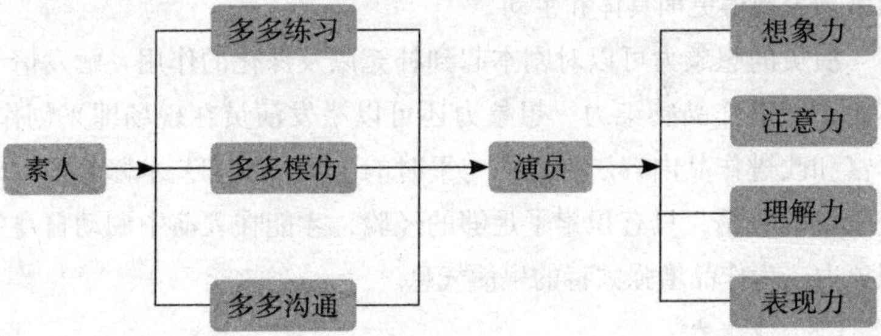

1. 主播要做哪些功课

（1）多练习

在录制视频前期，新手演员难免会出现紧张的情况，这是十分正常的现象。因此，演员平时在不录像的时候，多多背诵熟悉台词，缓解紧张情绪，争取在视频录制期间做到不怯场，不丢失重要信息。

（2）多模仿

在短视频行业，目前已经涌现出一些广受欢迎的演员。作为新人，可以多向前辈学习取经。

例如，同样也要做脱口秀的视频，可以去学习台词、节奏、表情等，通过不断总结经验，得到提升。

（3）多沟通

在团队工作中，演员最重要的是表现剧本中的内容和风格，因此，对于编导、摄像以及其他部门的沟通是多多益善的。只有充分理解了编导的意图，才能在真实的表演经历中有更好的发挥，以顺利完成拍摄。

那么在短视频拍摄中，怎样的演员才算是好演员呢？

2. 主播业务能力的要求

（1）想象力

演员的想象力是指在接到剧本和脚本之后，对于即将呈现出的剧情有大致的了解。尽管这是在剧本框架内进行的想象，但是也可以认为是在表演时对剧本进行自我改造再创作的过程。对于编导提供的框架，演员要在有限的环境条件下将剧本中一些抽象的、书面的事物表现得更加具体和生动。

演员的想象力可以对剧本起到补充以及深化的作用，触发情绪体验，增强作品感染力。想象力还可以激发演员在现场即兴创作，丰富和改进作品内容。想象力与平时的生活积累和艺术修养都有十分重要的关系，只有积累了足够的经验，才能在表演中调动自身的想象力，为作品增强独特的生活气息。

（2）注意力

现场拍摄期间，演员遭遇的环境可能很复杂，经常会遇到很多干扰，例如恶劣的天气、围观人群等。这个时候就特别需要演员专注于自身的表演，专注于对手演员的表演并积极主动地做出真实反映。一个优秀的演员，必然可以在片场沉浸在角色里，善于利用表演技巧展现人物个性，不受外界干扰，始终保持专注。

（3）理解力

演员是按照剧本和脚本来表演的，而且在工作过程中需要与多个岗位进行密切沟通，以便调整表演方向，保证短视频的呈现效果。因此，对于剧本的准确把握是至关重要的。剧本是剧组一切工作的大纲，而演员就是剧本生动呈现的直接载体，因此较强的个人理解能力是必需的。

（4）表现力

演员的基本功就是表演。在短视频创作中，演员要在短时间内传递的信息较多，因此多使用比较夸张、网络化的表情。较强的表现力更能吸引用户观看，对于演员来讲这是一个非常重要的基本素质。

➡ 合理利用短视频平台的规则

随着短视频的发展，短视频平台对内容的要求越来越高，平台的机制也在不断地变化。无论我们想要入驻哪个平台，都需要将平台的规则弄清楚，然后再分析平台的用户喜欢看什么内容。只要我们把这些都了解清楚了，就意味着成功了一半。

1. 平台的算法

在很多媒体平台上，如果你没有足够多的粉丝，那么发布的内容的阅读量就会比较低。但是在抖音平台上，即使你没有任何名气、没有粉丝，哪怕完全为零流量，也可以在很短的时间内打造出有 100 万个精准粉丝的大号。只要你做出了短视频，抖音平台就会给你的短视频自动分配精准流量，从而让你的短视频得到大量曝光，收获大量粉丝和关注度。我们只需要知道抖音的系统推荐算法，围绕算法制作优质的短视频内容即可。在讲解抖音的推荐算法之前，我们要先了解推荐流程图。在抖音、火山或者快手里发布的短视频，基本上都是用相同的流程运作的。

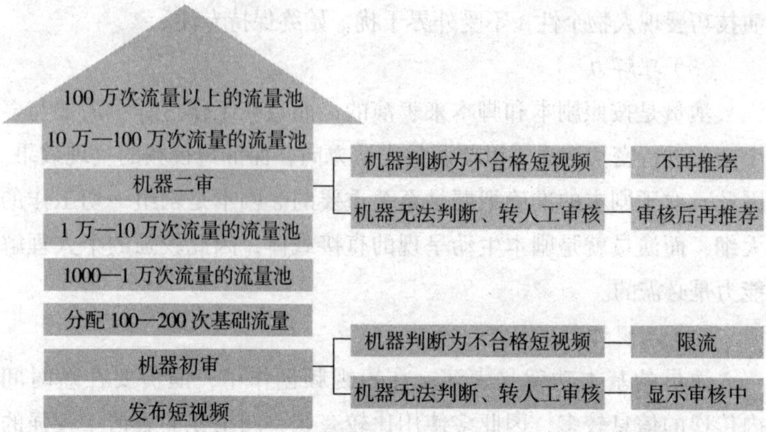

首先，机器会初审，每天在这些平台上发布的短视频很多。对于谣言、危害社会的短视频内容，平台需要进行监控、过滤、删除，同时网站自身出于提升用户体验的考虑，也会对带有侮辱、歧视等不文明词汇以及影响用户体验的广告等进行审核。平台上的短视频数量在短时间内上传超过几百万条，只靠人工审核是不现实的，只能通过机器做初审，把大量短视频先筛选一遍，这样可以减少人工的工作量。

在初审阶段，机器会做判断，判断依据是前一章讲过的“运营禁忌”。在机器内部建立数据库，把相关的禁忌内容做成相应的模式，机器按照模式分辨。

机器一旦识别到不良内容，就会把它判断为不合格短视频，直接限流。所以，很多时候短视频在发布以后，如果我们在后台观察流量一直是零，那么就是没有人看这条短视频，播放量一直都是零，这就证明短视频被限流了。有时候对短视频内容的审核也需要人工辅助，因为机器审核是设定好的，如果超出了设置范围就无法判断是否违规，这时通常就会转交到人工审核。

人工审核和机器审核怎么区分呢？机器审核通常很快，因为内容都是设置好的，一旦短视频内容出现问题，机器不能识别是否违规，就会转交人工审核。与机器审核相比，人工审核会慢得多，需要排队等待审核。

当平台的人工审核完后，没有问题的内容就会被放行，进入平台设置的初始基础流量池里，即使账号的粉丝数为零，每条短视频也会被分配100—200次基础流量。如果你的短视频被发布后，播放量只有几十次甚至为个位数或者零，那么你一定要反思你的短视频出现了什么问题。要么可能违规了，要么可能画面有问题，要么可能声音有问题，要么可能标题有问题，被机器判断为不合格短视频了。

平台给我们的基础流量、基础观众的行为决定了后期平台对短视频的流量分配。如果基础观众在看过短视频后都点赞和评论，那么短视频的数据就会得到提升，当数据提升到一定的程度后，短视频就会进入更大的流量池——1000—10 000次流量的流量池。同样，如果短视频得到的反响不错，点赞的人和评论的人都很多，短视频就会进入1万—10万次流量的流量池，这时短视频就离“爆款”很近了。

在短视频数据表现不错的情况下，系统会对内容进行二次审查，在确定没问题后进行大规模推广。因为机器在初审的时候，可能审核得不全面，所以会再次对短视频进行筛选，以免涉嫌暴力、色情等危害社会的信息流出。

在二审阶段，如果短视频的内容没有问题，会继续被放行，进入更大的流量池；但是如果内容被判断为不符合要求，就不再被推荐了，这时短视频的播放量不会再增加。同样，当遇到机器无法判断的时候，将会转交人工审核。这时你看不到任何显示，只是看到了内容没有新增流量。内容在通过人工审核后，会继续被推荐；如果人工审核没有通过，就不会再有新增流量了。在完成二审后，短视频就会进入10万—100万次流量的流量池，如果短视频数据仍然很不错，就会进入100万次流量以上的流量池。

2. 分析数据排名

抖音、快手、火山短视频平台基本上都是观察评论、点赞数、完播率和转化量这几个数据。

评论是非常重要的。在互联网行业里，评价一个软件、网站、作品的好坏，一般都是从评论数考虑的。大部分愿意为一个产品打分、写评论的用户都是产品的忠实粉丝，使用这个产品的时间已经很长，对产品有一定的了解，并且愿意花时间对产品提出建议，愿意参与产品的优化。在短视频平台上其实也是一样的，观众看到好的短视频是容易点赞的，不需要花费多少时间，动动手指即可。但是评论却不一样，用户需要花更多的时间评论，输入对产品的想法。

评论数越多，越证明内容能引发观众共鸣。他们愿意评论，证明他们对你的短视频要么是认可的，要么是想要吐槽的，评论比是数据中最重要的。其次是点赞比，点赞能够证明观众对你的短视频喜欢，观众如果喜欢你的短视频就会点赞，如果不喜欢可能就会划过。再次是完播率，完播率是什么呢？比如，短视频的时长是15秒，如果观众能够持续看超过10秒，就算一次播放完成。如果100个观看的观众中有60个人看了10秒以上，那么完播率就是60%。完播率越高越好。当然，数据是综合维度的考量，不能只考量完播率，还要考量评论比、点赞比和转发量。

优秀短视频的标准是点赞比大于5%（即100万个人看过，点赞数最少为5万次以上），评论比大于1‰。

我们可以以自身的短视频考量，在短视频发布前期，如果发现点赞比特别高，就证明短视频有“爆款”的潜质。在运营阶段，我们要持续关注短视频和观众，适当地做评论的维护和转发推广，让朋友帮忙给短视频点赞、写评论，增加曝光量。

其实“爆款”的短视频并不难做。第一，要把控短视频的质量，短视频平台的审核是非常严格的，我们不要触碰红线，不然账号的流量就会被平台限制。第二，要随时观察短视频的数据，运营良好就能获得持续的推荐，而评论比和点赞比是运营中最重要的环节。

➡ 如何提高短视频的点赞和评论

你所理解的短视频是什么？你所理解的点赞是什么？也许有人会说短视频就是消磨时间的工具，在没事时拿出来刷一刷，忙了就不看。这只是一部分人的理解，短视频在很多人的心里已经占据了一个很重要的位置。很多人把这些“网红”当作自己生活中的伴侣和偶像，给他们打赏，甚至一掷千金。

短视频是需要精心策划的，随手一拍发布出去就成为“爆款”是不可能的。果他们没有认真地准备，那么是不能得到观众喝彩的。

点赞就是粉丝对视频内容的认可、赞赏。我们只有理解了点赞，才能知道应该怎么做。要想短视频做出成绩不能只靠想象，如果你对自己的短视频没有持续的投入，那么不可能收获观众的点赞。

1. 在结尾处给观众一个点赞的理由

我们要让观众在看短视频时就像在爬梯子，要让他一个台阶一

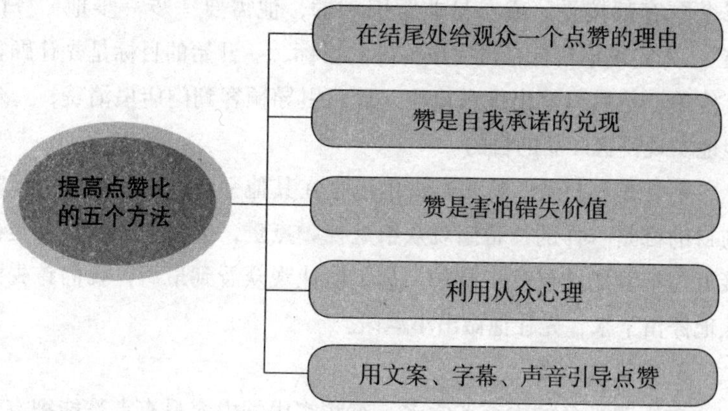
提高点赞比的五个方法
在结尾处给观众一个点赞的理由
赞是自我承诺的兑现
赞是害怕错失价值
利用从众心理
用文案、字幕、声音引导点赞

个台阶地往上爬，要让他在爬的过程中一直想最后能看到什么结局。这样他就会非常期待，在爬到了梯子最高处的时候，也就是到了短视频的结尾，我们要给他点赞的理由，即让他看到他期待看到的结局。

相反，如果观众爬到最高处却发现得不到他们想要的，失落感

就会油然而生。根据大数据统计，大多数人是在接近短视频结尾处给短视频点赞的，所以我们一定要在结尾处安插剧情，或者安插反转桥段，创造一个突破点，让观众主动为短视频点赞。在图 10–4 所示的短视频案例中，家长想利用苦瓜汁让宝宝不再吃手指，以免手上的病菌进入体内，造成宝宝生病。经过了长时间的等待，观众的情绪被调动到了最高潮，希望看到宝宝不再吃手指，但是很可惜在短视频最后宝宝跑开就结束了，短视频草草收尾。如果没有达到观众的心理预期，互动效果就会差很多。

2. 赞是自我承诺的兑现

在现实生活中，你走在街上是不是经常有人给你发传单？如果推销员给你发传单，在你接了传单以后，他可能就会继续向你推销产品，提出优惠条件，想引导你去门店消费。如果你当初连传单都没有接，推销员就不可能再与你有后续的接触，交易也不可能成功。其实这是心理学里的登门槛效应。推销员在销售产品时，不可能让每个顾客都接受，成交是非常困难的，他需要一步一步地“登门槛”，先完成小目标，再完成另外的目标。一开始的目标是先让顾客接传单，然后再发出优惠攻势，最后引导顾客到门店里消费，一步步地实现销售产品的目的。

不管是在抖音、快手、火山还是在其他平台，作者拍摄短视频的目的都是一样的，希望观众给短视频点赞，但是大多数观众是在接近短视频的结尾处点赞的。为了能让观众看到最后，我们首先要让他停留下来，先让他做出小承诺。

3. 怕错过心理

短视频平台的内容非常多，有些实用的内容只有点赞能把有用的资料保存起来，这类视频一般都比较实用，很能引起粉丝的共鸣，所以具有保留价值、传播价值类短视频可以采用这种方式让别人点赞。

4. 利用从众心理

在很多人心中，随大流是安全的，可以少惹麻烦、少担风险，所以他们喜欢采取从众行为，以减少内心冲突，寻求心理平衡。这是从众心理产生的心理基础。我曾经做过一个小调查，大多数人在看短视频的过程中，通常先往右边瞄一眼，看看短视频有多少点赞数。如果短视频的点赞数很多，他们就会停留下来持续看，因为他们觉得这可能是好作品。如果他们发现短视频的点赞数非常少，甚至为零，就会觉得这可能不是好作品，不愿意花太多时间看下去。所以，我们在每次发布短视频的时候，都需要自己给自己的短视频先点赞，或者让朋友和粉丝点赞，以确保短视频不是零赞的，这样其他观众看到短视频有点赞数，就会感觉它应该是不错的作品。

5. 用文案、标题、声音引导点赞

用文案、字幕、声音引导点赞。有一条视频文案写得很棒，其实短视频的内容非常简单，就是老爷爷牵着老奶奶走，作者把这幅画面拍下来了。短视频标题的文案是“最幸福的事莫过于和彼此爱的人一起慢慢变老……路过的一起点赞”，我们可以利用标题直接引导观众点赞。

➡ 文案这样写粉丝才疯狂

短视频平台都有自己的规则，无论规则怎么变化，短视频内容才是重心，文案只是绿叶，不过经常刷短视频的人不难发现，有时一句好文案就能把一条短视频推上热门。下面介绍短视频中文案的写作小技巧，教会你写文案，从此让粉丝疯狂地与你互动。

1. 调动情绪、引发共鸣

写文案的核心是调动观众的情绪，从而让他们与我们产生共鸣，那么文案怎么写才有吸引力呢？

（1）写支持型文案

有一个经典句式“会做……一定是……”。例如，文案“会做饭的男人一定是好男人”。在看到这个标题后，会做饭的男人在心里就会感觉作者是认可自己的。女为悦己者容，士为知己者死，人们会为认可自己的短视频点赞。寻找生活中对事物认可的经典句式，赋予短视频主题灵魂，引发观众的赞同观点，这就是文案写作的技巧——写支持型文案。

（2）批判错误行为

杜子建老师的经典“爆款”短视频就是这样的，批评部分父母因为经常把自家孩子与别家孩子做对比，从而教育出懦弱的孩子，认为这种行为非常错误。而这种情况很常见，年轻人在看到这条短视频后就会为它点赞、写评论。短视频的内容反映了家庭问题，而作者是站在孩子这边的，利用批评的手法引导观众关注孩子，能够引起观众的共鸣，调动他们的情绪，让他们点赞、写评论。

（3）鼓励

最经典的鼓励文案是耐克的 just do it 广告语，类似文案有“加油”“放手一搏”等，这些带有感染力的语言都能够调动观众的情绪，使他们产生共鸣。

2. 常用的文案类型

（1）互动类。这种类型的文案以提问居多，案例如“有你喜欢的吗？”“你还想知道什么吗？”“留言给我”等，用这种方式与观众互动，可以增加短视频的评论比。

（2）叙述类。这种类型的文案以场景感的故事展示居多，案例如“认识两年的理发师”“漂泊的人都不容易”“只能抽空在走廊吃外卖”。用描述故事的方式写文案，很多理发师、漂泊的人或者平时太忙只能抽空在走廊吃外卖的人，就会被短视频的内容所触动，产生情感共鸣，就会为短视频点赞、写评论。

（3）悬念类。这种类型的文案以设置谜题居多，案例如“一定要看到最后，最后的内容笑死我了，哈哈哈哈”，这种文案会让观众感觉后面有好玩的东西，一定要看到最后。

（4）段子类。这种类型的文案以强场景感居多，案例如“人到中年不得已，保温杯里泡枸杞”，我们可以把网上很火的段子放在文案里，这样能够吸引别人持续地看下去，或者吸引观众互动。

（5）共谋类。这种类型的文案以励志、同情、真善美居多，你希望他人看到的是你所希望他看到的，所以你要与观众共谋。案例如“三个月体重从 160 斤减到 112 斤，我们都能做到”，肥胖观众在看到后感觉自己也能做到，就会一直看下去，看你到底用了什么方法，如果适用就与你一起减肥，这种文案叫共谋类文案。

3. 引发户好奇的文案

用户在好奇心的驱使下，就会不由自主地点开短视频，在用户不知道内容的情况下，通过标题是最容易引起用户好奇的方法。

（1）标题提出疑问

这个方式主要就是利用人性的特点，让用户产生好奇心。当用户心中产生疑问时就会有想要一探究竟的欲望，这样一来也能够增加短视频的点击量。

以上几个短视频都是“三顾”发布的，标题都利用了疑问句的形式。以“有了钱之后，你最想做什么？”为例，看到这个标题，部分用户在脑海里就会蹦出“如果有钱了我会做什么？买房？买车？周游世界？视频到底说的是什么？”等类似的疑问。

带着好奇心和内心的疑惑，用户自然而然就会点开短视频。从上图中也可以发现，疑问式标题的短视频播放量都不会太低。

（2）诘问语

“你敢吗”“你一定想不到”“你一定不会”等，像这类语句都属于诘问的，用户看到这样的标题会产生较大的刺激感，同样也会好奇，想知道短视频的内容。看看到底是什么样的事情，究竟是不是自己不会的，不敢做的等。

和使用疑问句的目的一样，都是为了引起用户的好奇心，但需要提醒大家的是，使用诘问式标题，在带来高点击量的同时，要保证短视频的内容有足够的深度，能给用户带来意想不到的感觉。否则也只是徒劳，甚至引起用户的不满。

（3）矛盾体

在标题中使用前后矛盾、冲突的字眼，也会增加用户的好奇心理。例如“我失业了，但是我很快乐”“渴了，为什么不想喝水”等。看到这样的标题，用户首先会觉得莫名其妙，不合常理。失业本来是件很难过的事情，怎么还快乐得起来？渴了就要喝水，为什么却不想喝？用户想到这里，好奇心自然就会引导用户打开短视频，去解决心中的疑惑。

总之，好奇心是引导用户最容易的方法，用户都有想要获得某些内容的心理。特别是对于未知的、有疑问的事情，用户想要了解的欲望最深刻。因此，要让你的标题不留痕迹地引导用户，就要抓住用户的好奇心。

4. 利用用户痛点

一般来说，用户在生活工作中碰到的困难问题都是痛点，问题有多严重，痛点就有多深刻。简单地说，用户的痛点是什么？无非就是矮、胖、穷、丑、夏天热、冬天冷等。说到底就是抓住和用户相关的、感兴趣的、有共鸣的内容作为短视频标题。

许多短视频能够在短时间内迅速蹿红很大一部分原因就是：视

频从标题到内容都能够抓住用户痛点。2017 年 11 月，很多人都被罐头视频发布的一则名为“这个季节，起床困难户的内心戏要多丰富就有多丰富”的短视频吸引了目光。

冬季天气寒冷，早晨不愿意起床。这对于很多用户特别是年轻人而言，都是痛点。视频标题中带有这样的字样播放量也不会太低。而带有痛点的标题，更贴近用户生活，就更容易引起关注。

5. 添加关键词

这里的关键词是指时下热门词汇，也就是用蹭热度的方法。这类词汇一般都带有高流量，用户搜索或选择的概率会更高。即使我们的短视频内容和这些关键词一点都不沾边。我们也可以和关键词“套近乎”。

但是需要注意的是，使用这类热门词汇是个技术活，需要对关键词高度敏感，能够快速在词汇热度不减的情况下尽早使用，否则随着时间的流逝，词汇热度一旦降低，再次使用不但不会给短视频带来较高的点击量，而且会让用户产生反感和视觉疲劳，弄不好会带来消极的影响。

第五章

短视频创业的行业选择

➡ 快消品短视频：迅速占领市场

快消品行业，在所有行业中由于该行业消费周期短、频率快、消费群体大，与人们的日常生活贴近，从而拥有最庞大的市场。因此，快消品行业也成为与市场结合最紧密、最敏感的行业之一，市场风向稍有风吹草动就会立马显现出来，被称为市场变化的晴雨表。

快消行业以前的主要营销投放方向是电视这样的传统媒体，但是随着网络快速发展，网民数量暴增，快消品企业的营销方向逐渐转向互联网媒体。再随着网络短视频时代的到来，最先受益的也莫过于快消品行业。从当前参与视频营销企业的规模和数量来看，快消品企业仍占大多数，如可口可乐、联合利华、宝洁等国内外著名快消品企业，都开始将营销重点转向互联网。

2016 年诞生的完美日记，在 2018 年天猫双十一，仅 90 分钟便突破一个亿销售额。其更是在 2019 年的天猫 618，第一小时就荣登天猫彩妆 TOP 1。这样一个通过小红书中腰部 kol 投放的品牌如何在传统美妆中脱颖而出？

无独有偶，李宁，凭借坚持回归“中国李宁”，仅仅在 4 个月时间内，从谷底重回辉煌。同样的，故宫携一系列联名款引爆微博；

大白兔的香水成为各路KOL争相购买的“硬通货”；对比这些“传统”品牌，网红钟薛高，HFP以及WIS等，也同样在各自领域，百花齐放。

在移动互联网引发的品牌变革中，越来越多的快消品牌开始转变

爱奇艺基于搜索而创造的“蒲公英模式”也是一种十分新颖的视频营销模式。该模式从网民的收视习惯出发，基于百度数据深挖用户需求，以功能化精短视频为核心，为广告主提供精准植入和跨屏传播的机会。

“蒲公英计划”是爱奇艺的独创模式。它的内涵在于，以视频为核心，打通搜索、SNS、无线，甚至是出版、影视剧等领域，将分散资源聚拢，将要传达的信息成倍数扩散。爱奇艺数据研究院院长葛承志说:“就像蒲公英撒播种子一样，落地生根后，再次生发出一个新的网状系统。”

这个充满想象力的比喻，生动地印证了爱奇艺在视频营销上的独特创新力。“这种模式的独特性在于，它和搜索紧密结合”。

例如，教人怎么做菜，用户在搜菜谱的时候，能看到一个短视频教程肯定比简单的图文感受要好得多。通过搜索工具搜索已成为大众的习惯，TOP200菜谱的日均搜索量超过40万次，TOP50菜谱的日均搜索量超过20万次，但利用搜索工具也有其缺点，即搜索结果全部是以图文的形式呈现，要么是大段文字叙述，要么就是步骤过于简略，这样显然不够实用，也不够直观。比如，文字上表达“需要放3克盐，那么3克盐究竟是多少”，很多人可能没这个概念，而通过视频则可以更直观地看出来。

爱奇艺正是看到了这点，制作的一档美食烹饪类节目《美食美课》将做菜的过程从搜索工具移位于网络短视频中，通过直播直观地与大众分享，从而建立自己的营销模式。

随着PC电脑向智能手机、平板电脑等移动终端的转移，爱奇艺推出了移动版，如iPad、手机终端的爱奇艺APP。推出后，其移动

端下载量超过 1.2 亿，移动端的视频播放量占到总播放量的 30%。

短视频的快速发展给传统广告业带来了新的机会，这就使得广告在移动终端营销的机会更大，更容易得到用户认可。那么，具体该如何做呢？可从以下两个方面入手。

1. 创意营销，差异化营销

在产品同质一体化的趋势下，只有实现营销差异化才会吸引更多的客户。视频内容的丰富性给用户带来了新的体验，淡化了商业色彩，实现了软性营销。

网络直播存在的基础就是求新、求异的创意，只有具备了这个特征，才能持续地吸引更多的客户。很多企业之所以看中直播渠道，也正是这个原因，希望通过网络直播搞一些创意营销。目前，视频营销模式主要有贴片广告、创新的视频广告（如暂停、悬浮等）、视频短片定制或植入（病毒视频及微电影）、品牌专区及主题活动等。

2. 提升品牌影响力

营销的最高境界就是卖家不需要介绍自家产品，也不用王婆卖瓜式的自夸产品有多好，用户就会疯狂地爱上它，这就是品牌的力量。对于快消品企业来讲，借助网络直播，主要目的不是为了直接卖东西，而是树立品牌形象，利用网络直播对粉丝的巨大黏性吸引更多的用户，让他们对品牌有良好的印象。

当然，视频完全可使产品和品牌更加生动、形象，因为不仅集传统视频的传播优势于一体，还有数字挖掘、精准定向、平台转换的优势。通过这些优势，企业可以根据自身需求进行定向传播，以求达到更精准的传播，并且可以根据后台系统，清晰地看到广告投放分析，以不断调整和优化方案。

➡ 生活类短视频：感受生活千姿百态

生活是每个用户每天都必须面对的事情，他们习惯于自己的日常生活的同时也会对他人的生活产生一定的兴趣，生活类短视频就将他人的生活浓缩成了短短几分钟，抓住某个场景的特性，将别人的生活展现在用户眼前。在运营上，生活类短视频也需要选取不同的方法，在贴近用户生活的同时还要为其带来新奇的感受。

生活类短视频是根植于每个普通人的日常生活当中的，这类短视频正是在最普通的小处加以深入挖掘，营造出美的氛围来感染用户，使得用户在享受的同时还能够产生共鸣。短视频中所表现出的对于生活的理解就是用户所想拥有的生活的缩影。

《日食记》是一部与美食相关的系列短视频，每一期所展现的都是一个全新的菜式的做法，但是用户从中所感受到的，更多的却是一种情怀。《日食记》中选用的场景往往都非常唯美，再加上精致的厨具餐具和偶尔出镜的萌猫一只，可以说是许多用户梦寐以求的生活。

《日食记》所传达出来的是一种理念：生活也可以是这样的。用户由于学习、工作的繁重以及精力的有限，在日常生活中所投入的心血或许并没有很多，繁忙的日常生活也使其没有心情精心打造生活的场景，但是在其心里，对于《日食记》所表现出的精致生活还是有所向往的，所以这些用户在观看的时候就会被激发起认同感，从而达到不错的营销效果。

生活类短视频的最大难点就是怎样从日复一日的普通生活中选取一个足以打动用户的适合切入点。短视频团队想要选好这个切入点，必须要用心地观察生活。普通人的生活虽然是类似的，但是每一个都存在其特殊点，团队的前期工作就是将这个特殊点寻找出来，然后再通过场景道具的选取步骤而将其具象化，以做到让用户在点开短视频之后，能够迅速理解团队所想要表达的全部思想。

生活类短视频为了能够使得用户产生共鸣感，在场景的选择上一定要贴近日常，场景可以适度地美化，但是绝不可以过于豪华以至于脱离生活。如果这样会使得观众产生分裂的感觉，从而难以起到策划中的预期效果。

生活类短视频也无须拘泥于家中，像办公室、教室等地方也同样是用户在生活中离不开的。在地点的选取上，短视频团队应该发散思维，不断创新，以另辟蹊径的方式使得用户感到新颖，但是这个地点必须是最大程度上的用户群体日常会接触到的，这样才能更好地激发出用户的共鸣感。

一条是由《外滩画报》前总编徐沪生所创办的专注于生活类短视频的新媒体。一条针对的用户群体是注重生活品质的中产阶级，所以选取的场景也往往与此相关。一条与其他注重内容、接地气的短视频不同，走的就是高端路线，这就弥补了短视频行业内的这一部分缺口，很快就获得了用户的认可与喜爱。

中产阶级的生活是一个抽象的概念，中产阶级指的是收入处于中等水平的一个阶级，其生活模式更是很难具体下一个定义，在一条的短视频当中泛指为一种富含美学的高品质生活方式。一条的短视频更是突破以往领域内的固有观点，制作成了一种“杂志化短视频”，即使用缓慢的镜头切换以及对场景摆设的高要求，力求每一帧截图下来都像是一张明信片，真正使得用户在观看短视频的同时获得美的享受。

一条的LOGO，设计简单清新，以黑白作为主体色调选取，不加其他色彩图案的修饰，体现出了一条的文化内涵：简单而精致。徐沪生在定位一条的过程中也经历了很长时间的调查研究，一开始他本想制作以人为主体的短视频系列，但是由于在操作过程中遇到许多难以解决的问题，最后还是放弃了这一想法，而在他和他的团队经过讨论研究过后，最终还是选择了其最擅长的部分作为主题。

一条之所以选择中产阶级作为其目标用户群体，与其创始人是分不开的。正如上文中所提到的，想要做好一个生活类短视频，首先就要对这种生活有足够的了解。徐沪生正是由于其生活在这一阶级中，才能通过短视频来表达出自己从这样的生活中观察到的体悟，从而做出真正打动用户的内容。

徐沪生在一条稳定发展的过程中曾经连续两周、一共花费了400万进行短视频的运营推广，这是非常具有魄力的一种行为。他之所以这样做，是看到了短视频的运营从根本上要依靠用户的认可，而想要让用户认可，首先要令其看到。生活类短视频在运营的过程中必须要注重推广的效果，大范围的广告投放虽然会产生较多的成本，但是在吸引来用户之后很快就可以回本，并且对未来的发展也有着极大的好处。

在一条获得了许多用户的认可之后，徐沪生还建立了一个名为“一条生活馆”的电商网站，其上出售的商品种类多样，分类详细，在一条生活类短视频中所提到的商品都可以在这里买到，这样一条就找到了一种除了接广告以外的短视频变现方式，从而保证其能够顺利运营。

一条短视频覆盖了生活、潮流、文艺等中产阶级用户所关心的方方面面，这使得中产阶级用户可以在其中寻找到自己生活的缩影，其他阶级的用户可以通过该短视频了解这个阶级的生活是怎样的日常。团队在制作生活类短视频的时候，应该选取与自己的生活更加贴近的类别，这样完成的作品才能让用户在观看后觉得真实。而真实往往是最能够打动观众、引起强烈共鸣的那一部分。

➡ 服务类短视频：传播高品质服务

服务业的范围非常广，包括金融、医疗、教育、餐饮、旅游等多个领域。随着人们生活质量的提高，消费意识的增强，服务业已成为一个重要的行业。在服务形式上，越来越多的服务型企业也在创新和突破。

在互联网时代的影响下，服务业也逐步互联网化，与自媒体的融合越来越深，以实现从线下向线上引流和转移，如金融服务、餐饮服务、旅游服务等。其中，代表性企业有金融服务类企业如广东华兴银行、武汉银行，旅游性服务企业如去哪儿网、途牛旅游等。

短视频火起来之后，很多服务型企业开始与短视频营销，如开通抖音、快手、秒拍等账号，通过网络向消费者展示服务信息，优化服务渠道，提高服务质量；消费者也可以通过企业官方账号与企业互动，为完善服务中的不足和弥补缺陷提供自己的意见和建议。

索尼曾经拍摄了一条视频，采用了画中画的形式展现视频内容，拍摄手法类似电影《盗梦空间》的整体构思。这个广告表现的是让玩家体会，只要使用了PS+，就能随意在各种游戏中切换，体验盗梦空间式的不同人生，利用反复循环给人带来一种梦幻般的科技感，非常炫酷。视频还将索尼两款产品（相机和智能手机）的优点结合在了一起，是一个非常值得学习的广告创意。

为了吸引更多用户参与拍摄，爱彼迎曾经组织了一次短视频大赛，由爱彼迎官方提供一个剧本，让用户参与进来，并用这个剧本拍摄了不同类型的视频。最后，爱彼迎将不同用户拍摄的视频剪辑成了一部微电影。这个视频一经播放，引起了很多人的关注。创作这个视频之初，其创意就成功吸引了很多人参与，让用户有参与感与成就感，这就带动了用户的积极性，

如今，短视频的诞生改变了人们的观看习惯，人们已进入“竖屏时代”。智能手机用户把接近90%的时间用在竖屏观看中，使得短视频内容和营销进入“竖屏时代”。

短视频逐步成为连接企业与消费者之间的一座桥梁，解决了买卖两者之间的信息不对称问题。通过直播，消费者可以更方便地获得生活、吃、喝、玩、乐等方面的信息，以及更好地生活服务。

那么，服务性的企业通过短视频具体可以做什么呢？

第一，品牌推广平台，服务展示的平台；

第二，买卖双方的沟通平台，与粉丝的互动平台；

第三，对应移动电商销售引流平台。

通过以上分析，站在企业的角度，也应该更加明确如何来做，即一定要围绕“提高质量服务，用户利益至上”这个中心。具体内容有如下 3 点。

1. 为客户提供专业服务

对于服务行业来说，最主要的是为自己的客户提供高质量的服务。对于金融服务行业来说，视频内容就应该是以推送专业的理财信息为主，才更加能体现自身的价值。在用户自身学习的同时，也会更加相信服务机构，愿意把钱交给这些机构打理，因为平时推送的专业信息让用户相信他们是专业的，可以说是自身实力的展现。

以银行业为例，银行属于服务行业，要知道对于银行这样的企业从来不缺用户，发布一条短视频估计就会有上百万的用户回应。所以，对于银行业来说，做短视频营销最重要的便是提升服务，利用短视频的特性，为用户提供更多、更便利的服务。

2. 注重提高用户体验

众所周知，服务行业更注重用户体验。用户的体验，也就是所谓的人性化。例如，有的酒店不仅宣传舒适感，还赋予了一种人生理念，优化客房舒适度，重视公共空间的社交性和文化氛围，强化健康餐饮概念，推出“住酒店不仅是一晚舒适住宿，更是一种舒心体验和美好的回忆”。

即使一个很小的细节也要充分考虑用户的心理适应性，抓住用户的心理需求。正是短视频人性化的展示，给了用户良好的体验。所以，对于服务型企业来讲，在运营中需要利用短视频这种新媒体来强化客户体验。

3. 维护老客户，避免客户的流失

服务行业最重要的是维护老顾客，短视频内容只有随时保持更新才会被老客户持续关注。同时，客户关系也需要及时维护，如果不维护、不互动，即使用户有很多，那这些用户也可能会再度流失掉。因此，对于服务行业来说，最重要的就是把服务做好，让每位用户都能够得到实惠。

以服务为主的企业已经意识到了转型的必要性，平台化、场景化，走线上、线下融合之路必定是未来发展的大方向。而转型的入口，就是与直播等互联网化的产物接轨。现在很多服务性企业，如餐饮、旅游等都已经意识到这个问题，纷纷推出自己的短视频账号，抢占流量资源，业务从企业形象的宣传、服务的推介到业务预定、支付消费及售后服务，几乎囊括了所有的经营流程。

➡ 旅游类短视频：迅速打造网红景区

相对于其他行业来说，旅游明显是一个极低频的行业，无论是出行决策、预订还是出行，都需要酝酿相当长一段时间，来一场“说走就走的旅行”还是比较难的。因此，想要解决旅游行业的营销通路，从文字发展到图片，还是没有完全让旅游行业大火起来。

而随着短视频的出现，通过抖音、快手等平台，旅游行业有了新的发展希望，一些网红旅游景点和营销热点开始出现，如重庆的“洪崖洞”、西安的“摔碗酒”等。其原因在于短视频为运营者和旅游爱好者提供了高互动、低门槛的内容传播通路。

基于此，旅游行业应该抓住短视频营销风口，打造网红旅游景点，最终带动整个城市和地区的旅游发展。那么，运营者应该如何做呢？在笔者看来，首先就应该打通从娱乐流量到消费流量的通路，让用户转化为消费者。当然，这也是需要条件的—需要抖音、快手等短视频平台进行营销宣传。

运营者可以联合线下的其他相关领域进行营销宣传，以达到共赢的目的。特别是

美食，对于热衷于吃的旅游爱好者来说，更是推动其把旅行念头付诸实际行动的利器。上面提及的西安的“摔碗酒”就是利用景点的餐饮来带火一个景点，进而带火一座城市的典型案例。

旅游行业的短视频营销宣传条件

- “天时”方面，在短视频平台上，一到旅游旺季，就有许多自媒体人开始进行宣传，形成节令等出行高峰。运营者也应该借助这一时势，对高峰时段的自身景点特色进行宣传
- “地利”方面，运营者应该从人们出行方面加以考虑，给用户在景点附近提供具有特色的住宿、出行等服务，解决人们的后顾之忧，让人们放心出行
- “人和”方面，运营者应该联合短视频平台进行营销，特别是一些比较受人欢迎的活动和功能，如抖音的各种挑战赛、台拍、名人、明星等，都是可以借势的营销热点

一些旅游型企业，如去哪儿网、途牛旅游网等开始率先布局网络直播营销。

2016 年 7 月 21 日至 23 日，途牛旅游网在美拍上，联合林志颖发起了一个“林志颖与粉丝嗨玩欧洲”的活动。在三天的活动中，连续发布了 3 条视频，每条都有与大家互动，吸引了众多粉丝的关注，观众多达 3.6 万人，每条的播放量都在 3.2 万次左右，直接互动聊天达到 3000 余次。

尽管旅游业中的大多数企业还未加入到网络短视频运营上，但是最先尝试的企业已经从中得到了利益，那就是获得了大量粉丝，通过视频链接粉丝的黏性更强。

➡ 美妆类短视频：让生活变得更美

时尚美妆类短视频所针对的目标用户群体，大多是一些对美有

追求与向往的女性。这些用户选择观看该短视频就是为了能够从中学习到一些实践技巧来帮助自己变美，所以对于该短视频制作者的审美以及潮流意识，用户有很高的要求。

时尚是会随着时间而不断变化的，因此时尚美妆类短视频的制作团队也必须不断地学习，紧跟时代的潮流，否则就会被其他短视频团队代替，被用户抛之脑后。并且团队提供的短视频还必须不同于其他，要有自己的观点与见解，这样才能让用户在观看后觉得无可替代，从而转化成“粉丝”。

每个用户对于时尚有自己不同的观点，所以作为时尚美妆类短视频的制作者，不能强行将自己的观点灌输给用户，要通过短视频内容的安排，潜移默化地将自己对于时尚的理解传达给用户，这样才能更容易地被用户所接受。

时尚分为很多种类，往往一个短视频制作者都仅专注某一个方向，并且对其加以研究。由于时尚领域的这种复杂性，制作者需要在开始录制短视频之前进行大量的前期研究，这样完成的作品才能让用户觉得专业，从而产生信任感。常见的时尚类短视频分为当季流行讲解与个人穿搭分享。

当季流行讲解类短视频的制作者需要对服装饰品的流行元素以及原理有相当程度上的了解，对于不同的常见品牌都要有一定的了解，这样才能全方位地对流行进行解析，让用户最全面地进行了解。

有许多时尚品牌都会与这一类知名的“网红”短视频制作者进行合作，通过这种运营渠道来进行品牌的推广。制作者想要完成这种推广就要花时间做功课，对该品牌有足够的了解，这样才能将短视频内容本身就变成广告的一部分，而不是在其中生硬地插入广告，从而招致用户的反感。

个人穿搭类短视频与当季流行讲解类不同，其目的更多的是传递自己的穿搭心得，而不是介绍品牌。个人穿搭类短视频根据制作者财力的不同，往往服装的价位也不同，这样用户就可以根据自己的经济情况来对其进行选择。所以制作者在做前期准备的时候就需要考虑目标用户的经济水平，从而确定服装饰品的价位。

随着短视频领域发展的日趋成熟，现在个人穿搭类短视频的制作者也不再像过去一般仅仅是颜值身材皆佳的所谓“网红”，也有越来越多贴近生活的普通人开始根据自己的心得体会来制作个人穿搭分享。这样的制作者更贴近普通用户，从而使得用户产生亲切感，该短视频在推广起来的时候也变得更加容易。

美妆类短视频的兴起体现了用户对于美的一种强烈追求的心理。每个人的样貌是天生的，如果有不满意的地方，只能通过后天手段来进行改善，而化妆则是其中风险较小、易于操作的那种。而且对于用户而言，美妆类短视频可以在极短的观看时间内就起到良好的效果，深受其青睐。美妆类短视频往往分为三种：测评类、技巧类、仿妆类。

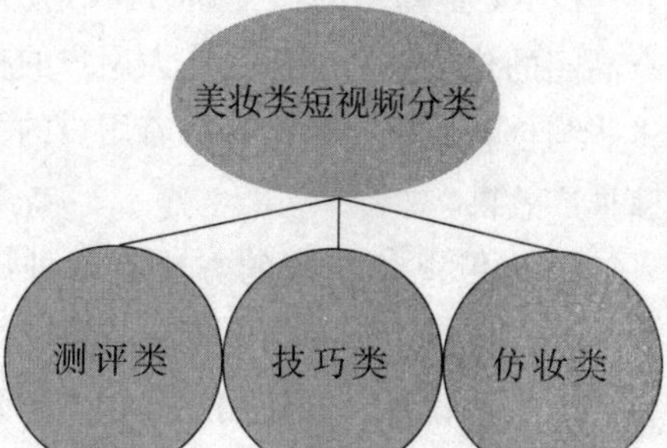

1. 测评类

测评类美妆短视频往往由制作者将同类的美妆产品一起进行使用测试，然后根据每个商品的不同特性进行评价，分析出其利弊，以及对于性价比较高的产品进行推荐，给予对美妆产品了解较少、在同类商品的选取上犹豫不决的用户一定的建议。

测评类美妆短视频除了可以给予用户建议以外，还可以帮助用户节省时间。同类美妆产品种类繁多，如果一一进行尝试后再确定购买哪种无疑会消耗用户大量的时间，而美妆类短视频制作者就可以帮助其进行一轮测试，使得用户可以从短

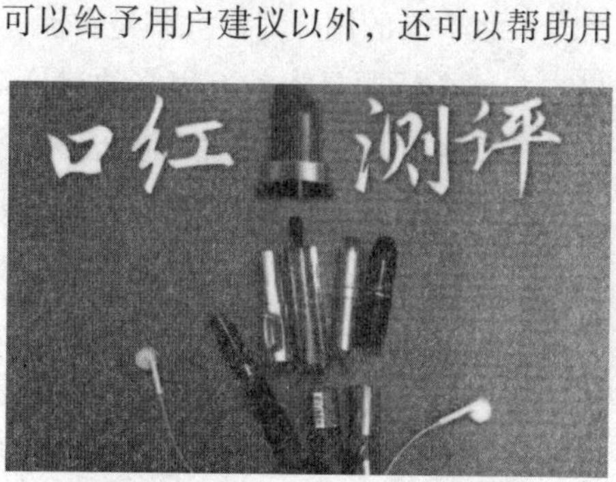

视频中直观地看到不同产品的效果，从而直接根据结果来选择最适合自己的产品。

2. 技巧类

技巧类的美妆短视频是最受化妆初学者，或者是想要提高自己化妆技巧的用户欢迎的。对于此类短视频，制作者必须要着重展示每一步骤是如何进行的，这样才能使得用户觉得可以从中真正学习到技巧，然后才会分享给自己的亲朋，从而使其快速传播，增强推广效果。

PONY 是韩国的一个知名技巧类美妆短视频制作者，由于他具有高超的化妆技巧，深受广大用户的喜爱。并且他还在一直不断地进步与创新，于是始终保持着用户的关注热度，从而起到良好的运营推广效果。

美妆短视频变现的方法有两种：与品牌合作与开创新品牌。PONY 早期经常与一些化妆品品牌进行合作，针对其化妆品的特点进行妆容的设计，既让用户从中学习到手法，又成功对品牌进行了推广。PONY 后来还创办了自己的美妆品牌，真正做到了线上线下共同发展，顺利变现。

技巧类美妆短视频除了要有一定的手法以外，还需要具备一定的创意，这样才能在日益红火的短视频领域内脱颖而出。Lisa Eldridge 是兰蔻全球彩妆创意总监，之前她发布了一个名为“见前男友妆”的短视频，在用户群体中获得了很大的讨论度。

美妆产品的用户对象大多是女性，而女性用户群体中对于“前男友”这个话题是本就有很高的讨论度的，Lisa Eldridge 借用这个主题进行妆容的设计，自然而然地就吸引到了这一部分用户的注意，从而起到了快速推广的作用，甚至无须与其他平台进行合作，这些平台就会因为该短视频的话题度主动参与进来，将运营效果做到最好。

为技巧类美妆短视频选取一个主题可以借助其原有的讨论度来进行运营推广，使得这种技巧教学类短视频有更加深刻的含义。包括之前在各大短视频平台热议的“帮男朋友化妆”系列短视频，都是以一种搞笑的手法来进行制作，从而使得用户在观看的时候能获得更加特别的体验。

3. 仿妆类

仿妆类短视频是在具备了一定化妆技巧后的一种升级尝试，化妆师按照某个明星的样子为自己进行化妆，然后制作短视频放出，使得用户在观看后感到极大的震撼。化妆师本人与明星相似度越低，妆容完成后越像，最后所起到的效果也就越好。

仿妆类美妆短视频在运营推广时选择的对象，除了本身对美妆感兴趣的用户之外，还加入了该明星的“粉丝”。往往由于明星“粉丝”基数较大，转发分享推广的能力也较强，短视频制作者凭借明星这个自带流量的话题，很轻易就可以在“粉丝”之间取得好感，从而将这些“粉丝”转化为潜在用户，为短视频运营提供了很大的便利。

时尚美妆类短视频制作者在发布短视频的时候，要注重多渠道的分发，这样才能将不同平台上的目标用户全都最大限度地吸引而来，以最快的速度进行用户积累；并且在获得了一批用户之后还要加强与用户的互动，及时并耐心地解答用户提出的问题，这样才能不断加深用户的黏着力，使得用户构成更加稳固。

除此之外还要注意更新频率，高频率更新、多方位地推出有创意的短视频才不会被其他时尚美妆类短视频制作者所取代。单一的时尚美妆内容很容易引起用户的审美疲劳，造成用户流失，针对这个问题，制作者还可以尝试制作综合类的时尚美妆短视频，这样可以不断翻新形式，从而保证用户的活跃度。

➡ 服装类短视频：火爆全网的“网红”同款

随着“网红”经济日益走向专业化，有许多知名“网红”在网上做起了电商。但是由于市场监管在这一领域还没能形成完整的规章制度，所以此类电商中有很多都存在着虚假以及产品质量不合格等问题，这使得用户无法在网络中安心消费。而本末测评就是一个针对“网红”服装店进行测评的系列短视频。

本末测评是由许亚军创立的一个针对“网红”服装店进行测评的短视频账号，每期短视频都以搞笑的方式来完成当期主题的测评与尝试，一经推出就深受广大用户的欢迎及喜爱。

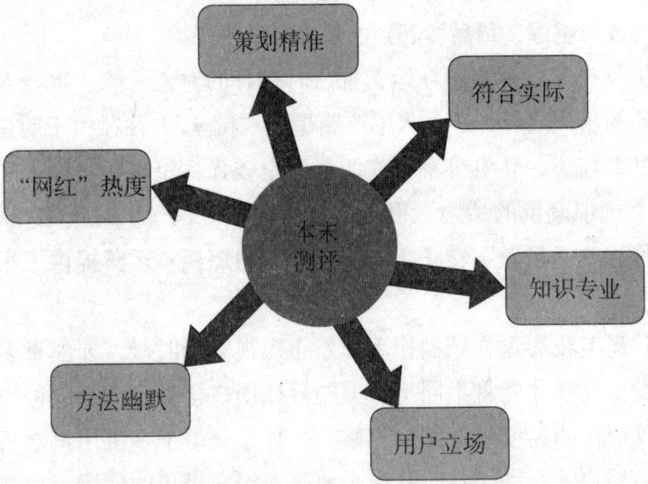

1. 策划精准

本末测评在策划阶段对于用户的选取是非常精准的。随着网络社会的不断发展，各大电商已经成为用户最常光顾的商家，在存在巨大利益的同时，也存在着一定的风险。“网红”店铺更是其中市场占有比重非常大的一块。用户出于对“网红”个人的信任，往往在购买前也没有加以仔细研究，这就使得其中存在很大的购物失败的风险。

而本末测评就是从这一角度入手，弥补了时尚美妆类短视频领域中这一空白，以夸张的方式来表现出各大“网红”店铺的服装的真实质量，瞄准了有此项需求的广大用户群体，一经投放就获得了极大的反响。

2. 符合实际

电商是一个较新的领域，目前在监管问题上还没能做到完全到位，由于如今网络中“网红”店铺基数较大，其中质量又良莠不齐，盲目相信“网红”担保的用户很容易买到假冒伪劣产品。虽然有这样的情况存在，但并不是所有的“网红”店铺都存在这样的问题，而对于用户而言，作为一个普通的消费者，却又并没有辨别优劣的能力。

本末测评的诞生就基于这样的一个背景之下，对于“网红”服装的质量，本末测评通过购买测试后整理结果形成评论，从实际角度解决了用户的这个问题，帮助用户能更好地选取价格质量相符合的产品，从而获得用户的支持。

3. 知识专业

本末测评的创始人许亚军，本身曾经从业于专业的服装厂，还曾经做过“网红”公司的经纪人，无论是在服装领域还是“网红”领域，他都具备一定的专业知识，可以从科学的角度进行评判，从而使得本末测评最终得出的结果有据可依，增加信任度，减少用户的怀疑。

从用户来讲，对于“网红”普遍都抱有一种好奇心理，本末测评正是抓住了这个心理进行短视频内容的制作，从而使得用户的需求得到满足，将普通用户转化为忠实用户，不断进行稳固的用户基础累计，制造宣传点，便于进行运营推广。

4. 用户立场

本末测评之所以能获得用户的喜爱，是因为团队是站在用户的立场上来进行短视频制作的。大多数的时尚美妆类短视频都是从商家的角度来向用户展示商品的优点以及使用后的效果的，而本末测评则反其道而行之，以用户的角度来进行“网红”服装的购买与试穿，使得其与用户之间的距离大大拉近，使得用户产生共鸣，更容易变成死忠用户。

5. 方法幽默

本末测评由许亚军为模特来进行“网红”服装的试穿，但是由于大多数“网红”服装店所针对的用户群体都是女性，上架的商品也大多是女装，许亚军试穿的效果往往比较滑稽，这就使得其短视频天然地带有了幽默色彩，使得用户在观看的时候觉得比较有趣。

而且许亚军在进行测评的时候往往也会使用比较夸张的描述方法，以搞笑的形式来展现服装带给他的感觉，从而使得短视频的节奏较快，在较短的时间内就可以测评多件衣服。用户在短时间内以搞笑的方式接受了大量信息，也会观看得更加认真，从而推荐给自己的朋友，扩大用户群体覆盖面。

6.“网红”热度

“网红”作为网络上非常有影响力的一批人，每个都自带大量的“粉丝”及话题讨论度。本末测评对于这些“网红”的服装店无论是批评还是肯定，都必然会在“粉丝”群体之中造成较大的影响，吸引其“粉丝”前来观看并发表自己的看法。

尤其是本末测评对许多“网红”所售卖的服装质量是持有否定态度的，这就会招致其“粉丝”的不满，于是前来留言，从而引发了本末测评的用户与“网红”“粉丝”进行讨论，这样就在极短的时间内获得了很大的讨论度，引起其他用户的好奇心，从而吸引这些用户前来观看，符合传播理论的要求，在网络平台上造成了很大的影响。

除此之外，本末视频还在微博、B 站等多个不同类型的平台上保持着一定的更新频率，这样就扩大了用户目标人群，最大程度上吸引不同平台上的用户前来观看，并使其养成一定的观看习惯，从而形成了稳固的用户受众群体，为推广带来了极大的便利，减少了运营过程中可能遇到的问题。

➡ 汽车类短视频：线上+线下同时传播

大家都知道，30 岁以下的年轻人成为新视频时代的抖音平台的消费主力，而这是与汽车行业的潜在购车人群高度匹配的。因此，利用抖音短视频平台进行营销，可起到事半功倍的效果。

当然，在短视频营销中，运营者也应该掌握一定的技巧，这样才能让汽车行业的短视频营销效果更显著。

汽车行业的短视频营销关键

- 注意从数据分析和用户深度洞察出发来制作和分发内容，让用户从被动接受转化为兴趣共鸣，这样才能提升用户黏性
- 注意利用平台的视频拍摄和制作方面的新技术，打造更优质的视频，让用户在观看时充分感受到产品带来的美好体验
- 注意提升用户体验，从多个角度增加与用户的互动，让他们能更直观地感知内容，为营销成功提供更真实的体验基础

当然，在汽车行业的短视频营销中，除了上述几个关键点外，还应该着重在内容的价值打造方面下功夫。一般而言，运营者可以从以下 3 个方面入手提升企业产品的运营价值。

提升汽车产品的短视频内容运营价值

- 打造热点型内容 Hotspot
- 打造标签型内容 Hashtag
- 打造广告型内容 Headline

在短视频平台上的新营销怎么玩？汽车品牌高调给出了 4 种答案：

1. 拒绝单调，多题材多角度传达营销内容

2018 年 8 月，沃尔沃推出针对新消费群体的全新车型 XC40。在 XC40 的品牌传播上，沃尔沃大胆改变北欧车企的“高冷”，上演了

一场在微视平台展开的互动戏码。

比如沃尔沃联合周一围，在微视发起挑战赛。为加强交互性，微视与沃尔沃摒弃“一个套路跟拍到死”的传统玩法，围绕四大题材（雷神之眼、挂钩、无线充电、动听声音）吸引用户参与“同框”。多故事线的创新玩法激发了大量用户跟拍。

2. 线上 + 线下同时传播

吉利缤瑞在成都国际车展期间，在东郊记忆的“快闪之城”活动中直接邀请了腾讯微视体验官（微视的高质量 KOL 体系）到线下互动，通过吉利的报道和短视频可以看到大批成都的线下群众聚集了微视展区与微视达人互动，为品牌活动聚集了大量活力与人气。

当用户变成新的口碑渠道，这些用户既是传播者，也是分发者或营销者，平台调性、品质成为了营销目标群体的重要标签。

餐饮类短视频：边吃边玩边赚钱。

随着移动互联网和新媒体的兴起，餐饮行业也不断提升其发展层次和扩大其发展渠道，如团购餐饮、网红餐饮等的出现，就很好地说明了这一点。那么，在短视频这一形、色兼备的内容形式大火的情况下，餐饮行业如何做才能营销成功呢？

2020 年，短视频内容驱动广告规模将达 600 亿。短视频营销已成为当今移动互联网新的蓝海，为餐饮经营者带来前所未有的机遇！

那么，如何使你的短视频逼格甚高且备受关注呢？

餐饮行业的短视频营销关键

- 要注意借助用户的力量。也就是说，在运营和营销过程中，不仅设置一些适合拍摄的产品营销的点，让他们拍得开心，还鼓励用户拍视频，并奖励他们拍视频，如优惠或赠送菜品等，让短视频餐饮营销加速
- 要充分展现拍摄抖音视频的餐厅特色。在人们生活水平大幅提高的情况下，用户可以为了玩得开心而去做与抖音主播一样的事，因此，餐饮行业可以打造特色餐厅和卖点，并通过抖音展示出来，是很容易让用户慕名而来的
- 要突破传统菜单，打造边吃边玩的餐饮经营模式。这一点主要是针对传统老店来说的。运营者可以为没有特色的店创造特色——创造各种神奇吃法和玩法，吸引用户
- 要注意为自身餐厅设置一个有个性的网红形象。这也是进行餐厅包装的一部分内容。当餐厅树立起了招牌形象时，不仅有着该形象的抖音短视频能吸引大量用户关注，还能吸引用户到线下体验和拍摄抖音短视频，从而促成营销

（1）注重“态度”表达

年轻消费者越来越注重“自我态度”的表达。作为与时俱进的餐饮商户，想要更加贴近年轻受众，就需要建立符合目标受众的性格定位、心理认同和审美情趣。做有“态度”的产品，才能激发起他们的共鸣。

那么，什么是“态度”？餐饮商户该如何在短视频中传递属于自己产品的“态度”呢？

“态度”，是对特定对象（人、观念、情感或事件等）所持有的稳定的心理倾向。这种心理倾向蕴含着个体的主观评价以及由此产生的行为倾向性。你也可以理解为：“态度”是一种生活方式，用你所倡导的生活方式去引导年轻人在消费方面的原则、思想、愿望、情绪及行动，并把这些当做是生活目的和人生价值的侧写。

怎样才能用短视频展现出你产品的“态度”呢？

首先，提炼产品的“态度”主张。主张一定要鲜明，与受众心态相结合。例如，以创始人的性格特征作为产品“态度”的蓝本，以此来吸引与其性格相似或是被这种性格特质所吸引的受众。

其次，传递产品“态度”的形象表达。在短视频中入镜能表达“态度”的具体形象，例如slogan、代言人、标语等，找到切入点，更深入地传递出所倡导的“态度”内涵。

当你要拍摄属于自己的短视频时，需要你花时间花心思想，你所想要表达的是一种什么“态度”，或者说你想让别人追随的是一种什么样的生活方式。这个时候，将品牌理念与“态度”结合在一起就显得无比自然，当你和受众在同一思想、同一维度的时候，才能更容易获得广泛认同与狂热追捧。

（2）一条短视频只传播一个主题

在这个资讯爆炸的时代，亮点太多，就意味着没有亮点。营销的过程也是取舍的过程，根据你要传播的主题，找准在这段视频中想要突出的“点”，舍去其他不相关的信息：是提供有趣、好玩的内容，还是介绍独具一格的特色；是主打超值、实惠的价格，还是诱人的卖相；是突出产品原料的品质，还是展示独特的操作技法……总之，找准一个“点”挥出的拳头，反而要比面面俱到达到的效果好很多。

举个例子：多年前一个日本蛋包饭的短视频火遍网络，很多中国游客甚至为了体验这款蛋包饭专程去日本旅游。视频中，当厨师轻轻用刀划开金灿灿的蛋皮，展现出整颗蛋包饭灵魂的时候，相信

绝大多数看客像我一样，即使隔着屏幕也忍不住咽起了口水，并在之后很长一段时间里都念念不忘。这是一个典型的通过产品卖

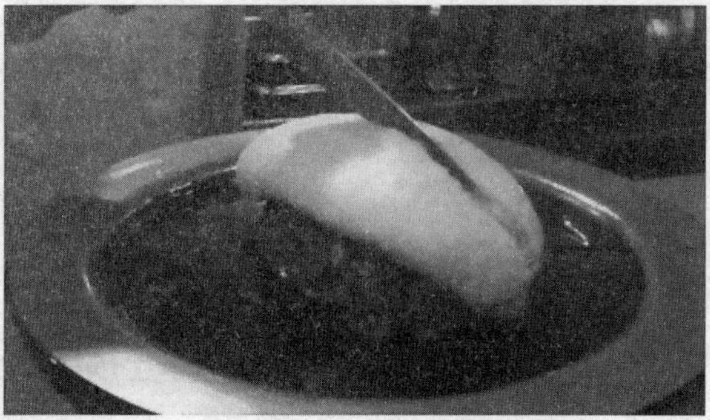

相进行传播的案例，观众们也许不会记得厨师精湛的技法，不会记得餐厅优雅的环境，但唯独会记得那个刚被切开的蛋包饭以及那些伴随而来的由衷赞叹。

（3）专注产品才是最好的营销

再好的营销，都必须建立在好产品的基础上。尤其是餐饮商户，品质和口味才是关键，切不可舍本逐末。

一个典型的案例是上海一家咖啡馆，老板不好好研究如何提升咖啡品质，反而花了100多万在装修上，目的是让妹子过来拍照以带动宣传。将咖啡店核心竞争力定位在拍照上，脱离了餐饮的本质，还不如做成影楼或取景地，它的失败也是理所应当的。

产品跟不上，传播出去的也只能是负面信息，更谈不上增加品牌价值，反哺销售的作用，所以，餐厅的关注点，最终还是要放在打磨产品上。

第六章

短视频的变现模式

电商卖货：最直接的变现模式

“电商 + 短视频”属于细分垂直内容，同时也是短视频变现的有效模式，不仅有很多短视频平台与电商达成合作，为电商引流（如美拍），而且还有从短视频平台拓展电商业务的“一条”，这些都是“短视频 + 电商”的成果。

1. 平台直营，把商品卖出去

× 一条
01:33
春
Spring
节气是我们老祖宗
从农耕时代就传下来的大智慧。

× 一条
一条作为业内日用生活美学的代表，
也拍摄过很多精致、美好的节气视频。
在珍视传统文化精髓方面，
路虎与一条完美契合、一拍即合。
因此前段时间，两家还合作推出了
路虎X一条限量版甄选礼盒，
内含袋表作桂花普洱茶1盒、
皙品ZENS茶具套装1套。

电商与短视频的结合有利于吸引庞大的流量，一方面短视频适合碎片化的信息接收方式，另一方面短视频展示商品更加直观动感，更有说服力。如果短视频内容能与商品很好地融合，无论是商品

卖家，还是自媒体人，都能获得较多的人气和支持。

著名的自媒体平台“一条”是从短视频发家的，后面它走上了“电商 + 短视频”的变现道路，盈利颇丰。

“一条”推送的短视频一般都是把内容与品牌信息结合在一起，是软性的广告植入，不会太生硬，而且能够有效地传递品牌理念，增强用户的信任感和依赖感，这也是短视频变现的一种有效方式。

“一条”不仅把商品信息嵌入到短视频内容之中，而且还设置了“生活馆”和“一条好物”两大板块，专门售卖自己经营的商品。

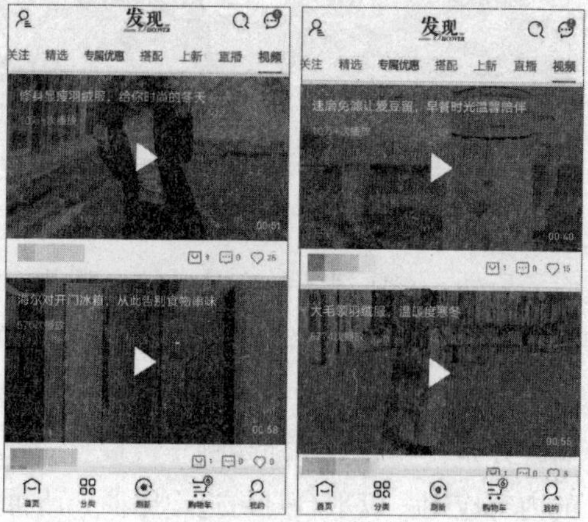

除了在微信公众平台推送自营商品的信息之外，“一条”还专门开发了以“生活美学”为主题的 APP。

再比如京东商城，中国最大的自营式企业，其在线购物 APP 也推出了短视频的内容。在“发现”页面有一个“视频”专栏，通常推送时长为五分钟以内的短视频内容，而且都是围绕京东的自营商品打造的。

这种形式为京东商城增添了更多魅力和特色，用户可以通过更为直观的方式接触自己想要购买的商品，从而产生购买的欲望，大大促进了短视频的变现。

2. 商家入驻：借助平台的力量

短视频的电商变现形式除了自营电商可以使用，对第三方店铺也是适用的，比如淘宝卖家，很多都是通过发布短视频的形式来赢得用户的注意和信任，从而促进销量的上涨。淘宝上的短视频展示有几种不同的形式，分别利用其优势吸引眼球，成功变现。

首先来看第一种，即在店铺中“首页”或专门设置“视频”菜单放置短视频。下图为某淘宝店铺的短视频展示。在播放短视频的过程中，会不时地跳出商品链接，感兴趣的话可以直接点击进入购买页面。另外，有些视频的商品链接会随着视频的进度而不断变化。这是与短视频的内容相辅相成的，形成“边看边买”营销模式。

作为新崛起的巨型流量池，抖音在2018年3月底正式试水电商，开始在大号中添加购物车链接。一款能有效占用大量用户时长的内容应用，以平台身份进军电商，所可能带来的行业连锁反应自然引发关注。

对于内容平台来说，电商为它们的商品化、货币化提供了可能途径，那么遵循着零售的思路，品类的拓展、人群的泛化、涉及商品从标准向非标准形态延伸都成为了未来可预见的变化。对于这些变化而言，“内容”的作用更像是强力的催化剂，能有效地提升转化的效率。

在抖音平台上，一方面，是大量不同领域企业的入驻带来各自的商品；另一方面，偏向于年轻、城市范围的使用者属性，本身就热衷于记录生活中碰到的新奇商品，或将自己的消费行为展示化，所以品类的拓展和人群泛化趋势已然明显。而在以往被认为是非标准化的服务，也得以借助短视频的表现力，成为“种草”的标的，为未来进一步的服务电商化奠定了可能。

无论是短视频还是直播，在同样的消费时长内都可以记录更多的客观信息，因此在表达所售卖商品的客观属性等信息时，具有图文所不具备的优势。这种客观信息的表达能力，将商品信息尽可能全面地展示在用户面前，消除线上购物时的信息不对称和随之产生的消费疑虑。再进一步，内容通过唤起用户个人体验中的关联记忆或想象，激发用户做出消费决策。

短视频逐渐被推上了创业风口，而内容电商也在短视频这片肥沃的“土地”中，“开垦”出广阔的区域。从以往的数据上看，广告收入是很多短视频团队最主要的收益来源。但是随着短视频的不断发展和行业推动，单一的变现渠道已经不能够满足短视频团队的需求了。而将短视频浪潮推向顶峰的，就是短视频和电商领域的合作。和电商的结合，正在逐步成为短视频领域中最有效、收益最高的变现方式。

说到内容电商，很多人都不太清楚到底什么才是内容电商。和传统电商不同的是内容电商的两大关键因素，一个是内容，另一个是交易。传统电商是在网上搭建一个店铺，再通过各种渠道将流量引到店铺中，从而促进交易。而内容电商不同的是，它的流量并不需要通过其他地方导流过来。就拿短视频跨境电商来说，其流量来源直接是短视频原有积累的粉丝。

第三方店铺的“短视频＋电商”的变现方式就是利用了短视频直观化这一特点，尤其是美妆、服饰类的商品，更适合用短视频的方式展示，有利于变现和盈利。而且，短视频平台为了变现，也与电商进行合作，如美拍推出的“边看边买”就是为淘宝引流，互利共赢。

➡ 知识付费：你的内容价值千万

知识付费与短视频是近年来内容创业者比较关注的话题，同时也是短视频变现的一种新思路。怎么让知识付费更加令人信服？如何让拥有较高水平的短视频成功变现、持续吸粉？两者结合可能是一种新的突破，既可以让知识的价值得到体现，又可以使得短视频成功变现。

从内容上来看，付费的变现形式又可以分为两种不同的类型，一种是细分专业咨询费用，比如摄影、运营的技巧和方法，另一种是教学课程收费。另外，从账号方面来说，有些账号要求必须是会员才能开放观看权限。这些是知识付费的主要形式。

1. 付费咨询类

知识付费越发火热，是因为它符合了移动化生产和消费的大趋势，尤其是自媒体领域，知识付费呈现出欣欣向荣的景象。付费平台也层出不穷，比如在行、知乎、得到以及喜马拉雅 FM 等。那么，值得思考的是，知识付费到底有哪些优势呢？为什么这么多用户热衷用金钱购买知识呢？

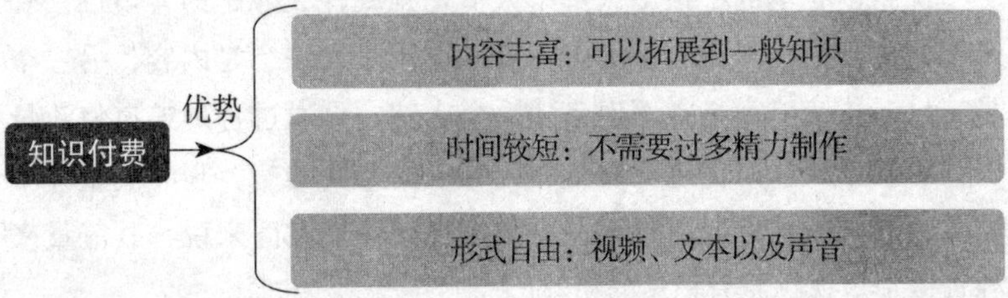
知识付费
优势
内容丰富：可以拓展到一般知识
时间较短：不需要过多精力制作
形式自由：视频、文本以及声音

细分专业的咨询是知识付费比较垂直的领域，针对性较强，国内推出了各类知识付费的问答平台。

2. 收取学员课时费

知识付费的变现形式还包括教学课程的收费，一是因为线上授课已经有了成功的经验，二是因为教学课程的内容更加专业，具有精准的指向和较强的知识属性。比如很多平台就已经形成了较为成熟的视频付费模式，比如沪江网校、网易云课堂、腾讯课堂等。

再比如以直播、视频课程为主要业务的千聊平台，其很多内容都是付费的。而且为了吸引用户观看，平台还会开展诸多活动，比如打折、优惠等。

短视频的时间短，这对于观众接受信息而言是一大优势，但

从内容的表达角度来看却是一大劣势，因为时间限制了内容的展示，让付费难以成功实现。如果短视频创作者想要通过知识付费的方式变现，就需要打开脑洞、寻求合作，比如哔哩哔哩平台上的 up 主“薛定饿了么”投放的短视频内容风格就别具一格，主要内容为一系列科普知识，表达方式符合年轻一代的认知思维。

喜马拉雅 FM、得到、知乎的付费问答效果也十分显著，越来越多的创业者和投资人都对内容付费的未来充满期待。用户选择为内容付费的原因主要有以下几点：一是版权，二是需求，三是猎奇。

首先是版权原因。即“这里有其他地方没有的独家内容”。比如，几大视频网站每年砸重金购买大剧和制作优良的独家网剧，就是为了保证自己平台独播版权的丰富，从而拉拢用户付费。

其次是需求原因。这是一种对投资回报的比较心理，就是“我从内容中得到的回报远远大于为内容投入的成本”，这种心理通常表现在知识付费上。比如，某亿万富翁在付费知识平台上的课程标价 10 万元，号称告诉你如何在一个月内赚 1000 万元，这种投入与回报的对比就很容易让用户产生付费浏览内容的欲望。

再次是猎奇心理。人性总是对与自己的平常生活不同或者违背自己三观的内容充满好奇和探索欲望，这也就可以解释为什么越是负面离奇的八卦越能引起轰动。比如，一个长发飘飘的美女突然宣布要直播剃光头，出于好奇和刺激，人们也会愿意为这些内容付费。

最后就是对某些人或事物的崇拜心理，这也可以理解为“粉丝经济”带来的红利。公众对于行业精英、明星似乎自然而然有一种崇拜的心理，比如，某明星开一次付费直播，自然会有他的“粉丝”

进行消费。

而短视频领域是否也可以采用纯粹的内容付费模式，目前还没有十分成熟的案例，尚在探索和冷启动阶段。如秒拍、美拍、快手等大型短视频平台上线了“打赏”功能，不过这种功能是“后置”的，用户在看完视频之后自愿选择是否打赏，因此想要以此作为主要盈利方式并不容易。

相比之下2017年4月才上线的“问视”APP，则在短视频付费模式上做着更积极的探索。“问视”可以理解为视频版“知乎”。答主首先在平台上创建自己擅长的领域和回答价格。当有用户向答主提问时，他需要在3分钟以内的视频里对问题进行回答。而其他对问题感兴趣的用户则可以付费围观。解答收益属于答主，围观收益可以由提问者和答主平分，“问视”平台则对收益抽成10%。

“问视”的CEO表示，短视频和知识付费都是2016年以来的大趋势，但是现阶段，主流短视频平台输出的内容以娱乐为主，对于专业性、知识性的内容关注不够；而在付费知识领域，问答的表现形式还停留在文字和语音上，相比较图文、语音来说，短视频作为承载知识的媒介有它独有的优势。

短视频更加有场景代入感，这使得提问者和答主之间的互动性更强。视频还可以多维度地展现内容，比如，描述一个建筑，用图文来表现，需要运用各种建筑学专业术语对建筑各部分进行大篇幅阐释，而这种方式对提问者和回答者的专业性有一定的要求；而短视频制作简单，答主可以对建筑本身直接进行多角度拍摄，同时用话语进行描述，不需要组织过于晦涩难懂的语言，准入门槛较低。在同等时间内，视频可以承载更多的信息量，在传播过程中效率更高。

此外，对于类似“怎么做”的问题，视频可以更加清楚、直观地展现解决流程。比如，怎么化妆，图文展示就远不如视频表现来得直观。因此，“问视”CEO认为，无论是从短视频领域还是知识问答平台来看，他们都有切入的机会点。

➡ 独家签约：成为平台签约艺人

当今网络上各大短视频平台层出不穷，为了能够获得更强的市场竞争力，平台纷纷开始与短视频制作者进行签约独播。于是与平台签约独播，也成了一种短视频快速变现的模式。不过，这种模式比较适合运营成熟、“粉丝”众多的“视频达人”。对于短视频新人来说，能获得平台青睐、得到签约收益，不是一件容易的事。

签约独播是一个平台与短视频制作者之间互相选择的过程。短视频平台为了能够更好地吸引到制作者，往往会采用高价酬金的方式。比如，2017 年 9 月花椒直播就上线了 MV 短视频功能，用户可以随心所欲 DIY 短视频并配上不同的音乐，花椒直播还宣布投入 1 亿元资金签约短视频达人；而火山短视频也斥资千万，将快手直播的知名“网红”挖来。签约独播目前是短视频平台用来争夺头部玩家的重要筹码。

而作为短视频制作者，想要与平台进行签约独播，必须要已经达到了一定的发展水平，或者可以让平台看到该制作者存在的发展空间。签约独播是短视频直接变现方式中要求较高的一个，需要短视频制作者在前期进行较多的准备。

1. 选择合适的平台

在平台的选择上，短视频制作者的首要考虑就是自己的目标用户。每个短视频平台都有其自身的定位，于是其吸引而来的用户群体也是不同的。制作者完成的短视频本身就是面向某一类特定用户的，只有其目标用户与短视频平台高度符合的时候才能在平台上取得更好的运营效果。

短视频制作者与平台进行签约独播是一个双向选择的过程，不能仅仅因为平台向其抛出了橄榄枝就草率同意。制作者必须根据自己的短视频特性谨慎地考虑，不能轻易打乱原本制订的计划，只有这样才能使自己发展得更加顺利。

2. 保证短视频质量

短视频的质量是一个平台最为看重的。只有高质量的短视频才能最大限度地吸引用户的注意力，从而保证该平台上用户的流量，避免平台出现倒退的情况，这也是短视频平台之所以要与制作者进行签约独播的原因。所以一个短视频制作者在选择了合适的平台后想要与其成功签约，首要任务就是保证短视频的质量。

高质量的短视频内容必须要原创，只有制作者原创的作品才能真正打动用户。如果采取抄袭等不光彩手段，虽然在短时期内可以走捷径获得部分人气，但是这本质是一种欺骗行为，长此以往早晚会暴露，而到那个时候就会给用户留下极坏的印象，得不偿失。在保证短视频的原创性基础上，制作者还应该不断加以创新。创新可以使得短视频焕发新的活力，避免用户产生审美疲劳。

3. 展现发展空间

有许多短视频平台不仅会与已经成名的短视频制作者进行签约独播，还会寻找一些有发展潜力的新人来进行培养。这样培养出来的新人对于平台的感情较深，等到获得知名度后也不易跳槽，不会带走用户，从而可以保证一个平台的长期稳定发展，降低风险。这是一种长线投资的方式，平台可以付出较少的成本而得到较大的回报。

短视频制作者想要成为培养对象就要让平台看到自己的发展空间。可塑性强的短视频制作者会有更好的发展前景。制作者如果有别人替代不了的特点就会更容易被短视频平台看重，从而签约独播。

由于短视频平台日益增多，市场上也出现了良莠不齐的局面，短视频制作者在进行平台选择的时候还是要先对其进行一定的研究调查，确定其资质，避免产生不必要的纠纷，出现不愿见到的损失。

➡ 广告植入：流量可以直接变现

广告变现是短视频盈利的常用方法，也是一种比较高效的变现模式，而且短视频中的广告形式可以分为很多种，比如冠名商广告、浮窗 logo、广告植入、贴片广告以及品牌广告等。

1. 冠名广告：直接吸引广告主

冠名商广告，顾名思义，就是在节目内容中提到名称的广告，

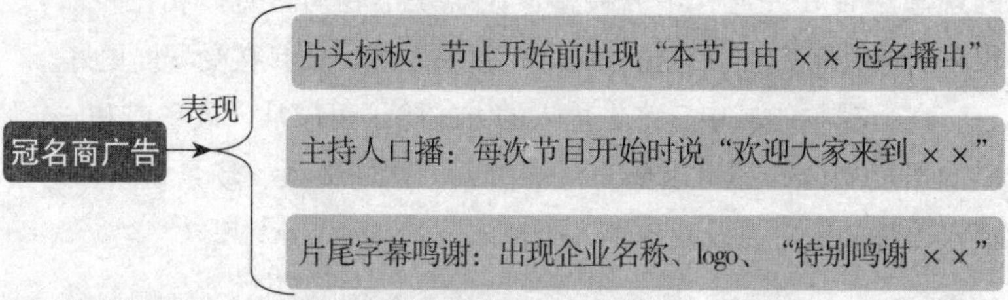
冠名商广告
表现
片头标板：节止开始前出现“本节目由 ×× 冠名播出”
主持人口播：每次节目开始时说“欢迎大家来到 ××”
片尾字幕鸣谢：出现企业名称、logo、“特别鸣谢 ××”

这种打广告的方式比较直接，相对而言较生硬。

在短视频中，冠名商广告同样也比较活跃：一方面企业可以通过资深的自媒体人（“网红”）发布的短视频打响品牌、树立形象，吸引更多忠实客户；另一方面短视频平台和自媒体人（网红）可以从广告商方面得到赞助，双方成功实现变现。

2. 浮窗广告：褒贬不一的形式

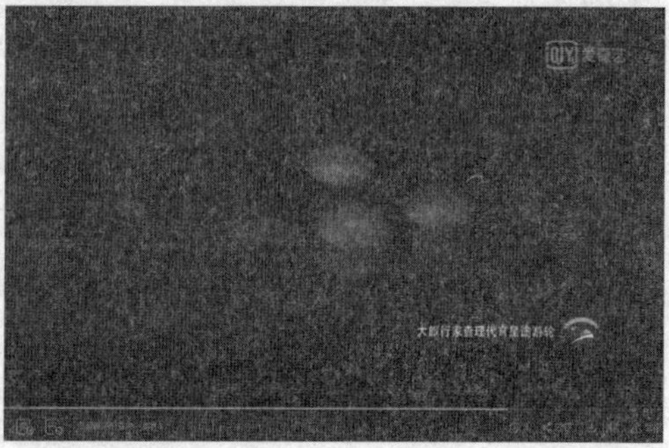

浮窗 LOGO 也是广告变现形式的一种，即视频在播放的过程中悬挂在视频画面角落里的标识。这种形式在电视节目中经常可以见到，但在短视频领域应用得比较少，可能是因为广告性质过于强烈，受到相关政策的限制。

以开设在爱奇艺视频平台的旅行短片栏目《大旅行家的故事》为例，由于其短视频主人公查理是星途游轮代言人，因此视频节目的右下角也设置了浮窗 LOGO。文字和图标的双重结合，不影响整体视觉效果。

3. 植入广告：软化是重中之重

在短视频中植入广告，即把短视频内容与广告结合起来，一般有两种形式：一种是硬性植入，不加任何修饰地硬生生地植入视频之中；另一种是创意植入，即将短视频的内容、情节很好地与广告的理念融合在一起，不露痕迹，让观众不容易察觉。相比较而言，很多人认为第二种创意植入的方式效果更好，而且接受程度更好。

在短视频领域中，广告植入的方式除了可以从“硬”广和“软”广的角度划分，还可以分为台词植入、剧情植入、场景植入、道具植入、奖品提供以及音效植入等植入方式。

- 台词植入 → 视频主人公通过念台词的方法直接传递品牌的信息、特征，让广告成为视频内容的组成部分
- 剧情植入 → 将广告悄无声息地与剧情结合起来，如演员收快递时，吃的零食、搬的东西以及逛街买的衣服等．都可以植入广告
- 场景植入 → 在视频画面中通过一些广告牌、剪贴画、标志性的物体来布置场景，从而吸引观众的注意
- 道具植入 → 让产品以视频中的道具身份现身，道具可以包括很多东西，比如手机、汽车、家电、抱枕等
- 奖品植入 → 很多自媒体人或者网红为了吸引用户的关注，让短视频传播的范围扩大，往往会采取抽奖的方式来提升用户的活跃度，激励他们点赞、评论、转发
- 音效植入 — 用声音、音效等听觉方面的元素对受众起到暗示作用，从而传递品牌的信息和理念，达到广告植入的目的。比如各大著名的手机品牌都有属于自己独特的铃声，使得人们只要一听到熟悉的铃声，就会联想到手机的品牌信息

4. 贴片广告：和内容连成一体

贴片广告是通过展示品牌本身来吸引大众注意的一种比较直观的广告变现方式，一般出现在片头或者片尾，紧贴着视频内容。

贴片广告的优势有很多，这也是它比其他的广告形式更容易受到广告主青睐的原因，贴片广告的变现方式是比较靠谱的，很多视

频平台都已经广泛采用了这种广告变现模式，并获得了比较可观的收益。短视频的贴片广告也逐渐成为广告变现的常用模式。

5. 品牌广告：将品牌作为中心

品牌广告的意思就是以品牌为中心，为品牌和企业量身定做的专属广告。这种广告形式从品牌自身出发，为了表达企业的品牌文化、理念，致力于打造更为自然、生动的广告内容。这样的广告变现更为高效，因此其制作费用相对而言也比较昂贵。

以抖音上达人围绕果果家女装（GGWOMEN）品牌打造了一则视频广告为例。在短视频中，通过不同的场景展示了多款闺蜜装，然后通过参与话题活动“# 闺蜜”“# 穿搭”“# 陪你过冬天”，整个视频广告都围绕“闺蜜”展开，自带话题性和用户归属感，吸引用户眼球。同时当视频展示一段时间后，适时植入引导用户购买的更清晰的链接，短时间内就吸引了 150 多万用户去查看。

在这样的情况下，想要让用户购买和实现短视频营销变现也就更容易了。由此可见品牌广告的变现能力是相当高效的。与其他形式的广告方式相比其针对性更强，受众的指向性也更加明确。

➡ 平台分成：赚取平台的分成佣金

处于纷繁复杂的互联网世界之中，企业经营好一个平台不容易，通过平台实现盈利变现就更是难上加难了。了解平台的具体分成收益，对于短视频创作者和团队而言是至关重要的，一是因为不同的平台在不同的时间段对于短视频的扶持力度是不同的，会随着时间的变化而变化，把握趋势很重要；二是了解获取收益的不同的渠道，有助于创作者和团队提高变现的效率。

1. 今日头条

今日头条是一款基于用户数据行为的推荐引擎产品，同时也是内容发布和变现的一个平台。作为资深的自媒体渠道，今日头条的收益来源是比较典型的，同时形式也比较多。

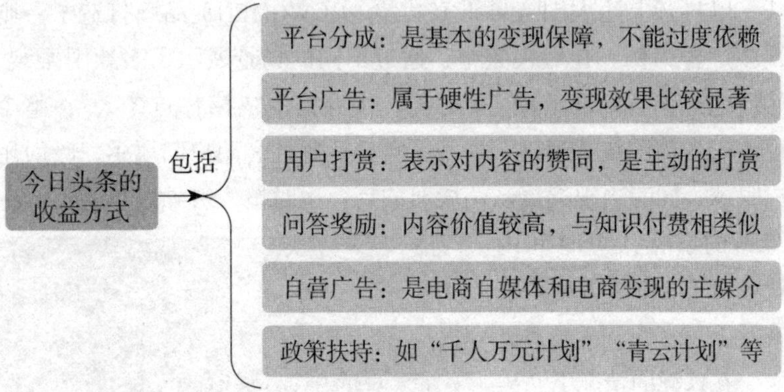
今日头条的收益方式
包括
平台分成：是基本的变现保障，不能过度依赖
平台广告：属于硬性广告，变现效果比较显著
用户打赏：表示对内容的赞同，是主动的打赏
问答奖励：内容价值较高，与知识付费相类似
自营广告：是电商自媒体和电商变现的主媒介
政策扶持：如“千人万元计划”“青云计划”等

今日头条平台将在一年之内保证不低于1000个头条号创作者，在每个月内至少要获得1万元的收入。显而易见，如果想要达成这个计划，就必须要对发布的内容进行精打细磨，最好是拥有自己的创新点。

2. 百家号

百家号是百度公司全力打造的创作平台，内容生产者可在此平台上发布内容、通过内容变现、管理粉丝等。那么，百家号究竟是怎么获取收益的呢？

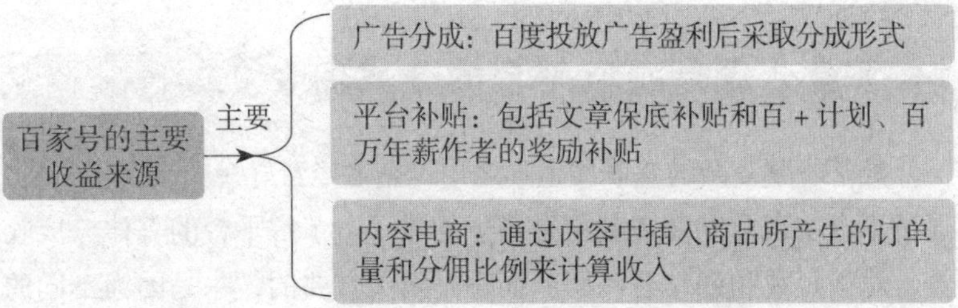
百家号的主要收益来源
主要
广告分成：百度投放广告盈利后采取分成形式
平台补贴：包括文章保底补贴和百+计划、百万年薪作者的奖励补贴
内容电商：通过内容中插入商品所产生的订单量和分佣比例来计算收入

3. 一点号

一点资讯是一款基于兴趣推荐的平台，主要特色为搜索与兴趣结合、个性化推荐、用户兴趣定位精准等。一点号的收益方式主要是平台分成，不过后面平台又推出了“点金计划”。如果短视频创作者想要在此渠道获取收益，是需要向平台方提出申请的，申请通过后才可以开始盈利。

“点金计划”的申请要求比较严格，审核不是很容易通过，具体的条件包括内容比较垂直、综合质量高，账号在 60 天内没有违禁惩罚记录，基础数据、核心数据达到标准，比如发布文章的数据、原创内容的数据等。综合数据是随着内容质量的提升而不断上涨的，只有内容优质，才有可能通过审核。

4. 网易号

网易号是由网易订阅发展演变而来的，它是自媒体内容的发布平台，同时也是打造品牌的帮手。它的特色在于高效分发、极力保护原创、现金补贴等。网易号的主要收益来自平台分成，不过网易媒体开放平台的分成方法与其他平台有所区别，主要是以星级制度为准。

而关于平台分成，网易号只要达到 1 星级及以上就能获取。在开通收益功能后，运营者应该提升账号流量和文章质量，以便获得更高收益。特别是衡量账号贡献值的三大指标—PV、分享和跟帖—是判断收益高低的依据。

另外，运营者还可以通过流量加成政策来提升收益，也就是说，可以留意并参与特定活动，打造特定主题内容，那么就可以通过获得流量加成系数来提升账号流量，从而获得更高收益。

➡ 内容合作：渠道与内容方的双赢

内容合作盈利模式主要是平台方与专业内容制作方，如大型媒体、制作公司的合作方式，旨在寻求双方共赢。随着互联网内容的不断更新换代，我们可以发现，虽然在一个行业萌芽并不断发展的过程中，个人往往发挥着巨大的作用，但是随着一个行业日趋成熟，人们的要求也会越来越高，会越来越追求专业化、优质化，这个时候依靠着一个人或几个人是无法满足观众需求的，专业化、集团化是每个行业的最终归宿，短视频行业也不例外。

虽然草根化、平民化的内容仍然会持续存在，但是大多数人会趋向于追求高端化的头部产品，草根化、平民化的内容在这个过程中也会逐渐向专业化进行过渡。在这种时候，就需要媒体、专业公司来生产内容，因为无论是在设备、人才，还是在制作水平成熟度上，他们都有普通人无法企及的优势。媒体与专业公司在对短视频运营的把控上更加专业，而且可以联合不同的团队形成一个社群，使得其能够互补，以达到最大限度上吸引用户的目的。

芒果 TV 和今日头条就进行了一次战略性的合作，其模式大致为：今日头条为芒果 TV 提供推荐引擎技术支持及推广资源服务，而芒果 TV 则开放旗下所有综艺节目作为今日头条旗下短视频服务的优质内容资源，通过头条号进行分发。这样的合作方式让双方各取所需，互惠互利，达到共赢的目的。

未来将会有更多的平台选择与媒体及专业制作公司合作，来促使短视频行业不断规范，使其在商业化的转化上形式更加成熟，并从而促使其生产出更多高质量的内容，活跃短视频领域，以实现可持续发展。

除了媒体之外，和大型活动（如时装周、大型赛事）合作，也可以为短视频平台提供源源不断的丰富内容。在拍摄这些活动的相关短视频的时候，可以吸引来大批对此有兴趣的用户，不断扩大该平台在用户心目中的影响力。

比如，“美摄”APP 在 2017 年与北京时装周达成了战略合作。期间“美摄”APP 还举办了“美摄—2017 北京时装周原创视频大赛”线上线下活动，让用户通过短视频来讲述北京时装周的故事。有超过 1000 条视频上传至“美摄活动专区”，有 128740 次的点赞互动，数千万的浏览量。

通过这次活动，北京时装周秀场的表演得到了充分展现，很多品牌甚至获得了花费数千万元也达不到的宣传效果，而时装周也为“美摄”提供了丰富的内容资源，使平台流量激增，这是平台方与内容方合作共赢的典范，用户甚至可以直接检索到走秀品牌信息从而直接购买。

内容合作是一个平台与内容创作者之间互惠互利的过程。创作者所完成的内容本身必然有其特色才能被平台选中。而平台也是同样，必须有一定的发展度，并且前景良好，注重对本平台创作者相关权益的保护，才能源源不断地吸引到更多的创作者前来加入，从而推动平台更好地发展。

对于内容创作者来说，选取适合的渠道分成模式可以快速积累短视频制作上所需要的资金，从而为后期其他短视频的制作与运营提供便利。在不同的短视频平台上针对短视频本身的分成渠道主要有三类：一是推荐渠道分成，二是视频渠道分成，三是“粉丝”渠道的分成。

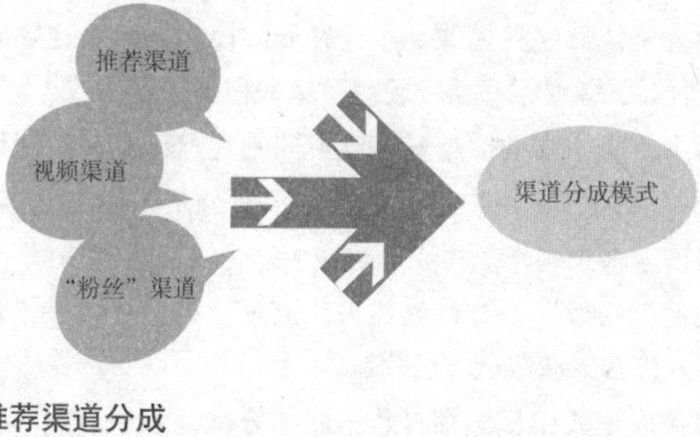

1. 推荐渠道分成

这种分成模式是指视频通过系统推荐到用户面前，根据播放量表现，视频制作者和推荐平台进行分成。比如，今日头条、天天快报这种信息推荐平台，当短视频制作者度过“新手期”后，被推荐视频超过10篇即可申请分成。

不同渠道有不同的推荐算法，短视频制作者要根据该平台的特性有策略地进行运营，增加曝光度，以达到增加播放量的目的。为了获得更高的播放量，短视频制作者可以在标题及文案上进行更具有吸引力的创作，以达到快速吸引用户目光的目的。

2. 视频渠道分成

这种分成模式主要通过视频网站的搜索和编辑推荐来获得播放量，在好的推荐位宣传会得到比较好的效果和分成。比如，搜狐视频、腾讯视频等视频网站就是靠这样的方式来与内容创作者分成的。

在这种分成模式下，推荐位的获得是非常重要的，越好的推荐位就越容易被用户第一时间发现。对于好推荐位的获得，不同的短视频平台有不同的方法，有的平台是依靠其一定时间内所获得的播放量，这就需要短视频制作者在前期有一定的忠实用户积累。而有的平台的推荐位则需要进行购买，这就需要短视频制作者付出一定的成本，所以短视频制作者要根据自身的现实情况来加以考量。

3.“粉丝”渠道分成

这种分成模式主要通过“粉丝”打赏的形式来使平台和内容创作者得到分成，“粉丝”数量对视频的播放量会产生很大的影响，比如，美拍就是依靠这种模式。在这种分成模式下，短视频制作者想要获得高收益，就必须注重“粉丝”量的积累。

不同平台吸引来的“粉丝”有不同的特点，短视频制作者需要对选定的平台的目标用户进行数据收集及分析，得出其本质需求，然后根据该需求来制作短视频，尽最大努力来满足“粉丝”的需求，这样才能使“粉丝”心甘情愿地关注该短视频，从而在“粉丝”渠道分成这一模式下获取最大的收益。

渠道分成模式中虽然存在着不同的分类，但是其能够获得收益的原因还是要依靠短视频本身的质量，高质量的短视频无论在哪种分类方法下都能获得较高的收益。除了质量以外，更新频率也是影响渠道分成的一个重大因素。高频率更新可以增加曝光度，从而使得用户能够更多地注意到该制作者的作品，以新短视频作品带动旧的，形成一个完整的短视频运营链条，以达成长期的发展。

直播电商

王　辉　编著

民主与建设出版社

图书在版编目（CIP）数据

新零售实战营销系列 . 3，直播电商 / 王辉编著 . --
北京 : 民主与建设出版社 , 2020.10（2014.1 重印）

ISBN 978-7-5139-3227-1

Ⅰ . ①新… Ⅱ . ①王… Ⅲ . ①零售业—网络营销
Ⅳ . ① F713.32 ② F713.365.2

中国版本图书馆 CIP 数据核字（2020）第 185708 号

直播电商
ZHIBO DIANSHANG

编　　著　王　辉
责任编辑　刘树民
总 策 划　李建华
封面设计　黄　辉
出版发行　民主与建设出版社有限责任公司
电　　话　（010）59417747　59419778
社　　址　北京市海淀区西三环中路 10 号望海楼 E 座 7 层
邮　　编　100142
印　　刷　三河市天润建兴印务有限公司
版　　次　2020 年 10 月第 1 版
印　　次　2024 年 1 月第 2 次印刷
开　　本　850mm × 1168mm　1/32
印　　张　5 印张
字　　数　125 千字
书　　号　ISBN 978-7-5139-3227-1
定　　价　168.00 元（全 5 册）

前言

2020年，被誉为全民直播元年。直播进入了一个爆发期，无论是平台新增量、用户增长速度，还是资本活跃度都创了新高，这也预示着该行业已经到了一个“风口”。历史上每一个“风口”都会给当时的个人、社会及经济带来巨大的变化，直播的出现同样如此。首先带来的是经济风向、商业模式的变革。

现在很多人玩着直播还能赚钱，这就是泛娱乐化与商业高度融合的结果。在传统经济形态下这是无法想象的，而在泛娱乐化的商业社会则完全可以实现。

各大企业、电商卖货的专业主播也随着直播平台数量的不断增加，直播平台的进一步规范，主播需求量也越来越多，这无形中也会促使电商主播人才空缺。因而，电商主播也成为时下年轻人最热捧的一个职业。

本书就是一本旨在帮助直播电商和直播运营者掌握更好、更便捷的营销工具。书中从时代大势和已获得成功的直播模式入手，具体介绍了直播营销、运营过程相关的内容。

首先，本书介绍了各大直播平台的，每个直播平台都有自己的定位，可以根据平台的不同、人群的不同迅速锁定目标人群，再根据不同平台的规则有序的，迅速玩转电商直播。

变现是每个做电商的都关注的话题，这是起点也是目的，书中总结了直播行业的十多种盈利模式，包括广告收入、礼物打赏、游戏运营、会员订阅、电商运营等。

本书以图文的形式，既有真实案例，又有严谨推导，可读性强，针对群体广。相信本书对已从事电商直播的主播、电商直播从业者都有很好的指导意义。

本书适合于网络直播平台从业者、网络主播以及对直播、主播、网红感兴趣的个人和企业阅读，同时适合内容创业者、互联网创业者、新媒体从业者、公众平台运营者、企业经营者、营销人员等阅读。

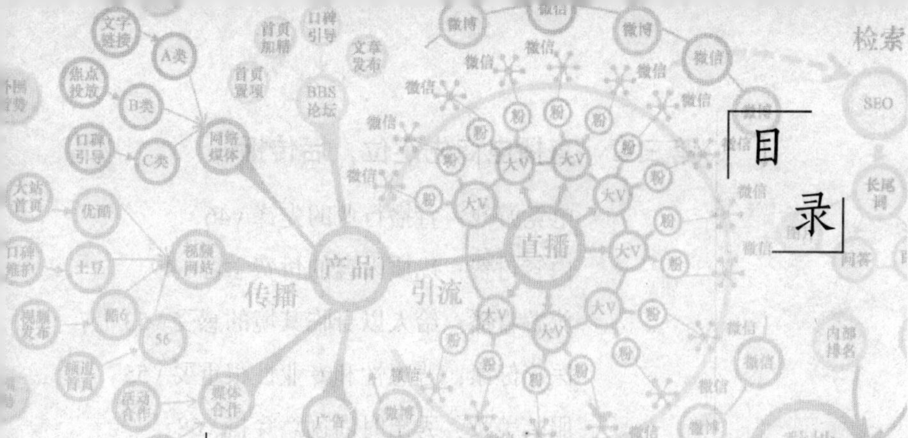

目录

第三章　直播电商先定位，后传播

第四章　电商直播的关键是流量

第五章　快速掌握直播电商的运营技巧

第一章 直播经济带动商业变革

➡ 直播重塑社交电商

2016年被称为我国网络直播元年。根据CNNIC发布的第39次《中国互联网络发展状况统计报告》，到2016年2月，国内网络直播用户规模达到3.44亿，占网民总体的47.1%。网络直播与网红经济深度融合并爆发出巨大活力，使移动互联网迈入“直播时代”；同时，各类网络直播平台的大量涌现以及直播产业的快速发展成熟，又催生出大量“网红”。

网络直播的快速兴起和发展成熟，为人们展示自我、获得认同甚至追捧提供了更多机会和平台。借助直播形式，网红群体的影响力以前所未有的速度扩张，直播经济价值也在此过程中被重塑再造。

2016年5月30日“超级红人节”当天，来自各个领域的“超级红人”共同发力，在微博进 行了多达6.88万场直播，获得了2.08亿人次的在线围观和8亿多次的点赞。其中，“@冯朗朗i”更是进行了超过24小时的不间断直播，并以22万元的收入高居直播红人榜首位。此外，众多明星也纷纷化身为“红人主播”，助阵或参与到此次微博直播的狂欢之中。

借着“超级红人节”的余热，百位网红齐聚上海举行盛大的线下晚会，极大满足了众多网友和粉丝一睹网红们“真面目”的好奇心。

直播的火爆不仅体现在明星综艺方面，也蔓延到企业界，众多公司大咖一改往日低调、神秘的作风，争当网红。小米创始人雷军通过直播的形式完成了小米首款无人机发布会；360董事长周鸿祎通过直播的方式为公司旗下的花椒直播站台；万达老总王健林也在《鲁豫有约》中完成了自己的直播首秀，吸引了30万人观看。

直播对新一代年轻用户的巨大吸引，使众多商界领袖纷纷参与其中，转型成为企业网红，以获取网红经济价值。

相比其他的信息传播方式，网络直播的实时性、交互性、开放性更强，不仅能够与各个行业进行结合，还可以迅速与用户建立强信任关系，形成粉丝社群；同时，直播也更加契合互联网移动化、碎片化的趋势，其变现路径超出了眼球加广告的单一渠道，能够承载多种商业模式。而作为直播的关键角色，网络主播也更多地进入了大众视野，成为“直播+”时代不可或缺的重要群体。

网络直播的火爆与95后、00后新生代网络消费群体的崛起密切相关。这些年轻群体的社交和消费理念与前辈们不同，对“秀”文化十分热衷，家里、学校、街道、商场等任何地方都能成为他们自拍视频的场所，他们也因此对视频直播节目十分痴迷，并愿意为之付费。

网红经济与视频直播的有机结合，为人们带来了巨大的价值想象空间。例如，随着越来越多的网民成为网络直播节目用户，网红和直播平台具有了更大的广告价值，吸引着越来越多的商家投放广告。一些商家甚至愿意花费几十万元、上百万元投资网红，不断参与网络直播节目，借此提升知名度和影响力，将网红粉丝、直播流量转化成产品用户。

移动互联网的快速发展、视频直播技术的突破成熟以及相关硬件设施的优化完善，为网络直播产业的爆发提供了有力支撑；同时，与其他网络节目相比，网络直播的实时性、互动性优势则为其发展奠定了坚实的用户和市场基础。而当直播“遇到”网红，必然会重塑网红经济价值，两者结合所带来的商业想象空间无疑是十分巨大的。

出生于1991年的MC天佑（李天佑）原本也跟众多辛苦打拼的年轻

人一样，但开始了在YY直播平台的直播生涯后，由于自身的努力出色的喊麦能力，他迅速吸引了一些粉丝的支持。如今，李天佑的月收入已经达到数百万元，代言费也高达千万元，不仅如此，他还发行了自己的单曲，并开始参与影视节目和综艺节目等的录制。

直播的火热，不仅带来了大批直播平台的崛起，更催生了无数吸金能力惊人的直播达人。随着直播逐渐渗透进更多领域，如游戏、教育、医疗、电商、旅游等，直播的潜力也会被进一步释放，任何人都有可能借助直播平台吸引大量粉丝，实现商业价值的变现。

由于粉丝需求和喜好的不同，如今直播平台上主播的类型也各有特色。有的主播擅长唱歌，有的主播幽默搞笑，有的主播具有出色的舞蹈天赋，有的主播擅长烹饪等。直播改变了很多人的交流方式。只要你愿意，一间小屋、一个麦克风、一个摄像头，就可以成为一名直播达人，成为万人关注的主角。

作为主播大军中的一员，Happy Girl 最初开始直播时，收入只有3000元左右。经过两年多的奋斗，她在直播平台上已经积累了数十万的粉丝，如今她月收入达到6万元，最多的时候曾超过20万元，而这还是她分成之后的收入。

在大学期间，Happy Girl 以个人身份在直播平台上兼职做主播，内容主要为校园生活的一些趣事，之后她被星探发掘并推荐给经纪公司，有了自己的团队后，Happy Girl 的直播粉丝量迅速积累，针对直播内容、粉丝互动技巧等方面的问题，经纪团队也会给她提出一些建议。

目前，Happy Girl 的主要收入来源是粉丝打赏的虚拟礼物，它们大多数元到数百元不等。一般来说，普通的粉丝一次会送出价值几元或几十元的礼物，而忠诚度更高的粉丝则往往会赠送数百元的高档礼物。Happy Girl 所获得的收益会跟平台和经纪公司分成。

在 Happy Girl 所在的直播平台上，不仅有大学生，还有企业职工、游戏玩家、舞蹈演员等。入驻平台时，只需进行简单的注册就可以了，并没有太多门槛和限制，如果想要吸引更多的粉丝、有更加广阔的发展，主播需要打造出鲜明的个人特色，还可以加入公会或经纪公司对其进行更专业的培训。

在今天这个信息爆炸的互联网时代，任何一个拥有才华和梦想的普通人都可以成为流量主播，成为万人瞩目的明星和焦点，而直播的出现直接带动了网红经济的发展，让无数年轻人走上了超级网红之路。

➡ 零售经济发展的又一风口

网络直播业虽然经历了几十年，但最近这三四年无论从平台数量、发展速度、参与人群、网络直播内容，还是商业模式和对资本的吸引上，网络直播都开创了以往所没有的新局面。随着网络直播的持续火热，巨额资本也开始进入网络直播行业。

除 YY、斗鱼、花椒直播、熊猫 TV 等主打网络直播业务的企业以外，腾讯、百度、阿里巴巴、360 等互联网企业，小米等传统企业，都纷纷入局开辟网络直播业务。国内资本市场似乎都看到了网络直播这个大风口，企图从中分得一杯羹。

网络直播平台在获得大量社会资金扶持的同时，自身质量也在不断提升。如在视频的清晰度上大大改进，给观众带来的体验感更加舒服、逼真。

网络直播对网络、宽带的要求非常高，尤其是游戏网络直播，清晰度越高，对宽带的要求也越高。近年来，宽带总量的提升也使网络直播的清晰度大大提高。网络直播宽带的增长，将主要取决于秀场网络直播

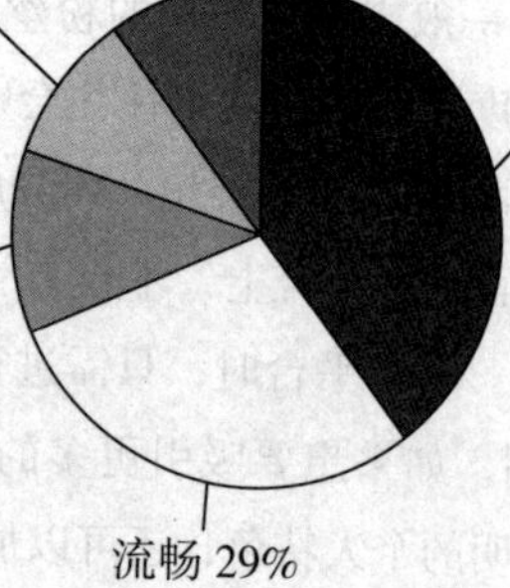

的继续普及和高清拍照手机对清晰度需求的提升。2016年以来，高清、超清及超清以上的网络直播大量出现，按照网络直播的清晰度大致可分为标清、流畅、高清、超清、超清以上5个档次。一般来讲，高清以上的视频可以给观众带来比较完美的体验。高清及其以上的视频占到总数的30%以上。

相信在未来，高清及其以上的视频将会越来越多，因为只有良好的观看效果和体验才能吸引更多用户，并且留住用户。为了自身的发展，各大平台势必会加大投入，引入高频宽带，改善视频质量。

但是，随着网络直播热的不断上升，市场上出现了很多不和谐的现象，网络直播内容参差不齐，频频出现挑战底线的问题。政府为了规范网络直播市场出台了一系列政策，网络直播进入了“最严”监管时期，直播平台或将面临新一轮洗牌，尤其是中小型平台将面临生死考验。至此，网络直播将会呈现出一种新的发展趋势，一方面延续发展的势头，另一方面将会出现很多创新的事物。

这种趋势可以用并购、互补、垂直细分、超级平台四个词来概括。

1. 并购

并购包括平台并购与内容并购。一方面，巨头或大平台补足业务线与争夺流量入口；另一方面，中小型网络直播平台获得资源与资金。

2. 互补

网络直播将成为新媒体阵营的重要一员，成为致力于构建新媒体管理体系、营销渠道等企业的标配。

3. 垂直细分

在方向上更倾向于垂直与细分，每一个垂直领域也许会出现各自的领先者。

4. 超级平台

未来整个网络直播行业必将两极分化：一部分逐步衰退，直至消亡；另一部分呈现井喷式发展，甚至有可能成为超级巨头。

➡ 电商直播呈爆发式增长

当投资人在疯狂“砸钱”，当供应链负责人在全渠道铺货，当运营者在绞尽脑汁优化直通车时，一种具有突破性的新营销形式——直播，正在以其巨大的优势，呈现出爆发性增长的趋势。直播曾经停留在“喊麦”“游戏”“低俗段子”等泛娱乐化的阶段，但随着内容营销的发展，直播已成为互联网营销中的一匹黑马，从前“低俗”的直播，已经变成最具代表性的内容营销工具之一。

直播一直是很受互联网用户欢迎的娱乐形式，但是以往的主流直播平台（如 YY 直播、斗鱼直播、全民直播等）用户大多是期望收看娱乐性节目的人，带有广告、销售意图的直播往往会受到观看者的排斥。但是，淘宝直播的出现，打破了以往常规直播中主播变现困难的局面，在直播中销售产品、打广告获得盈利变成了“理所应当”。

淘宝直播的雏形形成始于 2016 年，经过 2017 年的测试期、沉淀期，在 2018 年开始进入爆发期，“直播 6 小时，卖货 1 亿元”“主播一夜赚了杭州市中心一套房”等让人眼红的商业神话层出不穷，2018 年入驻的阿里官方认证的 MCN 直播机构也剧增到 500 多家。头部机构的日销售额也已破亿元，其中甚至单个主播的日销售额就可以破亿元。淘宝网也看到，直播作为内容营销的一匹黑马，有不可估量的潜力，将淘宝直播板块从淘宝 App 首页不起眼的位置提升到了首屏位置，并不断优化、增加淘宝直播的入口。

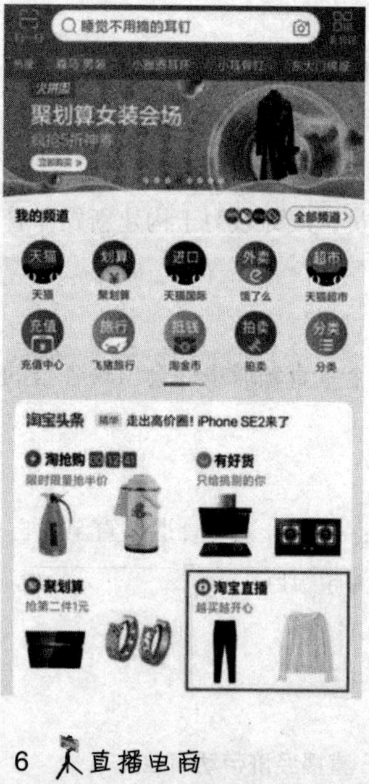

淘宝直播作为电商直播的标杆，以其更易变现、利润高、扶持多等优势吸引了大量专业或业余的企业或个人内容生产者入驻，爆发式的内容增长可能使

淘宝直播成为下一个风口。

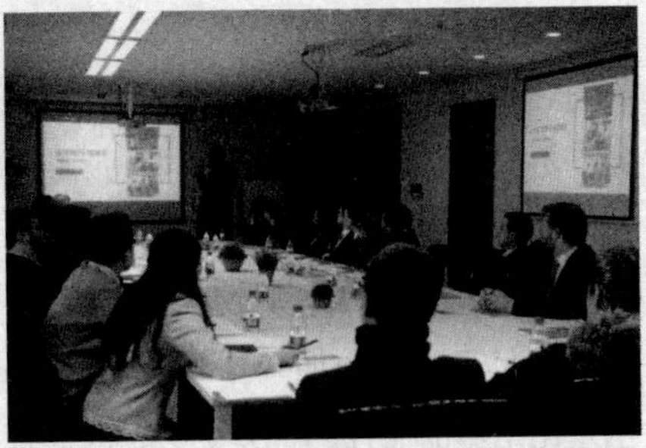

淘宝直播不仅在国内大受欢迎，也受到了国外友人的关注，国外友人在阿里巴巴商学院听关于淘宝直播的介绍。

电子商务使人们足不出户就可以购买自己想要的产品，同时也解决了实体店成本高、供应链复杂等问题。然而传统的网购模式也存在消费者所担忧的缺陷：所有的产品只能通过商家拍摄的图片、文字或者视频展示来了解，比如一件衣服的色差、尺码是否合适，厚度如何等一些图文、视频难以表述的实际问题导致消费者很多时候购买不到如意的产品，更何况部分商家在页面中乱标参数、虚标成分，导致淘宝网上存在大量的非“图”所示、与“图”有差距的产品，即使是专业的商家，也很难通过图文或者视频的形式完整地将产品传达给消费者。

1. 直播相对传统电商产品展现形式的优点

网购已流行多年，越来越多的消费者对网络产品拥有更成熟的认识，以前一张精美的图片容易吸引消费者下单，但因此也冒出来各种“买家秀”与“卖家秀”之间差距的笑话，让消费者对精美的图片产生怀疑：是不是修图过度？以前一段“历史最低、超值巨惠、最后 2 天”的广告会让消费者觉得产品价格非常优惠，但是现在随着消费升级，这些不注重品质，靠低价促销广告销售低质量产品的商家，“起”得快，“死”得也快，相关法规也导致很多吸引人的广告词汇不能再使用。丰富的网购经验让不少消费者对常规的图文、视频模式的产品展示慢慢表现出厌倦感、谨慎感。那么通过直播，可以刺激消费者，使其对这种新颖的展现形式产生更多的新鲜感。

（1）更不“美”、更不“真实”的直播产品效果呈现却更容易让消费者信服

产品的呈现效果往往与实物有色差，比如服装类目，造成色差的原因主要有两个：一是商家在拍摄产品时，通常都是在优质的打光环境下

拍摄的，加上后期的调色，使衣服更有质感，与消费者收到实物后在不同的灯光环境下产品呈现的颜色、质感差异很大。二是不同的电脑显示器、不同的手机屏幕也会使同一张照片呈现出的颜色有巨大的差别。

通过对部分服装店铺直播销售产品的售后数据进行分析，发现因为色差退货、退款的比例要远低于常规图片展示销售出的，再对比直播时的产品呈现效果与照片中的产品呈现效果，会发现其实直播时产生的色差比拍摄的照片的色差更大，因为直播间灯光不如摄影棚的灯光效果好，而且绝大多数主播没有配备专业的摄像设备，一般使用普通的摄像头，普通摄像头对色彩的解析远不如专业的单反相机，而且视频拍摄的分辨率有限，最后导致直播间的产品效果呈现并不是很美、很真实。那么为何消费者对直播间的呈现效果更加信任和喜爱？主要原因还是直播时动态的产品呈现，掩盖了直播中每张“静态帧”的缺陷，如果直接在直播时截图，可以发现很多图上的产品效果并不好，就如一部电影佳作，通过截图得到的一些“静态帧”也能出现很多人物的“糗像”。整体的动态过程，容易让人忽视瑕疵，更注重整体的效果。另外，直播间的灯光效果比摄影棚更接近日常室内的灯光效果，通过普通的摄像头呈现出的视频效果也更接近手机摄像头拍摄出来的效果，虽然与肉眼观看相比差距较大，但是更能让消费者感受到实拍、没修图的效果。因此，即使直播间产品的呈现效果并不完美，也更容易让消费者收到实物后能够接受。

（2）从 2D 展现到更全面的 3D 展现

在图文形式的产品展现中，消费者只能看到固定拍摄角度的 2D 照片，一套详情页中产品的照片数量有限，很多时候很难解决消费者对更多产品细节、更多功能、更多设计的疑问，但是在直播中，除了主播会更全面地向消费者介绍、展现产品外，消费者也可以主动向主播提出需求：一件衣服可以让主播用手揉捏，展现衣服的厚度，可以通过主播多角度的运动展现衣服在人身上更真实的质感；一套美妆套餐可以通过主播现场演示美妆过程，更真实地展现遮瑕、美白、提亮的效果，以及腮红、眼影的搭配效果；一款榨汁机通过直播能够更加直观地展现榨汁的速度、效率，通过拆分机器的零件展现机器的细节做工等。图片形式无法完整展现的产品效果、功能可以通过直播全面呈现，图片、视频没有解答的疑问，消费者可以通过和主播的互动来得到答复。直播使产品呈现从 2D 呈现跨越到了更全面的 3D 呈现。

（3）直播不仅仅是纯粹的产品展示，也是一场商业节目

一场专业、优质的直播可以避免枯燥、长时间的产品介绍。精心策划的各种营销活动，配合主播的才艺表演，打造一场别开生面的商业直播节目，将唱歌跳舞、“喊麦”、讲段子、乐器演奏等常规娱乐形式带入电商直播，将“刷鲜花”“送轮船”等变成点赞和购买产品。普通的产品经过优质的直播节目渲染，也拥有了独特的魅力。

2. 电商直播是“顺着网线”向消费者销售

（1）互动刺激消费

可以和主播互动是在线直播受欢迎的最重要的原因之一。不同消费者对产品的关注点往往不同，一件衣服有人更关心色差、有人更关心厚度、有人更关心起不起球、有人更关心有没有优惠。常规的图文介绍如果将所有消费者的关注点都体现出来，不仅加大了工作量，也会导致详情页过长。但是在直播间中主播可以通过与消费者互动，快速精准地回答消费者的问题，以最快、最实在的方式解决各种疑问。

（2）大幅增加停留时间，转化率高

电商销售中有一个比较重要的数据，就是“停留时间”。消费者停留时间长，说明产品和视觉效果非常优秀。在图文展现形式中，30 秒的平均停留时间已经是极为优秀了，而根据官方给出的数据，最差的直播间也有至少 30 秒的平均停留时间，消费者的购物时间是有限的，停留时间越长，就越容易下单购买。

（3）冲动型消费

逛淘宝、看直播的，不仅有存在购买需求的客户，也有需求弱或者无需求而纯粹想逛逛的客户，常规图文形式的产品展示，很难刺激到无购买需求的客户，但是直播就像大商场里做促销活动的主持人，能吸引消费者驻足停留，通过口才、产品的优惠力度、产品的优势介绍吸引消

费者并刺激其消费。

（4）KOL 效应

优质的直播并不是纯粹介绍产品，不少消费者、观众都是主播的粉丝，相信主播的人品，喜爱主播的性格、才貌，主播对于观众来说并不是陌生的推销员，而是通过熟人、喜欢的人、信得过的人介绍的，因而能形成 KOL（关键意见领袖）效应。

3. 电商直播打造爆款的同时也成就了 KOL

主播既是销售员，更是一个“网红”“大咖”或某领域的专家，直播平台是一个公平的战场，个人综合能力强的主播自然能拥有更多的粉丝，获得更大的收益。

（1）没有硝烟的战场

电商直播平台上，主播之间存在竞争关系。如何吸引陌生人成为粉丝、如何留住老粉丝、如何将“路人粉”转变成自己的“忠实粉”，成为主播之间竞争的关键。电商直播不仅仅是内容营销的一种形式，还是“网红”经济下的残酷战场。个人能力较弱、形象较差、缺乏才艺的主播很可能会被淘汰。一个主播即使有很多优点，但是人外有人，也可能会被更优秀的人替代。正如娱乐圈中有无数人想成为明星，但是成功的寥寥无几。目前电商直播还处于红利期，不少主播快速地积累了自己的粉丝，但是随着大批主播、专业机构的涌入，未来的市场竞争将会越来越激烈。

（2）粉丝决定主播价值

粉丝数量和粉丝质量决定主播的价值。主播拥有更多的粉丝，自然就拥有更高的人气，也会为其销售的产品带来巨大的流量，一些拥有几百万个粉丝的电商主播，单场直播的销售额往往能达到几百万元、上千万元，在“双 11”等一些官方大促活动期间，甚至可以达到上亿元。因此拥有大量的粉丝意味着可以创造巨大的商业价值。

但是，粉丝的“质量”也是关键，并非粉丝数量越多主播的产出越多，粉丝的“人群画像”、经济能力、知识水平、个人喜好等特征都影响着直播变现的转化率和 UV（独立访客）价值。一个主播可以靠着低质量、低价格、低利润产品快速积累粉丝，然而一旦换成中高端的产品，产出就大幅度降低，并且由于销售的产品质量一般，粉丝的忠实度很低，从而使得销量一直平平；一个始终坚持销售优质产品的主播，虽然起步缓、粉丝增长慢，但是由于粉丝的主体为中高端消费者，再加上产品质量优秀，消费者对主播非常信任，忠实度很高，因此后者虽然粉丝较少，但是直播的转化率较高，并且单个消费者的产出会更高，也就是 UV 价值会更高，因而，后者销量可能会高于粉丝多的前者。加之后者的粉丝忠实度高，主播的“价值”也会持续增长。

（3）成就爆款，成为 KOL

不少人梦想成为网红，并以此为目标去努力。在互联网时代，成为网红的平台、方法越来越多，拥有几十万个粉丝的网红比比皆是，其中一些喜欢与他人分享，也有许多人希望成为网红并且获得更大的收益，纵观互联网上的网红，并不是所有网红都有着可观的盈利，有些甚至在亏损。很多网红存在粉丝变现困难、平台分成太多等导致盈利少的问题。

电商主播的粉丝一般是有消费需求的消费者，所以主播在直播中不需要忌讳更多的广告内容，常规的娱乐网红通过才艺、技术、形象等带来的节目效果来达到成为网红的目的，电商主播则用才艺、技术、形象等因素把流量引导到直播的产品上，将直播间的产品打造成爆款。成功打造爆款，也就成为了有商业价值的 KOL。

➡ 电商直播的基础

1. 直播内容

（1）符合社会主义价值观

符合社会主义价值观是基本的内容出发点，不论在哪种形式的直播中，内容都应该健康、带有正能量，要避免色情内容、敏感内容、垃圾广告、谣言、辱骂性言语等。

（2）选择擅长和喜爱的领域

尽量选择自己擅长和喜爱的领域，可以达到事半功倍的效果，并且更易得到粉丝的认可。要想熟悉某个不擅长领域的产品以及背后的供应链，需要长时间的学习沉淀，时间成本过大，强行涉足自己不喜欢的领域可能会让工作变得枯燥，从而失去激情。在擅长和喜爱的领域可以与买家有更多的共同语言，更了解产品背后的供应链，对产品品质也能有更好地把控。

（3）选择擅长的风格

不同的品牌有不同的风格定位，李宁、耐克主打运动青春风，无印良品、全棉时代主打简约风，主播也应有自己独特的风格，作为自身的品牌形象来向大众展示。从细分的风格入手，拥有自己的直播风格以及产品风格，更容易受到消费者的青睐。

（4）将电商与娱乐相结合

电商的客户群体虽然主要以有购物需求的消费者为主，但是纯粹的产品广告推销会让直播变得过于枯燥，在介绍产品的同时，可加入一些娱乐化的节目活动，适当增加直播的趣味性。

2. 选择商品

（1）选择值得信赖的产品

由于直播有着 KOL 效应，因此主播的信誉非常重要，同时也要让消费者认可主播的专业程度，同很多大明星、大网红一样，主播一旦出现“污点”就非常容易被曝光，因此选择优质的、值得信赖的产品是主播和品牌名誉的基本保障。

（2）确定产品的定位

除了选择优质的、可信赖的产品，产品的价格定位、功能定位、款式定位也需要尽量符合主播或者品牌的定位，低价产品不适合形象高端的主播或者品牌，长期主营女装的主播突然被要求直播美食也很难有好的效果，对产品的定位要尽量保持统一性、持续性，主营产品定位变更也应缓慢地进行，避免出现产品不符合主播或者品牌定位的情况。

（3）避免繁而杂的产品种类

不少商家或主播在刚开始直播时，想选择多类目的、种类完全不同的产品进行直播，也有很多商家或主播在粉丝达到一定量时，期望拓展其他类目，通过更丰富多样的产品来增加盈利。如果是关联性比较强的产品，比如某商家或主播之前直播销售的是女装，那么从引入女鞋开始，的确可以带来更多的销量，但是如果引入居家类产品、美食、健身器材等关联性比较弱的产品，反而会起到相反效果。首先，商家或主播很难把控所有种类产品的质量；其次，消费者对某一直播的喜爱很大程度上取决于商家或主播的专业度，杂乱的产品会大幅度降低消费者的信任。绝大多数知名品牌只销售一类产品或者主打一类产品，耐克、阿迪达斯的运动鞋最知名，奔驰、宝马让人联想到豪车。同样，商家或主播的直播，如果想打造成知名度很高的品牌，那么必然要从专注于某一类别的产品开始。

3. 直播受众

想要通吃所有类型的受众群体几乎是不可能的，商家或主播在选择受众的时候一定要谨慎，一旦选定受众，经过一段时间的累积后再更换主要的受众群体，很可能要从头开始。不少商家或主播在刚开始接触直播的时候，为了快速吸粉，销售大量的低价产品、和自身品牌形象不符的产品，累积了大量低客单价的粉丝，后期却突然开始销售中高端产品，导致产品销量表现较差，粉丝流失严重。主营中高端产品却抓取低端产品受众导致受众不准确，反之亦然。受众一旦选定，后期更换的成本很大，因此在从事直播前，就要从长期计划出发，慎重选择受众。

4. 促销方式

直播是内容营销，搭配促销则必不可少。

（1）营造促销氛围

电商直播是一场多人在线的互联网营销活动，要打造良好的直播环境和促销氛围、备好专业的促销话术，直播的产品也要配合直播做好相应的促销设计，营造一场浓厚促销氛围的直播，可以大幅增加观众的消费欲望。

（2）体现直播优势

常规的图文形式的电商产品促销，大部分情况下只能利用一些促销软件通过图文形式表现出来。直播有互动性强的优势，可以衍生出更多的促销形式，比如抢答、回复关键词抽奖、在线限时秒杀等，通过直播，可以设计出更有吸引力、互动性更强的优惠促销，从而更加全面地发挥出直播的优势。

➡ 直播电商拉近了消费者的距离

在社交平台稳步发展的今天，直播社交走入了人们的视野之中，从过去的文字、图片、语音、小视频等社交模式可以看出，这些被时间、空间限制的互动已慢慢被用户所厌倦，用户期待更加鲜活、直接的社交模式，于是，直播社交应运而生。

在视频直播平台之中，用户与主播、用户与用户更易拉近距离，其相互交流也更加不设限制，时间和互动方式更为自由和灵活。例如，以前想要快速成为明星只能通过电视选秀比赛才能达到目的，如大型选秀类节目快乐男声等。而现如今，普通人想要一夜成名只需要一个摄像头和一个直播平台。因此，许多“草根”通过直播平台摇身一变，成为受到众多粉丝追捧的主播，其火热程度完全不亚于娱乐圈的明星歌手。

直播的成名率很高，门槛相对而言较低，其带来的经济回报也是相当可观的。视频社交的特色就在于用户可以通过弹幕的方式与自己喜欢的主播进行实时的沟通交流，而微信、微博这些以文字、图片为信息的社交平台无法做到这一点。再加上国内信息网络的迅速发展，WIFI、5G网络的应用，使视频直播更容易实现，并随时随地可以进行。可以看出，直播平台顺应了时代的社交趋势，并不断向前发展。

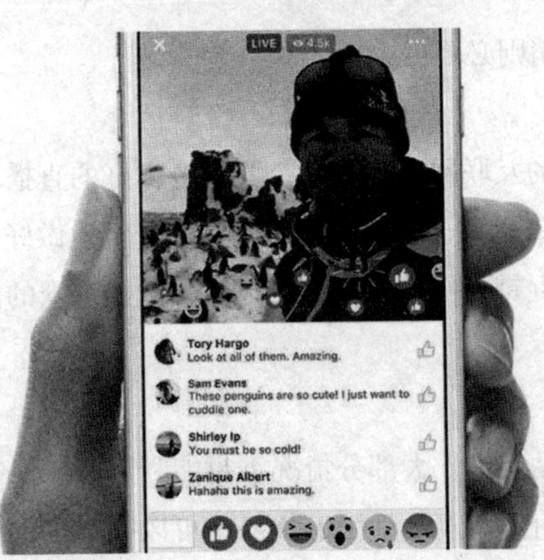

直播除了是一种前卫的社交模式之外，它还是一种与众不同的娱乐营销方式。对于个人来讲，直

播是可以把自己推广出去，成为明星、红人的一个绝佳平台，而对于公司而言，它是一种推销产品、赚取利润的全新营销方式。随着人们消费观念的转变，越来越多的人开始倾向于娱乐消费。

面对这样一个现状，企业也需要改变相应的营销方式，恰当地利用直播这种具有高效益的娱乐营销方式，从而打造出一种适合自身产品的营销模式。

例如，《良品青年相对论》这款真人秀直播节目就是魅族联合各大直播平台，如斗鱼 TV、哔哩哔哩动画等，为了将自己的产品推销给年轻人群而精心打造的娱乐文化盛宴。它的成功之处就体现在以娱乐为切入点，将科技、文化、电影、艺术等各个领域最热门、最前卫、最有意思的内容都巧妙地结合起来，不仅吸引了广大网友的关注，也在无形之中增加了魅族的热度。

同时，瞬息洞察时代潮流的魅族还懂得利用名人效应，采用了“娱乐 + 直播”的营销组合方式将热门话题与名人联系起来，从而吸引大量用户的关注。例如，欧洲杯期间，魅族邀请知名人士参与《良品青年相对论》话题，主要是针对欧洲杯进行与以往截然不同的娱乐营销直播。而事实也证明，这种焕然一新的营销模式更容易被广大用户及消费者所接受，其产生的经济效益也是不可估量的。

直播还是一种更加直观的信息传递媒介，主要通过播报这个世界正在发生的事情来完成信息传播的过程。可以说，它是较传统媒介内容更为浓缩、形式更加新颖的一个全新的平台。

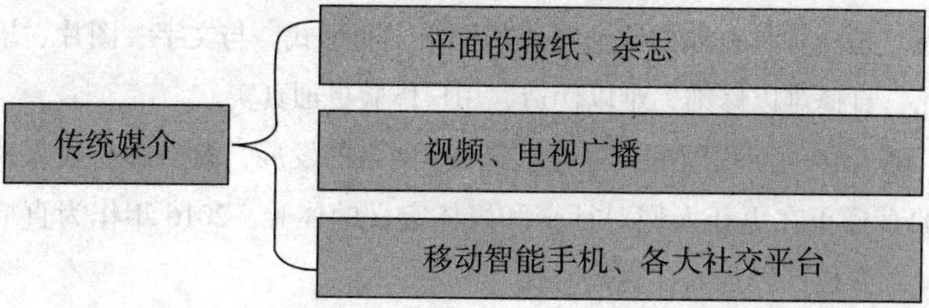

直播之所以能取代传统媒介成为当下最火爆的媒介，主要是因为它能够让用户与之进行直接互动，在很大程度上提高了用户的参与度。

2016年7月8日上映的科幻动画片《大鱼海棠》。宣传工作是一部电影的重中之重，而直播这种新型的信息传播方式恰好弥补了过去那些媒介的不足，如电视广告、预告片、电影发布会等。

虽然这些媒介也发挥了一定的作用，但直播平台让营销方式变得更加多样化，激发了广大网友的兴趣，对电影票房的大卖起到了推波助澜的作用。

美拍直播平台中关于《大鱼海棠》主题曲的相关活动，通过一种互动的形式既推广了电影主题曲，提升了电影知名度，同时又让用户们参与了主题曲的翻唱、改编等各种各样形式的活动。一时间，《大鱼海棠》的主题曲红遍了美拍，也吸引了无数人前去观看这部影片。

不容置疑的是，直播这种新颖的信息传播方式做到了盈利、娱乐两不误，极大地丰富了以往的媒介内涵，为信息媒介的发展作出了不可磨灭的贡献。

➡ 媒体发展已进入“直播时代”

网络直播，顾名思义，是指在事件发生的过程中，同步进行录制和发布，是一种具有双向流通过程的网络发布形式。与文字、图片、语音相比，直播难以修饰，难以伪造，用户体验更加真实。

随着移动互联网的高速发展和5G网络的发展，参与感与代入感极强的直播正在更新人们对社交和媒体定义的体验。2016年作为直播元年，媒介也已经走入“直播时代”。

1. 直播打破了媒体之间的界限

2016年6月15日，花椒直播“融”平台战略发布会在北京举行。

花椒直播的总裁吴云松在会上表示："作为一个定位强明星属性的平台，花椒直播已经积累了大量优质的用户和内容，并逐渐成为一个优质的媒体平台。接下来花椒将致力于打造'融'平台，与合作伙伴共同打造一个开放、健康的直播生态圈。"

对媒介来说，"融"平台是指它打破了媒体与媒体间的界限，具备"融合性"，其不仅局限于个人用户，企业用户同样可以通过直播平台生产出更多优质的内容，推出更多新的营销方法。

企业利用传统媒介来营销，使得用户往往只能通过文字、图片、视频等扁平化的素材去感受和想象产品特性。而直播则是通过更立体、真实的优质内容、多样的直播形式以及更好的直播技术等来体现。通过直播，企业可以提供更加真实、立体的信息，用户可以获得更优质的体验，安全感与参与感大大提升。

无论怎样，直播让媒体之间无边界。企业也好、个人也罢，可以更低门槛地直播，将企业的产品、服务巧妙加入到直播内容中，再融合营销，使得用户在观看直播中接受企业的产品和服务。

2. 直播加速优质内容的筛选

为什么直播会这么火？为什么直播这么受欢迎？大家都爱看直播？原因不仅仅是互动，更因为直播的内容会更加优质。过去人们在传统媒介中，虽然也是隔着屏幕，但是无法更加全面、立体地看到商品，也无法与主播聊天。

例如，一个主播如果在直播中兜售自己的东西，必须要全面诠释这个产品，甚至要亲自试穿、试用。当然，用户在直播中，还可以通过弹幕提出更多的要求，主播必须满足用户的需求，否则用户不会关注。

如此一来，主播在直播中不得不以用户需求为先来展现产品，这样的直播内容一定更加精彩，更加优质。

对用户而言，之所以愿意看直播，原因是直播播放的是跟随用户意愿的视频。用户愿意看明星、红人按自己要求来做直播。用户还可以通过送"花"、点赞、送"火炬"等方式来选择给自己喜欢的主播送礼物。在这样真实的场景中，用户感受到了直播的魅力。

3. 媒体进入直播交易时代

在直播中，除了内容优质之外，媒介的作用还可以直接在直播中进行，比如在直播中直接交易。

商家可以将自己的淘宝店或者产品购买方式嵌接在直播号中，用户如果在直播中对产品有所需求，就可以直接产生交易。

尽管有些直播还没有做到这种功能，但直播发展越来越快的时代，这是必然的要求，也是直播的又一大魅力所在。

抢跑时期，为增强黏性、培养用户习惯，移动直播各大平台也更展现出泛娱乐性质。随着 5G（5th-Generation，第五代移动通信技术）网络的普及和用户观看直播视频习惯的养成，移动直播在其他领域还有更大的发展空间，比如在线教育、活动直播、电商导购等，从而在多领域深层次发挥价值。未来，传统媒介进入直播，全民进入直播都指日可待。

第二章

直播平台的“百团大战”

➡ 抖音直播：日活5亿的流量平台

直播是引流和吸粉最强劲的渠道之一，作为短视频平台的领头羊，抖音在2020年将会大力推进直播板块的发展。有些年轻人把直播做成了自己的事业，很快就赚到了人生的第一桶金。也有很多职场人把直播发展成了副业，白天：办公室白领，晚上：网红主播。毕竟现在的生活压力都很大，多一份副业就代表着多一份收入，还能打发下班的时间，一个月多赚几千块拿去旅游，它不香吗？

随着抖音平台的用户规模越来越大，竞争也越来越激烈，平台规则逐渐完善，对于新人直播来说，门槛提高了，但只要你多掌握一些直播的专业玩法，直播赚钱机会依然很大。

其实，抖音在直播领域的布局，早在去年就初现端倪。2019年4月，抖音宣布引进1000家直播公会；9月，抖音直播发布“黑马计划”；2020年1月，抖音直播开启“群星宠粉夜”；3月20日，抖音“超级大牌直播日”上线。

抖音直播从红人到细分领域，步步深耕，那么大众印象中以创意为主流内容、以广告为收入支柱的抖音，如何利用自身优势建立平台直播生态？抖音红人的带货逻辑，又有何特别之处？如果自行想做抖音直播

应该怎么做？今天做个分享，抖音直播规则与技巧分享，问答专区更多很多的问题供大家参考，希望可以帮到你。

1. 抖音的入驻要求

抖音现阶段的入驻比较简单，不需要入驻和挂靠任何机构，取消了之前的粉丝要求，只要账号进行实名认证就可以打开抖音，点开底栏加号，会跳出上面这个界面，右下角有一个开直播的选项，划过去，登记认证就可以开通。

开通之后，可以选择手机直播和电脑（选择游戏直播）

当直播开通后，就可以直播了。

直播，看你希望成为什么样的主播？有什么东西是你不能接受的？在互联网时代，特别是抖音、快手短视频直播的年代，不管你播什么，都会偶然有粉丝去喜欢的，只要你敢播，做好第一步，那么很多人都会慢慢地成为你的粉丝。

粉丝喜欢你，是因为你这个人，在直播之前，需要把主播的直播时间做调整，也就是一个规范化的布局。比如说两个小时的直播时间，安排这段时间做什么，下一段时间做什么。在每个时间节点应该做什么样的事情，不是被观众带着走，而是主播去引导观众。

前期娱乐直播的过程中，大部分其实都是在熬时长的阶段，像满月、百天、周年庆这一块的话，需要提前做一些预热，比如提前一天做一些产品的预告，提前准备好图片或视频和话术等等，发给粉丝群，直播的时候再做一些直播价活动。

拿带货来说，很多带货主播都是40%的引流产品，10%的爆品。引流产品就是相对来说比较低价去吸引用户，10%的产品爆品是当季的一些爆款。还有30%的利润款是拉高店铺的利润，20%的常规产品去做一些正常的店铺运营，而主播也是一样的。

可以在开场的一个满送，很多新人主播没有太多人气，就会给他做一些比如说聚人气直播间满多少，做一些抽奖活动。再比如抖音每个小时都有整点小时榜，整点的时候会安排抽奖，让粉丝持续关注。包括在直播过程中做一些问答、抽奖的活动，这些在直播间氛围比较低的时候推出，就可以很快拉高直播间的人气。

带货主播，一般都有一个主播和一个副播，还有一些助理。主播负责介绍产品，副播带动直播间的气氛，介绍一下促销活动，助理看运营的数据，场外的数据监管。要做带货主播前期先做助理，再做副播，同时需要了解产品的款式、价格、卖点等等。直播结束之后还要做数据的跟踪。

2.如何做直播新人

不论是抖音或是快手，我们都非常看重权重，新人开场的10分钟到15分钟之内，必须要充分调动直播间的积极性，平台的机器会进行识别。识别你的直播间是否是优质的直播间，如果前10~15分钟之内没有完成一定的互动，那么系统就会判定直播间的权重不是很高，后续流量可能就不会很多。

所以新人在开场10~15分钟的时候，主播去让他的粉丝帮他去点一下赞，或者欢迎新来的宝宝跟他一起去玩任务，如果说是带货的话，就可以说到多少人就开始今天的抽奖话题。

直播的前期暖场预热互动是非常重要的，粉丝互动性起来的话，那么他整个直播间的权重就起来了，不管是淘宝还是抖音，系统都是通过开场的数据、粉丝停留时间、分享转发、互动频率来判定的直播间的权重。

3. 如何带动直播间气氛

主播一定要先了解粉丝的人群定位，我们往往把粉丝分为三种类型。

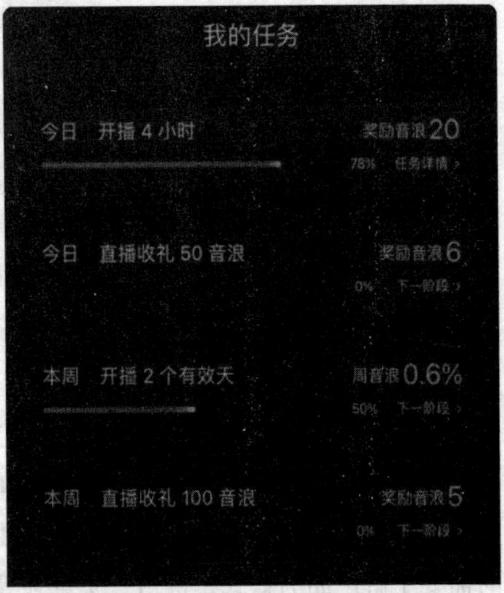

第一种永远只是倾听者，不怎么说话也不怎么买东西。当你在卖货或者 PK 的时候，他是消费能力比较强的，给你刷票。消费能力强的粉丝基本上都不怎么爱在公屏上打字。

第二种平常会在说话也经常互动，他有一定的消费能力，会买你的产品也会偶尔刷一下礼物。比如说补水产品大家是用手还是化妆棉，让他们扣“1”或者扣“2”，提出问题他们会很愿意回答。

第三种不买你的产品也不刷礼物，俗称“屌丝群体”。但是可以让他们转发一些评论，抽奖、分享、点赞。比如说点赞达多少人我们会送等，在线的让他们扣“1”，说不定面膜就是你的，这种粉丝群体还是比较多的。

根据不同的粉丝类型，针对他们的属性，制定相对应的一些话题和活动。

当你的直播间只有几十或一两百人，还没有得到更多流量的时候，就会安排 Dou+ 的投放在视频或直播推广这一块。带货主播的话一般投放精准流量，比如说同款粉丝类型；娱乐主播基本上买视频的流量投放。

同时抖音直播可以发一些数额小的抖币红包，一场直播可以多发几个，进来的游客会等着抢这个红包，也就会有一些直播的留存量。

➡ 优酷直播："来疯"来这里

在直播营销风起云涌的当下，优酷也开启了直播模式，"来疯"作为优酷的全民娱乐直播平台吸引着各个行业和阶层的普通网民的喜爱，而优酷直播间更是娱乐中的"战斗机"平台。

1. 优酷直播的娱乐功能很强大

优酷直播的一个最大特点就是娱乐性。这也是优酷直播独有的特点。影视信息、明星八卦、综艺节目等各种信息的直播在这里见怪不怪。可以说，优酷直播适合那些做娱乐行业的企业。因为这种最时尚和娱乐的特点，优酷直播的用户很多，所以娱乐行业、互联网企业，或者其他企业，可以借助娱乐性来在优酷做直播，以提高企业的知名度。

打开优酷直播，会看到满屏都是娱乐时尚的信息，比如"全明星大爆料""微微一笑发布会""中国新歌声周杰伦战队"等。

例如，单击"微微一笑发布会"的历史直播后，可以观看 2016 年夏季火热播放的电视剧《微微一笑很倾城》电视剧的直播发布会。该电视剧通过"优酷直播"吸引了很多年轻人的关注，"圈粉"无数。在直播过程中，用户与电视剧主创人员互动，进一步提高了这部剧的知名度。

当然，在优酷直播中还包括游戏、财经、创业、营销等类型的直播。但这些不同类型的直播的特点就是迎合优酷直播平台的功能特色，发挥娱乐时尚性能，从主播的服饰、说话、背景、用词等各个方面都符合年轻人娱乐性的定位。事实上，也只有这样才可以吸引更多用户观看。

2. 优酷直播的营销秘诀是走时尚、个性之风

无论什么行业的企业，都有机会在优酷直播中获得营销佳绩。优酷直播的营销秘诀是什么呢？无疑是迎合优酷用户的口味，走时尚、个性之风。你是做财经也罢，餐饮也好，在优酷直播，就要时尚起来。

在这方面，“外婆家”就做得很好。“外婆家”的创始人吴国平是一个“大叔”级别的企业家。与其他企业家不同，吴国平平时性格就非常随性，而且热爱时尚的事物，喜欢研究年轻人的口味。因此，吴国平率先在餐饮业做起了直播营销。而他搭档的直播平台就是优酷直播。

2016 年 6 月 25 日晚，吴国平为其新开的“全虾馆”品牌“你别走”上演了一场“网红直播”秀。这个直播秀汇聚了众多时尚元素，在短短 1 个小时之内，被其邀请的“网红”发出了 400 份口令红包券，顺利吸引众多粉丝在线观看，为这家“全虾馆”带来了不俗的客流量。事实上，这已经不是“外婆家”第一次通过直播做营销了。

熟悉吴国平和看过吴国平直播的人，都不会叫他“吴总”而是叫他“Uncle 吴”。他认为想要让年轻人观看你的直播，首先要把自己包装起来，迎合年轻人，因此，他在网上取名为“Uncle 吴”。

人们对吴国平的首先认识就是“帅过吴秀波”，因为他在外形方面非常时尚。而在经营企业方面，更是非常个性和洒脱，他敢于用人，交

棒80后、卸任董事长之后会走到一线去端盘子。这位时尚个性的餐饮界大咖，不仅开餐厅一流，玩营销更是非常时尚、在直播中，搭档“优酷直播”开启了时尚、个性的直播风潮。

在“优酷直播”中，“Uncle 吴”总结出了三点经营技巧。

（1）利用网红吸引流量，聚焦用户关注。在网红经济盛行的当下，“Uncle 吴”深知网红和直播的力量，于是邀请大量颜值超高的网红做直播，网红的高人气能瞬间聚焦年轻用户群的关注。同时，吴国平还将自己打造成为一个与众不同的个性网红，也让“外婆家”显得与众不同。

（2）借助口碑，在直播中发送“口令红包券”。通过直播发红包，不仅可以提升了用户对“外婆家”的好感和品牌认知度，更可以让这些用户真正走入“外婆家”消费。

（3）直播中与用户互动。“Uncle 吴”在直播中不仅借助网红直播提高企业知名度，更是在自己的直播中与粉丝互动，这样不但迎合年轻人接受的方式，更拉近了用户与“外婆家”餐厅的距离。

➡ 腾讯直播：大有可为的“看点”

腾讯也做起了直播电商的生意，最近他们的一项重要任务是，招募更多的直播合作伙伴。

2019年12月，腾讯看点直播宣布推出“引力播”计划，目标是在2020年内助力微信平台上10万商家获取用户、完成商业变现，并扶持超过1000家商家通过直播电商模式突破1000万的年成交额。

这是腾讯看点暨2019年11月18日的品牌发布后的首个大动作。腾讯看点是腾讯（除微信外）信息流内容服务的整合，而作为腾讯看点在直播领域的内容形态，看点直播是一款信息流直播小程序，面向微信体系的内容创作者和商家，旨在为其提供在线直播服务及一系列电商直播解决方案。

通过微信小程序“看点直播”，用户可以提前设置开播提醒、观看直播，同时可以回放已订阅公众号的直播。基于小程序的开放能力，用户可在微信生态内完成分享、邀请、观看、互动、购买等多个环节。

据界面新闻了解，看点直播是目前腾讯旗下唯一的一款主推电商卖货的产品，它并非微信事业群旗下产品，而是出自腾讯直播团队之手。

腾讯直播团队属于 PCG（平台与内容事业群）旗下的互动视频产品部，除了看点直播外，目前还有一款腾讯直播 APP 在内测当中。腾讯平台与内容事业群互动视频产品部总经理吴奇胜表示，腾讯直播是一款服务 B 端的工具，商家通过其来创建直播，而看点直播则更注重服务 C 端用户，提供观看直播的渠道。

腾讯称，推出看点直播主要是为了让公众号从业者增加一条新的变现路径。据界面新闻了解，目前微信体系内的内容创作者有一半以上都是通过广告来变现的，今年爆火的直播电商则成为腾讯探寻内容变现的新渠道。

2019 年被称为是直播电商的元年。不仅电商平台纷纷探索直播短视频领域，孵化出了李佳琦、薇娅等一系列知名 KOL，快手直播短视频平台也相继入局电商。艾媒咨询发布的 2019 年 Q3 中国在线直播行业报告显示，预计 2019 年中国在线直播用户规模将增至 5.01 亿人，超过八成用户愿意为直播付费。

从现有格局来看，腾讯在其中的声量并不大，但腾讯显然不愿意错过这场较量。

腾讯是社交领域的霸主，但对购买场景却并不擅长。为了完善微信生态内的电商交易环节，从今年3月开始内测到现在，看点直播一直在完善工具和体验，包括支付、广告在内的一些营销能力。比如，直播间自带商城、购物车、优惠券系统、微信平台广告跳转直播间、邀请好友共同领券等。

“与成熟的平台相比，腾讯2B的确有许多短板要补”，吴奇胜表示，比如商品如何排列、优惠券如何编辑、如何让商家在后台实时看到数据，这是一贯来擅长C端的腾讯此前没有接触过的，适应过程比较“艰难”。

根据官方数据，在内测阶段，看点直播合作超过1800家内容创作者与商家，覆盖超过800个公众号，有头部KOL单场最高销售额达320万，平台内电商直播累计产生交易总额达1.08亿。

看点直播产品总监胡虹称，这仍是一个微小的量级，腾讯会陆续推出相应的计划来帮助商家完成变现。

吴奇胜透露，看点直播团队的核心KPI是用户数量，但并未设置明确的数据目标。“很难衡量我们和竞品之间的差距，某种程度上，看点直播的初衷在于满足自身用户需求，而并非追赶竞品。”

在他看来，腾讯做直播带货的优势在于，腾讯擅长社交场景，而非媒体或商场。用户购买产品最重要的前提是信任，而这种信任在朋友圈等社交场景下可以得到放大。

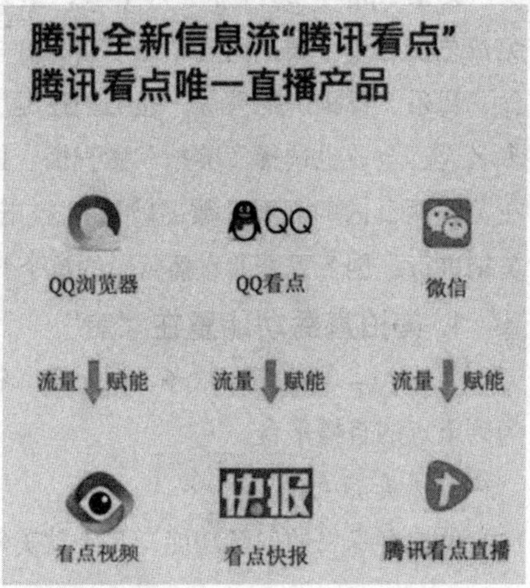

但这其中有一个问题，直播是内容生产行业门槛最高的形式之一，商家可以利用直播来进行营销，但公众号文章的创作者并不一定适合露脸做卖货主播。比如情感、娱乐等领域的KOL，他们本身的内容性质很难衍生出商业行为。

对此，吴奇胜表示看点直

播的定位并不是一个卖货的商场，而是用户在消费内容、购买创作者服务时的一个支撑体系，关键在于增强创作者与粉丝之间的互动与维系。另一方面，腾讯也在通过“引力播”计划撬动更多头部 MCN 加入看点直播。

吴奇胜还表示，目前腾讯内部在做平台的打通，目的是整合内部分发体系，未来会把在微信生态内发生的这套直播信息流分发到腾讯新闻、QQ 浏览器、微视、腾讯视频等其他平台，核心是希望让作者在腾讯体系内得到更多曝光和收入。

“过去更多是私域的，未来会分发到公域”，吴奇胜说，信息流分发的前提是一定要跟用户属性相匹配才能给用户呈现，而不能随意地浪费流量。他还透露，内部分发体系的整合最早将在明年 3 月完成。

➡ 美拍直播：定位高颜值直播

打开美拍 App（以下简称美拍），映入眼帘的第一个画面就是美拍的招牌宣传语“高颜值手机直播 + 超火爆原创视频”。很显然，从这句话中，我们可以看出美拍是一个注重颜值和原创的直播。因此，从这一点可以看出，想要有颜值又有原创的直播，可以选择该平台。

美拍 App 于 2014 年 5 月上线，上线之后连续 24 天蝉联 App Store 免费总榜冠军。美拍内容十分丰富，有多个频道，包括搞笑、时尚、美食、音乐、舞蹈、吃秀等。在美拍还诞生了一系列全民参与的活动，很多名人、企业也选择“美拍”做直播。比如，明星黄晓明大婚时的直播在美拍两日内的观看人数突破 2.4 亿。欧莱雅戛纳电影节直播也选择在美拍进行，创下了企业直播营销的首个开门红。

1. 美拍直播功能重在“美”

美拍 App 的功能有很多，但是重点在提升颜值，即其是一个以美颜为侧重点的直播平台。

（1）美颜直播

美拍有专属的美颜功能，几十款美轮美奂的独家滤镜，只要轻轻一

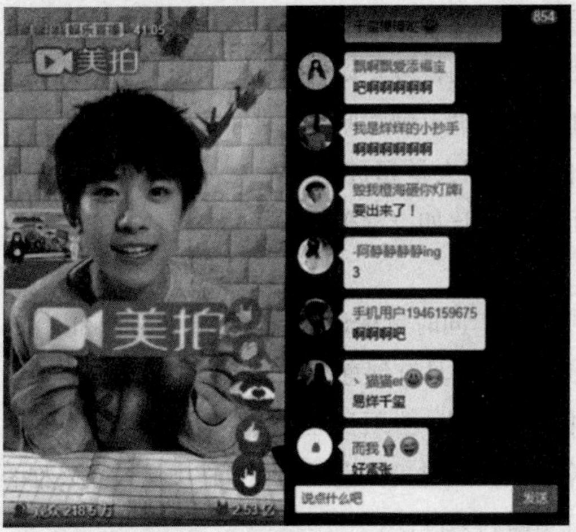

点就可呈现惊艳效果，让直播用户可以拥有高颜值。同时，美拍还具有最潮流的分享方式，能实时进行分享和互动。

（2）送礼物

在美拍直播平台中，具有超级好玩的礼物系统。用户在观看直播时，可以通过各种方式表达对主播的喜爱，礼物有鸡腿、玫瑰花、金牌、皇冠、魔幻城堡等。这样的方式让直播的互动更加好玩。同时，美拍还新增粉丝亲密榜，点赞爱心和积极评论都能增加与主播的亲密度，让主播能时刻感受到粉丝的爱。

（3）顶级视频制作

在美拍直播中，还有短视频功能，可使用 MV 特效。美拍拥有 30 多个 MV 特效，具有电影剪辑功能。用户可以根据自己的喜好选择特效，让短短 10 秒的视频瞬间拥有好莱坞制作的顶级范儿。

（4）在线音乐功能

在美拍中还有百万曲库供用户选择，用户可以一边拍摄直播一边播放音乐，以凸显视频特色，增添娱乐性。另外，美拍还推出多张照片美化功能，用户选择几张照片上传到美拍，并选择喜爱的特效，就能将简单的照片转化为美轮美奂的照片电影。

2. 美拍营销赢利重在"品牌 + 名人"

想要在美拍直播平台进行营销，首先提高内容的原创度。这需要企业在直播时，具有良好的创意，拥有创意原创的直播在美拍向来备受青睐。打开美拍直播，我们会看到大量超过几十万人观看的直播，大都来自于原创，尤其是民间原创，比如"汽车蛋糕""健身直播""卸妆直播"等。

原创的内容才具有吸引力，同时也彰显出美拍的原创精神和内涵。因此，这种直播平台比较适合那些具有创意想法的年轻企业。

然而，想要在美拍中真正赢利，必须找准模式。比如欧莱雅戛纳电影节直播，欧莱雅邀请众多明星通过美拍直播，在直播中插入欧莱雅的产品。用这样的模式打开了赢利渠道。

因此，可以看出，想要在美拍直播中赢利，离不开"品牌 + 名人"的模式及原创内容。

例如，2016 年 7 月 13 日，Olay 玉兰油携手当红明星李易峰在美拍进行了名为"Olay 带你探秘李易峰，遇见一个不一样的他"的直播。

该直播时长仅一个小时，但观众超过 37 万，并且在短时间内得到了 2148 万个点赞，超过 34 万在线用户聊天互动。

因此，美拍直播平台不但适合那些具有原创创意的年轻公司，也适合那些具有超强实力的大企业做营销。

➡ 虎牙直播：电竞游戏直播

虎牙直播是 YY 旗下的一个直播平台，也是中国领先的互动直播平台，由全球首个富集通讯业务运营商欢聚时代投入核心技术与优势资源打造，为用户提供全高清、流畅而丰富的互动式视频直播服务。

虎牙直播不仅在电脑端，更是在移动端发展迅速。提起虎牙直播，很多人最先想到的就是游戏。没错，这里有流畅的赛事直播与游戏直播，其中包含《英雄联盟》《刀塔》《地下城与勇士》《穿越火线》等热门游戏直播。

随着直播的火热和直播营销的不断覆盖，虎牙直播更是拓展了自己的服务业务面，在其他方面也拓展更多领域，比如娱乐综艺、音乐、体育、户外直播、真人秀、美食等多元化内容。

1. 虎牙直播用游戏带动力

（1）推荐直播：在虎牙直播的首页中，会看到一个推荐直播版块。根据用户的喜好，虎牙直播会为用户推送热门、最新的直播，让用户可以及时看到最新鲜的直播。

（2）栏目分类：在这个版块中，单击“分类”会看到上百款游戏。这些游戏均为精细化分类，使用户可以快速找到想要观看的游戏直播。

（3）直播竞猜：这是一个非常迎合用户的功能。在这里，用户可以一边观看直播，一边与其他网友趣味竞猜。

（4）趣味弹幕：在虎牙直播中人人都可以上头条，而这个头条就来源于你的弹幕。大家一起参与互动，可以发送个性弹幕，为自己提高人气，也可以为喜欢的主播加油。

除了上述 4 点功能之外，虎牙直播还拥有包括网游竞技、单机游戏、手游休闲、娱乐综艺在内的 4 大品类近 300 个特色频道，涵盖电子竞技、音乐、体育、美女、户外、真人秀、综艺、娱乐、美食等多元化热门内容。

虎牙直播旗下汇聚了众多世界冠军

级签约主播与战队，包括“中国英雄联盟”首个世界冠军诺言、“英雄联盟 S4–S6”国服连续 3 年第一的 Dopa、“国民电竞女神”Miss、超人气号召力主播董小飒、“英雄联盟”世界冠军 EDG 战队与世界亚军 ROX Tigers 战队等。这些是虎牙直播被广大用户喜爱的主要原因。这导致很多游戏也纷纷加入虎牙直播，希望获得高人气和高下载量。

2. 虎牙主播的明星化战略

虎牙直播吸引了大量的普通民众、企业入驻。在虎牙直播中，这些人或者企业为了获得知名度，会最大化地自我展示和营销。

为此，虎牙直播特别推出了主播明星化战略计划。这个计划为企业和普通民众提供了展现自我的平台，其中，普通民众可以为各种游戏直播作解说，也可以在“虎牙”的其他直播类别中表演才艺，以积累大量人气，而企业可以借助这种方式积累粉丝或者潜在用户，为旗下产品拓展销售渠道。

很多普通民众因为这样的推广营销，获得了高知名度。例如，“舞蹈室嗨起”的直播，是两个年轻的女孩子在虎牙直播宣传自己的舞蹈室而发起的，两个人在镜头前通过独特的健身舞蹈吸引人们观看。这不但为她们自身积累了人气，还宣传推广了舞蹈室。

➡ 淘宝直播：电商直播的领跑者

2016–2017 年淘宝直播强势崛起，打造出薇娅、小乔、美美哒、韩冰霓等带货能力几亿甚至几十亿的大主播，2018 年各种资本涌入淘宝直播，目前，淘宝主播月均开播人数高达 3 万左右，注册主播超过 10 万。2018 年双 11 和 2019 年双 11，淘宝上的网红主播，一人就能卖上亿的货，一时风头无限，甚至连马云都去捧网红，与网红比试带货能力。

再贵的租金也有人赚钱，再便宜的流量也有人亏钱。但是面对高涨的流量成本，能够赚钱的肯定都是有自己的绝招，在有限的私域流量中直播可以极大地提高转化率，且提高粉丝对于产品和店铺的黏性。

其实直播并非新渠道，而是一种技术，是升级传统渠道的基础设施。

并且店铺开通主播能获得淘宝直播领域的免费流量，且这块流量非常之大，并且以惊人的速度提高。

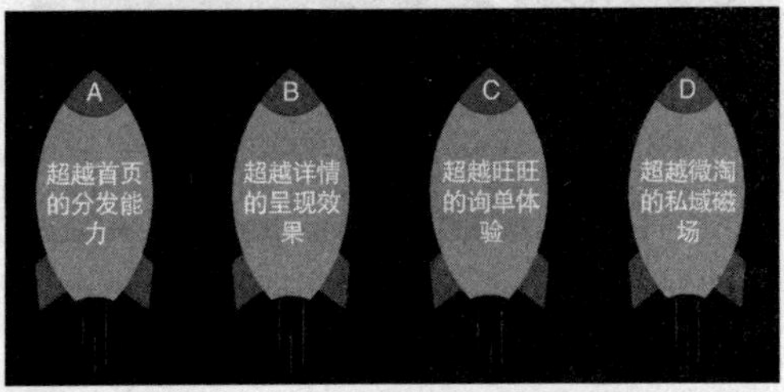

淘宝直播到底应该怎么做？做淘宝直播有什么技巧呢？今天就为大家介绍几条淘宝直播新人技巧，希望对你有所帮助。

1. 发布直播预告

提前发布直播预告为直播活动预热，当直播开始时你就可以获得部分外部流量，让你的直播赢在起跑线上。

但是要注意，你要清晰描述直播主题和直播内容，这样有利于小二

挑选出优秀的直播内容推广到直播广场，有利于获得直播浮现权。同时精准上传直播内容主图可以更好地利用大数据获得更加精准的流量。

2. 设置直播脚本

进行淘宝直播之前，我们需要进行一场直播的脚本策划，类似于拍戏的剧本，按照剧本上的剧情走，才能够达到最终想要呈现的效果。

比如：前十分钟干嘛，2 小时后干嘛，下午固定几点钟开始促销等等。这样有节奏的播出，更容易圈粉。

3. 直播营销方案

（1）淘宝直播虽然不是娱乐秀场直播，但是有趣搞笑的内容也会吸引更多的粉丝关注你，转化为老粉丝，死忠粉。同时也有利于商品转化。

（2）积极与粉丝互动，作为精准粉丝进入你的直播间，一定对你的产品有需求。他们可能会对产品的质量，使用效果，优惠券等一系列问题进行提问，主播要积极地参与到回答中，为粉丝们解答疑问。同时如果粉丝与你唠家常，你也要积极回答，对提升主播形象，活跃直播间气氛都有好处。

（3）不要盲目地选择商家合作。选择商家时一定要选择推广优秀产品的商家合作。这是为了主播的信誉积累考虑。你推荐的商品质量越高，就会获得更多的粉丝。如果你推荐的都是劣质商品，对主播的信誉会有很大影响。

（4）做淘宝直播要记住一句话：万事开头难。做淘宝直播前期没有粉丝，没有浮现权，没有流量这都很正常。最重要的就是粉丝的积累，经验的积累。当你积累到足够多的经验与粉丝，不管是自播还是成为带货主播都离成功不远了。

4. 如何获吸引粉丝

（1）主播的人格魅力与直播内容。有趣搞笑的直播内容是大众喜闻乐见的直播内容。一个风趣幽默的主播更容易获得粉丝的关注，同时也不要忽略了荷尔蒙诱惑，颜值高的主播也会获得关注。

新人关注、必将言谢，有人关注，念出粉丝的名字，毕竟人人都希望被关注。直播过程中，可以引导粉丝发表评论：猜价格、卖关子、吊胃口、引出闲聊大众话题等。

（2）利益诱惑，多发优惠券，打折券等。有些粉丝对于“打折，优惠”这些词比较敏感。优惠券发放多了有利于商品的转化，也能促进粉丝关注你。还可以根据粉丝不同等级，设置抽奖活动，比如：钻粉直接领取礼品，铁粉抽奖送礼品，新粉关注送礼品。

在提升停留时长上，可以利用饥饿营销或者送礼物。所谓的饥饿营销：设置少量库存，限量抢购氛围；每场直播选出适合做限时秒杀的产品，定时开抢。

5. 开直播最佳时间

对于新主播来说，要避开大主播们的上线时间段，否则没有足够的优势和她们竞争，一般大主播上线时间段：18:00~24:00。

如果有精力的话，主播每天可以播10个小时以上，在线时间越长就越能引起别人的关注。

➡ 花椒直播：最具价值的移动直播平台

2015年6月，社交直播平台花椒直播APP正式上线。这款产品除了具有较强的媒体属性外，更具备着较强的明星色彩，其核心目标群体是90后及95后的年轻群体。公布的数据显示，花椒直播日活跃用户人数达到了500万人以上，而月活跃用户数则达到了千万级别，随着花椒直播布局的不断深入，其领先优势也日益凸显。

1. 内容拉开差异化

内容被花椒直播视作为打造核心竞争力的关键因素，也是其战略规划得以落地的重要基础。花椒直播积极与企业、传统媒体等优质内容输出方进行合作，在丰富了平台的内容品类的同时，更极大地提升了内容质量。

花椒平台的直播内容主要有两种：一是普通主播创造的UGC（User Gene ated Content，用户原创内容），二是具备专业生产能力的行业领袖、

卫视主持人以及明星主播生产的PGC（Professionally-generated Content，专业生产内容）。花椒直播官方发言人在接受媒体时透露，花椒直播处于制作阶段的自制直播栏目与自制直播剧多达上

百档，已经推出的代表性作品有《玛雅说》《还你个卿白》《马斌读报》《耐撕实习生》《徐德亮讲鬼故事》等。

花椒平台根据对用户群体的数据进行分析，制定出内容生产解决方案，而后交给专业的内容生产团队负责生产，在确保内容质量的同时，更有效地降低了内容生产的时间成本。

此外，花椒直播还与《尹周》《时尚健康》《华西都市报》等传统媒体合作，为花椒直播的内容生产提供了强有力的支撑。具体来看，传统媒体的优势主要体现在两个方面：一是传统媒体的优质内容来源渠道十分广泛，能够在最短的时间内为用户提供现场内容；二是传统媒体存在着许多优秀人才，能够大幅度提升内容的质量、深度、趣味性。

2. 进行跨界合作

近两年，直播尤其是移动直播的发展势头十分迅猛，在大量涌现的直播平台的推动下，直播时代序幕正式拉开。和“互联网 +”一样，“直播 +”同样对传统的商业模式及营销模式有着极强的颠覆性。越来越多的企业认识到了具有显著自媒体色彩的视频直播所拥有的巨大商业价值。

经过两年的发展，花椒直播在沉淀了一批忠实个人用户的同时，也吸引了一批优质企业级合作伙伴。通过多方的携手合作，花椒直播平台的“直播 +”已经渗透至多个领域。对于企业来说，它们可以通过与直播平台中的网红、优质 IP 等进行合作，在有效提升自身品牌影响力的同时，帮助企业获取巨大的经济价值。

在在线旅游领域，花椒直播与途牛影视开启“直播 + 旅游”。2016 年 5 月，途牛影视邀请王祖蓝夫妇在马尔代夫主持的集体婚礼，花椒直播平台进行了全程直播，累计观看人数高达 100 万人，此次直播期间，途牛影视获得了上百万元的成交额。

在婚恋领域，花椒直播与百合网达成合作，共同打造出了“百合情感学院”。虽然这是百合网首次直播，但得益于合作双方对内容的把控能力与直播的实时性、互动性等优势，直播获得了 60 多万网友的关注，累计点赞人次更是达到了 81 万之多。

在提供技术及人才支持的同时，花椒直播平台为合作伙伴提供价值高达百亿元的资源支撑。未来，花椒直播将会在电商、游戏、影视娱乐、在线教育等领域持续发力。通过跨界合作，花椒直播在深度强化了自身的平台属性的同时，更获取了诸多领域内的大量的优质资源。

花椒直播的“融”平台战略迎合了移动互联网时代的主流发展趋势，但要想真正达到预期目标，不但需要花椒直播沉淀一定规模的忠实用户，以相对人性化的方式将其引流至合作企业，更要帮助合作企业提高内容及产品的品质与质量，为消费者带来优质而完善的服务体验。

3. 引入 VR 技术，挖掘直播潜力

花椒直播是移动直播领域中率先尝试虚拟现实技术的直播平台，其变革在业内引发了新的潮流。VR 技术的应用不仅结束了传统直播的单调模式，提升了用户的体验效果，还对国内移动直播与虚拟现实技术结合发展的模式起到了积极的推动作用。

在 VR 技术未被引入直播领域之前，用户对直播的认识仅停留在互联网现有产品层面上，为了改变用户的传统观念，花椒直播引进虚拟现实技术拉近互动双方的距离，通过技术改革提升用户体验，推动整个虚拟网络的建设与发展。

另外，新技术应用带来的社交模式的转变会给用户带来惊喜。在这个过程当中，花椒直播成为尝试 VR 直播的先锋，在试水 VR 直播的过程中，花椒直播经过了一段时间的探索才摸清其优势及缺陷，从这个角度来说，花椒直播的举措具有借鉴意义。

随着视频直播的不断发展，其商业模式已经初步形成。在 VR 技术与视频直播结合发展的过程中，用户消费的是商家提供的内容，VR 技术的应用则需要智能硬件的支持，而花椒直播能够同时满足上述两方面要求。随着 VR 技

术的引入，“直播+”将渗透到人们生活的方方面面，其发展潜力也将被进一步挖掘出来。

在今后的发展过程中，花椒直播与虚拟现实的结合发展模式，可能给内容生产者创造更多的发展机遇，为其才能发挥提供平台支持。通过自身运营，为人们的社交生活提供更多便利，强化用户之间的联系，通过在游戏、教育、体育等方面的拓展丰富自身的内容输出，为用户创设更加美妙的社交场景，进一步提升用户体验。

➡ 映客直播：开启全民直播时代

映客直播是中国一款覆盖了 iPhone、Android、Apple Watch、iPad 等手机操作系统的全面化的社交视频直播应用平台。映客往往与微博微信账户相关联，用户只要拿出手机，下载映客直播，通过简单操作就能开启直播。映客直播是一个超酷的、年轻的直播平台。本节将介绍映客直播的主要功能和特点。

1. 映客直播崇尚极简

提起映客，大家首先想到的极可能是年轻时尚潮流范儿。而映客直播是一款与时下年轻人崇尚的极简主义相匹配的直播平台，一键开启直播是其最大的特色。

极简时尚是映客直播的最大特点。打开映客直播的首页，不会看到太多复杂的页面和繁杂的程序，在整个页面上方只有 3 个板块：关注、热门和附近。下方最显眼的中间位置就是一键直播按钮，单击这个按钮就可以瞬间开启直播。

在映客直播中，具有大屏移动设备实时传递高清画质的特点，让直播不再是专业人士的专属，更属于全民。

映客还具有超级稳定的信号。用户只要在有网络的环境中都可以打开映客进行直播分享，尽情展现属于自己的时尚和精彩。

2. 映客直播的时尚价值观

在映客直播平台中，想要获得营销盈利，必须要迎合当下年轻人的口味，因为映客直播的针对用户群就是时尚年轻一族。企业想要在此做直播营销，需要首考虑一下自身特色是否与时尚和潮流沾边。

因此，在映客直播平台中，营销主体需要在贴合时尚的基础上放大招，才有可能制造利润。例如，韩国演唱团体组合 BIGBANG 在 2016 的中国巡回演唱会中，就是由映客全程总冠名。BIGBANG 在中国巡演唱会时间长达 3 个月，在这期间，其通过映客获得了大量粉丝。同时，BIGBANG 的人气也提升了映客的下载量。

再比如，知名演员刘涛于 2016 年 4 月为自己的新剧《欢乐颂》入驻映客做的直播，吸引了几百万人观看。这部剧也是当时最火热的时装剧之一，不仅时尚意味浓厚，更因为剧中人物的鲜明特色吸引了大家的关注。

同时，刘涛在直播中更是放大招，不仅回归正题，还与用户分享了大量的关于她私人的日常生活及拍戏时的花絮搞笑内容，丰富了直播内容。

刘涛在这次映客直播中不仅赚到了大量人气，也为这部剧做足了宣传。该直播观看人数超过 200 万，其间保时捷、游艇等贵重礼物频频出现。

3. 打造温暖、人性化的社交平台

作为全民直播的佼佼者，映客直播有着庞大的受众群体。为了将映客打造得更具特色，它开始着力于不分年龄和性别。随着互联网的高速发展，很多父母辈、甚至爷爷奶奶辈的人也开始接触各种各样热门的 APP 软件。

因此，映客直播为所有人提供了一个分享自己生活和爱好的平台。

无论什么年纪的用户都可以在映客直播上展示自己。比如，喜欢唱歌的可以直播唱歌，喜欢绘画的可以直播绘画，喜欢书法的可以直播写字。

4. 专门为用户设计推广方案

映客直播既不像花椒直播、来疯直播是“富二代”；也不像快手、熊猫直播能“傍大款”。可以说，映客直播在直播行业是一个“孤胆英雄”。它与其他直播平台差别最大的地方就在于，最大限度地关注用户的需求。映客直播根据用户年龄等方面的不同差异专门设计了直播板块，不单单是针对喜欢社交的年轻人，还有父母一辈以及专业人士等。

映客的发展策略为其吸引了大量的用户，同时也让映客直播成为全民直播时代里一颗璀璨的明星。

➡ 斗鱼直播：站在风口上的变革者

斗鱼直播是一家以视频直播和赛事直播为主的弹幕式直播分享平台，其直播内容包括游戏、体育、综艺、娱乐等。斗鱼直播由 ACFUN 生放送直播转化而来，随着直播平台的不断发展，它也慢慢发展成为一个泛娱乐直播平台。

2016 年 8 月，网络直播平台斗鱼完成了 5 亿元的 C 轮融资，成为国内首家实现 C 轮融资的直播平台；而在 2016 年 3 月，斗鱼刚刚完成了约 6.7 亿元的 B 轮融资。斗鱼在不到半年的时间里获得超过 20 亿元的投资，不仅充分表明了国内网络直播的火爆，更意味着在野蛮成长之后，网络直播即将迎来新一轮的“资本竞赛”，全产业正迈入淘汰、整合与优化阶段。

1. 与腾讯建立战略合作，成为新晋独角兽

首先完成 C 轮融资的斗鱼毫无疑问地成为当前国内网络直播领域的

领导者。根据2016年3月斗鱼直播公布的官方数据，平台日活跃用户数达到500万，月活跃用户规模为2亿，占据了细分领域70%的市场份额。同时，在Alexa公司发布的全球网站排名中斗鱼进入了前300名，在国内进入前30名。

斗鱼能够在竞争激烈的直播领域处于绝对领导地位，与其高度开放多元的战略合作密不可分。斗鱼快速发展的一个重要保障是背靠互联网三巨头中的腾讯，与后者在版权、资源等方面进行深度合作，保证了直播内容的持续、稳定和优质；在斗鱼C轮融资中，腾讯又以4亿元领投，进一步深化了双方在流量、版权、资金等多种资源方面的战略合作。

虽然网络直播市场竞争愈发激烈，但斗鱼一方面体量庞大，另一方面又背靠腾讯，因此能够在直播领域的“千团大战”中占据领先地位。当前来看，不论是在市场占有率还是用户规模与平台活跃度方面，斗鱼都是当之无愧的领导者，并借助这一优势成为新晋独角兽。

在斗鱼C轮融资中，腾讯的又一次参与和增持对双方都有特别的意义。一方面，里约奥运会期间，腾讯掀起了“全民直播”的大潮，并在拓宽内容类型、创新产品形态、传播渠道多元化以及用户培育普及方面不断深耕布局，最终目标是打造一个高度开放的直播生态系统。另一方面，斗鱼庞大的用户规模、较高的平台活跃度，使其成为腾讯布局直播生态战略的最佳合伙人，而斗鱼则借助与腾讯的深度合作获得了各种资源的有力支持。

随着直播市场逐渐进入优化淘汰的成熟阶段，独角兽与巨头间的强强联合将呈现出巨大“马太效应”。由此，直播市场将在不远的未来出现绝对的领导者。

2. 斗鱼跻身独角兽行列的创业启示

斗鱼在竞争激烈的网络直播市场脱颖而出，逐渐超越所有竞争对手，并最终成长为独角兽企业，这一华丽蜕变过程对众多创业者和初创公司来说具有重要的启发和借鉴意义。

（1）敏锐捕捉风口，获得先占优势

斗鱼崛起得益于两个关键风口：技术的成熟以及电竞直播产业的爆发。4G 网络的成熟普及和流量资费的不断降低，使制作和观看网络直播的门槛与成本大幅下降，从而为在线直播的爆发创造了有利条件。斗鱼敏锐感知并把握到了技术方面的突破，积极加入网络直播风口创业的大潮之中，占了先机。

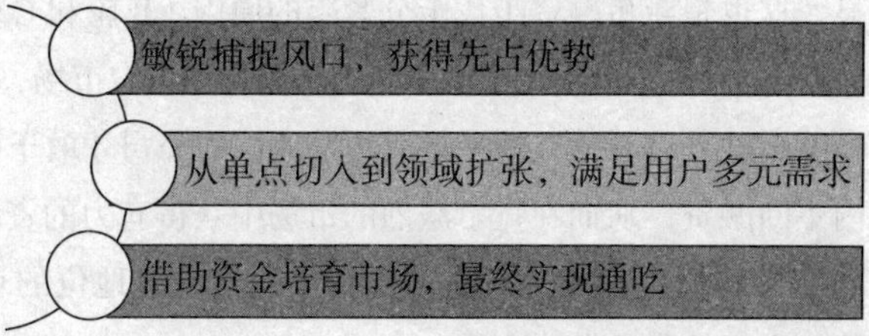
敏锐捕捉风口，获得先占优势
从单点切入到领域扩张，满足用户多元需求
借助资金培育市场，最终实现通吃

另一方面，近两年电竞产业的爆发以及与直播风口的交互叠加，也为斗鱼的快速成长提供了坚实支撑，而且从某种意义上说，电竞其实是斗鱼自己制造的风口。斗鱼是以电竞和游戏直播为“武器”切入直播领域的，实现了直播和电竞的交互强化，进而拉动了国内整个电竞产业以及电竞直播的快速成长。

签约电竞职业选手入驻斗鱼平台、邀请韩国“大神级”游戏玩家到斗鱼直播以及推出秀场主播玩家等，斗鱼的这些运营策略无不走在了国内直播行业的前列，成为其他直播平台争相效仿的对象。而在互联网市场，一个能够引领市场玩法、掌控市场节奏的公司，成为业内领导者当然也是不足为奇的。

（2）从单点切入到领域扩张，满足用户多元需求

互联网创业公司的成长是一个“从 0 到 1”再“从 到 N”的过程，即首先从某个点切入市场，实现单点突破；站稳脚跟并逐渐成熟后再从单点向其他方向拓展，将业务版图扩张到更多垂直细分市场。

斗鱼深谙互联网创业的打法和逻辑，首先借助游戏直播切入竞争激烈的直播市场，率先引入职业玩家、游戏解说、秀场直播模式，充分满足了直播用户的多元化诉求，从而迅速在直播市场站稳脚跟。

在游戏和电竞直播逐渐成熟以后，斗鱼开始向其他细分领域扩张，从PC端直播转向移动端直播和全民直播模式，从而将布局范围扩张到了直播领域的各个方向。也正因如此，斗鱼才能够获得互联网巨头腾讯的青睐，与后者进行深度战略合作，并实现资本和战略打法上的同步。

（3）借助资金培育市场，最终实现通吃

在充分竞争的互联网市场中，“赢者通吃”的“马太效应”更加明显，这也是斗鱼融资步伐十分紧凑的原因（B轮和C轮融资的时间间隔只有5个月），借助充足的资金不断培育和抢占市场，最终实现通吃。

不过，一般只有处于行业领导地位的公司才敢于而且能够在短时间内不断融资，从而在竞争激烈的市场中获得有力的资本支撑，占据优势和主导地位。这也是互联网市场中处于领先地位的企业进一步积累优势、实现扩张的必然路径。

3.“直播+教育”：打破传统

作为直播行业第一个吃螃蟹的平台，斗鱼直播于2016年推出了“直播+”的发展战略。其主要目的是打造“泛娱乐”模式，将娱乐精神发挥到极致，以此使更多用户涌入直播平台，增加收益，更深层次打响“斗鱼”的品牌。

斗鱼直播引进的直播模式当以“直播+教育”最有看点。为了让用户学在其中，乐在其中，斗鱼全力打造有别于传统网课的教育形式，专门开设了鱼教鱼乐直播板块。

从图中不难看出，斗鱼开设的“鱼教鱼乐”直播板块内容十分丰富，涵盖了艺术、语言、科教、心理等多个方面，弥补了普通网校长期以来一直存在的缺陷。用户可以免费享受名师的实时指导，与其进行互动，老师可随时为用户答疑解难，学习效果更加高效，特别适合喜欢直播的年轻群体。

不得不说，直播为在线教育发展带来了全新的机会。直播平台海量的年轻用户、直播平台的特色弹幕功能、高效低成本这些因素都给“直播+教育”的模式不断向前发展提供了强有力的支撑。

“中国第一名师英语对决之夜”于2016年7月5日“空降”斗鱼直

播，给用户们带来了不少欢声笑语。两位超级英语名师——赵建昆和付英东以双屏互动直播的全新方式，就英语学习秘诀及日常生活中的英语话题展开了饶有风趣的讨论，对用户们提出的问题也一一都做了相应的解答。比如，“看美剧能不能提升英语水平？”“四六级备考最常遇到的难关是什么，怎样攻克？”等等。

此外，两位名师还在直播过程中互相调侃，各自幽默的语言引得用户笑声不断。而且在你来我往之中还碰撞出了不少关于英语教育的新理念。这一切不禁让在线观看直播的用户们大呼过瘾。

根据相关资料显示，直播当晚 9 点刚开始，立马就有 6 万多用户涌入。随着直播的火热开播，其最高同时在线人数甚至达到了 10 万人，这可以说是英语教育直播板块的最高历史纪录了。

由此可以看出，这次“直播 + 教育”模式既给斗鱼带来了诸多人气，同时也为开启新教育模式打好了良好的基础。

斗鱼在尝试着让直播成为我们生活的一部分，不断拓宽直播的应用场景。它将带领直播进入更多的生活、工作场景，提供更丰富、更方便的直播服务体验。

第三章 直播电商先定位，后传播

电竞游戏：直播行业的先锋

游戏是最先打开视频直播市场的内容形式，从 Twitch.tv 将游戏作为专业内容进行直播开始，游戏直播作为一种全新的内容形态出现，一时间受到广大互联网用户的关注。同时，Twitch.tv 也被亚马孙看中，并以 10 亿美元将其收购。

现阶段，电竞游戏行业主要包括内容、主播与平台，其中主播又是电竞内容的主要输出者，所以，主播对于电竞产业的商业价值创造就显得十分关键。这也是为何有业内人士表示“在当下仍处于初级发展阶段的电竞产业中，主播居于核心地位”的重要原因。

在电竞直播解说行业内，“可购买的形式”是体现主播受欢迎程度的重要指标。可购买的形式主要有点击量、订阅量、弹幕数量、粉丝礼物及衍生周边产品等，而点击量则决定了人气主播是否能够进阶成为明星主播。要想成为一个明星主播，不但要具备足够的关注度，更要让粉丝具备较高的忠实度。

游戏主播身价上千万已经成为一个直播行业内公开的秘密。之所以直播平台会选择花费如此之高的成本签约明星主播，最为关键的就是这些明星主播拥有着强大的引流能力与商业价值。

事实上，业内广泛流传的明星主播的身价并不能完全代表主播的商业价值。身价更多地反映出一个主播背后的忠实粉丝数量，而平台方对主播进行运营与发掘后，主播体现出的商业价值要远高于其身价。

对于绝大多数主播而言，他们更为关心的是点击量、粉丝礼物与周边衍生品销售，而不是关注度、忠实度等专业术语。表面上，主播的个人收入通过点击量、粉丝礼物、周边衍生品销售体现，但价值更高的明显是后面的关注度与忠实度等指标，因为当主播具备了较高的关注度与粉丝忠实度后，即便前往新平台，同样能够在短时间内创造巨大的商业价值。

为了吸引优质主播，各大直播平台投入了巨额成本。全民 TV 刚创建时，就花费数千万元与 Uzi、小智、小漠签约，随后又花费重金签约秋日、不二、超老板、中华毅力帝四大炉石主播，从而引发了炉石主播身价暴增。虎牙 TV 则在 2016 年先是花费 3000 万元签约 Miss，接着又以 3000 万元签约了两大顶级炉石主播安德罗妮夫妇。

电竞主播的收入来源主要有 3 个部分组成：一是直播平台的签约费，占比一般较高；二是直播时粉丝赠送的虚拟礼物，每月少则几百元，多则上万元；三是电商收入，部分明星主播在淘宝上开设的淘宝店铺年度成交额可以达到上千万元。

考虑到游戏生命周期较短的问题，很多主播都会选择开设淘宝店铺来获取更高的价值。电竞产业崛起后，电竞解说的身价同样实现快速增长，很多商家会邀请电竞解说代言或者主持活动等。顶级电竞解说的年收入甚至可以高达上千万元，和主播所不同的是，其主要收入来自电商。

在火热的电竞 IP《英雄联盟》官方与各大电竞网站中，知名电竞解说的视频点击量平均可达 10 万以上。在所有的互联网产品中，游戏的用户黏性是最强的，游戏直播也很好地继承了这个属性，同时受到了资本界的关注。此时，DOTA2、LOL（英雄联盟）等竞技游戏的诞生为游戏直播平台带来了“新鲜的血液”。

同时，国内的相关企业也急速跟紧了步伐，如ACFUN与斗鱼的拆分、战旗TV的诞生、YY投资虎牙等，以及后来出现的一些垂直游戏直播平台，如熊猫TV、全民TV、龙珠TV等。这些新的游戏直播平台改变了玩家和游戏之间的互动方式，他们不再是自己玩或者组队玩，而是大家一起观看明星名人玩游戏的过程，同时还可以进行互动交流。

当然，游戏虽然黏性高，但并没有终结直播平台的发展，随着智能手机的普及和移动网络技术的提升，以Meerkat为代表的移动直播模式成为新的发展趋势。

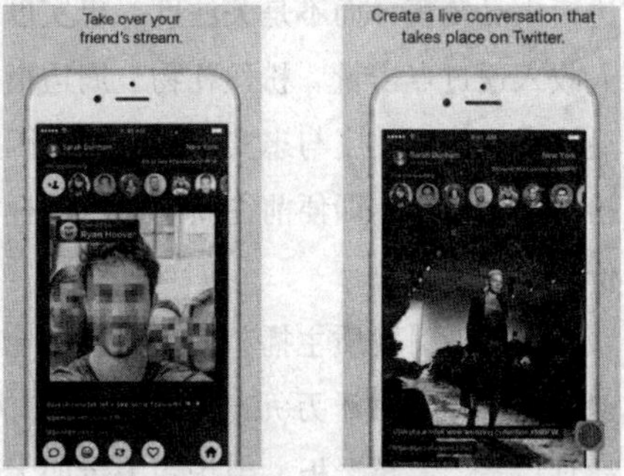

例如，“小苍cany”是知名游戏解说、竞技选手，而且还曾经获得了《Iron Lady国际女子魔兽邀请赛》的第一、第二届冠军。如今，“小苍cany”主要专注于LOL直播。

对于游戏直播平台来说，内容的玩法和市场的推广是成功的两个要点。在上面的案例中，“小苍cany”的内容玩法便是凭借行云流水般的解说、激昂的文字、动人的声音及现场感染力，深受玩家们的喜爱。

同时，通过各大直播平台和微博等社交平台进行内容推广，聚集了一群热爱游戏志同道合的粉丝，通过视频直播内容产生商业机会。游戏直播成为直播行业的重要支撑内容之一。

➡ 内容付费：优质内容的付费学习

在直播领域，除了打赏、受众现场订购等与直播内容和产品有间接关系的盈利变现模式外，还有一种与直播内容有着直接关系的盈利变现模式，那就是优质内容付费模式——粉丝交付一定费用后才可以观看直播。当然，采用这种盈利模式的直播平台和主播首先应该具备3个前提条件。

- ◆ 有一定数量的粉丝。
- ◆ 粉丝的忠诚度较高。
- ◆ 有优质的直播内容。

在具备上述条件后，直播平台和主播就可以尝试进行优质内容付费的盈利变现模式。它主要出现在有自身公众号的直播内容中，是由微信公众号文章的付费阅读模式发展而来的。如千聊微课、新东方等。

如今，大数据、云计算以及移动互联网等技术取得了重大突破，这些技术的发展也带动了智能语音市场的壮大，并且还吸引了政府机构和资本市场的关注，使智能语音产业得到快速发展。

在这种大环境下，语音内容也成为一种新型的直播内容形式。语音可以为用户带来更好的听觉体验，同时也可以使内容在情感上的表达更加丰满，加强用户对内容的记忆，或者打动他们，使他们产生情感上的共鸣。例如，懒人听书就是在这种环境下形成的一个中文有声读物交流平台，其语音内容包括主播电台、有声小说、文学名著、曲艺戏曲、相声评书、少儿天地、娱乐综艺等。

懒人听书采用了“书籍打赏＋精品付费”的双向内容变现方式。

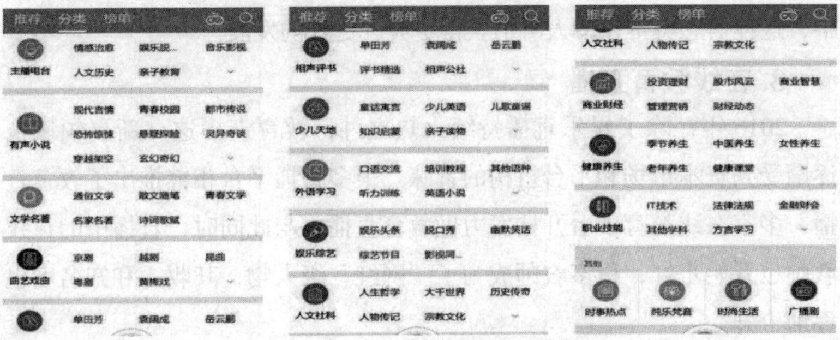

1. 书籍打赏

将用户喜欢或者认可的内容作为盈利点，通过用户主动打赏的方式为主播增加收入，此种方式更加人性化。在收听书籍的“详情 · 评论”界面，点击“打赏”按钮，并选择相应的打赏金额，使用微信支付即可完成打赏操作。

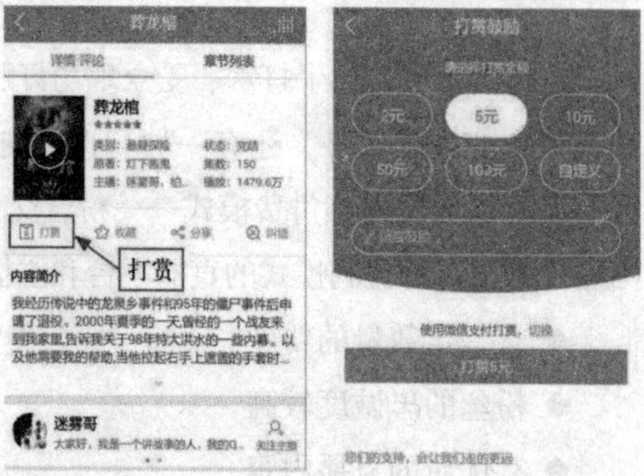

2. 精品课程付费

懒人听书坚持“以内容为中心”，重点推出“精品”栏目，筛选出优质的有声数据内容，并采用“免费试听前几章＋付费收听全集”的盈利模式，用户可以先体验书籍内容是否精彩、是否是自己喜欢的内容，然后再选择是否付费收听，此种方式更加自由灵活，同时也可为主播带来更多的流量。

懒人听书在构建“内容中心”的语音平台时，特别关注并加强优质内容生产环节。可以预见，在以“内容为王”的移动互联网直播市场中，这种信念将带领懒人听书获得更大、更好的发展。

3. 在线教育直播

2016 年，除了娱乐直播持续火热之外，教育直播这一新兴领域也逐渐受到资本市场和平台机构的青睐。很多直播平台相继推出了教育直播，多家在线教育平台开始发力做教育直播。与此同时，直播中的在线教师也开始走红，很多教师成为了“网红”级人物，其收入和知名度也逐渐上升。

然而，在教育生态链和知识共享尚未成熟的大背景下，企业想要通过直播来撬动教育行业，还有很长的一段路要走。教育直播的火热是符合教育行业发展趋势的，但想要成功，必须要遵循多个条件。

早在 2014 年，多贝网、YY 教育、传课等平台就已将在线教育推向了热潮，然而在线教育和在线学习并不一样。在线教育并不能将传统的线下老师督促学生完成学习任务、检验学习质量及学生反馈学习情况和提出疑问等双向互动方式很好地在线上展开。

众所周知，录播的在线视频让学生的学习即刻变成单向行为。学生无论学还是不学、学习的方法是什么、什么时间学、检测结果如何，都完全取决于个人。

直播就不一样了。直播的介入打破了在线教育原来的单线行驶，让免费和高质量的学习结合起来。直播与在线教育相结合会形成在线学习的一种最受欢迎的新兴形式。

在线教育想要取得成功，必须开通双线模式，其中最典型的方式就是“直播开课 + 垂直 App”的方式。在这方面有道学堂给我们做出了典型的示范。

有道学堂通过“直播课 + 垂直 App”的模式，弥补了纯直播模式个性化学习的缺点，并且将过去单一的 App 应用与线上课程绑定，形成优势双重叠加。四六级、雅思、托福、研究生考试等都有固定的线上直播时间。直播有教育互动，直播后再通过有道 App 来直接检验学习效果。这样一来就完成了良性学习闭环。

类似有道学堂的这种做法，事实上很多本地在线教育平台或一些考研考公类学习网站都可效仿，以利用在线直播为在线教育行业注入新的活力，增强在线教育的真正魅力。

2015 年，中国在线直播平台数量接近 200

家，市场规模约为90亿元，用户数量已经达到2亿。进入2016年，在互联网直播的大浪潮下，教育直播逐渐成为各大直播平台及背后投资方角逐的新战场。

2016年7月5日，“中国第一名师英语对决之夜”在斗鱼直播平台推出，赵建昆和付英东两位英语老师通过双屏互动的直播方式就英语学习展开讨论。当晚直播间在线人数一度超过10万，刷新了英语教育直播版块开播以来的最高纪录。

事实上，这并不是斗鱼第一次涉足教育领域。早在2016年4月，斗鱼直播就率先进军线上教育领域。斗鱼直播教育版块一经推出，瞬间就吸引了全国各大知名高校、教育机构的老师学生的入驻，课程内容也涵盖了中高考辅导、语言类、心理类、艺术类、职业技能培训到兴趣爱好等，涵盖范围非常广泛。

直播在教育方面作为一种全新的实时交互形式，与诸多行业场景融合的可能性很大。可以说，直播在教育上厚积薄发，尤其是以内容驱动型的教育直播更具持续性和商业化空间。

做在线教育的直播相当于再次扩展了直播的应用场景，让直播变得无处不在。直播平台巨头YY早在2014年就推出了独立教育品牌100教育，从在线留学英语培训切入在线教育。100教育最重要的版块在于托福、雅思领域的在线强化班。

着手于在线教育直播市场的企业远非YY、斗鱼。阿里巴巴推出电商化的在线教育平台“淘宝同学”，现已上线直播功能，同时阿里巴巴也领投了真人教育在线平台TutorGroup；百度350万美元战略投资传课网；腾讯QQ群新增视频教育功能等。由此可见，互联网三大巨头也都在在线教育领域布局。

当然，在线教育想要通过直播获得更多关注，还应该注重互动。学生在观看直播时会进行提问或者对不理解的地方提出疑问、发表自己的看法。这时候，在线教育的讲师主播必须要注重与学生的互动，根据学生的要求和课程的进度来进行直播。只有这样，才能保证学生与讲师同步进行，将在线教育直播推向一个更好的场景和境界。

➡ 旅游直播：给人以身临其境的感受

随着人们生活水平及在精神生活上的追求越来越高，旅游越来越成为人们工作之余的放松身心的重要选择。互联网旅游应时而生，并不断发展壮大，随之而来的是行业内竞争加剧。这时，如何脱颖而出便是应着重思考的问题。

1. 场外设备要齐全

全面利用直播做旅游营销，其中很重要的一点是场外直播。没有人愿意看旅游行业的室内直播，比如一位主播坐在电脑或者手机前给用户介绍公司的旅游产品如何好，这种方式无异于自欺欺人。因此，旅游企业的直播营销必须配合外景。换句话说，要走出去，走到旅游景点做直播，让用户通过直播看到你的旅游产品，明白主播介绍的景点好在哪里。这样直观的体验和感受才是用户真正的需求。

场外直播最重要的是一点是什么？对于旅游企业而言，旅游景点的特色、旅行路线、酒店的选择等都属于重要元素。那么，如何体现这些特色呢？难道仅仅依靠一部手机做直播吗？或者是主播自己举着自拍杆进行直播吗？显然不是。因为受配置的限制，手机拍摄的图像局限性太大，无法全面展现景点特色。

因此，旅游类的直播，一定要做好场外直播的条件，尤其是设备，一定要齐全，给用户一个全面立体的感受。

在这方面，我们应该像澳大利亚旅游局学习。2016 年 4 月 13 日，澳大利亚旅游局与暴风科技正式达成并启动战略合作。

此次澳旅游局之所以与暴风科技合作是因为看好后者提供的全新的 VR 科技，希望利用 VR 来打造不一样的直播旅游。暴风科技全媒体平台也将上线全景的澳旅风光 VR 视频。观看视频直播的用户足不出户即可感受澳大利亚堪培拉、白天堂海滩、福斯克湾、悉尼海港、大洋路、罗特尼斯岛、凯瑟琳峡谷、林肯港这些澳洲风景名胜，开启非凡体验。

暴风科技为澳旅提供全套的 VR 技术解决方案：对澳旅的 VR 视频进行全平台传播，线下为澳旅门店提供 VR 产品支持，量身定制暴风魔镜 4 与纸魔镜，让全球用户在选择旅游目的地前，即可通过官网及门店体验澳旅人文风情、旅游美景等。

途牛旅游网旗下的途牛影视和知名直播平台花椒直播也达成深度合作，建立了旅游直播频道，打造“直播 + 旅游”的全新生态模式。在这个过程中，途牛也运用高科技的设备，比如 VR 设备和技术，来进行直播，用户可以更加清晰、更加真实、全方位地了解旅游产品的特点。花椒 VR 直播专区正式上线，成为全国首家 VR 直播平台。“VR 直播 + 旅游”在旅游领域的应用，能够让用户瞬间“穿越”到目的地，提前领略当地美景。

直播能更好地让用户即时咨询和反馈出行前的问题，从而大大提升服务效率，同时通过 VR 等设备和技术可以让直播更加真实和客观，全景和全面展示旅游场景，可以实现更好的内容转化和流量转化。

很显然，利用发达的科技设备制作的直播视频一定要比那些普通用摄像机或者手机直播的效果要好。用户观看的时候也能全景观看，而且体验更刺激，更能领略到该旅游行业的特色。有了这些铺垫，用户自然就会加大对旅游的向往。

2. 取景要慎重

旅游行业的直播营销还有一个十分重要的方面，那就是取景。这就如同你是卖艺杂耍的，没有两把刷子很难吸引客户。

因此，旅游行业在直播中一定要遵循“取好景，多取景”的原则。

首先，取一个好景，再配合好的技术、设备，那么就可以充分展现该景色的特点，让用户看到美丽景色同时，还能沉浸其中，对该景色产生向往。当然了，这也离不开主播的介绍和体验。多方配合，才能共同打造出一个更棒的直播。

其次，多取景就意味着旅游类的直播，不能只在一个地方做直播，要多去一些好玩有趣的地方直播。只在一个地方做直播，用户容易失去新鲜感。

去哪儿网携手斗鱼做的旅游，直播便没有固定在一个地方，而是选择了多处景点。

此外，如果旅游企业因为条件有限，必须要在一个景区或者地方直播，那么也可以利用分散性的直播博得眼球。例如让主播在一个地方进行多种类直播，给用户介绍用餐、娱乐、休息等各方面细节的直播。这样的直播也很受欢迎。

对于在线旅游企业来说，如果不加入直播，一味按照传统的营销方式营销，极可能进入发展瓶颈：传统的服务和形式已经不再能满足当前用户的需要，需在形式和内容上寻找突破口。

“直播 + 旅游”就是打破传统的只能靠图片和文字对旅游这种个人体验项目描述上的单一感，加入直播，让用户有身临其境之感。这种方式一定能够突破过去“时间 + 空间”的限制，让平台上的所有用户流量更有机会得以变现。

➡ 医疗健康：普惠性和专业性很重要

在互联网直播业高速发展的时期，各行各业都涌出了“直播经济”。医疗行业作为较为“封闭”的领域，除了每年有“最美医生”“最美护士”等，似乎与互联网的最潮流的热门、热点无缘，与直播更是很难联系起来。

但这些都是过去的传统看法，如今，医疗行业的“春天”来了：医疗行业的营销正在被直播这个风口所打开。

想要让医疗透过直播实现双赢，就需要做到两点：专业和服务。有了这两点保驾护航，医疗直播一定会做得很好。

医杰影像是一个定位医疗直播服务的企业，其正在尝试运用自主知识产权的直播技术专注于医学传媒与医学培训市场。该公司提供医学会议直播，手术直播，其他医学场景直播的流媒体服务。

首先来看一下医杰影像这个团队。该团队由一群来自华为、西门子、同仁医院、百度等跨行业多元化公司背景的成员组成。医杰影像的CEO李强是来自华为的资深技术背景人士，医学总监李继鹏则是来自同仁的眼科专家，COO（Chief Operating officer，首席运营官）邵学杰曾在西门子工作多年。

团队的成员虽然来自各行各业，但是大家都专注于同一个方向——医学直播方向。医学视频直播可以应用在临床查房、会诊、手术、讲座与学术会议等，医生只需举起手机，就可以直播。

医杰影像在直播方面搭建了会议直播平台、视频分享平台及其他医学场景直播平台。医疗学习者也可以将自己手术、会诊等视频分享，与更多的用户进行交流与学习。同时，医杰影像也做学术会议的直播，利用这种直播方式，将一些高难度的有价值的手术或者学术会议以直播的形式展现出来。这样一来，那些无法直接参会的医生或者其他用户可以通过直播实时观看，并且提出问题，解决问题，让用户学习到更多的知识。

对于知名医生，也会进行相应的专题直播——不仅是冷冰冰的手术刀或专业知识，还有医生背后充满正能量的故事。从这种情形来看，医生在医杰影像直播平台成为网络直播红人并非难事。

随着技术的发展，越来越多医学会议开始开通网络直播，允许远程医生通过直播参与到会议中来。除单向的网络直播会外，还有双向多城市多会场互动网络会、医院间视频联络会诊、海外连线网络互动直播、医药公司产品上市会等多种形式的直播会议类型。这种直播的优势很明显，可以节约时间、节约费用、扩大影响、参与方便。

当然，医杰影像直播及类似手术、学术会议等专业的直播方式，想要在直播方面做得好，还需要线下大力的支持，比如现场的各类设备租赁如高清摄像机、标清摄像机、手持DV机、直播用调音台、直播监视器、视频导播台等以及相应的人工支持等。因此，医疗直播需要很高的费用。

除此之外，在医疗直播方面，还可以尝试以下几种方式。

1. 直播在移动医疗领域的探索

作为移动医疗的一大重要组成部分，APP产品被移动医疗领域的相关从业者寄予了高度期望。经过几年的发展，目前行业内也出现了几个极具影响力的移动医疗 APP，例如，以轻问诊为核心的春雨医生；提供基础功能的同时，能够帮助用户对药品安全进行检测的阿里巴巴健康，等等。

非盈利及非政府性质的国际医疗卫生会员组织 HIMSS 给移动医疗的定义为“借助智能手机、PAD 等移动通信工具及技术为用户提供医疗产品及服务”。该定义也证明了移动医疗绝不仅是 APP 产品，只要是借助于移动工具及技术来为人们提供医疗产品及服务的，都属于移动医疗的范畴。

2016 年 6 月 28 日，映客创始人奉佑生在第三届“网易未来科技峰会”中分享了“直播 +”的理念后，直播吸引了诸多医疗从业者的密切关注。

从 2016 年 8 月底顾峰大夫在映客直播开播以来，累计直播超过 30 次，获得了超过 7 万名粉丝，单场直播的平均观看人数达到将近 12 万人。以映客为代表的直播平台是一个十分优质的媒介，它能够有效缓解国内的医疗资源匮乏问题，让更多的普通用户通过与直播的名医、专家进行交流互动学习医疗健康知识。

在映客直播平台中，除了顾峰大夫外，还有上百名包括儿科、妇科、泌尿外科、消化内科在内的诸多领域的医生主播，能够帮助广大用户系统解答各种医疗健康问题。

2. 全民直播能为医疗带来什么

“直播 + 医疗”这种新玩法的出现，又会给直播领域带来怎样的变化呢？长期以来，国内医疗发展水平相对落后、医疗资源分配不均、看病难、看病贵等问题，令广大民众积怨颇深。而在线医疗的出现无疑为解决这些问题提供了一种有效思路，但传统在线医疗的问题在于，它传递信息的效率及真实性难以得到充分保证，由于国内诚信体制建设不完善，很多人对于在互联网中提供在线医疗服务的医生们缺乏足够的信任。

而以映客为代表的视频直播平台的出现则打破了这种局面，直播的实时互动传播特性能够让用户与主播之间产生良好的信任感，虽然隔着屏幕，但专家、名医的言行举止能够清晰地展示给用户。随着直播技术及其基础配套设施的不断完善，未来的直播将会带给用户更为极致的服务体验，借助于 VR 直播，我们甚至可以和远在海外的主播及其他用户在一个房间内进行“面对面”的交流沟通。

未来，会有越来越多的医生进入直播平台为广大用户分享医疗健康知识，在推动医疗知识得到推广普及的同时，也会为医疗企业带来相当可观的利润回报。对于映客等直播平台而言，直播能够吸引广大用户群体的关键在于能够源源不断地为用户提供优质内容，而医疗健康知识不但本身具有较高的价值，而且国内普通民众对其了解程度处于较低的水平，医疗健康知识能够在相当长一段时间内满足用户需求。

2017 年 1 月 22 日，根据中国互联网络信息中心（CNNIC）公布的第 39 次《中国互联网络发展状况统计报告》：截至 2016 年 12 月，中国网络直播用户规模达到 3.44 亿人。在如此庞大的直播用户群体的支撑下，医疗与直播结合后，将会通过科学讲座、手术直播、药物安全检测直播、临床手术教学课程等方式，带给广大民众全新的医疗健康知识普及与方式分享体验，并为相关企业带来丰厚的回报。

➡ 服装美妆：秀出时尚创意穿搭

作为女性最喜爱的购物内容之一，服装和美妆是淘宝直播内容的重头戏，当然少不了介绍服装和化妆品的直播。

1. 服装类直播

淘宝直播的服装营销好处数不胜数，其与传统的浏览图片、文字相比较而言，最大的优势就是可以让用户更直观、全面地了解自己想要购买的服装。

这种方式还可以促进用户与主播的感情交流，从而也为营销奠定了良好的基础。有些客户会因为主播的个人魅力而一次不落地观看每一次直播，这样，卖出衣服的概率就远远高于没有直播的店铺。

还有一类直播的目的是店家希望借助直播持久卖货，获得更多持久性的用户。很显然，对应的直播主题应考虑长远性。因此，在进行这类直播主题策划时，需要从店家的产品优势出发，最好以对比的形式，突出自己店的产品特色，或者在直播中给用户教授一些知识。而这些知识是与店家产品有关的实用性内容。这样可以增强用户对店家的长久黏性。

在淘宝中有一个叫“小谷粒轻熟系小 G 自制女装”的店家，一个专卖定制、自制女装的店家。

在这个店家的直播中，大都是介绍一些对用户比较实用的穿衣搭配知识，有效地“黏住”了很多粉丝，为店家长久的销售打下了基础。

例如，该店的一个有趣的直播主题是这样的：“啦啦啦，又到了这期的视频时间了哦，宝宝们，知道这期的新品是啥吗？告诉你们吧，这期是给你们介绍一款套装的多种穿法！让你们买了一个套装但是穿出不同的 FEEL！绝对物超所值，喜欢的千万不要错过哦”。

在这个直播中，店家的确给用户推送了一个夏季时尚套装：白色衬衫搭配军绿色的时尚短裤。以往的销售往往会介绍这身套装的优势、特点。但是在这个直播中，主播却给用户介绍了这款套装的另一个百搭的技巧，一件白衬衫可以穿出多种花样，比如 V 领穿法、抹胸穿法、露肩穿法等。主播亲自在直播中尝试，一步步教会用户如何百搭。这个直播的目的是传授给用户这样一个思想：如果买了这个套装，可以穿出多套服装的感觉，等于买一赠多。这样的技巧是每位女性用户都热切需要的，同时也能更有效“黏住”用户。

多数用户在这次的直播中得到了收获之后，自然会期望下次直播中的新鲜百搭穿法。这就是对用户产生的黏性和吸引力，促进了店家的长久销售。

2. 美妆类直播

美妆这块内容也主要是针对广大女性用户的，对于女性用户来说，在网上购买美妆用品可能会产生顾虑。比如口红会不会有色差？这个粉底适合油皮吗？二十岁应该选择哪种类型的妆容呢？而淘宝直播的“美妆心得”板块就很好地解决了用户担心的这些问题。

淘宝直播的主播会通过向用户展示化妆过程的方式来推销自己的产品，这种方式，既告诉了用户如何使用该产品，同时又让用户亲眼看到了效果。这样，用户可以一边观看主播化妆，一边直接将自己心仪的产品放进购物车，一举两得。

淘宝推出了淘宝直播平台。在淘宝直播平台的发布会现场也进行了直播。在这个直播中，乍一看以为这是在某综艺节目的女神卸妆环节，事实上这是 2016 年 7 月 9 日，在阿里西溪园区举办的“2016 年阿里营销产品新风向”活动现场。本次活动对淘宝直播、聚划算、淘金币等营销平台的新玩法做了介绍。而作为当下最火的直播，阿里巴巴还请来了欧莱雅中国电子商务总监蔡轶轩与余潇潇搭档，现场直播美妆产品的使用过程。

如此设置的互动环节，让与会商家更直观地感受到淘宝直播边看边买的特性。在直播过程中，淘宝直播的“小二”古默向用户介绍了主播的“选拔”机制及新版本的变化。淘宝直播中除了直播间冠名、设置橱窗位、定制虚拟礼品等功能外，还具备主播与用户视频连线等新功能。

这次发布会不仅让观看直播的用户看到了淘宝直播强大的功能，更吸引了诸多商家开通直播账号，以营销自己的产品。

➡ 母婴育儿：父母共同关注的焦点

1. 母婴用品在直播中也占据了很重要的位置。

母婴电商品牌子初邀请母婴网红“爱生活的边边”及公司内的母婴专家为广大妈妈群体进行了视频直播。借助于“爱生活的边边”带来的优质用户流量，并通过实物展示、专业讲解、分享购买链接等方式有效提升了转化率，使子初品牌获得了极大的成功，仅 1 个小时的时间就吸引了 2 万多名妈妈消费者，点赞数达到 75 万以上。

全球知名纸尿裤品牌帮宝适在“6.18”大促期间，邀请网红奶爸米逗夫直播教学如何挑选适合宝宝的纸尿裤，吸引了年轻妈妈群体的广泛参与。由于此次直播所产生的良好效果，米逗夫又与互联网家电品牌 SKG 进行合作，进行了一场主题为“全能奶爸辅食记”的直播，观看直播的年轻爸妈群体近 1.5 万人。

淘宝直播专门开设了“亲子乐园”这一直播内容板块，用户可以在这里为自己的孩子挑选衣服和生活用品，还可以学习育儿知识以及儿童的穿搭等。

孩子是一个家庭

的希望，对孩子的重视使得越来越多的家长对孩子倍加呵护。于是，淘宝直播的母婴板块自然而然也得到了广大用户的热烈赞赏。

2. 育儿是父母最关心的问题

家里一旦有了孩子，孩子就成了家里的核心，一切都围着孩子转，并且还有非常多的消费就是在孩子身上的。家有萌娃这个板块就是以知识百科和真实分享为主的相应内容导购。它的主要展现人群包括早孕妈咪等 10 个细分消费人群。

在家有萌娃中，分有评测（心得评测）、教程（使用教程）、盘点（好物盘点）、搭配（搭配专辑）、百科知识（百科知识）5 个子频道，育儿记、陪玩记、潮童记等栏目。

评测（心得评测）针对宝宝所处阶段，对宝宝在这个阶段会使用到的某类商品或某个商品进行深入分析和比较，给出购买建议，侧重洗护喂养 / 玩具类目，可以做孕期商品评测，宝宝商品评测。设计款 / 获奖款商品、网红款 / 热点款商品、畅销款商品会有更多机会入选。

教程（使用教程）针对宝宝所处阶段，提供不同阶段适用的教程，如辅食教程、陪玩手工教程等，侧重洗护喂养 / 安全护理类商品的畅销品和品质款。

盘点（好物盘点）针对宝宝所处阶段，提供对应阶段下区分不同场景或主题的商品推荐，可以从商品特性的角度进行盘点；也可以从帮助用户进行问题解决的角度进行盘点，可以从给出具体场景下的商品建议的角度进行盘点，主要以玩具、用品为主。推送的商品要契合主题，突出精选感，让用户感知到商品是用心整理出来的，不能只是堆砌。

搭配（搭配专辑）提供的内容就是对应阶段的穿搭示范（穿衣搭配真人上身效果 + 商品搭配整套穿搭建议）。

百科知识（百科知识）相对应的内容是侧重安全健康类 / 洗护喂养类商品的知识，安全健康知识等。

育儿记为知识百科服务，不同问题的解决方案，如洗护喂养、安全健康、养育宝宝的常识等。陪玩记是亲子互动型的陪玩攻略。潮童记主要推荐不同年龄阶段穿搭示范。

所有的频道在推荐商品时都要注意是服务于内容的。对于同处于某一个阶段的母婴商品，商品价格和档次不能差距很大。这样才能更有效地针对不同人群推送。

➡ 餐饮美食：唯美食与爱不可辜负

直播行业风生水起，甚至成为万千网民重要的娱乐生活内容之一，更有很多网络红人通过直播吃饭等方式，获得了巨大的知名度。这种直播场景成为最受追捧的眼球经济。这也让餐饮企业看到直播营销背后的经济效益。本节将主要讲解餐饮企业直播营销的相关内容。

“马上吃”是一个 O2O（Online To Offline，线上到线下）美食平台，在 2015 年就抢先看中了直播这一契机，联合大型视频花椒直播开启了餐饮业的直播营销。

深圳首家互联网蒸汽海鲜料理餐厅“壹号渔船”是“马上吃”O2O 美食平台旗下的首家互联网餐厅样板店。该店在开业之日就开展了新鲜的花样营销，吸睛无数，引起了全城市民乃至全国网民的关注。

首先，特邀美女车模现场全程直播开业盛况。“马上吃”O2O 美食平台通过花椒直播平台的数个账号，实时直播美女车模的现场互动。随着餐厅开业礼炮鸣响之后，美女车模的靓丽面容和苗条身材进入大众视野。车模们不仅专业走秀，而且现场表演猫步，赢得阵阵喝彩。

其次，直播美食品尝。随后“壹号渔船”进入海鲜盛宴品尝环节，3 位美女车模优雅地试用了店内特色菜品阿拉斯加帝王蟹。在直播镜头前，一场热气腾腾的海鲜盛宴映入眼帘，可谓秀色可餐。这个直播很快就吸引了成千上万观众在线收看，更收获了超过 10 万的点赞数。

最后，直播互联网点餐全过程。“壹号渔船”开业盛典的另一个直播的重头戏，就是 3 位车模在镜头前体验了“马上吃”App 的在线点餐过程。通过最新版的“马上吃”App 实现智能化的便捷点餐，用户动动手指，服务员就随叫随到。高效率的用餐过程让镜头前的用户也感到耳目一新，用户直观、逼真地体验了一次互联网餐厅的便利和好处。

所谓的互联网餐厅，是依托互联网的优势与传统餐饮业务相结合形成的一整套服务系统。“马上吃”这个平台就是通过移动互联网使消费者及时了解餐厅资讯、在线点菜、排队叫号、智能服务等，充分地实现了餐厅服务价值的交换。“壹号渔船”作为“马上吃”的首家互联网餐厅样板店，在深圳开创了互联网点餐的先河，并且利用直播营销的方式让更多用户了解到了互联网餐厅的便利，也让更多人体验了全过程。这样一来，也为餐厅带来更多的客户。

由于直播的全天候和即时性，再加上无线互联技术的逐步成熟及网络社交媒体的即时传播特点，餐厅通过直播的营销在播散速度上可以说超乎想象。无论是微信朋友圈、微博、还是美食点评网站，都可以快速传递和接收。

这时，消费者拥有主导权。网络社交媒体口碑传播成为商户最主要的传播手段。

直播营销满足了商家降低销售成本、减少中间环节、提高利润的需求，而在宣传推广方面，也因为更接地气、更逼真的体验迎合了受众需求，因而更容易被消费者所接受。随着直播模式的多样式，将来必定有更多的花式直播营销玩法吸引眼球。

在网上购买食品，这已经成为一件稀松平常的事情。但在淘宝直播推销各种水果、零食、饮料是不是有几分新鲜呢？随着直播行业的深入发展，在网上以直播的方式推销食品也渐渐成为一股新潮流。

为了让用户有更好的购买体验，淘宝专门为食品区打造了“吃货最大”的直播板块。在这里，用户不仅可以随意挑选自己喜爱的食品，而且还有机会亲眼看到食品的生产地，甚至是食品的制作过程。

民以食为天，手机淘宝的汇吃定位于以专业盘点、美食故事、真实分享为主的内容导购。展现人群包括无辣不欢等 23 个细分消费人群。

汇吃的商品图有店铺 DSR 评分和图片白底的要求。汇吃板块目前由盘点（好物盘点）、评测（专业评测）、故事（美食故事）三块内容组成。

盘点的要求其实很简单，就两个字:“种草”！在不同的细分主题里达人挖掘出让用户有新鲜感的优质商品，做六款以上的集合推荐。

评测着重于“专业”两字。像专业的美食家一样，从各个维度分析美食，从而达到让用户心动的目的。

有时候一个好的感性故事在很多时候会比刻板的评测有效果，美食故事也一样。这个板块着重于食物的前世今生（比如，油条是有着久远历史的中华美食，最早起源于……），有专业知识但更偏感性叙述，帮助粉丝学会评鉴这类美食。

美食餐饮是一个相对比较垂直的领域，如果只是单一地通过网络上的红人主播进行直播很难吸引从业者，那么如果各大餐饮品牌的创始人出来站台做直播就不一样了。

餐饮创始人做直播，一定能够将该店的优势、特色、特点说得头头是道，而且结合创业者的心态，更能让用户感觉到企业的真诚。

创始人在直播时可以将开店经验与各大网友进行分享，分享自己的创业历程，让用户对餐厅有良好的印象。其次，还可以与网友分享品牌打造及成功的秘诀。这些也都是用户热切关注的点。例如，成都迷尚豆捞的董事长曾雁翔在映客直播定期针对不同的餐饮主题进行直播，让粉丝及时感受到该餐厅的变化。这样的直播吸引了大量用户的关注，该董事长的微博粉丝从原来的几千一下子涨到接近 4 万，映客直播的关注度也大大提高。

此外，曾雁翎还发动自己的员工和顾客一起玩“全民直播”。

比如让后台的大厨通过镜头直播美食制作过程，用户通过直播可以清晰地看到该餐饮店是如何制作美食的，后厨的卫生状况、大厨的专业性、菜品新鲜程度，用户也都一目了然，更能让餐饮店公开透明化。此外，该董事长还请顾客做直播，征求顾客同意，

直播顾客吃饭全过程。在这个过程中，顾客对餐厅和菜品的评价也都给还未去过的用户一个参照。

餐饮行业往往通过各种各样的方式来争夺流量新入口。怎么玩才能更吸引用户关注、获得流量，这是餐饮企业做直播时需要思考的重要问题。

➡ 体育健身：生命不息，运动不止

随着新媒体平台的出现，我们了解体育的方式也变得多种多样。视频直播的出现更是让体育直播打开了一片新天地。我们都知道体育直播受欢迎，尤其是一些比较有看点的赛事，观看人数极可能以百万计。

体育直播既然如此受欢迎，那自然少不了各大品牌的青睐。作为体育赛事的赞助商和品牌，通过直播获利才是最重要的目标。

1. 体育赛事直播

想要用“直播 + 体育”的方式获得用户和关注度，需要多方面考虑，比如直播幕后故事和球员问答之类的内容就是用户喜欢观看的。

2015 年被推特收购的流媒体直播应用程序 Periscope，就是数字体育圈最流行的社媒平台之一。Periscope 可以说是一个非常成功的直播平台，在仅运营 10 天时，注册用户就突破了 100 万人，每天的活跃用户将近 185 万人。虽然许多球队和品牌还在探索怎么利用这个平台，但仅凭借这个平台的热度就能表明 Periscope 还可以吸引更多用户，尤其是年

轻群体。因此，它也成为运动品牌营销的重要工具。

Periscope 本身就有许多优势，其促成了与全球用户的实时互动，为球队和品牌呈现真实的一面提供了专门平台。很多球队和赞助商在通过 Periscope 平台直播体育赛事的幕后故事和球员问答环节，来推广自身。

全世界的球迷都渴望与喜爱的球队和球星走得更近，甚至近距离接触。在 Periscope 中，球队可以最大限度地通过直播播放幕后故事，与全球用户实现亲密互动，增加双方的互动交流。

巴黎圣日尔曼足球队就通过 Periscope 平台，直播了联赛前的热身赛。用户通过直播看到了喜爱的球员在开赛前的热身运动和一些搞怪的小动作，球迷纷纷在直播平台中发表评论、互相调侃，带动了直播气氛。很显然，我们可以看出，Periscope 存在的意义不是与赛事转播的其他大媒体竞争，而是提供一个用户专享内容的发布平台。

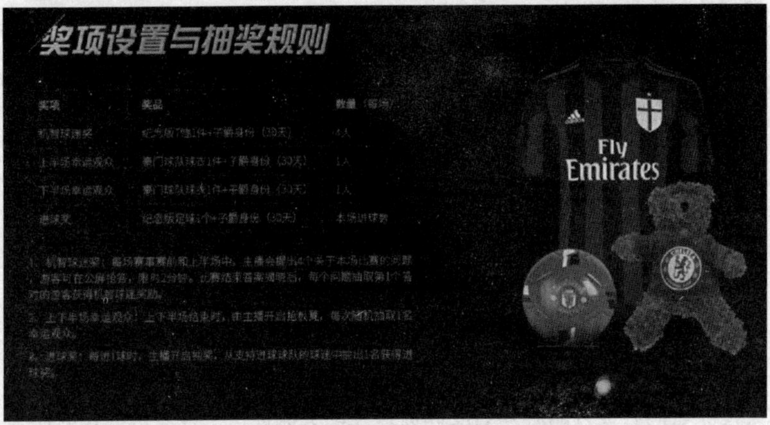

另外，Periscope 还是赞助商催化合作关系的优质平台，其中一个做法就是设置球员问答专区，让赞助权益相关的球员参与其中。如此一来，观看直播的粉丝就可以通过发表评论弹幕的方式询问喜爱的球迷一些个人问题和专业问题，提升球员与球迷的互动交流。这样不但增强了直播平台的热度，而且还为赞助商带来了客观的利益。

体育直播的赞助商最大的目标就是将品牌推广出去，从而获得客户，因此，赞助商希望充分利用体育直播平台来推出自己的产品。

还是以上述的Periscope直播平台为例。在这个平台上有效的方式就是制作新产品直播视频。这对耐克、阿迪达斯和彪马等运动品牌尤其适用。在传统的营销方式中，这些大品牌发布新产品时，会邀请许多品牌大使做代言；拍摄的代言广告会在各大电视台、杂志媒介等各种广告媒介中播出，获得流量。

如今直播营销当道，通过发布直播小视频，可以让潜在客户实时获取相关的产品信息。例如，阿迪达斯邀请著名球员里奥内尔·安德雷斯·梅西在Periscope展示了新产品。在展示新产品时，梅西不仅手捧着一双运动鞋透过镜头展示它的细节，更是穿上这双运动鞋让全世界的球迷通过直播镜头欣赏了他日常的训练生活。

这样一来，阿迪达斯就可以很自然地向用户呈现新产品，还能让球迷看到超级球星梅西收到新鞋时的第一反应。这样的直播给赞助商品牌带来的影响是巨大的。

另外，在Periscope上还可以直播一些体育的突发新闻。这也是与粉丝互动的另一个有效手段。尽管球队新闻发布会等重要新闻通常会在电视、YouTube等其他渠道发布，但是，Periscope直播的不同之处就在于它的互动性。通过直播中的聊天选项，观众有机会实现特有的、真实的在线互动交流。这样可以大大增强用户的黏性。

许多体育节目的第一手新闻都是通过现场直播的方式展示了不同的角度，让球队与球迷实现双向互动。

不仅是Periscope直播平台，还有很多直播平台都引起了体育行业的关注。它们为提升品牌知名度和促进互动交流提供了许多机会，为体育产业中的球队和赞助商带来了福音。

腾讯在2016年里约奥运内容的打造上加入了直播的创新方式，而“全民直播”是其一大亮点。这也是互联网媒体首次将“全民直播”作为组成部分用于大型体育赛事的呈现，在新形式的拓展之下，带来营销边界的拓展。

在腾讯，青岛啤酒赞助的冠军直播节目“第一时间”会在奥运冠军在拿到金牌的第一时间来到腾讯的里约前方演播室，主持人根据不同奥运冠军的故事和经历，进行深度访谈。

在该直播节目中还设置“穿越里约”环节，连接腾讯在北京鸟巢搭建的“奥运第二现场”，网友可以在该环节与奥运冠军直接进行对话，实现里约与北京之间的“穿越式”互动。

除了直播形式的开拓和运用，腾讯针对2016年里约奥运营销还采用了VR技术、AR（Augmented Reality，增强现实）技术等创新营销方式，整合平台资源帮助广告主获得最广泛目标用户，进行深层次互动。

体育赛事的直播会被更广泛地传播，不仅是赞助商、品牌或者直播平台，还包括球队、球员、俱乐部都能通过直播获得关注。

2. 户外运动直播

运动户外的直播内容与数码产品有一些相似，都需要借助品牌和人气的力量。例如，我国知名的体育用品领导品牌——安踏，该品牌不仅销量一直位居国内前列，而且还汇聚了不少明星和体育资源。而这次淘宝直播，直接邀请到了NBA总冠军克莱·汤普森这一超级IP，为安踏注入更为新鲜的血液。

据相关数据显示，此次直播吸引了超过40万的用户观看，直接给安踏带来了超过45万的粉丝。更让人惊讶的是，此次的销售额也远远超过了预期。

淘宝直播的运动户外内容依靠“品牌+平台+粉丝”模式，在满足粉丝需求的同时，也达到了品牌传播和促进销售的目的，可谓是一箭三雕。

第四章

电商直播的关键是流量

➡ 合理利用平台公域流量

为什么直播市场那么火爆？为什么会有那么多人想要削尖了脑袋往直播行业钻？根本原因就在于直播行业巨大的利益诱惑。直播平台的运营者时刻都要想着如何让直播平台盈利最大化。想要盈利，那么就需要打开市场。如何来打开市场呢？

视频直播是一种粉丝经济，换句话说，粉丝即市场。所以直播平台吸引粉丝很关键。这种吸引粉丝的行为用网络术语来说叫作“引流”。引流即吸引用户，引来消费者。因为有了消费者就意味着打开了市场，就能够实现创造经济效益的目的。

1. 微信公众号引流

微信从 2011 年诞生到今天，与大家的生活联系越来越紧密。究其原因，是因为其具有发布信息非常便捷、交流互动性强、能够实时沟通并且操作简单的优势。

在今天的中国谁不用微信？几乎没有哪一款社交软件的风靡程度能与微信相媲美。从腾讯公司公布的 2015 年业绩报告中可以看到，截至 2015 年第一季度末，使用微信的活跃用户已达到每月 5.49 亿人次，使用微信的用户遍布 200 多个国家，这些用户使用的语言多达 20 种。

以上种种事实和数据告诉广大直播运营者们一个真相，那就是利用微信引流已经成为网络经济时代的一种必然模式。而微信公众平台的出现更是让广大直播运营者看到了更大的希望。因为微信公众平台为直播平台引流提供了一个便捷且高效的渠道。

那么到底该如何使用微信公众平台为直播平台引流呢？使用微信公众平台引流首先要申请一个微信公众账号。有了这个公众账号后，直播平台的运营者们就能在微信公众平台上与用户群体进行全方位沟通。沟通的方式可以是文字形式、图片形式甚至视频形式的。多元化的沟通方式让直播平台的运营者们能够更高效地向用户传达信息，从而达到高效引流的目的。

除此之外，利用微信公众号引流还有一个好处，即直播平台的运营者可以借助微信公众号分析客户数据，并由此写出一些有针对性、有吸引力的文章群发给用户，以此达到引流的目的。

（1）强大的内部资源

直播平台利用微信公众号引流，这其实是对微信内部资源的有效利用。因为微信到目前为止已经拥有了上亿级的用户。直播平台借助微信公众号来进行推广、吸引用户就是对微信庞大用户群这一内部资源的有效利用。这何乐而不为？

对于直播平台来说，利用微信公众号引流，其实是在进行一种一对多的宣传营销活动。而这种方式引流的具体做法就是：直播平台方首先申请一个微信公众服务号。接着利用这个公众号做一系列的宣传活动，如软文推送、日志分享、与用户实时互动等。总之做这一系列活动的目的在于全方位展示平台的特色，从而达到吸引用户、引来流量的目的。

值得一提的是，这个宣传活动形式多样，内容也可以多元化。直播平台的运营者可以利用纯文字的文章来介绍平台；也可以采用图文并茂的形式介绍平台的特色；还可以借助一些趣味小故事来介绍平台的与众不同之处。这些宣传方式各有千秋，运营者可根据具体要推广的内容进行选择。

在微信公众号引流中，利用最多的还是文字的形式。如果运营者想要借助字里行间的信息达到引流的目的，那么这些引流文章应具备四个要素。

（2）极具很好的操作性

微信因其具有极高的灵活度，使得其操作尽显优越性。这个灵活度在微信公众号引流中的具体体现是，运营者能够即时接收到用户的反馈信息，给予答复。而这种即时性能够加强用户对直播平台方的信任感。另外，欲夺天下者先夺人心。作为直播平台方可以借助微信红包等奖励方式，吸引用户查看运营者在微信公众号中分享的内容，并且让用户分享你的分享。

除此之外，微信公众号引流的优越性还体现在其强大的互动性上。利用微信公众平台引流，使得直播平台方与用户之间能够随时随地互动，并且还能够一对一互动。这样一来，直播平台方与用户进行互动时，特别是在平台为用户答疑的过程中更具针对性、更高效。

（3）直播是趋势

除了各大直播平台，如今各大商家也纷纷利用微信公众平台引流，并且无一例外地获得了良好的效果。运用微信公众号引流已经成了大势所趋。识时务者为俊杰，顺应趋势也是一种明智之举。作为直播运营者的你还在等着什么呢？

（4）成本投入低

直播平台不是慈善机构，平台在运营的过程中必须考虑成本问题。成本问题也是平台必须考虑的头等大事。低投入、高产出的经济效益是各大直播平台努力的方向。运用微信公众号引流，相对来说成本较低，且引流效果非常可观。所以，这是一种值得提倡的引流方式。

总之，微信公众号引流的好处多多，且操作简单，成本低廉，所以，在直播平台引流中值得借鉴。

2. 百度贴吧、百度文库引流

百度贴吧、百度文库引流以其免费的特征而受到绝大多数人的青睐。百度贴吧虽然隶属百度，但其实它是一个独立品牌，是全球最大的中文网络社区，用户绝不在少数。所以，运用百度贴吧引流肯定是一种很好的方法。

利用百度贴吧引流，可以从以下几个方面入手。

（1）准确定位，找准方向

利用百度贴吧进行引流首先要分析直播平台的性质。因为只有定位准确了，才能找准引流的方向。而且利用百度贴吧引流，其实就是通过精华帖吸引人，从而将这些人转化为视频直播用户的过程。所以在写帖子之前对帖友的定位就显得尤为重要了。当然同样可以运用大数据分析的方法，或者采用网络调研的方法进行定位。一旦对贴友定位准确了，写帖子的时候就有了正确的方向引导。

形形色色的帖子构成了各种风格迥异的贴吧。点开任意一个热帖贴吧，在首页总会出现那么几篇精华帖。而这些精华帖就是你引流的帖子所要达到的高度。另外，贴吧是不允许发重复帖的，你可以将你所要广而告之的内容以图片的形式展现在你的帖子中。

（2）标题有悬念，结尾有留白

直播平台要利用百度贴吧引流，首先得知道什么样的帖子才能达到引流的目的。从心理学的角度来说，一个富有悬念的标题往往能够吸引人的好奇心。所以，直播平台的引流帖可以从标题的悬念性中入手。另外从文学写作的角度考虑，结尾处的留白更具有引人入胜的效果。这也就告诉了广大的直播运营者，在百度贴吧引流中可以从这两个方面入手写帖子。

对于引流帖的内容，只有一个要求，即围绕你所要推广的平台来写。可以介绍平台的特色，可以介绍平台的与众不同之处，并且对于同一个话题可以从不同的角度切入，因为运营者解读话题的角度新颖并且充满趣味性，同样能给用户耳目一新的感觉。毕竟不是每个人都能做到用旧瓶装新酒的。这样一来还能够提高用户的黏性。

利用百度贴吧引流需要注意的是，贴吧一楼不能发外链接，因此务必记得在二楼或者回复中加上链接网址，否则，前面所有的努力都将白费。

（3）挑选合适的贴吧

作为直播平台的运营者，不要认为写好帖子后就万事大吉了，有人看了才算达到了引流目的。所以选择合适的贴吧发帖也很关键。该如何挑选合适的贴吧呢？首先挑选的贴吧人气不能太低。因为将帖子发到人气太低的贴吧，纵使是精华帖也没几个人看。其次也不能将帖子发到人气太高的贴吧。人气太高的贴吧活跃分子太多，往往刚发的帖立马就看不到第一页了，需要一直更新。所以挑选一个人气适中的贴吧效果反而更好。

你以为挑选了合适的贴吧发帖后，引流工作就结束了吗？不，发帖之后还要时常更新维护。如果遇到有人回帖提问题时，还应该热情回答，尽量与吧友营造融洽的人际关系。因为这些人都可能成为你的平台的用户，为你带来经济效益。直播平台的运营者们要想让平台发展得更好，那么前期工作一定要做到位。

另外，与百度贴吧有着异曲同工之妙的百度文库也是视频直播引流的一种途径。在百度文库上引流主要是通过发布文档的形式进行。因为百度文库本就是一个供用户分享文档的平台。而且百度文库上的资料具有权威性，所以能够得到用户的信任。除此之外，百度文库上的资料可以下载，用户随时随地都能阅读，非常便捷。也正是如此，百度文库的用户量也不容小觑。所以，这自然也是直播引流的一块风水宝地。

在百度文库搜索栏中输入“数码管引脚图”，会弹出相应的文档。仔细一看，你会发现第一篇文档发布的时间是2011年，总浏览量是99852次。而这整个数码管栏目的文档浏览量是20多万次。也就是说，在5年时间内，这个关于数码管的文档创造了20多万的浏览量。试想，如果这篇文档是关于视频直播的呢？也就是说，在百度文库中引流效率非常之高。

之所以把百度贴吧和百度文库放到一起说，是因为这两者都是通过撰写文章介绍产品的方式来吸引粉丝的。文档的编辑撰写要求与帖子撰写要求一致，可以参看前面介绍帖子的撰写方法撰写文档。

值得一提的是，文档上传审核的要求比较严格。在文档中插入网址或者留下微信号等，审核将无法通过。所以为了达到推广引流的目的，可以在文档的结尾处写上：以上内容由某某收集整理或者由某某原创撰写。这个某某当然是与你的 视频直播有关的，以此来达到推广的效果。

不论是运用百度贴吧引流还是运用百度文库引流，直播平台的运营者必须目标清晰，定位准确，这样才能在帖子或者文档的撰写过程中做到有的放矢，最大限度地提高引流效率。

3. 微博、博客、知乎引流

除了以上引流方法，还有其他的引流方法或途径吗？当然有！新浪微博就是一个值得一提的引流途径。在直播时代到来之前，微博是粉丝与明星大咖们交流沟通的主要渠道。而现在，直播平台的运营者们可以借助新浪微博来为直播引流。

除微博以外，博客也是直播平台引流的一个途径。博客用户一直以来有增无减。所以利用博客互访也能带来一定的流量。提到博客就得提到一个人，那就是卢松松。因为卢松松的博客评论之无懈可击有目共睹。也正是因为他的博客评论做得无懈可击，他在博客界已经树立了自己品牌和知名度。这就为直播平台在博客中引流提供了启发，即打造品牌和知名度。

利用博客引流，前期可以在别人博客评论留言。因为在多数情况下，博主出于礼貌会进行回复。这样一来就能够收获一些用户。如果要想利用博客大量引流，那么就要求博客内容具有一定的价值。毫无疑问，有价值的文章回访率才能提高。要是能够在像卢松松博客那样的名博上“占上沙发”，那么也能够达到引流的目的。

既然说到了博客引流，那么就不得不提知乎引流了。知乎同样是一个网络社区，不过知乎的特色在于它是一个问答社区，并且聚集着各类不同行业的精英，因此用户在知乎上的提问往往能够得到较为专业的回答。同时有很多大咖在知乎上分享专业知识以及独到的经验和见解，这就使得知乎的用户量不断提升，而知乎越来越多的用户量为视频直播引流提供了用户基础。

知乎引流以创造话题为主。那么如何创造有价值的话题呢？图 6–6 所示为知乎引流创造有价值话题的三个方法。

（1）有争议，才好玩

如果一个直播平台的运营者在知乎上提出一个平淡无奇的话题，甚至话题中就包含答案，这样的话题能够吸引用户吗？能够达到引流的目的吗？估计这样的话题写出来以后，作者自己都不愿意看，那么更别说引流了。

比如把“视频直播哪家好”改为“视频直播平台的烧钱大战合理吗”，由于后者运用了互联网新词汇，新颖有趣，就更能引起用户发言和围观的欲望。

（2）选对平台

知乎如百度贴吧一样，问题也是分门别类地放置。不同平台上的用户喜好不同，选对平台，才更有可能将这些知乎用户转化为视频直播平台的用户，所以选对平台很重要。

另外，知乎采取实名认证的管理方式，还一度坚持严格的邀请制度。这种做法一来确保了用户身份的真实性，便于管理；二来也能够避免产生过多的无用信息。所以知乎上聚集了一大批奇客怪咖，他们或是各行业的精英，或是对某一领域有着自己独到的见解。稍有不慎，没有选准平台，你发出去的问题可能就会遭到这些奇客怪咖的抨击，影响引流效果。

（3）直接引用有价值的话题

在知乎上提问的目的是抛砖引玉，是为了引起大V们的评论和回答。如果不能原创高质量的文章，还不如直接引用有价值的话题。而且寻找好的话题比寻找好的文章更容易。

新浪微博、博客、知乎这三种引流途径各有千秋。直播平台的运营者应该广撒网，不放过任何一种引流方式，不落下任何一个潜在用户。如果运营者能够坚持不懈地进行引流工作，直播平台收获大量用户也就会水到渠成。

➡ 通过原创内容吸引粉丝

与上述单纯地进行才艺展示不同，还有一部分主播是出于自己的工作、职业所需而进行网络直播，希望通过网络直播来吸引更多的消费者、关注者，从而扩大自己在业界的知名度和影响力。这一部分人所发的内容多与自己的工作相关，如记者会直播自己采访的过程，化妆师直播与化妆有关的内容，心理师直播与心理辅导有关的内容等。

现如今，不少化妆师、育儿心理师等通过网络直播来进行自我推广。向关注自己的观众、粉丝传授化妆技巧和诀窍；心理师则是以授课的方式来解释某一个心理现象，语言简练、简单易懂，可让粉丝以最快、最简单的方式了解相关知识。

这些都是出于职业所需而发布的直播，暂且把这类人定位为行业精英。对于行业精英来讲，为了更好地开展自己的工作，很多时候非常有必要开辟一些独特渠道，一方面可以很好地宣传自己，树立自己在业界的影响力；另一方面还可以实现引流，将线下消费者转移到线上来，以流量来带动赢利。

典型的例子就是罗辑思维直播卖书。罗辑思维——罗振宇被誉为自媒体“首富”，是互联网时代的一匹黑马。在他创造的众多“奇迹”中有一个典型的事件，那就是卖书，1个半小时进账400万。他是如何做到的呢？其中最重要的一个途径就是直播，他同时在小米、映客、斗鱼、淘宝、优酷等网络直播平台直播卖书。他的方式是每天推送一段60秒的语音，每天可以回复不同的关键词，获取一条链接内容，而这个链接就是在推送所卖的产品。

当时，罗辑思维的粉丝已经几百万，按微信公众号平均打开率5%来算，每天有30万人打开回复的链接阅读，假设按1%的购买率来算的话，每天的交易额都是一个很可观的数字。

其实，关于这件事情，不能看作是一种买与卖的行为那么简单。与出版机构传统的卖书方式不同，直播卖书与其说卖的是书，不如说卖的是文化、人气。逻辑思维在卖书的同时融入了书的一个趣味组合，除了书本身，还有很多附加价值的东西放在里面。

据悉，罗辑思维本身就是最会“读书的人”，历经一年多时间每天早上6点半风雨无阻的60秒语音和推送文章，76期的精品视频节目，其选书品位和眼光，评书的角度和口感，都已形成强大的信任积淀。这个长期播种的“信用账户”，成为购买者选择通行最畅快的绿灯。

最终形成的结果是粉丝得到书后会心一笑或者悠长感叹，同时又与社群的气质毫无违和感。

鉴于此，行业精英也可成为网络直播的主体，可以定位为自我形象的塑造和推广。然后以此为中心，创新意识、精选内容，将工作融入社交的乐趣中，既可以提高工作的效率，又可以增加额外收入。

做网络直播归根结底是内容，只有有创意和能为用户带来利益的内容，才容易被接受。具体来说，就是要善于将营销和娱乐进行融合，以极富创意和观赏性的直播内容打动用户，从而引发用户发自内心的认同感，而非强行推送广告。

因此，主播应有一定的原创能力，据统计，网络直播平台中的视频50% 以上的内容系主播原创。

根据艾媒咨询（iiMedia Research）2016 年的数据调查结果显示，原创内容占绝对主角，包括原创文章、视频、漫画等；其次是产品导购，产品导购体现了网红作为流量变现入口的价值；整合型内容仅占 7.00%；八卦爆料永远是经久不衰的话题，占 9.00% 示。

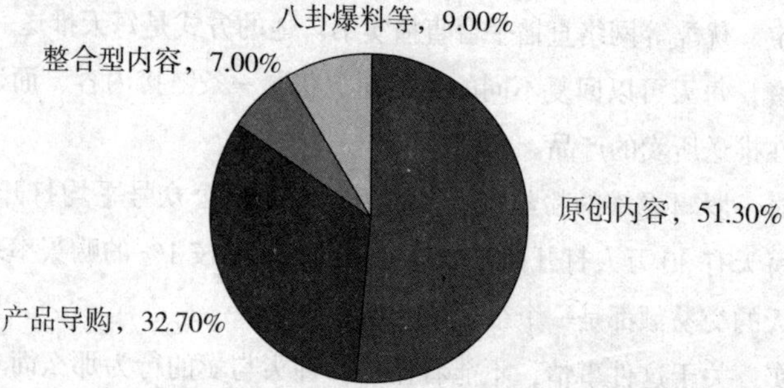

因此，发布的无论是产品信息，还是其他信息都应该先策划，保持原创。在具体实践中，要善于运用创造性思维，积极创新，不断加强内容制作和创新，提升内容的吸引力。

那么，如何做出高质量的直播原创内容呢？有三点必须做到：第一要规划，第二要定位，第三要筛选。

1. 内容规划

在开设直播账号之前，除了要做好基本的直播形象定位以外，内容规划也是重中之重。“直播营销，内容为王”，这个营销理念将是核心。的确，正如行军打仗中的“兵马未动粮草先行”的策略，直播的内容规划就好比其中的粮草，没有充足的粮草支撑整个军队，后面的战术布置纵使精彩绝伦也只能是纸上谈兵。所以，在规划直播的过程中，对内容选取的制订上应当细心、用心，在后面运营直播时才能省心、放心。

由于在开设直播之前没有充分地对发布的内容进行规划，有些主播就不知道发布什么，而有些主播则是什么内容都发。其实，这两种极端做法都是不可取的，不但会影响自己的视频质量，而且会误导粉丝，破坏粉丝黏性。因此，直播前做好内容设计和规划非常有必要，既可以起到事半功倍的作用，有助于自己顺利完成直播，又可以有效地提升自己在粉丝心目中的地位。

2. 内容定位

对内容进行定位，是主播对内容进行规划最先需要做的一项工作，可以帮助粉丝了解自身情况。例如，计划做一场关于面膜推广的直播，就需要准备以下几个方面的内容，产品的基本介绍、与美容美颜相关的知识介绍、现场销售和促销的活动介绍，最后还可以提一下老客户的使用体验和感受。

内容的选择

- 产品介绍：主要介绍产品的成分、功效等，让用户对产品效果有一个直观的认识
- 知识介绍：根据产品功效介绍与美容、保养有关的知识。一是树立自己的专业形象，提高自己在粉丝心中的影响力，二是让粉丝更了解这款产品
- 销售或促销活动介绍：简单介绍如何买，购买价格、购买方式、购买优惠等
- 使用体验：这个环节可有可无，时间宽裕的话可作为附加话题添加进去，让用户自己说产品好总好过自夸

在内容定位过程中，还需要结合品牌进行定位，也就是要突出品牌的特点和优势，用几个关键词精简地表达出来。例如，若品牌调性是“年轻无极限，给爱挑战生活、向往自由的你一片属于自己的天空”，那么品牌调性的关键词就是“年轻”“刺激”“自由”等。直播内容在风格上需要展示一个青春、有活力的形象，而在内容选取上就要适当倾向于

一些积极向上的内容。

3. 内容筛选

在做好直播内容定位后，结合所设定位，再进行内容筛选，制订范围和标准。通常，发布直播是为了吸引用户的注意以增加用户的黏性和适当体现品牌的价值。不同的直播内容有不同的特性，可以根据具体的实际来筛选合适的内容。

就一般意义上的直播而言，可以按照以下 4 个原则进行筛选。

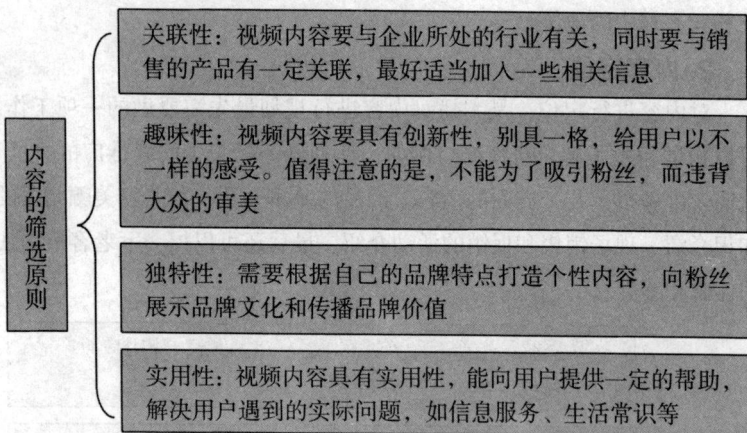

内容的筛选原则

- 关联性：视频内容要与企业所处的行业有关，同时要与销售的产品有一定关联，最好适当加入一些相关信息
- 趣味性：视频内容要具有创新性，别具一格，给用户以不一样的感受。值得注意的是，不能为了吸引粉丝，而违背大众的审美
- 独特性：需要根据自己的品牌特点打造个性内容，向粉丝展示品牌文化和传播品牌价值
- 实用性：视频内容具有实用性，能向用户提供一定的帮助，解决用户遇到的实际问题，如信息服务、生活常识等

做直播对内容要求十分高，尤其是在当下与网络直播有关的规章制度、行为规范、监督体系都不太正规的大环境下，市场上大大小小的网络直播平台鱼龙混杂，主播素质良莠不齐，不少平台及个人频频依靠低级趣味性的内容博大众眼球。因此，当今的直播行业中好的内容比较少，优质的内容就显得弥足珍贵。这就要求主播具备一定的内容生产和运用能力，同时要能充分调动粉丝参与的积极性，并引导他们参与进来，扩大内容的“生产线”。

➡ 线下流量才是目标客户

除了各种形式的线上引流方式，线下引流也是值得关注和采纳的方式，下面将对这些内容做具体介绍。

1. 通过沙龙引流

对于“沙龙”一词，大家一定不会感到陌生。因为沙龙已经成为今天广泛使用的一种沟通交流方式。其实，早在17世纪的欧洲，就有了早期沙龙形式。“沙龙”这一词语源于意大利语，可以说是一个音译词。沙龙以其活动形式简单、活动内容丰富的特点，越来越受到人们的追捧。所以通过沙龙、会议为直播平台引流也不失为一个好办法。

如何利用沙龙、会议为直播平台引流？可从以下四个方面着手。

（1）举办沙龙的目标是什么

为什么要举行沙龙？既然将沙龙作为直播平台引流的途径，那么此次沙龙的目标就是为直播平台吸引用户。有了目标，接下来的步骤就有了方向指引。而没有目的的活动犹如信号中断的飞行器，失事是在所难免的。对于直播平台来说，大目标就是为平台引流。将这个目标具体细分，如具体要引来多少用户、计划吸引哪种类型的用户群体等。这些细分的目标都将为下一步活动指明方向。

（2）在什么地方举办

在哪儿举行沙龙？将沙龙作为直播平台的一个引流途径，如何能使引流效率最高化是平台运营者必须考虑的问题。而沙龙的地点选择事关引流效果，所以运营者需要考虑这一问题。北京是视频直播平台最为集中的地方，所以直播平台引流的沙龙召开地点一般不宜选择其他地方。

（3）参会对象是谁

邀请哪些人来参加沙龙？沙龙的目的是为直播平台引流，所以参会对象自然是与直播平台有关系的人、有助于实现引流目标的人，比如知名主播、用户或者潜在用户。知名主播的出现有助于实现引流目标。而潜在用户是平台方即将要转化的流量。

（4）预算资金是多少

举办此次沙龙的资金预算是多少？对于直播平台来说，任何一种引流方式都需要投入成本，因为任何活动的开展都需要资金作为支撑。沙龙引流也是如此。在沙龙引流活动中，有关沙龙的选址、参会对象都会受到资金的制约，而这些因素对直播平台的引流效果有直接影响。因此，需要提前做好资金预算，确保活动的顺利开展以及高效引流目的的实现。

沙龙作为一种线下引流方式，值得广大直播平台的运营者借鉴。运营者如果能够将线上引流与线下引流结合起来使用，可以最大限度地将平台推广开来，引来更多用户。

2. 通过线下扫码引流

2015 年 8 月 9 日，平时安静的南昌街头异常热闹。原来是街头出现了一群斯巴达勇士模样打扮的外籍男模。这群男模的出现引起了不小的轰动。因为这群男模无一例外拥有较高的颜值和健硕的身材，并且这群男模还穿着酷炫的皮质战袍。在他们的手臂上印有二维码，只要大家前去扫描男模手臂上的二维码，就能获得帅气外籍男模的拥抱。这瞬间俘获了姑娘们的芳心，前去扫描求拥抱者排起了小长队。

因为互联网的迅速发展，直播平台的运营者把平台引流目光更多地锁定在了线上。其实这种观念不完全正确。因为有人的地方就有流量，线下的队伍也是一股不可忽视的力量。如果直播平台能够充分利用这一批线下队伍，将其转化为平台用户，那么这个直播平台的前景不可限量。线下引流的活动有许多种，比如海报宣传、移动广告车、学习交流会等，不过目前值得一提的是线下扫码引流。

扫码引流的关键在于吸引用户来扫描你的二维码。要想吸引用户，要做到以下几件事。

首先，要选择一处人流量大的扫码地点，比如学校门口、大型商场门口、火车站门口等。在这些人流量超级大的地点，无疑引流更高效。要是把日期选在节假日，人流量更大，效果会更佳。

其次，要有一个吸人眼球的“持码者”。线下扫码面对的是真人，是一种面对面的引流方式。要吸引人群的注意力，先得引起他们的好奇心。这就得在持码人身上下工夫了。可以请一群美女帅哥来持码，也可以通过奇装异服的打扮来吸引路人，还可以是以吆喝的方式达到宣传的目的，当然也可以进行一些别出心裁的表演吸引路人等。不管方法与过程如何，最终结果就是让路人扫码转粉。

现在还有很多直播平台方是通过有奖扫码的形式来吸引路人。路人扫描并关注平台的二维码，就可以参与一次抽奖活动，并且是百分之百中奖。有些直播平台方规定只要扫码成功，直接赠送小礼品。这种有奖扫码的形式起初效果良好，但是渐渐地人们不敢轻易参与这种活动了，原因是担心扫码过后信息遭泄露。所以，要得到用户的信任，直播平台方要做好保密措施，让用户对你的平台的二维码扫得开心，扫得放心，扫得安心。

最后，要选择一个有创意的二维码呈现形态。二维码呈现形态是指二维码以一个什么样的状态出现在人们的视野中——是由帅哥美女手持二维码图标呢？还是直接将二维码印在宣传单页上？还是以其他更新奇的方式？这个没有固定套路，运营者们可以放开思维，大胆创新。只要能吸引更多的人来扫码就行。

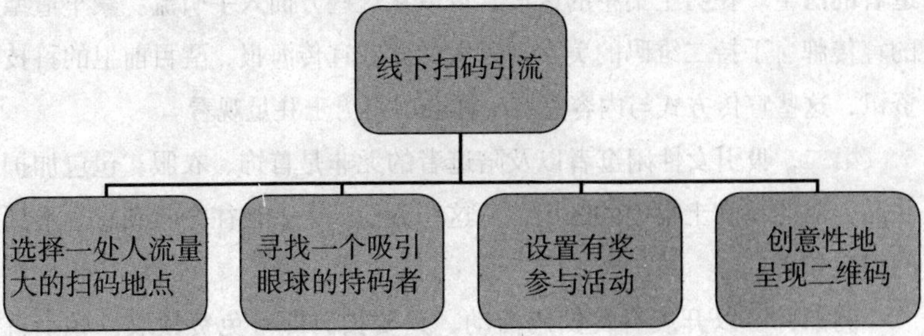

3. 如何在商场引流

2016 年 7 月 15 日是友阿股份上市 7 周年纪念日。友阿利用这一契机并借助“友阿 717 超级年中庆”的名义，联合多方力量，打造了全国首档商场网红游戏直播秀“你要的，我们都友阿”。这场直播秀引得 30 万人围观点赞。在友阿这场直播中，既有美女网红助阵，又有门店员工参与。另外各品牌也充分利用这场直播介绍各自的活动和特色商品，真正开启实体店“全民直播 + 购物”的全新模式。

由此看来，人头攒动的各大商场是直播平台不能忽视的引流场所之一。来商城闲逛的人们往往心情比较愉悦，在商场宣传推广你的直播平台，人们易于接受，也更容易将这些人转化为直播用户。看到商场那络绎不绝的行人，直播平台的运营者就窃喜吧，因为那些人都是你的潜在用户，都是你市场开拓的对象。

具体来说，商城的“逛客”大致可以分为三类：急需型、闲逛型和陪逛型。当然，运营者们主要把目标锁定在闲逛型和陪逛型这两大类人身上。因为急需型的逛客精力都集中在寻找所需商品上，没有工夫理会这些引流宣传活动。而对于闲逛型和陪逛型这两类人来说，他们没有明确的购物目标，因此有趣的引流活动能够吸引这些人的注意。针对这两大类人，直播平台引流活动的具体开展应该也有所区别。

仔细观察，不难发现，其实各大商场是有功能分区的。各个功能区聚集的人群当然也有差别。所以，在各个功能区开展的直播引流的活动也得有针对性，这样才能最大限度地提高引流效率。

第一，豪车、美女、游戏、科技，这些无疑是吸引男性闲逛者和陪逛者的法宝。在男士集中的区域，可以从这些方面入手引流。豪车造型的宣传牌、手持二维码的美女、巨大的游戏宣传海报、醒目前卫的科技资讯，这些宣传方式与内容总有一样会引得男士驻足观看。

第二，吸引女性闲逛者以及陪逛者的无非是首饰、衣服、包包加护肤品，因此在女士集中的区域，从这些方面入手，往往会收到意想不到的引流效果。

例如，可以开展有奖扫码活动。只要扫码即可免费领取一些小首饰、面膜等护肤品，这种有奖活动总是吸引人的，更何况提供的是有针对性的奖品。

另外，针对很多直播是主播在直播中分享自己护肤经验的情况，这种直播引流活动可以设计为，邀请当红护肤直播平台的主播来到活动现场，与广大用户或者潜在用户进行交流互动，当面解答用户的问题。这种直观真实又高效的宣传方式一定会获得如潮的好评，真正实现引流目标。

➡ 蹭热度并不可耻

直播想要推广得好，除了要注重一些推广工具的使用，更要学会借势推广，尤其是借助一些热点事件。热点事件的传播力度往往会犹如病毒一样，迅速传播开来，那么，如何让直播在这些事件发生中实现高效营销和推广呢？

1. 借势推广让直播火起来

借势推广直播就如同鲜花和巧克力。在超市的货架中，巧克力原本属于糖果类等零食货架，鲜花则在生鲜区域附近。可以说对平时而言，这两种东西几乎见不到面。但是在情人节、母亲节、妇女节等节日，这两种产品却不约而同会面。鲜花和巧克力似乎是绝配，两者搭配在一起销售，用户可以在一个地方买到两种产品。这样一来就能在很大程度上促进两者的销售。

这就是最简单的借势推广。在直播推广中也应该如此。直播想要被更多人看到，需要借助一些特殊的事件来进行。例如，在2016年里约奥运会期间，很多企业的直播就是依据奥运这个主题来展开的，在推广时，更是从奥运主题出发，借助奥运事件推广直播。

例如，聚美优品上的一个化妆品的直播为了吸引人们的关注，就借助奥运进行了推广，其广千语为“三分钟，出门妆挑战赛”。这是一个化妆品的直播3分钟之内化好出门妆的技巧，其借助了奥运比赛的模式，推广挑战赛模式。再比如，一家专卖运动品的店铺，在直播之前，甚至将其代言人游泳选手宁泽涛的头像搬到了直播预告中，吸引了大量用户的关注。

在天猫直播中，很多店家也采取了借势推广的方法。在天猫直播的众多预告推广中有这样一个推广深得人们关注“宠物运动会总决赛”。人们看到这个直播预告就很想要观看。进入后，用户不光可以观看直播预告，还可以提前预览该店的产品，也可以抢先购买。这为企业带来了很多流量。该直播于2016年8月20日进行，而在这个时间恰恰在2016年里约奥运会举办期间内。显然，这家宠物用品专卖店是想要借助奥运的火焰气势来打响自己的直播推广。

此外，在借势方面，很多企业也必须要学会另一种十分有效的方式，那就是在用户手机通知栏中推广直播信息。

借助热门事件然后在装有各种直播平台软件的手机用户的手机通知

栏页面推广即将进行的直播，会吸引大量用户。

“借势 + 手机通知栏推广”的模式几乎等于完美有效的直播推广，可以获得大量用户的关注。

2. 学会造势

企业不仅要学会借势热点事件推广直播，更要学会自己造势推广。换句话说，如果没有热点事件借势，则可以自己造出点事件，吸引用户关注。

造势是一个过程，需在你的直播还未开始时就需要制造声势，渲染气氛，给互联网直播用户一个深刻的印象，使直播进入充分展开阶段。

企业进行直播造势推广可根据自己产品的特色和个性及直播策划的主题、主播人物、明星魅力等展开。企业应捕捉可利用的机会，及时推出精心策划强有力的推广活动，使直播还未露面就给用户的心理上带去强烈冲击，形成鲜明、富有个性的印象。

直播造势推广的方式多种多样，不同的企业有不同的做法，有些实力强大的企业，其自身的品牌因素、代言人等因素就是一种势。它推出新的直播或者搞一次直播活动时，本身的存在就已成了一定的势，再加上企业有意去营造一定的气氛，渲染带动用户，这样的造势推广就比较容易引人注目。

例如，2016 年 8 月 3 日晚，雅诗兰黛在小咖秀中有一个推广产品的直播。为了能够提前吸引人们的关注，雅诗兰黛提早就进行了推广。在这个过程中，雅诗兰黛作为一个大企业就顺带造势了一把，其推广中是这样做的：“年轻向前 雅诗兰黛 × 王凯”。这个直播时间是 2016 年 8 月 3 日 19:15，而在 8 月 1 日，雅诗兰黛就携手小咖秀进行了猛烈的宣传推广。

由于雅诗兰黛本身是一个大品牌，是一种天然的“势”，再加上王凯这个当红明星，对雅诗兰黛来说，这个直播推广的造势就变得很简单，小咖秀再将其直播推广页面推送到用户的小咖秀首页中，就很大程度上吸引了用户的关注。

一般的中小企业或者个人，想要推广自己的直播，在造势方面就需要一种精心策划的“造”。比如模仿就是一种造势，很多小企业或者个人主播，想要推广自己的直播，需要去模仿那些大企业的做法。从标题、关注点等方面，都需要模仿和借鉴，然后再加上自己的个人属性特色，就能造出一个非常有吸引力的“势”。

在这方面，淘宝的店家做得很好。很多淘宝卖化妆品、服装的店家，顺应趋势，率先在“淘宝直播”中加入直播营销。为了推广自己的直播，开启了模仿借鉴的模式造势。在淘宝的直播预告推广中，有很多如“八一八足球现场侃大山送球衣”“化个妆，秋装，送福利！”这样的直播造势推广。

这些造势的直播推广模仿的正是一些大企业经常使用的“扒一扒……那些事儿”“送福利”等方式。利用这样的造势，中小企业和个人可以给自己的直播渲染了氛围，能够吸引大家的关注。

➡ 主播与粉丝互动

同是主播，有的主播的直播间人气很高，有的主播的直播间人气则很低，其主要原因：有的主播的互动能力强，粉丝积聚速度快；有的主播的互动能力差，粉丝积聚速度慢。

总体来说，主播可以分为 3 种类型：

第一类，主播有才艺，互动能力强，能带给观众很多欢乐，粉丝积聚速度很快；

第二类，主播有才艺，但是互动能力差，留下来的粉丝都是被主播的才华所吸引，粉丝积聚速度较慢；

第三类，主播有才艺，有互动能力，却不知如何将这种才艺及能力展现出来，使得粉丝积聚速度很慢。

通常来说，第三类主播都是新人，如果能坚持下去，找到合适的方法，就能升级为第二类主播，甚至能成为第一类主播。如果坚持不下去，就不能做主播。通过对前两类主播的对比分析可以发现，主播粉丝积聚速度快慢的关键在于主播互动能力的强弱。

由此可见，主播要想积聚粉丝、提升人气就要学会与观众互动。经总结，主播与观众互动的方法主要有以下几种。

1. 主动欢迎游客

经观察发现，新主播的房间也是有一定人流量的。在直播平台上，有的用户喜欢发现新主播，与新主播搭讪。面对用户的搭讪，主播要表示欢迎，在欢迎的同时还要展示自己的才艺，因为有一类主播的最大特点就是才艺与互动能力并存。如果主播只对游客表示欢迎，不展示才艺，游客会很快离开的。因此，只有在欢迎游客的过程中以才艺吸引游客，才能将游客转化为粉丝。

2. 挖掘游客的兴趣点

只要游客进入主播的直播间就代表这里有吸引游客的元素存在。这时候，主播就要充分利用自己的互动技巧与游客聊天，在聊天的过程中逐渐了解游客，挖掘共同话题。如果游客是被主播的歌声吸引，主播就要主动询问游客喜欢听什么类型的歌，为什么喜欢听这种类型的歌，请游客选一首歌来演唱，等等。如果游客想要聊天，主播就要做一名优秀的倾听者，在需要的时候发表意见，引导游客倾诉，增强游客的信任，从而将游客转化为忠实的粉丝。

3. 尽量顾及所有观众

对主播来说，学会互动非常重要。因为直播环境是公开的，屏幕前有很多观众，而视频直播本身又以互动著称，为此主播必须学会互动。

现阶段，主播与游客互动的方法有欢迎游客进入、与观众聊天、应观众的要求展现才艺等。这种方法在观众少的情况下适用，如果观众人数增多，主播采取这些方法难免顾此失彼，部分被冷落的观众会产生不满情绪。面对这种情况，如果主播处理不当，会使粉丝心生抱怨而离开，使粉丝人数下降。

如何在直播的过程中顾及所有的观众呢？最好的方法就是使用话术，例如，在直播开始的时候，主播可以说“欢迎大家来到 ×× 直播间”；在直播结束的时候可以说“谢谢所有朋友的支持”。“大家”“所有”等词就将直播间所有的观众都包含了进去。主播应某位观众的要求演唱歌曲时，可以说“下面这首歌曲送给 ×× 及所有的朋友”。以这种方法来照顾直播间中所有的观众，在这种情况下，即便有一两个观众心生不满，其他观众也会对主播进行维护。

对于新主播来说，直播间中的观众数量不多，使用欢迎游客进入、与观众聊天、应观众的要求展现才艺等方法可以照顾到所有的观众，但是要留住观众，将其转化为忠实粉丝，依然需要借助高超的互动技巧。因为，在人少的情况下，如果主播只和某个观众聊天，只为某位观众展示才艺，更会引起其他观众的不满。在这种情况下，为所有的观众表演、带动大家一起聊天就显得非常重要。在互动的过程中，为了增强互动效果，直播可以通过“点名”，增加观众的讲话时间等方法提升观众的存在感。

总之，在直播的过程中，主播就是连接观众的纽带，主播要充分发挥自己的互动能力及领导力，以热情的态度、卓绝的才华将观众聚集起来形成一个整体，为观众带来欢乐，增强观众的信赖，将观众转化为粉丝。当然，在整个过程中，主播的互动能力是最重要的，为此主播要学会互动。

曾经有一项关于直播领域的调查显示：在国内知名度最高的直播达人中，有一半为东北主播。而从多家直播平台提供的数据中也不难发现：粉丝最多的前二十名主播中东北籍主播的比例均接近或超过一半。

之所以会出现这样的结果，与东北主播开朗直率、能说会道、风趣幽默、善于与粉丝互动的性格有较大的关系。目前，随着直播领域的竞争不断加剧，直播的模式也越来越多样化，多数的主播在唱歌、喊麦等主要直播内容的间隙，往往都会跟粉丝进行聊天和互动，而这也就使得很多东北籍主播凭借脱口秀、讲笑话等打造了自己鲜明的个人标签，并吸引了大量忠实的粉丝。

一直播平台的主播凯旋（直播称呼：艺人凯旋）就是这样一名东北籍主播，虽然直播的时间不是特别长，但凯旋已经聚拢了一批属于自己的忠实粉丝，目前他在一直播平台的粉丝数也接近 6 万。用凯旋自己的话说，虽然他不是让观众一眼就能喜欢上的主播，但他能够用 5 分钟的时间让“黑粉”变成“真爱粉”。

而要实现这种神奇的转变，凯旋一方面会让粉丝获得存在感，不会因其级别、关注自己的时间长短、送出的礼物多少等而进行区别对待；另一方面他会用心与粉丝沟通，把粉丝当成亲朋好友对待。另外，要积累粉丝必须学会对粉丝进行鉴别。如果你是一名擅长喊麦的主播，而粉丝喜欢的却是唱歌型的主播，那么也很难勉强粉丝喜欢自己。

跟其他很多主播一样，为了维护粉丝、加强与粉丝的互动和交流，凯旋也建立了自己的粉丝群。而且，为了让自己的粉丝更有归属感和成就感，他为粉丝群设置了一定的规则，粉丝也有统一的"马甲"。不仅如此，他还会经常在群内通过发红包、发有趣视频、分享自己的生活动态等方式调动粉丝群的活跃度。经历了前期数量增长的发展期后，目前凯旋的粉丝群质量更是得到了快速的提升。

如今的凯旋已经是一名经验丰富的直播达人了，但刚进入直播领域的时候，他也经历了一段摸索期。

之所以会在众多的直播平台中选择一直播，因为凯旋在对比之后发现一直播平台更适合自己，而且一直播完善的平台设置，也为自己的发展提供了极大助力。如果说有潜力的主播就像一匹千里马的话，那么一直播平台就如同伯乐，能够让自己在直播领域绽放光彩。

在选定了一直播平台之后，凯旋就开始着手购买直播需要的设备。由于自己主要是通过手机进行直播，所以只需要购入手机声卡、背景墙、补光灯等就可以了。虽然设备比较简单，但通过精心的布置之后，也可以打造一个整洁、光线适中的直播环境。此外，既然是用手机进行直播，直播时凯旋会特别注意手机放置的角度，以保证直播画面的美观。

关于直播时的穿着打扮，由于凯旋对自己的定位是具有亲和力的主播，因此穿着得体、让粉丝看了舒服即可，即便是家居服，如果造型可爱、适合自己，也未尝不可。当然，为了带给粉丝不一样的感觉，凯旋也会注意变换自己的穿着，尝试不同的风格。

作为一名擅长与粉丝互动的主播，凯旋非常善于运用第三方软件来活跃气氛。适时穿插的音效（如笑声、嘘声、弹簧声、乌鸦叫声、汽车发动声等）不仅能够使直播达到更好的效果，而且能够缓解冷场等带来的尴尬。

在一次直播的过程中，凯旋唱歌跑调了，此时他立即加入了一个“大笑”的音效，结果粉丝都以为他是为了幽默而故意为之，反而达到了比不跑调更理想的效果。再例如，凯旋有一句精炼的个人简介“不拼不搏人生白活，不狂不傲不是凯旋性格”，直播时插入这句简介可以让新加入的粉丝更加了解自己，但只说简介可能会造成冷场，因此凯旋往往会在说完后，加入一个“鼓掌”的音效，以避免可能冷场的尴尬。

➡ 粉丝才是直播经济基础

粉丝经济时代，每个人都是别人的粉丝，也希望有自己的粉丝，并忠诚于自己。特定的受众，换句话说就是最忠诚于自己的那部分粉丝。

粉丝对树立主播形象、扩大主播品牌影响力有着重要的推动作用。同时，粉丝意味着利益，谁拥有大量的、高质量的粉丝，就意味着找到了一座金矿。哪怕只是一个草根主播，只要拥有了大量的粉丝就可以获得较大的经济收益。

在认识到粉丝的作用后，重点就是如何培养，即如何才能拥有忠诚的粉丝，并充分发挥粉丝的作用。通常来讲，圈粉的方式有 4 种：一是打造社群，建立在线社区；二是通过微信、微博等社会化媒体，对粉丝实行精细化管理；三是与其他主播进行有效的互动；四是要经常关注网红主播、大咖主播们的更新动态，与他们沟通和交流。

1. 打造社群

粉丝经济的核心在于社群，因此做好粉丝营销的前提是运营好社群。那什么是社群呢？简单的理解就是很多人聚集在一起而形成的群体，但社群又不同于普通的群，最根本的区别是社群必须是基于一定的社交关系。

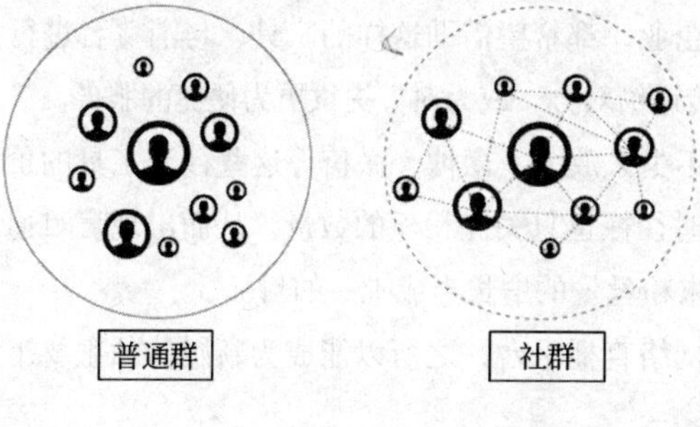

社群重点在于它的社交性，如果将社群分

开就很容易理解了，社群是社交+群体，或社交平台+社交方式。人人网、微博、微信，或者其他任何一种社交工具上的群都是这样的，每个群背后都承载了一个平台。只要有了这种工具的搭建，并形成某种社交关系，才能称为社群。

建立社群之后，还需要投入专门的人力、物力和财力进行管理和运营。社群就像是企业的一个部门、一个团队，只有在科学、合理的运营基础上，才能正常运转、发挥自身的作用。

于是，越来越多的网络直播开始建立一个属于自己的在线社区或者其他形式的社交群，吸引活跃粉丝在社区上互动。例如，一位名叫IR小潘潘的主播，在直播时建立了爱潘团，在线的粉丝可随时加入，成为其中的一员。

有些主播还将社群所聚拢的用户资源开放给外界，当然，这样做的目的是基于粉丝需求、围绕自身所在的领域，吸纳更多的人参与进来，从而为用户提供更多、更全面的服务。

从客观上看，资源共享可以为用户提供更多的资源和机会，而社区的“特定品牌”标签也会因此得到强化，更容易增加对潜在大众的吸引能力。更为重要的是，这种看似无私的奉献行为，不仅有助于形成超强的粉丝黏性，还可以颠覆传统的赢利模式。即不再单纯依靠网络直播赚得收入，还可以吸收诸如企业、社会团体入驻，收取额外费用。可见，利用社群沉淀的用户优势，可以大大提升自己的影响力和价值，拓宽赢利渠道。

2. 精细化管理

随着大量新媒体的兴起，微博、微信、QQ等已成为社交、企业营销的工具，无论是个人还是企业，都希望借助这样的工具，与消费者进行沟通，将一些信息精准地传递给对方，或为对方提供更为便捷的服务。

其实，也正因为此，不少人放大了微博、微信等这些社交工具的价值，导致有些主播在推广时往往也只关注粉丝的数量，从而出现盲目追求粉丝的浮躁之风，将追求粉丝量的增长当成唯一的目标。

无论微博、微信还是网络直播平台，之所以能成为新媒体的主要工具，是因为它们可以拉近与粉丝的距离。如果盲目追求粉丝量，而不注重内容、服务的提升，不注重粉丝的真正需求，就会偏离做粉丝营销的初衷。因此，做好粉丝“精细化”管理很重要。

在企业管理中，精细化管理已经大行其道。所谓的精细化管理，就是强调在运营过程进行管理，重在对过程的控制，通过积累过程中的各类数据指导实践中的运营。对粉丝进行精细化管理，关键是要找准粉丝的兴奋点，粉丝对信息的传播必须基于一些兴奋点，而这些兴奋点彼此之间是有差异的，有的可能单纯对各类优惠活动有兴趣，有的则可能关注产品或者行业的信息，只有在运用中不断记录每个互动粉丝的偏好（也就是对每个互动粉丝进行标签标记），才能“投其所好”，才能通过粉丝的传播实现营销效果的最大化。

3. 加强与其他主播的互动

这里的互动主要是指与别人互粉、互转、互赞，这是有技巧的。先说互粉，得找到与自己等级差不多的主播，而且是经常在线的活跃主播。如果直接找大号，对方可能会无视你；如果盲目找，很有可能会碰到一些“僵尸号”，关注这样的账号更是没有效果。现在，大部分平台都规定每个直播账号每天最多可关注 200 人，上限为 10 天，也就是说一个账号最多只能关注 2000 人。

如何最大程度地利用好这 2000 个名额，需要掌握一些技巧。例如，只与同等级的账号关注，关注后再去关注他们排在前十名的粉丝，这些可能都是与你互粉意愿最大的人群，回粉率可能高达 40% ~ 50%。

当关注数封顶后，此时就要去粗取精，争取提高粉丝的质量。具体的方法是先查看自己已关注的粉丝里面有没有添加自己为好友的，或者经常与自己互粉的。如果有就留下，没有的话很有可能就是“死粉”，可以说价值不会太大，则可以拉入黑名单，删除他们。这样就可以留出更多的名额去关注新的潜在粉丝。反复多做几次，一个账号的关注量上限其实就不止 2000 人，同时还可以保证粉丝的质量。

另外，在互粉的同时要多与他们互赞、互转，这样也可以大大增加自己视频的曝光率。积极关注热门标签。每天定期关注平台上那些热门标签的变化，按照自己视频的主题关注，并添加相应的标签，如果能得到该板块内容的热点主播、网红主播或官方的推荐，被曝光或关注的概率就会大增。

4. 支持大咖，获得关注和转发

在网络直播平台上，经常会看到一些拥有几十万、上百万粉丝量的主播，他们一般都是活跃度、被关注度非常高的主播，如果能得到他们的一臂之力，或写一条评论，或转发一下，无疑会吸引更多的粉丝关注。

当然，想要获得这些大咖的青睐，首先得多发高质量的视频，这是最关键的，没有好的内容一切都是浮云。在保证内容质量的基础上，还要做好沟通。例如，多关注他们的动态，了解他们的上线时间和粉丝的互动时间等。在这期间，也要对他们的视频进行评论，以引起他们对自己的足够重视。为了能充分凸显出自己，评论的字数要尽量多点，刚开始就是单纯评论、赞扬，避免直接要求转发或点赞，要让对方知道自己是最懂他的粉丝。心急吃不了热豆腐，要想达到预期目标，就必须有一个过程的积累，然后才能水到渠成。

5. 打造个人特色

目前各个直播平台上的主播不计其数，要想在众多的主播中脱颖而出，积累一批忠实的粉丝，主播就应该打造鲜明的个人特色。

现今社会，有才华的人越来越多，但是对于观众来说，具有特殊才华的主播仍然具有很强的吸引力。所以，在各种积聚粉丝的方法中，以才华吸引观众、积聚粉丝的方法也是比较常用的，并且通过展示才艺能够得到赏识自己的粉丝的支持。

有些主播擅长幽默和搞笑。大部分网友登录直播平台、观看直播的目的是为了娱乐。为此，主播可以生产一些娱乐搞笑的内容来吸引流量，积聚人气。在直播的过程中，主播娱乐搞笑的方法有很多，如搞笑连麦、脱口秀、冷笑话等。

红于 YY 聊吧时代的老李，其直播方式无外乎两种，一种是脱口秀，一种是冷笑话，但是其直播有一个很大的特点就是制造舆论，让自己保持高关注度，积聚粉丝。很多网友认为老李的直播方法非常搞笑，并因此成为老李的粉丝。

当然，打造个人特色并不局限于以上几个方面，如擅长电子竞技、干货分享、情绪表达等，也能使主播打造鲜明的个人特色，并吸引定位精准的粉丝。

6. 利用资金投入

简单来说就是用钱积聚人气，这是一种简单、粗暴的积聚粉丝的方法。好奇心强、爱看热闹是人之天性，如果某个地方有热闹可看，人们就会蜂拥而至。在直播平台上使用这种方法吸引流量非常有效，但有一个前提——主播必须有才华。

YY 主播阿哲从千人主播成长为公会旗帜。这其中固然有粉丝的作用，但阿哲本身的风趣、幽默也功不可没，否则即便是用金钱、礼物堆砌，也不可能使阿哲以如此之快的速度成长起来。

红于 YY 聊吧时代的毕加索，以强大的交际能力聚集了很多粉丝，并受到了迦叶、歪歪鱼的大力支持。在 2014 年的一次直播中，歪歪鱼、纵横在十几分钟之内给毕加索送出了几百万元的礼物，将其推至排行榜第一。

7. 举办粉丝活动

主播要积累粉丝，最直接有效的方式就是增进与粉丝的互动和沟通，而形式多样的粉丝活动能够达到这样的效果，如粉丝见面会、歌友会、生日会等，能够调动粉丝的参与热情。另外，主播也应该善于利用平台推出的各种活动来积累粉丝。

2015 年 8 月 12 日，直播达人 MC 天佑就在南京举办了第一次粉丝见面会，通过泡温泉、唱歌等方式不仅增进了与粉丝的互动，而且吸引了更多的新粉丝。除这次见面会外，天佑还举办过生日会、电影发布会以及养老院送温暖等各种形式的粉丝活动。

总之，没有粉丝什么新媒体都玩不转，传统经济时代我们往往看重的是数量和规模，互联网营销时代看重的却是质量。粉丝不是一般的爱好者，而是最优质的目标消费者，是有些狂热的痴迷者，更是下一个新产品的制造者。

➡ 不断给粉丝带来惊喜

虽然每个主播在直播的过程中都形成了一定的个人特色，但特色并非意味着一成不变。实际上，直播的过程也就是主播向粉丝展示自我的过程，当粉丝关注某位主播一段时间后，一般都希望对主播有更多的了解，希望主播能够不断带给自己新鲜感。主播要在直播期间带给粉丝新鲜感需要个人的提升和积累，在具体的实践过程中则应该注意以下几点。

1. 造型多变

对网络主播，尤其是女主播而言，多变的造型可以给粉丝带来不同的感觉。主播可以尝试不同的妆容、发型和服装，打造多变造型。在设计造型时，可以参考直播的主题、时下的季节以及节日等因素。

在直播运动主题时，主播可以扎马尾辫、穿运动装，打造一个健康、利落的形象；在直播唱歌主题时，则可以穿着甜美系的裙装、留披肩长发，打造一种甜美的形象；在春日进行户外直播时，主播可以选择草绿色、嫩黄色等明媚的颜色，打造一种充满生机的形象；在圣诞节或新年期间进行直播时，则可以穿着红色服装，与节日的欢乐氛围搭配。

不过，多变的造型虽然可以给粉丝带来新鲜感，但主播也要根据个人的定位来设定，并且尽量不要采用过于夸张的造型。

2. 表情动作丰富

很多网络主播尤其是新手主播，难以获得较高人气并且容易让粉丝厌倦的原因之一就是表情动作过于单一。用户之所以选择直播这样一种沟通方式，而非微博、微信、美拍等，就是因为通过直播能够看到主播更好地展示自己、和主播更多地交流和沟通。而过于单一的表情和动作，使主播无法有效调动现场气氛、给粉丝带去新鲜感。

一般情况下，善于卖萌和搞怪的主播往往更容易受到粉丝的青睐，因此主播在直播时不妨适时地加入一些不同的表情和动作，如手比爱心、做鬼脸等，营造一种更加容易接近的感觉，提升粉丝的好感度。

3. 形式多样

虽然对于不同类型的主播，其采用的直播形式往往比较固定，如游戏解说、喊麦、唱歌、做美食等。但在直播的过程中，主播也可以融入多样的形式，带给粉丝新鲜感。

例如，进行唱歌表演的主播可以采用与手偶对话的方式来选择要演唱的歌曲，并在演唱的过程中和演唱结束后，与手偶进行互动和回应。偶尔采用这种别出心裁的方式，能够给粉丝眼前一亮的感觉，并期待主播能够在以后的直播过程中带来更多惊喜。

4. 注重日常积累

由于网络直播需要主播与粉丝频繁进行互动和交流，因此善于表达、具有幽默感的主播更容易受到粉丝的喜欢。而对于性格偏内向、没有幽默潜质的主播而言，为了更好地与粉丝互动、给粉丝带来新鲜感，则应该注重日常积累。

网络上的段子、生活中好笑的事情，主播都可以收集起来，在直播的过程中与粉丝分享。而且，以此为契机，也有助于带动粉丝分享类似段子和故事，增进直播过程中的良性互动，提升粉丝的活跃度。

5. 分享生活感受和经历

在不同话题的讨论过程中，主播可能给粉丝带来不一样的感觉。因此，主播可以在直播开始、中间或者结束等不同的时间段选取合适的、适宜与粉丝分享的感受和经历。例如，自己最近准备到哪里玩，在某餐厅吃了什么特别美味的菜肴，平时喜欢玩什么游戏，等等。一方面，通过讨论不同话题展示了自己；另一方面，也调动了粉丝互动的积极性。

90 后女生张梦弘（直播称呼：张梦弘 Mona）是酷狗繁星直播平台的一位直播达人。由于形象甜美、嗓音动人，她在直播平台受到了众多粉丝的欢迎，截至 2017 年年初，张梦弘在酷狗繁星平台的粉丝数已经接近 40 万，在微博平台也拥有约 13 万粉丝。

2015 年 5 月，张梦弘在广州举办了业内首场 O2O 歌友会，在线观看人数突破 30 万，当场演出收到的礼物价值更是达到 153 万元，堪比国内著名歌手的演出收入。在个人的努力和粉丝的支持下，张梦弘的发展潜力也得到了进一步的释放，除了创作歌曲、推出音乐专辑外，近两年年她还录制了多个电视节目，涉足影视圈，参演网剧和电影。

如今，网络主播的竞争激烈异常，而在各种类型的主播之中，以超高颜值和歌唱才艺为标签的主播不胜枚举，而张梦弘之所以能在众多的同类主播中脱颖而出，成为酷狗繁星平台的“当家花旦”，原因就在于她非常擅长“圈粉”。

张梦弘每场直播的粉丝数都能达到数万人，除了通过唱歌等才艺吸引粉丝外，开朗活泼又极具亲和力的性格也让她“吸粉”无数。在直播开场以及唱歌的间隙，她经常通过跟粉丝打招呼、讲笑话，用调侃的方式调动直播的气氛；在一些特殊的节日到来时，她也会设置相关的话题跟粉丝互动，如冬至的时候询问粉丝家乡的习俗、会吃哪些约定的食物等，在粉丝看来，她就如同一个邻家妹妹一般让人渴望接近。

很多主播在开通直播一段时间并吸引了一定数量的粉丝之后，往往会担心一个问题：粉丝长时间关注自己之后，会不会产生审美疲劳、容易厌倦？这确实是实际存在的一个问题，观察张梦弘的发展，可以发现其粉丝忠诚度高（一般跟随了三四年），而且数量是稳步增长的，而这主要是由于她不仅打造了鲜明的个人特色，还非常擅长带给粉丝新鲜感。除了会不定期变换自己的服装、发型，她非常喜欢利用一些小饰品（如猫耳朵发夹）给粉丝带去耳目一新的感觉。有时，她还会通过跟公仔对话的方式决定自己要演唱的歌曲，别样的形式让粉丝忍俊不禁。

除了熟练运用这些小技巧外，张梦弘非常注重个人的调节和提升。例如，在一段休假后重新回归，以更饱满的状态跟粉丝见面；学习新的才艺，向粉丝展示自己不同以往的一面。

当然，无论拥有多少粉丝、受到多少用户喜欢，主播直播不可能总是一切顺利的。有时，难免会遇到一些粉丝故意刁难，例如，有些粉丝可能批评主播的外貌或才艺，也可能提出无理的要求，等等。在积累了一定的经验后，张梦弘对这样的状况有自己的应对方法，如果粉丝只是开玩笑，可以调节自己的心态，不必过于揪住不放，也可以采用自我调侃等轻松的方式处理；如果是恶意的人身攻击或发布不健康的内容，就可以采用管控的方式直接将其屏蔽。

对主播而言，直播过程中的表现是其吸引粉丝、提升人气的不二法宝，但直播外，主播也应该注意开发和维护粉丝。在直播平台外，张梦弘也开通了个人微博、微信、公众号、QQ群等，通过这些社交工具与粉丝互动、分享自己的生活和工作、回答粉丝关心的问题、邀请粉丝参与线下活动等。一般在每次直播时，她都会通过插入字幕的方式告知新粉丝自己的微博、QQ群，对于忠诚度高的粉丝，她也会告知其个人微信账号，以便加深与粉丝的交流。

作为平台的人气主播，张梦弘在平台和公司的支持下还会不定期进行各种线下粉丝活动，如演出活动、发布会、生日会等，近距离地与粉丝接触，了解粉丝的需求和喜好。另外，她还通过众筹歌友会等方式提升粉丝的参与感，并赠送写真、艺术照以回馈粉丝。

➡ 通过直播拉近与用户的关系

在传统电商模式中，企业无非是想要通过搭建一个平台来销售自己的产品。但是对于电商的用户来说，想要购买产品需要的是信任，用户只有信任你的产品，才能掏钱购买。那么如何做到让用户信任呢？仅仅依靠几张漂亮的平面图片或者文字介绍？或者仅仅依靠平台的所谓良好承诺？

这些都不足以让用户信任，但是如果加入直播的营销元素，就有可能让用户对电商平台产生信任。

加入直播，可以让用户更直观地了解产品，增强用户对产品的信任感，进而提高销量。

波罗蜜全球购简称为“波罗蜜”，是一个主打“只卖当地店头价”和“视频互动直播”的自营跨境电商，于2015年7月正式上线，其通过在App中载入直播的互动技术，致力于为消费者还原海外购物场景。

目前，“波罗蜜”已经开通日本和韩国市场，提供包括美妆个护、母婴用品、保健品、零食及小家电等商品，海外商品的数量持续增加。

“波罗蜜”的创始人兼CEO张振栋在移动互联网领域有超过10年的创业经验。他之所以要做“直播+电商”的模式，是想让用户知道所购买的产品是真真切切从海外而来，且能满足用户自身需求。由于加入直播模式，上线后第一周，“波罗蜜”日新增用户过2万，第二个月收入破千万，次月重复购买率达45%，直播间收入占30%以上。

在“波罗蜜”的海外购物中，用户可以与主播实时聊天，实时了解当地的购物情况和环境，可以说“波罗蜜”的商家完全是被用户“牵着鼻子走”。“波罗蜜”的主播来自当地，可以通过直播“带领”用户尽情逛各大海外市场，选购海外产品。在直播过程中，用户让拍哪里就拍哪里。这样的购物环境和场景获得用户信任，同时也拉近了企业与用户的关系。

打开“波罗蜜”全球购的手机App客户端首页，单击下方的“直播”会进入“波罗蜜”的直播页面。在这里，“波罗蜜”每天12:30开始直播。过往的直播也可以在这里回放观看。

比如，我们单击“护肤”专栏，找到“请收下日本国‘土特产’神奈川的有机柠檬系列”的直播。这是一条在2016年7月23日的直播，有9万多人观看。进入该直播会发现日本美女主播，走入神奈川的这家旗舰店，并且通过直播镜头给用户直播店内的环境、产品及店内的美容专家。在这里，有众多该品牌的产品，包括护肤产品、美发产品等。在直播过程中，主播不但透过镜头使用户仔细看清产品，而

且还亲自上阵当场试验产品。

通过这样近距离的直播，用户对产品的信任感提升一个甚至几个层次，进而付钱购买该产品。直接单击该直播下方的“购买”一栏，下拉就能看到在直播中主播介绍的产品，加入购物车就可以购买了。

“波罗蜜”的“只卖海外店头价”的口号通过直播更具体化地呈现在用户面前。这也能让该电商平台透明化，给用户赤裸裸的透明价，拒绝任何不合理的价格。

如此一来，这种“直播 + 电商”的模式，不仅让用户参与进来，提升了用户对电商平台和产品的信任度，还会激发用户消费，进而创造现金流。

第五章 快速掌握直播电商的运营技巧

➡ 如何做好直播营销

直播营销是移动互联时代品牌营销不可或缺的重要内容，对企业来说，在构建和布局视频直播营销时，需要着重把握以下 3 点：

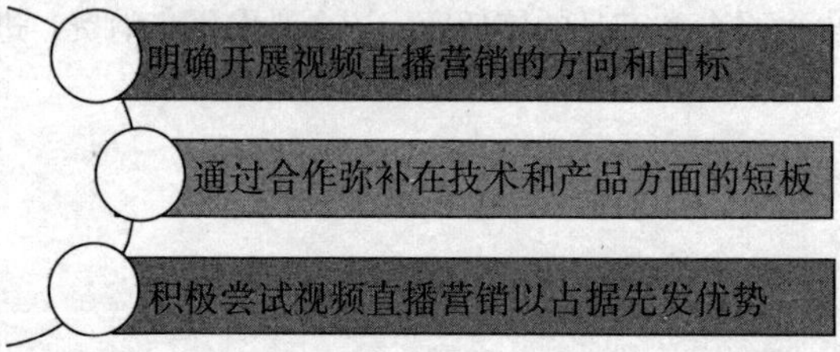
明确开展视频直播营销的方向和目标
通过合作弥补在技术和产品方面的短板
积极尝试视频直播营销以占据先发优势

1. 明确开展视频直播营销的方向和目标

面对逐渐显现的巨大的视频直播营销红利，很多企业虽然都在努力尝试视频直播营销，但却没有头绪，不知如何去做，缺乏明确的方向和目标。

企业要获取视频直播营销红利，首先要根据自身的品牌属性确立想要达到的效果，即营销目标。例如，如果企业进行视频直播营销的目的是为了积累社交口碑，扩散品牌知名度和影响力，可以选择在受众广泛、用户众多的热门视频直播平台上开通直播账号，通过直播企业的各种大小事情让受众更好地了解企业和品牌，与用户建立起连接关系；如果是为了与精准受众进行深度沟通，实现销售转化，则最好搭建自己的视频直播平台。

当前，由于无线和移动网络尚待进一步优化完善，企业借助第三方视频直播平台进行直播营销时可能会遇到卡顿、掉线等问题，从而影响受众的整体体验。因此，更适宜的方案是企业根据自身的业务特质和精准受众的需求，精确选择个性化的视频直播平台，以便更有效地掌控视频直播营销过程，做到有的放矢，从而获得预期的营销效果。

2. 通过合作弥补在技术和产品方面的短板

大多数企业并不具备独自搭建视频直播平台的技术和能力，因此，一方面，需要选择适宜的合作伙伴弥补其在技术和产品方面的不足，以保证视频直播的流畅体验和良好互动；另一方面，在当前的视频直播市场中，也已经出现了众多能为企业提供一站式视频直播解决方案的专业高清移动直播服务厂商。

专业高清移动直播服务商乐直播能够为企业提供操作简便、搭建快速直播场景的视频直播解决方案；其采用的高清拍摄、独家直播盒解码压缩等技术，能够为受众提供清晰流畅的观看体验；同时，乐直播还可以提供丰富的互动插件，帮助企业在视频直播过程中建立多种互动玩法，提高用户参与互动的热情。

此外，乐直播提供的视频直播方案，还解决了第三方直播平台中受制于网络环境的缺陷，不仅使企业能够直接在户外进行直播，更重要的是不再受观看人数的限制，从而达到视频直播营销效果的最大化。

3. 积极尝试视频直播营销以占据先发优势

不可能一直存在红利，一波互联网营销红利存在的时间大概只有3~5年。因此，在视频直播营销时代来临之初，企业要以高度开放的心态拥抱这一营销新模式，尽早尝试、探索和布局，以占据先发优势，争取更多的红利。例如，小米手机的迅猛崛起离不开对微博营销红利的及时获取，而很多年收入过亿元的优质微信自媒体，也是得益于在微信红利爆发之初就率先入场，占据了先发优势。

整体来看，随着视频直播产业的快速崛起和优化成熟，该领域已然成为企业进行营销比拼的一个重要“战场”。企业需要以开放的心态正确对待这一创新营销模式，尽早布局和尝试，如此才可能抓住这一波营销红利。同时，与能够提供专业性、一站式视频直播解决方案的服务商进行合作，搭建自己的视频直播平台，也不失为企业获取营销红利的有效路径。

直播营销最经典的案例是巴黎欧莱雅的 5 月戛纳电影节明星直播。2016 年 5 月第 69 届戛纳电影节期间，作为主要赞助商的巴黎欧莱雅发起了一场名为“零时差追戛纳”的直播活动，并邀请到极具人气的明星参与直播。

这场直播活动并没有预设话题和运用话术，只是通过记者和明星轻松的日常对话向观众展示明星们从接机到入住酒店的全部场景；也没有专业的灯光布景和摄影师跟拍，而是全程借助手机完成。直播过程中，明星们向观众推荐欧莱雅化妆产品，主持人也会借机号召粉丝到天猫平台搜索“我爱欧莱雅”，鼓动粉丝购买明星同款产品，实现营销转化。

国内观众通过观看直播并参与互动“身临”了戛纳的街头、电影宫、红毯、豪华酒店、酒会等各类场景，掀起了一场异常火爆的“戛纳直播热”，而众多品牌也借此获得了直播营销带来的巨大效益。

网络直播的快速发展普及得益于两个因素：一方面，移动互联网的发展为那些希望提高知名度、成为网红的人提供了条件，特别是移动直播大大降低了网红的准入门槛，通过移动直播，普通人也可能成为备受关注和追捧的网红；同时，与其他社交方式相比，直播的内容更丰富、玩法更多元、互动更实时，能够更充分地满足人们个性化、多元化的社交诉求。

另一方面，外部环境的改善也为网络直播的快速兴起提供了有力支撑。手机等终端硬件不断更新升级，智能化程度越来越高；对直播进行视频录制的设备价格不断降低，相关技术更加简便；上网速度不断加快，流量费用持续下降。这些都大幅降低了直播成本，吸引着越来越多的人参与视频直播。

在欧莱雅“零时差追戛纳”直播活动中，被称为“李宇春同款”的701冰晶粉色唇膏在直播一天后便宣告售罄，充分展现了直播营销巨大的销售转化价值。而且，这种明星参与的直播营销活动，不会让品牌或产品推荐显得过于生硬，也更容易带动其他产品的销量。

显然，在网络直播大潮初见端倪之时，很多品牌商已经敏锐把握到了直播所带来的新一轮营销红利，直播营销也成为企业营销布局的重要内容和方向。

这是因为，一方面，随着传播媒介和技术的快速变革更新，信息生产者也在寻找一种更加人性化、能够不断优化用户消费体验的方式。另一方面，从内容消费的视角来看，年轻用户越来越青睐碎片化、浅阅读、便捷性的信息获取方式：文字让位于直观的图片，图片让位于内容丰富多元的视频，而冗长的视频又逐渐让位于门槛更低、更大众的短视频。

➡ 站在粉丝角度确立直播主题

做好直播营销的第一步，就是选好直播的主题。一个引人瞩目的优秀主题是传播广泛的直播不可或缺的，因此如何确立直播主题，吸引用户观看直播是直播营销中最关键的一个步骤。俗话说，“好的开头是成功的一半”，选好直播的主题也是如此。

我们向大家介绍几种确立直播主题的方法，如从用户角度出发、及时抓住时代热点、打造直播噱头话题、专注围绕产品特点等。

1. 注意直播目的：不能无准备

首先，企业要明确直播的目的，是单纯营销还是提升知名度？因此，如果企业只是想要提高销售量，就将直播主题指向卖货的方向，吸引用户立马购买；如果企业的目的是通过直播提升企业知名度和品牌影响力，那么直播的主题就要策划得宽泛一些，最重要的是要具有深远的意义。

直播的目的大致可以分为三种类型。

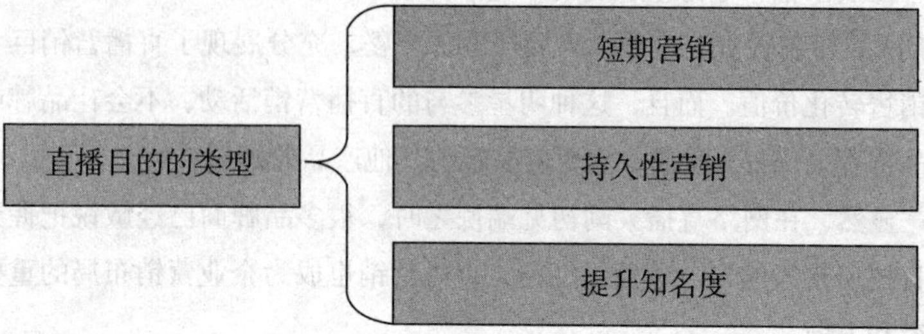

下面重点介绍一下关于持久性营销直播主题的策划。对于持久性营销而言，其直播目的在于通过直播平台持续卖货，获得比较稳定的用户。所以，持有这类直播目的的直播主题应该也具备长远性的特点。

在策划直播的主题时，应该从自身产品的特点出发，结合其他店家的特点，突出自己的优势，或者直接在直播中教授给用户一些实用的知识和技巧。这样一来，用户就会对店家产生好感，并最终成为店家的“铁杆粉丝”。

例如，淘宝直播中有一个叫“雯屋全球创意品牌店”的商家，一个专门销售各种有创意用品的商家。在这个商家的直播中，不仅有产品的直接展示，而且还会告诉用户怎样选择适合自己的产品，让用户感觉购物的同时还学到了不少知识。

从图中可以看出，店家在直播中推送了化妆包，但它的标题是带有技巧性的，“如何选择适合自己的化妆包？”很

多用户看到这个标题就会觉得很实用，同时也有效抓住了女性的爱美心理，拉近用户与店家的距离。

许多用户在观看完直播后都能得到一定的收获，所以也会对下次直播能带来什么精彩内容充满期待。这就是持久性营销的直播目的，为了实现销售的长久性，全力黏住、吸引用户。

2. 从用户角度切入：迎合其口味

在服务行业有一句经典的话叫作“每一位顾客都是上帝”，在直播行业用户同样也是上帝，因为他们决定了直播的火热与否。没有人气的直播是无法经营并维持下去的。因此，直播主题的策划应以用户为主，从用户角度出发。

从用户角度切入，最重要的是了解用户究竟喜欢什么，对什么感兴趣。有些直播为什么如此火热？用户为什么会去看？原因就在于那些直播迎合了用户的口味。

现在关于潮流和美妆的直播比较受欢迎，因为直播的受众大多都是年轻群体，对于时尚有自己独特的追求，比如“清新夏日，甜美时尚减龄搭”“小短腿的逆袭之路”“微胖女孩儿的搭配小技巧”等主题都是用户所喜爱的。而关于美妆的直播更是受到广大女性用户的热烈追捧。

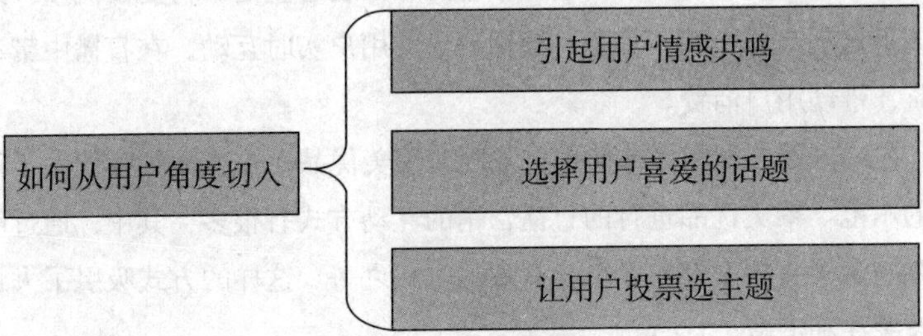

例如淘宝直播有一个名叫“不开美颜的大胖”的主播，专门直播微胖女生的穿搭技巧。在直播中，主播亲自试穿不同的服装，为用户展现如何利用服装搭配的技巧来掩盖身材的缺陷。同时，如果用户觉得主播试穿的衣服也适合自己的话就可以点击相关链接直接购买。

美妆的直播也是如此。除此之外，各种新鲜热点、猎奇心理等主题也能激发用户的兴趣，企业需要从身边的事情挖掘，同时多关注那些成功的直播是怎么做的，才能策划出一个完美的主题。

➡ 通过直播给用户发红包

在“直播＋电商”的营销下，电商想要通过直播获得更多流量，还应该不定期准备一些“惊喜”给用户，与用户实时互动，在直播中带动气氛，带动用户消费。

在这方面，如何做才能更有效呢？聚美优品在这方面给我们做了很好的示范。聚美优品进行的直播营销的互动方式有很多，其中，通过明星参与聚美直播发红包是最为有效的方式之一。这样的方式吸引了大量粉丝关注和消费。

很多人都说聚美优品的创始人陈欧是最懂女性消费者的。他不仅及时跟随女性最受欢迎的视频直播，还在聚美直播中将内容定位于化妆、护肤、穿搭等一切关于“美”的主题，而且很早就瞄准“颜值经济”，并通过明星等各种优质内容资源来扩大聚美优品的影响力，吸引喜欢娱乐、追求美丽的潜在消费者。

同时，聚美直播独创了明星发红包直播互动功能和环节，让明星不仅可以通过聚美直播和粉丝实时互动，同时还可以发红包，或者其他福利，从而进一步引爆粉丝的热情。

2016 年 6 月 16 日，明星魏晨“空降”聚美直播。当日，魏晨出场仅 5 分钟，在聚美直播平台中聚集的粉丝数就突破 200 万。当有粉丝问他护肤秘诀时，他表示充足的睡眠加上聚美优品电商旗下的入驻品牌“菲诗小铺”护肤品就是完美的结合。

因为魏晨的影响力，在短短几分钟的聚美直播过程中，聚美平台上的“菲诗小铺”限量版气垫 BB 就瞬间售空。聚美直播还特别推出让粉丝猜歌送礼物、红包大放送等互动游戏，这些优惠和惊喜互动也让聚美直播在线观看人数突破 500 万人次。

作为电商，无论是做美容还是海外购，都应该及时拥抱直播。此外，每个电商平台还可以根据自己独有的特色和优势进行个性化直播。

1. 养生保健品销售

在天猫、京东等电商平台，很多商家都在销售各种保健品、营养品。为了能够获得更多的流量，许多商家用直播吸引用户，比如用“明星 + 直播”的方式来吸引用户购买产品。

明星参与直播，与粉丝一起分享该产品的效果、细节等优势之处，不但为产品做了很好的广告，还为企业带来了可观的流量，甚至还能形成一些热门话题，直接给产品、企业带来巨大变现。

例如，保健品、护肤品、养生产品阿芙精油在 2016 年 7 月 21 日的淘宝直播中推出名为“夏日轻松祛痘秘籍”的直播。在这个直播中，护肤专家通过医学养生的角度给用户讲解了夏日祛痘的方法，整个过程非常专业。对于用户提出的问题，专家能够实时解答。

在这个直播过程中，专家主播还巧妙地将阿芙精油的祛痘精油产品融合在解答用户问题中，让用户不知不觉地了解了阿芙精油的功效，激起了用户的购买热情。

如果你是小商家，可以借助免费的直播平台做个人直播，通过有趣的内容，将产品和个人的特色融合起来。这种方式几乎是任何行业都可以复制的。

2. 专业药品营销

与保健品相比，药品的直播似乎更具挑战性。但是你也可以利用更加个性化的方式来直播，比如请一些讲师做直播，在直播中给大家讲授养生、选择药品等技巧，然后巧妙加入自己的产品，这样就可以获得流量，也更有机会获得变现。

➡ 热点话题进行营销

1. 围绕产品特点，展现产品优势

如果企业想让用户从头到尾，一会儿不落地将直播看完，那么就一定要围绕产品特点进行直播主题策划。

因为你要向用户全面展示产品的优势和与众不同的地方，这样用户才会产生购买的欲望。

围绕产品特点的核心就是“让产品做主角”。有的企业在直播时，将产品放在一边，根本没有向用户详细介绍产品的优势和特点，一味给

用户讲一些无关紧要的东西；有的企业一开始直播就滔滔不绝地介绍产品，丝毫没有其他的实用技巧。这两种直播方法都是不可取的，对企业的营销来说有百害而无一利。

企业必须清楚地认识到：产品是关键，产品才是主角，直播的目的就是让产品给用户留下深刻印象，从而激发用户的购买欲。

那么“让产品当主角”具体该怎么做呢？

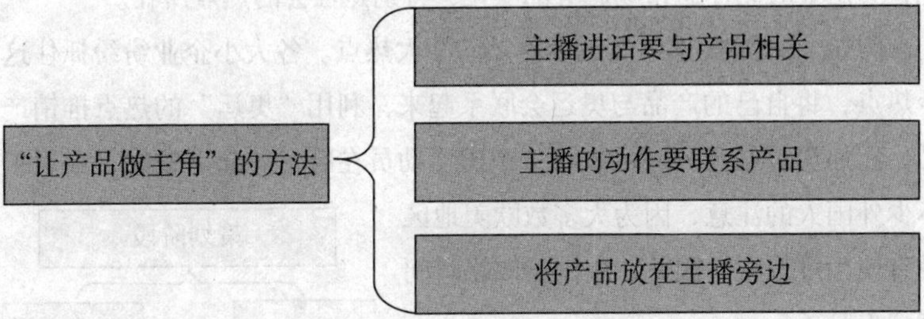

当然，这些都需要在直播之前做好相关准备，才能在直播时进行得有条不紊。例如，淘宝直播中有一个卖珠宝的商家，在直播中展示了产品的相关信息。

而他的直播内容也全都是围绕产品进行，比如珠宝的特色、质地、适合的人群等，而且还可以边看直播边点击链接购买。

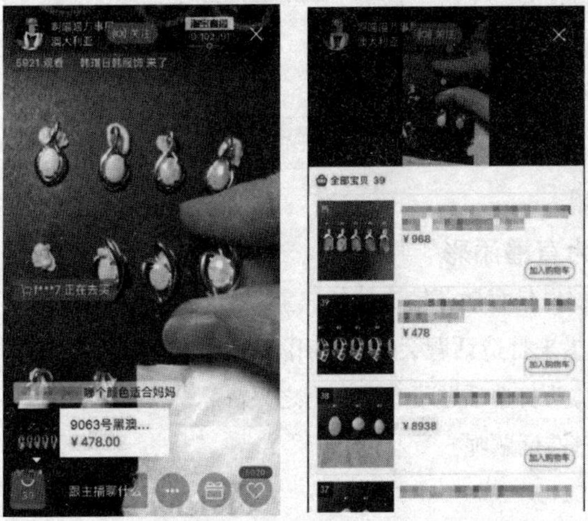

由此可以看出，用户看以销售为目的的直播是因为对其产品感兴趣。因此，直播主题策划就应该以产品为主，大力宣传产品的优势、特点，只有这样，用户才会观看直播，从而购买产品。

2. 及时抓住热点话题

在互联网发展得无比迅速的时代，热点就代表了流量，因此，及时抓住时代热点是做营销的不二选择。在这一点上，企业要做的就是抢占先机，迅速出击。

打个简单比方，如果一个服装设计师想要设计出一款引领潮流的服装，那他就要有对时尚热点的敏锐眼光和洞察力。确立直播主题也是如此，一定要时刻注意市场趋势的变化，特别是社会的热点所在。

例如，2016年里约奥运会就是一个大热点。各大小企业纷纷抓住这个热点，将自己的产品与奥运会联系起来，利用“奥运”的热点推销产品。比如当时红极一时的蚊帐，中国运动员在卧室撑起了蚊帐，吸引了不少外国人的注意，因为大多数欧美地区没有使用过蚊帐。因此，中国的蚊帐瞬间就“火”了。

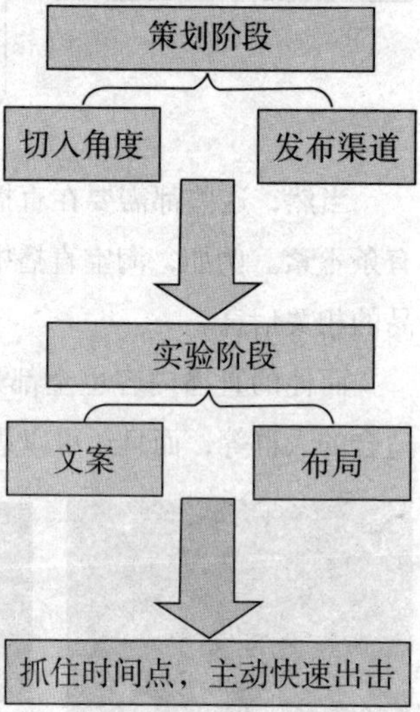

显而易见，这次“蚊帐+奥运”产品营销就非常符合市场热点的要求。于是各大商家抓住了这个热点，在直播主题中加入了这个热点因素，吸引了不少用户关注。

当然，抓住了热点还远远不够，最重要的是如何利用热点快速出击。

总之，既要抓住热点，又要抓住时间点，同时抓住用户的心理，这样才能创作出一个优秀的直播主题。

3. 制造话题，为直播添彩

制造一个好的话题也是直播营销成功的法宝。当然，制造话题也是需要技巧的，利用噱头来打造话题会使很多用户为之瞩目，所谓噱头，即看点和卖点。巧用噱头打造话题可令用户为之兴奋。

如何利用噱头来打造话题呢？

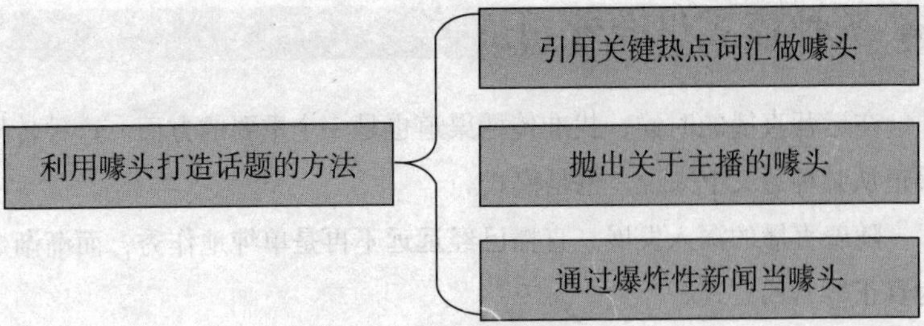

在策划直播主题时，企业要学会利用热点词汇作噱头，吸引用户的注意力。例如，2016 年里约奥运会期间，一句“洪荒之力”带动了该词汇的广泛传播，一时间红遍网络，无论是企业还是个人，都纷纷引用“洪荒之力”来表达自己的观点。其中，微博平台的 # 傅园慧洪荒之力 # 的话题吸引了几千万人的阅读。

很多企业在直播中也借助这个关键词，吸引用户的眼球。类似的热点词汇还有很多，比如“一言不合就……”“走心”等。

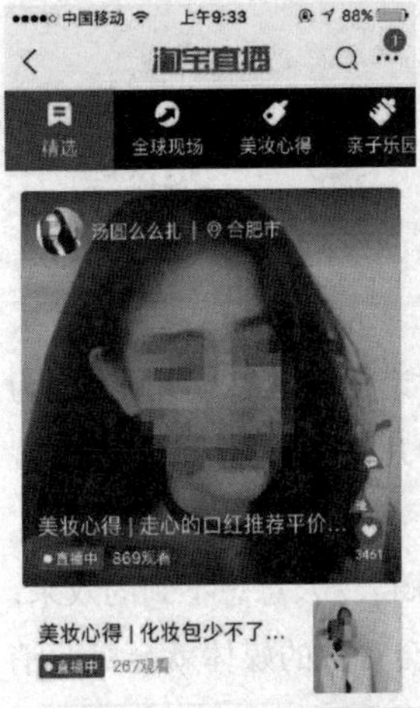

在直播中，商家也巧妙地借用“走心”这个关键词来吸引用户流量。例如，淘宝直播一个主题就采用了这个热词，叫“走心的口红推荐评价……”。

由此可见，打造噱头主题时借鉴热点词汇确实是一个相当实用的技巧，既可成功地引起人们的情感共鸣，同时也能获得人气和收益。

成功的直播主题策划需要能吸引用户前来观看，因此打造噱头成为一种针对性文档方式，最重要的还是从各个方面综合考虑为好。

➡ 多种模式组合营销

在运营直播的时候，找准传播渠道也是一个重要的方面。这种传播渠道从某种意义上来说，也是模式。

随着直播的深入发展，直播已经远远不再是单纯地作秀，而渐渐成为真正的营销方式。

所以，想要将产品成功地推销出去，找准传播渠道是一个必不可少的环节。

1.“发布会+直播”的营销方式

“发布会+直播”这种模式的重点在于多平台同步直播，因为发布会只有多平台同步直播才能吸引更多的用户关注，打个简单的比方，央视的春节联欢晚会如果没有各大卫视的转播，那么其知名度、曝光率就不会那么高。

让产品多渠道展现是向喜欢不同平台的用户提供讨论的专属空间，这样一来，他们也能在自己已经熟悉的互动氛围中进行自由的交流讨论。

例如，2016年小米红米Pro、小米笔记本Air新品发布会就格外惹人注目，其不同于以往只能在小米官网的娱乐直播上观看，而是在各大直播平台都能观看。比如人气超高的哔哩哔哩动画网站、斗鱼直播、熊猫直播等。

而小米发布会在各大平台直播所引起的讨论重点也各不相同，因为直播平台的受众年龄大多分布在十几岁到三十几岁之间，因此各自的观点也是有些差异的。

这种“发布会+直播”的模式之所以能获得令人意想不到的效果，其原因在于三个方面，一是直播之前，发布会官方的媒体就会对此消息进行大力宣传和预热，制造系列悬念吸引用户眼球；二是此种模式

比较新颖，将传统的商业发布会与直播结合起来，抓住了用户的好奇心理；三是给用户提供了互动的渠道，对产品的不断改进和完善更加有利。

小米产品发布会在哔哩哔哩上的直播。此次直播引起了小米粉丝和哔哩哔哩用户的广泛关注和讨论。

小米的发布会直播运用多平台同步直播的方式，这值得其他产品借鉴，当然，这也要根据产品的性质而定。但不容置疑的是，小米发布会直播取得了巨大的成功，此种模式为其带来了更多流量和用户。

2. 直播不仅仅是靠颜值

在当今的直播营销中，都说对主播的要求比较低，但其实想要成为一个名气度高的主播，门槛还是挺高的。比如那些人气高、频繁登上平台热榜的主播，在依靠背后的经纪公司或者团队运作的同时，他们也有很高的颜值。

爱美是人之常情，人人都喜欢欣赏美好的事物，所以颜值成为营销手段的一部分因素也不难理解。但需要注意的是，颜值并不是唯一条件，光有颜是不够的，要把颜值和情商、智商相结合，才能实现“颜值+直播”的效果。

在直播营销的运营过程中，主播的表现与产品的销售业绩是分不开的，用户乐意看到颜值高、情商高的主播，这也是颜值高，主播人气就高的原因所在。

例如，SK-II 就曾邀请其代言人霍建华担任新品发布会的主播，在美拍直播平台上进行了一场人气爆棚的直播。这次直播短时间就获得了80多万观众的佳绩，而且通过这次直播，本来口碑很好的SK–II品牌又获得了更多的知名度和曝光率，此次发布的新品的销售业绩也是节节攀升。不得不承认颜值带来的经济效应确实是不可思议的。

当然，“颜值 + 直播”模式的营销效果固然十分出色，但也要注意主播个人素质的培养，只有高情商、高智商和高颜值相结合，才能获得最佳的直播营销效果。

3. 用限时购抓住用户心理

众所周知，既然直播是为了营销，那么如何让顾客产生购物的欲望则是商家需要思考的问题。在直播过程中，商家如果加入一点“小心机”，例如采用“限时购 + 直播”模式，就会大大刺激用户购买产品的冲动心理。这是一种抓住用户心理的营销战术，能够最大限度地激发用户的购买热情，从而实现营销的最终目的。

比如天猫、淘宝、聚美等平台的直播都可以边看边买，这样的平台更适合“限时购 + 直播”模式，为用户提供浸入式的购物体验。

当然，在这种平台直播时，加入限时购的模式也是需要技巧的，应根据用户心理挑选时机来变换弹出产品的方法，单一的形式不容易引起用户的注意。

例如，“贪吃的仙女粿”是一个专卖潮流女装的淘宝商家，其主要经营产品包括服装、箱包、化妆品等。该商家主要靠自己主播推销产品，不但亲自换装告诉个子娇小的用户如何搭配衣服，还认真回答用户提出的各种问题，解答用户的疑惑。

在直播中，主播一边向用户介绍相关的产品，屏幕上就会弹出相应的商品链接，感兴趣的用户可以马上购买。主播刚介绍完一款海边沙滩度假裙，屏幕就弹出了这款产品。

同时，如果用户在观看的同时关注了主播，还会有购物的红包派送，这也是一种明智的营销手段。这样不仅让用户更加想要购买产品，同时又吸引了大量潜在顾客。可谓是一箭双雕，两全其美。

此外，在屏幕下方还有一个产品信息栏，用户可以通过点击符号来获得相关的产品信息，在此选购自己喜爱的产品。

由此可以看出，企业运用“限时购＋直播”的渠道进行营销是一种明智的选择，只有加入限时购的信息页面，才能让用户买得更果断，从而提升销售业绩。

➡ 优质的内容是营销基础

利用直播进行营销，内容往往是最值得注意的。只有提供优质内容，才能吸引用户和流量。因此，应结合多个方面综合考虑，为创造优质内容打下良好基础。

本节将从内容包装、互动参与、内容造势、突出卖点、内容攻心、口碑营销、事件营销、创意营销等方面介绍如何提供优质内容。

1. 内容包装给商品带来更多的额外曝光机会

对于直播的内容营销来说，它终归还是要通过盈利来实现自己的价值。因此，内容的电商化非常重要，否则难以持久。要实现内容电商化，首先要学会包装内容，给内容带来更多的额外曝光机会。

例如，专注于摄影构图的头条号“手机摄影构图大全”就发布过一篇这样的文章："《湄公河行动》人像构图，教你如何拍出高票房！"通过将内容与影视明星某些特点相结合，然后凭借明星的关注度吸引消费者的眼球，这是直播内容营销惯用的手法。

2. 实时了解粉丝的喜好

内容互动性是联系用户和直播的关键，直播推送内容或者举办活动，最终的目的都是为了和用户交流。

直播内容的寻找和筛选对用户和用户的互动发挥着重要的作用。内容体现价值，才能引来更多粉丝的关注和热爱，而且，内容的质量不是从粉丝数的多少来体现，和粉丝的互动情况才是最为关键的判断点。

3. 用情景诱导打动消费者

直播的内容只有真正打动用户的心灵，才能吸引他们长久地关注。也只有那些能够留住与承载用户情感的内容才是成功的。在这个基础上加上电商元素，就有可能引发更大、更火热的抢购风潮。

直播内容并不只是用文字等形式堆砌起来就完事了，而是需要用平平淡淡的内容拼凑成一篇带有画面的故事，让读者能边看边想象出一个与生活息息相关的场景，才能更好地激发读者继续阅读的兴趣。简单点说，就是把产品的功能用内容体现出来，不是告诉读者这是一个什么，而是要告诉读者这个东西是用来干什么的。

4. 运用互联网思维表达和突出产品卖点

如今，是一个自媒体内容盛行的时代，也是一个内容创作必须具有互联网思维的时代，更是一个碎片阅读，要爱就要大声说、要卖就要大声卖的年代。

尤其是做直播内容电商，如果没有在适时情景下表达卖点，怎么卖，哪里卖的问题没有解决的话，可以断定这将是一次失败的直播。

内容电商不是简单的美文，也不是纯粹的小说，更不是论坛上无所谓的八卦新闻，它的作用就是促成销售，所以，如何激发读者的购买冲动，才是直播内容创造唯一的出路。

5. 用口碑营销做传播扩散

口碑营销，顾名思义，就是一种基于企业品牌、产品信息在目标群体中建立口碑，从而形成“辐射状”扩散的营销方式。在互联网时代，口碑营销更多的是指企业品牌、产品在网络上或移动互联网的口碑营销。

口碑就是“口口相传”，它的重要性不言而喻，如小米手机，其超高的性价比造就了高层次的口碑形象，再利用这种口碑形象使企业品牌在人群中快速传播开来。

➡ 如何做好品牌宣传

如今，直播在营销中应用最多的形式有如下两种：一种是品牌邀请明星参与直播；另一种是品牌通过直播形式发布新品。与此同时，偏重内容的热播影视剧、综艺节目等也开始采用直播形式进行推广。

在直播发展早期，为了吸引用户关注，平台还要在内容版权方面投资，如今却有越来越多的内容经营商主动寻求与直播平台的合作，原因在于直播平台与影视剧、综艺节目都包含许多娱乐元素，与消费者之间存在很多交集。《WOD 世界舞蹈大赛》《超级女声》就是采用直播形式进行自身推广的代表。

1. 直播重构传统品牌营销价值

从品牌发展的角度来说，直播形式的价值体现在以下 4 个方面：

（1）吸引足够的关注：用户规模上涨，并容易打造成为话题中心；

（2）进行品牌推广：实现广告与直播的完美结合，比如通过明星直播进行相关产品的推广；

（3）刺激消费：以聚美优品、淘宝为代表的平台允许用户直接点击购买，其他直播平台主要发挥导流作用，使用户在观看直播后转向电商平台，最终完成消费转化；

（4）吸引潜在用户的关注：品牌及时尚杂志等通过直播获得用户关注，将其转化为自己的消费者。

从媒体、明星及网红的角度来说，他们能够通过直播扩大粉丝规模，实现与粉丝之间的交流沟通。另外，明星与网红可与品牌达成合作关系，也可以自己开店，利用个人的影响力实现商业价值的转化。

因为直播方式可带来诸多益处，无论是明星网红、媒体平台还是品牌，都纷纷涌入直播领域，通过直播实现共赢。由此可见，在移动互联网时代下，直播吸引了众多参与者的加入。

2. 企业通过直播完成品牌升级

直播营销受到追捧的原因是什么？在具体分析之前，不妨了解一下，在直播越来越流行的今天，品牌怎样进行营销推广。

在传统模式下，广告宣传在营销中占据主导地位，而且在进行广告投放时，重在推广品牌，对效果的重视度不是很高，因为在互联网时代之前，无法精确评判广告效果。这种营销方式导致的后果是企业的资源利用率难以得到有效提高。

不过，在传统广告时代下，确实有很多品牌的推广取得了成功。从这个角度来说，品牌建立及推广的难度相对较低，只要企业投入足够资金买到理想的广告位，结合自身的优质定位，邀请影响力大的明星代言，设计易识别的标语，其最终效果就有一定保证。

而在互联网，特别是移动互联网高速发展的今天，营销已经发生了颠覆性的改变，广告形式更加丰富多样，营销手段也向细分化方向发展，如病毒营销、事件营销、搜索引擎营销等，其效果评判的难度也大大降低。此外，RTB 广告在互联网时代下的应用也逐渐流行起来。营销除了能够提高品牌影响力之外，还能刺激用户的消费欲望，将其转变为某品牌的消费者。

但在新时代下，企业发展也面临更多的挑战：随着媒体平台的不断增多，人们的注意力难以集中，品牌等同于媒体，大多数用户不再关注户外广告，而是将时间用在手机、平板电脑等移动终端的信息浏览上。在这种情况下，品牌建立及运营的难度逐渐提高，如今的商家经营，多数情况下是在积累足够用户的基础上进行品牌打造的，以小米为例，当其用户规模超过 1 亿时，品牌效应自然凸显出来。

这种营销方式能够利用网络平台的优势，结合传统媒体的价值，使用户的注意力集中到特定平台，促使其观看自己的输出内容。这一点与传统模式下的电视广告存在共性，容易达到理想的营销效果。随着发展，通过直播方式投放的广告也将采用竞价方式，直播内容也将更加丰富多彩。

品牌采用的多元化营销方式与直播形式结合后，能够体现出更多的娱乐化元素，变得生动有趣，不容易激起用户的排斥心理，也不会强制用户接收其信息。在直播营销中，内容与营销完美地结合到了一起，如李宇春代言的欧莱雅口红之美、小米 Max 的超长续航能力等，都自然而然地在直播中展现出来，用户不会对此反感。营销与内容通过直播形式实现了无缝对接，在这方面，传统的视频广告是无从比肩的，因为视频广告在设计、制作方面的要求远远超出直播营销，不仅需要消耗大量资金，优质的广告位也是很难获取的。

另外，在直播形式应用于营销领域之前，无论是哪种媒介，都无法实现品牌塑造、产品营销、用户积累、商业转化以及社交运营之间的对接。以小米为例，在传统模式下，小米的新产品推出后，第一步要做的是就举办线下发布活动，将相关信息发送在微博上，提高关注度，之后再通过自己的官网或淘宝平台进行产品销售。此外，还要在小米社区及相关的论坛、贴吧等进行用户关系的维护。如今，商家只需采用直播形式，就能实现上述所有环节：通过直播形式发布新产品，进行品牌推广，促使用户在观看的过程中进行消费，还可回答用户的咨询。从品牌的角度来考虑，直播不仅能够有效控制成本，实现商业转化，还能获取用户，并进行大范围的品牌推广。

那么，直播成为明星、网红、品牌及媒体追捧对象的原因究竟是什么？这种营销方式不仅能够改善用户注意力分散的情况，还能体现出传统广告的强制性特点，与此同时，直播营销能够帮助品牌获取用户，直至完成最终的消费转化，能够在提高品牌影响力的同时，达到理想的营销效果。所以，越来越多的商家会采用直播营销方式，与直播平台达成合作关系。

➡ 全网营销，全面引流

全网营销是一种将产品设计、品牌建设、网站推广等诸多电子商务内容高度整合的新型营销模式。从实践来看，全网营销在帮助企业提升品牌影响力、扩大产品销量、优化用户服务体验等方面能够发挥出良好的效果。

许多企业面对直播迅速发展的大势却不知该如何下手，如何实现直播引流、如何利用直播进行品牌宣传，对他们来说是值得深思的一个问题。其实，无论是想从事平台运营，还是想借机推广产品与品牌的企业经营者，都应该抓住时机果断出击。因为现在正是直播发展的黄金时段，用户对直播的关注度也较高。

以微信为例，在微信发展的初期阶段展开运营的自媒体参与者，如今已经积累了雄厚的实力，其中不乏上市企业。因此，企业经营者应该尽早探索与直播平台合作的机会，通过直播形式与用户进行线上互动，进行品牌推广和流量转化。那么，如何利用直播帮助产品实现高效引流呢？

下面将直播引流和全网营销结合起来阐述一下在直播时代，企业如何进行全网营销，实现粉丝经济的全面引流，如图所示。

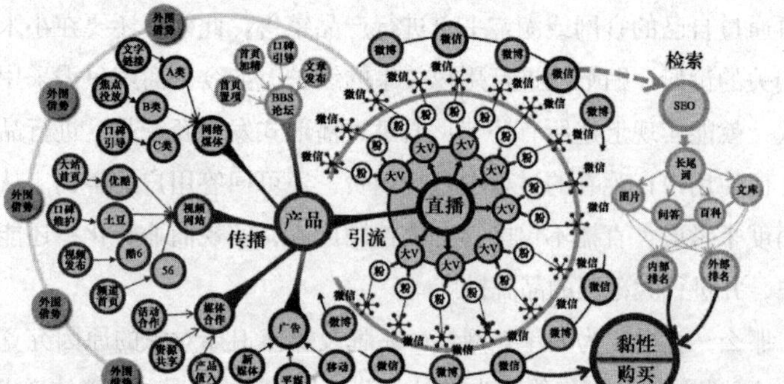

1. 主播代言：在互动体验中吸引粉丝

话题选择对直播效果有很大影响，话题定位准确，就有了吸引点，能够调动观众的情绪。有了观众之后，还需提高其参与度与活跃度。为此，企业需选择大众喜爱的人担任主播，采用广大用户易于接受的方式进行品牌推广。举例来说，可以让主播现场体验产品，与观众分享体验感受，就产品相关知识与观众进行讨论，提高用户对产品的认可度。

等到直播过半，不少粉丝会向主播赠送礼物。为了增强互动性，主播可以在这个环节进行创新，在收取用户赞赏的同时，也向粉丝用户发放企业产品，以此作为对粉丝的回馈和奖励，然后进一步引导粉丝关注企业公众号。粉丝在受到感染之后，很可能将相关信息内容转发给他参与的社群，由此帮助企业获得强大的“粉丝效应”。因此，企业需充分认识与粉丝互动的重要性。

2. 全网推广：布局多元化传播渠道

从宏观角度来分析，直播营销包涵许多元素。直播前准备、直播过程，乃至直播结束后的相关推广等，都会影响整个直播营销的最终结果。为了达到产品及品牌推广的目的，在重点选择平台及主播的同时，还需做好传播渠道方面的布局与规划。

企业在提前准备直播活动时，可联手网红明星、关键意见领袖，并通过官方平台发布推广信息，扩大用户接触面；直播活动结束后，可开展后续报道，再次引发用户的广泛讨论，为品牌树立良好形象。

全网营销的渠道有很多，具体主要包括以下几个方面。

（1）网页搜索。根据企业所处行业、区域及自身的产品特征设计关键词，尽可能地让热点关键词融入营销内容之中，使企业的相关内容在用户的搜索引擎页面中名次靠前，让企业网站能够在以百度、谷歌、搜狗及360搜索为代表的主流搜索引擎中获取更多的曝光量，从而在用户搜索企业的产品或服务时，更够快速精准地展示在他们面前。

（2）图片搜索。对企业来说，图片也是代表其产品或品牌的一种关键词，将精心制作的图片方便快捷地提供给用户，可以在优化用户服务体验的同时，进一步提升企业的信息展示量，并为企业带来更多的商机。

（3）视频分享。视频在提升内容的丰富性、生动性、感染力及趣味性等方面的优势，使其在企业的营销推广中发挥的作用更加关键。而视频分享由于具备极高的互动性，从而能够在目标群体中实现广泛传播。所以，企业可以尝试创作一些与自身的产品及品牌存在较强关联性的视频，并在社交媒体平台及视频网站等媒介中传播。

（4）门户媒体网站。企业可以将含有自身产品及服务的软文广告投放在搜狐、网易、腾讯及新浪等门户媒体网站中。而且由于门户网站能够长期保留这些内容，可以帮助企业有效降低营销成本。

（5）分类信息平台。借助分类信息平台，企业可以将具备较高价值的产品或服务信息更为清晰、精准地提供给细分用户，从而实现提升企业产品销量与品牌知名度的目标。

（6）垂直行业论坛。论坛作为一个互动性较强的线上社区，方便企业传播文字、图片、音频、视频等各种形式的营销内容，让消费者在互动交流中提升对企业产品及品牌的了解程度。

（7）博客推广。和论坛相类似的是，博客同样具备较强的交互性。企业可以在博客平台中发布与企业产品或品牌相关的实时信息，并积极与留言用户交流沟通，从而有效提升用户黏性与忠实度。

（8）知名百科。在百度百科、搜狗百科、360 百科等主流百科中建立与企业的产品、品牌、网站、APP 应用、核心管理团队等相关的词条，不但能够有效提升企业形象与行业地位，更可以进一步加强企业在消费者心中的影响力。

2016 年 5 月 25 日，小米为其首款无人机产品举行了新品发布会。不过令广大米粉吃惊的是，小米此次发布会没有选择在此前小米一直使用的国家会议中心或者新云南皇冠假日酒店，而是将发布会从线下搬到了线上，在包括小米直播 APP 在内的多个手机直播产品及视频网站中举办了一场纯在线的新品直播发布会。毋庸置疑的是，小米直播 APP 成为此次发布会的最大受益者。

统计机构发布的数据显示，直播发布会开始后不到半个小时，在线人数已经超过了 20 万，56 分钟时，同时在线人数达到了 41 万，而直播发布会将要结束时，同时在线人数已经达到了 57 万。

小米举办的纯直播新品发布会创造了一种全新的新品发布模式，甚至有可能在企业界掀起一股直播发布会狂潮，成为各大企业发布新品时广泛采用的发布方式。

第六章 爆品思维是做好电商直播关键

➡ 设定好直播的方向

视频直播是一种利用互联网及流媒体技术的直播形式。对视频直播而言，它将文字、声音、图像等丰富元素融合在一起，而且它还利用真实、生动的真人表演，给大家制造出强烈的现场感，这样能很容易吸引观众的眼球，从而达到令人印象深刻、记忆持久的传播效果。

正是视频直播的这些优势，催生了互联网视频直播行业的迅猛发展。各界大佬们纷纷跻身视频直播的行列，或者收购投资，或者打造新颖独特的直播平台。可以说视频直播已经成为一种新的经济纽带，将原本看似没有联系的各行各业都紧密地联系起来。

在做视频直播之前，首先要做好定位。因为一旦视频直播有了准确的定位，就犹如在茫茫大海上航行的帆船有了灯塔的指引。清晰的目标也是整个直播平台前行的动力。

一个直播账号如果没有明确的定位，观众就无法做出明确的判断，以至于给观众一种可有可无的感觉。当观众无法意识到账号存在的意义时，也就失去了进一步关注的基础。那么，对于一个直播账号来讲，如何才能体现自己的特征呢？

1. 如何选择适合自己的直播方向

对于一个直播平台的运营者来说，选择了适合自己的直播方向，将会如虎添翼，并在直播市场中大有作为，成功分得一杯羹。反之，将会以失败告终。所以，一个适合自己的直播方向的重要性也就不言而喻了。

2015 年下半年映客的风靡便是很好的证明。映客作为国内外众多直播 App 中的一款，之所以能够脱颖而出，在很大程度上是因为它的形式更简单，玩法更多样，并且映客真正实现了“让视频直播不再是专业人士的特权”这一目标。另外，映客不仅仅能够让用户实时观看视频，而且它还有一个让用户欲罢不能的特性：能挣钱。

只需一个映客 App，不论是业余主播，还是专业主播，都能自由开启直播。直播的内容也很随意，没有强制要求。当挣到一定的映票时，用户可以对其进行提现，这也就是用户所挣的钱。边玩边挣钱，这是多少人梦寐以求的事情。映客将用户的娱乐需求与经济需求很好地结合了起来，满足了用户的需求，获得了用户的认可。这既是映客直播的方向，也是它的特色 所在。

所以，要想在众多的视频直播平台中独领风骚，关键在于对直播平台的定位。对于定位，运营者们需要思考的是：我有什么资源？因为这些资源决定了直播平台的发展方向。一般可以从以下三个方面考虑。

（1）资金因素

资金直接决定了一个直播平台是否能够顺利开展。在如今这个以烧钱、圈钱为前提的发展潮流下，资金在很大程度上对平台的发展起着决定性的作用。如果你有足够的资金，你就能打赢这场没有硝烟的战争。反之，你就只能黯然退出这场杀人不见血的战争。

BAT 之所以能够在互联网领域独领风骚，经久不衰，历久弥新，一个很直接的原因就是他们拥有雄厚的资本作为支撑。易租宝起来了又倒了，可支付宝毅然屹立于互联网金融界。用户为何如此信赖支付宝？其实还是因为有阿里这个强大的财力作后盾。做直播平台也是如此，必须要有前期的投入，才能有后期的收益。

平台的运营者在确定直播方向时，应该结合自身的资金财力情况进行定位，而不应该盲目地规划平台的发展规模，因为错误的方向会让整个直播平台一步错，步步错，最终遭到淘汰。

（2）技术因素

技术决定了视频直播的质量和功能。随着 IT 技术的发展，视频直播变得越来越容易。一套简易的设备，或者一部手机，就能完成视频直播的制作。但是，反观这些直播视频，大都存在观看不易、操作烦琐、画质不清晰的问题。这些问题无疑会影响到整个直播平台的发展。

直播平台的运营者在确定平台发展方向时，应该充分考虑技术因素，根据已有的技术力量选择直播方向。如果运营者选择了一个自身技术水平无法达到的直播方向，那无异于搬起石头砸自己的脚。由此可见技术因素也是一个不可忽视的因素。

（3）人力因素

一个直播平台的顺利运作离不开人力因素。而作为人力因素之一的直播主播，是整个直播平台直接对接用户的前线人员。所以主播的质量往往直接决定了用户量。在这个看脸的时代，主播颜值的重要性被提到了首要地位。一份网络调查显示，99% 的用户是冲着主播的颜值去的。网络上甚至流行着一句这样的话："没有一张网红脸，就别来揽这主播活。"由此可见一群高颜值的主播对于直播平台发展的重要性。

直播平台的运营者在确定直播方向时，应该将人力因素考虑进去。就拿主播来说，毕竟每个主播所擅长的东西各不相同，如果你的平台中主播多数擅长游戏，那么你就应该将游戏直播选作平台发展方向。如果主播们擅长唱歌跳舞，那么秀场直播应该是你选择的方向。

当然人力因素还包括运营者的能力、技术人员的水平、用户群体等。一个优秀的平台运营者在为平台选择方向时，会将所有情况综合起来考虑，从而为平台选择一个量身定制的方向。

综合资金、技术、人力这三大因素，基本能够确定一个直播平台的发展方向。对于直播平台的运营者来说，有了方向的指引，直播平台在整个运营与推广的过程中将会动力十足。

2. 给你的用户画个像

2016 年 1 月 9 日，来疯直播举办了首届“来疯 STAR 超盛典”。活动得到了广大用户、粉丝的支持，业内一些知名人士也参与了此次活动。来疯直播隶属于合一集团（优酷土豆）。与优酷旗下大多数产品不同的是，来疯直播主打互动娱乐。来疯直播自成立以来，发展速度一直赶超同行，现已在互动娱乐行业“杀出”了一条血路。

来疯今天的成功在很大程度上要归功于合一集团的准确定位。优酷与土豆本身就是做视频起家，因此在对视频内容的把握方面有着独到的见解。这也就决定了来疯在运营伊始就将综艺节目的打造作为其主要内容，将用户群体定位在了明星粉丝这一块。因此，来疯直播成了一个有特色的视频直播 平台。

自目标确定以来，来疯不断突破传统模式，朝着精细化方向转变，并且颇有成就。来疯推出了多档综艺直播节目，不仅迎合了已有用户的需求，更吸引了一大批新用户。同时来疯在主播以及直播内容方面严格把关，所以来疯的节目都以精品化著称，获得了用户一致好评。通过对主播的严格监控和管理，来疯直播平台打造出了多位时尚新星。

对于来疯来说，优酷土豆本身拥有的众多粉丝是其发展的先天优势。为了充分利用这个先天优势，对于由优酷土豆、SMG 集团、SNH48 联手打造的节目——《国民少女》，来疯提供了多样化的直播互动支持。这不仅为来疯成功圈得一大拨粉丝，也提高了优酷土豆的点击率。

来疯直播准确定位，根据其用户的需求，将综艺直播、明星互动、主播管理、内容监控等丰富的内容作为平台的立足点，此举为来疯吸引了更多粉丝关注。而来疯之所以以此为立足点，是因为来疯将用户群体定位在了年轻群体上。换句话说，来疯种种举动的依据是用户群体的需求。

来疯的这种做法不是没有道理的。因为对于一个直播平台来说，用户是平台实现经济变现的对象。没有用户，平台的变现也就无从谈起，直播平台的推广与运营也就没有了意义。所以，对于直播平台的运营者来说，平台的用户群体是哪些，这些用户群体有些什么特点，这些都是必须思考的问题。

2016 年 4 月 22 日，网易科技第 45 期五道口沙龙在北京举行。此次沙龙的主题为“直播时代来了”。另外这次沙龙的一大看点是易直播联合创始人张岚在现场分享经验。

从张岚分享的经验中可以看出，易直播做到了对用户准确定位。根据用户群体的特征，易直播推出了“密码房间”功能。这个功能的推出正好契合了垂直领域直播者们的刚性需求。此举将推动易直播迎来又一个发展的 春天。

因此，找准了直播平台的用户群，也就意味着找准了平台运营的发力点。按照用户的需求创作出的内容，自然能够吸引更多粉丝，提高变现率。

3. 在账号昵称上体现

一个直播账号呈现在用户面前的首先是头像和昵称，如果昵称有特色，在成百上千万个直播中脱颖而出就会事半功倍，而体现行业方向是使名称有特色的主要方法。例如，大家最常用的租车软件，它们的直播昵称上基本都有“租车”一词，如图所示；有些培训网站、培训学校喜欢用的词是“培训”。

然而，为直播起个好昵称却不是嵌入某个关键词这么简单，还需要结合企业的经营范围、性质和产品、业务类型等去更深入地做内容。

一些化妆品、美容美发性的企业通常以自己的产品、品牌直接命名直播昵称，如“×× 护肤品”“×× 美容店”“×× 官方旗舰店”等。直接以产品、品牌名来命名昵称需要很谨慎，毕竟这样做目的性、功利性太强，会令大多数用户容易产生逆反心理，如果不是有硬性需求尽量避免这样做。其实，完全可以定位成一个“美容百科全书”性质的直播，为用户提供美容、美颜的方法、技巧等，当获得用户的认可后，再植入一些广告，用户也比较容易接受。

再例如，有些账号直接以企业名为直播昵称，这也是不可取的，除非在大众中已经有较大的影响力，良好的口碑，否则用户不会买账。这类命名法看似可最大限度地体现自己，其实由于对你不是特别熟悉，等于什么也没说。例如，一个以分享生活、娱乐、美食等资讯的网站，直播叫“余姚生活网”，是宁波一家叫“宁波网联网络有限公司”旗下的，已经成为当地的一个潮流生活平台。

这样的命名很好，既有了企业特性，又附加了地域属性，可使用户轻而易举地知道“这是个什么平台，我能从中得到什么”。试想一下，如果直接取名“宁波网联”“网联网络”等，结果可能会很惨。

4. 在个性签名上体现

第一次关注某个直播时，我们会看到首页界面上有个“功能介绍”，相信每个人关注之前肯定会细致地阅读一遍。这个介绍就是个性签名，可以很好地定位直播的特性。

个性签名可人为设置，一般在申请时提前设置好，也可不定期地修改，不过每修改一次都需要通过系统的审核。

5. 在内容上直接体现

在内容上直接去体现，是最重要，也是最根本的做法，因为只有所推送的内容时刻围绕着本行业去做，并且努力做出特色，不落俗套，才能给用户以崭新的、别致的、眼前一亮的感觉。只要能把内容做好、做精、做出特色，成为行业的头牌，自然会被大众熟知，吸引更多用户的关注。

➡ 成功的关键是独一无二

直播平台的发展火了一大批主播，月入万元、月入十万元、月入百万元都不再是遥不可及的梦想。主播热的时代，几乎人人都想分一杯羹。很多人以为，在网络上卖卖萌，撒撒娇，就能够成为主播，收入不菲。但是，事实果真如此吗？答案当然是否定的。收入是真的，但是没有真正的本事，那是吃不消的，观众的胃口和审美当然不好满足。所以，想要有高收入，必须要有真本领。

网上经常热传一些直播平台职业主播月入百万元，听起来好像夸大其词，但是主播月入百万元并不是梦，不过前提是你得有绝活，能够让用户为你的绝活埋单。

由游戏直播衍生的电竞解说在直播中算是一个新行业。一般来说，这是由解说员解说游戏比赛的现场情况，包括游戏玩家使用的技巧、游戏双方的战况等。可能大家认为这份工作很简单，认为这就是动动嘴皮子的事。殊不知，一个优秀的解说员要有很高的综合素质。精通各类游戏的玩法，这是最基本的要求。另外，解说员还需要有敏锐的洞察力，能够看到游戏比赛的精彩之处，并且能够用通俗易懂的语言将其表达出来。

也正是因为如此，目前全国上下优秀的电竞解说员屈指可数。而这为数不多的优秀电竞解说员的收入的确是一般人不可企及的。这些电竞解说员的月收入都保持在百万元以上。可以说他们的收入已经甩出了电视同行一大截儿。

这么可观的收入真是羡煞旁人。但外人不知道的是，他们在进入这一行之前做了多少准备，付出了多少努力。知名电竞主持人董灿总结说："这一行收入高，门槛也高。要求必须是电子竞技职业选手出身，这样才能读透比赛。但并不是所有职业选手退役都能做解说，你必须能掌控舞台，调动观众情绪，很少能有人兼顾。"

从董灿的总结中可以看出，电竞解说这块骨头还真不是你想啃就能啃得了的。要想在电竞解说行业闯出一片天地来，想要动动嘴皮子就能月入上百万元，必须得拿出绝活来。而这个绝活包括了专业技能和舞台掌控力以及对用户情绪的调动力。如果你的解说只有你自己能听懂，那我劝你还是先回家关上门好好听听董灿是怎么解说的。

所谓"是金子总会发光的"，在直播平台中也是如此。不论是主播还是解说，如果拥有了一手绝活，那么遇到伯乐是迟早的事，将绝活变现，月入百万元甚至千万元都不是事。只怕你没有绝活，那些愿意花钱买绝活的人不知道将钱往哪儿花。

说起电竞解说，不得不提到一位美女解说员小苍。小苍和许多同行一样，也经营了一家以游戏为主题的淘宝店铺。网络资料显示，小苍淘宝店的年收入在百万元以上。令人没想到的是，这位女神级别的电竞解说员是北师大的影视传媒专业的学生。

当接受采访时，小苍告诉记者，虽然自己是一个女孩子，但从小就爱玩游戏。当同龄小伙伴还在抱着洋娃娃玩过家家的游戏时，小苍的游戏水平已经在她们那片小有名气了。小苍说，因为玩游戏的事也遭到过爸爸妈妈的批评，但是因为自己喜欢，就尽量分配好玩游戏和学习的时间，不让游戏影响学习。就这样，这个女孩子将自己的爱好坚持了下来，尽管这个爱好在别人眼里不能称为一个爱好。

后来一个偶然的契机，小苍加入到了 Colorgirl 所在的游戏战队，成为一名职业电竞选手。成为职业电竞选手后，小苍才真切感受到了竞赛的残酷。因为电竞职业比赛中是不分男女的，男选手的先天优势加剧了比赛的难度。

“她在女选手中几乎是最强的，但和男选手相比实力还是相差太大了。”徐铎说，“只要一起吃饭，她都喜欢坐在角落里。”

在电竞比赛中遭遇了很多打击后，小苍开始转向电竞解说这条路。据小苍自己说，最开始做电竞解说的时候挣得并不多。由于具有扎实的游戏功底，小苍在电竞解说中有着绝对优势，她能够快速准确解读各种游戏。加之传媒专业的基础，小苍非常善于调动用户的积极性，懂得营造紧张刺激的气氛。这众多的因素使得小苍在 2005 年 TOM 网举办的解说大赛中一举夺冠。作为冠军的她还获得了一次去韩国参加 WEG 线下解说的机会。

从韩国归来后，尤其是在 DOTA 和《英雄联盟》这两个游戏走红后，小苍渐渐迎来了自己的事业巅峰，“小苍”这个名字也渐渐被公众熟知。其实，小苍今天的辉煌很大一部分要归功于昔日的游戏功底。总而言之，小苍今天之所以能够获得令人艳羡的收入，是因为有绝活在手。

每一个主播月入百万元都不是一件轻而易举的事，它不仅需要主播自己有绝活，而且还要长久地坚持下去，并不断提升自己的技能。对直播平台来说，要对主播起到督促作用，让主播变得更有价值。

➡ 找到适合直播的商品

1. 电商直播热门行业

淘宝直播在发展过程中增加了很多直播的栏目频道，也有很多栏目频道因数据不佳而被下线。优质的电商直播并不是低成本的营销，分析产品、行业是否适合直播是做好直播的第一步。

在淘宝直播平台上，最火爆的几个类目是美妆、女装、美食，这几个类目占了平台的大部分销售额，因此不难看出淘宝直播主要的受众群体是年轻女性，直播的热门行业也是针对年轻女性这一消费群体的，而男装的整体数据表现平平。就目前的直播行情而言，不论是企业还是个人，如果想要达到一定的规模和收入水平，只能在这几个热门类目中选择相关产品进行直播。但是行业在发展，未来的趋势可能会改变，如近期宠物市场直播火爆，可能也会成为有大量产出的行业，所以要时刻关注行业趋势，选择有市场、适合直播的产品。

电商平台上热卖的产品不一定能在直播平台有大量的产出，甚至有可能是冷门产品。一些大品牌产品，如大品牌洗衣液等清洁用品、大品牌手机等数码产品、大品牌冰箱等家电，这些产品的品牌已经深入人心，可额外宣传的信息非常少。对于已经非常了解的产品，观众更喜欢直接购买，并不需要经过主播的复杂介绍，同时这些产品价格、成本非常透明，利润率也较低，优惠力度以及主播的佣金会比较低，最终导致产品综合竞争力不足，直播效果差，消费者对这些常见产品的直播也没有观看的兴趣。

美妆、女装、美食之所以能成为淘宝直播销量的支撑，是因为这些产品本身就有图文无法表达或表达不全面的不确定因素。某个色号的口红适用于什么样的场景，模特照片上的衣服与收到的实物是否会有太大的色差，某件衣服的厚度是否合适，某网红泡面的酸辣程度是否适合我们某地人的口味，等等，这些不确定因素通过直播可以更全面地展示，给观众更加真实的体验效果，观众也能置身于其中，通过与主播的互动来了解一些靠图文难以表达的产品信息。

2. 靠产品带动主播与靠主播带动产品

对于新手主播来说，靠好的产品带动直播尤为重要。比如某主播对数码产品非常了解，但是由于数码类目在淘宝直播上的体量非常小，因此并不能吸引多少人观看。又如某主播有某品牌保暖内衣的一手货源资源，但是由于产品质量一般，又没有特色，导致直播口碑很差。因此一定要选择好的产品来做直播。

主播可以选择热点产品去做直播。抖音上有一些突然火爆起来的视频，一旦某款产品的短视频火爆起来，必然会有无数“抖友”跟拍，而且跟拍的视频也特别容易成为热门视频，这是因为产品有先天优势，有让很多人都感兴趣的关注点。

淘宝直播平台已经创造了不少销量奇迹，淘宝新店日销千万元、单品日销万件等销量奇迹比比皆是，甚至一些冷门产品也通过直播带来了巨大的销售额，这些成绩往往是由拥有巨大流量的主播带来的。一个成功的主播不仅拥有大量的粉丝，在粉丝中的口碑也非常不错，粉丝在购买时十分信任主播推荐的产品，一些粉丝暂时不需要这类产品也跟风购买，从而导致冷门产品也有很好的销量。因此成功的主播也有巨大的商业价值，以主播的个人魅力来带动产品，让产品销量“一步登天”。

3. 选择适合的产品、类目比努力更重要

商家、主播做直播，选对产品比努力更重要，太独树一帜地去选择冷门类目可能导致流量天花板过低，销量无法持续增长，收入抵不上支出。选择热门产品去和无数主播拼命竞争可能导致同质化严重，直播间没有特色，主播即使再努力，成功的概率也很小。正因为如此，淘宝直播每天入驻的主播很多，经营不下去而停播的主播也很多。因此在做直播前，根据自己先天的优势以及劣势，去选择或者避开某些行业的产品才会有更好的效果。

➡ 挑选合适的主播人才

1. 电商主播基本素质要求

作为电商主播，首先必备的是较好的控场能力，其次需要口齿流

利、思路清晰，并且能够与粉丝产生较为持久稳定的互动关系。除此之外，也需要一些硬性条件。

（1）做直播是非常辛苦的全职工作

没有什么行业可以随随便便成功，直播也是。

现在全职的淘宝直播主播的直播时间一般要达到一周6天，每天5个小时以上，直播是持续性的工作，中间没有很长的休息时间，并且不论当时是否有观众观看，都必须不停地讲述，展示产品，因此一场直播下来往往非常辛苦，精力体力的耗费会非常巨大。

不少想做淘宝直播的男生女生，可能认为直播可以作为一项兼职，实则不然，直播是一项辛苦的全职工作，工作量完全不低于社会上其他工作。

（2）个人形象的塑造

不论男女，颜值高、气质佳是常见的优质个人形象，天生颜值高的主播更加容易受到粉丝欢迎，一般的主播也可以通过化妆、美颜来提升镜头中的外在形象，纵观整个电商直播平台，绝大多数优质主播的颜值都是相对比较出众的。

●除了颜值高，有特色也是主播重要的个人形象特点。

●有婴幼儿孩童的辣妈，更受母婴群体的欢迎。

●帅气的美妆小哥哥也更容易受到美妆群体的“迷妹”喜爱。

●爱讲段子的贴心女装大姐姐更容易让观众感到信任。

●会唱歌跳舞、多才多艺的主播更容易征服观众。

因此电商主播并不是谁都适合做的，也需要根据个人的能力、优势去抉择，有良好且有特色的个人形象的，往往可以事半功倍。

（3）个人兴趣及擅长领域

前面说到做电商直播是非常辛苦的，因此在选择直播这个行业的时候也要考虑自己的兴趣和擅长的领域：喜欢穿搭拍照，就可以做服装类直播；喜欢美妆、对美妆品牌很了解就可以做美妆类直播；吃不胖的大胃王就可以做美食类直播。自己喜爱这个行业、领域，才能让消费者认可。

（4）与时俱进，多学习多创新

电商直播还处于起步阶段，趋势变化非常快，规则不停修改，门槛不断提高，所以主播要时刻保持学习的姿态，了解电商直播的行业趋势，抓住行业提供的机会福利。同时也要成为直播的产品领域的专家，不仅可以为消费者提供更优质、更有性价比的产品，让消费者更加信任自己，也可以避免被不良的合作商家坑。电商直播不仅仅是对产品的销售，更是对自己的代言，因此个人的名声、个人的品牌形象也是非常重要的。

2. 主播产品对接流程和直播脚本流程

（1）产品对接流程

a. 根据主播的标签定位从商家库中筛选商家。

b. 挑选产品。

（2）直播脚本的制作

a. 直播脚本需要经纪人和主播沟通完成。

b. 主播遵循推好品原则，要考虑产品实际使用效果、产品的性价比、产品生产日期是否合格，等等，做到绝对地对粉丝负责。如果产品使用效果不好，或者出现质量问题，主播要及时和经纪人沟通。经纪人向商家反馈，按规则退回产品或者按其他情况处理，也要对商家负责。

c. 主播试用一段时间没问题了之后，从直播产品列表中挑出自己想要推的款，按照日期序号排好，标上颜色。

d. 经纪人会根据主播挑的款做好直播脚本并且制定策略，确定秒杀款、主推款、黑马款、次推款。

秒杀款：经纪人会跟商家协商好秒杀时间，主播到点进行秒杀主推，建议提前五分钟预热，然后花十分钟介绍秒杀的产品，最后开始正式秒杀，这样会有大量的等待观众。

主推款：整场直播中除了安排秒杀款定点秒杀之外，还需要花更多的时间介绍主推的产品，尤其要在秒杀前后观众最多的时候重点介绍。

黑马款：有爆款潜力的产品，以正常方式推荐时如果出单量和点击量较大，就能成为黑马款，可以将其切换为主推款。

次推款：一般是利润比较高且与主推款有较强关联性的产品，比如同一系列不同色号的口红、同一品牌不同规格的洗面奶。

➡ 直播电商的选品技巧

“直播+电商”以一种低成本、高效率的方式有效解决了电商产业存在的诸多痛点：通过生动形象的视频让消费者更为全面地了解产品相关信息及服务，最为关键的是直播所展示的相关信息，并不像广告商制作的定制广告片一样经过了技术人员的专业美化、处理等，它向消费者展示的是实时的、真实的信息。

通过主播的详细讲解，解决消费者专业知识不足的问题。消费者在购买一些家居、家电、化妆品时，往往需要全面了解产品的相关信息。在线下购买这些产品时，销售人员会耐心细致地为顾客进行一对一讲解，而电商平台通过主播的专业讲解也能达到这种效果。

和传统电视购物过程中消费者被动接受导购人员提供的信息相比，直播具有双向即时传播信息的特征，消费者可以向主播提出自己的疑问，并且和一起观看直播的消费者进行交流互动，从这种角度看，“直播+电商”也满足了消费者的社交体验。

从时间成本上考虑，表面上“直播+电商”增加了用户的购物时间，但如果消费者能够借助直播提供的信息更好地做出消费决策，整体购物效率反而会得到有效提升。而且，家居、电视、冰箱等产品，本身就是要“货比三家”，必然会耗费大量的时间。

此外，明星、网红的参与赋予了“直播+电商”更多的娱乐属性，消费者可以从中获得极强的娱乐体验，时间成本也不再是主要问题，许多人逛街时毫无目的地浏览也会花费大量的时间。

具体实践证明，以下4个方面

的产品及服务尤其适合发展“直播+电商”。

1. 难以事先体验的产品和服务

跨境电商平台之所以会对直播寄予如此之高的期望，很大程度上就是因为它帮助用户解决了在购买海外商品时，由于语言、文化等方面的差异而无法了解海外商品相关信息的痛点。

旅游也同样如此，人们没有到达现场以前很难真实地了解产品信息，而直播的方式则能够完美解决信息不对称问题，消费者、旅游公司都将成为受益者；参与众筹项目时，如果不到现场进行详细了解，很多网民心中会存在较大的疑虑，通过直播的方式，人们可以对项目进行更为全面的了解，从而做出更为正确的决策。

2. 需要传达生产过程信息的产品

以前，人们对于了解产品的生产过程并无太大的兴趣，但随着人们消费需求的升级及各种假冒伪劣产品层出不穷，再加上万物互联的物联网时代的到来，人们想要了解产品生产过程的需求被提升至前所未有的高度，人们想要了解食品的原料种植、加工、配送及烹饪过程，了解艺术品及工艺品的制作过程等。

而直播出现后，人们对了解生产过程相关信息的需求将得到很好地满足，人们可以借助直播，了解服装产品原料的种植、采集及加工流程，这也迫使产业链各个环节的个体及组织对产品及服务进行优化。

3. 需要全方位传达相关信息的产品和服务

人们购买化妆品、家电、家居、母婴等产品时，都需要全方位地掌握产品及服务的相关信息。通过专业人员向观众讲解产品的相关信息无疑能很好地满足这一消费需求。目前，美妆产品“直播+电商”模式发展尤为火热。

4. 适合团购的产品和服务

“直播+电商”可以看作一种特殊的团购，它将人们聚集起来，由专业的主播向这一消费群体进行营销推广。所以，那些在传统团购中广受青睐的美食、日用百货等产品及服务在“直播+电商”模式中也有很好的表现。

团购无疑是创造爆款的绝佳手段，对于“直播＋电商”同样如此。聚划算很好地证明了这一点。柳岩在聚划算上向消费者推荐佰草集新七白美白嫩肤面膜、周大生图兰公主吊坠、艺福堂蜂蜜柠檬片、楼兰蜜语枣夹核桃、威古氏太阳镜等多款产品。在1个小时的直播过程中，观看人数达到12万，枣夹核桃销量超过2万件，柠檬片超过4000件，面膜和太阳镜超过2000件，单价1000多元的手链卖出52件。

随着互联网化浪潮的不断推进，越来越多的海内外品牌商开始积极触网，并变革传统思维。对于诸多传统企业而言，经过多年的沉淀，在渠道及品牌塑造方面已经积累了一定的优势。虽然在互联网的强力冲击下，受到不小的影响，但在经历了互联网化的阵痛期后，目前已经有一些传统企业迎来新生。

而广大互联网品牌，在乘着风口实现快速增长后，如今已经逐渐进入同质化竞争阶段。以前让消费者感到十分新奇的体验营销、场景营销等方式也逐渐丧失了吸引力，“电商造节运动”也因为消费者的视听疲劳而很难达到预期效果。在这种局面下，传统品牌与互联网品牌之间的斗争进入了一个平衡阶段。

那些善于创新的互联网品牌自然不可能甘心如此，当下越来越多的品牌商积极进行创新发展，尝试打破僵局。而互联网潮流品牌衣品天成无疑是其中的典型代表。

意欲将自身打造成为全球最大时尚集团的衣品天成集团坚持以全民时尚为使命，通过实时“全明星”战略打造时尚品牌。以前，互联网品牌的最大劣势在于没有线下门店，消费者仅通过线上渠道难以真实、全面地接触产品。而视频直播的崛起却打破了这一局面，使得广大用户能够通过实时互动直播来全面了解互联网品牌及其产品。

2016年8月10日，衣品天成集团为其“全明星战略——秋装新品发布会”举办了“我有风格，给你好看”的24小时试衣间直播活动。

5. 颠覆传统新品发布模式

衣品天成集团的此次直播邀请了50多名网红、模特，上千名线下观众在广州小蛮腰1000平方米的透明试衣间内进行了24小时持续直播。和以前采用的让粉丝产生距离感的“模特走秀”活动所不同的是，衣品天成让50多名网红进行现场试衣并同粉丝交流着装经验、搭配技巧等。

直播活动当天，即使在旗下签约代言艺人Angelbaby没有出席活动现场的情况下，衣品天成在淘宝直播、一直播等五大直播平台累积观看数达3500万人次，收到评论177.5万条，点赞数达到2000多万，堪称中国直播史上开播时间最长、网友互动最强的直播！

在这场直播活动中，消费者可以通过30台明星同款售卖机来选购自己的商品，而且1件旧衣服就能换1件秋季新品。那些获得了明星同款服装的消费者们在感到无比幸运的同时，更在风格留影区进行拍照，并上传到朋友圈内进行分享。

借助娱乐明星、网红及模特、广大消费者分别对服装进行展示，衣品天成集团向外界传达了“每个人都有自己独特的穿衣风格”的理念，在全民时尚的年代，每个人都可能成为时尚潮流的引领者。

衣品天成集团还邀请了老中医王牌栏目“直男门诊”中的两名小护士亲自帮助直播现场的两位男生挑选衣服，从而吸引了大量网民的关注，直播间在线人数高达30万人以上。通过帮助粉丝们搭配服装，衣品天成集团强大的时尚潮流设计能力得到了广大网民的认可，对其品牌影响力的提升产生了巨大的推动作用。

不难发现，衣品天成通过此次直播活动颠覆了以往的新品发布会模式，使品牌与消费者之间的距离极大地缩短的同时，更通过其5位首席时尚官们向广大粉丝传递了衣品天成集团所倡导的“全民时尚”理念。

6. 线上线下实现深度融合

企业界之所以对直播的发展前景给予高度评价，最为关键的就是它能够通过主播展示产品等方式有效提高转化率。虽然此次直播过程中借助发送电商平台链接的形式将流量转化为了销售额，但在衣品天成集团看来，销量的持续增长不仅需要在线上渠道发力，也要在线下进行营销推广。

为衣品天成集团代言的5名娱乐明星分别担任其五大核心品牌的首

席时尚官，在直播的同时，衣品天成通过印制明星海报等形式对不同子品牌的时尚风格进行营销推广。不但十分契合“我有风格，给你好看”的活动主题，更通过线下与线上的深度融合，实现了对多渠道用户群体的全面覆盖。

之所以会邀请明星网红，很大程度是因为他们更加贴近消费者，不会像明星一样给粉丝带来明显的距离感。明星代言人在传递品牌理念的同时，通过网红与粉丝之间的交流互动传递具体的设计风格及产品信息，从而获得了广大粉丝对衣品天成品牌的认可及尊重。

未来，衣品天成集团将会继续实施全明星战略，在邀请娱乐明星的同时，与更多的国际顶级设计师合作，不断提升企业的品牌影响力及时尚设计能力，最终实现成为全球最大时尚集团的终极目标。

➡ 直播间应掌握的促销技巧

常规电商产品的营销活动思路可以带到直播中来，但是并不完全适用，且做电商直播有着更适合用于直播的相对独特的促销活动。

1. 饥饿营销

在淘宝直播中，饥饿营销是很多中型、大型直播常用的营销手段和套路。在电商直播中做饥饿营销，表面上能让观众认为产品稀缺珍贵，不抢买不到，但对于电商直播，本质上有更多深层次的内涵。

（1）产品价格足够吸引人

错误做法：想通过饥饿营销活动来大量赢利。比如把一件非名牌的羽绒衣作为活动产品，定价 300 多元，虽然 300 多元对于羽绒衣来说的确是非常便宜的价格，但是 300 多元也不能让消费者毫不犹豫地进行“秒杀”。质量尚可的羽绒服出厂价一般为 200 多元，通过这种方式赢利，并不会获得起到饥饿营销的效果。

正确做法：“秒杀级”定价，如羽绒服定价 99 元，且货品极其稀缺，虽然销售亏损，但是本质上是为了营造直播间争抢的促销氛围，充分利用消费者想要“捡便宜”的心态。

并不是所有产品都得亏损销售，但是也需要有能营造饥饿营销氛围而亏损销售的产品，这种产品必须要有让人足够心动的价格，不然消费者不会买账。

（2）库存必须稀缺

有很多“不差钱”的商家为了快速增加直播间人气，准备了大量的秒杀产品，满足了大部分观众捡便宜的欲望，结果不仅直播间人气没有提升多少，商家自身也大量亏损。饥饿营销的目的是让消费者产生不满足感，在下次开始抢之前会继续光顾直播间，甚至推荐朋友一起“蹲点”抢，为了方便进入直播间也会进行关注，没抢到产品时还会有更多的互动，发表自己的“失败感言”。如果一次性满足大部分观众，就会导致他们的大量流失，而且由于大量的低价销售，也降低了直播间的消费水平。稀缺的库存能营造争抢的氛围，让观众认为抢购的产品价值高。

饥饿营销的目的是通过“不卖”来“卖”，让消费者相信直播间的产品便宜、价值高、库存少后，才开始真正的销售。

限时秒杀。直播间常见的限时秒杀一般是将某个产品设置成正常价格，主播在秒杀前会进行预告，做产品的介绍和性价比的宣传，然后限时抢购，抢购时产品价格修改成抢购价格，同时主播和助理会随时播报库存情况和所剩时间，如：最好卖的驼色只剩 5 件了、还剩 2 分钟秒杀时间、时间结束马上就下架、这件衣服今天不会再返场了、这次播完直接下架了。实时提醒抢购时间短、库存有限，容易让观众思考时间变少，加上产品性价比的确很高，更容易让有兴趣的消费者快速下单。

主播帮观众向商家“砍价”。这种营销模式往往是主播和商家提前商量过的，目的是让消费者觉得产品物超所值。比如，主播在秒杀前预告某款国产口红秒杀价 69 元，并提醒消费者，69 元很划算，是平时的 8 折，但是感觉好像还是有一点贵，由此引起观众的共鸣。这时会有观众互动说的确有点贵，主播趁机主动给商家打电话进行砍价，并开启免提功能，让所有观众都可以听到通话。从 69 元砍到 59 元，再砍到 49

元，最后砍到 39 元还送眼影，但是只能限量销售。这样能不断满足消费者对性价比的追求，最后甚至再送精美礼品，从而突破消费者心理的最后一道防线，让他们产生得到巨大优惠还能获取精美礼品的感觉。但事实上，在直播前商家就已经和主播沟通好了大致的优惠力度。笔者对此种套路不认同，不建议读者实践，了解一下就可以了。

2. 场景化营销

直播产品的展现形式比常规图文可信度更高的原因之一就是其场景的真实性，主播可利用观众对直播的高信任度，针对不同产品定制不同的场景化营销。

（1）原产地场景直播

这类直播常见于生鲜类产品类目，如水果、海鲜、放养家禽的原产地直播等。大多数消费者已经看厌了图文中的“厂家直发”“无中间商”“产地直发”“现摘现发”等相关营销信息，更喜欢在直播间看到原产地的产品直播。为了提升直播间的互动性，可以让在直播间下单的客户现场挑选生鲜产品。

（2）现场制作并体验式直播

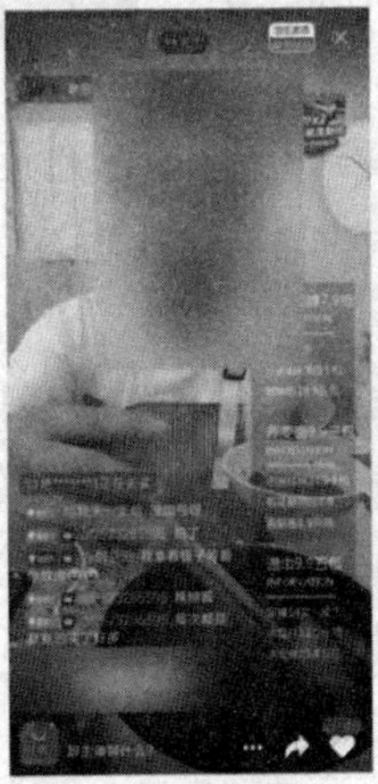

这类直播常见于美食、电脑组装等类目。对于一些美食直播来说，主播享受美食的场景对观众有巨大的吸引力，但是也有很大的局限性，一场直播的时间持续很久，主播的胃口有限，无法在一场直播中从头吃到尾，所以可以加入制作过程的场景。如用某品牌面条制作好吃的葱油拌面的过程，讲解用什么方法制作会更好吃；用某品牌火锅底料、火锅食材制作火锅，讲解怎么把控时间和火候，以及使用某品牌底料、食材的优点，最后进行试吃。不仅仅直播享受美食对观众是一种诱惑，对于喜欢看美食类节目的观众来说，制作美食的过程也是一种巨大的诱惑，从制作美食到享受美食这个完整过程，在让诱惑得到“升华”的同时还能增加粉丝的停留时间，从而促进成交。

对于一些电脑产品爱好者来说，看着全新的配件组装成电脑，同时与主播互动，可以对电脑的质量、配件等更加有数。主播则展现了自己的水平，得到了观众的认可，吸引了更多的忠实粉丝。

（3）教学并测评直播

这类直播最常见于美妆类目，护肤、化妆是专业度非常高的技能，大多数消费者通过自学只能掌握一些最基本的护肤、化妆技巧。专业的美妆主播可以用一些专业程度较高的美妆主题来做一场教学测评，如“如何在夏日还能保持整容级别的持久妆容”“今天教你化泰式妆”“睡前怎么护肤才能更有效”等，在提供专业的护肤、化妆教学的同时，也能让观众感受到主播护肤、化妆后的改变。观众不仅能学习到感兴趣的技巧，也能对主播推荐的产品产生极大的信任。

（4）海淘现场直播

这类直播常见于全球购板块，主播在国外商场、免税店直播，观众通过互动让主播购买产品。通过直播可以让观众感受到置身国外商店的体验，产品的标价也一目了然，提升了主播销售的产品是正品的可信度，减少了消费者对假货的担忧。

（5）趣味活动场景直播

直播开蚌取珍珠火爆一时，花几十块钱让主播开几个蚌，运气好的话能开到一个正圆形、色泽好的珍珠，价值超过成本百倍。即使运气不好，也可以得到很多普通品相的珍珠。以趣味的活动场景来吸引观众关注，可以让好奇的观众也忍不住参与进来。

（6）真人秀场景直播

这类直播目前在淘宝直播平台上还比较少见，但在一些非电商平台上比较多见，如户外、野营、钓鱼、探险等平台，主播可以顺带推销一些户外用品等。也有模仿一些有趣的综艺节目的真人秀直播。此类有观赏性的直播节目易“吸粉”，粉丝观看时间比纯推销的直播更长，但是由于其拍摄难度、要求较高，在新兴的电商直播平台上还很少见，或许未来可以成为更有竞争力的直播模式。

➡ 在直播中如何吸引用户下单

想要让用户在观看直播时下单，还有一种方式，那就是在直播中，不断给用户发送福利，“诱导”用户下单。

有一个叫“潘子 PANZ”的淘宝红人店主，一次直播的标题为：打底衫秒杀［39 元包邮］+ 福利现金。很明显，这是一个特地为这件打底衫开通的直播，目的就是通过直播最大限度上销售“镇店之宝”——打底衫。

在直播中为了吸引用户现场下单，主播在直播中加大了福利。首先，主播不断地在直播中强调“这件打底衫只限直播最后一小时秒杀，39 元包邮”。这句话不断重复，让更多观看直播的用户加深印象。其次，在主播背后的墙上也特别加入了这款产品的价格、特性、材质等优势，让观看直播的用户一眼就能看到它，另外，在直播中，主播会通过抽奖给用户发福利。主播从观看直播的用户群中随机抽取幸运用户，发放5元现金券，抽到奖的用户现场下单，只需要34元就可以购买这款打底衫。

同时，在这个过程中，主播还用多个角度呈现产品，给用户一种购买放心，做好购买保障的感觉。通过这些不断灌输性的福利，很多用户被吸引到了购买页面。而这个直播在短时间内不仅吸引了接近2万人观看，更是获得了最大变现。

当然，给用户福利，不仅仅体现在抽奖或者给用户发送包邮等信息。还可以在直播中用另一种方式开启用户的购买欲望。比如，在直播中表露出新品的特价优惠等信息。一般而言，公司也好，品牌也好，每当出现一个新品时，这个新品往往是非常符合人们希望的，而且这个新品价格通常都很高。很多人甚至会坐等新品降价，因此，为了吸引用户在直播中下单，很多商家在直播中将新品降价，吸引用户下单。如“淘宝直播”中有名为“新品拍摄。秋季最流行。超低价秒杀”的直播。这家产品的服装和饰品均通过直播推出了新款。这些新款在直播中进行优惠甩卖，直播之后恢复原价。

这样的方式也真真正正地吸引了用户围观，获得了大量流量，短时间内就吸粉4万多，订单更是持续上升，甚至一度出现系统瘫痪。

想要通过直播获得真正的现金流，不仅需要不断地给粉丝送福利，重点还应该是产品。只有你的产品过硬，质量绝佳，款式新颖才能真正吸引用户购买。那么直播的最大功能意义就能上阵了。

过去人们网购时，只是通过一些简单的图片和文字来决定是否购买，尤其是会观看一些模特穿着样衣拍摄的照片。可是无论照片再怎么修饰，实物拿到手之后，也总是会有差别，甚至很多网友大呼“根本穿不出模特的效果”，更有网友说“色差好大”“材质太差了”等。

在直播当道的今天，店家想要获得订单，可以在直播中充分展现产品，可以透过镜头不断给产品特写，包括细节，让用户360°无死角地观看产品，做到对产品放心，这样用户才能毫无顾虑地下单。那么如何在直播中更完美地展现产品，才能让用户当场下单呢？商家需要做到下面几点：

1. 让用户看到产品的优势

直播的最大优势就是可以通过镜头全方位地展现产品，让用户全面了解，产品并痛快下单。

因为，企业必须要在直播中让用户充分看到产品的优势。在这方面，需要做到3点。

（1）远景、近景都要展示

在镜头前直播产品时，主播不仅要手持这件产品（产品如为小物品时），更要近景、远景地给用户不断观看产品。先将产品整体在镜头前呈现，给用户观看整体的效果；再要近距离靠近镜头给用户观看近景的特色。只有这样，用户才能充分了解这件产品。

（2）给用户呈现产品细节

很多主播往往做到了第一条，却没有做到第二条。之所以做不到第二条，大部分原因是：主播没有这方面的意识；产品细节不够精致。为了更详细地展示产品，商家必须呈现所有有利于销售的细节，甚至给某些死角特写，让用户清晰地看见优势。

（3）根据用户提出的问题展现产品

有时候，用户不太满意主播主动呈现产品的方式，会通过弹幕信息给主播发送请求。这时候，主播一定要满足用户的需求。用户让你怎样呈现产品，你就要怎样呈现。这样才能让用户真正放心，进而购买产品。

有这样一家专卖口红、唇彩的店铺，在直播中，主播在镜头前不停地给用户近景、远景地呈现产品。为了吸引人们更好地观看这款产品，主播亲自试验额头、脸颊、嘴唇涂口红的方式，将多款颜色的口红、唇彩分别涂抹在自己的额头、脸颊上，然后将自己的脸对准镜头。这样用户就可以清晰地分辨每一种颜色。主播还在每一个色彩的唇彩旁边标记了号码，用户可以记住自己喜欢的唇彩、口红色号，单击直播中出现的唇彩小图，加入购物车直接购买。

在直播中详细展现产品优势，能让用户放心选购，进而让商家高效变现。

2. 直播中要“分解”产品

为了让观看直播的用户当场购买产品，还应该充分发挥直播的立体直观优势，将产品呈现出多样的优势，以获得用户 100% 信任。这时候需要蓄意破坏产品。

淘宝中一家专门从事代购运动品牌的店铺，为了吸引用户购买，让用户明确自己店铺代购的产品都是正品，于是在淘宝直播中放大招，玩起了“拆鞋”直播。

这个直播的封面非常有意思，主播手拿一双鞋，很有挑衅意味，在中间有几个字“直播有惊喜，土豪拆鞋”，而且“土豪拆鞋”这四个字非常醒目，旁边还有大大的禁止销售假货的标志。

很显然，这个直播就是给用户呈现“拆鞋”的全过程。店家主播不惜将自己代购的运动鞋放在镜头前，然后用工具将其拆开，呈现给用户，让用户清楚地看到这双鞋子的材质、做工、质地，让用户明确该店铺代购的产品都是正品。

既然主播敢拆鞋，而且还清楚地在直播中呈现，那么看客自然就信得过，于是下单购买限量版、特价版品牌运动鞋。

当然，在搞破坏的时候，要特别注意以下几点。

（1）在破坏的过程中不能离开镜头，否则很可能会让用户怀疑你在作假。

（2）要清晰直观地表达出破坏性强的特点。只有这样在直播中放大招，才能让用户 100% 相信产品，才有可能下单购买。

3. 在直播中发放优惠券

直播变现的方式有很多，但是有一种方式一定非常有效，那就是在直播中给观看直播的用户发放优惠券。人们对优惠的东西往往没有抵抗力，特别是喜欢的东西。因此，用户进入你的直播间观看直播，就已经说明用户对你的产品有好感，那么如果这时候你再送一张优惠券或者福利，用户就会加大购买力度。

送优惠券的方式大致有以下几种。

（1）通过直播链接发放优惠券

很多直播平台没有边看边买的功能，但是又由于人气旺盛，所以也被很多商家青睐。这时候，企业需要在这个直播平台链接中加入优惠券。用户虽然不能直接购买。但是可以领取优惠券，然后再去指定的网店购买。这样的方式也有利于提高销量。

在这方面欧莱雅做得非常好。2016 年 8 月 19 日，巴黎欧莱雅沙龙专属官方微博发布了一条包括直播地址及领取优惠券和购买产品的网址的微博。

在这条微博中，我们可以看出，这是欧莱雅为当天 13 ： 00 举行的直播做的推广信息。这次直播邀请了明星尹恩惠。与以往推广不同的是，这次欧莱雅官方微博中的直播推广不仅发布了直播地址，还发布了欧莱雅优惠券的领取地址。

同时，用户可以直接单击这次直播的 3 家平台链接地址，直接进入直播。在直播页面链接中，为了吸引用户前往天猫店铺购买产品，欧莱雅还在直播下方加入了优惠券的领取链接，尤其“满 400 立减 100 元”的优惠券更是限量 5000 张发行，如图 8-28 所示。这大大吸引了用户的关注。同时，欧莱雅新晋代言人，也是这次直播的主角韩国明星尹恩惠也在自己的个人微博中发送直播和优惠券链接，吸引大量粉丝领取。

这次直播在 IN 直播平台上短短时间就吸引了几十万用户观看，领取优惠券的概率更是达到 100%，而在天猫旗舰店欧莱雅产品的销售量也实现了较大突破。

这种在直播平台链接中发布优惠券的方式大大提高了变现率。值得一提的是，企业在使用这种变现技巧时，要尽可能地在微博、微信朋友圈等一些社交平台发布直播和优惠券信息。这样更能吸引流量。

（2）在直播中发放优惠券

像天猫直播、淘宝直播、波罗蜜全球购等直播平台，已经实现了边看边买的功能，用户一边观看直播，一边就可以购买。在这种便利功能下，企业需要借势发放优惠券，激发用户的购买欲望。

利用这种方式在直播中提升销量的淘宝店家多不胜数，如“秋装上新领券送礼物”“买 2 领券立减 10 元”等。

用户在一边观看直播时，可以单击图片进入购买页面，然后领券用于购买商品，有什么疑问，还可以回到直播间询问店家。这样便利的购买和互动通道，也为电商企业带来了可观的现金流。

（3）在直播中抽奖送礼物

直播是一个新型的营销方式，想要在直播中变换花样吸引流量获得变现，还需要送福利、抽奖等类似活动。在这方面，小米做出了好的典范。

2016 年 8 月 15 日 20 : 00，小米进行了“小米 5 黑科技”的实验直播。雷军带领小米团队进行了关于小米 5 手机的黑科技实验的直播。这个直播不但突出了小米 5 的各种黑科技和优势，还为了吸引用户对小米 5 手机的支持和购买，在直播现场，雷军和小米团队进行了实时抽奖。在抽奖中，雷军告诉大家输入“小米 5 黑科技”的口令，然后从这些用户中随机抽取多位幸运用户，送上小米 5 手机一部。

这种抽奖的方式不但带动了直播氛围，更为小米 5 手机带来了大量的粉丝，同时也吸引了更多用户去购买这款手机。

在天猫直播和淘宝直播中，也有大量的店家利用直播抽奖的方式吸引用户购买产品，如“化妆潮搭 + 关注抽奖送福利”“秒杀抽奖看过来”等。

这些方法都很巧妙地将企业的优惠券和福利信息传送到了直播用户那里，为变现打下了良好的基础。

➡ 组建直播运营团队

1. 电商直播团队常见的组织架构

直播机构的组织架构一般比较完善，背后有成熟的运营团队和供应链。

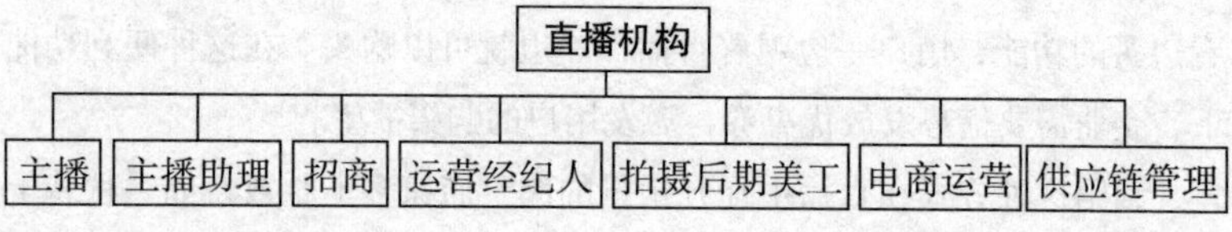

单个主播的业务能力有限，成员架构相对简单，成员往往身兼多职，如图所示。

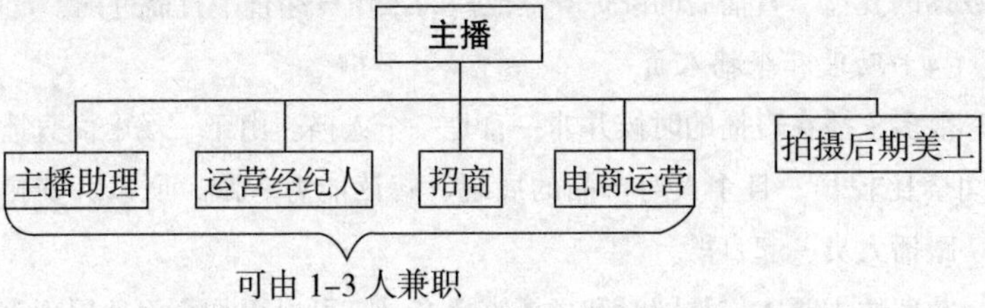

2. 电商直播搭建团队的必要性

部分娱乐网红在刚开始起步做直播时，为了节省人力成本，会一个人挑起所有的工作，但如果做电商直播，一个人挑起所有的工作会比较吃力，涉及的工作有招商、选品、拍摄、美工、产品上下架、仓储物流、售前售后服务等，因此即使是刚刚起步的新手，背后也需要运营团队，单枪匹马做电商直播很难成功。

有电商销售基础的商家或者个人，可以直接利用已有的人力去组建完善的团队。毫无基础的想要从事淘宝直播的商家或者个人，可以和相关机构进行合作。淘宝直播目前开放了机构入驻的入口，截至 2018 年已经入驻了 500 余家大大小小的机构。机构拥有完善的主播运营团队，分工更加明确，可以与主播签约合作。

3. 成熟运营团队的运营模式

（1）主播

主播核心的工作应当是向观众展现好每一场直播内容，去吸引更多的粉丝，不断提升自身的才艺、口才和直播经验。

（2）招商员和买手

主播所播的产品一般都由招商员或买手来挑选，以保证直播产品的丰富性，且把好产品质量把控的第一道关。

（3）运营人员和经纪人

主播的专属运营人员和经纪人工作内容相对比较繁杂，很多时候需要把控与主播相关的所有事物，是统筹工作的核心人员，需要对接安排所有的工作，甚至会代做招商、助理、文案等角色的工作，主要有招商产品的对接、直播时间的安排、直播的准备工作、直播的后台操作、直播数据的复盘、直播后的维护等，他们的工作贯穿整个直播过程。

（4）助理和跟播人员

很多主播在直播的时候并非一直是一个人播。由于一场电商直播的时间会比较长，且个人对产品的展现、解读能力有限，所以会安排助理、跟播人员一起直播。

助理的主要工作是同时和主播直播产品，可以更加全面地展现直播的产品，或者主播中间休息时代替主播直播，避免主播休息的时候直播间没有人。

跟播人员的主要工作是操作、调试直播时的设备，负责后台的各项直播功能操作，并为主播服务，提供热水、零食，并帮助主播整理或更换直播时需要的产品等。

（5）文案、拍摄、美工设计人员

文案、拍摄、美工设计人员通常需要合作，共同完成直播的设计需求。

（6）仓储、售后、供应链负责人

如果直播的产品是自营产品，则需要负责仓储、售后、供应链的人员；如果是代播产品，则需要专人管理好样品。

下沉市场营销

王　辉　编著

民主与建设出版社

图书在版编目（CIP）数据

新零售实战营销系列 . 5，下沉市场营销 / 王辉编著 .
-- 北京 : 民主与建设出版社 , 2020.10（2014.1 重印）
ISBN 978-7-5139-3227-1

Ⅰ . ①新… Ⅱ . ①王… Ⅲ . ①零售业－网络营销
Ⅳ . ① F713.32 ② F713.365.2

中国版本图书馆 CIP 数据核字（2020）第 185705 号

下沉市场营销
XIACHEN SHICHANG YINGXIAO

编　　著　王　辉
责任编辑　刘树民
总 策 划　李建华
封面设计　黄　辉
出版发行　民主与建设出版社有限责任公司
电　　话　（010）59417747　59419778
社　　址　北京市海淀区西三环中路 10 号望海楼 E 座 7 层
邮　　编　100142
印　　刷　三河市天润建兴印务有限公司
版　　次　2020 年 10 月第 1 版
印　　次　2024 年 1 月第 2 次印刷
开　　本　850mm × 1168mm　1/32
印　　张　5 印张
字　　数　125 千字
书　　号　ISBN 978-7-5139-3227-1
定　　价　168.00 元（全 5 册）

前　言

近年来，“下沉市场”是中国经济的热门词汇。随着线上获客成本越来越高，一二线城市流量红利基本枯竭。与此同时，低线城市的购买力进一步解放，三四线为代表的下沉市场也正成为上升的风口。阿里、腾讯、京东、今日头条等巨头也纷纷将目光锁定在下沉市场，拼多多、趣头条的上市给资本市场打了强心剂，企业之间掀起的流量争夺战已是势不可挡。

市场需要下沉，不是品牌也要下沉，更不是简单地复制一、二线城市的品牌营销，而是品牌需要了解、关注低线城市的市场需求。根据市场需求制定营销策略，这样才能迅速占领市场。

小镇经济的崛起，使得电商和品牌商们发现，低线城市不再只是获得市场增量的补充渠道，在新零售时代下，下沉市场或将成为市场发展的主力渠道。所以面对这样的情况，品牌们应该如何继续做营销？

首先是消费者心理的运用，下沉市场的是“大众市场”，拿拼多多来说，它的成功就得益于抓住了这类群体追求低价，高性价比的市场需求。单从最具诱惑力的“价格”着手，就能让一大部分消费人群为之疯狂。

其次是关于流量的裂变，下沉市场还有一个特性就是传播速度极快，所以在这个市场，口碑传播是最有效地传播方式，可以借助微信朋友圈等使用率众多的APP讲产品的特征通过熟人圈子，迅速传播出去。

最后是细分市场的挖掘，这个需要品牌们一步步的探索，对于现如今的局面来说，下沉，要沉得快。面对这么巨大的市场，只要营销运用得当，你就可以迅速崛起。

下沉市场是我国潜力巨大的红利市场，无论从实体经济的振兴、区域经济的发展、民营经济的壮大，还是从满足人民群众日益增长的美好生活需要，解决地区发展的不平衡不充分问题，抑或是行业自身的外延空间拓展、内涵成长质量提升，都有着现实的紧迫意义。

目录

第一章

中国经济的新格局

➡ 别小看“十八线”的增量能力

中国地域如此广大，人口众多，民风习俗千差万别，别说是看成一个市场，就是划分出三四个市场也未必客观。当然，给不同的市场贴上带有刻板印象的标签也过于简单粗暴，比如一二线城市就是“消费能力巨大”“十八线城市”就是“带不动”……这种贴标签倒不是完全错误，而是过于概念化一个市场，容易产生误区甚至是歧视，先入为主地判定好坏。

我们在这里所说的“十八线城市”，并不是指排在十七线城市之后的小城市，而是习惯上被一二三线城市边缘化的其他城市，也是下沉市场营销的主攻目标之一。和一二线城市相比，十八线城市作为一个被分类出的市场，有它自身的特点，而不是简单地理解为消费能力排在第十八位的市场。

下沉市场的本质是什么？不是告诉你越往下走市场消费能力越差，而是在提醒你：越往下的市场消费观念会相对滞后。具体地说，一二线城市的审美跟风要快于十八线城市，就像一个时尚美女天天谈论维密巴黎时装周，而十八线城市则是刚出校门的理工科朴素妹子，只是对时尚潮流不够敏感，打一个不恰当的比方，十八线城市并非没有消费能力强的用户，只是他们像刚抖起来的暴发户，手里有钱却不知道怎么花，这是观念没有跟上钱包的增重速度。

最近几年，在一二线城市流行简约主义，色调以黑白灰为主，渗透到了服装、居家装修等多个方面，可如果你穿着这样的衣服去十八线小城探亲，他们可能会笑话你穿的太土味、不够艳丽，却不会想到这是当今世界极简主义的审美变异体。

既然一二线市场和十八线市场的主要区别在于观念，那就不要动辄用消费能力去区分它们，换句话说，十八线市场的消费者也有花钱的欲望和胆量，只不过他们在付账的那一刻会考虑“值不值得买”而不是“买不买得起”。

根据2017年国家统计局的数字，中国城镇居民人均可支配收入达到了36396元每年，而农村居民人均可支配收入达到13432元每年，一句话概括：下沉市场的目标群体收入，通常在人均2000到3000元之间，主要以家庭消费为主。显然，十八线市场的消费能力在缓步提高，朝着一二线城市的消费观念靠拢，可归根结底，不到3000元的可支配收入还是底气不足，不过这可不是放弃下沉市场的理由，因为有一点不能忽视，十八线城市的房价压力很小，人们更敢花钱，没有后顾之忧，不像一二线城市的人有闲钱却捂住钱包舍不得花。

那么问题来了，如何让十八线城市的消费者痛快地把这几千元可支配资金变成市场增量呢？简单说，抓住两个点。

第一，需求点。

我们换位思考一下，十八线城市的消费者最在意什么？三个字，性价比。

一个品牌来说包含着两个部分：理性部分和感性部分。理性部分指的是产品有何种功能、能够帮助用户解决什么问题，比如一台扫地机器人可以清洁家里的卫生。感性部分指的是品牌形象，比如同样都能上网拍照、处理能力相差无几的手机，如果是苹果、华为就会变成一种“信仰”，而如果是名气稍逊的国产品牌就是“实用”，即便两个产品功能参数接近，实际体验感差距也不大，但用户的内心感受度可能是天壤之别，也就形成了常说的品牌溢价。当然，品牌溢价和性价比不是矛盾的存在，性价比中的“性”指的就是品牌带给人的感性价值，比如爱马仕的包虽然价格昂贵，可带着它出去就是有面子，这个面子也是实际存在的体验感，不能单纯用价值来衡量。但是，如果市面上冒出一堆高仿的爱马仕，连挤公交的大妈也背着它，那么这个品牌在人们心中的感性价值可能会下降。

一二线城市的消费者，往往品牌意识很高，愿意为品牌溢价当“冤大头”，而十八线城市的消费者对品牌的认同度就要弱很多，但是这并不意味着他们没有这方面的消费需求，他们也需要智能手机、扫地机器人、包包，只是价格不能太高，所以在如今的十八线市场到处可见山寨产品，比如模仿肯德基的华莱士、模仿优衣库的潮衣库等等，虽然听起来有些low，可它们就是活得很滋润。作为企业和商家，如果抓住十八线市场的这个需求点，就能带动消费者的增量速度，满足他们对“山寨名牌产品”的感性价值和理性功能的双重需求，而不要天真地幻想用真正的名牌去征服他们，这并不是说做不到，而是难度系数太高，另外从实操的角度看，山寨品模式能够轻易复制，风险较低，不会“一失足成千古恨”。

第二，情境点。

对任何产品或者服务的消费，都要依托于一个环境，环境加上使用需求和体验感，就变成了“情境”，这是另一个需要抓住的点。

和一二线城市相比，十八线城市的消费者可支配时间更多，因为他们的工作压力小。根据2019年北京大学社会调查研究中心和智联招聘推出的《中国职场人平衡指数调研报告》可知，三线以下城市的居民工作时间通常是每天最多工作6小时，高于一二线城市。空闲的时间就会产生额外的消费甚至是刚性需求的消费，比如玩游戏，刷抖音或者去娱乐场所、美容院等等，企业和商家就可以从情境出发，为他们量身打造符合慢节奏生活的产品和服务，比如茶馆、麻将馆、宠物消费等等，不过要注意两个问题。

一个问题是产品概念要跟得上一线城市。你的产品可以不够出名，可以功能存在缺憾，设计没有艺术感，但一定有一个点能够对标一二线城市的消费观念，让十八线城市的消费者认为自己正在紧跟时代发展的节奏，比如一线城市流行的简约风，虽然引进过来一时难以接受，但可以通过展示相关产品给十八线市场"洗脑"，再比如网络付费观念，可以通过灌输知识产权、普及现代消费理念逐步渗透，让这部分消费意识到"花钱看电影听音乐"是文明消费的表现，能够提升他们的档次。

另一个问题是寻找拥有客源的合作伙伴。十八线城市的"熟人经济"比一二线城市明显得多，很多人终其一生都在一个单位甚至一个小区里生活，消费环境相对稳定，他们所选择的也是和熟悉的商家进行交易，如果你能切入到"熟人路径"中，就能迅速地抓取丰富的客户资源，这远比人员流动性大、"陌生人社会"的一二线城市更具可操作性。打个比方，如果你销售的是汽车产品，可以通过当地的4S店、修车行了解谁购买了汽车，借助熟人关系赠送给你的潜在客户一些小礼品，很容易就会转化为固定客户。

十八线市场确实不如一二线市场那样耀眼繁华，很多现代智能营销手段也都无用武之地，可不论你嫌弃与否，它都摆在那里，不减反增，而生意就是给脑子活腿勤快的人准备的，当你认同这个市场的未来潜力时，它也会对你张开双臂。

➡ 聚焦一二线城市，钱真的难赚了

在一二线的创业者们苦恼于用户拉新成本大增的同时，在三四五线城市，消费正在快速崛起。一些先知先觉的企业已经尝到了甜头。

在一二线的创业者们苦恼于用户拉新成本大增的同时，在遥远的三四五线城市，消费正在快速崛起。

一些先知先觉的企业已经尝到了甜头。以国内互联网来说，拼多多和趣头条正成为受益者，他们最近被大家解读为黑马，成功在这场争夺战中拔得头筹。

●拼多多 2017 年初拼多多月活仅 0.2 亿人，2020 年 4 月增长至 4.87 亿，三年间翻了数十倍，超越京东，摇身成为“电商老二”。

●趣头条这款 2016 年 6 月才上线的资讯阅读应用，仅一年多时间，到 2020 年底，月活跃用户接近 1.38 亿，同比增速惊人。

拼多多、趣头条都有一个显著的特征就是，以三四线城市为依托，用户增长速度极快。

另外，近来，三四线城市的楼市正在走出一波量价齐升的“小阳春”，在这波热潮背后，哪些因素成为最重要的推手？

1. 三四线城镇是消费未来

一线城市飞涨的房价早已是众所周知的焦点，居民要面临巨大的生活压力和高昂的生活成本；而三四线城镇的人们不但可支配收入多，工作时间短，而且生活质量相对较高，所以他们有更多时间去享受生活及消费。

最近几年，BAT 等互联网巨头纷纷提出了针对三四线城镇的“下沉计划”。而与很多人心目中“ 三四线城市楼市不景气 ”印象不同的是，这些城市的房地产市场似乎也在悄悄升温。

拥有中国最大居住人口数量的三四线城镇越来越爆发消费潜力。

2. 主要消费群有哪些？

就以网民为例，和整体网民比，80后在一线城市网民中占比最多，高出0.7个百分点；90后二线城市占比最多，高出2.5个百分点。这和中国经济发展、城镇化建设有着密不可分的关系。

从人口的角度看，三、四线城市网民总人口总和明显高于一线城市，是一线城市的6倍左右。从人口基数上来说，未来消费升级的重心消费群体，必然在人口规模更大的三、四线城市。

有机构对这些三四线城市的主流消费人群做了画像：他们年龄通常在25到35岁，生活在相对富裕的三线城市，随着高铁线路开通，距离大都市可能只有两三个小时车程。接受过大学以上的教育，在父母的安排下在老家有一份得体的工作，无心在一线城市打拼，但生活质量很高。

阿里双十一大数据已经显示出三四线城市强劲消费趋势来：低线城市双十一购买人群占比逐渐提升，且这一趋势仍然在强化中。

比起一线城市的年轻人和白领阶层，三四线城市居民及“小镇青年”们可能拥有更多可自由支配的财产和更高的消费力。

因为他们不在一线城市打拼，没有沉重的住房压力，日常花销低；上下班路上不会花去两三个小时，工作时间短，生活质量很高。

从而他们与一线城市的朋友相比拥有更多的闲暇时间，拥有较多闲暇时间去消费，购物软件、短视频、朋友圈成为必不可少的生活方式。

3. 用户的购买意愿在加强

三、四线城市的年轻人，很可能比大都市中的白领阶层拥有更多的可自由支配财产和更高的消费力。这群人不必面对房贷压力，日常开销低，工作压力小，且对产品品质和品牌都产生了越来越高的需求。他们已成为中国消费升级的主要力量。

近三十年，农村居民的可支配收入加速增长，消费力和消费意愿都在加强，因此已逐渐成为商业市场的关注对象。

4. 三、四线城市房地产重新火热

2019 年，全国房地产销售金额突破 15 万亿元。而一线城市因为严格调控，市场已相对降温，二线城市经过一波飞速发展后，也陆续走上限购的道路。而此时，三四线城市的迅猛势头逐渐开始吸引众人的眼球。

5. 三四线城市未来的赚钱机会在哪里?

越来越多企业看到了三、四线城市的巨大消费潜力，积极布局这些地区。

比如，国家旅游局新批准 78 家旅行社经营出境业务，多家三四线城市旅行社入局境外旅游市场。分析认为，国内一、二线城市旅行社的布点已经基本完成，三四线城市对跟团出境游表现出更加旺盛的需求。

对于普通人来说，三四线城市未来的赚钱机会在哪里呢?

一句话总结，三四线城市未来最大的赚钱机会在于消费升级。人们有钱买买买，对普通创业者而言，是最大的市场机会。

详细来说，当人们的生活水平上涨，对生活、教育、文化需求的支出逐步升高，满足这部分需求，是非常好的创富机会。

对于创业者们来说，时代赋予了这样的机会，而部分人已经看到了，未来还可能有更多人看到。三四线城市以及乡镇和农村地区也许是一座金矿等待你去挖掘。

1. 三、四线城市经济发展迅速，人群消费能力增强

近年来随着拼多多等 APP 在低线城市的火爆，各大互联网公司开始将战略目光转向三四五线城市。得益于国家城镇化发展策略，三四五线城市的经济发展在近年持续保持较高增长，在全国 337 个地级行政区中，共有 219 个行政区属于四线及五线城市，虽然它们的整体经济体量仍无法达到一、二线发达城市的水平，但在近年却持续保持着较高的增长速度。

同时四五线城市人群的消费能力也在保持着高速增长，虽然单个城市的消费能力不及一、二线城市，但四五线城市整体社会消费品零售总额已逐渐接近一、二线整体水平，对各行业有着广阔的下沉发展潜力。

2015-2019年中国各城市级别整体社会消费品零售总额及增速

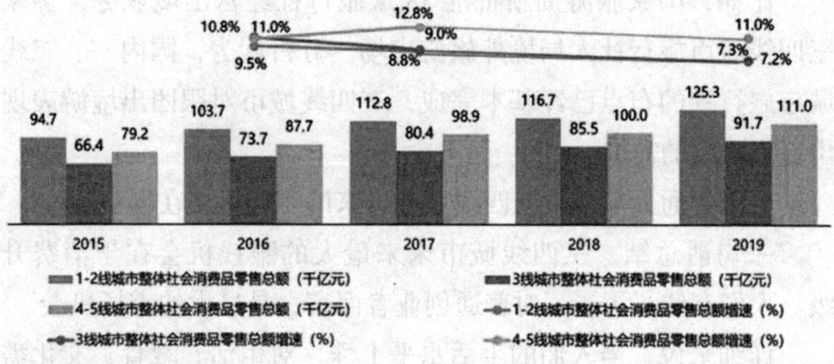

来源：国家统计局及各市统计局
注：2018年社会消费品零售总额统计口径有所变更，因此不显示2017-2018年增速
©2020.6 iResearch Inc.　www.iresearch.com.cn

2. 下沉市场基础设施建设完善

国家发改委于 2020 年 4 月发布的《2020 年新型城镇化建设和城乡融合发展重点任务》中提出了城镇化过程中加强对农村教

育、交通建设及数字化城市建设的要求。在农村教育上，国家发改委提出“大力提升农业转移人口就业能力。深入实施新生代农民工职业技能提升计划，加强对新生代农民工等农业转移人口的职业技能培训。”，劳动力素质的提升有助于提高当地企业发展以及外来企业的投资，进而提高低线城市的经济发展。在交通建设方面则提出“大力推进都市圈同城化建设，建立中心城市牵头的协调推进机制，有序规划建设城际铁路和市域（郊）铁路，推进中心城市轨道交通向周边城镇合理延伸”。紧密的都市圈能促进低线城市与中心城市的经济往来，方便了商品物流运输。同时便捷的轨道交通网络也极大地方便了城区人民的短途游、周边游等，有助于新型旅游行业发展。

3. 企业下沉战略需结合行业及各地人群特点进行布局

四五线城市经济及基础设施在近年虽有较大发展，但并不代表各行业企业可以无计划的在下沉市场进行扩张。首先虽然四五线城市整体经济及消费增长速度较高，但各地城市存在增长快慢的差异，企业应首选瞄准与自身产品有相应购买力的地区；其次是四五线人群特征与一、二线有较大差异，包括常住人口结构差异、娱乐消费偏好差异等，企业应评估各地区人群与自身产品的供需匹配度。

从互联网习惯偏好上看，四五线城市人群也有自身独特的一面。以 2020 年 4 月 APP 使用情况为例，四线及五线城市人群在办公管理和学习教育上的使用次数及使用时长高于全国平均水平，造成此状况的原因可能是因为疫情影响部分人群还未返回工作学习城市；而四五线人群在女性亲子的使用次数上高于全国平均水平则可能是因为四五线婴幼儿比例较高、当地相关服务设施较少导致的。各行业企业可结合各地供需情况及疫情等特殊影响综合挖掘四五线人群 APP 使用习惯的影响因素，进而从中发掘相应的下沉机会。

2020年4月中国四线城市人群各类APP使用习惯TGI

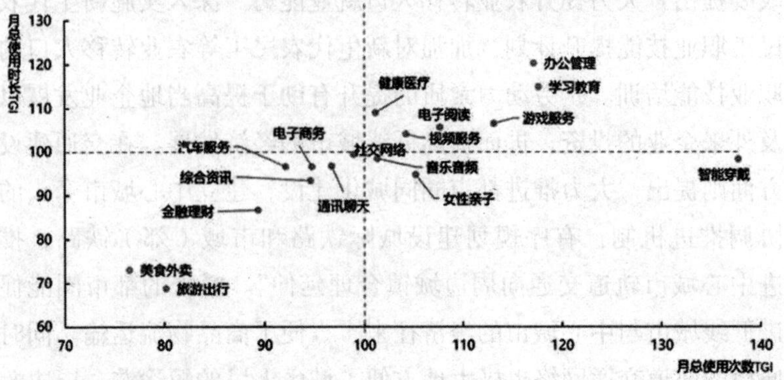

来源：UserTracker多平台网民行为监测数据库（桌面及智能终端）。

©2020.6 iResearch Inc. www.iresearch.com.cn

从消费偏好上看，京东于2019年发布的《三至六线市场线上拓展机遇报告》中显示，三线及以下城市除食品、纸品、家电之外，品牌集中度都低于一、二线市场，其中厨具、汽车用品、医药保健、乐器、家居日用、鞋靴等品类的品牌集中度低于50%，显示出低线城市人群在多数消费品类上并未形成品牌忠诚概念，给予相关行业企业较大的竞争发展空间。

目前多个行业的企业均已开始重视下沉市场的发展，以电商行业为例，阿里巴巴在近年先后以品牌下沉为主从需求端对聚划算进行重新整合。京东则是利用自身B2C及物流优势，通过线上线下全面覆盖并拓展下沉市场，线上通过主平台的“大秒杀”及主站外重新命名的拼购业务“京喜”获取更多用户流量，线下则通过多类实体店结合京东的供应链及物流优势提升服务效率。在消费品类上，美妆是下沉市场需求较大且增长较快的行业之一，较早通过布局电商渠道进入下沉市场、并通过多品牌组合的优势迎来持续高销量增长的欧莱雅集团，其中国CEO斯铂涵在2019年初的沟通会上表示三四线城市的小镇青年已成消费主力，集团旗下YSL圣罗兰美妆有48%的销售来自于没有实体柜台的城市或地区。

由此看来，四五线城市经济发展带动市场消费，而且消费潜力巨大。企业如果能提早布局，就能提早占领市场。

➡ 如何做好下沉市场的电商

“下沉市场”是近些年比较流行的“词语”，是新鲜流量的代名词，引起了许多行业关注流量的新区域，也让“下沉市场”被更多人关注。

探索整体思路：什么是下沉市场→为什么做下沉市场→下沉市场的特征→拼多多、淘宝、设计背后的设计策略。

1. 什么是下沉市场

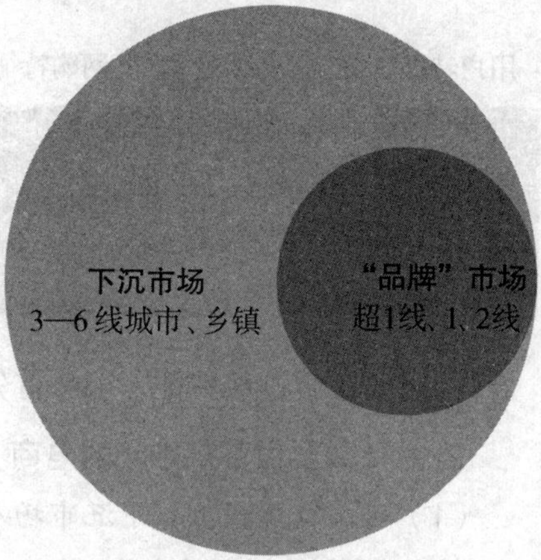

区域上划分：从各种报告上去解读，很多研究者从城镇区域属性划分，也就是按照行政属性划分，划分下沉市场是3—6线城镇区域。

但在这种划分方式过于笼统与宽泛，结合大家谈论的目标区域属性，“品牌市场”是目前各种电商用户主要贡献价值区域即超一线城市北上广深杭及省会城市为二级城市；“低线级市场”一般三、四级城市行政单位为市一级（非省会城市），消费力整体低于“品牌市场”；“下沉市场”是地级市及县城或者市与其他区域交叉区域都属于5—6级；这种行政属性划分可以快速地定位到自己的城市是否是下沉市场，而非笼统的3—6线城市划分。

在一、二线的消费人群，比如城市与周边的结合部区域，或

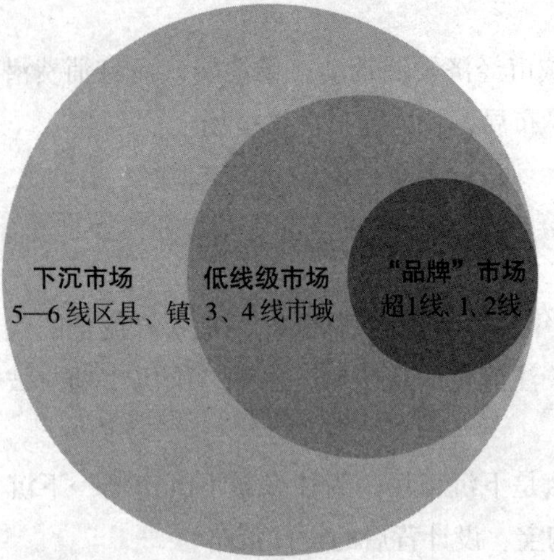

城市中也有消费能力不高，希望商品性价比高的用户（也是下沉用户），还有很多外地务工人员等等……

用户特征划分：是根据用户特征、网购特征、消费价值观念等维度去界定；但下沉市场的主要用户群体集中在5—6线城市，所以下沉市场的用户群体应该结合“区域＋用户特征”来概括。

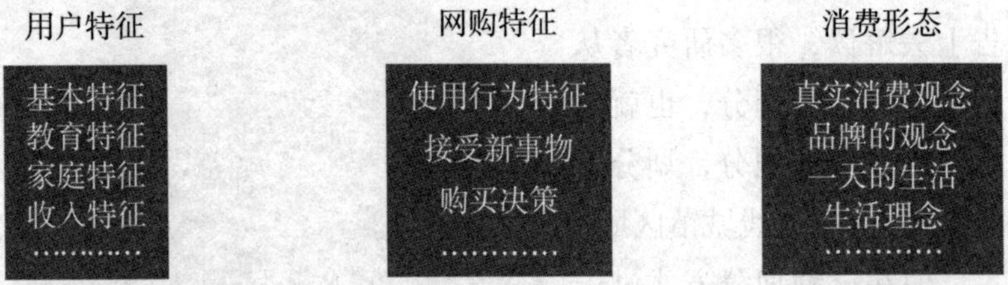

如果要了解这些特征，那么首先要了解下沉市场的环境。

2. 为什么要做下沉市场的电商

（1）从人口规模上，下沉市场人口规模巨大，约占56.17%

综合国家统计局与2018年人口普查的有关数据，一二线城市居民约3.9亿人，三线以下城市人口4.4亿，乡村常住人口5.64亿，所以有超过70%的人都处在3—6线城市之中，其中农村占下沉市场56.17%；主要居住在5—6线区域人口约有6.8亿左右。

（2）从互联网普及程度上也逐年提升

互联网技术能力越普及，能展现给网民服务的形式越丰富，比如原来 PC 互联网时代，用户在互联网的消费仅仅停留在固定地点，进入移动互联网（智能设备）的普及，用户随时随地的可以消费互联网内容；同时提升的还有数据传送的能力由 4G → 5G，那么内容呈现形式将更为丰富。

另外，腾讯智库在 2020 年 2 月份发布的《2019—2020 中国互联网趋势报告》中预测：

中国的移动互联网红利正在向新板块移动；在一二线城市，18—40 岁的核心用户中，互联网红利正在减少。五线及以下城市，包括农村正在成为互联网的新热土，他们同样习惯熬夜，拥有更多需要填满的时间。庞大的初中及以下学习网民对手机的依赖度更高，移动互联网不仅为他们提供娱乐，还影响他们的消费和认知。非一、二线城市消费升级以及消费信心的回升

随着全国居民生活水平的提升，在 5—6 线的乡镇居民人均可支配也在逐年提高，同时国民的消费观念提升了。

（3）非一线的消费者信心非常强烈，信心和实际拥有财富是不完全成正比例的

它与对自己的收入预期，对当下的满意度，未来需要多少存款来应对有直接关系，一线城市因为对教育及医疗的不安全感，抑制了很多的消费，但非一线的消费者信心与消费品质的要求也在提升。

➡10 亿人口的生活与消费

这两年，下沉市场一度成为创投热点，又因为没有快速、明显的回报而沉寂下去。但是，我相信，围绕 10 亿人口的生活与消费，10 亿人口的舒适与梦想，既有的一切产业都值得改造、升级、重构。

1. 下沉市场的特征和机遇

下沉市场，囊括了近300个地级市、2000个县城、40000个乡镇，660000个村庄。人往高处走。未来5—10年，66万个村庄的人口，一定会逐渐向乡镇、县城迁移。最终，中国会形成接近1000个50万—100万人口的“超级县城”。这1000个超级县城将成为节点，连接起生活在97%国土面积上、相当于3个美国人口总量的10亿人口。

然而，和一、二线城市完全不同，下沉市场是熟人社会，这里的家庭有房有车无贷，这里的居民有钱、有闲且价格敏感。

相比一、二线城市而言，下沉市场居民的收入水平不高，但他们可直接用于消费的可支配收入，远比我们想象的要高得多。一对县城夫妻，每人每月的工资大约三五千元，双方父母各有一套住房，同时至少共同拥有一套自住房。不承受房贷，日常吃住都在父母家中，没有更多的消费开支，因此拥有更加充裕的可支配收入。相比储蓄，他们更乐意在自己和孩子身上花费更多的金钱。

这是县城人口可支配收入的现状，是从另一个维度，来窥视下沉市场蕴藏的巨大机遇。随着移动互联网的普及，如今下沉市场群体也可以无障碍使用手机和互联网，但是他们却是以县城为单位的，一个个完全不同的生活单元。他们最大的特征就是本土化、封闭性。

流量层面随着抖音、快手等企业的布局，轻公司的创业机会基本上已经没有了。针对不同的封闭单元，以县城为单位，搭建本土化的团队，做本土化的深度运营，是未来下沉市场创业的出路和机遇。

2. 十亿人的生活与生意

和我们所熟悉的一线城市环境不同，下沉市场围绕着10亿人迥异的思想、认知、生活方式、作息习惯，传统的商业模式都值得被重构，再造而出一个新的世界。

（1）出行

中国县城、乡镇居民消费升级最大的梦想是什么？是一台汽车。他们渴望像大城市的人一样，拥有一台四个轮子的车，过上体面的生活。

（2）养老

未来下沉市场至少有三四亿的老年人，其中很大一部分人没有子女在身边，他们的精神需求该如何去满足？他们的养老问题要怎么解决？这是重要性和迫切性不言而喻的社会问题，同时也是创业者的巨大机会。

（3）餐饮

在下沉市场做餐饮品牌，最需要注重的就是本土化。越是下沉市场，消费者越重视本土化的口味，和本土化的服务。海底捞源自四川，创建于1994年，但25年过去，直到去年才在重庆开了第一家火锅店，直面火锅之都的考验。

（4）酒店

县城的酒店消费也迥异于一、二线城市。县城酒店客人大概分三类，一类是当地散客，主要是走访的亲戚和谈恋爱的年轻人，也会有一些闲来无事的人专门开个房间打麻将打牌；第二类是往来出差的生意人；第三类是少量的异地游客。

未来，随着1000个超级县城的形成，每个超级县城都至少需要10家以上的品牌连锁酒店，目前的酒店存量还远远覆盖不了这片空白市场。

（5）教育

毫无疑问，在当下中国，教育依然是实现阶层跃迁最好的途径，甚至是唯一的出路。父母都有望子成龙的愿望，越是身处乡镇、县城，就越希望子女能够走出去。从人性的角度出发，下沉市场教育空间将会远远大于一线二线城市。

下沉市场的教育未来一定不是好未来和新东方能做成的。未来下沉市场的教育赛道，一定会出现一家体量远大于这两者的新的公司。

在具体的运营层面上，我认为研发课程产品、细化知识点的颗粒度是重中之重。商业模式要从少量自营教学点开始，进行产品的打磨和标准化教学体系的完善，但考虑到管理半径的问题，未来一定是自营＋网络授课相结合的模式，来输出管理和开放加盟。

（6）零售

中国零售市场现在 40 万亿，阿里、京东、拼多多加总大约八万亿 GMV，目前电商平台巨头已经占了整个零售行业的 20%。

在这 40 万亿的零售市场中，至少 60% 发生在线下，也就是至少 24 万亿的规模。当前，一二线人口和三四线及以下人口的比例，大约是 3∶7，也就是说，整个线下场景的下沉市场零售消费赛道，大概有 24 万亿的 70%，约 16 万亿的规模。

这 16 万亿，都是下沉市场零售赛道的机会。

从线上平台核心品类来看，京东以 3C 产品为主，阿里以服装为主，拼多多农产品占据一部分市场，其他品类还比较空白，这是下沉市场线上零售的机会。

从线下消费场景来看，乡镇依然存在传统的农贸市场，我认为不管是门店还是商品的品质，都还有巨大的改造升级空间，这是下沉市场线下零售的机会。

（7）医疗

本土化的医疗一方面要求基层医疗人才学习、培养、培训、输送力度的加大，来充实县城医院的医疗力量；另一方面会对远程医疗诊断技术有更高的要求，以此来对接顶尖专家和基层医生，实现跨区域的综合会诊。这两方面都是需要社会力量参与去解决问题的商业机会。

（8）旅游

随着乡镇居民可支配收入进一步提高，在农民的物质需求得到满足之后，有车有房的他们将会进行更多的精神消费，旅游一定是其中之一。

未来下沉市场旅游，一定是以县城为核心的拼团模式。以县城为基点，把用户群聚集在一起，然后通过拼团模式落地，这是下沉市场旅游赛道的趋势。

第二章

商业巨头布局下沉市场

➡ 互联网巨头下沉市场之争

拼多多和趣头条的成功上市。二者的异军突起，撬开了这片人口规模巨大、却又常常没有多少话题感的流量宝地。用户规模超过 6 亿，占比超过一半，对移动互联网人均使用时长超过非下沉用户，且增长更快。

的确，下沉市场的消费力量让我们明白了为什么互联网巨头们纷纷发力春晚红包。于任何互联网商家而言，春晚都是一个天赐良机，其意义在于春晚不仅是一场娱乐晚会，更多的是一种精神层面的交流与文化历史的融汇。事实一再证明，历届巨头们参与的春晚红包都带动了下沉市场用户，“五环内外”所有人群可在同一时间接触到产品，形成蔚为壮观的流量池，带来了全民狂欢与惊人红包互动数据爆发力。2019 年百度 App 携百度系产品矩阵登上春晚，让百度 App 的日活从 1.6 亿直接冲上 3 亿。

事实上，三四线城市和农村市场一直都在那里，并非近两年才有，拼多多和趣头条更不是逐鹿下沉市场的“挖掘机”。当然，不同时代下沉市场淘金者也有着不同的机遇命运，看似一成不变的下沉城乡实际也时刻都在遵循时代发展的轨迹。当五环内的精英还在习惯地将廉价商品、低俗文娱、淘汰科技等偏见标签傲慢地丢向下沉市场时，却不知道代表着未来前沿科技产品的人工智能音箱领域，小度智能音箱已经靠对下沉市场的强势渗透做到了中国第一、全球第三的出货量。

事实上，各路巨头抢占下沉市场的剧情，已持续上演了近 30 年，并不局限于移动互联网时代。虽然种种情节看似杂乱无章，可若抛去各种花哨的招式，其内在逻辑的演变却能够反映出某种必然的规律。

1. 萌芽时期的下沉布局

正所谓“商场如战场”，时隔大半个世纪，中国的商业领袖们将三线以下城市和地区也便顺理成章地成为了商家必争之地。初期代表是保健品界的脑白金、地产界的碧桂园、餐饮界的康师傅与娃哈哈，以及零售界的苏宁，均已早早涉足三四线城市并站稳了脚跟，吹响了下沉市场争夺战的前奏曲。商品思维，是当时巨头们掘金下沉市场的核心范式，也是在短缺经济时代的主要商业逻辑。然而，这一思维逻辑并没有主导太久，一场伟大的变革在华夏大地上轰轰烈烈地上演。

2. 互联网巨头们的下沉流量之争

20 世纪末，中国互联网开始兴起，网民规模爆炸式增长，由 1997 年的 63 万飙升至 2001 年的 2250 万。在搜狐、网易、新浪这“门户三巨头”主导的行业缝隙间，BAT 诞生了：1998 年底至 2000 年初，腾讯、阿里和百度相继创立，腾讯专注社交，阿里发力电商，百度深耕搜索，分别对标美国的 Facebook、亚马逊和 Google，三家市值最高的科技公司。

整个行业彻底沸腾了，“流量为王”几乎成为了业内的不二法则。于是，所有玩家都纷纷将目光锁定在流量扩张上面，而蕴藏着巨大流量的下沉市场，又一次成为了巨头们竞相抢占的高地。BAT沿着自己的拳头领域，在下沉市场中闯出了一片天地。

以搜索巨头百度为例，其与生俱来就是强大的流量入口。因为随着互联网信息的日益爆棚，人们身处的世界越来越被庞大的信息流所充斥，网上的内容已渐渐由稀缺走向过剩。此时，获取有效信息反倒成为了痛点，这便让搜索引擎顺理成章地成为了刚需，不管用户身在几线城市，只要有电脑，几乎就是百度的流量构成之一。从这个角度讲，百度是天然的下沉市场流量收割机。

随着互联网行业的发展，人口红利正在衰减，但另一个红利仍在——用户的使用时长。要想尽可能多地抢占用户的使用时间，精细化服务和开辟新战场几乎是唯一的办法，移动互联网的竞争也开始从“流量战场”移师“存量战场”，即由过去追求用户数量的增长，转向“以人为本”地为用户提供精细化服务。

随着国民经济的飞速发展和移动网络设备渗透率的日渐提高，三线以下城市群众面貌有了明显改观，下沉人群的日常消费与对互联网的使用也进入了升级的通道。在“消费者主权”的浪潮下，以BAT为首的巨头们想要继续巩固自己在下沉市场中的地位，必然要多花些心思去洞悉下沉人群的需求与偏好加以探究，以便全方位提升用户体验。

未来，故事还在继续，新的牌局也正在不断上演。从商品思维、流量思维到用户思维，抑或是从单打独斗、包容开放到建立联盟，倘若褪去一切商业运作的外衣，我们会发现下沉市场竞争范式演变下，最根本的底色，仍然是三线以下城市和地区经济的发展壮大与居民的日渐富足，抓住底层逻辑的企业方能立于不败之地，百度深谙其中道理。

➡ 通过价格战快速抢占下沉市场

在中国，如果告诉你，有一家奶茶店，有7000家门店，而在北上广深，却并不多见。并且长红了22年而没有衰落，你会想起哪家奶茶店。

看一个产品厉不厉害，我们首先要看几件事情。一件事情，是通过22年时间看一个品牌到底能红多久？一个品牌红一年，我们只能叫短暂性网红店，这样的品牌屡见不鲜。当初闹得沸沸扬扬的皇太吉煎饼，各种互联网催红的品牌，是屡见不鲜。像一颗明星一样突然冉冉升起，又突然坠落。

而蜜雪冰城红了多久了，22年！路边摊起家的蜜雪冰城，它的创始人叫张红超，出生在河南，是一个草根逆袭的典范，初中毕业后就开始鼓捣各种小生意，后来由于学历太低，不好找工作，便通过自学考上了大学。

1997年暑假，在河南金水路路边，他的冷饮地摊正式出摊了，这就是后来称霸一方的蜜雪冰城的雏形。

和很多人看到的精彩的创业故事不一样，在很多创业里，都是创始人很快就无所不能，做出各种选择就火起来了，而蜜雪冰城真正火起来，实际上是到了2006年才开始慢慢火起来的，相信创始人在这个过程中一定经历了很多煎熬，痛苦，这个过程已经无法在很多媒体上见到了。这件事说起来非常容易，实际上做起来是非常难的。很多人赚到钱之后，就开始享受生活，尤其是很多老的传统消费品公司，因为有时候创新的代价是很大的。

但蜜月冰城有一件事印证了他的创新的精神，就是推出整个的雪王视觉升级和找到这个超级符号的品牌IP识别系统。

在全国几千家门店里坚决的实现了雪王这个标志视觉系统升级，这背后实质上是企业的战略定力和革新的魄力。因为这样一个举动做出来，固然有咨询公司良好的设计，但最重要的做还是不做，做了以后承担因为创新所失败的压力，其实最终都是压在企业自己头上的。

而一次创新升级带来的价值是显而易见的，可以用两组数字来形容：全国门店数量从4500家上升到7050家，在海外市场拓店60家。18年到19年营收量级从35亿到65亿的指数级增长跨越。

1.1 块钱一支的冰淇淋引爆用户

蜜雪冰城可以认为是利用互联网思维吸引用户最早的典范，或者说是典型淘系流量打法，只是这种打法，最初是被运用在线下而已。

在宜家通过一元钱冰淇淋在全球风起云涌的时候，蜜雪冰城也正在通过1元冰淇淋吸引用户，而至今，这个冰淇淋也才卖到2元钱。

爆品引流效果如此之好是有深刻原因的，并非无迹可寻。

首先这个产品是有价格对比标杆的。当时市场的价格标杆指向是5元钱，6元钱的冰淇淋，而蜜雪冰城冰淇淋直接做到1块钱。让用户不光要实际占到便宜，更要让用户精神感受上占到便宜，不买有一种上了当的感觉。

其次一个好的爆品能形成引流款和引流效果。一定是需要爆品本身与店里其他主线产品形成非常好互相倒流的作用，也就是引流爆品是与主线产品正相关的。蜜雪冰城这四个字就很好说明主线产品是什么。

2. 做大规模，多开店才能保证成本领先战略

实际上低价体系，是极致供应链。供应链如果没有采购规模的喂养是没有办法做到成本领先战略的。所以蜜雪冰城采用的是多开店。多开店这个策略说起来容易，做起来非常难，不光有供应链支持，还要由人群广谱性，价格广谱性，为什么拼多多在下沉市场如此火爆，股价在疫情期间不断拉升，实质背后是中国平价消费人群依然是主流，谁能把价格带拉下去，谁就拥有更多店的规模。

所以低价高质和多开店是一个相铺相承的概念，没有多开店的策略，就没有办法做到低价，而只有定位于低价才能多开店。

3. 极致下沉

很多人在如今动辄就在谈下沉的战略，但华莱士、蜜雪冰城、正新鸡排早就是下沉之王了。早在多年前，蜜雪冰城就已经早就布局三四线城市，并攻陷了各个大学城，是当年校园四大奶茶品牌之一。抓住学生市场，紧密围绕着大学，主打低价，抓住年轻人，这几个套路可谓招招见血。

除了单一的下沉到乡镇大学之外，点位密集同样也非常重要，我们如果去过长沙我们就会知道茶颜悦色为什么厉害了。就是学习星巴克的饱和攻击策略，在一个狭小的区域之内开出多家门店，让你的竞争对手开无可开。

这就是经济学上的效用的满足，同时反过来看，当你采用区域密集开店策略的时候，遍地广告牌效应就能出来，用户心智就会被教育，重复本身就是一种最高级的品牌策略。这种打法在互联网里面就叫做大力出奇迹，张一鸣把互联网工程师堆的非常密集，然后在单点打破不也是这个策略吗？所以从这一点上而言，蜜雪冰城是中国互联网思维打法的下沉用法。

➡ 淘宝如何激活下沉市场

新晋电商巨头拼多多的火爆，让阿里和京东都调整了发展战略，逐渐向下沉市场进发。从近两年的动作可以看出，阿里在下沉市场的战略已经初显成效，无论是双 11 还是 618，下沉市场都成为主角。而就在昨天，阿里还正式推出了淘宝特价版，并推出“超级工厂”合作计划，通过数字化改造，打通消费互联网和工业物联网。

淘宝特价版早在两年前就开始了公测，相比较拼多多、京东和苏宁早早投入到 C2M（用户驱动生产）工厂定制中，淘宝这边则是显得更加谨慎小心。此前，聚划算和天天特卖的先期探路，在 C2M 市场做好了铺垫，此次 C2M 战略的正式提出，也意味着淘宝再向拼多多“开枪”。

1. 上线淘宝特价版

淘宝特价版昨天正式上线，宣称可以让用户坐拥全国工厂，带你逛遍全国厂房，以工厂直供价获得便宜好货。同时，淘宝方面还推出“超级工厂计划”和“百亿产区计划”，从供应链上游支撑特价版的供给。

阿里巴巴副总裁、淘宝 C2M 事

业部总经理汪海透露了淘宝 C2M 战略的目标，称淘宝将以核心数字化能力和淘宝特价版为依托，未来三年，帮助 1000 个产业带工厂升级为产值过亿的“超级工厂”，为产业带企业创造 100 亿新订单，在全国范围内重点打造 10 个产值过百亿的数字化产业带集群。

商务部研究院研究员周密表示，淘宝 C2M 的意义在于，通过数字化生态系统的建设和不断优化，不断改进消费互联网和工业物联网互联互通的效率，让产业带工厂能够快速响应消费者需求，降低了库存需求，促进了供需匹配，节省了社会资源。

不过，可能会有好多用户有疑问了，特价版的淘宝和日常使用的淘宝有何区别？而此前推出的聚划算，又要作何区分？

特价版的 APP 是专门为我们的产业带、C2M 定制的货品，是一个更加集中体验更加极致的一个 APP。而聚划算重点覆盖品牌的官方正品，特价版是重点覆盖 C2M 的供给和产业带的商品，两者合力形成淘宝多元化的新供给的体系，满足了消费者多元化的需求，更好地去渗透到下沉的市场。

淘宝特价版是全球首个以 C2M 产业带为供给的购物 APP，跟整个淘宝是相辅相成的关系。未来三年，淘宝希望为产业带制造业创造 100 亿笔新订单。为此，淘宝 C2M 事业部也对外发布了三大举措，其中一个就是淘宝特价版，另外两个则是超级工厂计划以及百亿产区计划。

2. 淘宝做 C2M 的优势

相比较拼多多和京东等，淘宝推出 C2M 战略虽然较晚，但是在前期测试准备过程中，已经取得了不错的成效。

阿里系下沉先锋聚划算上线“厂销通”系统，让 C2M 工厂拥有一套数字管控系统；阿里系天天特卖，就已经携手阿里云共同升级 C2M 数字智造系统。

淘宝做 C2M 有着三个方面的优势：

（1）淘宝的特价版是全球首个以 C2M 产业带为核心供给的购物平台，是链接工厂和消费者的数字化系统。它一方面有效的帮助中小企业提高效率、实现增长，也通过工厂直供的方式为消费者提供又好又便宜的商品。

（2）淘宝作为电商的首选平台，具备非常强的大数据、云计算、IOT 等数字化的优势，精确洞察 8 亿的消费者市场需求，能大幅去提升商品企划的精准率，这也是淘宝非常重要的一个核心的竞争力。

（3）超级工厂计划背靠阿里巴巴经济体生态服务优势，整合阿里巴巴的供应链、金融服务，以及为工厂提供全链路的服务，可以降低经营成本。

3. 未来如何吸引更多的工厂

根据淘宝的表述，未来三年，要帮助 1000 个产业带工厂升级为产值过亿的“超级工厂”，为产业带企业创造 100 亿新订单，在全国范围内重点打造 10 个产值过百亿的数字化产业带集群。

帮助工厂升级，说起来容易做起来难，从前期的挑选，到中期的服务培训，再到后期的“维护”和赋能，前前后后需要付出很大的精力。而对于入选门槛，优质的生产能力是入驻最核心的标准。

同时，针对不同电商运营能力的工厂，淘宝这边也有着不同的对策。相比较此前淘宝推出的天天工厂计划，两者最大的区别就在于天天工厂主要还是专注在制造端，而超级工厂则是更多地把一些链路全部整合进来了，从企划到销售的生命周期管理，到供应链、金融服务，所有链路的东西以产品化的方式逐渐在沉淀。

如果说百亿补贴是一场“挣快钱”的生意，那么 C2M 就是一场拉锯战，时间长、模式重。能否实现立下的目标，就看淘宝在优质工厂的争夺上能否占得先机了。

➡ 聚划算如何做下沉市场零售

从新零售到下沉市场，本质都是为了获取更多的用户。现如今，一二线城市的线上市场基本已经处于饱和的状态，无论是客单价还是新用户的增速上，都几乎是到达了瓶颈。相比较下，四五线下级城市由于此前的针对性较弱，导致还有很大的发展空间。

根据易观国际公布的数据显示，截至 2017 年底，下沉市场移动端用户不到 5 亿人。不过，下沉市场移动用户的增速却领先一二线城市，2020 年将逼近 6 亿。与此同时，在移动设备的数量上，下沉市场人均虽然只有 0.5 台，不及一二线城市的人均 1.3 台，但这也意味着未来巨大的增长空间。

下沉市场的探索不是一朝一夕，是一场持久战，要想真正渗透并建立完善的体系，需要单一品牌线去承担这个责任，而聚划算在业务逻辑上最符合下沉市场的定位，因此我们就看到了今天聚划算一片热火朝天的景象。

1. 聚划算的选品逻辑

根据阿里巴巴此前发布第一财季财报数据显示，在截至 2019 年 6 月 30 日在中国零售市场上的年度活跃消费者数量达到 6.74 亿，比截至 2019 年 3 月 31 日的 6.54 亿增长了 2000 万人。值得注意的是，本季度，超 70% 的中国零售平台年度活跃消费者增长来自下沉市场。可见，通过聚划算，阿里在下沉市场的生意做得很不错。

聚划算之所以能够在短时间内取得明显的成效，最主要的是其坚定地执行了为消费者提供全网最优的商品的理念，在商品和品牌的选择上不凑合，有一套完整的选品逻辑，一开始就严标准，保证了整个平台的品质。

聚划算在内部将货品分为三个等级，分别是普通商品团、品牌爆款和品牌定制。其中，品牌定制作为聚划算货品金字塔的顶端，不仅仅要求是卖得好，而且是量身定制，要么只有聚划算有，要么权益比别的平台更好。简单来说，就是人无我有，人有我优。

而在品牌定制的选品上面，聚划算更是有着自己的一套严格标准，主要分为四个方面，分别为品牌力、货品力、价格力和爆发力。

同时，聚划算优选主流人群喜爱的主流货品，相比较小众群体，他们考虑得更大是为主流消费者提供服务。而价格力就很好理解了，就是便宜，简单粗暴，在全网都要有价格优势。除了以上三点，爆发力则是聚划算选品的核心指标。

2. 增加用户黏性

对于很多消费者来说，都存在一个误区，那就是下沉市场的用户只在意价格，而不在意品质。从聚划算公开的案例来看，飞鹤奶粉等产业的平均单价也是远远高于整个市场的平均单价，销售也比一二线城市要好。

下沉市场用户人群不是就要一个便宜的商品，核心是要一个高性价比的商品，尤其是对于一些大品牌，消费者的诉求更为强烈。所以，不是下沉市场就要 9 块 9，就要非常低价格的商品。

3. 聚划算赋能

“让天下没有难做的生意”，这是阿里一直坚守的理念。在 20 周年庆典上，张勇更是再一次强调了这一初心，并表示要数字化赋能商家，一起成长发展。值得注意的是，聚划算在做着下沉市场生意的同时，也在赋能商家，除了提供流量支持，还推动了商家数字化以及供应链变革。

首先，是流量方面。毫无疑问，联合聚划算推出品牌定制款之后，后者将会拿出最优的资源来推动商品的销售。品牌不需要去建渠道，不需要去做大量推广平台。而且又有确定性资源和流量，所以在整个效率上是非常快，非常高的。

其次，在供应链变革方面，由于聚划算要求品牌的商品要有高性价比，价格更低但品质依旧要保证高标准，而这就倒逼商家在生产端提高自己的供给侧能力和效能。

另外，对于商家来说，聚划算所赋予的数字化资产是非常重要的。在合作的过程中，聚划算会根据平台用户的数据进行分析、画像，告诉商家如何去做产品的设计、如何定价、如何在款式和工艺上讨好消费者，从而推出定制化商品，来制造爆款。

新消费时代，下沉市场成为电商行业的新角斗场。但下沉要的不仅仅是价格便宜，还有高品质。打通消费和生产两端，赋能商家数字化发展，在下沉市场用高性价比产品来助推消费升级。而只有真正懂得如何在下沉市场做生意，才能在这场新消费时代的战役中取得最后胜利。

➡ 京东“京喜”入局

2019 年，苏宁宣布大力推进拼购业务，阿里在 2020 年也通过聚划算事业部打响下沉市场光复战。这不，京东也按捺不住，加入战局，宣布上线全新的社交电商平台—“京喜”。

京东在执行自己高端电商未来的路线时，早就在社交电商市场有所布局，最早可以追溯到 2014 年。并且，在 2016 年，京东还上线了拼购业务。因此，京东也算得上是一位社交电商老兵。只不过，在过去，更多的是关注一二线高端消费用户，没有投入更多的精力进行下沉市场布局。

此次，京东拼购改名京喜，除了表面名称的改变之外，更多的还是京东战略调整的一次体现。同时，在整体的打法和运营战略方面，京喜也和现有的京东模式有所区别，更多的是聚焦下沉市场的潜力消费者，通过社交以及低价的手段来刺激消费者购买，引流的同时并提高平台的用户留存率。换句话说，京喜的正式推出，和现有的京东平台实现了“人”“货”“场”的差异化互补。

其中，“人”的方面，京喜聚焦的是下沉新兴消费群体；“货”的方面，京喜有别于当前京东主战的供应链，是通过优质产业带工厂、产源带商家直供商品，性价比更高，也更符合下沉市场用户的消费习惯。另外，“场”的方面，京喜将会借助直播以及短视频等多种社交玩法，来打造社交 + 社群 + 社区多元的购物场景。

不得不说，对于习惯了服务高端品质用户的京东，这次推出京喜着实需要很大的勇气。平时，你可能见惯了在淘宝和拼多多上有一元秒杀活动，现在，京东也加入了“1 元买”的大军，这次双 11 更是要推出上亿件 1 元商品。另外，除了低价之外，京喜还推出了下单返现的活动，参与任务或分享好友助力后，将会获得更多返现。

微信和供应链京喜开辟下沉市场的两个撒手锏。从京喜的上线，再到双 11 的全新玩法，都可以看出京东布局下沉市场的决心和力度。不过，相比较拼多多、苏宁和聚划算，京东的入局已经慢了半拍。并且，从产品价格，以及产品定位和产品的种类上可以看出，京喜和拼多多等都有着明显的重合，正面竞争不可避免。

2020 年是双 11 的第 11 个年头，虽然是阿里造的节，但早已经成为全电商行业的狂欢，阿里和京东的较量更是最引人瞩目。单从下沉市场生意来看，从年初到现在，聚划算经历了618的练兵，以及聚划算节的磨合，今年双11也将进一步推动在下沉市场的融合。相比较下，京喜虽然实战经验较少，但是由于背靠微信这一流量优势，在社交玩法上，更容易突破，完成裂变。因此，2020年双11，两者之间的较量也是一个非常大的看点。

可以说，京东在微信的“绝对地位”，让京东在下沉市场的战役中有了充足的粮草保障。2020年上半年京东宣布与腾讯续签了为期三年的战略合作协议，也保证了京东未来几年在社交裂变上的竞争力。根据协议，腾讯将继续在其微信平台为京东提供位置突出的一级和二级入口，为京东带来流量支持。

手机QQ和微信等六大移动端渠道的支持，只是京喜入局的敲门砖，对于主打品质商品的京东，此次在下沉市场虽然主打的是低价，但是品质不能“下沉”，否则将会是对品牌的一次严重减分。比如此前的拼多多，虽然表面生意做得很好，但是前期的口碑却让其在后期付出了很大的代价来挽回。为此，作为后入局者的京喜这一次也很看重商品的品质，在供应链方面也有着自己的想法。京喜在追踪货品流向时发现，一件商品出厂价格和实际价格差很大，是因为中间经销商一层层抬高了售价。这导致了工厂赚的少，消费者冤枉钱花的多。京喜通过工厂直供，帮助工厂型商家在京喜开店直接面向消费者销售，避免消费者多花冤枉

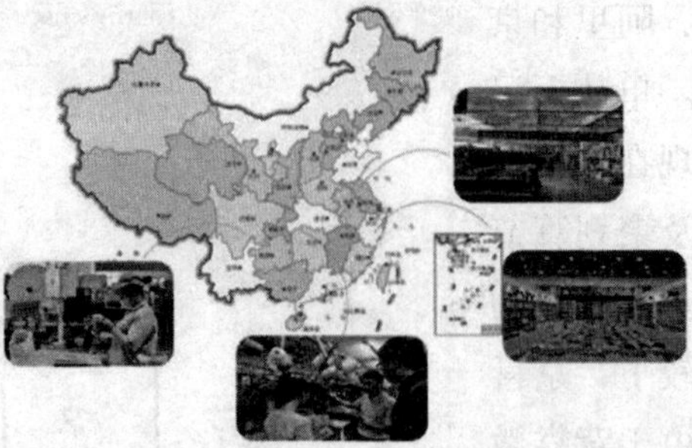

钱。同时，他表示，深耕产业带是京喜未来发展的重要战略之一。

根据官方公布的数据显示，目前，京喜已布局全国100个产业带，并推出了“产业带扶持计划”，2020年下半年正在全国各地产业带召开超过百场招商会，提供产业带整合营销方案。对于通过京喜平台认证的优质工厂型商家，京喜会提供额外的专项扶持。

背靠腾讯获取社交流量，工厂直供让京喜的商品质量有所保障，也能压低成本，在价格上也会更有竞争力，而这两点，都是“新军”京喜的破局敲门砖，也是未来在下沉市场抢夺用户的关键所在。

➡ 苏宁零售开启熟人社交

“空调旺销期刚过，我们马上就进入了大闸蟹和中秋礼品旺季，利用云店铺小程序，我们主要在朋友圈和微信群推荐大闸蟹、酒水等，没想到成交的效果还挺不错。”徐州的90后李老板说道，同时，他已开始招聘专门的社群运营专员。

这都得益于零售云接入了苏宁拼购的海量商品，全国近3900家苏宁零售云门店以互联网营销工具“云店铺”为载体，接入苏宁拼购供应链体系商品，涉及SKU多达5600万个，涵盖家电3C及生鲜、家居、母婴、酒水等非电产品，进一步实现全品类平台的数字化转型。

在用户前端，云店铺具象为“苏宁易购精选”小程序，内嵌“每日必拼”、“门店特卖”“门店爆款”和“品质好货”四大商品模块，以虚拟货架形式陈列海量商品，并支持店主线上分享推广或在线下引导下单，在下沉市场推广互联网玩法之余，留存购买用户。

经过长时间的运营，零售云除传统线下门店渠道外，借助云店铺、云货架、云 POS 等数字化营销工具，构建了以近 4000 名店主为中心，新老会员、亲戚好友、邻里关系交杂的社群网络。

但对县镇消费者而言，商品的性价比依然是决定消费的头部因素。“买到产品货不对板”的问题层出不穷，客服的处理效率让当地用户客诉困难，相比之下，他们更愿意相信社群间口口相传，眼见为实的商誉背书。这时，背靠 全国近 3900 家门店的零售云在熟人社交网络便有了更多的优势。

苏宁零售云双线运营的网格已然建成。零售云线上销售金额环比增长超过了 900%。2019 年拼购低价高质且丰富的商品，更是零售云深入县镇区域线上市场的“及时雨”。

一方面，拼购的低价商品在云店铺虚拟货架的陈列，是对低客单价用户消费需求的补充，并在提高消费频次的同时，增加在社群交易链路中的品牌曝光次数，扩大用户潜在规模。苏宁拼购以正品低价与熟人裂变的方式获得了下沉市场用户的极速增长，同样能助推零售云平台在线上的市场渗透。

另一方面，云店铺的多体系商品带给店主新的盈利增长点，也让他们摆脱了对门店面积和商品库存的依赖。基于 LBS 系统，零售云门店对当地县镇市场消费者进行精确锁定，店主在社交平台即可推广海量云店铺商品，获得高额佣金和长期锁粉，借助社交裂变拉新会员，并提升用户黏性与销售转化。

截至 2019 年 8 月底，苏宁零售云在全国门店已近 3900 家，涵盖全国 31 个省级行政区域。通过云店铺接入苏宁拼购体系商品后，零售云门店 SKU 迈过亿级门槛，将互联网服务红利与产品优势带到全国更多县镇市场。

第三章

洞察下沉市场的新商机

洞察下沉市场商机

增长一直是品牌关心的议题。但当获客成本高企、营销竞争激烈，增长的潜力市场在哪里？“下沉”或是出路之一。

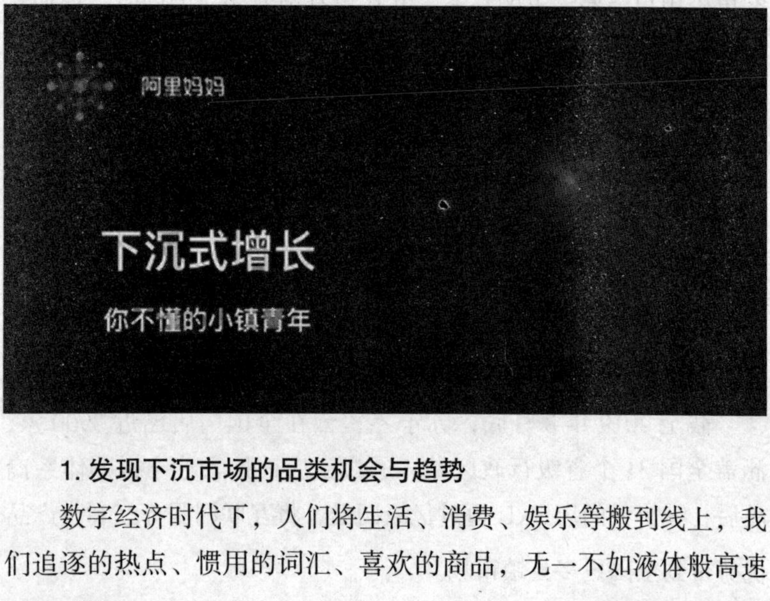

1. 发现下沉市场的品类机会与趋势

数字经济时代下，人们将生活、消费、娱乐等搬到线上，我们追逐的热点、惯用的词汇、喜欢的商品，无一不如液体般高速流动。当市场、媒介环境、消费者喜好瞬息万变，淘宝天猫已成为承载人们生活方式的巨大媒体，数据洞察或许就是那双看见未来发展趋势的眼睛。

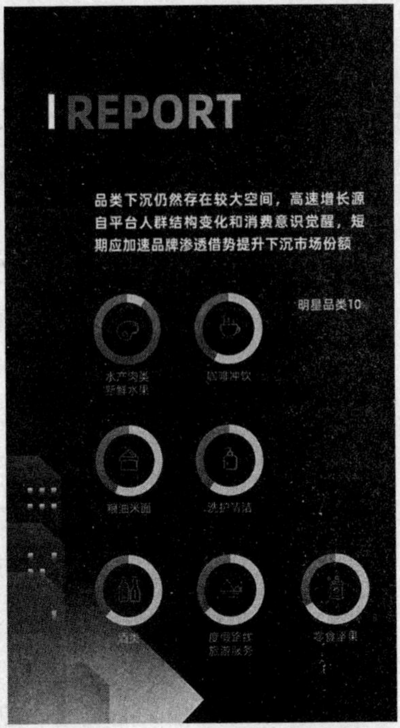

移动互联网及快递运输网络的普及，打破了以往下沉市场的渠道垄断，将下沉市场的消费力通过电商的形式释放出来。

近 12 个月的淘宝天猫整体成交额走势依旧保持高速增长，而其中 77% 的品类，3—6 线城市成交额增速超越 1—2 线城市。消费者数量增长和货单价增速成主要推动力。数据显示，84% 品类 3—6 线城市消费者数量超过 1—2 线，34% 品类的客单量增速、61% 品类的平均货单价同比增速均超过 1—2 线城市。

（1）明星品类，占比 10%。该品类集中于食品饮料和个护家清等大快消行业，在下沉时仍然存在较大空间。高速增长缘自平台人群结构变化和消费意识觉醒，短期内应借势加速品牌渗透，提升下沉市场份额。

（2）觉醒品类，占比 20%。消费意识觉醒带来该品类渗透率增速逆袭，集中于大美家行业，包括大家电和基础建材等。

（3）机会品类，占比 40%。该品类集中于家居装饰、个护彩妆以及服装服饰行业，需要长期进行教育和影响。阿里妈妈认为，高速增长缘自平台用户增长红利，市场下沉仍处于蓝海。

（4）沉寂品类则占比 30%。

2. 你不懂的下沉市场营销

很多品牌早已意识到下沉市场的重要性，也开始建立以消费者运营为核心的运营思路，但发现没，真正打入下沉市场的并不算多。为什么品牌总做不好下沉市场营销?

或许是你并不懂下沉市场。

下沉市场的主要购买力出生于20世纪80和90年代，目前工作生活在3—6线城市和村镇之中。相比都市青年，更小的生活半径和相对缓慢的工作节奏，让小镇青年有更多的社交和娱乐时间。

（1）硬装及大家电行业在下沉市场异军突起，小镇青年正在以空间营造、彰显私域生活的格调。

（2）在食品行业，营养、方便、即食的果实类商品出现高速增长；此外，一线美妆品牌在大部分品类上的成交额增速远超普通品牌。

（3）旅游为相关品类增长创造了新的消费场景，有钱有闲的人们凭借旅游休闲实现物理空间的逃离。

（4）在追随潮流的路上，他们正从潮流的追随者变成引领者。他们不断借助符号消费达成身份认同。

3. 品牌下沉的营销策略

（1）精准识别消费场景，跳脱品类迷宫

相比1—2线城市，下沉市场的品牌增长更依赖于品类新客，约98%品类成交消费者中新客占比超过一半。1—2线消费者具有更强的“主观能动性”，而下沉市场的消费者，则需要品牌更多“为我所想”。

因此，品牌需要更加“主动”地识别消费场景和诉求，同时帮助消费者拓展需求下的品类认知，走出流量分配机制下的品类迷宫，实现“圈层”突破。

（2）掌握生态触点，唤醒消费需求

时间的自由，内容获取的便利性，帮助小镇青年打破地域的局限，实现认知和生活方式的脱域。因此品牌需要通过优质的内容，灵动掌控生态触点，外抢用户时间、内占用户路径，将更多的消费场景以及需求，在小镇青年的认知世界中搭建创造出来。

我们也看到，随着内容的丰富和消费者浏览深度不断提升，淘宝已经从购物渠道转变为消费者情绪和生活场景的晴雨表。此外，OTT 端下沉市场用户占比超过 55%，单日观看时长高于都市人群。

品类的教育不会一蹴而就，推动消费者向品牌或店铺粉丝的转化，通过私域阵地进行持续性的消费者运营，可能是下沉市场长期持续性渗透的不二法门。

➡ 争夺下沉市场新客源

2020 年的 618，被寄予厚望，更是被赋予了助推消费市场和经济复苏引擎的作用。各大电商平台早早进入“备战”状态。百亿补贴、大额消费券、超值优惠……成为京东、天猫、拼多多等电商平台 618 年中大促的“基础装备”。

1. 来势凶猛的“消费券”

2020 年 618，各大平台依旧祭出低价策略，纷纷用补贴、消费券等方式锁定更多消费者。京东将继续带来“超级百亿补贴”，同时联合众多品牌商家带来千亿优惠的巨幅让利。与京东一样，天猫 2020 年同样拿出了大额消费补贴。阿里表示，天猫 618 发放 100 亿元消费券和补贴。

出招稍晚的拼多多不甘示弱。2020 年 6 月 9 日，拼多多宣布，即日起至 6 月 20 日，平台将再度加码百亿补贴的力度，联合平台上众多品牌与商家，派发大额现金红包和消费券，继续用“不搞预售、不付定金、无须凑单”的简单无套路玩法，实现同品全网的最低价直售。

2. 直播火爆

如果说补贴、促销是每年618每个平台的标配，那么直播带货绝对是2020年一大亮点和增长点。

据了解，2020年618，京东零售将直接向快手小店提供优势品类商品，双方共建优质商品池，由快手主播选品销售。

快手用户将可以在快手小店直接购买京东自营商品，享受京东优质的配送、售后等服务。

京东方面介绍，618期间，京东直播将带来超30万场次重点直播盛宴，邀请众多超级明星与消费者互动，众多品牌大佬也将参加“总裁价到”“高管直播秀”等栏目。

“前浪”热爱的硬核演唱会、“后浪”期待的草莓音乐节也会落地京东直播间。

直播带来的成交额不容小觑。据京东提供的数据，6月1日，京东直播成交额是去年双11开门红当天的近64倍。

京东直播业务负责人张国伟在发布会上说：“京东第一次把直播提到了战略核心地位。”而天猫也在直播带货上花样繁多。阿里相关负责人表示，天猫618自5月25日预售启动以来，淘宝直播的场次已超过140万，是其他平台在整个618期间全部计划场次的5倍。

据阿里方面向时代周报记者提供的数据显示，6月1日零点，2020年天猫618开局。开场刚过1小时29分，淘宝直播带来的成交额达到20亿元，远超去年同期。

垂直类电商平台唯品会也请来明星加持。

➡“小镇青年”撬动大市场

中国庞大的人口基数和繁杂的城、乡、镇、村结构催生了很多不同的生活圈层。虽然互联网时代信息传递速度极快，但是仍然打不通这些不同生活圈层之间的壁垒。

作为在互联网时代的既得利益者，平台和品牌则必须尽其所能的去了解每一个生活圈层。当朝阳产业一个个都似正午烈日般胶着时，也许一个生活圈层的洞察就可以让品牌收获一批潜在受众。这也解释了为什么这段时间“下沉市场”和“小镇青年”无数次的成为了各种营销推文和PPT中的大标题和关键词。

1. 下沉市场，一直在发光的金子

多少平台在发展初期就把下沉市场划在了业务范围外，多少品牌认可其价值洼地的价值却迟迟不去开采，多少人曾苛刻的指责其消费增速的缓慢。再看如今的局势，“得三四五线城市群体者得天下”的口号几乎成为了各大互联网企业的金字信条。

以小镇青年为代表的新城镇人口拥有更多的空闲时间，生活压力更小，加之所在城市消费条件普遍不发达，这让其在线上的消费能力更容易获得释放。虽然这些下沉市场的人群收入和消费绝对值不高，但增速优势明显，近两年农村居民的人均可支配收入增速均高于城镇居民。

虽然这些分析和结论都摆在面前，不过给平台和品牌们更为清醒打击的是：拼多多和快手的异军突起。有人认为：小镇青年一下成为了中国互联网的底色。他们不但成为了空闲经济的引领者，也成为了商家必争的巨大商机。

根据阿里巴巴的财报显示：在2018年4月到2019年3月这一财年新增的1亿淘宝用户手中有77%来自下沉市场。换句话说，仅这一个财年，淘宝下沉市场的获客就达到近8000万，超过北、上、广、深以及成都、杭州这6个城市的人口总和！在一二线市场过于饱和的今天，三线以下的市场成为了生意边界的延伸，或者说打开了一方生意的新天地。

所有数据和分析都指向了一件事：下沉市场有生意，小镇青年有价值。

2. 品牌的下沉

在品牌们发起对下沉市场的攻势后，它们却遇到了新的困境：对于一拥而上的营销攻势，下沉市场的反馈并不像他们想的那么“美好”。这大抵源于两点：第一，小镇青年有着明显于不同于城市青年的消费习惯和体验上的喜好，很多商家认为直接复制一线市场的打法就可以坐享降维营销的成果，只能说没做好市场调研；第二，小镇青年的资源有限，他们对于很多品牌溢价高、商品附加值高的产品并不买账，不尊重消费者本身的意愿就好比强买强卖一样，徒劳无功。

拥有绝对资源和数据优势的淘宝当然也不会放过下沉市场。这次淘宝将目光放在了下沉现象显著的食品行业。

近两年来，低线城市在食品行业的增长潜力被激发，小镇青年们的消费总量进一步高速增长。淘宝给出的数据也证明了这一点：广西压过北京稳居臭味食品订单全国第一，榜单 TOP5 中的其余三个是湖南、黑龙江和吉林，均不是一线地区；在另一个辣味食品购买的排行榜中，前 10 个地区中一线城市只占两席（北京、上海）；在酒水品类里，全国十大白酒消费城市根本没有一线城市的影子，全部来自临沂、济宁、唐山等下沉市场。

与一线城市食品行业竞争激烈，品牌飞速迭代的状况不同的是：在下沉市场中，网红零食、全球美食、有机食品这些品类逐渐开始进入了小镇青年们的消费清单。不同地区尤其是低线城市的消费者基于多元化、全球化食品的需求量正在不断扩大，这无疑是一个十分抢眼的商机。

预计 2023 年我国食品电商的市场份额将接近 6%，市场规模将达到 28000 亿元。这其中必然有一大部分来源于下沉市场，但是依靠传统分销和电商渠道的食品行业仍然在寻找高效的线上线下的协同方式和营销模式。淘宝聚焦于下沉市场的整个食品行业指出了一个更为明确有效的方向。

《2019 淘宝美食直播趋势报告》中显示，去年共有超过 16 亿人次进入美食直播间，直播间内卖出的美食产品同比增幅达 400%。淘宝吃货在品牌创立之初就提到过其战略的重要组成部分——超级吃播计划，希望借助直播和短视频进行内容的分发，从而撬动吃货市场。

对于下沉市场来说，直播及短视频的吸引力自然不用多说。淘宝将淘内红人、明星、商家、梨视频全部打造成了内容输出方，累计创造了 600 多场直播以及 1000 多条短视频内容，并且包场了淘宝直播。

小镇青年们除了在线上看直播和短视频，也注重身

边的氛围。淘宝吃货节与超过100个产业基地、4000多个品牌及多家美食餐厅合作，淘宝还通过18位头部美食KOL（李子柒、滇西小哥、老爸评测等）在微博、快手、抖音进行了全平台的扫荡式传播，对下沉市场进行了全维度的触达。据不完全统计，淘宝吃货节的曝光人次已经达到了10.12亿。

下沉市场在“教育”品牌，其实品牌也多少影响到了下沉市场。随着诸多电商平台切入下沉市场开始精细化的运营，小镇青年们过度依赖价格导向的消费观念也在发生着变化，品质化、个性化的消费观念也越来越被接受。

这种下沉市场购物业态的变化其实也是淘宝吃货能够持续盘稳市场的关键。淘宝的数据化能力、产品资源的丰富性以及营销玩法的迭代创新，无一不是在为小镇青年们提供更为个性化，更有延展性，更具趣味性的服务。

针对淘宝吃货，更有想象空间的一点是：它背靠阿里系应用生态链的支持，这些应用内的联动在为其提供稳定流量的同时，也为它未来的发展带来了各种可能性，这也大大增加了其生意的张力。

当然很多平台和品牌现在也都在提高自身在下沉市场中的竞争实力，但能否胜出往往取决于其对于自身整个商业生态的思考。

➡社区团购有哪些优势？

近年来，随着城镇化进程的加快，逐渐成为各大电商争夺的对象。而2020年由于疫情的影响，社区团购的发展再度迎来春天。社区团购模式获客成本低、订单起量快的特点，与下沉市场用户的消费特点完美吻合。我们大家分析一下社区团购在下沉市场发展都有哪些优势。

1. 居民的生活水平的提高

相对来说下沉市场的用户收入水平肯定无法跟一线城市用户相比，但是考虑到一线城市更高的物价和高昂的房价，仅就生活水平来分析的话，下沉市场用户并不比一线用户差。近年来随着经济的发展，下沉市场用户的经济水平也在不断地提高，用户的消费需求还远远没有被满足，低廉的价格已经不再是提升购买率的唯一因素，产品品质、品牌的影响力在逐步加深，社区团购便捷迅速的配送和优质的产品十分符合下沉市场用户的需求。

2. 社群的发展

对于下沉市场来说，用户工作时长相对规律，稳定的生活为社区内的业主带来了更加紧密的关联，社区团购主要针对的就是家庭购物，以社区为单位，每个社区发展一位团长，团长大多由小商店的店主、宝妈等人群构成，这类团长也更容易利用熟人关系链带来的高额信任度，将社交信任转化为对品牌和产品的信任和流量，有助于更好地展开和扩大市场，也便于进行社群的运营和维护。

3. 居民空闲时间

中国互联网下沉联盟秘书长柳文龙说过，在三四五线城市，下沉市场的用户更多的拥有“无聊”这个商机，更小的生活压力带来了更多的闲暇时间。一线城市大部分上班族可能会选择点外卖来解决吃饭问题，但下沉市场的上班族拥有更充足的时间来做饭，相应的也带动了对生鲜食材的需求，而生鲜食材的零售正好是社区团购的重要组成部分，无论未来社区团购模式如何发展，生鲜零售都有着长盛不衰的地位。

4. 市场空白

社区团购的时代已经悄然来临，但目前社区团购在下沉市场仍属于新鲜词汇，选择在三四线城市开展社区团购的商家也还很少，这意味着有广泛的潜在市场等待着去挖掘。管理学大师安索夫认为，老产品到新市场，需要快速占位。作为在一线城市得到良好发展的社区团购模式，要打开下沉市场的大门，应该抓住机会，在下沉市场这片空白区域还没有被广泛地发现之前，大胆地开辟市场。

但开辟新市场也意味着风险与机遇并存，这时就应该避免单打独斗，寻找优秀的商城类电商软件服务提供商，实现合作共赢发展。

➡ 下沉市场的物流体系建设

2020 年京东物流宣布，将升级“千县万镇 24 小时达”时效提升计划，面向低线城市及重点县镇继续布局物流新基建，创新仓储模式。该计划显示，京东物流在 2020 年拟投用亚洲一号 12 座，新建扩建城市仓和转运仓 13 座，全部面向二到五线城市。同时，京东物流将加快供应链、快递、冷链等业务下沉，加快快递进镇进村等。

我国目前农村电商发展势头强劲，发展潜力巨大。在一二线城市网购市场逐渐趋于饱和之时，电商企业也纷纷意识到了下沉市场将会是互联网消费的下半场，并开始布局于下沉市场，对于电商销售而言，物流先行已经是行业共识，然而碍于成本等因素的影响，大多数企业的“下沉”心有余而力不足，真正做到深耕于下沉市场，尤其是物流领域的企业并不多，京东物流算是其中之一。2019 年京东物流首次提出“千县万镇 24 小时达”时效提升计划，到 2019 年年底，其在全国覆盖的区县占比已经达到了 88%，极大地改善了下沉市场的物流难题。

物流体系建设对下沉市场意味着什么？无论对于消费者还是对于行业，都有着极大的现实意义和战略意义。

对于下沉市场，特别是农村地区的消费者而言，当前在网络消费中正面临着消费者不断上涨的消费热情及消费能力与网购基础设施建设落后的矛盾，物流基础设施是其中最制约消费者的一点。一方面，消费者在购买商品之后商家发货和消费者取货时间的不稳定，导致其消费体验降低，另一方面，物流基础设施建设不完善，尤其是“最后一公里”难题转嫁到消费者身上呈现出了消费成本增高问题，而对于这两点问题解决的根本，就在于对下沉市场物流基础设施的更新，要知道，我国农村常住人口超过5.6亿人，占全国总人口的比例超过四成，在互联网不断普及的背景下，下沉市场能够带来的消费增量是巨大的，在这个意义上来说，物流体系建设对于整个下沉市场消费潜力的释放，是具有重要的促进意义的，确保了下沉市场的消费者能够高效且及时的获得商品与服务。

同时，在网络消费不断发展的大趋势下，通过网络平台拓宽农产品销货渠道，拉动低线城镇和农村经济已经成为乡村振兴的主要方式之一，然而农产品一般具有较强的时效性，消费者也注重农产品的新鲜程度，若农产品无法以最好的状态呈现在消费者的面前，农产品的价格也会大幅降低，从这一点来说，物流基础设施的建设也将会有助于当地经济的增长。

对于行业而言，下沉市场的物流建设的确是具有一定的挑战，即便是已知下沉市场将来会成为拉动互联网消费增长的核心力量之后，从短期来看，下沉市场的物流体系建设也有着性价比不高的问题存在，这也是导致大部分企业对其望而却步的原因之一，此次京东物流大提速，一方面是完善了自身对于下沉市场物流体系建设的布局，而另一方面，行业其他企业也势必不会忽视京东物流此次的动作，促使其他企业下定决心或是加大对下沉市场物流建设的投入，从而起到促进整个行业发展的作用。

而对于京东物流自身，即便知晓下沉市场的物流体系建设是一件在短期内很难取得快速收益的事情，但仍然义无反顾的投身其中，也不是一时脑热的商业行为，而是考虑多方因素之后的决定。其一，自建的物流体系一直是京东物流的优势所在，在如今物流行业竞争愈发激烈的背景下，加强下沉市场物流体系建设势在必行；其二，在互联网普及和通信技术的发展下，下沉市场的消费意识逐渐觉醒，作为常住人口超过一二线城市的巨大市场，下沉市场潜力无限，这也意味着谁能率先抢占下沉市场，便能掌握互联网消费领域下半场竞争的先机，对于早已经独立、开放运营的京东物流来说，这片“蓝海”极为关键；其三，下沉市场，尤其是农村地区的电商发展近年来也是国家高度重视的领域，在今年的两会上，“快递”第七次被写入政府工作报告中，并明确提出“支持电商，快递进农村，拓展农村消费”，因此，京东物流的建设也不仅在于自身业务和商业布局，同样是担当社会责任，响应国家号召的表现。

在疫情过后的复工复产阶段，新基建已然成为了拉动经济增长的新引擎，智能物流和智能供应链作为新基建的重要内容，在未来的数年内都将成为京东物流乃至整个物流行业布局新基建的重要方向，此次亚洲一号瞄准新基建下沉，既是京东物流推进下沉市场物流基础设施建设的重要举措，也表明了京东物流想要以科技赋能物流，打造物流行业新业态的决心。

另外，下沉市场的物流体系是连接城乡的重要纽带，在通过物流体系建设更新之后，不仅将会促进消费更好的发挥对于经济增长的拉动作用，同时也会助力打破城乡二元经济结构，缩小城乡之间的经济差距，这既是我国农村供给侧结构改革的重要内容，也是我国全面建成小康社会的必要条件。

➡ 下沉市场品牌之争

下沉市场正在成为互联网下半场兵家必争之地。随着一二线城市互联网用户趋于饱和，流量红利已然见顶，三线及以下城市正在成为流量增长的新蓝海。为了寻找新的增长点，越来越多的品牌开始向低线城市下沉。然而，要想占领三四线城市用户的心智却并非易事，将品牌在一二线城市的营销打法直接复制到三四线城市必然是行不通的，他们需要新的流量入口和新的玩法。而专注于下沉市场的移动内容平台趣头条恰恰为品牌提供了这样的入口。据了解，其目前的下沉用户已经达到了70%，基于此，趣头条也开发出了一系列的商业产品和营销资源。

那么，趣头条到底是如何帮助品牌触达下沉市场的消费者呢？三线以下城市人群营销潜力究竟有多大？

消费者洞察，是一切营销活动的前提，品牌要布局下沉市场，必然要先了解并理解这群人的需求以及偏好。由于生存环境等的不同，三线及以下城市的消费者和一二线城市消费者的消费

偏好存在巨大差异，如果单纯用头部市场的需求理解去创造下沉市场的营销物料，又如何能打动他们呢？因此，下沉市场消费者画像的建立至关重要。

而趣头条与泛为科技的合作就实现了趣头条的用户跟全网用户数据的打通，奠定了流量精耕的基础。通过全网行为数据建模，趣头条的用户被精细地刻画成了不同的维度，再加上泛为科技智能算法和大数据精准定向能力，便可以帮助品牌精准触达下沉市场的目标消费者。

不过，触达并不意味着转化，要真正吸引用户，还需要一些独特的玩法。趣头条独特的金币体系，曾经让用户通过阅读在趣头条上拿到了硬通货，同时，也让趣头条收获了一批高黏性用户，其注册用户的登录甚至达到了95%。在此基础下，将金币体系与营销结合起来，打通下沉市场人群基于熟人社交圈的互动营销链路，无疑能最大化地提升用户对品牌的黏性，实现转化。

基于这样的洞察，泛为科技通过联动趣头条中我的金币、开宝箱、任务中心、福利中心、广告位等资源，帮助品牌打造了一系列互动玩法，其中，联想手机新品上市霸屏营销就是一个不错的案例。从上市前目标用户的强势覆盖到上市集中引爆，再到抽红包等互动裂变的玩法，联想完成了全链路的受众触达，最终实现了高于行业均值的整体购买转化率。

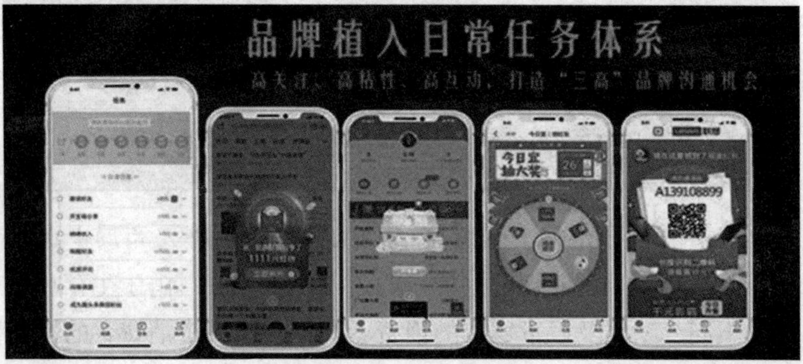

其实，联想手机新品上市营销之所以能取得如此成绩，正是由于这种通过做任务、分享等获得金币的积分运营机制在品牌与用户之间实现了强关联，同时借助程序化技术，完成了为品牌下沉市场的精细化营销赋能，达到了用户、品牌、平台的多方共赢，真正实现了让"广告对用户更有价值"。

1. 打造内容 IP，讲好品牌故事

"内容为王"永远都不会过时，作为一款资讯产品，好的内容就是基石。事实上，趣头条的内容定位也非常明确，主打泛娱乐和轻阅读内容，从它飞速增长的用户数量来看，其定位显然是成功的。在趣头条生态大会上，创始人谭思亮也表示 2019 年趣头条将全面加速内容生态布局，扶植原创内容。未来 6 个月内平台为内容生产者提供的分成数量将达到每天 200 万元。

有了优质内容能力打底，布局内容营销自然也是水到渠成，在泛为科技的助推下，趣头条将在 2019 年打造移动视频内容，推综艺自制节目，强化和电影大 IP 合作，联合内容创作者打造立体化内容营销阵地，为品牌主提供趣味性更强的营销资源。在泛为科技创始人兼 CEO 秦晓玲看来，趣头条用户的好奇心很强，因此趣头条也会在 2019 年推出以好奇心为主导的自制节目。

与一二线人群追求成功不同，下沉市场用户更注重生活的幸福感，2019 年趣头条做的很多节目都将会围绕着爱、亲情、美好、温暖，这显然更符合他们的内容审美。借助这些充满爱的内容 IP，品牌将自己植入其中，就可以向消费者传递出品牌致力于让他们的生活变得更美好的理念，从情感层面打动用户。

2. 升级商业入口，提升营销效能

由于没有房贷、车贷等各种压力，下沉市场人群其实有更多的可支配收入来完成消费升级，三线及以下用户中 45.4% 家庭每月支出 1000 到 3000 元，38.2% 家庭月支出 3001 到 5000 元。尽管花的钱不少，但他们可能买不到好的东西，因为他们没有甄别东西的信息或者内容渠道，这恰恰促使了趣头条对于专业化频道的升级和深耕。

就拿汽车频道来说，趣头条未来将会提供经销商定制主页，为用户提供专业的购车指导，并通过对垂直内容的不断探索，切实满足消费者的信息需求。科技、健康、财经、时尚、房产……通过这样商业化的专属入口，就能将品牌活动成功转化为视频 IP 栏 / 节目，极大提升用户对品牌好感度，从而在一定程度上提升营销效能。

此外，对于品牌营销来说，节点大事件也是很好的营销机会，不过秦晓玲也坦言，在 2018 年趣头条也只是在世界杯这个层面上做了相应的专题，营销层面上没有做整体的渗透，还有很多营销潜力有待挖掘。未来，趣头条和泛为科技也会在元旦、车展、春节等这样事件节点发力，共同策划一些专题内容，并将品牌有效地融入进去，实现对用户的深度沟通。

其实，随着下沉市场巨大的消费潜力被不断发掘出来，很多品牌都看到了这一片新的蓝海，而如何助力品牌在蓝海市场抢占先机就是趣头条正在做的事情。这恰如秦晓玲在推介会上所说的那样，“趣头条正是一辆通往下沉市场的高速列车，我们将始终秉承开放的态度与合作伙伴共同开拓这一营销阵地。”至于品牌能不能借助趣头条打开下沉市场，也只有试过之后才有发言权了。

第四章 下沉市场的流量之争

➡ 下沉市场的流量聚合地

2020年面对突如其来的疫情，现金流吃紧、削减预算会是下一阶段企业直面的问题。在异常艰难之下，简单粗暴、豪掷千金的推广策略在下沉市场不再适用。

习惯了一、二线高大上的营销方式，品牌、商户们如何在疫情之后，攻占拥有数以亿用户的下沉市场，将自己与当地移动网民的需求连接起来？借助下沉用户量大的平台，选对路径，才能保证品牌深度下沉、激发购买提高转化。

1. 搭载超级用户量 APP

即便被认为是移动互联网最后的一块流量高地，但“零基础”从起跑线开始去探访下沉市场这块宝地，就已经落后了。三线以下城市的开拓，尤其是在线推广，考验着品牌及商户在最后一块红利市场试探的敏感度，重点关注已经拥有巨量用户群的平台，无疑是下沉投放最便利的选择。

人群基数在不断扩大，首先拥有他们，清楚他们的“聚集地”，就等于跨过了整个移动市场变动趋势中，深入了解低线城市的特质的第一道门槛。

解决了低线城市人口迈入移动互联网时代的联网刚需，WiFi万能钥匙比很多互联网公司更早地触及下沉市场人群，在各个三线以下的城市中具有极高的渗透率和影响力。根据官方此前宣布的数据，WiFi 万能钥匙月活用户数超过 8 亿，总用户量中有 62%集中于三线以下城市。WiFi 万能钥匙用免费网络突破三线以下市场，先发笼络的不仅仅是用户，也在于改变整个下沉市场移动端的用户习惯。

2. 匹配“下沉”特质投放

下沉市场是移动互联网下半场的“活水”来源地，广告主要考虑的是怎样引水成渠，让强劲的消费力流动起来。品牌和商户试图去接近潜力消费群，选择数亿级别量用户平台后，也要“对症下药”，提高效率。

不同于之前熟知的北上广，一线和三四线，甚至三四线城市之间，消费升级现状和用户偏好均存有差异，下沉营销取悦用户不再是简单的价格优惠，而是深度分析用户画像和消费心理后诉求的满足。

无论是推广商品类型、价格区间的选择，接地气内容的呈现，还是关联用户兴趣爱好的匹配推荐，都是平台对下沉市场用户不同维度特质的深度探测。在规模可观的下沉广告中，挖掘平台的形态特质，匹配自身的品牌形象和消费群体特征去投放，才能提高效率赢得收益。

3. 带场景基因向下渗透

在移动中感知，从场景中接收，推广内容和现实所处需求场景的即时对接，是下沉市场营销可以关注的又一“讨巧”之地。

当你在微信朋友圈接收到一条附近商户促销内容，同时内容又有很多好友参与点赞和评论，你点入这条广告的几率直线提升。结合了用户的社交、阅读和生活，朋友圈的推广是对场景消费的拓展。当产品、服务 + 场景潜移默化的进入消费者的认知，认知转化为购买的概率提升，这就是朋友圈的场景营销特质。

如果说微信朋友圈更多地背靠着的是“人”景，“国民APP”WiFi万能钥匙自带的场景基因优势，通过连接将下沉市场对接入移动互联网后，会带给广告主新的惊喜。

基于文化娱乐需求和消费增长的井喷，单一的广告内容和形式已经落伍，移动设备、移动应用的铺设为场景营销提供了新的入口和数据。特定的场景容易激发用户的代入感，触发消费者内心深处的需求，激励产生购买。品牌在新场景中可以迅速寻找对接潜力消费者的机会，微信朋友圈、WiFi万能钥匙正是这些机会的入口。

➡ 社区团购如何玩转下沉市场

这两年，如果说电商和新零售最大的风口，那就是下沉市场。无论是拼多多这样的完全依靠下沉市场做起来的电商巨头，还是阿里、京东、苏宁等巨头的下沉，抑或是去年开始大热的社区团购，大家所觊觎的都是尚未饱和的低线城市的红利。

然而，问题是，当各方力量一股脑儿开始竭力下沉，低线城市的购买力和需求实际上是相对饱和的。这种情况下，下沉实际上成了电商和零售业者的难言之痛，甚至可以毫不客气地说，随着红利的消失殆尽，下沉市场已经走到了转型升级的十字路口，已经不是简单地从渠道策略上向下沉市场铺货这么简单。

这时候，其实真正比拼的，是厂商的供应链能力、资源整合能力，以及对下沉市场消费者需求的深层洞察和理解。否则，盲目上马的下沉，或将最终是搬起石头砸了自己的脚。

一二线城市在快消品、生鲜等领域的竞争的确是很惨烈，这也是为什么玩家们纷纷选择下沉的一个原因所在。像在北京、上海，如每日优鲜、盒马鲜生这样的平台，已经做到了1小时达，京东等在诸如生鲜配送上时效也在不断缩短。

这种情况下，一二线城市用户实际上是有多种选择空间的，这也让一二线城市的电商市场并不好做，获客成本高企，运营成本不菲，物流成本同样居高不下。

这时候，玩家们不约而同看到了新的红利，那就是下沉到三四五线市场。的确，低线市场很多需求尚未被满足，买生鲜还是要去传统超市，虽然电商也能送货，但是需要一两天的时间才能送到。

这正是下沉的机会点所在。于是，各大电商平台和新兴起的社区团购纷纷加大下沉力度，大举进军下沉市场。

然而，问题是，下沉并不只是将货和运营下去就行，而是要追求的是沉淀下的获客留存和转化，更具体地说，就是要通过下沉沉淀下高频消费客户，否则，如果只是用一时的低价倾销式的玩法来获客，最终的留存和沉淀肯定会让玩家有苦说不出。

就获客成本而言，低线城市的确是具有优势的。在一二线城市获客成本高企之下，低线城市获客成本有着明显的优势，做一些现场活动，或是联合夫妻老婆店一起合作获客，成本降低了，效率提升了，大家不亦乐乎。

但是，低线市场虽然是下沉市场，却并不意味着他们的生活消费与电商、社区团购紧密绑定。这实际上是一个习惯的问题。一二线城市消费者早就养成了各种消费都是通过电商平台采买的习惯，但是低线城市的用户还是会去菜市场、超市购物。这是下沉难以一时解决的。

因此，如何从下沉到沉淀，如何让低线城市消费者养成新的消费习惯，这是一个问题，也需要一个过程。

下沉无疑是2019年以来电商新零售的最大关键词，但是纵观目前各大玩家的下沉策略，实际上存在一个突出的问题，那就

是陷入了同质化的泥潭。

大家都在争抢下沉市场的份额，但是份额的争夺战背后，却是同质化的硝烟四起。以社区团购这个最典型的下沉领域来看，在过去一年，至少有上千家社区团购在运营下沉市场。而这个过程中，为了抢食下沉红利，大家都是铆足了劲去竞争，一方面是打价格战，只要发现对手的同类产品价格更低，就立即调低自家的商品价格。

但是这样做，实际上是同质化藩篱未能打破过程中的怪现象。试想，在商言商，大家做下沉市场最终是要盈利的。而价格战、让利消费者，无一不是在消耗资金。尽管不少社区团购平台拿到了融资，但是钱总有烧完的时候，届时，如何活命都是一个问题。

与社区团购主要是针对三四线城市相比，以京东、苏宁为代表的电商巨头的下沉，则是可以用更疯狂来形容。

以苏宁易购为例，其就在2018年苏宁智慧零售的版图中，将苏宁拼购作为标志性产品之一。2019年7月，苏宁更是将乐拼购更名为苏宁拼购，并且制定了多个拼购日。根据苏宁官方的数据显示，在去年“双十一”期间，苏宁拼购在苏宁的业务线中异军突起，其订单数突破8000万单，较去年同期增长10倍以上，并且发展新买家2100万，三四级市场渗透率达56%。

尽管这只是苏宁官方披露的数据，但是，从京东、苏宁的种种布局来看，下沉已经成为他们共同的新发力点。电子商务研究中心监测数据显示，2018上半年社交电商行业已披露的投融资事件共6起，累计融资金额近40亿美元。其中，拼多多获C轮融资30亿美元、有赞上市后获1.5亿美元、小红书获D轮融资3亿美元、礼物说获C1轮融资1亿美元、爱库存获B轮融资5.8亿元。

这一数据也说明了下沉市场的三股势力交集，一是苏宁、京东等巨头，二是拼多多、爱库存等社交新零售，三是社区团购平台。这其中，拼多多的发展速度可以用惊人来形容，也是做下沉市场做的最大、力度最强的一家。但是就在拼多多敲钟时刻，关于其主打低价的社交电商逐渐沦为“假货、山寨货”的聚集地的质疑声不断。

尽管事后拼多多多次发表声明或在公开场合表示会治理平台上的商品质量，但是连淘宝都无法杜绝假货的事实下，拼多多又能在多大程度上解决低品质商品泛滥的难题呢？

实际上，放眼望去，当前的下沉市场，品质已经被放在了一边，价格成为了取悦和赢得用户的撒手锏。而无论是苏宁、京东，还是拼多多、爱库存，抑或是一众社区团购玩家，如果不注重品质，终将会惨淡收场。

尽管目前业界对下沉市场也没有一个具体的划分，大都是指三四五线市场。但是，从人口统计学的角度看，下沉市场实际上是一个数以亿计的大市场。

也就是说，电商巨头、社区团购等下沉市场玩家们面对的是近6亿的一个超级市场。这个市场，自然有很大的想象空间。

当然，拼多多是提前占位、占得先机才获得了成功。但是事实却是，拼多多是打破了下沉市场传统的同质化玩法，以社交新零售的模式开了先河。尽管拼多多上也有许多低质商品，但这并不妨碍用户留存在拼多多。

社区团购和拼多多这样的社交电商看似并不一样，特别是售卖的商品品类相差较大，社区团购卖的主要是生鲜果品，强调鲜度。拼多多则是以诸如纸巾等生活快消品为主，强调的足够便宜。

但是从本质上看，两者其实是有替代性的。一方面，二者都是社交新零售电商形态，本身也都是基于微信这个大生态在做文章，而用户量是不变的，用户的购买力和消费需求是不会无限增加的。因此，用户在一个平台买了东西，可能就不会在另一个平台消费了。

➡ 下沉市场营销怎么做

传统意义上的终端，是指各类零售终端。厂家找经销商，也就是通过经销商对这些零售终端进行覆盖和销售维护。

其实，当前经销商对这些零售终端所进行的销售工作都很粗糙，无论是经销商公司的管理体系还是经销商业务人员的个人能力及意愿，都无法支撑真正意义上的完整销售工作。更多只是机械的抄单送货，卖不掉的再退回来。

1. 传统零售端普遍存在的问题

（1）零售终端的开发效率低，大量的空白点存在。

（2）对零售终端没有进行分类分级，产品导入、铺市时基本上是一刀切，完全不管每个终端的实际销售特性。先铺下去再说，反正卖不掉再退回来就是了。

（3）对销售进度也很少跟进，甚至产品进店之后是否及时上架，是否有基本陈列都不跟进。

（4）大量退换货的情况存在。只要退换率达到一个点，这利润就会出现问题，虽然厂家也会给一些退货比例包干，但这远远不够。

（5）终端费用高，且不说大店的进场费用和高账期，小店的欠款也能搞死人。

（6）至于投给终端的促销资源，大多被业务员或是店老板乃至店员吃掉，真正到消费者手上，能发挥促销作用的寥寥无几。

（7）作为经销商，对零售终端的价值更多是产品供应；但这个很脆弱，现在终端店的信息渠道丰富，拿货选择面很大。

所以，单纯守着老一套零售终端模式，前面的路会越走越窄，被取代的可能性太大了。向下转型，就是经营重心下沉，也可以说是对零售终端的精细化管理，乃至管控。

2. 终端下沉

目前也有经销商已经迈步进入，直接收购或是入股当前的零售终端，还有些有钱任性的经销商，直接砸钱新开超市，并试图走向连锁化。不过，客观来说，经销商直接进入零售业，在技术经验、内部管理体系、市场运营、人才储备、配套资源等方面，存在较多的不足，风险因素较大。

（1）理清当地零售市场的格局

也就是对本地零售行业的全面了解，包括：零售终端的类型（百货公司、大卖场、中型连锁店、社区店、便利店、专卖店、烟杂店、流动摊贩等等）；各类零售终端的总数量（无论当前自己的产品是否有铺进去）；各类零售终端的分布位置（通过大地图标注来体现）；当前公司已经覆盖到的各类零售终端情况；各类型零售终端年度生意总量的评估。

（2）了解各类零售终端

对当前有业务往来的各类零售终端进行深入了解，以客户档案的形式具体来呈现，主要包括如下信息：客户名称；零售终端的类型；开业时间；营业场所的面积；主要客流来源；销售额和流水情况；产品销售特点（品类与档次）；对接人姓名和身份，及联系电话、生日等信息；终端店门头及对接人面部照片。

（3）技术介入

从风险的角度来说，要进入零售行业，直接入股或是收购的风险很大，因为了解不够，真实的营业能力和生意情况乃至存在的实际问题所知甚少。入股或是收购之后的磨合情况也无法确定，双方的发展导向是否一致都没谱。

所以，即便看好一些零售终端，在前期也不能直接表明要入股或是收购，而是以技术类增值服务的形式进行深入了解，并进一步探测其发展方向和整合意愿。

所谓技术增值服务，即是为零售终端提供技术层面的支持服务，诸如组织技术培训，专家上门辅导，参观考察，主题座谈会等。

（4）分散入股

所谓分散入股，即在当前有业务往来的各类零售终端中，通过前期的技术导入情况，有选择性地进行股份进入，要点如下：终端店老板有进取心，愿意改变和创新，对外部技术导入能接受并落地执行；小额入股，不控股；可以将所供应的商品作为入股金（应收账款的转换）；入股类型多样化，大型店、连锁店、便利店、社区店、专卖店等，都尝试着进入一些；通过分散入股，进一步明确什么样类型的零售终端更适合自己。

生意模式没有先进落后的区别，关键是匹配，经销商公司的当前现状与什么样的零售终端是最匹配的。今后不可能什么样的零售业态都进入，必定是要聚焦的。

（5）股份追加与品牌化

在明确最适合自己的终端类型后，对于入股及合作状态较好的零售终端进行股份追加；是否控股这得要看资金实力、管理系统的打造，以及管理团队的培养状况。同时，经销商得要进行零售终端的品牌化建设，包括商标注册和店面整体形象设计等工作，开始将一个个入股或是收购的零售终端进行整体改造，逐步形成本地的连锁零售机构。

3. 把终端下沉到消费者家庭

下沉的极致，就是沉到以消费者家庭为单位，直接与消费者做生意。以下是基于部分经销商的落地经历，将其成功经验简要整理概要如下，供参考：

（1）盘子别做太大，只做本地市场。

（2）目标是消费者的家庭采购。

（3）粮油调味品品类和家庭日化品类最合适。

（4）钱多的就做APP订货平台，想省钱的就做微信公众号的微店，作为端口平台。

（5）以社区推广作为主要宣传措施。

（6）设定单次送货金额，采购金额达到200—300元后，即可免费送货上门。

（7）用基于本地的同城快递服务商（收费低廉，每单在5—10元左右，当日或次日即达）。

（8）顾客在端口平台上选购，下单，填写送货地址，并完成支付，不存在应收账款。

（9）促销赠品可直接到位，直接给消费者，不存在中途截留浪费。

（10）后台端口对接简单，常规电话客服即可，对销售及沟通能力没有过高要求。

（11）退换货率要比传统零售终端低很多。

（12）除了端口设计和社区推广外，其他方面涉及的费用投入很少，固定资产的投入也不多。

（13）对当前的主体经销生意并没有直接影响，常规零售终端和消费者家庭用户可以保持双线运营。

（14）这也是一个持续积累的过程，一般来说，在当地发展上万户的家庭用户，要比几百个零售终端靠谱多了。

（15）厂家的通路扁平化，电商的B2B进入，先是取代经销商，再整合零售终端，作为经销商，应发挥本土化优势，直接开发消费者家庭用户。

➡“下沉营销”的营销误区

越来越多的企业都在关注下沉市场，因为越来越多的企业发现：一、二线城市的相关市场差不多已经饱和了；要想再扩大生意，就只能“下沉”至广袤的三、四、五线等城市、乡镇和农村。“下沉市场”似乎大有金矿可挖。

但是，“下沉市场”真的是企业获得增长的新市场吗？在“下沉”前，我们还是站在岸上，看看“下沉市场”的“下沉营销”该怎么打？不要盲目“下沉”，以免被淹死了还不知道是怎么死的。这就要从对“下沉市场”的认知误区说起。认知误区导致了不少企业准备进入“下沉市场”时，营销策略就是错误的。

1.“下沉市场”就是地域下沉吗？

你们有没有想过：以“地域”划分“下沉市场”是否科学呢？中国地大物博，区域市场错综复杂、各不相同。曾经有句话说：“如果哪个企业把中国看成一个市场，那么它必将在这个‘市场’上吃败仗。”其实，把中国看成 2、3 个市场，营销也是必输无疑。

不管是一、二线城市的市场，还是三线城市以下的“下沉市场”，都有着某个区域的独特性，不能一刀切地说：某个市场的人就正在消费升级了，或者就不舍得花钱了等等。

如果不能简单地以“地域下沉”来界定“下沉市场”；那么，“下沉市场”本质上是什么“下沉”呢？是时间“下沉”。和一、二线城市的居民相比，“下沉市场”居民的审美观等是有晚了一段时间的时差的。

近年来，一二线城市流行一种“性冷淡风”，就是那种极简的、不花哨、不多余，使用黑、白、灰等颜色的风格。不管是穿衣打扮、居家装修，一、二线城市里的不少人都将“性冷淡风”进行到底。

商业观察家沈帅波在“得到”上讲“2019年上半年消费市场观察”时，就说到：“在中国，很多人的消费还没有经历过‘高潮’，你就让它‘冷淡’了，这不是反人性吗？所以，大多数中国人喜欢的就是花花绿绿的产品，无论是被子还是家具。大多数人是不喜欢冷色调的，对冷色调的喜爱，更像一种后天的习得。你要经历多年的高等教育，以及若干年的熏陶，你才可能会喜欢上性冷淡风格的产品。其实这一点，也不仅仅是中国人的特性，这是大多数发展中地区人口的集体特征。”

这就是典型的审美观出现了时差。审美观的下沉自然带来了消费观的落差。换位思考：如果喜茶、无印良品、或北欧风格的家具品牌在“下沉市场”开店，会有市场吗？所以，不能想当然地认为：“下沉市场”的居民正在消费升级，他们就是渴望生活在一、二线城市的人们，他们喜欢的消费品。

2.“下沉市场”的消费力真的强吗？

几乎所有有关“下沉市场”的调研报告里都会提到：“下沉市场”居民的消费力正在增强。比如：他们也愿意为“品质消费”买单了、他们也舍得买了。但是，“下沉市场”的消费力真的强吗？

我们还是先看看“下沉市场”的整体收入情况。据国家统计局网站消息：2017年，我国城镇居民人均可支配收入36396元/年（每月3033元），农村居民人均可支配收入13432元/年（近1200元）。苏宁生态链基金投资总监施卓杰就认为：“‘下沉市场’这部分群体的收入一般在人均2000到3000元之间，普遍以家庭消费为主。”

你们想想："下沉市场"人均不到3000元的可支配性收入，能有多强的消费力？但是，不可否认的是：相对一、二线城市较低的房价，"下沉市场"的人很少会为高昂的房贷担忧；因此，他们还是有一定的消费欲望。那么，这就衍生出两个值得思考的问题：

（1）人们的收入越低，越会对价格敏感

任何一个品牌它既有理性部分，也有感性部分。理性部分是指：这个品牌的品牌功效如何？我们通常会问：它好用吗？质量怎样？感性部分是指：这个品牌的品牌形象是什么？我们通常会问：你一想到这个品牌，是否会觉得它特别有创意，或者特别可靠？而越是高溢价的品牌，其感性部分的变现能力也越强，卖得也能比同等质量的竞品更贵。所以说，品牌溢价就是品牌感性部分的价值变现。

品牌溢价和性价比并不冲突。因为"性价比"的"性"并不仅仅指产品的功能属性，还指一个品牌带给人们的感性价值。所以，一些人觉得LV的包就是性价比很高。因为背着它是一种身份象征；背着它出入高档场合，为自己争得了面子。但是，国内的LV山寨货太多了，甚至山寨货比真货还真。

一、二线城市的人是更有品牌意识的，他们愿意为上文提到的"品牌溢价"买单。但是，"下沉市场"的人一方面是不太愿意为"品牌溢价"掏钱的；另一方面，他们又想和一、二线城市的人用着"如出一辙的产品"，然而价格要低、低、低！所以，在广袤的"下沉市场"里，你会看到各种各样的"山寨品"。

（2）"下沉市场"的人在什么情境下更愿意花钱？

首先是消遣时间。下沉市场的人在工作之余，有大把的时间可供消遣娱乐。这点很容易理解。在"下沉市场"工作的人压力肯定没有一、二线城市那么大，其中很多人过着朝九晚五、没班可加的生活。北京大学社会调查研究中心和智联招聘推出的《中国职场人平衡指数调研报告》就显示：三线以下城市居民工作时间在21—30小时的占比（工作日每天最多工作6小时），要高于一、二线城市。

于是，“有闲消费”就成了“下沉市场”人们的“刚需消费”。这主要体现在：泛娱乐领域的消费有显著提升。这其中以线上的游戏、直播、短视频、网络动漫、网络阅读、网络音乐等板块较为突出。

其次是口碑营销。“下沉市场”是熟人社会，某个半径范围内，人们很容易就熟识了。因此，“下沉市场”的人买某些品类的产品时，更多地会基于熟人般的信赖和熟人推荐。熟人就是他们的信任代理。最典型的就是：母婴类产品。“下沉市场”的母婴用品店如果知道了“辐射半径”内的谁怀孕了，会非常大方地送给这些准妈妈们待产大礼包、婴儿配方奶粉等，让他们成为自己的长久顾客。

3. 企业“下沉”时一定要先做用户调研

我们为企业的“下沉营销”给出4点建议：

（1）产品：企业打造的产品要因地制宜地匹配当地人的认知发展现状。近日，阿里妈妈营销研究中心发布的报告《下沉式增长——你不懂的小镇青年》，基于淘宝、天猫的相关数据分析显示：“下沉市场”的小镇青年会舍得花钱在房屋装修的硬装及大家电购买上；但是，对厨电、软装的消费观仍处于认知相对落后的阶段，也就是说：他们目前还是重装修、轻装饰。

（2）价格：“下沉市场”的人对价格很敏感，但是“价值定价”依然很重要。“价值定价”就是：以“目标用户认为值多少钱”为出发点，再去设计产品、把控成本等。下沉市场的消费者是不太愿意为品牌溢价买单的。

（3）渠道：特别指出的是，“下沉市场”是熟人社会。线下的门店注重熟人体验、线上的社交电商也很重要。

（4）推广：抖音、快手上的短视频内容营销是主流的推广渠道。

总之，千万别把“下沉市场”当成产品在一二线市场卖不动的救命稻草。

➡ 占据消费者的眼睛和嘴巴

传统的营销是一对多的独白，是试图一个一个地去说服，而今天讲的社群营销，是在平等沟通、互动中彼此影响，从而和百万、千万的消费者建立情感和情怀，让消费者主动为自己的产品和品牌进行免费地传播和推广，甚至是销售。这关系到营销是该占据消费者的眼睛还是占据消费者的嘴巴的问题。

在传统的商业营销中，我们更多的是在努力吸引大众的眼睛，毫无选择地去努力。我们希望能够让更多的人看到、听到、认识到我们的产品或品牌。还记得在十多年前，恒源祥做过一个电视广告，广告词是“恒源祥，羊羊羊”。同样的画面，同样的广告词，一次要重复12遍。刚开始看到这个广告的时候，还以为是电视机出了问题呢！这就是典型的吸引眼球的广告推广方式，这在传统的营销中很常见。但是，现在我们的思路必须发生变化。现在的我们处在同一个社群中，我们不能再寄希望于只是吸引消费者的眼球，而是要把更多的注意力放在吸引消费者的嘴巴，让消费者去谈论、交流、传播我们的产品和品牌。

要占据消费者的嘴巴，让消费者去谈论，前提是占据消费者的心灵，只有这样，他们才会愿意去谈论。在传统商业模式中，大家也重视客户，明白客户是上帝的道理。但是，现在不仅仅是要重视客户的问题，而是要和客户建立感情。在过去，产品的周期比较长，可能是一年，甚至是好几年才会发布一款新品，每次发布会都是企业的一个里程碑。但是现在的产品需要快速迭代，要每周、甚至是每天都有更新。比如做视频网站的，就必须做到时刻更新网站的内容，否则无法生存。在过去，维护客户喜欢以月、季度、年为单位做客户调查，写客户调查报告；现在必须每时每刻保持和客户沟通，和客户待在一起。在过去企业喜欢搞暴风骤雨、狂轰滥炸式的营销推广，现在企业要做嵌入式互动沟通，润物细无声，将点点滴滴渗透到和用户的日常沟通中。过去，企业喜欢营造高大上的形象，和用户保持一定的距离，那样才有姿态。现在，企业需要和用户平起平坐，无障碍地沟通。我们可以理解为口碑营销的内涵在互联网时代发生了变化。

在互联网时代，口碑对一个品牌的意义更加重要。在过去，我们选择产品，也会征求朋友的意见或咨询专家，但这不是主流。因为在过去，无论是谁获得信息的渠道都十分有限。然而今天，信息逐渐趋于对称，传播的速度加快，范围更加广泛，而且信息传播的中心多元化，每个普通人都是信息的节点。所以，在互联网时代，口碑掌握着一个品牌的生死。在过去，口碑的传播速度慢，而且容易断裂。而在今天，口碑的传播不仅不会断裂，而且会像滚雪球一样越滚越大，所以我们见到了太多一夜成名的人、商品、企业或新闻事件。

从另外一个角度来说，占据客户的眼睛是做知名度，占据客户的嘴巴是做忠诚度。在知名度和忠诚度之间是美誉度。前面已经讲到，消费经历了功能消费、体验消费和参与消费的变迁。在功能消费时代，由于物质匮乏，消费者的品牌意识不强，大都只注重产品的使用功能，属于“无品牌消费”。随着生产力的发展，社会物质逐渐丰富，商业竞争日益激烈，消费者购买商品不再仅仅是追求功能性，开始注重品牌。但是这个时代的品牌是属于企业的，即这个品牌属于哪个企业，它会在消费者的心中形成一个固定的形象。现在是参与消费，消费者从头到尾都参与其中，这时候的品牌是消费者的品牌，在消费者心中会形成“这个品牌是我的”，既是我消费的，也是我参与打造的。

在过去，传统企业打造品牌是先抢占消费者的眼球，即打响产品的知名度，然后建立美誉度，最后建立忠诚度。所以，那个时候的营销理论是4P、4C。今天完全不一样了，今天是要先抢占消费者的嘴巴，即打造忠诚度，然后才是美誉度、知名度。因为今天信息传播速度快、范围广，如果能够打动一部分消费者的心，让他们成为品牌的忠诚用户，他们则会通过发达的信息传播机制，迅速将他们对品牌的评价传播出去。有了忠诚度，美誉度、知名度会在瞬间形成。小米在发行手机时，已经通过MIUI系统积累了50万的忠诚用户，而这50万忠诚用户是通过最早100名发烧友志愿者发展起来的。今天，小米的“米粉”群体达到了数千万。星星之火，可以燎原。这就是前文讲到的，动员社群领袖。对于品牌来说，最开始的忠诚用户，就是早期的消费社群领袖，也是一个品牌的种子用户。

要想占据用户的嘴巴，让他们自觉对你的品牌进行讨论和传播，还有个问题必须要注意。那就是一定要和自己的用户群体有共同的语言。特别是对一些刚成功或已经成功的企业来说，这一点非常重要。因为企业在取得一定成功的时候，或是出于虚荣心，或是因为更高的追求，就会想做一些更加高尚、更加有品位的产品，那么营销思维自然也会发生变化，这本来没有什么错。但是有很多企业在这个过程中却迷失了方向，偏离自己的用户群体，开始说一些用户不愿听或听不懂的话，最终当然只能是和用户分道扬镳。

另外，先做忠诚度，再做知名度，这样形成的框架比较稳定。因为知名度是在忠诚度的基础上形成的。因为有忠诚用户的存在，所以容易形成较为正面的品牌形象。但是传统营销中，通过大量的广告宣传形成的知名度则比较脆弱，因为缺乏忠实客户的支撑和维护。大家都熟知当年的中关村，曾经是文明全国的电子产品集散地，但却也是闻名全国的水货、假货的源地。所以在其他市场成熟后，中关村就成了受人诟病的地方。没有忠诚用户支撑的知名度，在负面消息面前，没有丝毫的招架之力。

两个人为什么会成为朋友？一定是共同经历了一些事，起码聊过一些共同感兴趣的事情。总之，无论是友情的开始，还是友情的维系，这其中共同的语言一定少不了。否则在一起就无话可说，没有共同语言，是没办法将感情维系下去的。品牌和消费者之间也一样，要想让消费者时刻记住自己，并和自己的朋友谈论、推销自己，就一定要有共同的话题。

在互联网时代，单向交流肯定是不行的，传统营销中单向的信息传输注定是要失效的，因为没有交流，是无法产生粉丝的。而且粉丝不等于用户，用户也不等于忠诚用户。在社群营销中，需要的是忠诚用户，量不在多，关键是要足够忠诚。唯有如此，他们才会心甘情愿、主动为自己奔走呼号。小米的粉丝愿意志愿帮助寻找小米之家的选址，能够为小米的同城活动出谋划策，免费劳动。黎万强曾经讲述过这样一个故事：小米曾经要在珠三角举办同城会，由于天气原因，航班延误，造成了工作人员无法按时赶到现场布置场地。通过电话沟通，本地的多名米粉自愿帮忙，连夜帮忙布置会场，最终小米同城会如期举行。可见，米粉已经不是简单的小米产品的使用者，他们将自己当成了这个家族的一员。在他们看来，小米的事情，就是他们自己的事情。这就是社群营销的真谛。

在今天，企业和消费者同处于一个社群中，仅仅是占据消费者的眼球，打造知名度明显是不够的。最重要的是要占领消费者的心灵，从而占领他们的嘴巴，让他们发自内心的自觉地为自己摇旗呐喊，才能形成口碑，形成品牌，形成社群中的话题。

➡ 激发消费者的参与感

关于参与感的重要性，其实在前文已经有了很多论述。但是，还有几点需要重点阐释。所谓参与感，就是让消费者自始至终，每个环节都参与进来。这样，消费者会对一件产品、一个品牌有着不一般的感情，在前面已经说过，这叫情怀。一旦消费者对一个品牌形成某种情怀，这个品牌就会形成强大的品牌势能。而一个品牌具有的势能，将是一个企业无上的财富，也决定着企业在市场竞争中的成败。

品牌不是一个虚幻的称号或名字，其背后代表的是一家企业在市场中的地位和实力。也许我们不愿意承认在社会中有三六九等，但是现实中就是有人富有、尊贵，也有人贫穷、卑怯。品牌也一样，甚至比社会中人的等级划分更为残酷。因为每个人可以选择自己的生存方式，但是品牌不行。一个不被市场认可的品牌，就无法存活，只有选择灭亡。

品牌可以化为大宗商品、折让品牌、大众品牌、高档品牌、奢侈品牌、超级品牌等层级。为了简单，我们根据品牌所具势能的大小，将其简单分为两类品牌：强势品牌和弱势品牌。毫无疑问，强势品牌比弱势品牌要活得滋润得多。

如果我们将品牌的不同简单地理解为价格的高低，（即两件具备同样功能但属于不同品牌的产品），强势品牌的产品价格会更高，而且也会更加受到消费者的欢迎。这是因为强势品牌具有定价权，或者说在定价的体系中，占据主动地位。强势品牌能够将产品按照自己的定价销售出去，而弱势品牌很难做到，只能被动接受，更多的时候在强势品牌的挤压下，只能以牺牲利益的价格在激烈的市场竞争中分得一杯残羹冷炙。

强势品牌不仅仅可以优先得到消费者的选择权，还有选择消费者的权利。在品牌的秩序中，因为有等级，所以有了强势品牌的势能，这种势能来自弱肉强食的对比。强势品牌向公众所表达出来的能量往往比它实际所具备的能量要大得多。因为公众所感受到的品牌势能，除了品牌自身所具备的能量，还有在宣传过程中媒体所附加其中的能量，更为重要的是，在今天的互联网数字社群中，“公众再传播”的能量。强势品牌呈现在公众的能量，是品牌自身的能量与媒体附加能量之和再与公众在传播之间的乘积：

强势品牌呈现能量 =（主体势能 + 媒体势能）× 公众再传播

从这个公式可以看出，决定一个强势品牌在公众面前呈现势能大小的三个因素中“公众再传播”是最重要的。而决定“公众再传播”力量的是参与感。如果一个品牌让消费者有良好的参与感，那么就可以拥有消费者高度的忠诚度，消费者就会心甘情愿做品牌的代言人。所以，我们可以说，参与感决定了品牌势能。

对于“势”的解释，《孙子兵法》有专门的《势·篇》和《军形·篇》，分别对“势”和“形”做了论述，其中有这样的句子“……如转圆石于千仞之山者，势也。”“……若决积水于千仞之溪者，形也。”意思是说，像把一个圆形巨石从一座高山的山顶滚下来，这就是“势”；像把万丈悬崖上的积水挖开一个口子，让其倾泻而下，这就是“形”。《孙子兵法》在论述“形势”的时候，本意是说一个善于行军打仗的将军总是在战争真正开始前营造有利形势，从而保障战争开始以后，就如巨石从山顶滚下、积水从悬崖倾泻一样势不可挡。这是达成“不战而屈人之兵”的目标的先决条件，即先立于不败之地，给予敌人足够的威慑，使其自动放弃抵抗。这个道理对于品牌势能也同样适用。当品牌势能足够强大的时候，就会像巨石从山顶滚下、积水从悬崖倾泻一样，横扫市场，所向披靡。当然，要想具备这样的势能，首先要造势。

什么是造势？就是把圆形巨石从山脚推上山顶、将溪流堵在悬崖的过程。对于社群营销来说，就是积累大量忠诚用户的过程。积累忠诚用户的手段，就是让用户享有极大的参与感。在工业经济时代，企业和消费者没有真正的交流和沟通，更不用说参与其中了。企业利用报纸、杂志、收音机和电视等媒介向消费者进行营销，这种营销是广告式的，消费者只能被动地接受，但无法和企业进行对话。这就让消费者缺乏了最为重要的一种感觉——参与感。

当消费者参与进来，拥有强烈的参与感之后，就会对一个品牌表现出极大的忠诚，并产生一种情怀。这种情怀将赋予品牌无比强大的势能。因为，对于一个人来说最难以割舍的就是情怀。

曾经有人告诉我，其实在当今社会，从科学、生理的角度来说，戒毒已经不是什么难事。也就是说，如果说吸毒是一种病的话，从技术层面来讲，治愈这种病并不困难。但是，为什么那么多吸毒者往往又会快速地陷入复吸呢？主要有两个方面的原因：一是心理成瘾，任何一个人都不会忘记自己在吸毒那一刻那种飘飘欲仙的快感，就算从身体机能上摆脱了吸毒，但是心理上那种强烈的依恋，却很少有人能够成功摆脱；二是人际关系的影响，当一个人进了那个圈子，想要出来是很难的，因为你周围遍布吸毒的人，他们时刻在诱惑着你，考验着你。所以，有的人为了戒毒成功，会选择远走他乡，试图摆脱自己的曾经，重新开始。

对于一个消费者，如果对一个品牌产生了情怀之后，就和染上毒瘾一样，既会有心理方面的“瘾”，也会有身边人的“诱惑”。一个好的品牌，可以让人上瘾。一个人面临自己忠实的品牌时，毫无抵抗力。对于一个果粉来说，你刚刚买了 iPhone4，还没用多久 iPhone5 出来了，你会有抑制不住的冲动再去买，哪怕是要通宵排队，哪怕是要割肾，都毫不犹豫。我有一个朋友，对史努比有着难以想象的痴迷。所以，她只要看到和史努比有关的物品，无论是有用的还是没用的，都会毫无节制的买回来，如果不那样做，她会觉得生活中缺失了什么一样。在她所在的城市里，有一家史努比的主题咖啡店。她隔三岔五就要去坐坐，特别是心情不好的时候，她第一时间就会想到那家咖啡店。当然，很多时候心情很好，但是因为没能去咖啡店坐坐，就会心情不好，心情不好当然就更得去坐坐了。似乎她的心情不好完全就是为了去史努比咖啡店坐会儿一样。这就是情怀。

小米对外号称自己拥有一支十万人的产品开发队伍，这并不完全是吹牛。因为广大用户确实能够参与到对小米产品的开发当中去，为其出谋划策。但是对小米来说，他们最大的价值不是在于帮忙开发出了多么优秀的产品，而是他们通过参与，成了小米的忠诚用户，对小米产生了一种不可割舍的情怀。这种情怀，造成了小米强大的品牌势能。

我们用一句话来总结这个问题：强大的品牌势能源于消费者对品牌不可割舍的情怀；消费者对品牌的情怀又源于参与感。这就是我们为什么一定要强调参与感的原因。

➡ 社群如何聚拢用户

下沉市场的社群群主聚拢用户的方法有很多，这里我们提供几个价值较高的方法。

1. 及时互动，以平等身份对话

作为社群群主，虽然被称为领导者，但切忌在社群中摆出一副高高在上的样子。互联网时代的到来，让每个人都能够获得丰富的信息来源，因此，依靠信息不对称而获得的群主地位，往往并不可靠。要想维持社群群主的地位，你在具备用户需要的知识技能的同时，更重要的具有足够的人格魅力。

那么，社群群主的人格魅力如何体现？

关键就在于平易近人。

在社群运营中，你一方面要为用户提供各种干货，让用户有内容可看、有知识可学、有故事可听；另一方面，你也要及时与用户互动，而且要以平等的身份对话。

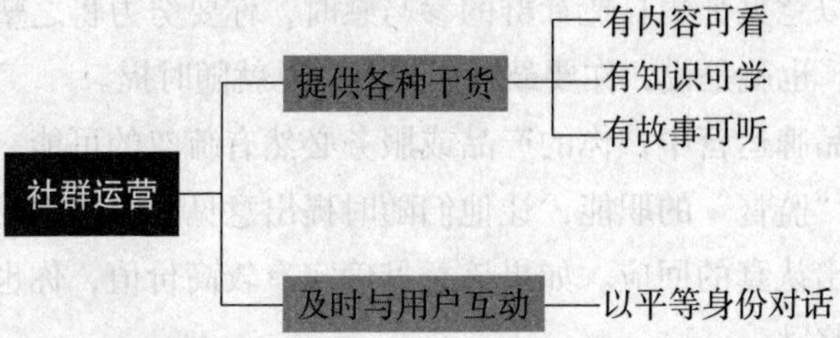

当然，在学习群的金字塔结构中，为了确保知识分享的效率，群主不可能经常与用户互动。但你也可以设置“访谈时间”，每周抽出两个小时的时间与用户进行“亲切交流”。

2. 征集意见，打造参与感

社群的构建，是为了更好地为用户提供服务，同时为用户提供一个更加舒适的交流平台，并为用户提供不一样的身份价值。

因此，作为社群群主，你就要鼓励用户说出自己的意见。也只有在不断地征集用户意见的过程中，你才能及时对产品或服务进行改善和升级。

对于用户而言，如果品牌重视他们的意见，也能够为他们带来更多地参与感。至于如何征集意见，你可以采用以下两种不同的方式。

（1）征集活动

在新产品或服务的研发过程中，你就可以推出意见征集活动。在活动中，你首先需要详细描述新产品或服务的研发背景、目标功能，并大致描述你的初步构想。

鼓励用户在了解研发背景和目标功能后，针对你的初步构想提出自己的意见，甚至是提出更加优质的创意。

为了激励用户参与，征集活动必须设置相应的激励措施。

对于意见被采纳的用户，你需要给予足够诱人的奖励；而对于热心参与的用户，你也要给予一定的回馈。

（2）随时征集

在以意见征集打造社群的参与感时，你要努力将之塑造为一种常态。也就是说，你要鼓励用户有意见就随时提。

在品牌运营中，你的产品或服务必然有疏忽的可能。你要给予用户“监督”的职能，让他们随时提出意见，而你则要对每个意见做出认真的回应。如果该意见确实有较高价值，你也要给予一定的奖励。

3. 增加曝光度，保持神秘感

我们能够看到，在移动社交时代，越来越多的CEO开始走向台前，如马云、王石、周鸿祎等企业家纷纷开通个人微博，以更加“人性化”的姿态面对用户。之所以如此，是因为CEO是品牌的天然代言人。

在社群运营中，群主也同样如此。群主的曝光度越高，与用户的互动越频繁，就越能拉近与用户之间的距离。

然而，在增加曝光的同时，你也要保持一定的神秘感。切忌真的毫无防备地出现在用户面前，以免失去必要的威信力；而毫无神秘感的群主，也会让用户失去对社群的好奇。

4. 策划创意活动，创造新鲜感

在社群经济大行其道的今天，每个用户都可能同时处于几个社群之中。然而，在社群经济的大发展中，同质化也越来越严重。如果你的社群活动永远是“老三套”，用户也不会买账。

如果没有创意活动策划，就是红包活动也无法挽留用户，因为用户不愿意为了那点收益，忍受不断的刷屏和无趣的社群文化。

只有不断推出创意活动，才能让用户保持新鲜感。

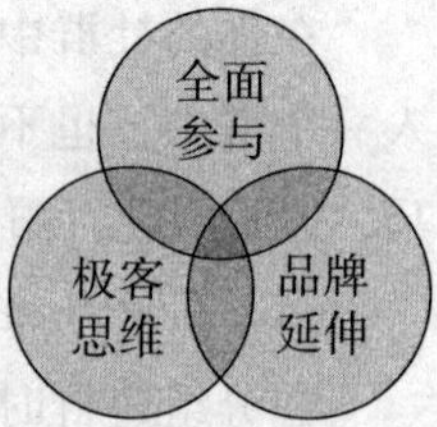

创意活动策划的具体形式无法详述，但总体而言，你可以从 3 个角度进行。

（1）全面参与

对于大多数用户而言，企业的产供销过程都有一定的神秘感。因此，你可以策划活动，让用户参与到企业的产供销全过程中，帮助或见证产品的研发、传播、营销和公关。

（2）极客思维

“极客”本是技术领域的专属词，但在互联网时代，极客的内涵也被拓展至“智力超群”和“努力”的语义。你会发现，很多用户十分热衷那些让人“不明觉厉”的事物。因此，你也可以由此出发，在活动中融入科技和时尚元素，激发用户的探索和创造欲望。

（3）品牌延伸

任何事物如果不断重复，都会失去吸引力。因此，在创意活动的策划中，你可以分阶段地对品牌进行延伸。

具体而言，你可以选择从产品到服务、再到平台的路线。在品牌发展初期，以高性价比的产品吸引用户；在发展到一定规模后，你则要将重心偏向服务，展现独特的服务文化；最后，你可以将自己打造为一个平台，把用户喜欢的各种产品或服务囊括进来，从而实现品牌内涵的无边界。

5. 分化社群，让粉丝建立“小圈子”

要让社群的运营有序发展，必须控制好每个社群的人数。在社群发展初期，你可以将所有用户聚拢在一个社群中；但随着用户数量、社群规模的不断扩大，你就需要有意识地分化社群，让用户建立“小圈子”。

一个社群的最佳人数是 40 人，但你的用户规模肯定不止 40 人，那么你该如何对社群进行分化呢？

在你的社群中，并非人数越多越好，你既不能将所有好友放入一个群中，也不能盲目地随意建群。你必须掌握合理的分群技巧，以最大化社群运营的效果。

（1）用户分级

在分组建群时，你可以首先对用户进行分级，一般分级策略为：一般用户、活跃用户、斗士、团长。

（2）排列组合

针对初级用户、活跃用户、斗士、团长，你可以对其进行专门分组，并确定其营销方向。需要注意的是，你要维持每个社群的活跃用户占比，该比例最好维持在10%左右，以保证社群的质量和氛围。

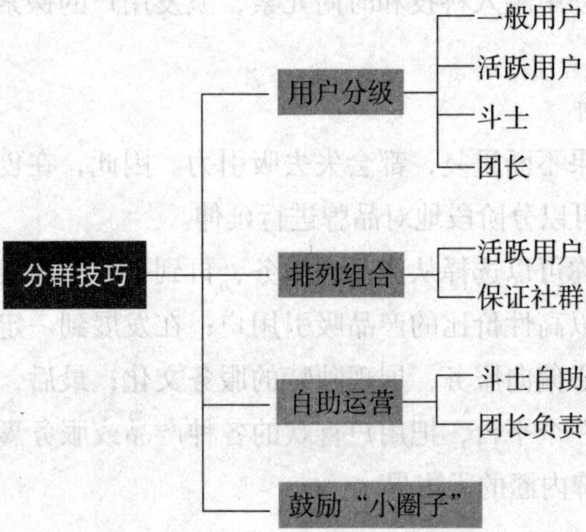

（3）自助运营

当你的精力不足以对每个分群进行直接管理时，你可以将精力集中在团长、斗士身上。接着，以相互搭配的原则，让一个团长带着两三个斗士自助运营社群，由团长负责管理，由斗士负责对内互动和对外扩张。

（4）鼓励“小圈子”

社群运营必然需要一定的管理，但管理也必然在一定程度上损害用户的互动体验。尤其是当社群规模较大时，群主或管理者也很难面面俱到。因此，你可以适当鼓励用户建立“小圈子”，在“小圈子”里进一步加深相互之间的社交关系。

6. 社群借势，互换用户

在微信群、QQ 群等社群运营中，也同样可以运用“借塘打鱼”的策略。群主的目光不应该局限于自己群组内部，还应该展望其他社群，通过相互合作，扩大社群效应。

用户的数量是有限的，在社群运营上，每个人都有各自的优势。那么，如何在别人的社群中“借塘打鱼”呢？

（1）联谊活动

为了最大化每次活动的效益，你可以寻找合适的社群举办联谊活动，借此优化用户的社群体验，并丰富社群生活的内涵。

（2）互换用户

社群间的合作运营，能够帮助你快速撬动“友群”的用户。作为群主，你需要主动推动“外交”活动，不断寻找适合的“友群”进行合作。

所谓适合的“友群”，就是能够产生信息关联的社群，如游戏群和外设群、美妆群和服饰群等。

借势社群的过程中，群主的主动洽谈与合作必不可少。在这种合作中，社群运营的效能可以进一步放大，也可以吸引到其他社群的用户。但要注意的是，借势社群的成功关键，在于你的社群文化；你需要营造出一种友好的社群氛围，才能更具有吸引力，以免借势者被“打鱼”。

7. 群主魅力与内容干货持续输出

在社群内部，群主应当具有绝对的威信，必须得到每个用户的信任。为此，作为群主，除了独特的领导魅力之外，你还需要持续向用户输出内容干货。

（1）群主魅力

群主魅力的内涵，基本离不开感染力、亲和力、领导力等要素。那么，你应如何展现和塑造自身的群主魅力呢？

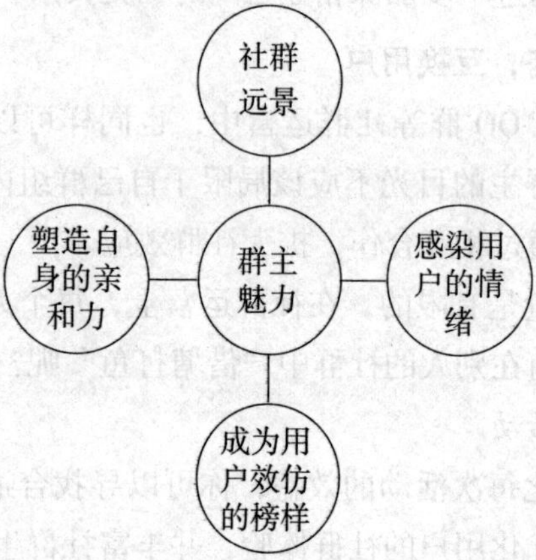

首先，你要制定宏大的社群远景，并能够对其进行清晰地描述。

其次，你要能够以坚定的信念和强大的自信，感染用户的情绪，赢得社群认可。

然后，你在平时的一言一行，都必须向用户传达自身的价值观体系，并努力成为用户效仿的榜样，切忌发布与社群文化相悖的言论。

最后，以平等的身份与用户沟通，塑造自身的亲和力；并在有需要时，做出自我牺牲，让用户感动。

（2）内容干货

“家人”的感受并非停留在口头上，在信息大爆炸的今天，用户对于各种“表演”早已看透。因此，你的群主魅力必须落到实处，而内容干货的持续输出，则能够塑造出群主的超然地位。

现实点来看，对用户而言，如果他们能够不断从你这里获得高价值的内容干货，那么，即使你“表演”失败或出现疏漏，用户也会睁只眼闭只眼——毕竟，你提供的优质内容是真实的。

➡ 如何获取客流量

传统零售非常看重地段，因为地段可以获取人流、商务流。那么在移动互联网时代如何通过技术，而不是仅在人流量大的地方开分店？请看从这个思考角度，演绎出来的实际案例。

在韩国首尔的地铁站里，乐购开了一家虚拟杂货店，这是一种从消费者人流的角度将其转化为购物流的方法。在人流量大的地方通过用智能手机拍下所需产品的二维 QR 码，就可以把它们放进购物车并通过手机结算，所购商品会在 24 小时之内送达客户指定的地点。这些像超市货架一样的招贴画看起来像真的在超市购物，这样就使消费者的等车时间成为了购物时间。一张图片，就相当于一个货架，将商品信息展示到人多的地方，以完成交易。

韩国乐购的案例，还属于移动互联网思维模式的初步应用，即通过商品内容将消费者与商家连接起来。

抓住人流多的地方，将其转化为商机。这是针对地点场景一个很好的应用。寻找场景，不只需要人多，还需要考虑这群人在那样的一个场景下是什么状态（休闲、无聊、忙碌等），只有这样才可以有针对性地为顾客提供商品。

遭遇电子商务渠道挤压的线下零售商，正在开始利用地理围栏技术，改善自身在移动时代的落后状态。地理围栏（Geo-fencing）是一种新的技术,就是用一个虚拟的栅栏围出一个虚拟的地理边界。当手机进入或离开某个特定区域，或在该区域内活动时，手机可以接收自动通知和警告。地理围栏技术的特点如下：

（1）地理区域是被网格化的。网格化的标准是根据一个地理区域内的业务和商业进行聚类的，而不是纯粹与经纬度和城市地图相匹配。

（2）实际上地理围栏中各个围栏的区间是一个个的应用需求群地图。主要的商业需求聚集在特定区域，形成一个聚合信息服务区域。

（3）商业群落是地理围栏的核心，类似城市的商圈。

（4）用户的围栏信息彼此之间能够共享，也能够与应用开发商分享。

（5）双向、互动是关键。

地理围栏与创新型应用的有效整合，不仅有利于增强用户黏性，还有望催生新的商业模式。美国 Square 公司推出了 Pay with Square 软件，该软件内嵌地理围栏功能，当顾客进入商户的一定范围内（如 100 米），商户的 Square 程序就会自动显示用户的姓名、照片、账户等信息，顾客完成消费后只需确认身份即可，随后即可通过电子账单完成支付。Square 突出了“发现商家”的功能，让商业信息围绕地点得到很好的呈现，用好基于位置的信息。

著名的服装品牌 Gap 将车身广告和地理围栏技术相结合：让用户先看到车身广告，然后使用地理围栏技术给用户推送电子优惠券（用户在距离车身广告的一定范围内只要打开 Words With Friends 应用就会收到优惠券的推送通知）。这样刚刚经过鲜活的车身广告洗礼的用户又受到优惠券等“糖衣炮弹”的攻击后必然会把持不住购买的欲望，前往附近的门店消费的概率大增。Gap 服装公司统计了半个月的数据，发现共产生了 250 万次推送行为，点击率为 0.93%，而普通的纯电子优惠券链接的点击率一般只有 0.2%。两者相比，印刷广告加电子优惠券双重联合的效果更好。

普通的快餐店，如何借用这样的平台呢？他们可以随时向接近用户发送不同的优惠信息，一天之内还可以修改多次以求达到促销不同产品的目的。利用移动用户地理位置的核心思想是为消费者提供优惠，该平台就是关于位置和应用的。在店铺忙的时候，店家就可以取消发送优惠券，在生意淡的时候，基于地址围栏的服务，可起到更好的甩货、促销的目的。这样信息的价值就更能满足店家和消费者的利益，不像团购网站那样无差别的促销。

如果不提供优惠券，仅基于位置服务，可以做些什么呢？提供优惠券是比较直接的功利驱动行为，户外运动品牌 North Face 的做法值得我们从另外一个角度来看品牌推广：他们使用地理围栏向其认为重要区域的用户发送一些服务信息，借此达到品牌扩张的目的。例如，某滑雪胜地的天气预报和建议路线等信息。通过在特定的位置场景下，提供和品牌搭边的服务，这也是一种思路。

利用 Kosmix 系统分析顾客在 Facebook 及 Twitter 上的行为。根据消费者自身的购买经历、朋友购买记录等推荐消费者可能感兴趣的商品，再结合店内地理围栏和 NFC（近场通信）等技术，当顾客身处沃尔玛实体店内，路过感兴趣的商品（这些商品与 Kosmix 系统提取的数据有相当的吻合度），手机可以收到店内通知及相应的优惠信息等。移动技术联手实体店的即时购买行为，有望为实体店营造出不同于网上购物的体验。

你也许心中早已有一个疑虑：谁授权其使用？我的隐私该怎么保护呢确实这也是新技术在商业化初期经常遇到的排斥现象。不同于主动“签到”，被动式接收的广告推送也易招惹用户反感，广告骚扰可能会使商家的品牌和信任度受到损害。移动互联网、地理围栏技术以培养用户地理位置后台分享的习惯为前提，当下还有不少用户并不希望为获得优惠信息而暴露个人行踪，技术的推进是逐步渗透的过程，人们需要一个过程来接受这种个性化、智能化的营销信息服务。

第五章

下沉市场有哪些生意值得做

➡ 解读在线教育的未来

作为在线外教1对1赛道最先登陆资本市场的玩家，因为对外公开的财务状况，51Talk曾一度是在线外教1对1无法实现盈利的“反面教材”。

然而，经过数年的亏损，在2019年第四季，51Talk以GAAP净利润152万元实现微小的盈利，而在本季度，51Talk实现了GAAP净利润5080万元的规模化盈利。

在线教育普遍亏损的情况下，被冠上“规模不盈利”魔咒的在线外教1对1业务，被51Talk开始打破。

1. 没有不赚钱的赛道，只有不赚钱的公司

教育行业，什么赛道可以赚钱？

没有不赚钱的赛道，只有不赚钱的公司。一家公司能否赚钱，不取决于在什么赛道，而是取决于是否能贡献用户价值，以及实现用户价值和企业价值的平衡。

对于在线教育公司来说，采取有效率的方式获客，合理控制获客成本，提升运营效率，进而提升用户生命周期价值（LTV），很大程度上就可以实现盈利，这与是否做 1 对 1，小班课和大班课，没有本质上的关联。

在线英语的领域，用户对于沉浸式学习方式，以及沟通的效率有着极大的需求，这样的产品能够产生用户价值，以及控制获客成本。

事实上，同业是做外教 1 对 1 业务，在行业内，前几年被资本市场大为追捧的，是主营北美外教 1 对 1 的公司，例如 VIPKID 和 DaDa 英语，以及字节跳动大力投入的 gogokid。

以菲律宾外教起家，并且长期坚持菲教战略，主打低价和下沉市场，财报上又常年无法实现盈利，在以“中国在线教育赴美上市第一股”的名头风光一时之后，51Talk 便陷入了长期的寂寞与沉寂。

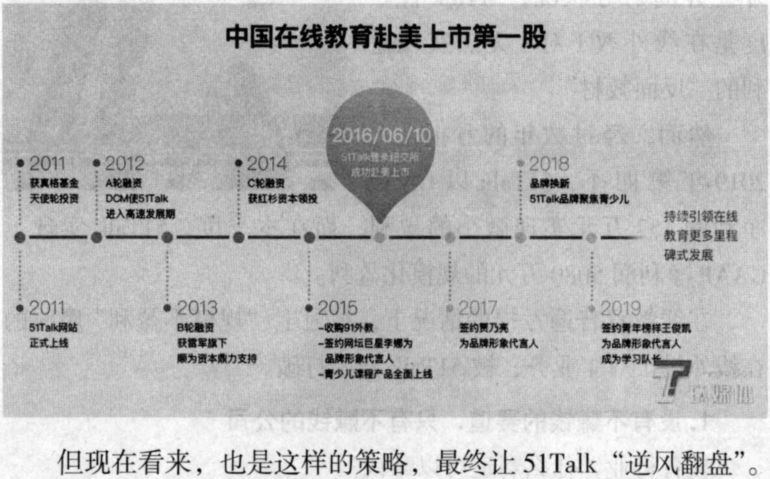

但现在看来，也是这样的策略，最终让 51Talk“逆风翻盘”。

51Talk 2020 年第一季度财务业绩报告显示，公司整体净营收为 4.871 亿元。毛利率为 70.4%，同比增长 3.4 个百分点。第一季度公司实现规模盈利，Non-GAAP 净利润 5700 万元，GAAP 净利润 5080 万元。

对于在线教育公司最看重的指标留存率和转介绍率上，51Talk 在本季分别达到了近 80% 和 65%。当留存率越高，意味着用户生命周期总价值就越高，一个用户在他的学段内，更愿意将学习相关的投入放在该平台上。财报显示，本季度活跃学生数约为 28.66 万人，较去年同期的 22.74 万人增长 26%。

而转介绍率，是降低在线教育公司不断高企的获客成本的关键。当用户自发介绍产品给周边人的时候，代表着公司的获客成本极低。当产品的转介绍占比越高的时候，整体获客成本将大幅降低。这也是在线教育公司形成良性的经济模型的关键。

在线教育公司多数亏损不止，核心原因就在于投入了过多的获客成本。历史上，51Talk 也曾走过弯路。公司也曾采用过烧钱的方式，获得了业务 300% 的年对年增长，但后来他们发现，这样的增长对企业造成了非常大的伤害，而后选择放弃。

保持健康增长的态势非常重要，尤其是在当前市场竞争激烈的环境下。所谓健康增长的态势，是要在保证学生数目的增长为第一要求的前提下，公司愿意在利润上做出一些让步，比如说，适当增加投放，在产品技术层面做更多研发，以及教师管理上做投入等，以此达到更加长线的盈利目标。

2. 盈利得益于低线城市

51talk 实现盈利，最大的原因在于聚焦菲教青少 1 对 1 业务，以及下沉市场战略的成功执行。51Talk 菲教青少 1 对 1 主营业务收入达到 4.042 亿元，同比增加 76.7%。增长主要得益于菲教青少 1 对 1 业务，2020 年初学生在家上课时间增加，以及对 51Talk 品牌和在线教育认知的提升。

2020 年 1 季度 51Talk 来自三四线城市的收入，已经占比达到了 75%，而目前在三四线城市还在持续增长，比一线城市更快。而且，重要的是，在三四线城市中，家长更愿意去做转介绍，在获客成本上占有极大的优势。

3.TOB 的潜在机会

在一线城市，在线教育尤其是青少年领域，已经是一个成熟的产业，但对于大多数下沉市场来说，还是一个较为新鲜的概念。2020 年在线教育的方式主推“停课不停学”，使得全民主动或被动地普及了一次什么是在线教育。

2020 年初市场对于在线教育的强烈需求，但同时，也给一些在线教育公司带来了比较大的运营压力。而这期间，很多线下机构也开始尝试转型线上业务。许多线下机构主动寻求与 51Talk 合作。通过一季度的观察，通过借助线下机构的渠道合作，51Talk 也拓展到了更多的下沉市场。

一个新发现是，主营 C 端业务的 51Talk，作为平台和内容的提供方，计划在 B 端业务上将会开展更多新的玩法，比如说拓展更多的线下体验店。

➡ 母婴品牌如何征战下沉市场

万亿母婴实体零售市场，三到六线城市占到近 60% 的市场份额，庞大的市场规模加之旺盛的消费升级需求，下沉市场成新品牌崛起的首选阵地。

海拍客 2015 年最早从跨境做起，帮助实体店去销售跨境电商的产品，让实体门店合法合规的帮助消费者带货是当时的主营业务。2016 年当门店做到一万家以后，海拍客开始建立 2B 平台，正式发展成为深度分销平台，时至今日，海拍客已经链接了 17 万家门店，其中三线及以下的镇级门店占比 46%，此外，海拍客还和 7000 多个通路品牌、近 600 个渠道品牌达成合作，2019 年整体 GMV 将达到 150 亿。

1. 打造强势渠道品牌

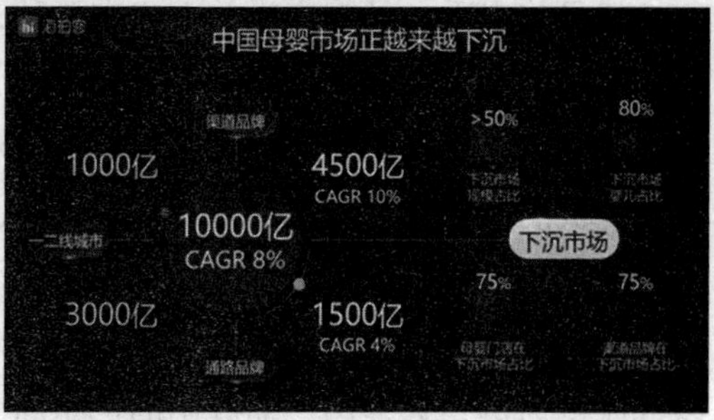

近两年，新生儿出生率持续走低，而三到六线城市的新生儿数量占到整体大盘的 80%。纵观整个母婴实体零售的万亿市场，下沉且分散，三到六线城市已经占到近 60% 的市场份额。从新生儿数量及市场份额占比来看，不难发现，一二线城市母婴消费整体客单价较高，而消费升级主要集中在三到六线城市。以往母婴作为天猫国际的第二大类目，各大品牌销量一直不错，甚至于海淘代购也是以一二线城市消费者为主体。如今，下沉市场消费者需求旺盛，品牌下沉势在必行。

此外，我们的数据显示，有 46% 的县镇级门店中所销售的母婴商品都并非是知名品牌，在这一过程中，新品牌在整个三到六线市场的无限潜力被挖掘出来。于是诸如惠氏、雅培、联合利华等依托线上媒体打通线下的通路，借此打开下沉市场的入口。例如，帮宝适原本都是大渠道 + 大媒体集中销售，当整个纸尿裤销量开始下降时，帮宝适也开始将目标转向了三到六线城市，联合海拍客共同开发了定制款产品——炫金帮。

此外，像是合生元、飞鹤、伊利、澳优、君乐宝等 99% 的渠道品牌都是通过控区控价的方式发展起来的。而大品牌看重的是分销网点数量，比如惠氏是全国分销网点最多的品牌，即便如此也并没有完全下沉到三到六线城市。因此，如何用一款渠道品牌或者需要我们控区控价的产品帮助大品牌下沉到三到六线城市，是海拍客要做的事。

2. 下沉市场新品牌发展机会凸显

就目前来看，品牌产生的方式有两种，第一种是纯线上，或者是以线上为主，在天猫和京东等大平台大量投入广告，参与各种主流的营销活动；另外一种更多的是针对小品牌，对接更为细分且下沉的三到六线城市的消费者。未来，下沉市场可能会出现更多新品牌，原因有以下几点：

（1）一二线城市和三到六线城市消费者的需求是不一样的。以纸尿裤为例，大多国产品牌用的都是高分子芯体，而面向一二线城市的外资品牌多使用木浆绵柔结构，原因在于，三到六线城市的妈妈给宝宝更换纸尿裤的频次更低，所以更关注纸尿裤的尿显功能。同时，空调的使用频次也影响了妈妈们对纸尿裤薄厚的选择，消费者不同，产品需求也不同。不只是纸尿裤，奶粉也是一样，相较于一二线，三到六线城市消费者需求更加细分。

（2）当下的三到六线市场还是持续保持原生态的发展，问题频现。例如，规模小的生产遍地都是，没有品牌意识，真正做品牌运作的人也非常少，大到上十亿的品牌也只是把自己当货在做，售后服务也没有跟上等等，整体上来看，三到六线市场还是有巨大的改良空间。

3. “产品力 + 营销力 + 渠道力”缺一不可

一个新品牌如何成为一个“真正”的品牌？

一个品牌在拥有产品力的同时，还具备极强的消费者运营能力以及市场营销能力，那么，这样的品牌就可以触达三六线城市。

目前来看，三到六线城市的消费升级还在进行当中，这意味着三到六线城市消费者的消费行为还有更大的提升空间，这将是一个巨大的市场。在这个过程中，如何帮助更多的新品牌和好产品触达所有的终端消费者，如何利用渠道品牌去开发新的消费者打造自主品牌，是品牌方要重点考虑的事。

➡58 同镇布局下沉市场销网

把苹果手机、凯迪拉克直接卖给中国的村民，在一个县城里搞啤酒电音节，整了 900 多站长通过朋友圈转发电影资讯，仅用 8 天就为《误杀》带来 1200 万曝光……如果有一万多个不同乡镇的站长能帮你把产品推销到他周围的每个村民面前，并且帮你找出潜在客户，是不是一件很值得庆祝的事？

58 同城副总裁冯米在“58 神奇日”上宣布，58 同镇开启商业化元年——这意味着，58 同城打造的又一覆盖全国的渠道网已经初具规模，并且完成了初期“自我测试”，这个中国“最下沉营销网”已经做好一切准备，正式开启商业化运营。

但这不仅是一张中国目前“最给力”的营销网，也是一张信息反馈网，更是一张随时可以从任何一个“中心”辐射到全国各个末端的服务网！

据冯米透露，2020 年 1~4 月，58 同镇微信端用户同比涨幅 140%，而在 APP 端去中心化流量方面，同比涨幅达到了 400%——在流量如此金贵的今天，谁都能看懂这个增长有多难得。

1. 打通下沉“痛点”

论下沉市场，虽然已经有不少媒体有所覆盖，但线上和线下相结合的，只有 58 同镇一家。这种特殊的能力来自 58 同镇在全国招募的一万多个乡镇合伙人——那些已经渗透到中国最“毛细血管端”级的在当地有声誉、号召力强的乡村站长。

这些站长究竟给 58 同镇的渠道带来了什么样的“神奇力量”呢？

首先，就是筛选高潜用户群，帮忙扫清购买障碍。

就拿原本是一二线城市白领标志的苹果手机来说，下沉市场用户并非没有需求，然而距离专卖店遥远以及没有“催化剂”——促销活动，一直是他们望而兴叹的主要原因。但在58同镇的努力下，这一切都得到了很好的解决。

高端产品在下沉过程中的第一个“痛点”就是不知道潜在客户在哪里？

58同镇通过甄选出的“乡镇红人”——6名58同镇站长的私域流量招募到了250名高潜客户，并在活动开始前5天，让这些“乡镇红人”通过他们25490名朋友圈的好友发布42条朋友圈信息进行预热，最终获赞1188个，并在社群中发布30条信息将活动消息充分曝光。

接着，就是解决购买过程中的交通问题——潜在消费者距离专卖店太远。58同镇专门安排站长们陪同高意向客户乘坐大巴车从本地乡镇到县中心的苹果门店参与活动。每家专卖店2场活动办下来，平均每场活动带来潜在客户42人，产生总成交金额52859元。

这场下沉营销在达成品牌传播效果的同时还实现了销售转化，为此后高端消费品的下沉摸索了一条营销新思路。

其次，证实“乘数效应”：农村的消费潜力究竟有多大。

在奢侈品凯迪拉克的“下乡”过程中，58同镇的站长们用自己的强大人脉证明了“线下传媒”的巨大价值。

据悉，58同镇动员了深圳龙岗、郑州全东等经济发达地区站长参与体验，让他们亲临凯迪拉克流水线。这些身临其境观摩凯迪拉克制造工艺，见证了整车出厂过程的58同镇站长们，全程用自己的镜头记录下深度体验图像并转发全程营销，发挥扩大传播的“乘数效应”：最终曝光1.4亿次、带来有效线索1169条——不但让凯迪拉克品牌开始触达下沉市场，还实现了有效的获客及转化。

但这些都不算什么，58 同镇最具突破的，是将线上和线下有效地整合成了“一股绳”。

例如在服务洽洽集团的过程中，58 同镇经过深度调研后打造了联名专属礼盒，囊括皇葵瓜子、挤食果冻、香花生等休闲零食，无论是口味、价格，还是包装都十分符合下沉市场用户需求。

在线上，58 同镇动员站长向下沉用户推广洽洽产品，并激励站长成为品牌年度代言人及销售。在线下，配合线上重点投放的 7 个省份，1 天内开展了 50 场地推活动，线上线下联动促进洽洽礼盒热销，直接带动销货 3042 盒。

然而，要想织就一张覆盖全国的人脉网谈何容易。58 同镇并非只靠人海战术——这些营销创新的背后，是 58 同镇的“大数据”。

2. 站长式“合伙人”

这一万多站长就是 58 同镇花了三年时间，在中国“织”就的一张渗透到底层县市甚至到“村”的大网，分为线上和线下两部分：线上就是 58 同镇，线下则是 58 同镇招募的“合伙人”。

这些“合伙人”覆盖全国 31 个省份的乡镇，他们联合起来为 58 同镇的广告主们打通全国下沉市场。你可以把他们看成是一张可以渗透到中国每个村落“毛细血管”的“神经网络”，每一个合伙人都可以是“神经元”——他们可以负责推广、招募、调查、组织……倘若假以时日，当未来中国每一村都有 58 同镇的合伙人时，无疑，58 同镇将成为中国覆盖面最大、覆盖最深入的营销渠道。

显然，这正是 58 同镇的方向。在冯米看来，互联网产品的灵魂就在于服务和服务效率，后者只能靠 58 同镇从线上通过互联网、大数据的方式来完成。而要靠数据去精准运营提高效率，就必须对每个站长有足够的了解，发挥其特长。

因此，58同镇对这些站长进行了各种精细化、垂直化分类，根据站长们的特长和爱好，给他们标注上了“美食品鉴师”“空间设计师”“同镇试睡员”“妈妈咪呀”“活动专家”等个性化标签。

类似这种数据积累包括很多个维度，不光是基于站长们自己提供的信息，还包括他在当地的交互。为此58同镇花了大量时间，团队与站长们做了很多接触，去帮助他们完成学习和成长，教他们服务当地的客户或者远方的客户。现在58同镇已经能够做到可以清晰地描述每一个站长，他有什么特点，对哪些行业更加熟悉，曾经服务过什么用户，具备什么独特能力等。

这样的网络显然也适合想打下沉市场的中小商家。

2020年，58同镇针对这些中小商家已经推出了完整的本地推广型产品。例如，某一中小企业甚至可以非常精准地对58同镇提出他希望把广告投放到哪个县或者哪个镇或者哪个乡，投放预算是多少。

毫无疑问，58同镇做了一件打通下沉市场“任督二脉”的“大事”：那些高高在上的奢侈品和高端产品对下沉市场的研究还有限的很，他们根本无法快速摸到下沉市场的脉门和禁忌；如果不了解本地情况就盲目推广必然会花很多冤枉钱。第三，越到下沉市场的底层，用户对陌生人的信息就越警惕，他们喜欢熟人社交，更加笃信熟人推荐。

而在这些努力下，58同镇自己则相当于打造了一把通向下沉市场的金钥匙。

➡ 电信行业下沉市场如何经营

从2012年前后开始，运营商一改之前的大量扩建乡镇层级营业厅操作，根据客流量和效益情况缩减乡镇营业厅。2016年以来，伴随着线上风口的火爆，成本更低的线上渠道自然成为运营商的重要选择。

然而随着时间的推移和移动互联网应用的加速渗透，特别是通信行业经历的内外部竞争持续加剧后，广大人民群众越来越熟悉互联网营销。随着用户选择的回归，经营好下沉市场又具备了市场价值。

1. 下沉市场的规模有多大

在移动互联网时代，关注C端的人士一般将下沉市场定义为广大的农村、乡镇和不发达县城。这个范围有多大，或许超过了大家的想象。

2019年5月份月报

项目	移动用户		4G用户		宽带用户	
	净增	到达	净增	到达	净增	到达
	52.3	9.32077	499	7.27591	395.5	1.72772
	5.7	3.24329	285.6	2.35908	42.9	0.83167
	290	3.2146	335	2.6352	83	1.4932

说明：1.此表根据公开数据汇总整理得来；2.统计日期截止5月31日；3.单位为万户

虽然这个体量低于中国移动9.32亿的移动电话用户规模，但是与中国联通和中国电信的移动电话用户规模相差不多。中国联通和中国电信的移动电话用户数分别为3.24亿户和3.21亿户，合计为6.45亿户。

2. 下沉市场将成为未来C端重点

有人认为，当整个互联网的人口和流量红利增速放缓时，大量互联网头部企业开始逐鹿下沉市场、提出私域流量。立足于乡镇本地化市场——下沉到村镇、充分利用本地化流量优势，挖掘本地生活服务潜能并从中获取价值。

乡村互联网市场从被忽略到受到广泛关注只用了短短一年多的时间。这其中既有拼多多上市后对下沉市场价值的放大作用，也有乡村居民主动打破信息孤岛的追求。

运营商不断加强对农村基础网络建设的力度，为移动互联网的快速下沉发展打下的地基，农村网民人数在近几年快速增。如果提升乡村用户的价值贡献，既是互联网公司的经营重点，也是运营商需要认真关注的。

3. 下沉市场更重实用性

各种互联网应用广泛普及提高了人民群众对互联网各种套路甚至噱头的判断和认识能力。举个最简单的例子，充话费送食用油比起充话费返回话费更受乡村用户欢迎，即便返回话费的优惠力度更大、折扣更多。

4. 下沉市场更多是存量经营

下沉市场是存量市场，竞争自然激烈。相较大城市的陌生人社交，下沉市场更倾向于熟人社会，跟风和口碑的作用会更加明显。

5. 下沉市场需要有专属资费

有鉴于下沉市场的消费水平，为此类用户提供更合适的套餐产品早已经成为运营商需要特别关注的工作。特别是取消漫游费后手机号码可以自由流动，曾经的“神州行”已经畅通无阻。

产品定价本来就因为地区经济发展水平差异而有高低，现在下沉市场资费套餐洼地成了优势，如果放任“神州行”，不但冲击北上广深等经济发达地区的市场，而且也将不可避免地拉低整体资费价格。所以，“神州行”的对象不应该是全体用户，而必须限定在下沉专属市场。

后 4G 时代，运营商开始关注基于规模的用户价值经营，这种需求就自然需要运营商重视下沉市场。5G 时代，虽然更多的是垂直行业经营，但是也需要有效串联起最基层人民群众的通信需求。如何把线上线下融合更好地融入下沉市场，现在需要运营商不断尝试。

➡ 下沉市场餐饮行业的一些生意经

对于餐饮行业来说，一二线城市市场饱和，开店成本持续走高，三四线城市与一些县城成为中国餐饮最广大的下沉市场。许多连锁的餐饮品牌巨头，也把战略瞄准三四线城市，把店开小。然而，这样的策略似乎并不奏效，大多数把一二线城市餐饮模型直接搬到三四线城市与县城的餐饮人，大多都铩羽而归了（比如说海底捞在下沉市场的翻车）。那么，下沉市场餐饮业的正确打开方式到底是怎样的呢？

提到下沉市场做得比较成功的连锁餐饮，就不得不说到正新鸡排和蜜雪冰城这两大巨头了。正新鸡排，全国一万多家门店，年营收比海底捞还多；蜜雪冰城，下沉市场的连锁茶饮王者，全国有超过 5000 家门店。这两家都是非常典型的水下项目王者。

正新鸡排的神奇之处在于，全国所有的城市，采用的是完全统一的价格体系，可以称得上是国内连锁餐饮品牌中的隐形冠军；

而蜜雪冰城强的是，所有产品没有超过两位数的价格。6 块钱一杯 500ml 的柠檬茶，里面放了大半个柠檬，真的是做到了产品让人尖叫。

正新鸡排和蜜雪冰城的成功 证明了在下沉市场做餐饮，需要极其注重品类的选择。这两个品牌都可以归入到休闲餐饮的范畴，既然是休闲餐饮，那就意味着用户的使用场景非常明确：这些产品是闲逛时的最佳伴侣，而大众市场的用户，最不缺的，就是时间。因此，茶饮店也好，炸鸡烤鱼也好，只要这类产品能够满足方便携带、快速加工且价格不贵这些要素，还会有很大的增长空间。

除了品类的选择外，下沉市场的餐饮业还有许多需要注意的独特“生意经”

1. 刚需产品，家常菜寿命最长

下沉市场的人口较为稳定，外来人口较少，属于存量市场竞争，厮杀非常激烈。所以，三四线城市的餐饮，关键词是“回头客”——不追求流行产品，否则生命周期短；产品不能过于单一，产品线要适当拉长。

2. 下沉餐饮业的综合竞争力

一个城市，人口不到一定规模，流量不够大时，只满足一种消费场景的餐饮，不足以支撑一家店。这也是为什么大牌连锁餐饮到了小城市支撑不下去的原因。我们试想一下，在小城市或者县城要把餐饮做好的企业，几乎是把多种用餐场景兼容并包：可以一家人简单吃个饭；家里有人过生日搬新家要举行个小宴会，甚至还有宝宝宴、接寿宴、婚宴席——大宴席。

3. 门头要做大，包房是刚需

当一二线城市的消费者们已经转变为将钱花在自己喜欢的东西上的时候，下沉市场的消费者还在为别人的目光买单。记住一点，经济越不发达地区的消费者，越在意别人的眼光。因此，家里有大小喜事需要宴请宾客，门头大、气派，是他们首先会考虑的因素。另一方面，下沉市场的重要属性就是熟人社交，在餐厅就餐的过程中也非常容易碰到熟人。因此，三四线小城市的顾客，都更希望进包间，谁也看不见谁。

4. 街边店更符合消费惯性

在当前阶段，倾向于去综合体消费的多是经济实力不足的年轻人，年龄稍大，有“身份感”的人还没有养成去综合体进行高消费的习惯。所以，在三四线城市，除非你是时尚轻餐饮，对于其他餐饮业态而言，街边店是更好的选择。

➡ 家居企业如何做“下沉市场”零售

一时间，下沉市场成为为众多电商、包括传统零售企业意欲图谋的新方向。在一个流量红利消失，迷失与焦虑并存的赛场下半程，广阔天地大有作为的三四线市场，成为抢手的香饽饽。

拼多多作为始作俑者。2018 年，年仅三岁的拼多多成功赴美上市，宛如一双有力的大手撕开一道新的口子，光亮照进来，万众惊呼，谁也看不起的在大城市四环之外，小城市甚至农村乡镇的那些庞大人群，他们对新商业有着旺盛的需求和生机勃勃的消费能力。

2019 年上半年，拼多多日活用户高达 4.18 亿，超过京东的 3.05 亿，市值一度达到 318.4 亿美元，几乎与京东的 319.7 亿美元不相上下。有人说，拼多多的三年抵上了京东的 20 年，这是一种怎样神奇的模式和发展速度。

拼多多的成功，让一个商业传奇诞生，也刺激着整个商业世界的神经，它撕开的口子居然是蕴藏如此丰富石油的大油田。加之于从 2018 年开始，那些长期将目光锁定在一二线高净值人群身上的商家们感受到无比艰难的市场下行压力，原来根本看不起拼多多这种赚小钱模式的商业天才们，开始摩拳擦掌。

1. 被忽视的战场

对于新零售，无论商业界还是媒体界，聚焦更多的是在于快消品领域。从服饰的百货到日常生活用品的大卖场，甚至餐饮，它们成为新零售赛道上的高光出镜对象，大润发被出售，家乐福无奈撤退，万达百货委身他人，一系列一桩桩，新人换旧人，城头变幻大王旗，新零售如同潮水一样刷新旧零售。

但是，无论新旧，一个隐秘的而且庞大的零售分支，它们安安静静似乎脱离了主流的关注焦点，以一种非常隐秘而且静静悄悄的方式发生着巨大的裂变和演化。

其实，如果把房地产业作为零售的一个门类的话，那么房地产加家居家装，估计是整个零售链条上的鼻祖级区块。它们的存在，强弱和健康度，深刻地影响着整个下游零售的各个环节。

所以，在一个最不该忽略，但恰恰最远离新零售这片大赛场的主流，远离所有聚光灯的家居家装零售跑道上，它们的进化之路正在演绎着怎样与众不同的故事？

吴晓波说：2019 年是靠熬过去的。其实这句话的原创并不是吴晓波，而是任正非。吴晓波估计是一个悲观主义者，在 2018 年的时候，他言之凿凿，2019 年过一半，他依然对上半年以及下半年的状况并不乐观。

2. 家居新零售

在中国家居零售领域，市场是高度分散的。第一阵营是三大巨头：红星美凯龙、居然之家和月星家居。第二第三阵营，就被各个地方性的连锁卖场所分割，例如湖北的欧亚达，山西的黎氏阁，江苏的弘阳、金盛，山东的银座等等。

家居零售卖场不被主流所关注的主要原因有两点：第一点，消费的频次太低，导致客群流量不高，所以他们并不能像百货或超市那样更加高频地被大众所关注；第二点，历经三十多年的发展，当互联网浪潮来袭的时候，线上冲击对他们影响不大。消费者很难在线上实现对家具建材类商品的消费。

但是，好日子也不是一成不变的，进入2017年之后，当整个宏观经济进入了一个低增长通道，房地产的刚性需求大幅度降低，家居家装就面临着繁华过后的落寞和无奈。

对巨头们来说，家居零售企业正在演化着一些“小趋势”，而小趋势是影响趋势的趋势，这让他们开始警觉。

比如说，整屋定制模式的出现，打通了家装从建材到家具的一体化整合；精装房的大量交付进一步瓜分了零售卖场的市场份额；严选平台，包括宜家商城等加大了简约标准化家居类产品在线上的运营力度，赢得了大量年轻消费者的喜欢。

如此等等一系列的变化，让身处一线的家居流量霸主们面临压力，也开始改变。

但是，家居行业的新零售到底怎么搞，无论红星美凯龙还是居然之家，从2012年开始启动，自己摸着石头过河干到2018年，左冲右突，花了大量的财力，也始终不得要领。

如何打通线上跟线下门店，是继续做线上平台还是自营商品，在线上是卖产品还是卖家装设计，模式和方向都并不清晰。2019年阿里巴巴牵手红星美凯龙。而对整个家居家装行业的新零售进程而言，将会更快地进入一个新的赛道。

在新零售化的道路上，红星美凯龙以自我摸索的方式而别开生面。在上游端，不断整合设计师资源，并且组建自己的家装公司，希望再一次深度掌控最原始的消费流量；在线上端，成立新零售集团，以点带面在全国展开实现品牌销售的线上化，意图打通线上线下同步交易；在面向终端的营销策略上，构建家居零售的数字化营销平台（IMP项目），实现对流量的精准掌控和再分配。

3. 从战略到战术的“市场下沉”

如果从一个更加长线的角度来分析家居零售企业的战略拐点，其实早在2016年的时候，他们就已经开启了“下沉市场”之战，而那一年，恰恰正是拼多多诞生后不久。

如前所述，家居零售可以说是房地产零售的“影子”。而房地产是整个宏观经济当中春江水暖鸭先知的那一群“鸭”。当一二线城市的房地产发展速度放缓的时候，345线城市成为广阔天地，而家居零售企业则如影随形，早早便开始向345线城市深耕拓展。

这是家居零售企业在发展战略端的“市场下沉”。从另一个角度来看，在营销上，家居零售企业的“营销下沉”则更加厉害。

所谓营销策略下沉，其本质，是围绕着社区进行深耕运营。将商场缩微搬到社区去，另外，在营销策略和客户获取上，紧盯着目标小区投入各种资源，不断深耕。

其实，家居零售企业深耕小区并不是独创，在流量红利日渐消失，获客成本越来越高的态势之下，早些年已经有家电企业打出口号，“得小区者得天下”。

所以从家电到家居家装再到后来的生鲜，日常生活用品，零售终端下沉到社区，如同毛细血管一样最快接触到第一手原生态的客户资源，成为零售巨头和新生代零售物种都在纷纷推行的策略。

但是，如何下沉，当触角探入到社区的那一刹那，如何接触顾客，如何实现捕获并且转化，这是技术活。

据一位资深家居零售人士透露，在市场下沉的营销策略上，红星美凯龙做得更为领先，其主要表现在两大战略的整合：

（1）渠道下沉。红星美凯龙在全国门店发动开设“社区店”策略。所谓的社区店，也就是在目标小区周边，开设以产品展示和服务、营销为主要功能的小型店面。这样的店面作为商场的缩微形式分布到各个小区的周边，作为一道“前哨”，更快捷地精准锁定目标人群，提供更加周到的营销服务

（2）人员下沉。在2018年，红星美凯龙在全国启动了一项名为“万人营销战”的计划。根据相关人士透露，红星美凯龙集团要求每个门店，在原有营销人员基础上增设10到30名外拓营销人员。这些人员被分解规划，深入到每一个新老小区、银行等异业单位、家装公司以及设计师资源等等跟家居零售有关联的环节上。将这些营销外拓人员，打造成关键的“私域流量”掌控者，从而实现新的流量获取，领先一步占领市场资源。

对家居家装零售这个庞大到将近4万亿产值的行业来说，新旧交替，正在演化和发生。什么才是永恒的话题？围绕新的市场动向，发现新的消费需求，构建新的商业模式，打造新的立体生态，不断蜕皮，不断重生，这可能是一个缓慢的过程，但这一定是一个必然的过程。

第六章 下沉市场的营销策略

➡ 口碑营销的榜样

联网颠覆了传统社会的很多东西，在传统社会中，名气大的往往是有地位或有财富的人，而在互联网的生态系统中，这些人的人气却未必很高。相反，许多没钱没势的人士凭借自己的个性、创意、才华赢得了众多拥趸，成为网络世界中一呼百应的名人。

网络红人不同于传统商业模式包装出来的明星，他们的出现毫无征兆，几乎没有规律可循。假如你系统地统计分析已经成名的网络红人的各项信息，然后提炼出成为网络红人的基本要素，再去观察那些符合条件的无名小卒，就会发现根本预测不准。

互联网经济环境就是那么不按常理出牌，与某个网络红人特点接近的人就是红不起来，甚至网络红人自己最开始都没考虑过成为网红，也不知道自己随手发的哪条微博、哪个视频会突然成为热门话题。再高明的营销专家也猜不中谁是下一个网红，唯一能确定的是，每一位网红的崛起都是大众口碑的胜利，而网红的庞大人气正是商家梦寐以求的粉丝力量。

网络红人的粉丝往往对偶像有很高的关注热情，乐于传播他们提供的内容，为其扩大口碑传播范围。网红的粉丝通常很信赖网红推荐的东西，并愿意为之消费。他们会逐渐形成比较稳定的圈子，价值观和消费偏好也会越来越趋同。假如商家能赢得网红的公开支持，那么网红的粉丝团将成批地转化为商家的品牌支持者。

若能妥善经营这笔特殊的客户资源，商家就能获得一个比较稳定的细分市场，把口碑营销做到极致。

2016年上半年，网络红人中最有代表性的人物是自称“一个集美貌与才华于一身的女子”的papi酱，甚至有媒体称其为“2016中国第一网红”。

papi酱从2015年10月开始用变音器制作原创真人秀短视频。她非常善于抓社会热门话题，能用犀利而幽默的语言说出大家如鲠在喉的心里话，还以丰富的肢体语言与表情配合吐槽。凭借这些特点，papi酱在互联网上迅速走红。

2016年3月，papi酱团队获得了来自真格基金、罗辑思维（知识类脱口秀自媒体）、光源资本和星图资本等单位的1200万元人民币的融资。虽然不久之后，广电总局以节目中有大量粗口等理由要求papi酱整改节目内容，但papi酱团队以积极态度配合整改，很快重出江湖。其节目减少了粗口，但依然保持着鲜明的个人特色与优良的内容制作水平。

2016年4月21日，papi酱与合伙人——罗辑思维创始人罗振宇进行了首次招商活动，拍卖第一次视频贴片广告权，最终拍卖价格高达2200万元人民币，几乎相当于起拍价的100倍。papi酱随后决定将拍卖所得的2200万元净利润全部捐给自己的母校——中央戏剧学院。

2016年6月13日晚，papi酱开启了“网红+电商”的新路子。她发布了名为“papi酱的影评系列视频又来啦！我把《魔兽》给看了！！！”的视频，并在文章结尾处打起了小广告：“papi同款寡妇公会T恤，可在某宝店铺搜索‘papi酱心智造’，今日18：30准时发售。”

就在当天18点30分，淘宝“papi酱心智造”店铺正式开卖3款魔兽主题印花短袖T恤，每款定价99元，限量99件。这些T恤在短短36分钟后就全部售罄。

商家与网络红人的合作，本质上是一种相互借力的行为。商家有一定的品牌影响力与比较雄厚的财力，网络红人有很强的社群影响力和庞大而稳定的粉丝资源。双方各有优势资源，只不过网络红人拥有的更多的是无形价值，还需要通过商业合作来变现为实际的经济价值。

站在商家的角度，口碑营销做起来不那么容易，因为大部分销售人员并不像网络红人那样善于引发大众的关注和支持。那种一呼百应的影响力本身也是一种口碑，商家很难直接得到这种影响力，所以要与网络红人展开优势互补的合作。

对于粉丝来说，网络红人也许就是他们心中理想的自己。网络红人认可的东西，往往也会被他们认可。假如商家能与网络红人达成合作，相当于掌握了数十万甚至数百万的潜在消费者。

通过相互借力，网络红人能得到商业赞助，而商家的口碑营销也将进入一个新台阶，这对双方来说是锦上添花的好事。此外，网络红人可以跟多个商家合作，商家也可以跟多个网络红人合作。借助这种方式，商家就能把自己的口碑影响力传播到不同的粉丝队伍里，影响的人群有望突破千万级规模。就算只有百分之一的粉丝转化为产品用户，由此带来的综合收益也非常惊人。

在传统商业营销中，商家注重吸引大众的眼睛。如今，商家的思路发生了变化。在当今社会，在一个社群中，商家要把注意力放在消费者的嘴巴上，让消费者去传播企业的品牌，通过谈论、交流的方式，让更多人了解企业的品牌。

在传统商业模式中，商家都明白“客户是上帝”的道理。在当今市场中，和客户建立感情才是关键。

现在的很多产品，更新换代的速度很快。例如：做网站视频的，就要及时更新网站上的内容；生产洗发水的，过几个月就可能会换新的包装。让老客户接受新产品的同时，可以加强口碑营销，让老客户帮忙宣传新产品。

可以说，在互联网时代，口碑决定着一个品牌的生死存亡。在这个时代，每个普通人都是信息的节点，口碑的传播就像滚雪球一样，越滚越大。

1. 让客户用嘴巴传播品牌

让商品占据客户的眼睛，打响商品知名度，让客户用嘴巴去传播品牌，这是企业社群运营的关键所在。

随着市场的发展，商业竞争日益激烈，消费者购买商品越来越注重品牌。商家可以打动一部分消费者的心，让这些人成为品牌的忠诚用户，然后通过信息传播机制，激励他们将品牌的评价传播出去。

小米发行手机时，已经通过 MIUI 系统积累了 50 万的忠诚用户，而这 50 万的忠诚用户是通过早期 100 名发烧友志愿者发展起来的。如今，小米的“米粉”群体达到了数千万。

通过小米的例子，可以看出，对于一个品牌而言，最初的忠诚用户就是早期的消费社群领袖。这些用户也被称为品牌的种子用户，通过这些种子用户，还可以挖掘出许多潜在消费群体。

企业应该让消费者自觉对品牌进行讨论和传播，先培养消费者的忠诚度，再打造品牌的知名度。要知道，知名度是在忠诚度的基础上形成的。有了大批忠诚用户，才容易建立正面的品牌形象。

2. 双向交流才有效

在互联网时代，单向交流是行不通的。企业需要及时与粉丝进行双向沟通，这样才能有长远的发展。

在传统营销中，单向的信息传输注定会失败，因为单向交流意味着企业无法获得忠诚用户。

在社群营销中，忠诚用户对于企业来说至关重要，忠诚用户会主动为企业宣传品牌。例如：小米的粉丝愿意帮助寻找小米之家的选址，为小米的同城活动献计献策等。

小米粉丝曾做过这样的事情：小米曾经想在珠三角举办同城会，但是由于天气原因，航班延误了，这导致小米的工作人员无法按时赶到现场布置场地。通过电话沟通，当地的多名米粉自愿帮忙，连夜布置了会场。最终，小米同城会如期举行。

通过小米的这个事例，可以看出，米粉不仅仅是小米产品的使用者，还是小米这个大家庭的一员。对于米粉而言，小米的事情就是他们的事情。其实，这就是社群营销的核心所在，通过社群的力量积累资源。

在互联网时代，企业与消费者处于一个社群中。与消费者进行双向交流，占领消费者的心灵，才能让他们自愿为企业品牌助威，从而铸就良好的口碑。

➡ 利用情感营销

下沉市场为熟人社交，所以选择营销方式时，要尽量围绕熟人做文章。相对而言，情感领域值得探讨，人们可以利用情感类问题间接地进行营销。无论一个人学的是什么专业，都会对情感领域的讨论感兴趣。

在情感领域，根本不存在所谓的专家，因此，不管人们在其他领域有多么专业，在情感领域都有一些困惑。在情感领域，答案获得点赞的数量往往取决于回答者本身的人气。

在这种情况下，一些大V的关注和回答常常会使这个问题一下子火起来。人们看到新用户和匿名用户讲述个人成长经历的长答案，大V在这个时候需要做得很简单，就是一句话的表态即可。

在知乎平台，若出现一个较“好”的问题，这里的“好”并不是指问题质量高，可能质量低，提问者是奇葩，这样的“好”问题往往能够吸引一些大V用户来回答，所以很容易火起来。在这种情况下，用户就可以切入营销性回答，借势而起。

借助情感类问题进行营销，首先要确认自己的产品是否能借助情感类问题进行切入。例如：一种热门的、可以上瘾的商品消费引起了情侣之间的矛盾；一种具有争议的产品消费引发了双方价值观的冲突；产品大量占用一方时间，导致另外一方有被冷落的感觉。这类问题就很容易嵌入自己的品牌，从而引发用户的大量关注。

1. 利用创业类问题进行营销

科技创业类公司想要通过知乎进行推广，有一种十分有效的方法，那就是通过创业体验的问题，把自己创造公司的辛酸历程详细地写出来。每个人都有一些故事，这些故事在知乎上很受欢迎。

创业成功者可以在创业相关问题下进行回答，说出自己的亲身经历，甚至可以找自己的朋友帮忙点赞。

当然，讲述创业历程中的干货，将会赢得众多粉丝的转发、感谢和回应。在回答当中放入个人微信号、微信公众号，或者放一个问题的链接，这相当于在隐形地植入广告。

下图截取了知乎网创业类的一个热门回答，让我们来看看回答方式。

回答者张丁杰实名注册知乎账号，同时放置了他的微信公众号，这份回答获得3448人赞同。3448个赞同的人中，假设有30%能转化为公众号的粉丝，那么这个回答至少获得了1000多个粉丝。

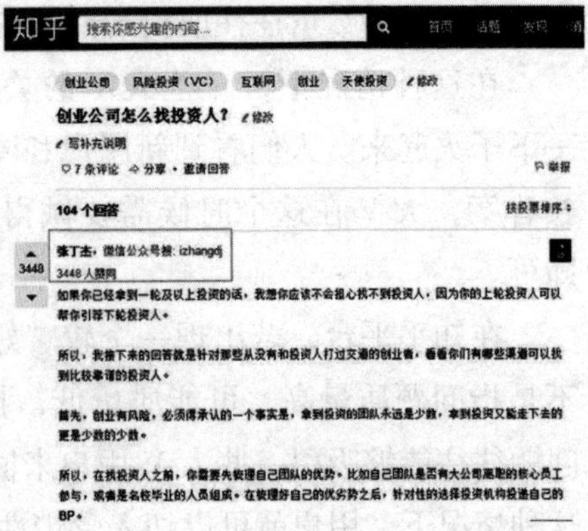

2. 如何做好论坛营销

做好论坛营销，要从多个方面入手。

在论坛营销的整个过程中，论坛数据库的建立、论坛软文营销、论坛账号信息的维护以及论坛营销组合策略都至关重要。

营销过程中的每个环节都不容忽视，否则就难以获得良好的营销效果。正所谓“细节决定成败”，在论坛营销这方面，每个细节都会影响到最终结果。

（1）论坛数据库的建立

企业定位好营销方向之后，就可以选择发布信息的论坛。论坛数据库的建立是论坛营销的基础，数据库建立的质量高低关系到论坛营销能否顺利开展。

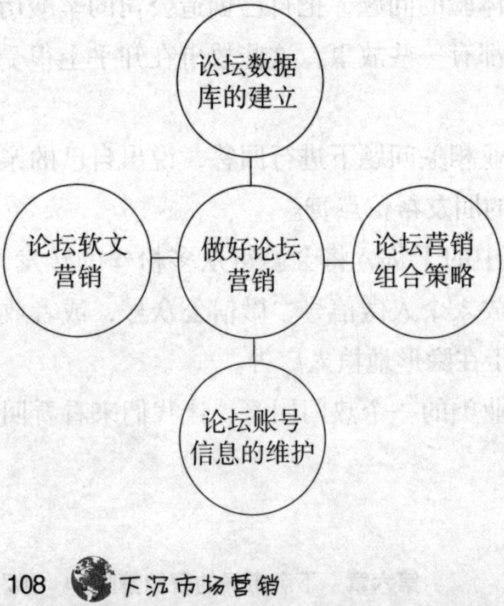

若要做专业的论坛推广，不可能注册一个论坛发一个帖子，因为那样会降低工作的效率，也起不到任何宣传效果。另一方面，一些论坛为了防灌水、防广告，对

论坛注册以及发帖设置了多重限制。例如：注册时间少于 1 小时、2 小时或者 24 小时就不可以发帖，注册用户的积分累计不到 100 不可以发帖，以及注册必须进行邮箱验证等限制。因此，建立论坛数据库很重要。

论坛数据所需要的信息包括论坛的名称、论坛的地址、论坛的分类、论坛的核心版块列表、论坛的活跃指数（论坛星级），把这些信息整理在一起之后，进行营销推广就可以得心应手。

一般来说，数据库中的论坛所使用的用户名、密码以及注册时使用的邮箱需要保持一致，这主要是为了方便后期的营销和推广。

（2）论坛营销组合策略

论坛营销组合策略有两方面的含义：一方面是指通过对消费群体经常光临的门户、社区以及网站进行科学的组合，根据人气、流量，分主次和批次在推广中选择组合，使推广达到最佳的效果；另一方面是指论坛营销要与其他的营销方式结合起来，要维护通过论坛营销获得的潜在用户，从而达到自己的营销目的。例如：你发布了信息，然后有人给你回帖了，但是并没有表示自己的明确意向，这时你就要尽可能地查找对方的信息，然后通过 QQ、MSN、邮件对这些用户进行营销。

开展论坛活动是论坛营销组合策略中重要的组成部分。开展论坛活动，需要论坛官方的配合。通过论坛活动来进行营销推广，取得的效果是明显的。论坛活动能够很好地调动网民的积极性，即使做一个纯粹的商业性广告，也能使网友很好地参与进来，从而提高互动性。论坛线上营销要与线下营销推广结合起来，这样，举办研讨会、招聘会等，都可以促进营销推广。

（3）论坛账号信息的维护

无论是企业还是个人，注册了一个论坛的会员，发完广告之后，要定期去维护自己的论坛账号。除了发广告之外，还要尽量去论坛活动，争取成为论坛的核心会员，这样就能更方便地推广产品，可以对自己的帖子进行加精、置顶等操作。除了在论坛活跃之外，还可以与其他的论坛会员进行沟通，加入论坛的官方QQ群，加强交流与合作。

论坛账号的维护还包括对个人信息的完善，例如：年龄、昵称、个性头像以及个性签名等。完善了个人信息之后，会使人觉得有亲切感。

在个性签名里，可以用简短的文字发布自己的产品或者企业信息，这样可以保证不会被删掉，也是广告发布的一个好方式。另外，可以顺便把自己网站或者论坛的网址放在个性签名里，这样搜索引擎在搜索这个论坛或者所发的帖子时会顺便把个性签名里的网址搜索到，这有助于网站的SEO优化。

（4）论坛软文营销

在论坛营销中，最主要的方式就是软文营销。相对于硬性广告而言，论坛营销软文采用唯美的语言将产品形象化，激发阅读者的兴趣，进而使其产生消费的欲望。软文写作的目的是把企业的产品和形象通过精美的文字进行包装，从而达到宣传的效果。软文写作的最高境界就是言之无物，实则有物。

如今，软文是企业或者产品营销推广中一种较为实用的方式，通过软文营销，可以达到做广告的效果，还能提高企业的知名度和美誉度。

写软文时，首先要选切入点，知道如何把需要宣传的产品、服务或品牌等信息完美地嵌入文章的内容中。其次，设计文章结构时，要把握整体方向，控制好文章的走势，选择冲击力强的标题。另外，要注意完善整体文字，根据框架丰富内容，使用恰当的语言来润色内容。

论坛软文的推广是论坛营销是否可以成功的关键，有了论坛数据、营销软文，就可以把企业的产品和品牌传播出去。

随着营销软文的日益增多，人们对软文逐渐有了免疫力，论坛管理人员对软广告的判断能力也越来越高，因此摆在论坛营销人员面前的问题就是该怎么发布信息。

很多论坛都有灌水专区、杂谈之类的版块，若无法找到与自己所发布的信息完全相符合的版块，那么可以发布在这样的版块里。另外，若内容广告性较强，选择的论坛又没有广告专栏，也可以发布在这样的版块里，这样能提高帖子的存活几率。当然，若这个论坛有广告专栏，就可以把广告性较强的软文发布到广告区里。

做推广的时候，有人不想在小论坛或者地方性论坛发帖，其实不然。要知道，论坛都是由网民组成的，网民有着很大的互通性。地方性论坛的网民也可能成为企业的潜在客户。一般来说，地方性论坛的限制较少。

发布软文之后，企业要懂得使用这些软文。若发布软文的论坛活跃度较高，就可以多注册几个账号，然后在自己的帖子后边回复。每次回复帖子，帖子就会被翻到整个版块的文章列表首位。

对于软文或者广告，还可以在那些比较热门的帖子后边以回帖的方式发布，但这样的回帖存活的几率一般不高。

利用软文进行营销推广，要分阶段、分层次进行。在整个推广周期中，不同时期可以发布不同的软文。

小米的第一款产品并非手机，而是 MIUI 手机操作系统。小米先从许多爱好者中挑选出 100 名志愿者，让这些人参与系统的设计和改良。这 100 名志愿者是 MIUI 系统最初的体验者，这些人每天负责试用，然后提出各种各样的改良意见。许多公司做到这一步也许就结束了，然而小米并没有结束，而是把这支队伍无限扩大，让所有有意愿的“米粉”参与进来，然后在“小米论坛”上发布改良方案。

小米公司有专门的团队负责整理“米粉”的意见，然后在产品中切实体现出来。凡是小米的粉丝，只要有意愿，就有机会向小米团队献计献策。

可以说，小米的产品是所有粉丝共同设计出来的，“米粉”用的是自己的产品。“米粉”拿着一部几百元的红米手机，即便走在大街上，心中也会感到自豪，因为自己参与了这部手机的设计。

在MIUI系统发布时，小米已经积累了50万的忠诚用户。这50万用户都曾给MIUI系统的研发改良工作提出过意见。最早版本的MIUI系统算是这50万用户共同努力的结果。在这50万用户的基础上，小米发布了第一款手机。自此，小米的客户规模逐渐庞大起来。

在小米发展的过程中，一直完全开放自己，让消费者参与进来。要知道，让消费者参与进来并不是容易的事情，并不是让消费者填调查问卷那么简单。小米是真正征集消费者的意见，让消费者参与产品的设计、生产等环节，生产出消费者愿意接受的产品。

其实，从专业的角度来说，小米的工作人员在开发程序、产品设计、生产等方面比消费者更加专业，可是，让消费者参与其中，能够增进消费者与小米品牌之间的感情。

在消费者与小米互动的过程中，充分借助了论坛这个平台。所以，论坛在社群营销中占有重要地位，是企业与消费者沟通的桥梁。

➡ 体验消费时代

如果说功能性消费，是单纯以交易这个动作为目的的结果性行为，那么体验性消费则是过程性行为。

从功能性消费到体验性消费的转变，根本上是因为生产力的提高，社会供给增长，供方市场转变为求方市场，社会商品供给开始出现过剩。同一种功能的商品，有了替代品，消费者有了更多的选择。要想买汽车不一定非得要选福特，通用公司生产的汽车也非常不错。

同时因为交通的发展，特别是远洋运输的发展，让商品流通变得容易。同一类商品不仅要面临本土产品的竞争，同时要面对外来品的冲击。市场竞争变得日益激烈。如，美国消费者不仅可以选择福特、通用公司的汽车，还可以选择日本丰田、本田，德国大众等品牌。随着这些品牌都开始涌入市场，试图在庞大消费市场中分得一杯羹。这时候消费者买汽车的目的不再是单一的要找到一种代步工具，其他方面的需求也必须得到满足。不仅仅是要考虑性能优良，还要求颜色要是自己喜欢的，外形要是自己钟爱的，空间要够时尚宽敞，驾驶的感觉要够刺激，等等。性能以外的需求越来越多，甚至远远超过了功能本身。汽车已经不再是简单的代步、运输工具，而是身份的象征，是人们体验美好生活的有效工具，甚至有人将其视为自己家庭中的一员。

当然，消费者变得如此傲娇，也是被商家给惯出来的。在激烈的竞争中，各商家为了赢得消费者，使出浑身解数来讨消费者的欢心，曾经霸气十足地宣布只生产黑色汽车的福特公司，也不得不迎合消费者的需要，开始生产更受欢迎的五颜六色的汽车。更为重要的是，商家不再将消费行为视为一次性的交易行为，也不再满足和消费者之间的关系仅仅是一手交钱、一手交货的弱关系。他们开始担心消费者会投奔到自己的竞争对手那里去，所以开始谋求和消费者建立一种长久的强关系，试图将消费者永远留在自己的身边。

体验消费，就在这种环境下来临了。简单地理解体验消费，就是商家给消费者带来美好的体验，给他们留下好感，让他们留在自己的身边。这种美好的体验不仅仅是指交易的瞬时感觉美好，更为重要的是要让消费者时时刻刻记得这种美好：当你开着自己的爱车行驶在繁华的大街上时，感到无比自豪和惬意，这时候不能忘了当时购车的美好体验，要为自己当时的正确抉择而感到无比庆幸；当下次有了购车需求，或者身边的人有购车需求时，必须要第一时间想到还是选择这个品牌。这是所有商家的梦想。

要想让消费者忠诚于自己，是一个比较漫长的过程。这个过程从还没有和消费者接触的时候就开始了，从产品设计、生产的时候就开始了。产品的每个细节都要考虑到消费者的感受。交易环节只是消费体验众多环节中的一环，这一环节结束之后，消费的体验并没有结束，从某种意义上来讲，这才真正开始。因为消费者对一款产品的使用过程，才是消费体验的核心。所以在功能消费时代，交易结束后，立马就不再搭理消费者，甚至躲得远远的，这种“一锤子买卖”的做法在体验消费时代显然已经行不通了。要想博得消费者的欢心，售后成了至关重要的一环，甚至比交易本身更为重要。因为良好的售后服务，体现了商家的责任、担当，以及可信任的程度，能够为自己赢得良好的口碑，塑造品牌形象。

作为一个普通的消费者，没有足够的专业技能去维护和保养一辆汽车，这意味着如果没有良好的售后服务，消费者就需要承担巨大的风险或为此付出一笔较大的经济支出。这个时候，如果有一家汽车公司能够率先提供售后服务保障，即消费者购买汽车之后，可以提供专业的维护、保养服务，并且质量可靠，收费合理，这样就可以领先竞争对手，获得消费者的信赖。当然，这一点现在很多商家已经做得非常到位，为了争夺市场，还会提供一定量的免费售后服务。

不仅仅是汽车这种需要专业技能维护的产品需要足够到位

的售后服务，一般的快消品也需要做好售后服务。即使是卖方便面的商家，也不例外。虽然方便面不需要像汽车一样复杂的维修保养，但是这并不意味着商家在交易之后就可以对消费者置之不理。商家同样需要经常和消费者进行沟通，维系感情。比如逢节假日得给客户发送慰问短信，时不时得举办促销活动，返利给消费者，等等。总之需要时时让消费者记起自己，并不断强化这种记忆。因为，其他竞争者正虎视眈眈地盯着消费者，稍不留心，消费者就会移情别恋，投入到其他竞争商家的怀抱。

有人认为体验消费就是试用，是通过免费体验产品的方法吸引消费者的购买行为。这种理解有些狭隘，甚至说是错的。严格意义来说，试用只是体验消费时代的一种营销手段。真正的体验消费是从产品设计的时候开始的，广告宣传、营销推广、交易环节的服务、售后服务保障，各个环节都必不可少。其中任何一个环节的疏忽，都会给消费者带来不愉快的体验，造成最终被抛弃的惨局。

体验消费的真谛在于消费行为的各个环节中都能给消费者留下美好体验，从而让消费者爱上自己的产品或品牌，其中任何一个环节都不能少，每个细节都不能放过。因为消费者的神经总是那么敏感与脆弱，稍有不慎，他们就会头也不回地离开。我在写这本书的时候，正值体验消费时代的顶峰。

➡ 社群营销

在互联网时代的营销，就是情绪营销，为什么说现在是情绪营销呢？有种观点说，男人购物多数是理性行为，女人购物多数是感性行为，理由是男人比女人更具有理性思维。其实事实是，一切购买行为归根结底都是感性行为。没有百分百理性的人，也没有百分百的理性需求。如果真的存在一个百分百理性的人，那么他是不会有购物行为的。一个人完全被理性思维所左右，那么他在购物的时候一定会仔细考量这个商品是否有瑕疵，性价比是不是高，钱花得值不值……要计较、思考的问题没完没了。加上商家的逐利性，无论多么实惠的价格，购买者也总是会觉得商家赚了自己的钱，只是多少的问题。而且，从人性的角度来讲，一个完全理性的人，是无法容忍自己花钱去买一个有瑕疵的商品的；而反过来，越是理性的人，挖掘出来的商品的瑕疵就会越多。如此往复，一个完全理性的人会得出最终的决定：最为划算、最为保险的方法就是不购买商品。

当然，这个世界上没有百分百理性的人，也没有百分百没有瑕疵的商品，所以一切交易才有可能发生。任何购买行为，无论开始你是多么认真、仔细地核对产品参数，比较性价比，阅读说明书，到了最后都需要通过感性来战胜理性思考：接受主要功能以外技术参数的不足，因为自己实在是喜欢那漂亮的外形、时尚的风格、富有质感的手感，所以哪怕价格高出自己的预期也要掏钱买，或者是因为买了这件产品老婆会高兴、女儿会喜欢……一切决定最终购买的因素，都是感性战胜理性的结果。

既然一切消费行为的决定因素都在于人的感性支配，那么对营销来说，自然要以感性征服为目的，即我所说的情绪营销。其实情绪营销，归根结底就是重视人的作用。但是，商业营销并不是一开始就意识并做到这一点的，而是经历了很长时间的发展，我们才认识到了这其中的重要意义。

从营销理论科学来说，有著名“4P”到“4C”理论的发展，即从以产品为中心到以客户为中心。这种发展的根本原因在于市场的转变，以前是卖方市场，消费者只能被动选择，所以营销就不太重视消费者。后来随着商业社会的发展变迁，市场逐渐变成了买方市场，消费者掌握了主动选择的权利和话语权，商家陷入被动，所以消费者成为了营销的中心。当然，前文也说过了，不是产品不重要，而是成为了最为基本的要求。从“4P”到“4C”是一种继承性的发展，不是革命。

社群营销是以“人”为中心的营销，这里的人包括消费者、企业团队和企业总裁。不再是“4C”营销理论中单纯的以消费者为中心的营销。社群，是所有人集合在一起的一个整体，这里面包括产品的使用者、生产者、开发者、发行者等，即买方、卖方、研发方、生产方等各个方面的人都在这个社群之中。社群营销就是所有人在这个社群中平等沟通，友好互动，彼此之间深刻了解，建立感情。

1. 购买者与使用者

在互联网数字社群时代，我们对消费者的定义应该有所改变。在传统的工业经济时代，所有的营销只有一个目的，那就是让顾客掏钱买自己的产品，营销者眼中的消费者就是花钱买东西的人。但是，我们很清楚花钱买产品的人未必是我们产品的最终使用者。而在消费社群中，具有真正发言权的是使用者。他们知道产品好不好用，服务好不好。而且，大多数人非常乐意对他们使用过的商品发表各种评论，他们的评论很容易就会被别的消费者看到。这是互联网时代，我们不得不面对的现实。所以，在社群营销中，我们更加需要注意的人群是使用者。当然，购买者也重要，他们是顾客，是我们赚取利润的来源。但是使用者的口碑会最终推动购买者掏钱，所以用户才是源头。

在传统的工业经济时代，购买者之所以重要，是因为那个时候没有像互联网这么发达而便利的媒体渠道，消费者也没有组成一个社群。商家和消费者之间信息不对称，所以，使用者对产品的评价，没办法快速传播，即使用者说的话对商家没有那么快速、大规模的影响。所以，那个时候的营销理论是“4P”，目的在于通过广告、宣传、推广，让购买者掏钱购买产品。在那个时候，大家都还不重视用户。这种传统的观念让很多传统企业家在今天进行转型的时候，饱受折磨。他们曾经通过实践证明的成功经验四处碰壁，他们开始不知所措。

而在今天，互联网高度发达，特别是智能手机普及以后，移动互联网渐成气候。所有人都在互联网这个社群当中。一件事、一个人完全可以在短短的几分钟或几小时内完成从默默无闻到家喻户晓的转变。在这种社会环境下，营销的规则已经发生了本质的变化。真正使用产品的使用者，未必是掏钱付费的人。所以在今天，只有在产品交到使用者的手里，我们和用户的关系才真正开始建立。这个时候，我们恨不得自己就像用户的情人一样，被他们朝思暮想，让他们时时刻刻感受自己的殷勤与价值。

前文已经说得十分清楚了，社群营销就是要有温度，要在消费者和产品之间建立不可割舍的情感，在消费者心中建立对产品的一种情怀。要做到这点，就要让用户时刻感受到我们的存在。可能有些让人不太能够体会，因为有人觉得你整天跟在一群不掏钱买单的人后面屁颠屁颠献殷勤，能讨着什么好处呢？何况那都是一群非常难伺候的大爷，稍一不慎，他们是要指着鼻子骂娘的。不仅指着你的鼻子骂娘，还要在所有人的面前搬弄是非、添油加醋地诋毁你的产品和服务。这不是吃力不讨好吗？这样想其实是因为传统的营销思维还没有转变过来，有些目光短浅。其实，早就有一些富有创新精神的互联网企业家，比如说腾讯、360、小米，等等，明白了其中的道理。

腾讯的QQ、微信几乎成了大家的必需品，但都是免费的。但是腾讯并没有不把QQ、微信的用户当回事。无论是QQ、还是微信，产品都在及时而迅速地更新，功能也在日趋完善，各种创新的地方也层出不穷，但是腾讯公司并没有向广大用户收钱。单从微信来讲，如果腾讯公司要向微信用户收钱，每个人每年收取10元，每年也有几十亿元的收入。很多中小企业一年的总收益也不过数百万元而已。况且，一个人一年拿出10元，实在是算不得什么。我相信换做其他人有这样的机会，绝对不会放过这样一块肥肉的，但是腾讯公司并没有这样做。现在的事实证明，腾讯的确是一家富有远见卓识的公司，微信虽然不向用户收费，但是因为用户时刻在感受它的存在和价值，这给腾讯公司带来了更大的收益，“羊毛出在猪身上”，这对传统的商业思维是一种颠覆式的挑战。

微信虽然免费，但是它却聚集了数亿的用户群。拥有了如此庞大规模的用户群，腾讯公司可以在上面嫁接很多商业模式来盈利。大家可能还记得 2013 年曾经风靡一时的全民打飞机的风潮，这就是腾讯公司通过微信发布的一款小小的游戏，当然赚了不少钱。面对几个亿的用户，可以嫁接电子商务，可以嫁接 O2O，哪怕是发布个广告位，也能赚很多的钱。通过这几亿的用户群，腾讯公司将要赚取的是几百亿元、几千亿元的利润。

和腾讯形成鲜明对比的是在中国处于垄断地位的运营商。在腾讯公司免费做微信的时候，他们并不觉得会对自己造成威胁，他们甚至觉得微信没办法坚持太久，会很快走向灭亡。因为他们相信免费就意味着没钱可赚，没钱赚自然不会持久，所以他们正津津有味地在旁边看笑话。等到他们意识到威胁的时候，企图利用自己的垄断地位，推动政府力量强制要求微信对用户收费。这种行为的结局自然是在谣言四起之后烟消云散。

运营商之所以对微信的发展有恃无恐还有一个原因是，他们觉得用户在使用微信的同时，还需要用到他们的流量，他们还可以赚取流量费。这个自然是没错，他们却没意识到更要命的是，虽然用户在用着他们的流量，但是却忘记了他们的存在。当你开着宝马车驰骋在高速公路上的时候，你只会感叹宝马车驾驭的快感，而不会想起修路者的辛劳。你与高速路之间的关系就是需要交纳一定的过路费。所以在微信面前，运营商就完全沦为了收过路费的人。这意味着被用户遗忘，也意味着除了过路费，运营商无法再从几个亿用户的口袋里掏出更多的钱。更加意味着，如果有其他的替代品，他们将被无情地抛弃。比如，越来越多的地方被 Wi-Fi 覆盖；比如有一天国家放开政策限制，腾讯自己或者其他的企业能够提供更加优秀的流量渠道，那现在的运营商就只能黯然离场了。

在微信发展的面前，各大运营商不知道优化自己的产品，比如提高短信使用体验、改善彩信服务，等等，而是选择嘲笑和野蛮猎杀，从而造成了与大好的市场机遇擦肩而过。造成这种尴尬局面的原因就在于他们不重视用户感受，只知道盯着购买者的钱包。类似的案例还有很多，本来处于绝对优势的垄断企业，却逐渐被市场所抛弃，或苟延残喘。比如中国邮政和各大快递公司相比，迄今为止还没有一家快递公司拥有像中国邮政那样完善的网络布局，但是中国邮政在中国快递市场中的地位却十分被动和尴尬。类似的还有国有银行和新兴起的互联网金融、出租车公司和各路专车之间的态势。目光短浅的人总是对历史的教训视而不见，悲剧从没有停止上演过。

列举以上案例，只是为了说明使用者的重要性。我们当然不能都像微信一样，将自己的产品免费，从而从其他的方向再谋取利润，“羊毛出在猪身上”不是在每家企业、每类产品都行得通的。关键是我们从中可以看出在用户群体身上所蕴藏的巨大势能。

购买者当然要重视，购买者的钱当然也要赚。但是，我们更加需要重视使用者，没有使用者，就没有购买者。用户和企业的关系是指能够接受企业长期提供的某种产品或服务，和企业长期保持一定联系，并且能够时刻感受企业的价值存在。在互联网数字社群下，企业和用户共处一个社群中，企业要时刻关注用户的动向，让他们在使用之前和自己发生关系，在使用之后更要和自己发生关系。只有时刻保证彼此不断裂的关系，才有机会产生感情。

2. 企业团队

在传统营销的模式中，一个企业的团队成员，除了营销者，大部分都被排除在营销之外，特别是和用户之间的联系几乎完全被阻断，产品设计研发者、生产者等这些离市场比较远的岗位尤为突出。

但是，在互联网数字社群中，消费者与商家同处在一个社群中，无论是哪个岗位，都不能例外。在传统的工业时代，由于信息传播渠道不畅，企业团队的大部分人和消费者处在两个不同的空间，包括营销者，大部分时间也和消费者不在同一频道。绝大多数时候，企业的营销者只是在单方面考虑一个问题，那就是如何向消费者表白，而忽略了消费者的感受，有些一厢情愿、死缠烂打的意味。现在则不同，无论大家愿不愿意，主动还是被动，我们共同处在了同一空间中。也就是具备了和消费者平等沟通的条件，可以随时、准确地了解消费者的需求，也有条件和消费者逐渐建立感情。这是时代发展的趋势，如果没有和消费者打成一片的意识，自然有其他竞争对手能做到。如果这样，就会在市场竞争中处于被动地位。“从群众中来，到群众中去”，将是社群营销中对企业团队的基本要求。

比起反思过去，改正错误，人更愿意将目光放在未来，设想在未来取得更好的成绩。作为一个企业来说，更多的人会花更多的精力与时间去试图想象、发现甚至是发明美的东西，这是一件非常艰难的工作。与此相比，更加容易的则是发现丑的东西，然后加以改进。这种改进未必是要颠覆式的创新。对于一款在市场上流通的产品来说，只要能够在现有的基础上有所提升，对于消费者来说就是惊喜。

很多取得杰出成就的人，并不是他们发明、创造了美，而是他们发现了丑，并试图去改变。欧洲文艺复兴时，意大利有个非常杰出的画家叫乔托，是文艺复兴时期的先行者之一，圣母像是他的代表作。促使他画出和以前不一样的圣母像的原因就是他看到了拜占庭帝国的《圣母像》，觉得实在是太丑了，根本不能和他心中圣母的形象匹配，于是他决定加以改善。乔布斯之所以致力于开发 iPod、iPhone，就是因为他觉得市场上的音乐播放器太糟糕了，只能播放不到二十首的歌曲，而且操作极其复杂；他也发现市场上的智能手机烂得不能接受。于是，他带领自己的团队，致力于对这些在市场上流通，但是又很糟糕的东西进行改善。能够制造出比市场上同类产品更胜一筹的产品，就是优秀的产品。iPhone1 在今天看来，也不是完美的手机，但是在它发布的时候，已经是其他智能手机产品不能匹敌的，所以它依然不失为一款非常优秀的产品。今天 iPhone 手机已经更新到第六代，这叫产品的更新迭代。产品的更新迭代，不仅仅是对市场上竞争对手的超越，也是自我突破。在产品精益求精的路上，是永无止境的。

无论是超越对手，还是自我突破，要做出精品，都必须要全身心地投入。唯有如此，才能做出有灵魂、有人格的产品。这种灵魂与人格，是人的精神的延伸。有一次，我们团队几个岗位要招聘新人，公司的文案在写岗位要求的时候，每个岗位的最后都加上了一句："对本岗位工作有十分的兴趣与激情。"我刚看到这句话的时候，就觉得挺好。这是对一份工作的深入理解。一个人只有对所从事的岗位工作抱有足够的兴趣和激情的时候，才能够全身心投入进去。例如对于一个文案工作者来说，如果没有从内心深处对这份工作的热爱，那写出的文案要么是东拼西凑、要么是堂皇而虚幻，是没有灵魂的。好的文案是有活力与生气的，这种活力与生气，源于撰写者的投入程度。

李宗盛有部片子叫《致匠心》。他说："……之所以有作品是为了沟通。通过作品去告诉人家，心里的想法、眼中看世界的样子、所在意的、所珍惜的。所以，作品就是自己。所有精工制造的物件，最珍贵、不能替代的，就只有一个字——‘人’。”这就是匠人的精神。产品即人品，是人品的延伸和体现。

人与人之间的相处，彼此的好就如一颗糖，吃了就过去了；彼此的不好，却犹如一处刀伤，痛好了，伤疤却还在。人性如此，所以对于企业来说，打造优秀产品的路注定是艰难无比的。只有不断迭代，不断输出新的好，才会持续刺激消费者的好奇心。这也就需要我们的团队始终保持着和消费者沟通的热情，保持着打造出精品的激情。这是一件说来容易，坚持下来却很难的事情。

有很多企业会觉得自己才是专业的、权威的、对的，而消费者都是行外人，喜欢无理取闹。因此将自己和消费者对立起来，或者将自己和消费者隔离，更不用说去听取消费者的意见了。因为他们觉得消费者的意见会破坏自己的专业性。从而将自己推向和消费者辩论的位置，试图去教育、说服消费者。但是很遗憾，很少有人愿意静静地听别人的教训，喜欢教训别人的倒是很多。所以消费者更喜欢能够听取自己意见的企业，当你试图去教训他们的时候，他们就投入别人的怀抱了。

小米公司有严格的要求，团队中所有的岗位，无论是设计师，还是销售人员，或者客服人员，每天都要认真看小米论坛。其目的在于了解消费者的心声，根据消费者的要求，对产品进行改善。小米的核心研发团队100人左右，但是对产品的研发设计具有建议权的却有十万、甚至是百万人。这对很多企业来说可能更像是一句口号，但是对小米来说，却是他们一直坚持的一条“群众路线”。也正因如此，小米才会在短短的几年时间里，积累下来数以千万计的忠实粉丝，跻身于富有传奇色彩的互联网公司，为全球所瞩目。

在互联网数字化社群中，需要和消费者沟通、交流的不再仅仅是企业的销售、营销团队，而是整个团队成员。所有人保持和消费者沟通的热度，真正了解消费者的喜怒哀乐，才能够做出让消费者心动的产品。

产品是企业和消费者沟通的桥梁，能够扮演沟通纽带角色的产品，才是社群化的产品。

3. 企业总裁

对一个企业总裁来说，企业就是你的产品。不同的企业总裁具有不同的人格与特质，这种人格和特质会体现到企业以及企业团队中，所以就有了形形色色的企业和企业文化。企业总裁对企业的深远影响，在前面已经讲得比较清楚。在这里，重点讲在社群营销中，企业总裁应该扮演什么样的角色。

企业总裁在社群中应该扮演的是带头大哥的角色，带领团队和消费者聊天、玩耍，建立友谊。要让消费者明确地感觉到，你和他们是一伙的。在传统企业中，企业总裁扮演的角色是“领导”。更多的时候，领导要做的事情是安然坐在办公室里，把事情交代给下属去做，这才是领导的姿态。特别是和消费者沟通互动，这种在传统企业中被当做形式的工作，领导更加是不愿意在其中浪费时间与精力的。而现在是数字化社群时代，如果还把和消费者的交流当做是走形式，必将会被消费者所抛弃。作为企业总裁，要投入其中，和消费者打成一片，这是社群营销对一个企业总裁的基本要求。

大家都知道小米做得很好，小米拥有几千万的发烧友粉丝，但是可能很少有人去深入了解小米的总裁雷军在这其中做出了多少努力。

小米和众多米粉，除了在论坛、官网、微信平台等众多线上渠道互动，还在各城市设有体验店——小米之家，而且还有规模宏大的同城活动。更为重要的是，以雷军为首的整个小米的高层团队，都会全程参与到和粉丝的互动中去，并且乐此不疲。

小米的每场同城活动，其公司的高层都会到场，并且全程和粉丝互动。因此，很多小米的粉丝都将同城活动当成了一个节日，甚至有不少米粉不惜坐飞机从一个城市到另外一个城市来参加小米同城会活动。可以看出，在很多“米粉”的眼中，追踪小米同城会就像是在追踪偶像的演唱会一样。这与以雷军为首的高层团队参与其中有着直接的关系。

小米在各个城市布局小米之家的时候，在选址的问题上犹疑不决，最终是各城市的米粉自告奋勇成为志愿者，带领小米团队穿梭在城市的大街小巷，积极建言献策。小米的粉丝之所以对小米的一切活动都有如此高的兴趣，和小米的管理团队，特别是和其总裁雷军有着非常紧密的联系。雷军名副其实是小米的代言人，而且这种角色完全融入他平时的一言一行中。可以让数以千万计的米粉切切实实的感觉得到，他在这方面所花费的心思和注入的精力。在米粉的心中，雷军就是他们的代言人，是他们的带头大哥。他们以跟着雷军混而感到自豪。

在2011年7月的时候，小米对外宣布要做手机。这时候的小米才刚刚发布第一代MIUI系统，虽然有50万的忠实用户，但是在整个手机市场，大家对小米是一无所知的，其影响力几乎还是零。在2011年8月的时候，小米在微博上发起了一个“我是手机控”的活动。其目的是为了对小米进入手机市场进行预热，让用户对小米的品牌有所认知。微博的内容就是炫耀自己曾经用过的手机。这个活动与于小米“为发烧而生”的主题非常契合。作为发烧友来说，最喜欢做的事情当然就是炫耀一下自己光辉的手机使用史。

为了方便用户快捷炫耀自己曾经使用过的手机，小米专门为此次活动做了一个生成页面，用户只需要在已经设计好的页面点击列表中的相关机型，并选择对应的使用时间和购买价位，提交即可形成属于自己的个人手机使用历史。这不仅方便了客户操作，提升了客户的参与热情，而且让每个人生成的页面更加整齐、美观，方便传播。在社群营销中，用户的参与和传播是最难能可贵的。

在整个活动中，雷军非常积极地参与进来，在第一时间展示自己使用手机的历史。他通过自己的私人微博发出“雷军的手机编年史（1995—2011）”，结果显示雷军是“神马级手机控”，在16年的时间里，总共使用手机53部，平均每年达到4部，平均每部价格3620元。雷军的积极参与，首先加大了传播力度，刺激众多手机发烧友的参与热情。更为重要的是，他让众多消费者看到了他确实是个手机发烧友的事实。这样，大家就更有理由相信他领导的小米团队是真正会做出发烧友级别的手机的。

在这个活动中，小米除花了几天的时间做了一个炫耀手机的模板页面之外，几乎没有其他的投入。但是，在小米的市场影响力还微乎其微的情况下，在短短几天里就超过了数十万的参与量。到2014年，这个活动在新浪微博上已经超过了1700万人次的讨论。在小米刚刚开始的时候，就以极低的投入获得了别人投入几千万元都可能达不到的广告效应。究其原因，活动本身强烈的参与代入感设计当然是基本，但是雷军亲自参与，对活动的成功起到了不可替代的作用。不仅仅是因为雷军自己有庞大的粉丝群体，更为重要的是他让大家看到了自己的态度：他不是一个产品的生产者与销售者，他不是来赚取大家钱包里的钱的，而是来带领大家玩的，因为他们都是手机发烧友。

很显然，小米在这条路上尝到了甜头，而且百试不爽。在2012年，小米准备发布新品“小米手机青春版”的前一个多月，小米在官方微博发起“150克青春”的活动。这个活动并没有提及要发布新品的事情，而是小米公司的七个合伙人自导自演拍摄了一部叫做《150克青春》的短片。

在中央美院的大学生宿舍里，七个年过不惑之年的老男人扮起了年轻的大学生。在短片中，雷军沉浸在网络游戏中，黎万强摆弄着摄像机，黄江吉和凤姐约会，洪锋对着一双臭袜子念念有词，林斌在看《金瓶梅传奇》，刘德在弹吉他，周光平在玩小飞机。短片刚发布出来，转发量和评论数立马超过了几百万。虽然是小米的新品预热短片，但是在短片里丝毫没有提及手机，仅仅是要带领大家回到那个青春岁月。然而其实这已经埋下了伏笔，因为小米青春版的核心用户就是充满了青春活力的学生人群，而它的重量刚好是150克。

《150克青春》短片播出后，还给小米带来了意外收获。很多米粉表示要短片中林斌看的《金瓶梅传奇》和黄江吉穿的“一个屌丝”T恤衫。《金瓶梅传奇》其实是小米公司自己做的笔记本，里面没有文字。但是，面对粉丝的要求，小米并没有简单回复说这个是笔记本，不是《金瓶梅》，而是立刻印刷了5000本笔记本，10000件T恤衫，在一个上午就被抢购一空。而小米15万部青春手机也在刚一发布就被售罄。

我们在网络上也见过很多类似的短片，能够引起一些人的共鸣，但是却没有如此之大的影响。为什么小米的这个短片就能够引起如此之大的轰动，而且带来丰厚的经济利润呢？因为扮演者是以雷军为首的小米的合伙人。他们没有在短片中推销自己的产品，而是带领大家回到那个青葱的年代。他们将一个“小米的情怀”植入到了广大的米粉心中。

我们做个假设，如果拍摄《150克青春》的人不是雷军等小米的七个合伙人，而是小米公司中七个俊男靓女，或者说是小米公司花大价钱请来的明星大腕，能够达到这个效果吗？肯定不行。这事非得他们七个人不行。因为只有他们才能让众多米粉感觉到，小米真的是“为发烧而生”的。

我们可以看出，在社群营销中，企业总裁的角色发生了重大的变化，在消费者的心中，企业总裁从曾经的企业决策者、领导者、产品的生产者，转变成为了带领自己一起玩耍的人；从赚取消费者钱的人，变成了一个带领大家一起追求更好的产品、更好的生活的人。只有这样，才有可能为自己代言的企业或品牌带来忠实的粉丝。

➡ 直播营销思维：直播就是营销

仿佛在一夜之间，营销界“变天”了，直播成为了最新的营销模式。几年前，微博、微信刚兴起的时候，广告人、公关人、品牌人张口闭口不离“社交媒体”，而现在热烈讨论的对象变成了直播。如今，直播已经不再是单纯的个人秀场，而是名副其实的营销。

直播的一大特色就是营销。为何这样说？先来看几个在娱乐圈里依靠直播带来营销佳绩的事例：王宝强的新电影《大闹天竺》的现场发布会便在20家直播平台进行，随便打开一个主流移动视频App都可以看到关于该电影的直播；刘涛为网友直播《欢乐颂》发布会的现场实况，还演唱了自己的新歌《说不出口》，观看人数太多一度造成网络瘫痪；2016年儿童节，刘烨携一对儿女也开了直播，两个小家伙在直播中又唱又跳，50分钟收获了惊人的2300万围观……

这些直播带来的结果就是电影票房的升高、电视剧收视率不断上涨、个人知名度大大增强。这种现象，也证明直播是一种实实在在的营销手法。本节将介绍直播这一营销思维的特点。

1. 直播与营销直接挂钩

有人的地方就有营销，汇聚了如此庞大人群，尤其是年轻人的直播平台自然也成功引起了商家的注意。事实证明，直播与营销是不分家的，直接挂钩，共同制造利益。

在这方面表现最突出的莫过于“雷布斯”小米创始人雷军。

2016 年 5 月底，小米抛弃了传统的产品发布会场地——国家会议中心、新云南皇冠假日酒店，第一次举办了一场纯在线直播的新品发布会。在某个小米办公室里，雷军通过十几家视频网站和手机直播 App，发布了传闻已久的无人机产品。

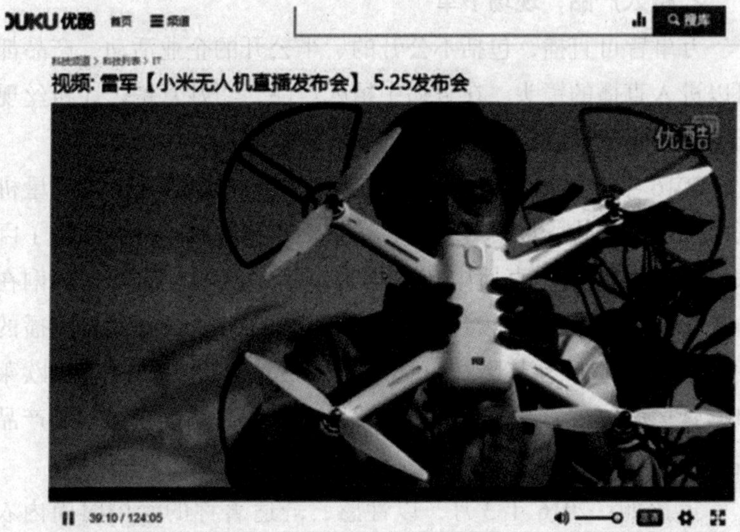

即便在直播过程中，这款无人机出现了戏剧性的场景——突然下跌炸机，现场一时混乱，直播过程中不禁令人唏嘘，但这没有妨碍雷军收获大量粉丝，同时也增加了小米和无人机的曝光率。

通过上述小米的案例可以看出，通过直播做产品发布会或者介绍产品，有很多好处：首先能节省场地租赁及搭建费用，若发布会盛大，那省下来的费用会相当可观；其次大大提升用户参与度，每个人都可以通过弹幕和留言向雷军提问。

因此，直播与营销是直接挂钩的。不过，像雷军这样做产品发布会直播不是谁都能做的，最大的门槛是出任主播的企业 CEO 的临场发挥能力。毕竟不是每个老板都是雷军。在做直播营销时，企业须牢记，不仅要有强烈的临场应对能力，还要兼具幽默风趣的好口才。

做到这些，才能真正将直播与营销驾驭起来，真正让你的产品和服务通过直播被大众接受进而为之埋单。

2. 植入产品，现场下单

万事皆可直播，包括不公开的、半公开的企业活动、产品都可以进入直播的镜头。在直播中植入产品，巧妙营销，让粉丝现场下单，属于直播营销的特色之一。

2016 年 5 月的戛纳电影节中，巴黎欧莱雅通过直播明星机场、红毯、化妆、后台等方式，巧妙插入欧莱雅产品，获得了巨大的成功。明星在直播中巧妙植入产品，比如，代言人巩俐在直播中大晒自己的化妆包，于是欧莱雅的产品映入观看直播的用户眼中；李宇春甚至在直播中直接推荐自己使用的一款欧莱雅唇膏……这种直播直接导致天猫欧莱雅旗舰店的明星同款产品脱销。

再比如，2016 年 3 月，以性感、舒适著称的美国时尚内衣品牌 CalvinKlein（CK，卡文克莱）在 Twitter（推特）的直播平台 Periscope 上，直播了它极具标志性的 2016 秋季广告大片制作全程，包括模特选秀、幕后花絮等。

CK 的这次直播，所有镜头都通过 GoPro 相机和 iPhone 完成，让用户犹如身临其境。CK 首席营销官认为，实时直播不容易被修饰，因此会让用户看起来更加真诚，对品牌更加向往。

另外一家老牌 B2B（Business-to-Business，商业对商业）企业通用电气（General Electric Company，GE）也做起了直播营销。早在 2015 年 7 月，通用电气就推出了一场为期 5 天的无人机直播，从美国东海岸到西海岸，在 5 个不同地点对 5 项业务现场，比如深海钻井、风力发电等进行全方位扫描，从几百米高空俯视白色的 GE 风力涡轮机。这款无人机竟然还捕捉到站在这白色大家伙上自豪挥手的工人。同时，通用电气也在社交媒体配合解答了观看直播的观众的问题，比如“工人们站在百米支架上工作如何克服恐惧”。整个直播过程激发了用户对通用科技和公司的兴趣，甚至很多用户都当场询问购买和使用等相关信息。

现在是社交时代、直播时代，营销强调的是拟人化。在直播中通过聊天的方式植入产品和服务，然后再通过聊天的方式介绍产品和服务，如此一来主播和用户分享产品和生活点滴的同时，也与用户形成更密切的社交关系。在这样的氛围中，营销自然水到渠成。

➡ 一路通，百路顺

在谈论小米模式的时候，很多人会用特别能够吸睛的三个点来总结：第一，零广告费；第二，零库存；第三，零渠道费。这三点对所有的企业家来说，都具有无与伦比的诱惑，因为这是他们每天做梦都想做到的。以极低的投入，获得极高的回报，有谁不希望自己能够做得到呢？当然，想归想，绝大多数，或者说所有人都没有做到这一点。于是就有人说，那是骗人的。因为在他们的眼里，一件新的商品被研发、生产出来，要卖出去，怎么可能不需要打广告？商品从生产线下来，到消费者的手里，怎么可能不需要渠道？商品先生产，再销售，怎么可能没有库存？

这种说法可能有些夸张，说小米绝对没有花费广告费、渠道费，没有库存，那是不可能的。任何企业都不可能做得到，在过去不行，在将来也不可能。但是，我们不可否认，小米在成本控制方面，确实做得非常好。它的广告费、渠道费、库存跟其他竞争对手相比，确实要低得多，相比而言，说是“零”也不为过。“零”，就是说小米在这些方面花费的成本少之又少，几乎可以忽略不计。这是小米和其他企业相比，最大的竞争优势。当然，对我们来说，最为重要的是：小米是怎么做到这些的。

这要得益于今天的互联网数字社群。小米在2010年成立的时候，正是微博兴起的时候，即正是社会化媒体或者说是自媒体兴起的时候。于是和传统企业不同，小米一开始就没有在传统渠道做广告营销，而是将微博作为了自己的主战场。后来，小米索性将自己打造成了一个自媒体公司。可能在很多人的眼里，小米就是一个手机制造者。他们对小米的理解就是设计手机、生产手机、卖手机。如果这样理解，那就永远都无法理解小米是怎样成功的。其实，远远不仅如此。设计、生产、销售手机，能做这些的企业太多了，也许很多公司比小米做得更好。例如，曾经手机行业的霸主诺基亚，肯定比小米做得好。但是诺基亚今天的结局是怎样的呢？可以肯定，再过几年，大家已经忘记诺基亚是何物了。

小米是一家电子商务公司，更是一家自媒体公司，大家生活在同一片蓝天下，同样面临着互联网的大环境，也有不少公司在模仿小米，做自媒体营销、饥饿营销、内容营销等他们觉得一切可以模仿且有效的方法，但是却效果平平。首先，各大模仿小米的企业应该反思，那就是自己企业所具备的特质，是否适合小米的模式。其次，是否做得有小米那么专注而专业。第三，也是最为重要的一点，小米在做这些的前提是，它首先明白了一个道理，那就是一切问题的根源在于解决“人”的问题。如果这个问题解决不了，其他都是白费。

其实小米在解决人的问题上，一方面是前面一直在强调的参与感，另一方面是服务。关于服务，我们将在后面做专门的讲解。在这里，我们先说明为什么说“人”的问题是一切问题的根源和基础，怎样才能解决好这个问题。人类对“控制”有着先天的独特的偏好，总是希望一切尽在自己的掌控之中。只有这样，才会觉得安心，否则就会陷入极大的恐惧之中。但是，也正是因为这样，限制了很多能量的发展。很多时候因为害怕失控带来的损失，从而干脆选择了放弃。这表现在商业营销中，就是喜欢以教育者的姿态出现，总是希望消费者听自己说，按照自己的想法去行动，而不希望消费者能够通过自己的想法去行动。这一点，是小米和其他企业最为根本的区别。

前文讲过，社群具有极大的能量。而这种能量的爆发点在于“自由”，也就是说必须摆脱束缚与控制。但是，大多数人却对这种摆脱控制后的局面非常恐惧。事实的确如此，一旦摆脱控制，它的发展将不会以任何人的意志发生改变。但是，这也是社群营销最为有魅力的地方，这是失控的魅力。

社群营销不是教育，不是说服，而是影响。通过和消费者在同一个社群中相处，影响少数几个人，让这少数几个人再去影响更多的人。虽然，最终的局面也不是可以控制的，但是它发展的方向却是我们最想要的，甚至是超乎我们的预想。小米粉丝今天的一切行为受到小米企业的控制吗？当然不。但是他们的行为，却是小米成功的基础。他们表现得如此优秀，是小米团队所预料不到的。在这个过程中，小米做了些什么，前面已经讲得很多了。但是我们还要弄明白，为什么小米做这些是有效的？

小米起步的时候，没有花大价钱去请明星代言，没有在各大渠道打广告，而是默默在论坛上找到了100个发烧友，让他们将自己的手机刷成MIUI系统，然后经过试用，将他们的看法告诉小米的产品团队，逐步进行改良。就是这样，等到小米1正式发布的时候，这个群体已经从100人变为了50万人。这个时候的小米还是默默无闻，在市场上没有太大的名声。但是等到小米1发布以后，小米的代言人不是一个或十个明星，而是50万忠实的用户。现在小米有近8000万的忠实粉丝。从100人到10万人，再到50万人，再到8000万，以后可能是8个亿、18个亿。这个发展速度，恐怕小米自己也没有料到，当然也不受小米的控制。关键在于，小米知道这样做可以达到效果。

在前文论述中，我们曾经提到蜂群、鸟群。蜂群、鸟群在飞翔的时候，是谁在控制？没谁在控制。但是，是什么力量促使了我们看到的情景：蜜蜂犹如一片乌云，遮天蔽日飞向远处；鸟群腾空而起，消失在视野里。我们如果能够搞清楚这其中的力量，就可以明白小米成功的关键。

事实上，蜂群的运动，没任何一只蜜蜂在控制，那是一种自然状态，或者说是一种自然的群体状态。有人说蜂群是由蜂后控制的。科学家经过了上百年的研究，终于证明，蜂后在蜂群中没有任何权利可言。不仅是蜂后，在蜂群中没有任何一只蜜蜂具有让其他蜜蜂听从于自己的能力，这种蜜蜂不存在。也就是说，蜂群其实是一个无组织的存在。但是，就是这个无组织的存在，却能够经过合作酿出诱人的蜂蜜来，还能像一朵乌云一样，步调出奇的一致飞向同一个地方，叫我们人类羡慕不已。其实，小米的粉丝群体——“米粉”就像一个蜂群，他们正在做着让很多企业羡慕不已的事情。很多企业试图去模仿，但是却始终没有成功。

那么一个蜂群到底是怎么运行的呢？有人研究发现，一个蜂群决定要往哪儿飞，首先是由工蜂出去探路，当它们发现理想的地方的时候，它们就飞回来，通过舞蹈告诉身边其他的工蜂，然后得到消息的工蜂再一起去探路，然后再回来告诉身边其他的工蜂。如此反复，前往探路的工蜂数量以裂变的速度增加，直至我们看到乌云一样移动的整个蜂群。这听起来效率有些低，不如有一个强有力的领导，登高一呼：“我们今天向某某地方进军。”然后大家浩浩荡荡地出发。然而事实却并非如此。在一个团队中，如果有一个足够有影响力，或者有至高无上权力的人，也许可以做到这一点，比如说军队。军令能够得到执行的前提是命令背后不可违抗的强制力。但是这个不适用于一个由陌生人组成的社群，比如消费社群。不同的消费者个体来自天南地北，他们各自有各自的想法和行为能力。在这样的一个群体中，是无法找到一个可以令行禁止的头领的，只能是彼此之间的相互影响。而且，在这个社群中，不具备任何强制力。没有哪一个企业对所有人说："你们必须消费我的产品，否则就要判你五年有期徒刑。"任何企业都不行，就连绝对垄断的企业都不行。所以说，对于商业营销来说，我们更加应该向蜂群的运行模式学习，而不是军队。

蜂群的行为真的效率低下吗？我们回头来看看小米。小米最开始只有100名志愿者，然后是10万人，然后是50万人，现在是8000万人，这种变化经历了四年的时间。那100名志愿者就相当于最先去探路的工蜂，然后他们再告诉身边的人。就是这样，"米粉"群体的数量在发生着裂变。直到今天，让人称羡不已。在这其中，小米没有投入过多的广告和渠道费用，他们只做了一件事，就是做出让用户满意的产品，提供让用户满意的服务，制造让用户愿意去谈论的话题。小米的任何一个人都没有想过要去教育、说服，甚至是命令"米粉"的行为，而是自己参与其中，和粉丝们同待在一个社群中，和朋友一样一起玩耍，带领他们一起做自己想要的产品，一起怀念过往，一起追求未来。总之，他们只是做一件事，那就是解决好"人"的问题。他们的关注点在于"人"，而不是业绩、利润。企业的业绩和利润，是把"人"的问题解决好之后，水到渠成的事情。

从蜂群的运动中我们会发现，整个系统是从底层开始的，直到影响到整个系统，而不是从顶层开始的。然而试图控制系统的思维都是从顶层开始构思的。比如在一个企业组织中，大部分人可能觉得先要掌控董事会，然后要掌控各分公司的负责人，然后是各部门的总监、经理、主管……这种从高层开始的思考方式，源于对"控制"的欲望。如果我们做个假设，把这个顺序倒过来。对于一个企业来说，一个项目组的构建与运行，应该不受部门经理的束缚；一个部门的构建与运行，应该不受分公司的束缚；一个分公司的构建与运行，应该不受集团总部的束缚。在这种情况下，如果高层发生崩塌，低层照样可以有效运转。我知道，这种思维可能会让很多人不能接受，但是这却符合人类发展的规律。人类的发展一定是从简单开始，再向复杂发展，先完善底层，再构建高层。但是，在现代组织架构中，大家的思维却是站在高层，去构建并束缚低层，牢牢把控。一个集团要建立一家分公司，往往是因为高层的战略决策，而不是因为低层发展的需要。具体来说，一个项目组建立，当它不断发展，需要更大的发展空间的时候，这时候就应考虑建立一个部门。但是部门的建立，目的不在于对项目组的控制和束缚，而是提供更大的发展空间。如果有一天部门因故崩塌，项目组应该还可以有效运转。但是，我们更多的做法却是先建立一个部门，再根据自己控制的需要，设立不同的项目组。如果有一天部门解散，项目组也将不复存在。我们将这种由底层开始，逐渐向高层发展的系统模式，称之为“去中心化系统的优势”。

控制的偏好，反映在商业营销中，就是首先考虑的总是营销模式、战略决策，再试图通过对高层建筑的有效教育和说服，在顷刻之间让所有人听从命令，一致行动。这是指挥军队的做法，显然在营销中是行不通的。今天，我们要讲的社群营销，就是要返璞归真，回到最简单、最底层的地方。先从单个的人入手，解决“人”的问题，让这一个一个的人，再去影响身边的人，让这个群体发生裂变。而我们会发现，当最基本的“人”的问题解决好，底层建筑构建完善，高层建筑的构建将是自然而然的事情。而且，很显然，这将是非常有效的一种方法。

条条大道通罗马。如果能够把“人”的问题解决好，剩下的所有道路都将畅通无阻。一路通，百路顺。

➡ 线上线下整合营销

借助社群将松散的用户聚拢起来，只是社群经济的第一步，其核心其实在于将松散用户聚集在社群中之后，培育出特有的社群文化，从而大幅提高用户的凝聚力和归属感，进而放大并释放用户的能量。

当品牌得以借助社群塑造出自己的社群文化时，无论是在市场营销还是危机公关时，都将获得强大的助力。

当你塑造出某种稳固的社群文化，用户对于品牌的认知就不再局限于使用习惯和依赖，而是从物质到精神上的全面认可。那么，你该如何塑造属于自己的社群文化呢？关键就在于通过线上线下相配合，让社群用户“嗨起来”。

1. 线上：内容引流，让用户参与进来

在社交网络和电子商务的迅猛发展中，互联网已经成为重要的流量入口，并逐渐取代线下实体。而当互联网成为用户获取信息的重要途径时，你就需要凭借优质内容，在线上进行大量引流。

更为关键的是，如今的用户早已不再简单满足于信息的获取，他们希望全方位地参与到话题当中，成为话题的参与者，甚至是引导者。

如何引导话题呢？

用户个体的力量无疑很难实现。此时，用户则可以依靠社群的力量，在大量用户的力量聚拢中成为话题引导者，进而获得精神上的满足。

因此，你可以直接在社群内部，让用户参与到线上活动的策划中。基于这种参与感，让他们主动进行活动传播。甚至，你可以直接让用户成为某个具体事项的负责人，让其从用户变为员工。

基于互联网突破时空、连接一切的特性，当你让社群参与到你的品牌运营中时，你将获得巨大的能量支持。与此同时，你要付出的成本却十分低廉。

具体而言，如何去做呢？

此时，你可以借鉴小米的做法。小米公司让“米粉”全方位参与到 MIUI 系统和小米手机的设计中，让他们提出意见和建议，从而不断完善产品。而由此产生的作品，自然会得到“米粉”的高度认可，进而形成“为发烧而生”的社群文化。

2. 线下：占领实体，让用户切身体验

线上活动能够在短时间内吸引大量用户的参与，然而，从参与体验而言，线上活动仍然缺少了切身体验的感觉。因此，在举行线上活动的同时，你也要适当占领线下实体，为用户提供体验场所。

正如苹果、微软等品牌都热衷于建设体验店一样，体验店的目标并不在于销售产品，而是让用户体验产品。这种免费体验的机制，能够让用户切身感受到产品的优质，此后再促动用户的消费行为。

那么，对于互联网服务商而言，占领实体的意义何在？

或许你无须实体进行销售，你的服务也都是互联网服务，然而，在社群经济中，你仍然需要保持与社群用户的零距离接触。开展社群见面会、社群狂欢会、群友大集合等活动，能够让用户在线下嗨起来。

与此同时，品牌与用户、用户与用户之间的关系，也将由此延伸至线下，进一步提升社群关系的稳固性，让社群体验真正落地。

3. 实现线上线下的传播闭环

线上与线下是社群运营的两条腿；只有当两条腿以统一的节奏迈步时，社群才能大踏步前行。

很多品牌在线上做得如火如荼，却从不落地，于是，用户逐渐流失；有些品牌则偏重线下，积累了一批忠实用户，但其在线上的传播却屡屡受阻。这都是因为未能形成线上线下的传播闭环。

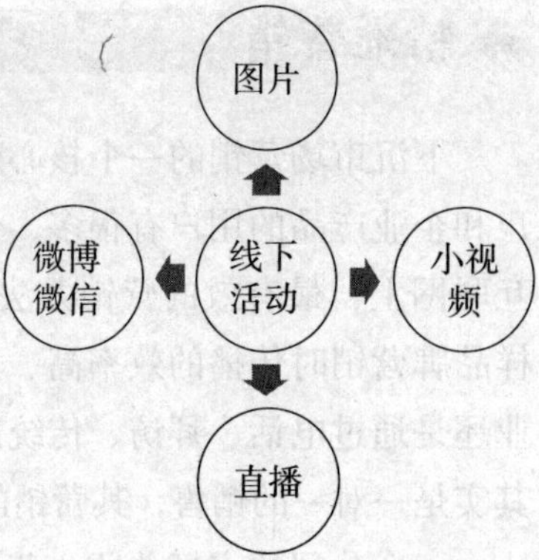

（1）线下活动线上分享

当你举办线下活动时，限于地域和时间，必然有许多用户因为各种原因无法参与。此时，如何让这些用户感受到活动的精彩呢？

很简单，让参与的用户以图片、小视频的形式，实时在微博、微信、直播等平台分享。甚至，在网络直播日趋火热的今天，你可以将每次的线下活动打造为一次直播活动，让用户能够实时感受到现场的氛围。

（2）线上活动线下实现

最令人感到兴奋的活动，必然需要有物质上的体现。如果线上活动能够为粉丝带来实体成果，自然能够进一步激发用户的成就感。

在商品经济高度发达的今天，无论是生产型、销售型还是服务型企业，都可以举办各种线上创意征集活动，将用户的创意变为产品，甚至将之打造为社群专属产品，以此进一步提升用户的归属感。

社群能够借助各大社交平台，有效地将松散的用户聚拢在一起。然而，社群运营并不能因此而局限于线上，而应在发挥线上内容引流作用的同时，也要占领实体，以线上线下相结合的方式，让社群用户真正嗨起来。

➡ 精准营销

下沉市场营销的一个核心理念就是社群营销。我们的目标客户和企业产品的用户有很多，他们或者在现实生活中，或者是在互联网上，最有效的营销办法就是将这些人成群地“端掉”，这样品牌营销时传播的效率高、速度快。但遗憾的是，现在很多企业还是通过电话、拜访、传统广告等形式进行营销，这样做营销其实是一对一的销售，其营销的效果明显比社群营销差很多。

一个公司的市场总监，营销的预算资金你会如何用？如果你想省事，想采用广播的方式告诉消费者，不但客户群体不聚焦，而且会牵涉许多不相关的人，最重要的是浪费营销预算。所以正确的做法是：先从目标客户的年龄层级（16~40 岁）确定主要的客户群，然后仔细分析，这时你会发现他们都有互联网使用如何做营销传播才是高效的。

在新媒体和新营销时代，每一个有梦想的企业都应该在互联网中构建自己的品牌部落。企业通过塑造社群，应该培养出这样一群客户：他们在出现一些关于企业负面或抱怨的信息时会主动替企业解释，进而帮助企业化解危机。我们必须明白，同样的话，用户说出来比企业自己说出来会更有效果。

维多利亚内衣的社群营销是怎么做的呢？他们很准确地抓住了企业的目标客户群体——爱美的女士和“好色”的男士。他们这样告诉消费者：你们希望在下一周看到谁穿上维多利亚的内衣？维多利亚内衣将满足大家的要求。下一周就让最多人选的模特穿上维多利亚的内衣做展示。

在互联网时代，最可怜的企业是那些没有话题、没人讨论的企业，你需要做的就是让用户去讨论你。我们看到维多利亚的秘密在美国的微博上，它的口碑和关注度是高居榜首的。之所以能到这个程度，就是因为有很多人在微博上讨论某个模特的身材以

及维多利亚的秘密的新品。

每一个有梦想的服装企业在互联网上都有自己的一个家，这个家的名字可能叫奔驰小镇、叫宝马小镇，这就是你忠实粉丝的住处。当他们在互联网上想你的时候，这里就是一个驿站，这样粉丝就可以抱团取暖，聊聊天，从而帮助企业更好地留住客户。

阿迪达斯通过社群打造好口碑。德国世界杯即将开赛前，阿迪达斯借助社群思维，描绘出了“生态系统”（互联网上的体育爱好者网络），然后追踪消费者对该营销活动作何反应。它不仅追踪自己的品牌，还追踪两个关键的竞争对手：耐克和彪马。通过建立“足球生态网络”，阿迪达斯确定在线群体“非常活跃”并“高度互联”。

但在这样的网络中，并没有广泛谈论任何一个品牌，无论是阿迪达斯还是耐克或彪马。于是，阿迪达斯通过“生态系统”促使人们讨论推广活动。它从意大利的社群中抽取了一名有影响力的博主，邀请他参加阿迪达斯“+10”活动，并给予他该活动的独家报道权。这位博主在博客中讲述了他对该活动的深刻印象及作为唯一报道者的喜悦之情，他收到了许多积极、正面的跟帖。

这有助于激起人们对阿迪达斯及“+10”活动的在线正面讨论，建立“生态系统”的好“口碑”。

➡ 内容是一切营销的本质

内容营销主要考虑的是如何更好地利用既有的互联网工具来宣传销售产品。互联网给了企业和品牌展示其专业知识和思想的工具，通过互联网工具可减少与客户的摩擦和信息的不对称。若用一句话来形容内容营销的效果，那就是“随风潜入夜，润物细无声”。内容营销师主要从分享、协同、给予客户答案的角度来向消费者传递信息，而传统营销更多的是通过影响用户思考、视角、听觉来硬性传递产品信息。企业创建内容的核心目的是将浏览者转变成购买者，让购买者成为回头客或狂热的追随者及倡导者。通过互联网上内容及信息的传递加深与客户的关系，企业通过持续不断的创造消费者所关注的内容，激励消费者和企业进行互动，最终获得其商业价值。

网络营销最重要的是做好企业的内容，要把你的产品、品牌以什么样的形式、方式或故事讲出来。之前品牌广告的规则运用的是传统思路，即新产品出来后先打产品广告，“王婆卖瓜，自卖自夸”，让客户熟悉，然后再考虑忠诚度。如今在大家注意力难以集中在某个品牌的情况下，还奢望出现预期的营销效果，那是不可能的了。过去 30 年中国的广告考虑的是覆盖度和广度，但是很少考虑营销传播的深度。等到 80 后这一代人都长大了，若广告还这样做，那注定会失败。消费者喜欢的是具有幽默感、娱乐情趣及能感知到企业价值的内容。但是企业在官网、微博上的内容依旧是消费者讨厌的“装正经”。营销的内容根本无法进入消费者心里，更别谈影响消费者的购买行为了。

新媒体赋予了品牌和企业更多的机会，利用新媒体能与消费之间进行心灵沟通。在微博和互联网上传播的商业内容，如果呈现形式变为漫画、白皮书、“病毒”视频，营销的内容添加情感，营销传播效果将明显不一样。

一家中式快餐连锁店，按照传统广告思路来宣传的点是：快餐店用的油是什么、大米是哪里来的、大厨获得什么奖等内容。每家餐厅都这样宣传后，消费者根本无法记住企业的品牌及诉求，营销效果将大打折扣。

我们来看一个案例。一个80岁的老太太在一家餐厅对服务员说：“孩子，我只有2元钱，你给我1碗肉汤，我不要肉。”一会儿服务员把汤端上来了，里面还放了蛋。老太太看到后赶紧说：“孩子，我没有那么多钱！”服务员说：“婆婆，这个不要钱，你慢慢吃。”这个场景被拍下来传到微博上，冲击到了很多人的心灵，结果是产生了六万多次转发和一万多条评论。

对比之前“王婆卖瓜，自卖自夸”的宣传内容，这样的小故事更能击中消费者内心敏感的神经，这样的内容不仅有营销的广度还有营销的深度。营销的广度、深度可以这样简单核算：这条微博，有六万多次转发是什么概念？按照微博粉丝是160人算，这意味着大约有1000万的品牌曝光。有一万多次的评论，可以看成有1万多消费者对内容兴趣，因为只有信息触动了他们，他们才会用评论的形式来表达自己的感受。试想一下，当消费者看到那些传统的广告（报纸广告、户外广告、电视广告），他们会有这种冲动吗？粗略估算下，这条微博的广告价值超过50万元。

是不是要思考下网络营销的内容呢？

➡ 基于位置的营销

传统零售业选择店面的诀窍，行业人认可的一句话就是“地段、地段，还是地段。”可见地段在传统零售中的应用。

随着移动互联网的兴起，营销人员必须懂得如何围绕位置借用新技术做营销传播。基于位置营销是指把顾客吸引到指定的位置，并提供他们认可的服务，让他们觉得物有所值。从客户购买行为的角度可以分为：引客上门、留住顾客、促成交易。当然在营销过程中，选择特定地址可以引起特定客户群体的共鸣，让营销更有效。

@微博星座：一个男生在机场厕所方便完发现没手纸，他掏出手机，用陌陌搜寻附近的人，发现离他20米之外就有一个陌陌用户，他发去信息询问可否帮个忙，不一会儿手纸就从门缝里默默地塞了进来……就是陌陌这个app，让生活处处充满惊喜！苹果和安卓用户下载：http://t.cn/aNWXLZ。

2月7日 20:59　来自 新浪微博　　转发(19796) | 评论(1249)

1. 引客上门

提供激励手段，吸引顾客上门，包括优惠券、折扣等。可以是常态化的，也可以是一次性的措施。以前我们会在人流量大的地方发放优惠券，例如肯德基餐厅，移动互联网时代电子优惠券将逐步取代纸质的优惠券。通过手机查找周围餐厅，获取优惠券的行为已经养成，这种行为让促销的信息流扩散的更广，而不是传统的，只有经过发放优惠券的路口的人才知道。

2. 留住顾客

给上门的顾客提供有价值的东西，例如，某区域的实用资讯，以便让客户在该区域停留更长的时间。

3. 促成交易

在顾客准备购买的时候提供额外的激励策略，例如折扣或者下次消费的优惠券等，以促成交易行为。据有关研究显示，消费者冲动购物的比重往往要高于理性购物，如何在当下的场景下让消费者掏钱，是商家最为关注的。在消费者行为学中，我们特别强调“临门一脚”的重要性，前期的一切营销的努力，往往要通过促成交易为衡量的标准。在这个关键点上消费者犹豫是个大忌，我们需要打消消费者的“掏钱犹豫症”。

根据 AT&T Interactive 公司的《本地化交互观察报告》显示，无论是用计算机搜索还是移动智能终端搜索，餐馆位居搜索量的前列。相比计算机用户，移动用户更喜欢搜索影院、美容服务和酒店等信息，表明智能手机用户更希望获得周边的服务信息。

在美国的马里兰州有家雪莉小姐餐厅，在当地具有很高的人气，还被“美食频道”节目评选为最佳早餐供应点。移动互联网时代，老板道普京斯琢磨着如何通过新的沟通工具，让在餐厅就餐的人与餐厅发生良好的互动。

道普京斯最终选择 Foursquare 来作为其与消费者沟通的平台。Foursquare 是一款基于地理位置的智能手机应用软件，其可以向朋友圈进行展示、标注地理位置，通过独特的“签到”功能引发社群参与。

道普京斯用 Foursquare 促销平台奖励其最忠实的顾客，鼓励他们常来本店。只要忠实的顾客在餐厅附近出现，就会抓住机会加深与他们的联系。任何在雪莉小姐餐厅获得 Foursquare“市长”地位的客户，只需要向服务员出示手机上的信息以表明自己的身份，就能享受无须等待的服务，无论是早餐还是午餐，不管是旺季还是淡季。这个优惠活动的宗旨是：在雪莉小姐餐厅，“市长”们不需要等待。这个项目有个背景资料是雪莉小姐餐厅平时的生意就非常火爆，在就餐高峰时段客人至少要等一个小时才会有座位。

“市长”们不需要等待，这是最让人眼红的待遇。这个活动不仅能吸引新的顾客，还能在现有的顾客群中缔造良性竞争的态势，鼓励他们更频繁地来餐厅用餐。这个奖励机制让在雪莉小姐餐厅签到的数量上升了 420%，营业额增加了 18%。

移动位置服务的潜力远未被充分挖掘。用户 87%~90% 的时间在室内，这是 GPS 信号到不了的地方，如果你仅仅盯着那 10% 的室外 LBS 时间你就无法充分发挥 LBS 的潜力。

智能手机用户使用地图或移动搜索服务，但位置服务的潜力远在搜索和地图之上，室内体验同样很关键。位置信息可以用来提供个性化的服务和增强用户体验。

室内 LBS 位置信息能做什么？导航，方便用户在室内精准定位到你，通过对用户在店内行为数据的分析，分配你的销售资源和物架；根据用户在店内的位置，推送更精细化的产品。

国外有大型零售商通过位置分析发现 70% 的流量集中在商店 30% 的区域，我们就可以调整分配销售资源，有效规划那些流量未被充分挖掘的区域。

位置是线下的 cookie，将网站的分析能力带入线下世界。对于零售商而言，应该开始应用这些能力以提高线下生意的商业智能。

➡ 让业务回归本地

所有业务都应该回归到“本地业务”这一原则上。例如喜欢一家店并光顾数次之后，就会与店主熟识。只要点上想吃的菜肴，店主就会拼命采购食材。如果向朋友介绍这家店，朋友光顾之后说：“赞！”自己也会感到非常自豪。无论企业规模有多大，都应该考虑建立与个人的关系。例如，杭州的运营商如果从去管道化的角度思考，就可以从以下的需求中抓住杭州人的消费需求和场景，批量完成对这些需求的满足，服务本地客户。

手机地图用户中，使用路线导航的用户占62.7%，地点查找的用户占45.3%，从目前来看用户使用比例最高仍是地图的路线导航和地点查找等传统功能。值得注意的是，周边热点查询的比例已达29.2%；签到或位置信息分享比例为10.4%。手机地图作为导航和查询地点的工具，对用户来说具有一定的刚性需求，使用手机地图在手机网民中保持有相对较高的渗透率。当用户数达到一定的规模，手机地图将成为移动互联网重要的开放性平台。

手机与位置信息有密切的关系，手机地图不仅可以成为衣食住行等一系列生活服务的入口，也可以衍生出众多移动应用，成为基于用户位置与线下商户之间关联的各种O2O应用的平台。从手机地图作为移动的入口和平台来看，手机地图已经成为具有广阔发展空间的商业营销工具。

位置信息是移动互联网构建社交关系的核心，手机地图将衍生成新的社交方式。据调查显示：在使用手机地图的用户中，签到或位置信息分享比例已经达10.4%。随着互联网逐步应用于移动和社交领域，手机地图融合社交元素的趋势将会更加明显。社交关系也会因地理位置而变得更加真实，使用户之间、用户与线下厂商、互联网企业之间的联系进一步深化，手机地图社交也将具有广阔的发展空间。

另外，手机地图的位置信息是精准营销、个性化推荐和数据挖掘等的基础。例如，利用用户和商家的位置信息，线下商家可以了解周边竞争对手的分布情况、商家可以知道用户的分布情况、如何获取用户以及如何对用户进行精准营销。总之，用户的位置数据中蕴藏着巨大的价值，而手机地图正好可以便捷地获取到用户的位置信息。

移动搜索中有很大一部分是基于本地信息的搜索，地址信息在搜索引擎掌控移动市场的战略中扮演着重要的角色。谷歌在其广告销售材料中强调了“本地移动消费者”的概念，据统计数据显示三分之一的移动搜索含有本地需求，有 94% 的智能手机用户曾经搜索过本地信息。

谷歌对 1000 名智能手机用户的调查表明，这部分用户会使用搜索来获得某个商家的基本信息，如地址、电话等。有 76% 的被调查者表示他们希望知道商家的地址信息和营业时间；有 61% 的被调查者表示他们希望智能手机能有“点击呼叫（Click to call）”功能。

下沉市场中的中小型商户倾向在该地区获得知名度，但其客源来自有限的地理区域。因此，移动搜索是这些中小型商户迟早要投放广告的市场。

地理位置数据将会进入移动系统的每一个环节，基于位置信息的功能对于推进移动应用的用户活跃度是有帮助的。每一个移动平台的营销人员、开发者和发布商都需要思考一点：各自的用户受众是否需要地理信息驱动的功能。

通过移动搜索和其他移动端战略，本地数据能够将上百万中小型企业和移动经济体连接起来。

通过微信进行本地化营销的案例。

在微信丰富的功能中最能体现网络营销价值的便是融入 LBS（基于位置的社交）元素的服务功能。LBS 精准定位的作用对于某些行业在投放促销信息时可谓是事半功倍，且效果很好。海口 K5 便利店（连锁店）在微信营销中很好地使用了本地地理位置这个特性，并且充分融合其自身的商业特性，起到了很好的效果。其一家新店在开业当天现场就使用微信来举办活动。K5 海甸分店位居海南大学附近，众多大学生正是微信的主要使用群体，因此非常适合使用微信开展新店的宣传活动。

K5 便利店新店在开业当天是如何利用微信制定营销活动方案的呢?

1. 营销目的

利用微信的“找朋友”功能，精准、快速圈定周边步行可以到达本店面的潜在受众群体，并向其发布新店的地址、礼品赠送、优惠活动等信息，以吸引更多的顾客到场。

2. 实际操作

（1）设置微信头像与个性签名。微信的头像要使用企业的 LOGO，有利于提高可信度；个性签名可设置成“便利店 × 分店今日开业酬宾，回复微信立即免费赠送礼品”。个性签名因为有字数限制，因此一定要简洁突出亮点。

（2）启动“找朋友”功能，搜索到预定受众群体，编辑要发送的信息，内容一定要事先编辑好，信息内容要能体现重点；“打招呼”功能的对话框也限制输入字数，第一次打招呼很重要。

（3）与微信网友建立关系后，要及时回复网友的提问。微信营销活动的目的就是吸引更多年轻的消费者到店，不特意追求销售量。因此，只发送免费赠送礼品的信息，但会附带公司的地址和电话。

（4）微信团队每隔 15 分钟重新搜索一次，视情况使用文字或语音回复顾客，建议尽量用语音功能，速度快且又有人情味，整个活动现场要有专人负责，最好选择一位普通话标准、声音柔美的女生来负责。

（5）事先制作好表格，所发送的信息及对象要做好记录，切记不要重复发送，以免给客户造成骚扰的印象。可对前来领取礼品的顾客进行简短咨询，以确认是否是通过微信活动带来的顾客。

3. 活动跟踪反馈

事后对该活动的效果进行评估以便改进。建立微信顾客档案，有新货上架或节假日时可通过微信发送信息，这些顾客很有可能成为日后的忠诚客户。

➡ 擦亮眼睛寻找早期客户

在实际应用中如何寻找营销的早期用户呢？这里所说的早期用户不仅指产品的早期采用者，也泛指营销信息传播的早期用户。碍于目标市场人群的网络结构，企业是无法确定谁是早期用户的，但是可以从早期用户的特征下手，从一个泛化的行为角度去触及。

结合早期采用者的行为特征、身份背景等情况，早期采用者往往拥有以下特征：

（1）早期采用者比晚期采用者更能够应对不确定性和风险；

（2）早期采用者比晚期采用者更主动地搜索有关产品及活动的信息；

（3）早期采用者比晚期采用者拥有更广泛的人际交往渠道；

（4）早期采用者比晚期采用者与创新机构有更多的联系和接触；

（5）早期采用者更广泛地参与社会及行业活动，后者则不然；

（6）早期采用者比晚期采用者较少有教条主义倾向；

（7）早期采用者比晚期采用者具有更强的推理能力；

（8）相对于晚期采用者，早期采用者对创新抱有更积极的态度；

（9）早期采用者比晚期采用者具有更强的移情能力；

（10）早期采用者放眼外界，而晚期采用者更多地将目光聚焦在系统内；

（11）相对于后期采用者，早期采用者的地位更高，教育程度更高，具有更强的向上流动性。

乔布斯在苹果新产品的推广上选择早期采用者非常到位，其将饥饿营销、早期采用者宣传、事件炒作用到了极致。我们可以回顾一下苹果重大产品的发布会，你会发现一个有趣的现象：在苹果产品正式发布前的几个月，甚至更长，有关消息就能绘声绘色地“走漏”出来。苹果产品全球上市呈现出独特的传播曲线：发布会→上市日期公布→等待→上市新闻报道→通宵排队→正式开卖→全线缺货→黄牛涨价。

产品发布会上被邀请来参加的粉丝，都是经过苹果筛选的典型信徒，也是期待新产品热情较高的早期用户，从中就可以想象苹果新产品推广的渗透效率。现在苹果是一个流行的品牌，其用户接纳壁垒已经很低，但是在 iPhone 3 及前期的宣传中选择早期采用者在新产品的引爆中具有非常重要的意义。苹果将早期采用者聚集起来，一方面新产品的渗透速度更快了，另一方面早期采用者有受到重视、特别照顾的心态，这样也有助于触发早期采用者用口碑引爆晚期采用者。

小米手机在国内借鉴了苹果的众多做法，在新产品早期采用者的选择上，小米手机采取了工程机测试的模式，在互联网论坛上召集百名发烧友做工程机测试。从小米手机 1 到小米手机盒子等都采取“无工程机，不小米”的固定模式。

工程机在营销上的应用，小米走得比较靠前。工程机传统意义上是半成品，但通过征集具有早期采用者属性的用户，不仅可以在无形中进行用户渗透，还能为后期的炒作埋下伏笔。我们可以分析下这些征集测试的发烧友的行为特征：他们对手机硬件发烧，更能够应付不确定性和风险；能主动地搜索有关产品及活动的信息；对创新抱有更积极的态度。他们能够接受新产品的不完美，更看重新产品的创新与应用。

小米通过征集筛选出早期采用者，可以更好地解决用户反馈的问题，小米手机可以即时修正。通过一系列的优惠或赠送礼品，获得早期采用者的喜爱和口碑，这样也能更好地提升小米手机的销售业绩。

社群营销

王 辉 编著

民主与建设出版社

图书在版编目（CIP）数据

新零售实战营销系列 . 2，社群营销 / 王辉编著 .--
北京 : 民主与建设出版社 , 2020.10（2014.1 重印）

ISBN 978-7-5139-3227-1

Ⅰ . ①新… Ⅱ . ①王… Ⅲ . ①零售业—网络营销
Ⅳ . ① F713.32 ② F713.365.2

中国版本图书馆 CIP 数据核字（2020）第 185707 号

社群营销
SHEQUN YINGXIAO

编　　著　王　辉
责任编辑　刘树民
总 策 划　李建华
封面设计　黄　辉
出版发行　民主与建设出版社有限责任公司
电　　话　（010）59417747　59419778
社　　址　北京市海淀区西三环中路 10 号望海楼 E 座 7 层
邮　　编　100142
印　　刷　三河市天润建兴印务有限公司
版　　次　2020 年 10 月第 1 版
印　　次　2024 年 1 月第 2 次印刷
开　　本　850mm × 1168mm　1/32
印　　张　5 印张
字　　数　125 千字
书　　号　ISBN 978-7-5139-3227-1
定　　价　168.00 元（全 5 册）

注：如有印、装质量问题，请与出版社联系。

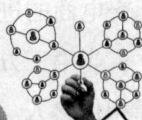

前 言

社群的概念由来已久，但能成为一种商业模式，并被冠以“社群经济”之名，还是近几年的事情，尤其是以微信为时代标志的移动互联社交之后，社群经济不可避免地成为创业者竞相追逐的新商业思维模型。

在移动互联网高度发展的今天，社群营销已经是营销行业的一个热门研究课题。特别是社交电商的发展改变了传统的营销模式。社群营销也成为越来越多企业竞争市场的重要利器。就像搜索技术、电商技术、视频技术、直播技术等新技术一样，只要能吸附住流量的技术产品出现，基于庞大的人口红利，就会生根发芽，长成一片繁茂的商业森林，社群经济也不例外。

相对于传统的营销模式而言，社群营销算是一种更贴近消费者的营销模式。在社群中产品的口碑很重要，营销将产品和用户的情感放到首位，因此，企业可以获得更精准和更有效的客户信息。而营销的形式也更为灵活，更接地气，成本更低。

社群是移动社交发展的产物。当人们因为同样的兴趣爱好，因为相同的身份情感，基于一致的物质、情感、痛点需求，在群主的号召下聚集在一起，就形成了社群。在这里，人们相互交流各自的信息，互相满足自身的需求。

社群是社交电商的进阶模式。当买卖双方之间的信任关系越来越难以建立，当第三方平台获得的信息也存在不确定时，消费者自然会选择相信熟人。因此，熟人聚集的社群，既能满足消费者的选购需求，也能满足商家的营销需求。这种营销手段需要遵循一定的规律与法则，否则就是盲目出击、无的放矢。善于运用社群营销的商家可以引发消费者的情感共鸣，把使用某一品牌的产品或服务视为有品位、有个性的生活方式，也就是把钱花在打造满意度上和赢得用户良好的口碑上。

社群中用户是社群营销的直接目标。商家通过多种办法来向用户展现产品的特色，让他们感觉物有所值，使他们更愿意把好的产品介绍给自己的熟人，这样不但树立了产品的口碑形象，带动了更多消费者参与。商家与消费者保持频繁而深入的社交互动，逐渐形成一个稳定且消费习惯相同的用户群体。这就是社群营销力量。

本书将从多个角度来阐述社群营销的理念与方法，包括社群营销的基本运用，以及怎样链接用户的情感、这样为社群引流、怎样变革商业模式等。通过阅读这些内容，读者们就能以全面的眼光看待社群营销。

如今的市场竞争越发激烈，消费者需求越来越丰富多变，但产品同质化现象严重，信息过多让消费者的注意力被大量无关信息分散掉。合理运用社群营销手段，可以帮助企业更好地传播自己的品牌形象，提高市场受众的好感度，最终打造一个良性循环的营销机制。

通过阅读和学习本书，读者可以借助社群的力量，在社群经济时代轻松玩转电商，在个性化、定制化的道路上不断发展，在当今市场竞争中赢得一席之地！

目录

第三章　社群营销如何引爆流量

第四章　社群营销实战技巧

第五章　社群营销的关键就是参与感

第六章　社群营销的商业模式变革

第一章

社群思维下的新零售

什么是社群

你在做网络营销时一定要重视社群，究竟什么是社群呢？社群，是由个体组成，个体有无限的变化与行为模式。我们无法精确掌握单一消费者（网友）的行为模式，无法确认个人在某种情境下会采取哪一种反应或行为，但群体的行为模式却呈现一定的规律，个体会受到所处环境的影响而采取一些行为反应。

针对客户一对一开展营销只能称为销售，如果想让营销市场的效率最大化，当下的思路是：开展社群营销。随着互联网产品及形态的发展，企业的目标客户群都将出现社群化，有效的营销是如何围绕目标社群进行定向营销。可以说 1978 年—2008 年中国营销方式是围绕广度、覆盖度进行的，当下这个时代的营销将转向窄众，是定向社群的营销。

我们可以通过以下案例来解析社群：假设你是地区某银行的负责人，想迅速提升业绩，从社群策略来说就不会让客户经理天天打电话骚扰企业，转而考虑如何引爆这些社群。比如在温州地区有很多产业集群：首先，温州的外贸行业很发达，那么银行可推出面向外贸企业的金融服务，将企业在对外贸易中遇到的相关金融需求做一个批量的解决，可形成特定社群产品的服务品牌；其次，针对中小企业、行业的集群，比如温州有卫浴行业、塑料行业等都呈现密集型，结合供应链金融的思路，通过行业集群的上下游产业链来撬动整个市场，效率将明显能高出很多，也可以将地方资源牢固地抓在手里。线上也是同样的道理，我们的客户在互联网上叫社群化，散落在论坛板块、贴吧、微信群等部落中。比如，在《魔兽世界》游戏中有一项基于服务器架构上的更新——跨服战场，允许不同服务器的玩家在同一战场的服务器里捉对厮杀。这游戏在设定时是基于社群的研究，其带来的是用户需求的极大变化：由于获胜才可以获得更高的奖励，因此促使用户必须跨越原先固守的“公会频道”寻求更大范围的群体来组出一个“跨服团”以满足需求，这使得新的“跨服团队”形成新的社群关系。

品牌的社群（Brand Community）最早是由 Muniz 和 O'Guinn 在 2001 年提出的，他们将其定义为建立在使用某一品牌的消费者间的一整套社会关系基础上的一种专门化的、非地理意义上的社区。它可以是线上的（如社交网络微博、微信等），也可以是线下的。随着 Web 2.0 技术的日趋成熟，建立网络品牌社群，把某一品牌的消费者联结在一起，已变得十分普遍和重要。

在品牌社群情境下，与原来相对孤立的单个消费者相比，消费者群体对消费者的心理和行为产生的影响要大得多。品牌社群的独特的文化

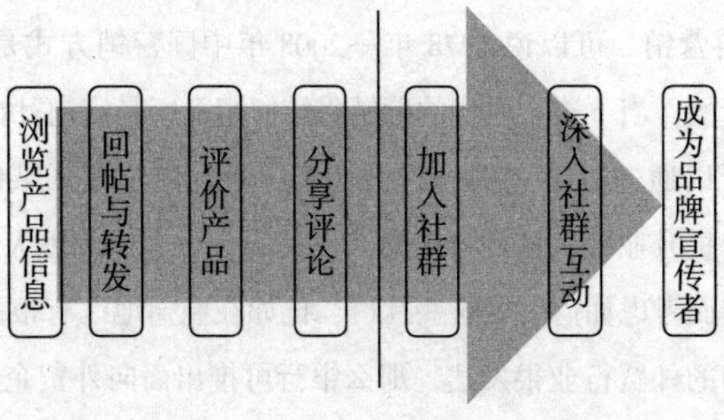

等，能帮助消费者加深对品牌意义的认识，有利于消费者借此来构建和表达自我。因而，社群成员更乐意借助于共同热爱的品牌来展现个性和进行交流。“水库式经营法”是松下幸之助提出的企业社群的经营理念：一旦下大雨，未建水库的河流就会发大水、产生洪涝灾害；而持续日晒，河流就会干涸，水量不足。建水坝蓄水的目的是使水量不受天气和环境的左右，始终保持一定的数量，使企业在淡季、旺季，经济繁荣和经济不景气期间均能维持稳定发展，避免企业大起大落。对企业来说，每一个顾客都相当于一滴小水珠，每一个产品品类相当于一条源源不断的小溪，这些水珠和小溪汇聚在一起，日积月累就形成了一个庞大的蓄水池，当水坝足够大时，企业就会形成“顾客群”。

我们发现，不少企业虽然卖出了大量的产品，拥有大量的顾客基础，却没有建立起有效的客户群。即使有客户数据也仅仅是一些简单的购买信息记录，没有相应的顾客消费心理、消费行为的分析以及营销策略的支持。

哈雷·戴维森，已成为美国高档摩托车的代名词。为什么哈雷·戴维森在全球受到如此广泛的认可？在哈雷·戴维森摩托车的车主中形成如此强烈的品牌忠诚度的原因何在？

哈雷·戴维森从首席执行官到销售人员都是通过接触社会化媒体与顾客保持着良好的私人关系的。了解每位顾客并持续地开展研究来紧跟顾客不断变化的预期和体验，使得哈雷·戴维森可以很好地满足客户的需求。

购买哈雷·戴维森摩托车使车主能够体现出他们的个性和自由精神，通过 HOG（由公司赞助的哈雷·戴维森车主会和骑行俱乐部）的活动共享同志般的情谊。

在全球，HOG 会员每逢周日都会集体骑行，无论下雨还是晴天，表现出哈雷·戴维森品牌强烈的忠诚度。哈雷·戴维森各地的经销商会赞助 HOG 举办的活动，如短途骑行、重大目的地骑行或当地的慈善活动。

HOG 会员也会被邀请参加如新车型发布、车主感恩之夜等活动。

哈雷·戴维森为了和年轻的消费者沟通，积极通过社会化媒体和他们取得联系。这些年轻人成为哈雷·戴维森的全球拥护者。

哈雷·戴维森还在音乐节上通过使用动力试验车打造与其拥护者互动的体验，与新的潜在顾客建立联系，为新手或非摩托车主提供一次感受哈雷·戴维森摩托车乐趣的机会。

哈雷·戴维森通过深度介入社群经济，充分塑造作为“哈雷摩托”社群人的凝聚力、自豪感、参与力，从而收获了丰厚的商业价值。

➡ 社群营销的崛起

在移动互联网时代，企业营销不断“被迫”转型，在这个过程中社群营销的优势逐渐显露，传统企业也从当初的被迫转型变成了主动迎接。

那么，究竟什么是社群营销呢?

社群营销就是基于相同或相似的兴趣爱好，通过某种载体把这种有相同爱好的人聚集在一起，通过产品或服务满足这个群体需求而产生的商业形态。社群营销的载体不局限于微信、微博、各种平台，甚至线下的平台和社区都可以做社群营销。

社群营销的关键是有一个社群领袖，也就是某一领域的专家或者权威人士，这样比较容易树立信任感和传递价值。通过社群营销可以提供实体的产品满足社群个体的需求，提供的也可以是某种服务。各种自媒体最普遍的是提供信息服务。比如招收会员，得到某种服务，或者进入某个圈子得到某种专家提供的咨询服务等。

社群是任何时代、所有商业都在追求的终极目标，但只有到了移动互联网时代，有了像微信这样的高效率工具以后，社群才是可能的。社群也是有着共同关注点的一群人在一起找到了解决痛点的方案。这中间的差别是，一个有社群的品牌和没有社群的品牌，其竞争力是完全不同的。

先来看看以下几个令人瞠目结舌的案例：

My BMW Club（宝马官方车主俱乐部）用不到5年的时间，吸引了近20万的忠实粉丝，覆盖全国34个省、市、自治区，实现了数倍的销售额。

2013年，红米手机在QQ空间开售，实现了10秒卖出80万台的惊人销量。

2012年，罗辑思维公众号正式运营，从书籍到视频脱口秀，都得到了粉丝的热烈追，2015年10月，罗辑思维完成B轮融资，估值13.2亿元人民币。2016年3月，“罗辑思维”在运营4年后，粉丝达到600万。2017年1月，“罗辑思维”粉丝数正式破千万。

2015年8月，papi酱发布的短视频《男性生存法则第一弹》在微博上小爆发，获得2万多用户转发、3万多点赞。2016年，从1月到3月，三个月累计粉丝560万。并获得真格基金、罗辑思维、光源资本和星图资本投资共计1200万投资；2016年4月21日，papi酱卖出一支2200万的天价广告。2016年7月，papi酱首次直播，全网在线人数突破2000万。

以上几个案例都是社群营销的成功典范，它们都是在很短的时间完成了许多传统企业都梦寐以求的一件事——用最少的成本实现了最大的利润。

社群营销的魅力，可以总结为以下四点：

1. 成本更低，利润更大

相对于动辄上千万元投入的传统营销方式而言，社群营销低成本、高回报的优势是显而易见的。

在传统的营销人看来，如何让更多的人知道自己的产，品并将其转化为购买力是营销的重要工作。而在社群营销中，每一个个体都是购买力与传播力的结合体，不管是“购买”还是“传播”，用户都能为企业带来巨大效益。

2. 最容易实现的精准营销

“广撒网，多敛鱼，择优而从之”代表了传统的营销模式，但“广撒网”的高昂成本是一些小微企业的痛点，高额的营销支出是小微企业或个人难以承受的；因此，它们必须在采取轰炸式营销的大企业中寻找突破口，而这个突破口，就是内容。

在各种夸张的营销手段逐渐褪去之后，“内容为王”的时代再度回归。人们开始重新追求“干货”，追求“品质”，追求能触动心灵的内容。因此，直击心灵的精准营销也变得异常重要。

而精准营销也为许多企业找到了营销的新方向，将“硬广”变成“软广”，从“茫茫人海”转向“特定社群”，这不仅节省了成本，更为企业带来了众多的“目标客户”，企业只需用少量的营销成本即可实现最精准的产品信息扩散。

3. 病毒式的传播

口碑对于一个企业的长远发展来说是至关重要的，好的口碑不仅能在短时间内提高产品销量，还能帮助企业铸就品牌、助力企业的长期发展。

而社群营销往往就能为企业带来有效的口碑传播。那么，企业到底如何实现口碑传播呢？在互联网时代，我们获取的许多信息都是筛选过后的信息，有的是互联网自动筛选的，也有的是由熟人进行筛选的。我们对熟人筛选的信息拥有一种天然的好感，这种好感，就是转化为口碑的最初动力。

4. 高效的社群链接

在数学领域有一个猜想，名为 Six Degrees of Separation（六度空间理论）。该理论认为：你和任何一个陌生人之间所间隔的人不会超过六个，也就是说，最多通过五个中间人你就能够认识任何一个陌生人。这也是社群传播的基础。

可以这样说，我不认识马云，没关系，通过我的朋友，我朋友的朋友……最终我能认识马云。在移动互联网时代，六度空间理论实现的可能性更大。

与传统营销相比，社群营销则是一种基于六度空间理论的营销，它更看重其在小圈子中的影响力。

社群的本质是连接，由手机端和PC端构筑的新媒体环境彻底突破空间和时间的限制，将人与人之间联系的更加紧密，且这种联系通常是一种基于熟人关系的联系。

熟人间是如何进行传播的？只要我们细心观察身边的事例，就可以发现，传播有用信息是熟人传播的重要手段。例如：在一个吃货看来，美食攻略是有用信息；对于一个手机控来说，手机测评是有用信息；对于一个爱好文学的用户来说，美文分享就是有用信息。

因此，如果能抓住用户的诉求点，在这个基础上包装自己的内容，那么，用户自然也会愿意替我们传播。毕竟，每一个用户都希望在圈子中表现出自己的“精通”并与圈子里的人分享有用的信息和知识。

而出于对熟人的相对了解，在咨询信息、购买产品等方面也更为信任。如果能获得一个用户的信任，那么，熟人传播的力量往往会超乎你的想象。

➡ 找到你所属的社群

社群的分类可借鉴传统社会学的人群进行分类，如何将不同类型的居民进行归类，其核心不在于仅仅起一个称谓，而是掌握这群人的习性，从而应用在实际的营销、运营中。

（1）地理位置的不同：从本地的近邻、郊区、村庄、城镇、城市到区域、国家。

（2）文化上的差异：从本地的圈子、派系、亚文化、人种、宗教、跨文化到全球社群。他们含有社群的需要和标志，他们拥有社群认可的价值观和符号标志。

（3）团队组织的不同：从常见的家庭、亲属关系、公司组织、政治团体、职业机构到全球的团体。

互联网上的社群发展趋势逐渐向兴趣图谱靠拢。社交网络中兴趣图谱对社交图谱的补充会变得越来越重要。Facebook、Twitter 和 Google 等已开始进行“相关性”内容推送。未来这个领域会更加热门。下图展示了在线信息获取的发展过程：搜索主导→个性化推送→个性化的意外收获。

· 从年龄结构可以分为：老人社群、孩子社群、年轻人社群、中年人社群。

· 从性别结构可以分为：男人社群、女人社群。

· 从兴趣结构可以分为：篮球社群、汽车社群、购物社群、化妆品社群等。

· 从生活方式可以分为：小清新板块、艾滋病社群、军人社群等。

· 从地理位置可以分为：江苏板块、北京板块、上海板块等。

还有哪些维度可用来构建社群的分类？

未来的互联网将更加“部落化”，企业的营销传播可以精准地找到关键用户群，找到网络社群中的目标客户，将之前广播式的营销转化为定向歼灭。另外用户待在互联网上的部落社群化也督促我们构建自己的互联网上队伍，让粉丝有一个能沉淀下来的家。

在目前互联网环境下，网络营销的核心是找出目标客户所在的社群。

在中国互联网的商业版图中，有一个独特的社群聚集地那就是豆瓣。很伛人在豆瓣很容易找到基于同一兴趣的读者群。

一个朋友在北京有一套房子想出租，但是碍于对房屋中介公司的“黑心”，他自己希望能够以优惠的价格租给用户。这个时候面临的挑战是将租房文案发到哪些平台上去？为此他做了测试，分别用两个手机号码，在58同城、咸鱼网等公开的网站上发布租房信息，另外在豆瓣的租房小组中也发布了相关的信息，以此来观看招租效果。他发现从豆瓣打来电话的10个人中，有6个是北京大学、清华大学的毕业生，剩下的几位也是有较为正规职业的租户；而从58同城、赶集网打来电话的租户就显得不那么“齐整”了。从租客能够很好保护房屋的角度考虑，他最终选择了来自豆瓣的租户。不能说“人以群分”，但互联网上特定的社群确实在构建特定的部落。

在一切都以“快”为发展宗旨的互联网行业，豆瓣的“慢”文化成功聚拢着一些忠实的优质用户，豆瓣图书庞大的数据库、豆瓣的用户量与小组数，都是在“慢”文化的影响下积累起来的。豆瓣产品的性格对豆瓣的成功起着决定性的作用，天涯、猫扑这些前辈都因为快速冲击的信息量带走了其产品土壤中的养分，而导致其产品最终消耗殆尽。

然而这种庞大到以各种文艺青年聚合而成，以颇似魏晋风度的清淡为主线的网站文艺范模式，也给创始人杨勃带来了盈利的困扰。文艺青年社交生活的庞大社区，挣钱是一个迫在眉睫的大问题。豆瓣的商业潜力，也在于社群信息“过滤器”这个角色的扮演上，其蕴含着商业潜力。豆瓣并无太多理由介入内容层面的直接交易，因为相信“推荐的力量”，豆瓣工程师日复一日的完善豆瓣的算法，最终为用户带来最为匹配的推荐效果，每一个豆瓣用户，都将拥有一个独立的围绕着他而存在的数据库，豆瓣将完全符合他的兴趣顺次展开。因为“精准”豆瓣用户对于商业内容的接受程度将比其他平台更高，这种 ROI 将给豆瓣带来广告客户的极大回报。

如果你的客户和豆瓣的吻合度较高，不妨以豆瓣这个平台的众多特性及群组特色进行规划，必定是个不错的选择。

➡ 社群营销对零售业的冲击

零售业相对于其他金融行业来说算是简单的，它只是一对一比较单一的买卖关系。销售者将货物卖到消费者的手里，就意味着完成了一次零售。然而，这种从古至今就存在传统的买卖关系，如今却陷入了困境中。要想寻求缘由就不得不从传统零售商的发展模式谈起，通常来讲，零售商想增加销售额最有效并广而用之的便是增加营业时间和扩展营业范围。发展至今，这两种方式已经发展到了极致：24 小时营业、全国连锁，7-Eleven 就是最典型的例子。

从时间上来看，一天只有 24 小时，而且人流量比较集中的也就是中午和傍晚前后，即使再怎么延长时间，购买的顾客也不会大幅度的增加。接下来，我们再从空间上看，每个门店承载客人的数量和经营的范围都是有限度的，不管怎么扩大店面、开设分店，也很快就会达到饱和。这两种零售业增额的方法，都是劳心劳力，而且收效甚微的。关于这一点其实从我们自身分析就能得出这个结论：我们一周平均会去实体店购物几次，大概也就有那么一两次吧，而且购物逛街还会选择离家比较近的商店，购物的欲望和行动在时间和空间上都会受到限制。零售行业的这个弊端已经存在很久了，零售商也想了很多办法进行自救。

电视、电话出现，零售行业便试图通过这个渠道来进行销售突破，主要方式是虚拟订购和线下送货相结合。这种销售方式在西方国家还存在一定的生存空间，而中国电视购物这种营销模式出现的较晚，而且它们主打的广告又有点过分夸大，人们对它的印象就是一个高嗓门的销售人员在电视中高喊："只要998"，中国消费者对其并没有什么好感，更可悲的是这种营销方式的最大价值还没有挖掘出来，互联网就悄然兴起了，80后、90后这时候转变为了购物的主力大军，他们这一代具有互联网思维，因此这一代人更愿意去接受和使用便利快捷的网络购物。

其实一开始移动互联网下的网络购物对零售业的冲击还不是很明显，零售业还在庆幸自己没有受到大的冲击，但2014年整体的零售业市场的惨淡，最早在中国经营时尚百货外资连锁企业之一的百盛百货接连关了6家店。随后国际零售业巨头沃尔玛也关闭了在中国杭州、重庆等地的门店，累计关闭了7家门店。这种异常的状况，才让传统零售业意识到自己就是那只温水锅里的青蛙，被煮熟只是早晚的事。

传统大型零售业的惨淡现状，更加衬托的电子商务的朝气蓬勃。根据2013年的电子商务市场数据报告，中国的网络零售额突破万亿元大关，同比增长近50%。在互联网的冲击下，传统的实体店已经成为电商的试衣间和展示柜，线下重要的烟酒零售业和实体书店都受到了互联网的强烈冲击，举步维艰。互联网购物的疯狂发展就让业内人士十分悲观，认为传统零售业的冬天已经来临。面对互联网，拥抱互联网，这已经是传统零售业战略转型的必然。

2016年10月的云栖大会上，阿里巴巴创始人马云提出的新零售概念给传统零售业指明道路。此后"新零售"也成为了最时髦词汇之一。

"新零售"的运营模式就是依托互联网，运用大数据力量、人工智能等电子商务的先进技术手段，对商品的生产、流通与销售过程进行升级改造，进而重塑业态结构与生态圈，同时开展线上及线下无缝式客户体验，迎合新形势的发展。

"新零售"可谓势头锐不可当，它的营销模式已不像传统营销模式那样局限在一个固定的地方，它就像一个长满触角的章鱼延伸出多种多样的渠道，而其中最有前景的一条就是社群新零售。社群思维瞬间席卷了整个零售业，社群思维也就是圈子思维，多人的思维模式调动集体的智慧，形成一股强大的力量。可以说不懂社群思维就没有未来，零售业就此紧紧地抓住了这根救命稻草。

对社群研究颇早的英国作家史蒂芬·缪哈尔曾说："互联网正在把人群切成一小块一小块的社群，产品没有社群粉丝的支持是很难运营下去的。在新的商业时代，大大小小的品牌都要学会和社群营销对接，只有这样才有未来。"

短短的一句话道出了互联网时代人们社群化的趋势，人们都有意无意地进入了自己感兴趣的社群，在这个社群中了解自己想了解的商品和人，谈论自己感兴趣的话题。这种情况也给零售业带来的诸多尴尬，比方说，费尽心机在商场举办活动，却只能被动等待回应；线下活动搞得热热闹闹，却发展这群人已然建立起了自己的朋友圈和QQ群，以往的营销手段和传播方法好像就此失灵了。

但当零售商学会去寻找能和自己一拍即合的社群，并通过社群快速、有效地打响自己的知名度。零售业匹配社群最方便最有效地途径就是会员卡，会员卡在零售业中很是常见，以前这个卡的存在就是兑换个积分或是用于发几条打折或是祝福的信息，现在会员卡对于零售商来说不仅可以产生大数据，还可以形成社群，帮助企业积攒人气，从而保证企业利润。乐蜂网就是根据会员卡中的会员消费数据，将自己的美妆客户分为了不同的社群，面膜护肤、彩妆享受、身体洗护、视频保健等。

在当下这个日新月异，竞争激烈的市场环境下，新的商业模式瞬息万变，新零售+社群的销售模式成为了最大的机遇和可能，这也是零售商走出寒冬的关键性一步。

➡ 从社群到粉丝经济

兴趣社群是社群的初级阶段即源于某些有共同兴趣和爱好的群体，

群体之间交流的话题在于兴趣、知识和分享。兴趣社群在互联网时代较为常见，例如旅游论坛、母婴论坛等基于兴趣的研讨。移动互联网时代的社群更多的是指忠于某个品牌或某个魅力人格体的粉丝群体，其将在兴趣、知识和分享的前提下，添加基于某个品牌或个人的情感元素，并逐渐过渡为粉丝社群生态。

从兴趣社群发展到粉丝社群的过程中，粉丝起到了情感纽带的作用，粉丝行为超越消费行为本身，因此，品牌要么将粉丝变成消费者，要么就要把消费者变成粉丝。

粉丝社群泛指架构在粉丝和被关注者关系之上的行为，粉丝社群是呈现出很强的组织性和关联性的群落。粉丝之所以成为粉丝，强烈的认同感，是第一推动力，也是最牢固的黏合剂。

《小时代 3》获得 5.24 亿元的票房，《后会无期》获得 6.5 亿元的票房，而《小时代》系列的总票房达到 13 亿元。由于《小时代》和《后会无期》的电影观众，对导演品牌（郭敬明、韩寒）有很高的关注度，他们观看电影的动机我们可以从一种粉丝社群的消费角度来解析。

“粉丝社群”在各个领域的表现，都建立在这种认同感的集合之上，但认同感只能提供起初的热度，不能提供持久的消费动力，如果要让“粉丝社群”得以持续，最终的落脚点是产品服务的提升、社群关系的维护等方面。

而在营销上，我们关注粉丝社群可使得获得用户的成本降低。企业应该继续挖掘粉丝的关联需求和价值，这是社群时代的新商业规则——用社群去定义用户，经营社群去挖掘基于核心产品的延伸需求。这区别于工业时代的产品为王——先定义产品，再寻找消费群，然后再经营用户。

中信银行信用卡中心尝试利用“粉丝社群”，与百度贴吧联合推出国内首个金融机构粉丝互动贴吧，进行众创、众包、众筹互联网模式创新。中信银行信用卡中心首次以粉丝为中心，使粉丝与中信信用卡形成紧密联结，实现以粉丝互动带来全新的社交传播和口碑效应。同时基于粉丝社群的优势实现了中信银行将粉丝全方位的引入到信用卡的产品规划、设计和营销中，创造极致的用户体验。

2013 年 11 月，中信银行信用卡中心以开放性关系链及朋友圈的概念打造基于个人及合作伙伴联结、互动生态圈——章鱼粉丝团。

章鱼粉丝团在百度贴吧正式注册了官方讨论吧，命名为“章鱼卡吧”。章鱼卡吧为中信信用卡及非中信信用卡客户提供金融知识普及、信用卡设计互动、信用卡服务体验和线下活动等粉丝专享特权。建立两个月后，章鱼卡吧粉丝突破 45 万人，并且每天都在快速增长。

中信银行信用卡中心负责人接受记者采访时讲道：“粉丝经营是中信银行信用卡中心首次以粉丝为中心，开展众创、众包、众筹互联网模式的尝试，使粉丝与中信信用卡形成紧密联结，实现以粉丝互动带来全新的社交传播和口碑效应。同时，真正实现中信银行将粉丝全方位的引入到信用卡产品规划、设计和营销中。”

搭建网络上的粉丝社群，不应拘泥于形式，借用大的平台未尝不是好的选择。“章鱼卡吧”的建设可以为中信银行信用卡获得更多与消费者接触的触点，更好地了解消费者，也可以夯实社群关系。

➡ 社群营销的力量

为更好诠释找到目标客户所在的社群并引爆它的做法，我们来看一下罗永浩在抖音开启直播带货的案例。

2020 年 4 月 1 日晚 8 点，罗永浩在抖音平台开启直播卖货首秀。3 小时的直播过程中，22 款产品轮番出场，最终“首播支付交易总额突破 1.1 亿”“整场直播观看总人数超过 4800 万”“总销售件数逾 91 万”。直播现场，搜狗公司 CEO 王小川、小米中国区总裁卢伟冰、极米科技董事长兼 CEO 钟波分别与罗永浩同框出镜，为首播助阵。

开播之前，老罗开启了打赏，截至直播结束，一共收到 3632.7 万音浪（10 音浪等于 1 元），即直播打赏老罗就收到了 363 万。

罗永浩卖货前还解释了什么是“基本上不赚钱，交个朋友”，对于买家来讲，在市场上难找如此低廉的价格，罗永浩团队卖货属于大型团购，有极强的议价权，是赚品牌商的钱，这属于三方共赢。

本次直播产品涉及科技数码、日用百货、食品等三大品类。新奇特的优质产品、极具诱惑的价格，再加上罗永浩兼具专业性和趣味性的讲

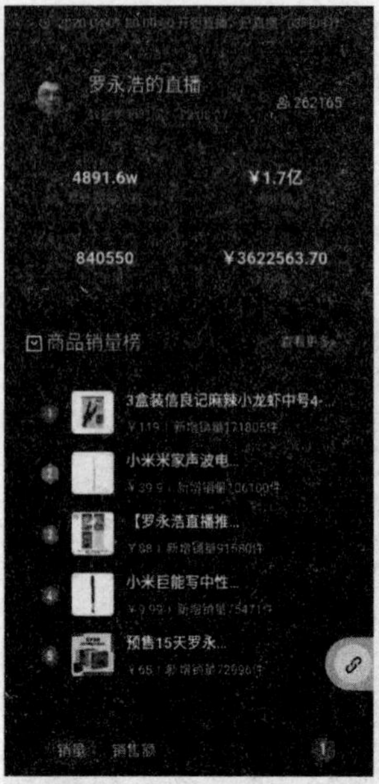

解，让直播间不断掀起抢购的热潮，多款产品上架后秒罄。

食品类有钟薛高雪糕、信良记麻辣小龙虾、奈雪的茶定制心意卡、每日黑巧等“网红零食”，科技类有小米 10/ 小米 10 Pro、极米投影仪 H3、搜狗 AI 录音笔 S1、飞利浦智能门锁 7300 等，以及宝洁旗下的碧浪运动洗衣凝珠、金龙鱼食用油、网易严选的多功能转椅、吉列 GilletteLabs 热感剃须刀、欧莱雅男士洁面等生活日用品也纷纷出现在首播中。

我们注意到，所有产品中，最受欢迎的竟然是小龙虾，累计销售 2044.4795 万元，其次是小米米家声波电动牙刷，累计销售 423.3390 元。

短视频行业快速崛起，已成为互联网第三大流量入口，市场规模超千亿。据《2019 年抖音数据报告》披露的数据，截至 2020 年 1 月，抖音日活用户为 4 亿，成为国内短视频营销主流阵地，占据中国手机网民数量半壁江山。抖音杀入零售行业，拥有了有利的天然条件。

单场支付交易总额突破 1.1 亿、单场直播观看总人数超过 4800 万，罗永浩的直播带货刚开考就达成优秀，他在直播中还透露会维持周播，逐渐变成日播，以后的表现，我们拭目以待。

同样如果企业社群集中在特定的论坛中，依据社群营销的思路可以这样运作：

（1）选择目标用户聚集的社群站点。

（2）借用目标用户群感兴趣的话题来获得注意力。

（3）兼顾不同社群的氛围，制定不同的传播策略。

为此在针对女性防晒的新产品推广中，你需要选择特定女性聚集的

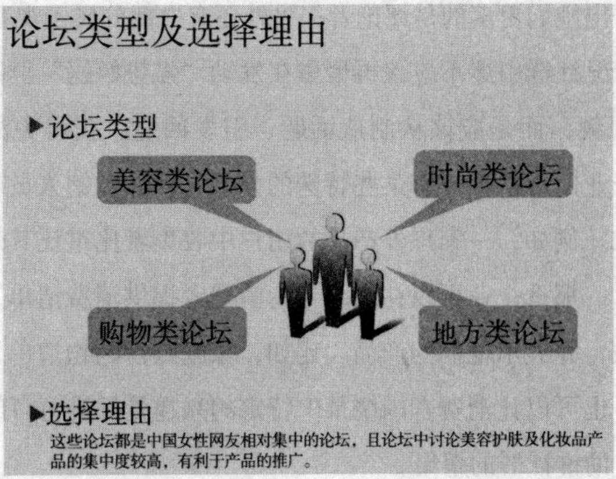
论坛类型及选择理由
▶论坛类型
美容类论坛
时尚类论坛
购物类论坛
地方类论坛
▶选择理由
这些论坛都是中国女性网友相对集中的论坛，且论坛中讨论美容护肤及化妆品产品的集中度较高，有利于产品的推广。

社群站点，并进行分类。

在圈定目标客户群集中在美容类、购物类、时尚类、地方类的论坛后，这些论坛就是我们说的客户群的“老巢”。接下来我们需要做的就是引爆社群，让其沸腾起来。我们需要关注的是不同的BBS沉淀下来的风格、默认规则，然后启动按钮。如果贸然行动，将每个社群都同样看待，很有可能会受到在线社群的排斥。

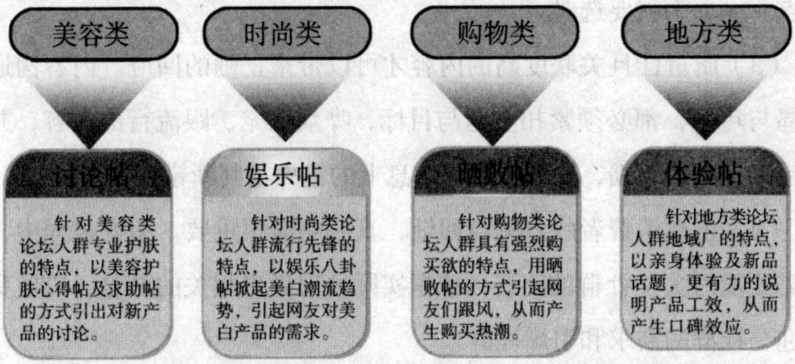
美容类
时尚类
购物类
地方类
讨论帖
针对美容类论坛人群专业护肤的特点，以美容护肤心得帖及求助帖的方式引出对新产品的讨论。
娱乐帖
针对时尚类论坛人群流行先锋的特点，以娱乐八卦帖掀起美白潮流趋势，引起网友对美白产品的需求。
晒败帖
针对购物类论坛人群具有强烈购买欲的特点，用晒败帖的方式引起网友们跟风，从而产生购买热潮。
体验帖
针对地方类论坛人群地域广的特点，以亲身体验及新品话题，更有力的说明产品工效，从而产生口碑效应。

我们只有懂得品牌社群的特性，才能很好地把握住营销的方式、方法，不然在力量配比上可能会失调。“强势妈妈”是源自互联网上那些教育程度高、科技领悟能力强的新妈妈。那么这群人使用互联网的行为是什么样的状态？从数据研究上看这群“强势妈妈”很少会成为创造者，只有11%的人写博客、上传视频、发表照片；有25%的人喜欢回

复，可以看出她们更多的是评论者；另外还有一部分属于观看者。

依此情况社群引爆不应该再聚焦在发动“强势妈妈”群体来上传照片、发表视频，而是应该从制造话题、引发回复、获得关注的角度下手。如果企业的社群客户有某些特殊的爱好，那么营销人员就需要采取特定的方式。例如，一家户外产品的用户中收集者比重比其他的行业占有较大比重。那么企业可以在网络上为消费者提供消费清单，可以主题的方式收藏，并展示他们的产品。比如，家庭野营购物清单、周末钓鱼清单之类。也可以让消费者围绕某个特定的兴趣爱好进行订阅或开发趣味的插件，助推社群的聚集。

针对特定的社群，我们想引爆社群可以从以下几方面入手：

（1）摸清社群散落在互联网上的生态图。只有非常清楚社群在整个互联网上的据点，我们才可以制定相关的策略。这个社群生态图就是我们作战的地图。

（2）依据营销目的的实际情况与找准目标意见领袖。营销都有其特定的目的，在围绕目标消费者社群分析的前提下，找到那些意见领袖及节点，一下手就要选对。

（3）质量佳且关联度高的内容才可以带来正确的回应。内容沟通的布局与巧思，都必须紧扣主题与目标，哗众取宠、跟流行的内容，并不能带来正确的反馈，反而会造成信息上的错失与判断错误。

（4）正视消费者的意见与回馈，真心响应很重要。引爆过程中，我们需要随时关注社群的声音，依据实际情况做出相关的调整，以便更好地迎合社群的需求和引爆社群。

➡ 用社群思路锁定消费者

作为卖家，你经常会遇到形形色色的消费者，有的深思熟虑，有的走马观花，有的看重品牌，有的追求性价比……我们如何才能抓住这些不同的消费者呢？首先，我们需要对消费者进行归类，然后对每一类消费者进行解读，了解不同类型的消费者的消费行为习惯及特征，最后才是有针对性地推出产品及服务，力求做到精准。那么，如何对消费者进行归类和分析呢？我们可以利用社群的思路，将同一类型的消费者作为一个社群，然后逐个对各个社群展开分析。下图所示是业界普遍比较认可的对消费者进行分类的方式。

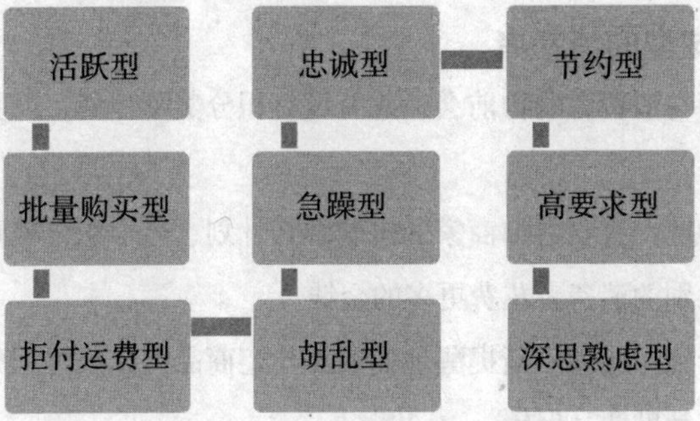

1. 活跃型的消费者

活跃型的消费者喜欢网购，不会特别在意折扣与优惠，喜欢的东西刚打折，通常就会下决心购买。

消费特征：这类消费者享受在各大购物网站上浏览的快感，但不一定会买很多东西。

应对措施：要让他们下定决心购买商品，可以尝试不同的促销手段，比如秘密降价、每日特价、限时抢购等，也可以根据其曾购买的商品推荐相关的产品。

2. 批量购买型的消费者

批量购买型的消费者会先把喜欢的产品加入购物车再慢慢考虑。

消费特征：喜欢先将所有喜欢的东西加到购物车里，然后根据价格，或者等待节假日促销一起下单。例如笔者经常将喜欢的书放入“心愿单”，不想一本一本地买，感觉麻烦，等收集到一定的程度后集中购买。

应对措施：每日特价、限时抢购、秘密降价等对他们都有用，根据他们购物车中所选的商品推荐补充商品也不失为营销的好办法。

3. 拒付运费型的消费者

拒付运费型的消费者偏爱免运费的网店。

消费特征：此类消费者最不喜欢运费。

应对措施：免运费能让他们的消费转化率大大提高。

4. 忠诚型的消费者

忠诚型的消费者购物前会考虑有没有积分奖赏计划，以及如何获得更多的积分。

消费特征：喜欢参加商家的忠诚顾客计划、追求积分奖励，但在其无形中要比别的消费者花费更多的金钱。

应对措施：通过不断提醒他们购买指定商品可以获得积分、给予积分奖励等来帮助商品促销。

5. 急躁型的消费者

急躁型的消费者希望马上买到想要买的东西，不然就换一个卖家。

消费特征：不喜欢花太长的时间在网上进行比较，购买目标明确。

应对措施：优化的网站体验，可以大胆地推送一些促销信息来吸引眼球，如果技术先进可以针对其在网站上的搜索行为，快速精准的提供最优推荐。

6. 胡乱型的消费者

胡乱型的消费者会常常下单，但因为各种原因并没有完成购买。

消费特征：购物时往往手头上有别的事情在忙，更易被暂停。

应对措施：通过优惠承诺来刺激他们完成当前的订购，或通过广告提醒他们再次查看以前没有购买的商品。

7. 节约型的消费者

节约型的消费者不只关注价格，更要求性价比高。

消费特征：更看重省了多少钱而不是东西有多需要，他们不在意商品的微小瑕疵。

应对措施：让他们更容易看到那些便宜的商品，以及清仓甩卖的优惠信息，核心秘密是给他们一个说服自己购买的理由。如果没有这样的理由，可尽力挖掘、适当杜撰。

8. 高要求型的消费者

高要求型的消费者追逐高科技、新款式、大品牌的产品等。

消费特征：这类消费者倾向购买最好的，特立独行的。

应对措施：投其所好，让他们一眼就能看到最新产品，并有类似"总订单达到 ××× 元金额后优惠"的承诺来提高他们的消费金额。

9. 深思熟虑型的消费者

深思熟虑型的消费者会货比三家，看看价格是否有下降的空间。

消费特征：这类消费者总是三思而后行，尤其当购买的产品需要花费大额的预算时。

应对措施：可在其购物的过程中给予正面的强化信息。比如，通过展示客户评价来说服他们这是值得一买的产品。

在电子商务的运营中，如果我们从消费者社群分类的角度来区别对待将会更好地为消费者服务。提出的挑战是如何快速摸清消费者的类型并为之提供相应的服务。

➡ 积极构建客户社群

网络社群一个显著的特色是大家都可以参与到社群活动中，不然就会显得被动。对于企业来说，可以从网络社群中了解到用户的真实想法、用户对产品需求，更好地和用户进行交流，建立一种基于企业或者品牌的情感纽带。品牌的说服力、可信度建立的基础是品牌长期投入的情感纽带和用户的感受，平时不维护、不参与到社群中去，临时抱佛脚，不是品牌运营的明智之举。

如果你曾经上过网易、盛大的游戏社区就会发现他们的产品在产品形态上跟社交网站并无差异。事实证明，用户在社群中的交流很少。对于社群的塑造，一方面在于官方网站的引导，另一方面则是用户自身的维护（其实就是上传的内容）。其实前者的作用及效果远不如后者，如果用户自身没有驱动力，社群引导再多也无用。

信息的组织形态不同，在论坛中会依据板块来聚合信息，这样一来在同等用户数量、同等时间的情况下论坛板块中信息的数量发挥的效用就会超过社交网站。显然，同样的信息在论坛中的受众会更多一些。在论坛中即便信息量少，也能将有限的信息集中呈现给用户。你可能会说既然这样，可以把社交网站中的内容提取出来集中推荐给用户，这不失为一个不错的办法，但是怎么把形形色色的用户信息提取出来是很有难度的。如果这样做的话，论坛和社交网站就会变成同一目的地的两个不同路径，一个是用户主动贡献并分类信息，一个是网站自行提取信息。既然有用户愿意这么做，为什么不利用前者呢?

我们探讨的并不是说游戏无社交而言，只是企业不能按照网站那种泛泛社交的思路去做。对于游戏社区，需要给玩家过多的引导，这种引导的目的在于给用户提供一个互动交流的平台。这样一来游戏社区就成为了一个强运营的产品，在整个社区中，很难依赖用户自身的行为达到系统自动运营的目的。

陌陌团队在运营中坚持认为：一个社群的活跃度取决于女性用户的活跃度，女性用户的活跃取决于她在这里是否得到了想要的社交需求。其采取规避那些冒犯、骚扰信息，给女性安全感。其安排了一个 8 个人的团队，每天处理举报信息。每天处理超过 2 万个投诉。陌陌所推的新版本，主要功能点就是增加基于地理位置的社群。不活跃的社群系统会被淘汰，其加入了群组管理员的概念，陌陌想做的是基于地理位置的关系沉淀。例如基于小区的业主群组，业主都能加进来以便于联系，一起聊子女、物业、生活的问题。通过陌陌群组就可以找到自己的邻居，慢慢转化成熟人关系，慢慢恢复城市的社区文化，可能确实能改变一些人的生活，帮到很多人。

女性护理产品是有鲜明特色的，一旦消费者喜欢上某个品牌，很可能在很长的一段时间内都会认准它。品牌宣传除去在电视上对着一群无关紧要的人狂轰滥炸以外，对精准的客户群（目标女性）很难形成对话。那么在微博上，企业对产品的宣传也不能直接探讨月经等问题，因为这样的话题过于敏感，很难让消费者畅所欲言。

如何解决？Beinggirl.com 不是有关卫生巾的社群，而是选择与年轻女孩要解决的所有问题相关的。常见话题有：女孩健康、女孩约会、第一次性生活、月经烦劳等。许多女孩子对家人难以启齿的问题，在互联网的匿名状态下能让她们有些许的放松。

第一次来的时候，如何是好？

嗨，爱丽丝，第一次例假的时候，你是怎么想的？

这个时候就会有许多女孩过来帮忙。例如：亲爱的莉莉，我想你应该庆祝一下，这是你一生中重要的“成年礼”。你应该告诉你妈妈……

社区中让这群用户有抱团的温暖感，也能化解许多女孩的麻烦。同样这样的社区也会出现许多可爱的问题、有趣的话语。例如，“如果在经期，我在大海里游泳，鲨鱼会不会咬我？”“你还是小心点为好，戴上卫生巾的话，我看成”你可以在社区中看到许多有意思的回答，在欢笑之余无形中也传达了品牌及其产品的功能。

通过 Beinggirl.com，宝洁很快就占领了社群的制高点，顺利地将卫生巾这款产品输送给目标客户。在构建用户社群的同时无形中建立了竞争的壁垒，等竞争对手想追赶时，留给竞争对手的空间就很小了。

企业社群的根据地，可以从主动性、被动性及内部性、外部性等角度来划分。类似微信、微博等企业平台上的官方账户运营方式是属于被动的、外部社区建设的范畴。其优点是企业可以快速借用大的平台，省去开发费用及相关工作。不足之处在于该平台是别人的，话语权及众多资源是控制在平台手里的，企业很难驾驭社区的发展。企业可以自身搭建社区，形式有自身的微信公众号、独立的社交网络。这样做的优点是企业可以充分获得平台及用户的资源，同时拥有话语权。其不足之处在于需要花费较大的预算来进行管理、运维，在实际的工作中社区运营往往需要专业人士和技能，企业创建社群时会考虑不周。

第二章 社群营销就是链接用户情感

➡ 社交电商是社群盈利的工具

10年前，说起“电商”这个词，企业家们或许会不屑一顾；5年前，说起“粉丝”这个词，创业者们或许会当作笑谈。如今，说起“社群”这个词，有些人的反应仍然是“啊？那是什么？”

电子商务逐渐取代传统商业模式，粉丝经济迅速推动社交平台变现，而社群则是“粉丝经济”的升级。当下，“社群”不断流行，但很多电商却尚未认识到社群的重要性，甚至尚未理解社群的概念。这些人自然只能看着别人在社群的池塘里开心“打鱼”，而自己却无能为力。

在这个社群粉丝经济迅猛发展的时代，没有社群，做电商就少了一条路。

做电商，不能没有社群。但时至今日，很多电商甚至不知道“社群”的内涵，不明白“社群”的意义。

社群，其实并非是在互联网时代下才产生的新概念。它本是社会学和地理学上的概念，广义上指“在某些边界线、地区或领域内发生作用的一切社会关系”，在人类社会中，就是指一个有相互关系的网络，诸如亲人、朋友、“麻友”“玩伴”等社会群体。

那么，社群这个概念为何在当今大放异彩呢？

如今，在谈及社群时，很多人简单地认为："不就是微信群、QQ 群嘛。"在谈及社群电商时，他们也会粗暴地为其下个定义："在微信群里卖东西。"如果如此简单，社群也不会成为新时代电商的必备元素。

1. 互联网中的社群

在互联网时代，当社群与互联网结合起来，其内涵就发生了巨大的变化。从形式上来看，社群确实表现为微信群、微博群等形式；但从本质上来看，社群是以某一属性，将一群人集聚在一起。这一属性可以是共同兴趣，也可以是组织者个人魅力，或者是产品等。

基于互联网突破时空的属性，互联网中的社群不再局限于地域或时间。互联网连接的每一个节点，每时每刻都能够聚集在一起，畅谈兴趣爱好，交流某款产品的使用心得，接触某一位"网红"……正是因为这一特性，社群成为社交的新模式。

2. 电商中的社群

在漫长的人类发展史上，每一种新的社交模式的诞生，都会催生出全新的营销模式，诸如电话与电话营销、邮件与邮件营销等，而当社群这一新的社交模式出现之后，当然也会与营销等商业形式相结合。

社交平台的出现，打通了商家和消费者的阻隔，每个商家都可以直接与终端消费者对话，自然也能够更加轻易地获得消费者的关注。吸引消费者关注并非难事，关键在于——如何利用这种关注？

在以社群为核心的商业模式中，商家可以利用好的内容吸引用户，并将用户聚集在一起形成社群。在社群的运营中，不断扩大社群规模，并不断获得用户信任，最终将其转化为消费者，完成商业变现。

以大多数电商熟悉的"流量为王"的理论来看，在社群电商中，"好的内容"就是用户的流量入口，社群则可用作流量沉淀，电商则最终完成流量变现。

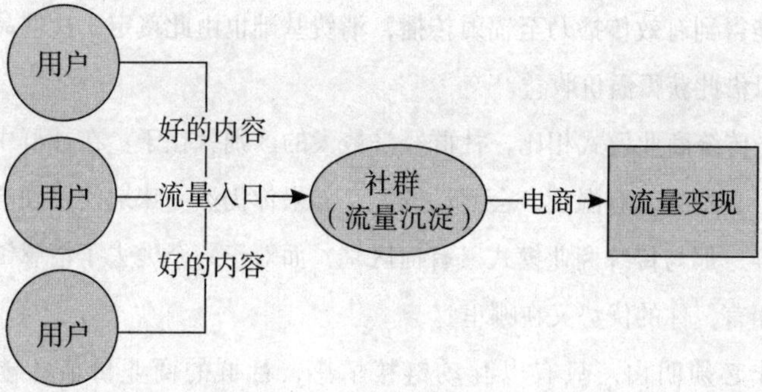

3. 社群并非社区

对于社群，很多人会产生这样的疑惑："社群除了沟通载体不同，其内涵与社区网站有什么区别呢？社群不就是微信里的社区吗？"这其实是对社群的误解。

社群的构建，并不局限于微博、微信等载体。社区同样可以成为社群的载体。社群区别于社区的关键就在于——信任关系。

很多从事互联网营销的人，都拥有社区运营的经验。与社群相比，社区更多的是提供一个平台。在这个平台里，社区管理者或许拥有一定的权威性，但这种权威性却局限于"论坛管理"。如果一个影视社区管理者发帖推送某个面膜产品，那用户大概只会调侃一番。

而社群则不同，在社群中，商家可以与每个用户建立信任关系，因为这个社群的主题必然与商家的产品密切相关。比如，在旅游社群中，通过与用户持续交流各种旅游知识，当商家推送户外装备时，就很容易获取用户的信任，并由此完成流量变现。

➡ 社群是以情感为中心的链接

社群经济模式的商业价值，以用户的信任和忠诚度为基础，具有社交、传媒、商业三重属性。而社群商业价值的变现，也正是在这三重属性中层层递进的：只有当社群与用户在交流互动的基础上实现互信，信息才能得到有效传播乃至辐射传播，消费基础也由此奠定，社群品牌自然可以借此获得溢价收益。

与传统商业模式相比，社群经济最大的区别就在于：在社群中，你是一个有情感、有温度、会互动的人。如果你仍然一味地使用硬广告粗暴刷屏，那与传统商业模式又有何区别？而对于一个失去了情感链接的社群而言，你的优势又在哪里？

你必须明白，只有以互动链接情感，社群的商业价值才能由此变现。

1. 社群互动中，情感比利益更重要

在社群互动中，你必须谨记社群经济的商业逻辑：只有更加强烈的情感链接，才能让你获得用户的信任，进而变现商业价值。商业价值当然是你的最终目的，但切忌因此破坏社群与用户的情感链接。

2015 年 5 月，一篇名为《带不走，所以卖掉我的 1741 本书》的文章红遍朋友圈，而这篇文章的作者康夏——一个 26 岁的年轻人，用自己的微信公众号吸引了众多用户。事件的经过是这样的：作为一位爱书青年，康夏决定在出国前将心爱的书籍放在微信上销售。购书者转账 60 元，可以获得 3 本以上随机邮寄的书；转账 99 元，则可以收到 7 本以上随机邮寄的书。他在微信上写道："我的好朋友告诉我，读过的书，放在书架上之后就会死亡，成为一具尸体；只有被下一个人再一次读到的时候，这本书才可能重新焕发生命。"

可能是这些话打动了用户，也可能是大家被这种售书形式吸引，在康夏发文 10 分钟后，朋友圈就被刷屏。在 24 小时内，康夏获得了 7000 用户汇来的 77.8 万元购书款。

在商业价值的快速变现中，康夏却没有忘记初衷，他立刻发布文章《紧急通知：如果你是我的 1741 本书的买主》和《关于 1741 本书，你应该知道的一切》两篇文章，并在与支付宝客服协商后，暂时关闭了收款通道，以免卖书活动变味。对此他笑称：惊吓远大于愉快和开心。

康夏十分明白，自己运营微信公众号，固然是为了借此获得一定的商业价值，但初衷却是为了将志趣相投的人聚集在一起，大家共同交流读书心得。在维护微信公众号时，康夏甚至别出心裁地采用“对话框”的形式，以类似小窗聊天的方式，通过这种亲密的沟通拉近与用户的距离。

对此，康夏也说道：“公众号的6000多个用户对我来说十分重要，他们一直没有取消关注，也是因为熟悉了我的文字，习惯了我的风格。”

以互动链接情感，其实并不困难，关键在于，作为社群的运营者，你首先要正视情感；只有切实在其中融入情感，才能让用户感受到你的温度。在精心维护之后，也不要因为一次商业活动就让社群关系变味，这样无异于涸泽而渔。

2. 情感链接中，获得粉丝的信任

社群经济模式成功的重要基础，就是你与粉丝之间的情感链接。没有这种链接，你与其他刷屏做广告的微商就没有什么区别。那么，你该如何获得用户的信任，让用户的消费热情高涨到让你“惊吓”？

（1）做一个独特的人

在让用户感受到你的温度之前，你首先要成为一个独特的人。切勿跟风做社群，因为这会让你失去自身的独特性，而无法在用户心中形成特别的形象。要做个独特的人，最好的方法就是谨记自身的社群定位，不断强化自身的品牌属性，如图所示。

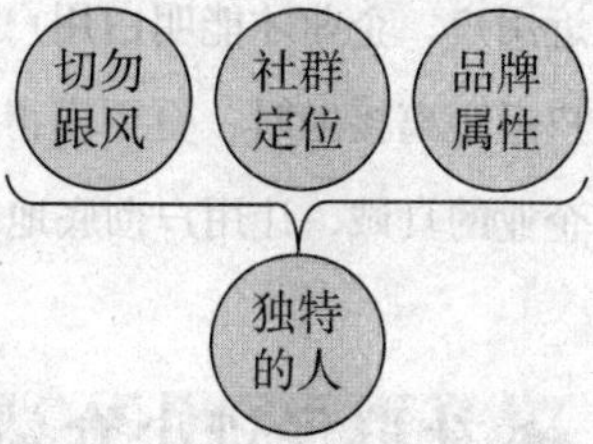

正如康夏运营公众号时一直抓准阅读社群的主题，即使偶尔会“偏题”，但也不会本末倒置。

（2）做一个有温度的人

无论是公众号文章、售书活动，还是其他互动，康夏都十分注重培养与用户之间的共鸣，不断温暖大众的心灵。康夏的文章并非都是心灵鸡汤，但写得很合用户的胃口，就像一位读者所说：“在忙碌的工作后，能够看到康夏的文章，是一种休息。”除此之外，康夏也经常会向用户“约稿”，从而真正实现社群用户零距离交流，最终带来售书活动的成功。

社群互动不是简单的“你说他听”，只有在互相往来中才能形成情感链接。因此，你必须保持与用户的近距离交流，让用户感受到你的温度。

（3）做一个有魅力的人

社群的运营核心必然需要灵魂式的群主；如果缺少了群主的魅力，社群就会变成一个冷冰冰的存在，既缺乏权威人物，也难以形成凝聚力。

康夏为什么任性“赠书”都能一时间获得超过 77 万元的支持？就是因为他作为社群中的灵魂式人物，拥有强大的个人魅力，其行为能够无形中影响用户的情绪，进而引发用户的狂热。

无论怎样，企业在构建社群、运营社群时，首先就是要靠近用户，近距离接触用户，而不是保持高冷的姿态，甚至是高高在上的姿态。靠近用户，企业才能明白用户的需求在哪儿、用户的痛点在哪儿。在与用户近距离接触时，更要懂得不失时机地展现企业的魅力，让用户感受到企业的真诚，让用户彻底地了解和爱上企业的产品。

➡ 社群促进小众消费崛起

社群的崛起并非只是因为互联网时代或移动社交时代的到来。在构建社群的火热表象背后，其实也顺应着个性化与小众化消费的崛起。

一般而言，市场经济的发展可以分为 4 个阶段。这 4 个阶段分别对应着不同的消费阶段。

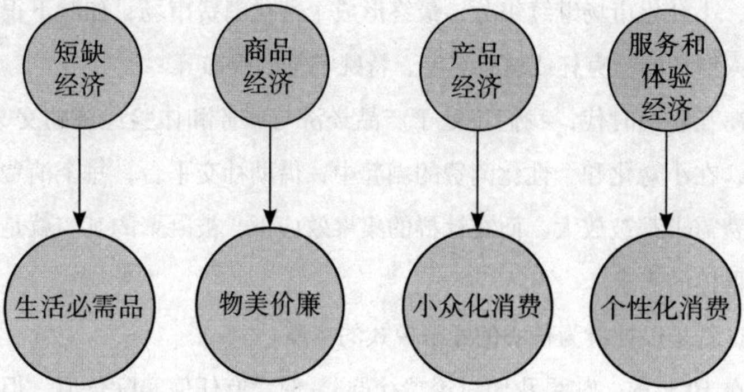

1. 短缺经济

国内40岁以上的人，对于20世纪的短缺经济可能都有切身的体会。当时，各种生活必需品都十分短缺，如米、肉、布等商品，甚至只能凭票购买。

2. 商品经济

商品经济的到来，意味着人们进入大众化消费阶段。随着社会生产力的不断提高，在社会化大生产下，人们可以买到很多物美价廉的商品。此时，消费者关注更多的是商品的性能。当初国内物美价廉的国产汽车、电视机和白色家电等都是这个时期的代表。

3. 产品经济

产品经济则对应着小众化消费阶段。随着中产阶级的不断壮大，握有资金的消费者不再满足于“大路货”，开始追求更多的个性、特色或品位。

在这个阶段，企业开始由服务大众，向服务小众转变。此时，企业成功的关键，就在于把握小众市场的独特需求，并据此制定相应的企业战略，开发具有针对性的产品或服务。

4. 服务和体验经济

在服务经济和体验经济阶段，个性化消费开始崛起。这是因为，当小众化消费发展到一定程度时，小众化消费者会提出更加特殊的要求。

于是，小众化市场继续细分，最终形成个性化消费市场，如时下很多印有个人照片的马克杯或绣有名字、特殊字符的服饰等。

在互联网时代，我们正处于产品经济与服务和体验经济的交叉点，因此，在小众化和个性化消费的崛起中，借助社交平台，每个消费个体的消费需求都被放大。而在社群的集聚效应下，被凝聚的其实就是某一小众群体的需求。

这就是以社群为核心的经济模式的本质。

在10年前，如果我们讨论“社群”，便没有任何实际价值。但时至今日，伴随着个性化和小众化消费的崛起，与过去相比，部分消费者的消费能力逐渐提高，其消费心理、消费模式也都呈现出极大的差别。如果仍然不重视社群的构建，商家就难以迎合新型消费特点，最终脱离市场经济的发展进程。

具体而言，新旧消费模式的区别表现为3点。

模式 要素	当下（新）消费模式特点	旧消费模式特点
理性与否	独立思考、理性消费	跟风
价值追求	追求体验价值，而非价格	主要是价格
品位追求	注重品位，注重搭配	破碎的个人形象

1. 独立思考、理性消费

长久以来，每家企业都希望消费者能够无条件地追随自己的脚步。但在这个“信息大爆炸”的时代，消费者拥有太多的信息渠道，可以了解和辨别企业、产品信息。

消费者不会再轻易相信企业的过度宣传，开始独立思考，寻找可以彰显个人品位的产品；他们开始理性消费，不再人云亦云、跟风模仿。

2. 追求体验价值，而非价格

在如今的消费者看来，一件商品值不值得购买，不再取决于产品的价格，而在于产品本身、服务、品牌等因素综合形成的产品价值。这也是很多消费者不愿意购买便宜车、便宜衣服的原因之一。

如今，对于产品性能的衡量，不再局限于产品本身的性能，还包括购买全过程的客服体验。一个完整的消费体验，以及终身服务的理念，才能为企业带来源源不断的消费者，最终形成品牌的忠实用户群。

3. 注重品位，注重搭配

个性化和小众化消费的独立思考，正在于塑造一个完整的个人形象。

没有人愿意自己的身上出现这种“违和感”，但内外和谐的品位、搭配，却并非短时间内可以培养起来的。这不仅需要个人的修炼，也需要他人的指导。因此，很多时尚公众号，才能拥有如此惊人的用户量。

伴随着个性化与小众化消费的崛起，企业的发展模式也正在迅速转变。过去，成功的企业大多是大而强的企业，但在如今，善于辗转腾挪的小企业，反而更能够适应新时代的消费市场，为小众化市场提供更具个性化的产品和服务。为了提升个性化服务的质量，与用户保持频繁互动的社群关系，自然是不二选择。

➡ 企业如何构建社群

许多企业都想构建自己品牌的社区（社群居住地）或者建立自己品牌的 APP。但是，众多品牌企业的网上社群经验来看，存在的关键问题有以下几个。

首先，社群搭建之前，企业没有战略规划、一套完整的方案，并且没有想透彻。低估了品牌社群运营的挑战性，忽视了社区生态系统构建的重要性。

其次，品牌社群开发有问题，让普通的软件公司开发品牌社群。

最后，社群运营缺乏战略规划。品牌社群关键在运营，许多企业并没有找到关键问题，忽视运营。

强生公司运营着一个非常成功的在线社群 BabyCenter。其厉害之处在于：在美国使用网络的准妈妈和有着 2 岁以下宝宝的妈妈中 78% 的人都是这个社群的成员。每月来 BabyCenter 的美国妈妈，要比每年出生的美国宝宝还要多。BabyCenter 在提供价值上有自己独特的做法和坚持的方向。网站分享的内容是根据孩子的年龄区分的专家建议、科学研究等文章。更为重要的是促成妈妈社群的建立，让妈妈们有个分享照片、交朋友、写博客、探讨评论、传递经验的地方。相对于其他全面覆盖的社交网站，BabyCenter 只专注面向妈妈群体。为了便于大家对 BabyCenter 有一个认知。

我们可以看到许多妈妈一有空闲，就会写下日记来记录她们怀孕的经历、孩子成长的过程、照片，甚至会分享有用的育儿经验。这些具有相同目的的妈妈们聚集在一起，经过长时间的积累，最终形成独特的部落。

BabyCenter 创建之初就提供包括与未出生到 10 岁以下儿童相关的各类工具、信息和经验。排卵期计算器、宝宝起名工具、与儿童成长各阶段相关的成长信息和文章及过来人的建议，这些内容构成了妈妈用户定期回到这个网站的理由。

BabyCenter 在移动互联网时代，推出了许多实用性强的应用，其中典型的代表是 BootyCall 应用。该应用可定期给处在排卵期的用户发送受孕率警报，还会发送一些提示和信息让用户安排排卵期的事情。

强生通过汇聚全球的妈妈社群，不仅能拥有了和客户交流的平台，还成功打造出一个很好的销售平台。在新产品的推出、产品研发、客户服务等方面都将产生不可预估的作用。

从运营品牌社群的社群经验来看，你需要了解以下信息。

（1）了解品牌的目标客户、信息反馈的集中区、用户交流的热点地带。梳理信息，建立清晰的社群领域，将用户吸引到这些区域来。信息的集中对于用户来说更具吸引力，他们可以找到共同的爱好和话题并进行交流。

找到理由让用户经常回社群看看很重要。品牌社群如果不能够形成持续的访问，终究只是昙花一现。Visa 搭建了商务社交网络，目的是让 5 万多个小型企业主互相联系、寻找客户，以及和其他企业交换想法、信息和商机。旅行者不仅能结识志趣相投者，还能认识其他购买相同旅行服务的人。用户不仅可以阅读其以博文、攻略、图片或视频方式记录的旅行经历，还可以向专家咨询与旅游相关的问题。其还为用户提供了到澳大利亚、欧洲、日本等目的地的阅读旅游奖励，订阅及整理社会化媒体平台，互联网上最低廉的航班信息，为消费者提供一站式服务。

（2）让用户自己讲话。在正常状态下不干预、不删除用户的信息，品牌已经通过电视、广播、报纸、DM、户外活动等多种形式占领着用户。为此，不必再用过多的软文、宣传来淹没品牌的网络社群，而应给品牌网络社群创建一个和谐的环境。

一个成功的网络社群能让该社群里的人持续互动，并从中创造出一种相互信赖与相互了解的伙伴关系。信任者与被信任者之间对于重要信息和看法能频繁地进行沟通与互动，较容易建立信任关系。

信任对于参与意愿的影响。得到消费者的信任会对信息的交流产生影响，而消费者对组织 / 企业的信任有利于信息的交流；消费者对网络供应商的信任可以导致消费者愿意和供应商分享个人信息的行为产生。在信任的环境中，由于这些信息的可靠性取决于信息提供者的诚实度，以及他们愿意帮助别人的倾向程度，所以信任的善意和正直维度能增加消费者获得信息的意愿。

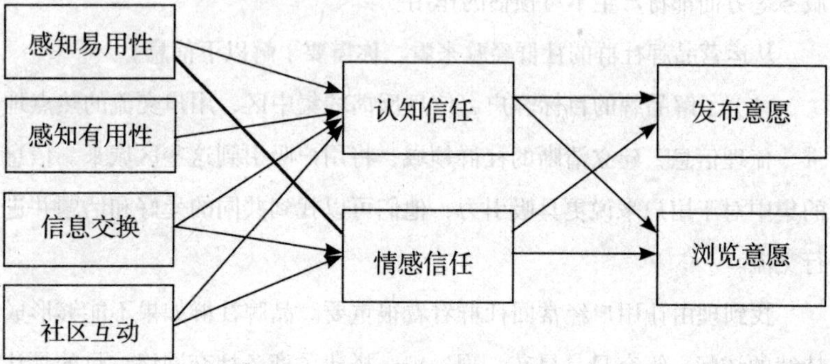

（3）网络社群的运营。将社群的信息反馈给用户，企业要做的是保驾护航，让品牌的网络社群可持续发展。可以通过品牌优惠、信息公布、资源共享等手段来聚集人气，协调社群中方方面面的关系，适度表彰意见领袖和社群活跃分子。

给社群赋权：为了使社群成员确信他们的认同是有意义的，他们的行动是有价值的，彰显社群的力量和效能是十分重要的环节。那么社群的力量和行动的有效性究竟从何而来呢？即来自于个体与集体的共同努力。一旦个体将自己归属到社群这样的集体后，当他看到个体的行动成为集体行动效能的重要元素时，这将反过来强化个体对社群的认同感，使其能更好地依据群体规范进行讨论和行动。

（4）企业的参与。企业在其品牌的网络社群中，需要谨慎使用其官方或品牌身份，代表品牌发言时，不必太做作、太正式，可结合自身品牌的特色定位，使用适度口语化、人性化的语言参与到品牌网络社群的活动中。

（5）抓住“死硬分子”。必须找到社群的死硬分子即品牌的忠诚粉丝，品牌社群能不能做成功，关键节点是有没有用好死硬分子们。我们需要抓住他们、刺激他们、奖励他们，让他们成为我们的兵团。

积极的网络参与行为是网民成为意见领袖的前提条件，通过积极地参与行为，网民才能扩大个人的社交范围，提高自己的曝光度。只要有人聚集在一起，就会本能地让自己处在领袖的统治之下。就社群而言，意见领袖的作用相当重要，他们的意见往往能影响群体的意见，社群中的大部分成员就会像温顺的绵羊，没了意见领袖就会不知所措。

（6）为社群访问量拟定运营计划。开始启动品牌社群时，什么都是空空的，没人、没帖子。团队必须制定一个完善的运营计划，比如开展SEO、利用搜索引擎引导、策划活动，导入官网的流量等。

当年戴尔在构建品牌社群的初期，组建了一个30人的社群和对话团队，专门打理论坛，并向网友提供帮助和解答问题，经过两年的运作，最终戴尔论坛减至5人来负责管理；百思买也动用了几百名雇员组成Twelpforce（Twitter help force），专门用于即时回答客户的问题、回复建议，向粉丝发布促销信息等。

（7）设立一套等级排名系统。让参与者有荣誉感很重要，不要简简单单的弄一个积分制度，它对用户的刺激效果如何呢？可以说社群的等级排名制度是品牌社群最精妙的关键点。只有满足居民的G点，让他们不那么容易达到，也不让他们失去兴趣，需要的是一个精妙的系统。简单复制其他论坛的内容，是非常不理智的行为。

以传统网络社群来看，成员的发帖数量和论坛级别等信息在某种意义上反映了其参与行为的积极程度。持续发帖的行为不但能够提高写作者在论坛中的曝光度，而且发帖数量会转化成该成员的积分，积分越多意味着该成员的上网时间越长、参与度越高，代表其在该社群网络经验丰富，这种资历因素在某种程度上会提高参与者在群体中的信任度。下图所示是2012年1月杜蕾斯官方微博上对粉丝采取的奖励制度，其核心关键词可激发用户与该品牌进行互动。

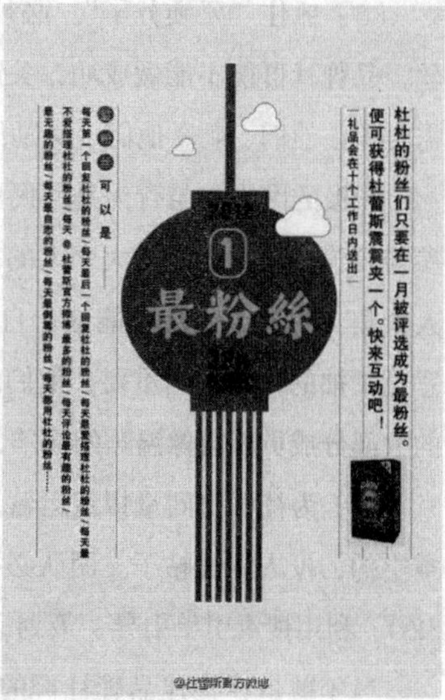

社群成员有较明确的身份意识，社群成员作为一个集体进行的互动比较多，成员对社群的归属感更容易形成，因此，这种结构更有利于群体的形成。当社群用户知道自己归属于某一虚拟社群，将引发一个虚拟社群身份的类化过程，激活他/她的群体身份，形成该社群的集体意识。企业需要做的是维护和促进这个社群的健康成长。传播方式在不断变化，企业需要不断了解、应用新的营销手段，其中唯一不变的是要铭记客户为上帝，品牌才可以持续经营。

（8）不可错过负面评价。沟通是满足客户期望的一项基本工具，一个很重要的方面是，你要让客户有机会把正面和负面的评价都告诉你。

在品牌社群中，我们也需时刻关注用户的评价，积极的应对负面的评论能获得用户的谅解和社群用户的支持。如果一个网站社群中看上去全是赞誉的信息，可想而知这样的品牌社群是不真实的品牌社群。

➡ 社群＋粉丝＝客户

现今，随着互联网技术的发展使得营销越来越容易，可能性也越来越多，不管是创业型的企业，还是成熟型企业，他们已不像以前一样需要一掷千金，但从另一个角度考量，产品的品牌效应却在不断减弱，吸引见多识广的消费者已经越来越困难。解决这个问题的最好办法就是从社群入手，做社群营销，在社群中联结粉丝，因为社群＋粉丝＝客户，这就是这个时代下各行企业开展互联网营销一直在努力的方向。

企业想要联结到粉丝，首先第一步就要精准地定位自己的目标粉丝，目标粉丝的确认要在社群之前就要确定下来。如果没有明确的目标粉丝，接下来对社群角色的定位就没有办法继续进行。社群如果想吸引粉丝，就必须要知道自己的社群针对的目标是谁，眉毛胡子一把抓，最后只会白费力气。不管是哪一种类型的社群都应该有属于自己的目标粉丝群体，圈定了那部分较为固定的群体后，就可以有针对性地对这部分群体进行细致的研究分析，这样做可以让自己的产品有更加精准地定位。毕竟，企业建立社群的目的就是进行推广，不管是企业还是产品，只有才能取得好的效果。

很多企业在社群营销方面还存在着误区，保留着“广撒网多捞鱼”的思想，认为把销售的目标群体定得越大越好，其实这么做并不利于自己的营销。因为没有准确的粉丝定位的商品，要么是本身太平庸没有多大优势，要么就是市场竞争激烈，利润微小，最后企业的社群根本就建立不起来。

那么，现在问题就来了，怎么样才能准确定位到自己的目标粉丝呢？主要的有三种方法：兴趣定位，网站定位，关键词定位。

兴趣群组定位。从兴趣这个角度定位目标粉丝群相对来说是最简单的，也是企业常用的方法。像QQ群、陌陌吧、微信群、豆瓣小组等社群内部就有着很清楚的粉丝划分类别，企业通过简单的搜索就可以找到自己想要的社群。同时，企业也可以建立自己的QQ群、微信群等，标出这一社群的标签，粉丝对社群标签感兴趣就会自动加入。

网站定位。目标群体一定有自己特别偏爱的网站，妈妈们喜欢浏览婴幼儿论坛，健身爱好者喜欢关注健身类论坛，摄影类、电子爱好者、美食家、驴友等他们一样有自己侧重关注的网站。企业可以在这些网站发布有价值、有见解的帖子或者是观点，然后附加上自己的联系方式，微信公众号、QQ群、微信群等，这样很轻松就可以找到自己的目标群体。

关键词定位。搜索目标粉丝群的相关关键词，这种寻找方式比较适合运营微博、微信群等。假设你的目标粉丝是减肥者，那你搜“我要瘦”或者“我要减肥”，就可以搜索到大量的目标粉丝，接下来通过关注、评论、转发等方式就可以将这些粉丝吸引到了企业建立的社群之中了。

将目标粉丝拉入到了自己社群中，想要粉丝长久地留在自己的社群中，就要给粉丝提供有价值的产品和服务，这样才能提高社群的黏性，让粉丝长期地依赖社群，这一点对任何一家企业都适用。

美丽说是一个致力于为年轻时尚爱美女性提供时尚购物体验的平台，在QQ空间里成功联结到自己的粉丝后，并没有觉得万事大吉，而是在自己的产品和服务方面继续大下力度，这样做成功的提高了粉丝对社群的黏性。

针对女性的特征，美丽说在QQ空间内做具有针对性的产品推广和营销活动。比如针对女性冬天需要雪地靴的客户，他们向粉丝推荐了各种款式的雪地靴，并穿插了一些搭配真人图片；夏天针对女性怕晒黑的特点做了遮阳伞的推荐。美丽说在Q Q空间内说的每一项推广，为粉丝提供的每一种产品和服务，都是有价值的，都是粉丝所需要的。

提供了优质的服务和产品后并不预示着万事大吉，企业还要时刻关注社群内粉丝的诉求。通常来讲，企业产品的研发都是按照粉丝痛点——做出产品——解决痛点，这个闭环环节来做的。

假设粉丝的诉求在短时间内发生了变化，而你又没有发现，那你提供的产品和服务是否就是粉丝的痛点呢？当发生社群里粉丝的诉求和产品属性不匹配时，就必须重新研发自己的提供产品，或是对产品的某些属性进行修改，直到粉丝痛点解除。

名誉全球的饮料品牌可口可乐想进驻我国西部重镇西安时，此地本土品牌冰峰将其打得“找不到方向”，上演了一场狙击国际品牌的战役。

冰峰的成功除了西安人自身的情怀外，就是冰峰企业自身特别重视粉丝的感受。

从创立之初到现在，尤其是在1998年产业改革后，冰峰的电话调查、问卷调查等都会定期举行。以此了解用户对于口感和需求方面又怎样的感受，并借此做出相应的调整和改善，冰峰他们直接走进了小饭馆、烧烤摊，和用户进行最直接的沟通。这就是这份特别的执着感动着粉丝，让西安人念念不忘这个味，让可口可乐在此地举步维艰。

总而言之，企业做社群营销，一定要善于抓住粉丝，这里不但包括精准地选择属于自己的粉丝，还包括抓住粉丝的痛点，然后将自己优质的产品和服务推荐给粉丝，最后才能获得营销的成功。

➡ 通过社群吸引流量

在互联网时代，“流量为王”的法则从未过时。没有流量，就无法引导用户消费。“流量为王”的内涵其实很简单，即流量带来“看客”，再将“看客”转化为“客户”。

但在电商1.0的思维下，电商采用的催化剂大多十分简陋，常见有促销活动、网页美化、产品包装等。为了提高哪怕1%的流量，商家也会尽量对每个字、每张图精雕细琢。这些催化剂与传统商业模式别无二致。

这种手段最初尚能发挥效用，但随着流量成本越发高昂，这种浮于表面的精雕细琢往往只会事倍功半。如果仍然停留在电商1.0时代，只会被时代淘汰。那么，在移动社交时代，电商该如何获取流量？答案就在于社群，而社群也天然拥有提高转化率的催化剂，即信任关系。

无论是“用户为王”，还是社群电商，其本质都在于培养用户成为企业、品牌的粉丝，并让其帮助自己主动推广，从而形成更具价值的流量来源。而要达到这一效果，就离不开信任关系。

如何才能建立信任关系呢？

1. 大众的点评

在个性化与小众化消费的崛起中，企业开始注重社交平台上的营销宣传。然而，消费者已经厌倦了企业的自卖自夸，在很多人看来，企业的自我宣传都存在疑点，相比而言，消费者的体验分享，则更具可信度。

如何重新建立信任关系呢？

在每个电商平台，消费者点评都是重要的一环，也是消费者做出消费决策的重要依据。但在社群电商的发展中，这种点评也不再局限于电商平台上，开始出现在微博上、微信里。

于是，电商平台的商品点评数据，以及社交平台的消费分享，逐渐成为商家获取消费者信任的重要手段，而大众的点评往往也是消费者购买的决定因素，如图所示。

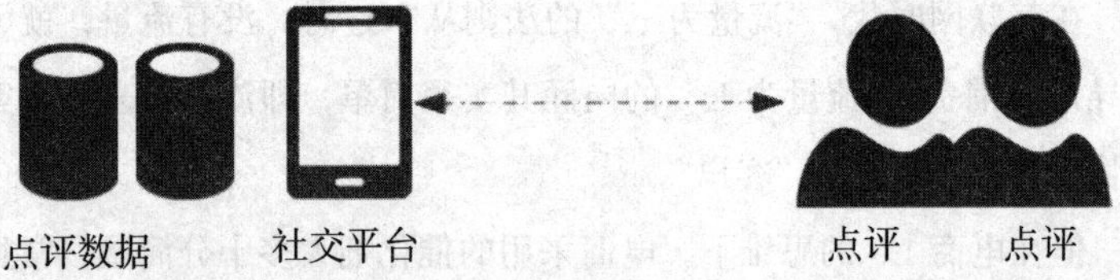

2. 社群效应

基于大众评价体系的完善，伴随着流量入口的不断互联网化，社群也由此成为流量的重要来源。

出于各种原因，当用户加入社群之后，就等于进入了商家的营销池塘。而在这个池塘里，商家则可以通过投放各种“饵料”，从而获取用户的信任，并以每个用户为基点，进行再推广，从而获取源源不断的流量。

如此一来，用户的主动购买、主动分享，能够为品牌、产品带来更多的正面评价，从而借助大众评价体系，获得良好的口碑。

与此同时，基于用户的主动传播，朋友圈的信任度、社交平台的曝光度，自然会为企业带来更多的流量。流量入口的自主扩张，就意味着商家只需要做好社群运营，建立信任关系，将流入的流量沉淀下来，就可以完成变现。

➡ 社群营销的关键是赢得信任

“社群粉丝，能撑起电商半边天。”看到这句话，许多人大概都会嗤之以鼻。毕竟，仅2016年“双十一”一天，仅天猫一个平台，就实现了1207亿元的交易额。这对社群电商而言，似乎是一个不可企及的天文数字。

然而，正如民营经济与途径相辅相成一样，与“大而壮”的平台电商、垂直电商相比，“小而美”的社群粉丝，同样能够在电商中撑起半边天。事实也正在证明社群粉丝的力量。

早在2016年1月，阿里巴巴CEO张勇就以“形势严峻”形容目前的商业模式。在他看来：“单一的为消费者解决信息对称问题的商业模式，会非常迅速地退出历史舞台。”很多人将之看作危言耸听式的自我激励。

然而，在2016年“双十一”再创新高的背后，却是大量“淘品牌”正在“出淘”。这些“淘品牌”依靠淘宝、天猫成长起来，但也就在这一年开始逃离平台电商的“康庄大道”，走上社群电商的“独木桥”。

某品牌是首批入驻天猫的服装零售品牌，在2011年“双十一”中，该品牌就夺得女装销售冠军。但在5年后，同样是在“双十一”这一天，该品牌宣布：正式从互联网品牌向新零售品牌转型。

该品牌对此的解释是：“未来零售生意，经营人的生意不是单纯卖货的生意，人与人之间要有沟通交流的途经。产品只是一个介质，连接品牌和客户，利用衣服、产品与客户去产生接触，接触之后要有文化的属性、社交的属性，在这背后生意才能做大。”

如今，很多企业仍然沉迷于大众传播思维，认为大量的新闻曝光或媒体营销，就能为自己带来足够的流量。然而，他们尚未认识到：营销传播在于获取消费者的信任和认可，如果大众传播不再被信任，那大量的曝光又能发挥多大的作用？

不可否认，在获取流量上，大众媒体确实仍有一定作用，但在移动社交时代，当个性化与小众化消费崛起，当“投喂”型被动消费成为趋势时，社群才是引爆传播的关键。

比如拥有庞大粉丝用户的苹果手机，因为乔布斯的个人魅力而自带强大的广告效应。即使苹果不进行大规模宣传，关于苹果的新闻也会见诸报端，并得到极大关注。与此同时，在“果粉”的主动维护中，即使是负面新闻，也会迅速被覆盖。

对于商家而言，社群中蕴含的巨大能量，才是在互联网时代成为“流量之王”的关键。

那么，社群是如何即刻引爆传播的呢？

1. 主动分享

当某个品牌存在于社群用户的关注列表中，品牌的每个产品发布，或新闻推广，都会得到用户的大量评论、点赞或转发。在社群的频繁互动中，该品牌的新闻很容易就能成为热门新闻。

而在个人朋友圈中，当用户购买了某品牌的产品后，都会迅速“晒图”。因为这样的“晒图”，既能够表现他们的喜爱，也可以满足某种心理需求。

社交平台的广泛传播，能够将大量流量引导至品牌，带动其他用户跟风关注。

2. 反向推动

社交媒体时代，需要社交传播思维，但大众媒体同样具有不错的营销效果。至于如何使用大众媒体，则需要技巧，让他们“免费给你打工”。如果品牌仍然停留于“投钱做广告”，希望只通过大众媒体打开市场，那效果只会不尽如人意。

那么，品牌该如何使用大众媒体呢？其实很简单，让社群反向进行推动即可。

当品牌发布了某条微博，或在公众号发布某篇文章，在社群中得到迅速传播，短时间内就获得百万级的阅读量、过万的评论数时，它就会成为热点新闻，大众媒体自然会主动参与进来。

社群的力量，正在于病毒式传播的成倍放大效应。尤其是在社交传媒时代，当每个人都成为社交平台上的一个媒体时，将用户聚集在一起的社群能够即刻引爆传播。与此同时，传统的大众媒体也会迅速跟进，从而借题发挥，吸引更多的大众关注。

在移动社交时代，社群往往会爆发出超乎想象的力量：社群能够推动品牌迅速崛起，也能将其拉下神坛。

如今很多企业的成功都是立足于社群粉丝，最典型的无疑是小米。但时至今日，当 MIUI8 系统开始内置广告，当小米无人机发布日“炸机”时，大量小米“发烧友”纷纷脱离小米社群。据统计，苹果手机用户的再购买欲望达到 82%，三星手机为 67%，而小米手机则仅有 38.2%。

虽然金无足赤，人无完人。然而，借助社群崛起的品牌，其实并不需要在所有方面做到完美，关键在于赢得社群用户的认可。商家产品即使出现过各种问题，只要社群用户认可其为用户服务的真心，就会选择谅解。反之，一旦被社群用户发现商家没有真心为用户服务，只是借用户赚钱，那也会以单纯的买卖关系看待商家。

借助社群，商家能够引爆即刻传播，能够让社群用户帮助自己将产品“投喂”给其他用户，而要实现这一点，商家就必须真正赢得社群用户的信任。

➡ 社群时代的“网红”经济

网红在国内一度成为一个常见的词。但随着社交网络的蓬勃发展，如今，“网红”+电商的新型组合，已经成为社交电商的一种全新形态。

“网红”从未获得如今日这样的广泛关注。那么，“网红”是如何成为众多品牌抢占的社群经济阵地的呢?

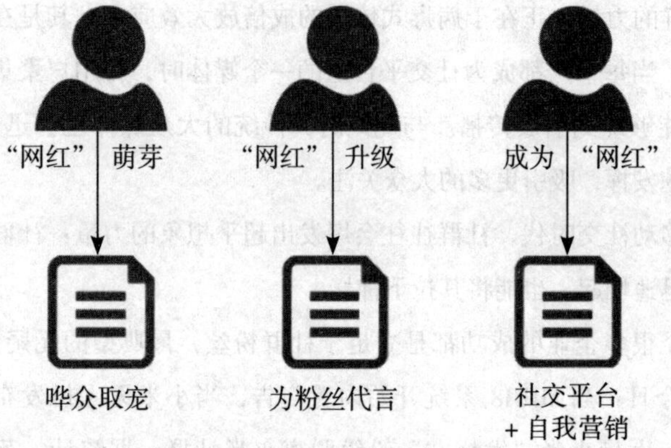

1.“网红”萌芽

网红代表着一种稀缺性资源。对普通人而言，你是否也有成为红人的想法？是否也有追上白马王子的愿望？是否也想在众人之中独树一帜？

这种想法大家或多或少都有，但真正敢于表达的却很少。因此，当芙蓉姐姐、凤姐等出现之后，他们成为这种想法的代言人，从而获得了相当数量网民的关注与支持。

2.“网红”升级

时至今日，随着理性化消费的普及，“哗众取宠”的方式很难再获得成功；随着个性化与小众化消费的崛起，大部分消费者也不会再盲目追随。

因此，作为部分消费者的诉求代表，“网红”的内涵也开始转型。

“网红”不再是简单的网络红人，而是代表了关注者的需求，以自身的形象和品位引导关注者的“领头羊”。

正如前文所说，在个性化与小众化消费的崛起中，消费者愿意实现消费升级。然而，他们却很少有时间、精力去提升自身的消费品位。

此时，具有相当消费品位的“网红”，则成为一种稀缺资源。因此，“网红”开始被摆在“橱窗”中，供消费者选择，成为其消费升级的模仿对象。

3. 成为“网红”

随着“网红”逐渐由贬义词转变为褒义词，在社交网络的蓬勃发展中，想要成为“网红”，也拥有了更多的成长途径。如微博、微信、唱吧、直播平台等，都为“网红”的成长提供了合适的平台，而要借此获得较高的关注度，一般而言，主要有 3 种方法：

（1）颜值

在这个“看脸”的时代，成为“网红”最直接的方法，就是颜值爆表。如果颜值足够高，只需要不断地发布各种自拍，就有可能成为网络红人。

这种方法虽然简单，但却有着较高的门槛——颜值高。而在“锥子脸”“整容脸”泛滥的今天，怎样的颜值才最受欢迎呢？这或许是此类“网红”最该考虑的问题。

（2）才华

颜值或许会贬值，审美或许会改变，但才华却是稳定的。因此，我们常看到很多人“明明能靠脸吃饭，非要靠才华”。

在如今的“网红”阵营中，段子手、主播、视频创作等，都是才华展现的一种方式。段子手如留一手，主播如 Miss，视频创作如 papi 酱，都是典型的靠才华走红的“网红”。

时代的发展，带动着“网红”的升级，在社交网络时代，“网红”的内涵逐步丰富，成为其粉丝群体的代言人，表达了消费市场的某种诉求。各种社交平台的崛起，也为“网红”提供了丰富的成长途径。而“网红”想要真正获得成功，颜值、才华、事件其实是缺一不可的。

4.“网红”变现

在不断地摸索中，“网红”经济逐渐成熟，并形成一种稳固的模式。“网红”经济就是“以一位年轻貌美的时尚达人为形象代表，以红人的品位和眼光为主导，进行选款和视觉推广，在社交媒体上聚集人气，依托庞大的粉丝群体进行定向营销，从而将粉丝转化为购买力”。

粉丝经济作为一种经济模式，必然存在变现的需求。相比于企业、品牌的产品服务变现，“网红”又该怎样实现人气变现呢?

在“网红”的萌芽阶段，纵使关注度再高，网络红人的变现手段也十分可怜，只能如三四线明星般，出席一些低端的发布会，甚至连代言都很难谈到。

时至今日，传统的“网红”已经销声匿迹。但当今的“网红”，却有着更多的变现渠道。

（1）电商平台

对于大多数“网红”而言，电商是人气变现的最佳途径，开放性极高的淘宝则是最好的选择。

2014 年 5 月，某知名网络主播创立了自己的淘宝店，其百万级的直播粉丝，让他的淘宝店在一年多的时间，就达到了 3 个金皇冠，每月收入更是超过 6 位数。

与此同时，坐拥 450 万粉丝的“大 V”张大奕也开起了名为“吾欢喜的衣橱”的淘宝店。在一年不到的时间里，就做到了 4 个金皇冠。每当该店铺上新品时，其成交额都能达到全淘宝女装类目的第一名。

从整体环境上来看，早在 2014 年“双十一”期间，销量排名前十的女装店铺中，就有 7 家是“网红”店铺，很多“网红”店铺的成交额甚至能够超过知名品牌。

纵观如今的“网红”经济，淘宝店已经成为众多“网红”的标配，几乎每个有一定名气的“网红”，都会开一家自己的淘宝店。

至于淘宝店卖什么，服饰、食品则成为较为普遍的选择。当然，根据自身的“网红”属性，每个“网红”也可以做出更具针对性地选择。比如，游戏主播出售游戏外设，运动“网红”出售运动设施等。

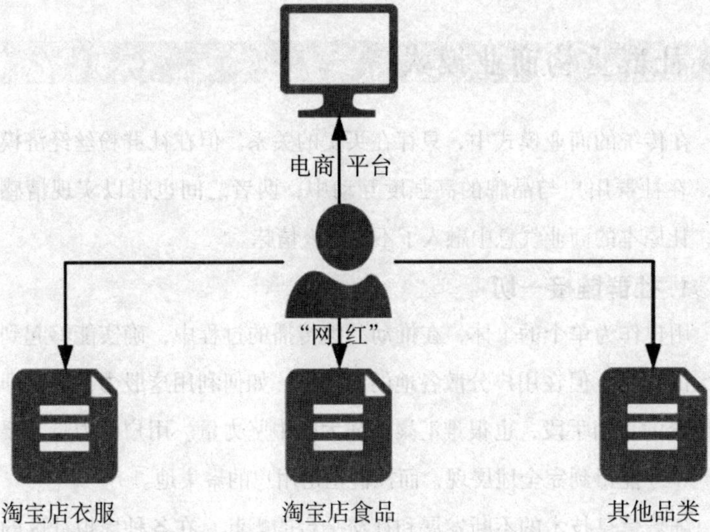

（2）广告代言

在“网红”经济时代，部分“网红”的人气甚至超越了传统的明星。而对于此类高人气“网红”而言，他们也可以享受到传统娱乐明星的待遇，获得广告代言的收入。

papi 酱被称为“网红经济第一人”，从 2015 年年底开始，这个自称“集美貌与才华于一身”的女子，以各种创作视频在不到一年的时间迅速获取接近 1200 万的粉丝关注，其视频播放总量更是达到 2.9 亿次。

2016 年 3 月 27 日，papi 酱与“罗辑思维”创始人罗振宇合作开展广告招标沟通会。罗振宇更是对广告开出千万级的预期。该预期引来了众多媒体人的不屑，但最终，papi 酱实现融资 1200 万元，其首次广告招标也被拍卖至 2200 万元。

"网红"经济的蓬勃发展，将社群粉丝经济带向了一个新高潮。作为"网红"的重要阵地，微博也于2016年6月16日举办了第一次"超级红人节"。这场被称为"网红节"的活动，其人气甚至不亚于一般的时尚发布会，让业界看到了"网红"的人气力量。

➡ 社群重构商业模式

在传统的商业模式中，只存在买卖的关系。但在社群粉丝经济模式中，在社群用户与品牌的高强度互动中，两者之间也得以实现情感链接，让原本的商业气息中融入了不少的人情味。

1. 社群链接一切

用户作为单个的个体，在推动品牌传播的过程中，确实能够起到相当大的作用，但在用户分散各地的前提下，如何利用这股力量呢？即使是传统的直销手段，也很难汇聚成强大的中坚力量。用户的力量需要在协同中才能得到完全地展现，而社群正是用户的聚集地。

随着信息技术的不断发展和社交平台的崛起，在各种虚拟社区的逐步完善中，社群也开始走向萌芽。

社交平台的蓬勃发展，正是因为人们渴望交流和分享，而支持和追随同一对象的粉丝们，此种渴望则更加强烈。基于社交平台，各种各样的社群层出不穷，他们都有着自身的主题属性，从而连接相关的粉丝群体。

借助微博、微信等社交工具，社群的影响力越发凸显。而社群本身也具有极强的包容性，可以连接一切元素，诸如人、产品、服务、活动等。

当用户的需求在社群中得到满足时，他们自然愿意继续留在社群中，并招纳更多的"友军"入群。而随着社群成员的不断增多，社群也将变得更加多元化和个性化。

对于品牌而言，借助社群将用户的力量集中起来，就能形成强大的社群效应，从而实现流量沉淀和变现，在对用户力量的引导中，则能够及时引爆传播，让每个社群用户都成为一个流量入口。

一群坚定的社群用户，能够让品牌新品迅速成为爆品，也能够让品牌的公关危机在瞬息间销声匿迹。社群连接一切的特性，使得电商的商业模式也得以重构，以全新的姿态面对市场。

那么，社群电商是如何重构商业模式的呢？我们可以从社群构建的角度进行探索。

2. 社群的号召力

在社群形成之前，忠诚用户会以粉丝的形式，围绕在某个对象周围，虽然他们之间偶有互动，甚至会自发组织一些活动，但无法形成一种固定的系统。因此，在社群形成初期，必须存在群主，将忠诚用户聚集在一起。

对于“果粉”而言，乔布斯就是他们的群主。这位传奇式人物的一言一行，都深深影响着粉丝们，单凭他的个人魅力，就足以聚集人气。

与此同时，乔布斯和他的苹果，都是电子产品行业的佼佼者。因此，在该行业内，乔布斯有着极高的可信度和发言权，“果粉”折服于乔布斯的个人魅力和他创造出的苹果产品。

在乔布斯的感召下，“果粉”们汇聚在一起，形成一个忠实的社群，自觉支持苹果的产品，自觉成为苹果的宣传者和维护者。

然而，如乔布斯、马云这类明星企业家，其精力必然更多放在企业运营上。因此，他们虽然具有群主能力，也具备一定的感染力，但在社群运营中，群主还需要更加“接地气”。

在娱乐圈的粉丝群体中，经常能够看到各种粉丝团，团长通过对粉丝进行管理，组团支持明星的某次活动。而在社群的构建中，也同样如此。在群主将用户号召起来之后，同样需要在社群内部塑造一个管理者，他需要在社群内部具备相当的感染力，并能够与用户打成一片，从而保证社群的管理和运营。

3. 社群管理

当社群形成之后，则要采取去中心化的管理方式。最初的群主可以逐渐淡出社群视野，给予用户自由交流的空间。此时，社群只需塑造一位管理者维持社群运营即可。

为什么社群运营中，需要采取去中心化的管理呢？

在学校里，课间时同学们在一起相谈甚欢，一旦班主任进入班级，全班立刻鸦雀无声；而在娱乐圈里，当粉丝团热烈讨论时，随着明星的入场，全场只剩下尖叫……

内部互动是社群的生命力所在，而商业想要实现情感链接，就需要将社群打造为用户频繁互动的平台。

因此，去中心化则成为社群运营的必然选择。只有如此，才能让社群用户自由讨论、自由交流，推动用户主动吸纳更多用户入群，从而不断丰富社群的内容，使得社群具有更多的互动和更强的生命力。

与此同时，企业也不能完全“无为而治”。除了对社群的基本管理，如规则的制定与执行，企业还需要不定时地举办一些活动，从而提升社群热度，并在需要时对社群内容进行适当的引导。

只有抛弃铜臭味，融入人情味，品牌才可以借助情怀，在消费升级时代，获得更大的利润空间。从粉丝到社群，正是让商业实现情感链接的最佳方式。利用群主获取粉丝，并组建社群，利用去中心化连接一切，这就是以社群为核心的新型商业模式，也是社群粉丝经济的价值所在。

第三章

社群营销如何引爆流量

➡ 让消费者替你做品牌推广

让消费者容易记住的名字、良好的产品、可观的市场份额，这些都是成就一个好品牌的必要条件。一个好的品牌，其核心要素在于它在消费者心目中的价值，有了这种价值，商家就可以和消费者建立稳固的感情。

大家都知道苹果手机，在这个世界上，是否有公司可以设计并制造出比苹果更好的手机呢？答案是肯定的。尽管这样，依然没有哪个品牌可以动摇消费者对于苹果手机的偏爱。

因为，对于消费者而言，“苹果”不仅仅是一部手机，“苹果”还是地位、身份、时尚的象征。这里所说的地位，并不是说拥有一部苹果手机的人就高人一等，是指苹果手机可以体现出一个人的品位。

其实，许多企业的品牌名称和业务之间没有任何关系。例如：在苹果手机出现之前，“苹果”和手机、电脑、笔记本电脑之间就没有关系。

苹果公司把品牌名称取名为“苹果”，是有典故的。

最初乔布斯思考给公司取个什么名字的时候，他正寄住在朋友的农场里，当时正值苹果成熟的季节，乔布斯一时兴起，就把公司取名为

"苹果"。

如今，我们看到的苹果标志有一个被咬过的缺口，这是设计师精心设计的，不想让苹果看起来像一个樱桃。

对于喜爱苹果手机的人来说，品牌本身会凌驾于品牌价格、品质之上，消费者和"苹果"这个品牌建立起情感依赖。

那么，如何打造消费者对品牌的偏爱呢？

- 企业的产品或服务质量必须是上等的
- 要带给用户印象深刻的消费体验
- 不断创新，这样才能在激烈的竞争中屹立不倒
- 承担品牌身份相对应的社会责任

企业需要注意的是，尽管有了社群营销这种营销方式，但是基本功还是不容忽视的。打造有影响力的品牌是进行社群营销的前提。另外，还要注重产品的品质，任何人都喜欢有品质的消费品。

"苹果"这个品牌很容易被人识别，可以说，苹果公司的品牌打造得相当成功。拥有这样有影响力的品牌，进行社群营销就会比较顺畅。

小敏买了一部苹果手机，然后在公司里拿给同事小丽看，同事感觉这款手机真不错，就会去买一款。

小丽买完手机以后，就用手机拍了很多自拍，传到微信朋友圈，附言"苹果手机的像素就是高"。

小丽的亲人、好友都觉得小丽的自拍照确实很漂亮，然后也纷纷去买苹果手机。

通过上面的例子，可以看出：无论是手机，还是别的商品，打造品牌是关键。有了"声名显赫"的品牌，做社群营销是很简单的事情。

➡ 铸就良好的口碑

在传统商业营销中，商家注重吸引大众的眼睛。如今，商家的思路发生了变化。在当今社会，在一个社群中，商家要把注意力放在消费者的嘴巴上，让消费者去传播企业的品牌，通过谈论、交流的方式，让更多人了解企业的品牌。

在传统商业模式中，商家都明白“客户是上帝”的道理。在当今市场中，和客户建立感情才是关键。

现在的很多产品，更新换代的速度很快。例如：做网站视频的，就要及时更新网站上的内容；生产洗发水的，过几个月就可能会换新的包装。让老客户接受新产品的同时，可以加强口碑营销，让老客户帮忙宣传新产品。

可以说，在互联网时代，口碑决定着一个品牌的生死存亡。在这个时代，每个普通人都是信息的节点，口碑的传播就像滚雪球一样，越滚越大。

1. 让客户用嘴巴传播品牌

让商品占据客户的眼睛，打响商品知名度，让客户用嘴巴去传播品牌，这是企业社群运营的关键所在。

随着市场的发展，商业竞争日益激烈，消费者购买商品越来越注重品牌。商家可以打动一部分消费者的心，让这些人成为品牌的忠诚用户，然后通过信息传播机制，激励他们将品牌的评价传播出去。

潘婷的广告短片“内心强大，外在闪耀——向内心强大的她献赞”用短短的 2 分 12 秒传达了一种对女性消费者很有启迪意义的价值观。女性的一生是否应该按照唯一的标准去生活，这个问题见仁见智。潘婷广告短片讲述了几个背景完全不同的年轻女性的生活，并提出女人应该活得多姿多彩的人生观。正如解说词所说：“选择无分对错，强大的内心，让你闪耀更美丽。为内心强大的女生们，赞一个！”

"内心强大，外在闪耀"这个广告短片，是潘婷针对目标用户群体的特点来制作的。潘婷产品的目标用户是年轻女性，她们有着各种各样的出身背景与职业，却都希望能活得漂亮。潘婷对此有着深刻的理解，于是在短片中将目标用户分为白领、年轻妈妈和 90 后这三个群体。每一个角色代表一种不一样的生活态度，从而实现与各个年轻女性群体的精准沟通，并引起广泛的情感共鸣。

在发布这个广告短片时，潘婷还借助了腾讯平台的社交影响力，让目标受众在观看短片之后可在 PC 端或移动端录取指纹制作心意卡，让大家可以向身边的女性好友献赞。这种跨屏互动的营销模式吸引了消费者广泛参与，让潘婷广告短片在朋友圈里形成了传播热潮。

最终，"内心强大，外在闪耀"这个广告短片的播放总量在 3000 万次以上，点赞次数超过了 1000 万，年轻女性购买潘婷产品的意向度提升了 3%。

企业应该让消费者自觉对品牌进行讨论和传播，先培养消费者的忠诚度，再打造品牌的知名度。要知道，知名度是在忠诚度的基础上形成的。有了大批忠诚用户，才容易建立正面的品牌形象。

2. 双向交流才有效

在互联网时代，单向交流是行不通的。企业需要及时与粉丝进行双向沟通，这样才能有长远的发展。

在传统营销中，单向的信息传输注定会失败，因为单向交流意味着企业无法获得忠诚用户。

在社群营销中，忠诚用户对于企业来说至关重要，忠诚用户会主动为企业宣传品牌。例如：小米的粉丝愿意帮助寻找小米之家的选址，为小米的同城活动献计献策等。

小米粉丝曾做过这样的事情：小米曾经想在珠三角举办同城会，但是由于天气原因，航班延误了，这导致小米的工作人员无法按时赶到现场布置场地。通过电话沟通，当地的多名米粉自愿帮忙，连夜布置了会场。最终，小米同城会如期举行。

通过小米的这个事例，可以看出，米粉不仅仅是小米产品的使用者，还是小米这个大家庭的一员。对于米粉而言，小米的事情就是他们的事情。其实，这就是社群营销的核心所在，通过社群的力量积累资源。

在互联网时代，企业与消费者处于一个社群中。与消费者进行双向交流，占领消费者的心灵，才能让他们自愿为企业品牌助威，从而铸就良好的口碑。

➡ 倾听消费者的声音

消费者从实体店买了一件商品，发现商品有问题，然后就可以去店里找销售人员理论。然而，实体店的销售人员并不一定会给消费者满意的答案。

如今，消费者可以在京东、淘宝、亚马逊、当当等平台购买商品，可以在商家店铺下面进行评价。消费者的评价会被别人看到，这种评价会对潜在顾客的购买行为产生影响。

一个人的声音不大，但是，若一个人的声音对成千上万的人产生影响，商家就会重视。

网络社群的形成，改变了人们购买产品和互动的方式。在网络社群中，任何一个声音都会影响到整个社群。

电子商务诞生之前，消费者可以口口相传某个商家是业界良心，但无法统计该品牌到底受到多少人欢迎。亚马逊、淘宝、天猫、京东、当当等网上购物平台推出的评分功能让买家可以给商品或店铺进行打分，而运营商再根据消费者的打分情况来给各个进驻网站的商家评定信用等级，给予好评率和信用度高的商家更多优惠政策。于是，互联网上出现了一句淘宝体名言：“亲，给个好评呗！”

这本来是一个鼓励买卖双方诚信交易的管理机制，但在实际操作中仍然免不了出现一些乱象。

有的淘宝商家为了提高自己的信用等级，故意用注册的小号冒充顾客打好评。许多卖假货、服务态度恶劣的店主就是凭借这种伎俩来伪造好口碑，欺骗不知底细的新顾客。另外，有些消费者的素质低下，明明店主服务周到、发货及时、包装完好，就是故意给差评以满足自己阴暗的恶作剧心理，让商家的信用等级下滑。

所以，有经验的消费者在网购时不光看表面上的好评率或差评率，还会通过多种渠道反复验证该商家是否真有良好的信誉。

安迪·赛诺维兹教授指出："关于口碑的一个真理是，真相总会浮出水面。大规模媒体宣传活动，掩盖不了产品质量低劣的事实。响亮品牌的背后，藏不住劣质的服务。你不能对自己说假话，更不能对客户撒谎。"

这番话值得所有的口碑营销工作人员深思。

2015年8月20日，一位英国消费者发现新买的iPhone手机里有3张亚洲女孩（其中有一位是笑容灿烂的中国深圳女工）的照片。他觉得这个女孩的形象纯真、可爱，就将照片发到了一个苹果产品爱好者论坛（www.MacRumors.com）。没想到，这张照片仅仅用了6天就风靡全球社交媒体，"iPhone girl"迅速上升为Google排名第7位的热词。这则消息从国外传到国内，从互联网媒体到纸质媒体，"最美iPhone中国女孩"的话题迅速蹿红，俨然成了一个网络童话！

然而，网友们追根溯源，发现"iPhone girl"是那个苹果论坛策划的一起炒作事件，分享照片的所谓"英国消费者"其实是论坛站长用马甲伪装的。网友们得知该网络童话是一场营销骗局后，感到非常沮丧。有人说："我实在不愿意相信'iPhone girl'是个公关事件。我经常觉得，世界还是美好的，不全部都是人造的。"

这则人为制造的网络童话破产了，消费者感觉自己如同"吞了一只苍蝇”。苹果论坛本想炮制一次完美的口碑营销，调动大家对“最美iPhone中国女孩”的关注度，结果被热心网友查出了作弊行为。最终，给予好评的消费者认为自己受到了欺骗，由喜转怒，让苹果公司落下了一个坏口碑。苹果公司后来颇费周折才消除这次事件带来的负面影响。

在上述案例中，营销者大大低估了网友的智商。随着网友们越来越熟悉商家营销的套路，他们越来越难以被轻易煽动，反而能在很短时间内完成辟谣工作。

安迪·赛诺维兹教授对此有着深刻的认识。他强调说:“口碑是反馈的循环，迫使营销人员重视用户的意见。它打破了广告商的孤芳自赏，令他们不得不正视产品和营销对现实中的人产生的客观影响。口碑令客户坐到了董事会会议桌的首席位置上。口碑营销是听取用户的声音，维护用户的利益。在此类营销中，客户拥有强有力的发言平台——营销者必须认真倾听。这样，人们就有能力表达自己的不满，揭露不诚实行为。口碑营销者必须学会倾听，我们别无选择。除非消费者心甘情愿地传播我们的信息，否则我们就不能实现自己的营销目标。”

传统的宣传推广方式既烧钱又低效，已经在走下坡路。新媒体时代的消费者，更相信其他消费者与自己的亲身体验。假如他们觉得产品体验确实令人满意，就会信任营销人员，并主动向其他消费者推荐公司的产品。反之，他们不对公司大加挞伐就算手下留情了。

与此同时，公司口碑营销团队成员要学会珍惜消费者给予的口碑，高标准、严要求地贯彻诚实守信的方针。唯有如此，才能让口碑营销取得更好的经济效益，形成一个商家与消费者相互促进、互惠互利的良性循环。

在打造品牌、开拓市场等一系列商业活动中，都应聆听消费者的声音。只有仔细聆听，商家才能和消费者融为一体，打造产品社群，为产品的发展共同努力。

在20世纪80年代，戴尔电脑起家的时候，并不是按照公司的设计直接把电脑组装好，而是按照顾客的意愿来“定制”。虽然各个零配件的规格、参数都是已经设计好的，但是却给消费者提供了一定的选择空间。然而，就是这一点点的选择空间，使戴尔电脑走向了成功之路。

消费者的声音是最真实的，他们会通过网络平台说出自己的诉求。企业应该充分意识到这点，拥有足够的耐心，听一听广大消费者的声音。

➡ 让消费者获得参与感

从产品的品牌设计、生产到出售，让消费者参与整个过程，他们就会获得参与感。若消费者对于一个品牌有着不一般的感情，那么这种品牌就会形成强大的品牌势能，这样企业就可以积累无限财富。

品牌不仅仅是一个称号，它代表着企业在市场中的地位和实力。一个品牌，只有被市场认可了，它才能够存活下去。

决定品牌在公众面前呈现势能的三个因素包括：主体势能、媒体势能以及公众再传播。在这三个因素中，“公众再传播”是最重要的因素。

决定“公众再传播”力量的是参与感。若一个品牌可以让消费者获得参与感，那么消费者就会忠诚于该品牌，从而自愿做品牌的代言人。

其实，社群营销就是积累大量忠诚用户的过程。那么，企业该如何积累忠诚用户呢？首先，要让用户获得参与感。

在过去，企业通过报纸、杂志、收音机以及电视等媒介进行营销，这种营销属于广告式的，消费者只能被动地接受，但是却不能与企业进行对话，这就使消费者缺乏一种参与感。若消费者可以参与企业的营销过程，获得参与感，就会忠诚于企业的品牌。

小米科技在口碑营销方面做得非常有特色，其中最有代表性的指导思想就是“参与感”。所谓参与感，就是让产品用户和员工一同参与公司组织的活动，经常保持深度互动。这种互动方式就像是参加朋友开的派对，轻松愉快、团结友爱、没有隔阂，彼此真正地打成一片。

这是新媒体时代的新形势，与消费者主权意识上升有很大关系。

传统营销模式催生了传统的商家与用户的关系。用户单方面接收商家推送的信息，最多也就是有选择接受或不接受的权利，缺乏一个有效的对话机制。而商家也只是重视单方面向消费者灌输信息，并没有与他们互动交流的意识。那时候的口碑营销是粗放式的，用户给的好评没什么传播力度，更多是靠商家的自夸来推广产品或服务。在这种缺乏话语权的背景下，消费者很难萌发主权意识，对参与感没什么需求。

新媒体颠覆了传统营销模式，也改变了消费者与商家的关系。

在这个"人人都是自媒体"且任何负面情绪都可能被放大百倍的环境下，消费者给出的差评会很快吸引一大批网友加入讨论，引爆企业的负面口碑，在很短的时间内达到众口铄金的效果。消费者的话语权提升了，与商家的关系也趋于平等。他们的意见对商家的营销状况影响很大。在这个背景下，消费者越来越希望主动影响商家的营销流程，让他们设计出更符合自己个性化需求的产品，让他们提供更加人性化的服务。

小米科技的副总裁黎万强在《参与感：小米口碑营销内部手册》中写道："真正的参与感绝对不仅仅是互动，而是塑造一种友爱的互动，让员工、用户发自内心地热爱你的产品，发自内心地来推荐你的产品。"

要做到这一点，就必须"潜入用户的大脑"，在用户使用产品的过程中，营销者要不断给他们渗透式的用户体验。唯有这样，营销者才能与广大用户打成一片。为了提高用户的参与感，小米从公司最高层开始，带头与"米粉"进行深度互动。

比如，在2015年5月5日10时56分，小米公司总裁雷军特意发了一条微博："我想请5位米粉，去印度和美国，来一场说走就走的旅行，如何？我们付所有旅行费用，但你要用配备骁龙810的小米Note顶配版在国外完成一系列任务，帮我们测试一下小米Note顶配版的各项性能。‘米粉芯旅行’。”

这个活动的主要目的是推广当时准备上市的新产品——小米 Note 顶配版手机。雷军亲自公开邀请 5 位“米粉”使用配备骁龙 810 的小米 Note 顶配版手机在印度和美国完成一系列任务，所有费用由组织活动的小米公司承担。通过这种富有游戏色彩的互动活动，小米进一步增进了与“米粉”之间的关系，也带动了新产品的销售。

口碑传播是以对话形式扩散信息的。也就是说，没有对话就没有口碑。公司要设法让更多用户参与到交谈中。当然，这也意味着我们需要投入更多的员工去同用户对话，否则光靠一两个人加班加点应付成千上万的粉丝，无异于天方夜谭。有的公司提出了“全员客服”的理念，就是基于这个考虑。让全体员工都参与到交谈当中，提高整体的互动效果。

不过，公司员工的性格和能力是多种多样的，完全一刀切地让他们以同一种模式来跟用户对话，显然不现实也不科学。安迪·赛诺维兹教授建议，公司中任何对交谈有兴趣的员工都可以参与交流，不过，有些人负责倾听，有些人负责回复，有些人则负责从旁观察。

根据不同的性格能力特点来分工，倾听者满足用户的倾诉欲，回复者给用户解答疑问，观察者从中捕捉交谈中的有用信息（比如用户的潜在需求变化等）。这种分工合作式的互动，比让员工一个个跟用户成对交谈的效率要高得多。

说到底，交谈不只是为了聊天，而是通过聊天来传播口碑和了解情况，最终提升销售业绩。通过更多的交谈来获得更多的口碑，像滚雪球一样增加口碑的传播力和影响力。

➡ 保持社群活跃度

一般人对社群的期待是全体群员积极参与社群活动，保持群内的热度，进而吸引更多人加入如此正能量的社群，让社群快速发展壮大，并认为做到这一点的社群就是好社群。

群规模大，就是好社群？假设把你的微信群注销，你的“社群”还在吗？假如没有微信公众号，你的“社群”还有根据地吗？如果你的答案是否定的，那么你就应该意识到，你还没有建立真正的社群。

不评估微信群活跃度，不评估微信公众号粉丝量，那应该怎样评估一个社群的质量？

大家可能都在网络上读过论述社交关系的文章，很多社交关系文章会信誓旦旦告诉你什么是强关系（比如亲朋好友、工作同事），什么是弱关系（比如通过网络接触到的原来不熟悉、不了解的人）。有的观点认为强关系会锁死你的交际圈，弱关系才是打开事业圈的王道，我们认为这些思考都不够深入。

根据我们的运营实践，结论是真正能创造巨大价值的关系一定是强关系，而不是弱关系。我们可以通过弱关系发现销售机会，发现潜在的强关系资源，但要让这些弱关系产生价值，你还得先把它们转化成强关系。

一个事实就是，传统产品型企业的大部分客户在购买行为之后，和企业并没有持续连接——购买之后就再没有连接了，这其实是一种弱关系。如果客户始终保持对企业产品的关注度，那么传统企业早就无压力转型互联网了，天然就是互联网大号。

传统产品型企业的问题在于他们和客户之间只有一次购买连接，他们通过购买过程获得了一些客户信息，但是没有和客户建立连接，以致到了互联网时代，他们找不到客户了，不得不转型互联网去构建产品型社群，重新建立与客户的直接连接。

而服务型企业在这方面的困扰就少很多，比如，银行要借助互联网建立与客户的连接，难度就小很多，因为服务业务的存在本身就是一种强关系，他们无须建立社群就可以方便接触用户，对他们而言，提升服务质量比建设让人满意的社群更重要。

那么拥有强关系的社群的本质是什么？我的结论是，必须建立社交关系的“交叉覆盖”。

什么叫“交叉覆盖”？

与你关系亲密的人，你往往拥有他的手机、微信、电子邮件……各种联系方式，甚至还可以通过他的死党挖出他躲在哪里。

但在弱关系中，人和人之间只有一种连接，连接越多，关系越强。

连接越多，关系越强

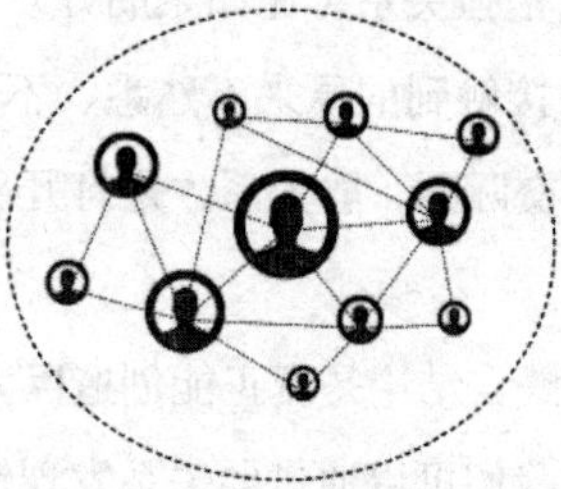

要形成一个真正的社群，群员之间至少需要两个维度的连接。因为我们大部分人只有微信一个渠道的一次连接，他们大部分只建立了两到三个维度连接。

一个社群的成立，要符合我们在前文提出的几项指标，但一个社群的价值在于，社群可以帮助弱关系的人形成强关系连接，这种强关系让我们彼此信任了解，建立能力互补关系，从而创造出原来不存在的价值。

谈自组织，谈去中心化，貌似很美好，但这无法解决如何通过社交连接创造真实商业价值的问题。而好的社群创造了社群核心成员之间的社交关系交叉覆盖，并通过社交关系覆盖，让社群成员彼此之间足够了解和认同，可以按大家认可的价值观和工作方法做事。结果就减少了传统组织中的沟通成本，合作更愉快，可以更高效地专注于业务，创造高质量的产出。

不过社群成员社交关系形成交叉覆盖的过程，也是需要时间养成和运营磨合的。从这个角度讲，社群的形成并不依赖于移动互联网或者某个具体的平台，但是移动互联网的普及让社交关系的连接成本大大降低了。在没互联网之前，很多有可能成为群、想成为群的人根本无法组织到一起，成本高到无法做下去。

所以，优质社群的首要标志其实很简单——让认同社群目标的人创造越来越丰富的连接。

以社群覆盖人数的多少，很难区别不同社群的质量。但如果有办法统计社群成员之间的平均连接维度，用社群连接维度平均值就可以作为衡量社群质量的依据了。

淘宝用户为什么不是社群？因为用户和你只有两个连接方式，电话和旺旺，而且是低频使用。微信群为啥黏性高一些？因为高频使用。

社群的运营者应该努力让社群成为不同领域优秀的人交换势能的平台，在平台上完成跨界合作，这种合作的能量整合起来，又可以吸引第三方参与合作。那么，我们就可以让社群搭平台，牛人来唱戏，企业来买单，群众来参与，多方共赢。

一个最简单的例子：现在很多社群把普通人整合起来，变成多个大群，这样就有信心去邀请大咖来做免费分享，大咖的免费分享又是给普通人的福利，持续运转下去，就有企业想做借势营销。

➡ 社群零售好产品是关键

随着社群营销的崛起，社群平台充斥着各种宣传产品的信息，如果仔细翻看，不难发现他们的商品也真是丰富多样，从吃的零食、奶粉、大闸蟹以及保健品，到用的护肤品、家纺、家具甚至卫浴设施，以及穿的衣服等等，真可谓应有尽有，但如果追问一句，这些都是适合社群营销的产品吗？答案恐怕不全是肯定的。

就拿吃的零食、奶粉以及大闸蟹来说，人们很难通过微信等社交平台来了解这些产品的品质，也无法对价格相对高昂的产品确定真假。显然，这些食品并不是社群营销产品的最佳选择。再拿衣服举例，衣服毕竟不是一次性消耗品，它们有着较长的更替周期，天天买衣服、月月买衣服的人毕竟是少数，另外人们对衣服的质量也存在担忧，常听一些人抱怨，本来出于捧场买了社群平台朋友推荐的衣服，但没想到收到的衣服质量不怎么样，真是花钱买难受。而床、沙发等大件家具，因为产品质量不易保障、运输不方便以及不易存放等特点，也不适宜成为社群营销产品。

赵虎是一个通过微信平台进行社群营销的微商，他代理的产品是浴室柜，他虽然每天也很卖力地在朋友圈进行宣传推广，但也只是偶有进账，大部分时间几乎毫无收获。赵虎为此很是苦恼，他不明白为什么自己产品不错，推广力度也不小，但收效却微乎其微，问题到底出在哪里？其实，赵虎忽略了一个重要信息，那就是浴室柜并不像日常生活用品等必需品，只有在家里面需要装修的前提下，人们才可能会想到购买浴室柜，如果客户没有装修的想法，怎么会无端想到要单独买浴室柜呢。另外浴室柜的成本也比较高，动辄几万元的东西，并不是所有人都愿意做这样的消费，很多人压根不需要浴室柜，当然也不会去考虑购买。退一步说，即便社群平台有热心的朋友想要帮忙赵虎介绍生意，但恐怕也是心有余而力不足，毕竟人们通常很难掌握周围谁需要装修，什么时间装修以及是否需要这种浴室柜等信息。

那么，什么样的产品适合运用社群营销呢？什么样的品牌适合在社群兜售呢？一般来说，高频、高溢价和超预期的商品比较符合在社群兜售。

高频指的是产品使用频率高、消耗快，复购率高。比如类似面膜、化妆品等一般日常消费品就是这样的产品。就以面膜为例，通常女性都会在每天晚上使用面膜，也有很多注重护肤的女士，会在一天早中晚各使用一次面膜。如果以每天一片为标准，那一个月就要消费三十片面膜，以一盒面膜包含十片来算，一个女人每月要使用 3 盒面膜，通常最便宜的面膜大概也要一二百元，那每位女性每月至少需要消耗三四百元，而对于那些每天消耗三片面膜的女士来说，她们在买面膜这一项的花费就高达上千元。正是由于面膜是女性每天都用到的东西，消耗快，重复购买的几率大，因此将面膜作为社群营销品是一个不错的选择。

高溢价顾名思义就是社群兜售产品价格超过其实际价值较高。有些社群平台总是充斥着这样一些广告，广告中是祖传老中医研制的治疗青春痘或者专业减肥的药品，药品本身可能体积并不大，但一堆锦旗证明疗效看起来很不错，文案中还有包治好的字眼，而价格可能就是 68 一瓶或者 98 一盒。很多人看到这些可能微微一笑，觉得这就是骗子，没有人会上当，但处于青春期或者急于解决自身形象的爱美人士可不这样想，一来这些产品比那些大品牌或者大医院的祛痘霜或者减肥药要便宜得多；二来不到一百块的价格，即便没有任何效果，也算不上什么损失，心理上可以接受；三来这可是老中医研制的产品，纯中药，对身体没有任何副作用，这太值得试一试了。在这种情况下，物美价廉已经不是他们的追求，钱不是重点，只要能治好，他们愿意去尝试。事实上，很多人心里清楚，这种所谓老中医专利产品，很多的成品其实是很低的。

除了类似祛痘产品和减肥药等产品，社群兜售的很大一部分高溢价商品都是奢侈品或者大品牌产品，这些产品的购买者有的是真正需要，有的则是为了通过购买行为来追随社会潮流，从而获得社会认同，赢得他人的羡慕。无论是什么原因，正是由于这部分消费者的存在，使得高溢价商品得以在社群兜售并获利。

除了高频与高溢价产品，超预期产品也是适合在社群销售的。所谓超预期，就是产品超出消费者的预期想象。很多人有买彩票的习惯，如果不中，那是情理之中的事情，毕竟中大奖需要的是非比寻常的好运气，就当是为国家体育做贡献了，所以很大一部分人并没有对中奖抱有很高的期望值，在这种情况下如果中了当然是超预期，用几块钱中个上千甚至上万，简直是美翻了。社群营销产品超预期也是如此，如果卖家的产品具备这样的特点，比如常见的一元钱包邮，就是一种超预期，按常理来讲，一块钱连邮费都不够，何况还有产品呢，这样便宜的东西当然要体验体验。

综上所述，不是所有产品都适合在社群兜售，人们要想通过社群营销获得利润与成功，最首要也最关键的一步，就是要选择合适的产品，而具有高频、高溢价或者超预期特点的产品，往往比较适合成为社群营销产品。卖家只有仔细研判，选出最适合自己同时适合在社群兜售的产品，才能取得较好、较持续的发展。

➡ 社群营销如何选品

社群营销是一种非常好的营销方式，但若想取得社群营销的成功，还需要经营者做很多的尝试与努力，而首先需要解决的，就是货源问题，能够有效地寻找货源，才算迈出社群营销成功的第一步。那么，如何才能寻找到物美价廉的货源呢？一般应遵循以下标准与原则。

社群营销产品的选择应遵循五大标准与三大原则。

五大标准即“四高一易”标准，四高指的是高质量、高利润、高重复购买率以及高受众，而一易则指的是产品易于展示。

选择货源的五大标准。

高质量很容易理解与解释，众所周知，口碑是社群营销取得成功的重要因素，如果产品质量不过关，恐怕是卖不出去的，即便侥幸有了买家，也不会形成良好的口碑，这样不但不能招揽到回头客，也不可能有买家向其他朋友推广该产品了。质量高的产品才容易在社群营销时代立足，而质量差的产品很难打开销路，也很难获得持续发展。

高利润的优势也是显而易见，没有一个社群营销的商家会不喜欢商品的高利润的。社群营销的目的是为了赚钱，如果产品能够带来充足的利润，无论是商家自己还是发展的代理都能够得到丰厚的回报，那么一定会有更多的人参与到销售该产品的社群营销中，而参与的人越多，越容易快速形成销售链，实现该产品社群营销的良性互动。

高重复购买率是商家营销得以持续发展的重要保证，只有产品被人们重复需要，商家产品才会一直有销路。举个简单的例子，人们几乎每天都要买水果，但并不会每天都要买空调，水果的利润虽然没有空调可观，但从长远来看，显然水果更适合做社群营销产品。

高受众指的是要选择受众面比较广的产品，如果身边需要这个产品的人群比较庞大，那么，该产品就很容易打开销路，贴近个人生活的产品，比如五谷杂粮、日常护肤品、生活日用品等，就属于高受众产品。这类产品可以作为社群营销产品的首选。

当然并不是说受众小的产品就不能获得丰厚的收益，但这需要建立在资深的专业背景上，如果没有这样的条件，那么还是选择高受众的产品容易获得营销的成功。

最后一点是易于展示，产品一目了然，也不需要复杂的售后。社群营销可展示的平台有限，就拿在朋友圈来说，如果销售衣服，就很难通过图片和文字说明来将衣服质量以及裁剪等细节展示出来。显然，选择在社群兜售一些简单的产品才是更好的选择。

社群营销要想寻找到质优物美的产品，还应遵循就源、就地、就熟三大原则。

首先，社群挑选货源应遵循就源原则。所谓就源原则，就是要从要想在社群营销中占有优势，要想将自己的事业做大，最快捷也最有效的方法当然就是发展自己的代理。但要发展代理，就必须要保证自己在货源价格方面具备竞争优势，因此，为了获得持续发展，为了保证利润最大化，要尽量从货源上游获取产品，当然最好是得到一手货源，也就是从生产厂家那里直接拿货，如果难以做到，也应尽量从总经销商或者总代理那里拿货。找到比较上游的货源，才能保证自己发出的产品价格最低，才能保证自己招到更多的代理。假如代理的是二手或者三手货源，就说明产品已经被几家甚至更多人代理过了，那所得的利润空间就会比较小，而且定的产品价格也会高于上家，显然这无论是在招收代理还是在销售产品方面，都已经比自己上游卖家差了很多。

其次，社群寻找货源应遵循就熟原则。就熟原则就是选择产品要尽量结合自己熟悉的圈子进行选择。什么是自己熟悉的圈子？假如你是教师，那你熟悉的圈子自然就是老师了；如果你是医生，那医生就是你熟悉的圈子；同样，公务员所熟悉的圈子自然就是公务员。选商品时如果从自己熟悉的圈子特点出发，就容易获得营销的成功。

从熟悉的圈子考虑重要的一点，是从圈子的需求与兴趣入手。举例来说，对于企业白领的圈子来说，在逢年过节时兜售一些高档酒，往往能取得不错的效果；而如果是一位宝妈，那她的圈子里也应该主要是已经有了孩子的已婚人士，在这个圈子中如果兜售小孩玩具等产品，结合自己的亲身体验以及宝妈身份，往往会增强他人对自己产品的信任与好感；如果是一位爱打扮的女士，那周围肯定也有很多爱美的朋友，如果能够结合自己对护肤品和化妆品等产品的熟悉程度以及与周围朋友在注重形象方面的共同特点，选择护肤品等作为自己的社群营销产品，那效果应该也不会错。

从熟悉的圈子考虑的另外一个方面，是从圈子的购买力入手。如果周围人群平均消费水平在二三百元，价值上千元的产品恐怕很难在他们中间打开销路。同样，如果周围人平日都选择高档产品，那么销售低端产品恐怕也不能找到买家。

其次，寻找货源应遵循就近原则。就近原则指选择产品最好能够就地取材。从就地取材来说，做特产的社群营销者无疑是一个成功的案例，众所周知，德州扒鸡、新疆哈密瓜或者葡萄干，南丰蜜橘、南京板鸭等类似产品，已经取得良好的口碑，得到了消费者的认可，位于原产地的卖家，只要保证货真价实，打开销路并不是一件困难的事。需要指出的是，虽然土特产是不错的社群营销产品，但也应该尽量选择自己家乡附近的特色产品，这样人们才会感觉你的产品是正宗的，而假如新疆的朋友售卖南京板鸭，恐怕就难取得买家对产品的信任。

综上所述，社群营销要想取得成功，最重要的步骤，就是要有效地寻找货源，只有找对货源，选择适合自己的产品，才能够迈开营销成功的第一步。而通过五大标准与三大原则，就可以有效地寻找到质优物美的货源，从而为个人社群营销奠定良好的基础。

➡ 粉丝比营销更重要

广告向来是企业营销的重要手段，然而，当硬广越发受到用户的反感时，以用户体验为重的社群，也要改变营销策略。社群活动是营销信息植入的重要载体。

一个高质量的社群活动，能够引发用户的广泛关注和热情参与。这对于营销信息的推广而言，至关重要。那么，你又该如何在活动中植入营销信息呢?

1. 用户比营销更重要

在探讨如何将营销信息植入到活动中之前，你必须明白，只有高质量活动，才能让粉丝在参与和互动中沉淀，只有沉淀下来的忠实粉丝，才能为社群带来惊人的效益。而活动中植入的营销信息，只是激发这种效益的一种策略。

因此，在活动营销信息植入策略中，你一定要牢牢把握底线，以用户的体验为先，切忌本末倒置。

（1）粉丝坚强又脆弱

经过初期发展，粉丝对社群都有着很强的认同感，他们会坚强地支持社群发展，甚至会迸发出忠实用户、斗士等社群中坚力量。然而，你不要因此就天真地以为“一日入群，终身在群”。事实上，正是因为用户的这种认可和信赖，一旦受到伤害，他们就会选择离开。而大规模的“退群”则是社群最重大的危机。

因此，在将营销信息植入活动之前，你要先调查用户的需求，通过分析他们的浏览品牌信息、参与社群推广的频率，明确用户对产品、品牌的关注度，以及对营销信息的接受度，再有针对性地进行消息推送。

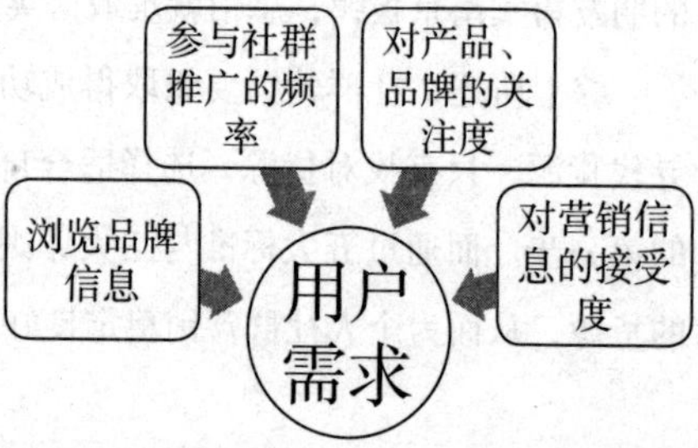

（2）营销推广要趁早

当你认为用户可以接受你的营销推广时，你就一定要趁早植入。每个产品的发布都有其固定的日期，并在此前开始进行营销造势。而在这样的造势之前，你还要进行一波社群内部的造势活动。

社群用户作为你的支持者，有理由当新品的第一知情人。如果用户只能从公开渠道收到你的新品消息，则会极大伤害他们的感情。

越是临近产品上市，你的营销信息越有推销产品之嫌，不妨早一点将产品信息推送到社群，让他们感受到特殊的待遇，增强他们的归属感。

2. 将营销植入社群活动

在活动营销信息的植入策略中，你究竟如何植入营销信息，让用户不仅不反感，反而热情参与其中呢?

（1）内容植入

在社交网络创造的自媒体时代，流传着大量的“段子”。这些或搞笑、或励志的信息，有着极为广泛的流传度。你可以将营销信息植入到这些段子中，与活动相结合，从而弱化这些内容的广告色彩。

在内容植入中，你要切记，内容的主要目的仍然在于突出活动主题，愉悦用户，广告只是附属，切勿为了广告而广告。

2016年，搜狗号码通4.0发布之际，微博上曾经盛传着这样一个三段式段子。首先，是一段文字："接到一个电话，告诉我中奖了，我说你是骗子，挂掉了电话。"之后，则是一张短信截图，骗子问"你怎么知道我是骗子"，回答是"你的号码被标记了"。最后，又是一张短信截图，骗子问"是系统标记还是搜狗标记"，回答是"无可奉告"。如此一来，搜狗号码通的标记功能就被融入到了段子之中。

（2）微电影植入

在植入式营销中，影视植入十分盛行。影视作品表现生活的属性，决定了它可以包容各种植入式广告。

《变形金刚》是全球最卖座的电影系列之一，而在《变形金刚3》中，植入了大量的国产广告，包括美特斯·邦威MTEE系列T恤、伊利舒化奶、TCL的3D电视和联想ThinkPad笔记本。而其中最容易被观众记住的，反而是一闪而过的"Lenovo"变形成小机器人的联想计算机，无疑最为酷炫。

受限于资源，社群可能无法将营销信息植入到商业大片中，却可以拍摄自己的微电影，不露痕迹地植入营销信息。因此，你可以策划社群微电影活动，直接招募用户编剧或参演，在活动的同时，植入营销信息。

（3）游戏植入

对于某些特殊产品，游戏植入同样是一种有效地植入式营销方法。游戏植入分为两种方式：一种是社交游戏的植入；另一种是娱乐游戏的植入。

所谓社交游戏，就是社群内部组织的各种线上游戏或线下桌游等。此时，你可以直接以"××杯"命名社群游戏活动，也可以将营销信息植入到道具中。比如，印有品牌LOGO的T恤，或带有产品图案的纸牌等。

而娱乐游戏则是指网游、页游、手游这些“标准”的游戏产品。在植入娱乐游戏时，你需要找到属性相匹配的游戏产品。比如，《英雄联盟》中Intel命名的道具，或“抢车位”游戏中的各种汽车品牌。

3. 让营销成为增强粉丝黏度的活动

当你苦思如何将营销信息植入活动当中时，也可以从另外一个角度考虑——直接将营销打造为社群活动，从而进一步提升营销效果。

（1）把推送打造为VIP待遇

很多人认为，向用户推送广告是一件很为难的事情，因为既要做营销推广，也要考虑用户体验。但如果能改变思路，让用户觉得收到广告是一种VIP待遇呢？结果就会大不一样。

在Windows 10的推广过程中，微软推出了Windows预览计划，只有参与计划的人，才能接收到微软推送的测试版Windows 10系统和最新信息。测试版系统的不稳定性和推广信息的打扰，本应是用户负担，但在该计划下，用户却感受到VIP的特殊待遇，心甘情愿成为Windows 10系统的“小白鼠”。

（2）主动征求用户的意见

让社群忠实用户参与到产品研发、设计过程中，不仅让其第一时间了解新产品信息，更能从他们身上获取有效建议，此所谓一举两得。

目前，不少公司在新产品构思阶段，就开始向用户要创意，往往能收到很好的效果。在这个过程中，用户会关注产品研发的每一个阶段。随着上市时间的临近，他们购买的欲望也会越发强烈。

对于社群用户而言，这种提供建议的过程，就像是一种DIY，因此也会更加珍惜与社群“共同开发”的产品。

➡ 推送粉丝喜欢的产品

互联网的创业大潮在我国如火如荼地进行着，基于大数据、云计算等新一代信息技术下的创新 2.0 正在改变我们的生产、生活和工作方式。“互联网 +”行动计划在 2015 年 3 月 5 日，首次被李克强总理在工作报告中提出，这也意味着互联网将对企业产生更大的影响。

互联网时代催生了粉丝经济、社群经济，这对传统企业是一种极大的挑战。除了那些小门店、小超市、小摊贩可以独立于互联网之外，其余想要有一些大动作的企业，都不可避免地要融入移动互联网经济的浪潮中，为迎合社群经济下的新型商业模式，而都要更改企业传统的运营观念。这将不再是一个单纯买卖产品的市场，而是一场情感沟通、心灵共鸣、比拼实力和品牌的心理战，而粉丝经济时代开启的商业模式，也从单纯的销售产品转而向争夺人心转变。

更得人心，才更有销量。粉丝经济催生的是商业模式的转变，更是一种商业理念的转变。不同的粉丝有不同的需求，不同的企业有不同的优势资源，所以企业要对自身进行充分的评估之后，再对粉丝进行细分，根据不同粉丝的不同需求，量身打造出可使其满意的服务和消费模式。

传统企业的消费者从购买态度和行为上被划分为习惯型、理智型、冲动型、经济型、感情型、疑虑型、不定型等多种类型；从他们激动型等多种类型。这与粉丝经济有很大的差别，粉丝的概念就是盲目地喜欢，也许刚开始还拥有理智，但喜欢的那一刻理智则会逐渐消失。所以，这时候的消费基本上不是跟着理智走，而是跟着感觉走，培养粉丝的过程是艰难的，而完成销售的过程却相对容易，因为有了消费者对产品的认可度、信任度和喜爱度，其他事情相对更容易水到渠成。

当粉丝认定了某个企业或某个品牌的产品时，只要你别让他们失望，基本上都会有购买行为发生。同样的产品，既然偶像在卖，那当然是义不容辞的有优先及排后的顺序了。除非粉丝的需要你无法提供和满足。在网络上更容易网到一批志趣相同的人，四面八方、五湖四海的人因为共同的兴趣和爱好而聚到了一起。互联网企业负责提供平台与流量，将人聚到一起，而传统企业通过与互联网企业的合作，完成对粉丝的筛选与培养，这就是一个在大海中捞鱼的过程，只要能网住的就都是鱼，剩下的就看企业该怎么配合这张网去捞了。每个互联网平台，都有与其发展定位相对应的用户与流量，企业根据自身的需要进行选择与匹配.或者单选，或者多选，围绕着有利于粉丝的培养与销售的完成展开。能汇聚很多企业与用户便能在这场博弈中获得终极胜利。而企业通过互联网合作，能完成粉丝与销售的对接，产品实现利润，便是双赢之局。

医药行业是我国老牌的传统企业，早在南宋时代。官府就开办了中药厂。新中国成立后，我国又陆续成立了很多西药厂。这些药厂很多都经历了从等客户上门到出去找客户的不同阶段，而在网络平台的大攻势下，有些药企选择了自行建站，也有一些选择与大的互联网公司开展合作，但并不是每个企业都看好互联网，看好粉丝经济，有支持的声音就有反对的声音，任何事物都具有两面性。药好网的总裁认为企业的核心竞争力是研发好产品，这种声音也得到了同行的支持：有些企业认为将产品研发好交给别人卖就好了，但终归要有销售产生，否则企业的利润就无法完成；康恩贝集团董事长胡季强却对互联网有一种紧迫感，认为应该加紧进行品牌移民和产品移民，不要让80后、90后、00后将互联网完全占领。老牌药企也要到网上去加大建设力度，同样获得很多支持。可见，每个企业对未来发展的着眼点不同。而思路和格局需要意识的打开和转变，有快有慢，有早有晚，无论线上、线下，竞争和差异无处不在。苦修内功是正确的，争夺人心是正确的，二者结合才能完美，缺一不可。

移动互联网时代，更多的企业选择融入这股洪流，不管收益有多少，大家都在行动。截至2017年年底，阿里健康与5万多家药店开展了合作，百度药直达与中国医药物资防会签订了战略合作协议，湖南老百姓大药房则在加紧电商的布局。公司专门成立了网上药店，并利用大数据进行会员管理，实现了对系统的升级。企业与互联网公司开展合作，看中的就是其拥有较大的流量和粉丝群体，这是对企业最有吸引力的因素，因为企业可以通过培养粉丝购买产品而产生利润。而互联网公司的利润增长就显得委婉很多。借用壹药网负责人的说法：我们的梦想是让羊毛出在猪身上，让熊来埋单。互联网为普通用户提供的都是完全免费的平台，养小鱼、钓大鱼、吞鲸才是互联网企业的运营流程。小鱼成为大鱼的粉丝，大鱼成为鲸的粉丝，最后完成鲸吞效应，一网打尽，每条鱼都是食物链的一环。整个过程全部都是粉丝经济的原理在做支撑，粉丝构成了食物链的每一个环节，完成了一个圆形的转换。谁得到的食物更多，取决于谁拥有的粉丝更多，每个粉丝都会成为食物供应者或潜在供应者。

粉丝经济下的商业模式，将更加人性化，更加魅力十足。也只有那些真正用心，无论在产品研发还是销售上，都能与粉丝互换位置进行思考，并完全满足粉丝欲望的企业，才能赢得终极战场。商场上将不再充斥杀伐决断、刀光剑影，一种更柔和、更温情的销售模式，将取代原有的销售模式，这会致使人们在购买的时候获得更好的体验。不会再有被欺压、坑宰的局面，因为那样的企业会被粉丝自动排斥出局。总之，只有那些能获得粉丝认可的企业，才能基业长青、芳华永驻。

第四章 社群营销实战技巧

➡ 知识付费社群的运营

2012年12月21日，资深媒体人、央视《对话》栏目前制片人罗振宇与独立新媒创始人申音联合打造的知识型视频脱口秀“罗辑思维”正式在优酷网上线播出。与此同时，在同一天，该节目的同名微信公众号开通。

从上线至今，罗辑思维积累了大量铁杆粉丝，由一款互联网自媒体视频产品逐步成长为当前影响力最大的互联网知识社群之一。罗辑思维成功的原因值得人们探讨。

1. 脱颖而出的魅力

罗辑思维的脱颖而出展现出知识的魅力、理性的力量。作为一档独特的知识性自媒体脱口秀节目，罗辑思维开创了服务高雅精英、传播现代理念的先河。与充盈着人文情怀的“晓说”相比，罗辑思维细分受众为知识分子中的志同道合者，在节目中不以娱乐猎奇为卖点，更注重发掘主题蕴含的理性力量和价值判断。

2. 与众不同的选题

在节目选题上，罗辑思维的落脚点是强烈的理想启蒙和现实关怀。

罗辑思维的节目涵盖了政治、经济、历史、社会、民生以及互联网等众多领域。罗辑思维的第 30 期节目“和你赛跑的不是人”生动地表达了对互联网的见解，第 38 期节目“一个公务员的海市蜃楼”讲的是社会问题，而第 103 期节目“疯狂的投资”则涉及经济问题。

3. 节目具有趣味性

为了提高节目的趣味性，罗振宇会使用一些诙谐的语言，自嘲性的调侃话语加上丰富的面部表情，给人一种轻松愉悦之感。无论是对于历史人物的非常规解读，还是对于各种社会现象的透析、公共事件的剖析，节目都体现出了独立思考、理性批判的精神。

4. 精准定位

罗辑思维有着精准定位、品牌经营的分众传播理念。罗辑思维与《晓说》节目联姻，打造出精品视频栏目。

一些视频节目的产生和发展，反映出中国文化发展呈现出大众文化、主流文化和精英文化相互融合的态势。在大形势下，一档节目不仅要有明确的受众定位，还应该细分受众，以小众带动实现口碑传播。

而罗辑思维的成功，正是由于它从创办之初就实行了“分众传播”的发展理念，明确了目标受众群。

5. 罗辑思维的口号

罗辑思维的口号是：有种、有趣、有料。节目的风格也的确如此，体现出节目的魅力，而这正是它吸引人的原因。

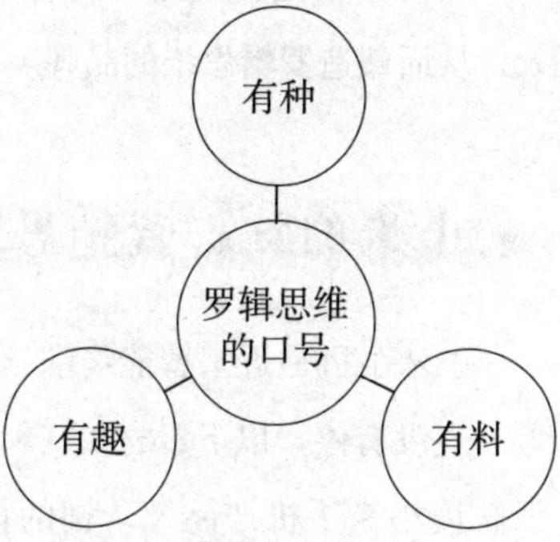

2. 罗辑思维成功的要素

（1）节目采取娱乐的玩法

罗振宇团队中的每个人都是讲故事的高手，他们了解当今这个社会缺少简短而具备话题属性的内容。由于工作、生活等各方面的压力，如今大部分的中国人都很压抑，人们需要通过有趣、有料、有种的故事来放松。因此所有的节目选题都会尽量轻松化，充分满足受众的心理需求。

（2）给草根提供社交机会

在罗辑思维的用户当中，草根比较多，这些人缺少身份认同感和社交满足感。而罗辑思维通过社群给这些人提供了社交机会，满足了他们的需求。

（3）打破了公司边界

罗辑思维的管理很有特点。在整个团队中，除了创始人之外，没有层级；除了财务之外，没有部门；除了技术之外，没有年终奖。

很多公司的管理都显得有些压抑，从营销传播的角度来说，罗辑思维打破了公司边界，这正是大量粉丝对罗辑思维产生亲切感的原因。

（4）拥有超级主播

目前来看，罗辑思维最大的成功在于打造了以罗振宇为核心的超级主播。有了这样的主播，罗辑思维收获了很多粉丝，在优酷上的视频点播率也很高。

（5）社群用户分级

罗辑思维把会员分散到若干社群里，通过组织的互动来影响更多人，从而塑造罗辑思维的品牌。

➡ 小米的社群营销思维

小米手机是近来智能终端领域的一匹黑马，其引发的行业讨论和思考一直没有停。以下素材及资料编辑自小米手机总裁雷军、副总裁黎万强解读小米手机产品及营销的报道。小米的核心产品是小米手机、小米电视、小米盒子。其销售有两个渠道：第一个渠道是小米网；第二个渠道是运营商的渠道。其中小米网的权重占70%，通信运营商渠道占30%，这刚好跟很多传统的厂商是相反的。

创业初期小米团队就确定小米做的是互联网手机品牌。希望用互联网渠道销售，用互联网与我们的用户保持交流。其看重的不是卖出了多少产品，而看重的是用户群的热爱度。

1. 为粉丝搭建选择社群

在创新营销中，小米团队更关注社群。社群到底是什么呢？渠道阵地不少，有论坛、微博、微信，还有 QQ 空间等，选择营销阵地十分重要。小米第一个成熟产品是手机的操作系统，就是 MIUI。小米选择运营的第一个社群产品不是微博，而是论坛。为什么？是因为它跟小米的产品特征息息相关。MIUI 是一个很重的产品，它需要刷机、需要解锁 Rom 权限，存在着不低的门槛。其中的很多知识很难通过微博完整地传播、沉淀。所以小米最初的 50 万核心用户是在其论坛中获取的。

小米对不同互联网社群渠道保持着鲜明的功能化分工，“微博拉新、论坛沉淀、微信客服”。微博的强传播性适合在大范围人群中做快速感染、传播，获取新的用户；论坛适合沉淀、持续维护式内容运营，保持已有用户的活跃度；而微信小米则把它当作一个超级客服平台。

小米的论坛目前的注册用户已经将近 1000 万，每天有 100 万用户在里面讨论。100 万日活跃用户这个数字对很多垂直网站而言已经是非常惊人的数字了。而且，小米不是媒体，小米是自有品牌的产品论坛；小米手机的微博账号已经有 200 多万粉丝的规模；小米的微信账号订阅数是 256 万，每天在微信上的用户互动信息有 3 万多条。小米新近进入的 QQ 空间也是个很了不起的社群品牌，小米认证账号的粉丝数超过了 1000 万，小米在 QQ 空间做活动时，往往很容易就有几万条转发信息。

目前小米论坛的日发帖量有 20 多万，小米团队也很关注核心指标和百度指数。小米有一组用户常搜的关键词，最多的是小米官网、小米手机、小米这三个关键词。在 2013 年 9 月 5 日小米年度发布会当天，“小米官网”的百度指数为 50 多万；“小米”的百度指数为 40 多万，几个关键词总的百度指数为 150 多万。10 月 15 日，小米手机 3 首次开放购买，当天的百度指数也是过百万的。

百度指数是一个量化的检视工具。从它的变化，小米能够看到各社群平台，包括论坛、微博、微信、QQ 空间等运营所积累起的品牌势能。

2. 点燃社群话题与活动，激发社群互动

用户社群的参与感通过什么形式产生？小米的方法通常有两种：话题和活动。话题营销和活动营销本身并不是新内容，很多企业都尝试借此与用户互动，但参与感是不是就只是互动呢？小米团队曾策划“150 克青春”，这个话题是小米在 2013 年时有一个产品叫小米手机青春版，在微博上做了线上的首发，因为那时小米的手机重量是 150 克。

在该产品发布前约 1 个半月，营销团队就在微博预热了一系列的插画，这些插画描绘的是读大学时候的一些经典的场景。小米团队没有说发售什么，只是推出了“150 克青春”的主题，一直持续到产品的微博首发。

那时还有一些海报，海报里的元素非常多，有男生感兴趣的游戏机、照相机、球鞋，还有女生感兴趣的化妆品、体重计，甚至还有减肥茶。总之是能够让人一眼就能看到青春的感觉。其包装盒充分展现了青春、文艺的格调。

小米公司的 7 位合伙人，还默默地向《那些年我们一起追过的女生》致敬了一把。他们制作了一张应景的海报，后来还到一所大学的宿舍里面拍了一段恶搞的视频，对于每一个上过大学和正在上大学的年轻人来讲，那种亲切感也

1499元 / 双核1.2G / 768MB内存 / 4.0英寸 / 1930mAh / 800万像素
小米手机青春版
5月18日限量15万台，同期双核1.2G性价比机王。

非常强烈。在小米手机青春版发布会当天，微博转发数创下了微博当年最高的转发记录，有 200 多万条转发信息，100 多万条评论。

小米每次开发布会做宣传的时候都没有明星，也没有名模，只有他们自己的产品，只有社群用户，这是小米产品做宣传的特点。互动只是手段，借助小米产品宣传广告的设计，可以让用户找到属于他们自己的参与感。

很多企业认为小米的微博转发量大是因为搞抽奖活动，但是后来很多企业能够拿出比小米贵很多的产品做奖品，转发效果却与小米差一个数量级，核心原因就是他们不懂得营造用户的参与感，把互动手段当成了目的，最终事倍功半。

我们看到小米团队的核心诉求是讲述小米手机的产品品质，讲述小米的做事态度。以往的营销大多是一种强制性、教育式的营销，是一种单向通道，即我要改变你的观念，给你洗脑，但是如今需要的是体验式的营销，用户应该是以亲切的形象走近你，让他感到原来你的产品有如此好的品质，你是这种做事态度。

2011 年 8 月，小米在微博上举办的第一个活动是“我是手机控”，那个活动在瞬间就有 100 万用户参与了，却没花一分钱。该活动的本质是什么呢？调动社群来炫耀我至今玩过哪些手机，以及检视自己的成长经历。大家会看到很多在网上做得很好的互动活动大体都是同理。比如，百度魔图这项产品，它能告诉用户自拍照跟哪个明星最像，让用户把自己的脸和明星的脸放在一起，参与感非常强，可满足用户的炫耀需求和存在感；小米社群的“智勇大冲关”活动，报名的人数是 1800 万人，有 100 万人参与了此次活动，其活动内容是大家比拼谁更了解小米手机的一些参数，优胜者可以获得小米社群的勋章、积分等奖励。在论坛里用户最在乎的是荣誉和成就，荣誉感是人们都需要的。

在微信上，小米在米粉节发布会的当天，举办了一个活动叫“大家看发布会直播”的抢答活动，该活动形式很简单，但是很有效，两小时内就有280万的互动量，仅这个活动当天就增加了18万的微信粉丝。红米手机和QQ空间的联合发布活动时，该团队把发布活动也做成了一个互动的活动，先期设置了让大家猜测发布产品是什么的活动，有650万人参与其中，最终当他们宣布产品后，有750万用户预约，首批10万台红米手机在90秒内就卖完了。

3. 社群思维融入日常文化

当社群的文化深入用户的内心之后，用户主动参与和小米相关的活动就成为了一种自然行为，这种自然行为甚至不需要小米主动去运营。

小米至关重要的创新是把手机系统MIUI的发布做成了持续性的活动。MIUI开发版每周五发布，被戏称为“橙色星期五”。小米的品牌基调色彩是橙色，每周五下午5点，小米的手机系统MIUI就会升级。这个活动已经持续了3年多，它至今已直接深刻影响、左右着小米产品的设计和完善。

每周开发版发布，MIUI社群的点击数都是几十万、上百万的。团队整体开发的节奏都是在发布前一周或者两周前，用户会跟产品经理、团队一起在论坛上聊，到底想要什么功能，到底这个功能做得好不好？产品经理会发起用户投票，经用户认可后才会放到新版本中去。在周五更新以后产品经理会在下周二让用户来提交四格报告，针对上一版本中哪些功能是用户认为最喜欢的，哪些功能是觉得很糟糕的。

很多次更新内容时的用户意见征集，都会有10万左右的用户参与投票，每周二团队会分析上周哪些功能有问题，哪些功能做得非常好。小米还在企业内部设置了爆米花奖，根据用户对新功能的投票产生上周做得最好的开发项目，然后给员工奖励。

在小米的企业内部真正完整地建立了一套依靠社群的反馈意见来改进产品的体系。

在这样的迭代开发过程中，很大程度上已无须小米不断主动引导。很多核心用户能够清楚地知道该手机的电话功能是由哪位工程师设计的；短信某个功能是谁设计的。当其做得好的时候会夸其真牛，做得不好的时候就会说让其滚蛋。在实际运作之前，多数人可能很难想象用户参与MIUI开发工作会到这种紧密的程度，在这么强烈的社群参与感的驱动下，用户参与论坛讨论、投票，参加微博转发，都成为了用户自然而然的选择。

小米官方论坛“小米社群”的“爆米花”活动也是其经典案例。每年小米都会在各个城市举办十几、二十场“爆米花”活动，这是一个邀请米粉来参加的同城会活动，跟各类车友会颇为相像。参加用户同城会的米粉，同样是买了小米手机的，同样在用小米手机，他们走在一起，大家相互交流，一起去参与公益活动。这个活动设计起来很简单，就是和用户一起做游戏，小米基本也不宣讲产品内容。小米团队没有举办爆米花活动的时候，或者没有举办爆米花的地方，当地米粉会自发的组织各种形式的同城聚会，全国各地加起来，每年也会有三、四百场。社群通过互联网及线下的活动能深深地感觉到小米和他们的距离，不是简单地卖和买的关系，使每一个社群的用户都能够参与到小米这个品牌中去。

社群思维的灵魂是企业怎么来塑造一种友爱的互动，让你的员工、用户发自内心来热爱你的品牌，发自内心地来推荐你的产品，并通过充分考虑用户参与的设计思路提供保障机制。小米主动邀请用户参与到其工作中，用户也会主动的参与到小米品牌的推广中去。

➡ 会讲故事的酒

中国是酒的故乡，可以说五千年的历史就是一部飘散着酒香的历史。大部分中国的白酒的销售都是传统渠道，白酒的消费群体也主要是在请客吃饭、商务宴请上。而现在，“江小白”从定位、人群、营销（网络和 O2O）、渠道上实现了传统行业的互联网逆袭，全部重新适应了目前的移动互联网和 80 后、90 后的习惯。

江小白是由重庆江小白酒类营销有限公司推出的青春小酒，定位时尚青春群体，富含时代感和文艺气息，根据 80 后、90 后年轻消费人群的口味需求，具有开创性、颠覆性的酒类产品。

江小白是江记酒庄推出的一款清香型白酒，产品面向新青年群体。江小白主张简单、纯粹的生活态度。

在当今社会，很多人都被房子、车子和票子弄得很压抑，迷失了内心对简单生活的追求。江小白的的定位很符合年轻人的价值主张，另外江小白口宣扬的文化是简单、纯粹的，很多年轻人都喜欢这种品位。

江小白是一个典型的全渠道营销案例，接下来仔细剖析一下它是如何在当今这个时代中存活下来的。

2013 年，中国白酒行业进入了“冬天”。然而，江小白却在不乐观的大趋势下崛起，获得 5000 万元人民币的销售额。从成立公司到打响品牌，江小白只用了一年时间。

在很多白酒品牌销售额不理想的时候，江小白却脱颖而出。江小白是如何成功的呢？可以从以下几方面来分析。

1. 江小白是一种有态度、有情绪的白酒

既然江小白是面向80后、90后年轻人群的一款白酒，那么它就要与80后、90后的特征相符。

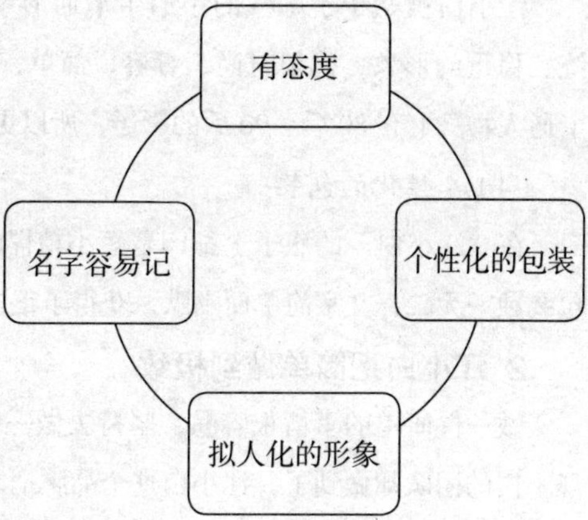

有人感觉80后、90后的人比较自私，有人感觉他们个性十足。其实，80后、90后的总体特征就是有情绪、有态度。无论是在穿衣打扮方面，还是在言行举止方面，他们都给人一种很特别的感觉。江小白就很独特，让人容易记住。

（1）品牌有态度

创始人陶石泉根据80后、90后的特征提出了“我是江小白，生活很简单”的品牌理念。“江小白”听起来、看上去都像是一个人的名字，事实上它是一款白酒的名字。江小白代表着青春而简单的个性，有着强烈的个性表达。陶石泉希望“我是江小白，生活很简单”的理念可以成为每个人的生活态度。

（2）名字容易让人记住

“江小白”这个名字很容易让人记住，给人一种小清新的感觉。其实，“江小白”的品牌名称来源于青春影视剧的启发。如今，很多青春影视剧的剧中人物都有一个“小”字，例如:《爱情公寓》中的男主人公叫“曾小贤”,《男人帮》中有个“顾小白”。以“江小白”来为白酒命

名，简单而又亲切。

（3）拟人化的形象

既然给白酒起了一个清新、文艺的名字，那么自然要给“江小白”赋予一个人物形象。江小白的形象是这样的：有着一张大众脸，戴着一副无镜片的黑框眼镜，还系着一条英伦风格的黑白格子围巾，身穿休闲西装。

江小白被赋予了帅气的小男生卡通形象，完全颠覆了传统白酒传统、稳重的形象，他很时尚、青春、简单、快乐，还有点儿文艺范儿。卡通人物身上有 80 后、90 后的影子，所以更容易被他们接受。

（4）个性化的包装

在“江小白”的瓶子上都印着短小精悍的语录，这种个性化的品牌包装独一无二，文字简单而幽默，获得了很多年轻人的青睐。

2. 江小白把简单做到极致

做一件简单的事情很容易，坚持去做一件简单的事情就不容易，而江小白的团队却做到了，江小白这个品牌把简单做到了极致。

（1）简单的包装

在以前，许多酒类的包装都很复杂，要包装得奢华、典雅，给人一种高贵之感，就算比较简单的包装，也会加个盒子。华丽的包装确实能吸引人的眼球，但是包装费却不低，而这些费用最后会分摊在消费者的账单上。

江小白真的是与众不同，采用玻璃磨砂瓶，采用“简装版”光瓶设计，无外盒，把成本控制在 10%，直接裸瓶销售。如此简单的包装设计，给人一种简单大方的感觉。对于消费者来说，可以省去包装费，还能喝到香醇的酒。

（2）简单的产品线

一般来说，企业经营一个品牌有着很长的产品线。而江小白只有一种单品，分为三种容量规格。若要比单品销量，江小白不会输给那些大型的白酒企业。

（3）单一的推广

就传统的酒类企业来说，在广告上面的投资费用从来都是大头，电视、报纸、楼宇、公交等多种形式的广告推广，都要一定的花费。而江小白则只注重社群营销，大大降低了广告费用。

3. 江小白的营销模式

江小白很少在主流媒体做广告，主要通过论坛、微博、微信等网络营销工具来打造品牌，采用线上、线下相结合的O2O营销方式来推广产品。

（1）打造好看的内容

江小白把有意思的内容与产品联系起来，通过网络平台发布一些年轻人喜欢的段子。在整个内容的打造过程中，江小白语录实在太有趣了，有着80后、90后喜欢的语言风格。

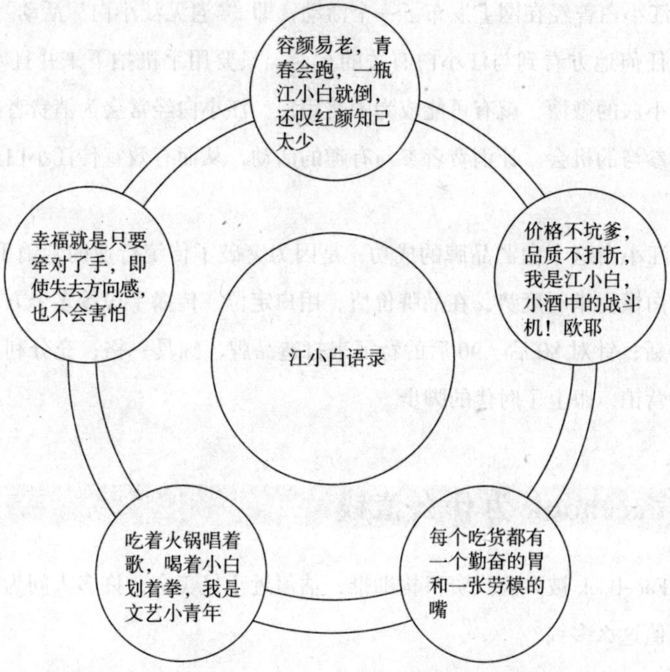

江小白语录使用的语言诙谐幽默，“江小白体”的字眼深受年轻人的喜爱。看了江小白的经典语录，人们可以忘却生活中的失意、痛苦，瞬间快乐起来。

（2）拟人化的品牌形象

根据江小白的品牌形象，公司把微博的运营完全拟人化。在很多热点事件出现时发声，表明态度。例如：“且行且珍惜”这句话特别流行的时候，江小白的文案中就出现过“卖酒虽易，卖萌不易，且行且珍惜”这样一句话。

（3）线上线下互动营销

江小白利用微博互动作为线上营销的利器，同时组织线下活动。江小白善于制造出能够引发粉丝主动转发的传播点，通过线上线下互动来增强粉丝的黏性。

（4）邀请消费者参与活动

江小白曾经在网上发布了一个活动，即“‘遇见江小白’活动”，粉丝在任何地方看到与江小白有关的东西，只要用手机拍下来并且@我是江小白的微博，就有可能成为中奖用户。江小白经常会为消费者提供分享参与的机会。让消费者参与有趣的活动，从而有效宣传江小白这个品牌。

江小白这个白酒品牌的成功，是因为突破了传统行业的营销手段。江小白懂得审时度势，在品牌价值、用户定位、传播手段等多个方面进行创新；针对80后、90后的特征来打造品牌，独具一格；充分利用社群来营销，跟上了时代的脚步。

➡ Facebook 为什么值钱

Facebook 被风险投资机构助推，估值近千亿美金，许多人问为什么它能值这么多钱？

从账面来看，Facebook 的固定资产最多值 100 亿美金，那么资产溢价来自哪里？毋庸置疑是平台上的用户，也就是说 Facebook 将平台的 10 亿用户一起卖给了投资人。

只有将消费者拉入你的商业模式，才算是一个优秀的商业模式。社会化媒体时代消费者不仅可以发出声音，还可以奉献他们的力量，帮助企业开发新产品、推销产品，甚至充当客户服务的角色。

丹麦的乐高积木就是个典型的案例：其目标客户不仅是儿童，更多的是成年人。他们活跃在社会化媒体的平台上，讲述他们和乐高的故事。LEGO Creator 网站鼓励消费者提交自己设计的模型，乐高从这些设计中挑选出优秀的作品作为积木套装的备选方案，然后让消费者投票选出最好的方案，而获奖者能从销量中分享到 5% 的利润。沿着这个思路运作下去，乐高根本不知道下一代的套装产品是什么样的，一切由乐高的用户说了算，将支配权交给了消费者。这样不仅节约了设计成本，还可避免设计产品不受市场欢迎的风险，从本质上调动了消费者的创造力，让他们奉献力量。从心理学上讲，当消费者参与了创造，奉献了力量，他们就会卖力地推销这套产品，因为这个产品有他们一份努力，他们要让这个产品流行，不然会丢面子。

戴尔之前是通过隔三差五地将资料投递给消费者，抓住消费者欲购买电脑的时刻。现在戴尔已经改变了思路将以顾客为中心的商业模式不仅仅局限在购买的流程上，而是发扬光大。例如，戴尔的头脑风暴社区，消费者在这个地方给戴尔出点子来帮助完善其整个商业模式，社区里面已经有 8000 多个点子，50 多万条回复。如果你需要技术支持的话，戴尔的技术支持论坛上有 100 多万个相关的帖子和成千上万的用户，可在线上进行交流。

例如，用户问：“安装系统出现错误 302，如何是好？”这个时候在线的用户会帮助其来回答，或者用户通过检索论坛中之前的帖子来获得答案。每一次解决用户的回复，就为戴尔省去了 10 美金左右的客户服

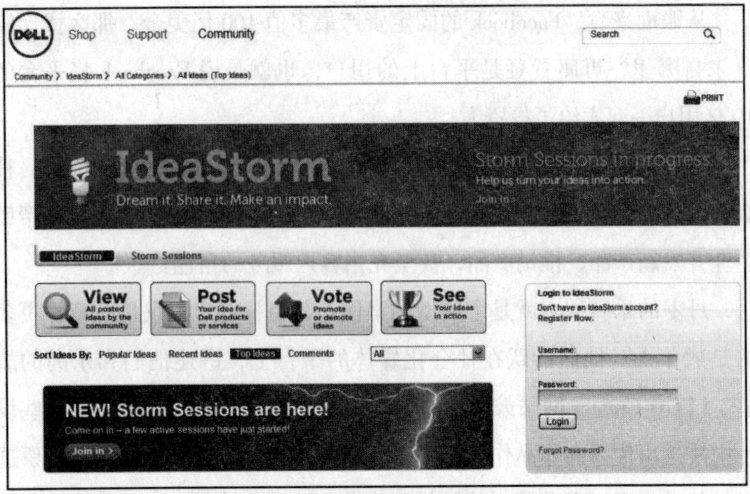

务费。这样下来一年有30000个问题以这种形式得到解决，无形中节省300000美金，相当于获得利润300000美金。这种商业模式的发动机是一直在转动的，企业只需花费很少的维护成本，这是一笔很棒的买卖。

社区中什么样的人都会出现，他们不比我们的客户服务人员工作时间短。例如，在戴尔的网上社区中有一个“傻大个”名叫杰夫，从他注册论坛以来，在线时间超过473000分钟，发表帖子近2万次，这些帖子被浏览次数超过200万。试问戴尔的一个客户服务人员的工作量是多少？这么可爱的用户，你要发多少钱给他？答案是0元即可。

我们将消费者拉入商业模式，形成的是一种合力、能量学，将网民的认知加以利用。其中我们需要把握好以推动其良性发展，了解社群、了解激励机制。对杰夫这样的死硬分子他们更看重的是精神奖励，包括利他主义的感受、自我肯定、社会归属感。如何将这些人调动起来，构建一个欣欣向荣的网上社区是一种高级营销模式。

➡ 可定制的可口可乐

可口可乐的“定制瓶子”诠释了社群 O2O 的闭环，从社交媒体的线上定制瓶子，到消费者线下收到定制瓶，然后通过消费者拍照分享，又返回了线上的 O2O 模式。

在当时，“定制瓶子”的活动受到许多微博用户的关注。

可口可乐推出的“昵称瓶”以及“歌词瓶”系列，蕴含着品牌内涵。可口可乐利用微博平台来搭建属于自己的社群成员，受到了社会化媒体的广泛关注，从而实现了非常棒的社群营销效果。

可口可乐的“歌词瓶”，在线上与用户进行交流，询问用户：“不管换了几次手机，无论使用哪个播放器，你都必须要存着的一首歌是________？”这次交流，获得了 241 条评论。

在线下，可口可乐的所有瓶子上都印有时下流行曲的一句主打歌词，印在十分醒目的位置。另外，在可口可乐的瓶子上还印有二维码，人们可以通过手机扫描二维码，然后就会出现十分动听的歌声。这增添了用户与“歌词瓶”的互动性。

可口可乐“昵称瓶”和“歌词瓶”等一系列的活动，并非是普通的换装秀。这些换装的变化，可以满足消费者对个性化物质的需求，满足消费者在精神层面追求新鲜和渴望与众不同的内心期望。通过换装，可口可乐聚集了一些热爱“歌词瓶”和“昵称瓶”的用户。

可口可乐通过微博平台和明星相结合，引爆“换装”活动，在短时间内吸引了一批想要购买“定制瓶子”的粉丝。在活动开始之后，第一批购买且收到昵称瓶的网友就主动在微博上进行分享，这使更多的网友了解并且参与了可口可乐的“换装”活动。

可口可乐的消费者主动进行传播，这使许多网络用户参与到“换装活动”，还有明星发布微博，消费者和明星的行为，都是社群营销的一种体现。

1. 社群的营销活动

2013 年 5 月 28 日，可口可乐在各大社交网站以官方名义陆续放出 22 款“昵称瓶”悬念贴海报。海报上没有常见的可口可乐的 LOGO，而是有着十分简洁的平面设计。

微博用户根据各自的属性与相应的“昵称瓶”悬念贴海报建立互动，这引发了一场“晒瓶子”的热潮。

在这场换装秀中，可口可乐对于消费者的价值不仅是一瓶饮料，而是好友之间交流的有趣话题。在该活动中，可口可乐本身的实用功能被弱化了，焦点被集中在可乐瓶的讨论上，这也是社群营销的一种体现。

2. 社群的互动

在社群营销这方面，可口可乐在社会化媒体上展开与用户之间的互动，这样可以获得良好的社群互动效果。通过社群互动，可口可乐让用户感受到诚意。

可口可乐并不是把品牌放在高高在上的位置，而是利用资源去包围消费者，这充分体现了社群营销互动的特性。

无论是什么样的企业，在做社群互动营销的时候，首先要滤清品牌个性，并据此设置相应的活动去影响用户。可口可乐选择从官方微博账号发布的内容入手，给可口可乐社群成员留下良好的印象。

那么，应该如何制造良好的印象呢？可以从三方面入手。

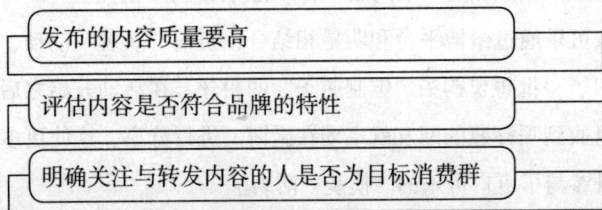

- 发布的内容质量要高
- 评估内容是否符合品牌的特性
- 明确关注与转发内容的人是否为目标消费群

可口可乐会发布一些内容，部分空缺内容需要用户填补。例如：青春时代的记忆，总有一部关于“友谊”的电影让我们印象深刻，你最爱 ________？

可口可乐在微博上发布这样的内容，就是在与社群成员进行互动。空缺的内容由社群成员自己来填写，这种互动会使社群成员保持着对可口可乐的喜爱。

可口可乐官方微博每天都需要处理很多琐碎的事情，因此社群互动营销需要一点一滴的积累。对于可口可乐官方微博上的留言，可口可乐的团队会尽量回复。

可口可乐与用户的这种互动，就像朋友之间的沟通。可口可乐的团队会耐心地与社群用户进行一对一的交流。不用花费很多的钱，可口可乐就可以做社群营销，关键在于互动。

3. 融入品牌理念

若要做好社群营销，企业就要懂得触及消费者的内心。要让社群成员自愿参与品牌互动，并且愿意与朋友分享，只有这样才可以形成话题，使社群营销具有长久的价值。

一直以来，可口可乐都是全球化品牌价值较高的企业。可口可乐的品牌理念并不仅仅是企业拥有品牌，还在于把品牌交给消费者来拥有。这种品牌理念可以触动消费者的心弦，让消费者感受到自己是被企业尊重的。

对于可口可乐而言，社会化媒体上的主页，起初都是由粉丝建立起来的。其实，“昵称瓶”和“歌词瓶”都是把小小的瓶子变成了社交工具。

可口可乐懂得尊重社群成员，洞察社群成员的需求。通过一些数据，可口可乐发现自己的消费主力军是年轻人。因此，可口可乐开始探讨年轻人的生活习惯和态度，融入年轻人的生活圈，有了一定的了解之后，就开始与社群成员进行互动。

对于可口可乐而言，无论是用户在微博上与明星进行话题互动，还是企业自己在社交媒体上晒照片探讨“定制瓶子”，其实都是由用户来创造内容。

在互联网不断创新的时代，信息呈现出碎片化的特点。在这个时代，通过社会化媒体平台的搭建，企业进行社群营销，让消费者主动为企业品牌创造内容，这是一种很划算的营销方式。通过消费者的自主参与，可以帮助品牌扩大影响力。加强消费者与品牌深层次的关系，可以使企业融入社群成员的生活。

为了在市场中占有一席之地，今后，可口可乐一定会创造出一些更加有趣的社群互动方法。

➡ 从干果文化到干果品牌

安徽三只松鼠电子商务有限公司，是中国第一家定位于纯互联网食品品牌的企业，也是当前中国销售规模最大的食品电商企业，三只松鼠品牌于 2012 年 6 月 19 日上线，当年实现销售收入 3000 余万元，2013 年销售收入突破 3.26 亿元，2014 年双十一单日销售额达 1.09 亿，全年销售额破 10 亿人民币。目前三只松鼠融资 3 亿元，正在向全品类进发。

如果我们正在吃核桃的时候，核桃皮很难剥，有人递给你一把小钳子；如果我们吃榛子的时候掉了一地碎渣渣，有人递给你一个小垃圾袋；如果你开快递纸箱的时候，正想找把刀子，有人递给你一个开箱器。在这些场景下，你是否特别感谢这些小工具！这些工具就是三只松鼠的营销服务之一。

三只松鼠的成功得益于服务语言的网络化、年轻化，并提供超越客户期望的服务惊喜，尤其是三只松鼠的客户文化战略给了用户最优质的互联网购物体验，这种客户文化正是我们今天要讲的。

三只松鼠定位于 80、90 互联网群体中“慢食．快活”的新生活理念追随者和认同者。既然是年轻群体，三只松鼠就从语言、包装、名字上入手，打造了新时期的“品牌文化”，这一点跟江小白有些相似。

1. 客户文化体验：名字

跟喜羊羊与灰太郎一样，三只松鼠也给每只松鼠都起了名字，鼠小贱、鼠小酷、鼠小美。

2. 客户文化体验：带 LOGO 的外包装和袋子

三只松鼠的外包装，也使用统一带 LOGO 的箱子和袋子。并且还给这个包装箱起了一个名字"鼠小箱"。

3. 客户文化体验：细节就是客户价值体现

从箱子包装上，我们还可以看到一个"开箱器"。再也不用为如何撕烂纸箱子苦恼了。

4. 客户文化体验：超越客户期望赠品

360 老总周鸿祎曾经说过"超出用户预期的互联网应用才叫体验"。怎么才能超过用户预期？三只松鼠从一开始在淘宝上销售，就办到了这一点，各种赠品真是超出用户的预期，而且还实用、有趣。后来淘宝卖东西都会打出"买一赠三"、"买一赠七"的标语，这种形式也越来越成为标配。

5. 客户文化体验：语言

淘宝的语言文化已经深入人心，一个简单的"亲"拉近了客服和用户的距离。三只松鼠也在语言这一方面极力打造更好的服务。每个客服都有自己好玩的名字，如鼠小妖、鼠小心。可以看到每个客服打招呼的方式都是先从"主人"开始，这也正是三只松鼠在服务体系中打造的"主人"文化，"我们是一群松鼠，一群为主人服务的松鼠"。

不同于传统的店家，三只松鼠在使用微博和微信的时候，也会注意语言和形象。

在移动互联网时代，三只松鼠正在考虑通过独特的文化理念吸引已经成为其客户的消费者，并将这些已经存在的客户群体打造成自己的核心粉丝群！

➡ 好的营销都会讲故事

在网络社群中，获得影响力、获得社会资本不是随随便便就可以实现的。社会化媒体不是放烟花（广告），其需要聆听和互动，如果企业只关心本身，将不会获得影响力。我们需要为整个社群提供价值，提供乐趣。塑造社会资本是一个循序渐进的过程，需要战略、战术的支持。其中通过故事营销是个不错的选择。故事可以在社群中迅速传播，引起用户的共鸣，获得认同感，达到构建社会资本的目的。一个会讲故事的企业将更易获得夯实的网络社会资本。

企业如何讲故事？讲故事营销的黄金法则：

1. 确定明确的商业目标，确定内容营销所支持的产品，策划出内容营销大纲。

2. 充分花费时间了解消费者的信息需求、类型、特点、在哪、接受方式。

3. 确立差异化的营销路径，区别于竞争对手的差异化内容。

4. 设定故事梗概，确定关键词，描述故事，故事兼具有趣与品牌关联度。

5. 安排好人员分配，进行内容传播，选择多媒体平台，进行有节奏地预热、引爆。

6. 衡量投资回报率，不仅是数字效果，更要注重由此带来的品牌价值。

7. 尽管没有任何一条法则、一条道路注定会成功，但建立以故事为核心的营销模式将是企业迈向成功的最佳选择。

8. 给人不一样的期待，将日常的点滴整理成故事供宣传使用。

王石在提到龙湖地产的特色时经常会讲他的遭遇：“当年他率高管拜访龙湖地产，脱鞋入房，当一行人匆匆参观完毕回到门口时，发现皮鞋已被调转了方向，鞋头由向内变为朝外。这种可怕的服务细节让人顿生寒意。”龙湖地产的服务品质就这样通过小故事被阐述得淋漓尽致。王石意见领袖传播的效应，外加龙湖地产团队宣传助力，让本身不起眼的小故事传遍了地产圈。

整个龙湖地产都充满故事，他们通过机制源源不断地收集业主、员工的故事，通过故事的传播，更好地诠释了其品牌精神，构建有力的竞争优势。龙湖要求管理团队在周例会和月例会上讲员工的故事，企业每年都会收集几百个各类员工和业主的故事，并汇集成文。试问：“你我的企业做得如何？”

“我给你讲一个故事吧……”这是在龙湖物业调研过程中听到最多的一句话，从董事长到一线员工，再到龙湖的业主，龙湖物业的故事张口就来。

我们听过太多企业领导者的故事。在中国绝大多数的公司里，“企业文化”就是“老板文化”。大家只知道老板或领导者做了些什么，不知道其他人都干了啥。这种“不知道”不只是“忽略”，更是一种“隐性否定”。大多数人的心理是：既然没人知道，那我何必自作多情。虽然每个人都拥有一颗像雷锋一样的心，但它需要被激活。

当一线员工听到领导者成功奋斗的故事，通常会做何感想？——他很有本事，但与我何干？在服务行业，大多数员工身处基层，没有太多机会和领导者接触；文化水平不高，更关注的是自己身边的人和事，以及如何生存下去，老板的故事听听也就过去了。这并不是说领导者故事驱动型的文化不好，只是在一个90%以上都是基层员工的服务性行业，这或许不是最好的文化驱动方式。

你也许很难再找到一个公司像龙湖物业这么会讲故事的。从它们的故事里找不到老板和高管，全部是一线员工，是他们和业主的故事。他们把员工的故事讲给业主听，把业主的反馈讲给员工听。

第五章 社群营销的关键就是参与感

➡ 建立社群用户关系网

社群经济之所以成为时代热点，正是因为在对社群的运营维护中，当你构建起属于自己的社群生态圈时，就能够依靠它迅速变现商业价值。

为何通过运营社交关系，能够实现巨大的商业价值呢？

其实，通过研究商业经济，你就应当明白，成交来源于信任，而信任源自于强社交关系。

在对社群生态圈的精细化运营中，你就能够以社交互动建立强社交关系，并引导用户建立强关系链，进而引爆品牌的传播和销售。

当你完成社群构建之后，你就要对社群进行更加精细的运营。

1. 社交媒体维护技巧

构建社群并不代表工作完成，这其实只是构建社群生态圈的第一步，面对日趋庞大的社群，你很难关怀到每一个用户。但你却可以通过社交媒体，尽可能地维护社群关系。

（1）第一时间解决诉求

在社群互动中，面对各种各样的用户诉求，如建议、意见或问题等，传统的解决方式是电话客服。但在如今，用户却越发习惯于线上解决，因为文字、图片更易于描述诉求，对于企业而言，线上解决也能极大节省客服成本，毕竟，电话客服只能一对一，线上客服却能实现一对多。

因此，你要打造并完善社交媒体客服平台，让客服进驻微博、微信、贴吧、论坛等各大社交媒体。为用户提供丰富的反馈渠道，而你的客服在收到用户的反馈时，也要第一时间给出解决方案。

为此，你一定要建立专门的客服团队。这个客服团队的组成分为三部分。

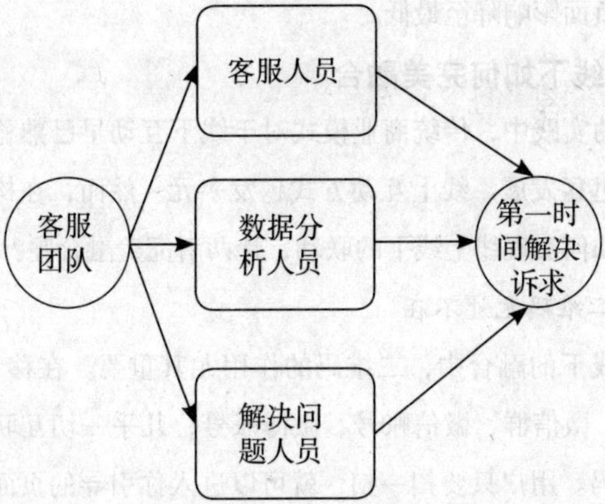

第一，客服人员。客服人员负责社交媒体账号的日常维护，对用户的诉求做出快速反馈。需要注意的是，客服人员必须具有专业、亲和的特征。

第二，数据分析人员。对于客服收到的诉求，进行搜集分析，分析需要从用户属性、诉求属性等多个维度进行。

第三，解决问题人员。针对客服遇到的问题，以及数据分析出的热点问题，需要有解决人员根据企业现状，给出具体的解决方案，该方案也将成为客服快速反馈的依据。

（2）定期检索社交媒体

很多用户在遇到问题时，会第一时间向你的社交媒体表达诉求，但还有一部分用户会选择“私密发布”。他们不会向你反馈，在表达意见时也不会 @ 你的官方账号，而是直接发布在自身的社交圈里。

这样的声音你无法收到，但却会影响用户的体验，也影响品牌的宣传。因此，在微博、贴吧等“公开的”社交媒体上，你要定期检索相关的关键词，如品牌名、企业名、产品名等，在发现用户的意见、批评时，主动进行回复，并给出解决方案。

如此一来，既能让用户感受到你的关注，改善了用户体验，也能让此类言论的负面影响降至最低。

2. 线上线下如何完美融合

在多年的实践中，传统商业模式对于线下互动早已熟稔；伴随着互联网行业的迅猛发展，线上互动方式越发多元。然而，在构建社群生态圈时，究竟如何实现线上线下的联动，让两者完美融合呢？

（1）让二维码无处不在

在线上线下的融合中，二维码的作用尤其重要。在移动社交时代，无论是 App、微信群、微信账号、微博账号，几乎一切互联网应用都可以生成二维码。用户只要扫一扫，就可以进入你引导的页面，接受你的推送消息。

因此，根据你的营销需要，在所有推广页面，如传单、广告、招牌等等，你都要搭配相应的二维码，让二维码无处不在，并吸引用户扫描，进行线上互动。

（2）活动双线同时推进

在设计活动时，你也要注重线上线下的配合。

为了结合两者的优点，你可以在设计活动时，双线同时推进。具体而言：

如果是以线下为主的活动，如发布会、庆典等，你可以在线上直播，并在活动中与线上参与者互动。

如果是以线上为主的活动，你也可以融入线下的特征，利用计步软件、地图 App 等，将活动拓展至线下。

（3）线上线下同步更新

对于那些有实体门店的企业而言，一定要注重线上线下信息的同步更新。在移动社交时代，很多企业都习惯于在线上发布信息，却忽视了线下信息的更新。

如果无法实现同步，则可能造成用户的混乱，弱化宣传效果。

3. 社群互助

你的精力有限，所以你需要培养斗士、明星化用户、意见大咖，帮助你实现社群互动；你需要培养客服团队，维护社交媒体，解决用户诉求；你需要策划团队，实现线上线下的完美配合……但如果你在社群生态圈中，仍然事必躬亲，也就无法享受社群用户经济的一大优势——自助成长。

在构建社群生态圈的精细化运营中，作为企业主，你当然要承担运营、管理和引导的职责。但在社群生态圈的内部运营中，你却要让用户发扬互助精神，让用户在互助中解决问题，实现社群生态圈的自行运转。

（1）激励机制

在激励社群互助时，可以借鉴百度知道、社区论坛等形式，提供物质激励和精神激励。

在百度知道中，在用户提出的问题中，每个给出答案的用户都可以获得一定的积分奖励，而答案被采纳的用户更能获得高额奖励，以及提问者的“悬赏”。回答问题多者，其就会获得一定的荣誉（精神激励）。

在社群论坛中，用户的每次回复都能获得一定积分，版主在浏览论坛内容时，也会对“精华回复”给予额外奖励。对于长期提供精华内容的用户，还会升级为管理员、坛主等，这种物质和精神的双重激励，效果非常好。

通过建立相应的物质和精神奖励机制，社群内会自然会形成主动互助的氛围。甚至是其他用户尚未发出疑问时，就有用户主动分享干货，以期“精华帖”的丰富奖励。

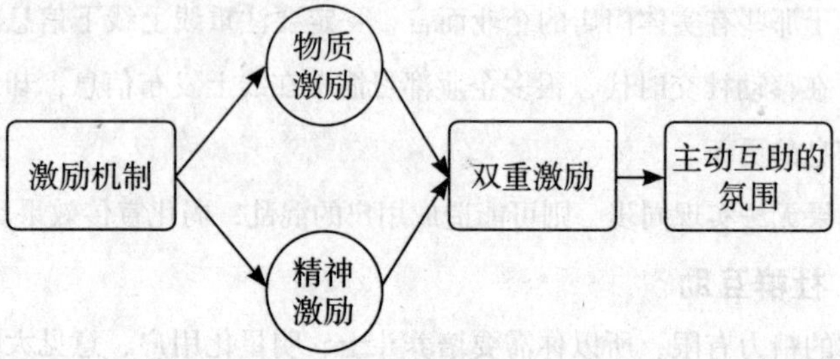

（2）互助文化

当你以物质激励互助的同时，更重要的是培养社群内的互助文化，以免社群成员“不见兔子不撒鹰”，失去了分享互助精神。

因此，在设计激励机制时，你就要注重采取积分、金币等虚拟奖励。除此之外，对于表现优异的用户，你还要给予荣誉、勋章等精神奖励。

利用这种引导机制，不断培养社群内的互助文化。此时，作为群主或管理员，你也要尽量免费分享干货，或解答用户疑问，起到带头作用。

➡ 打造社群营销的闭环

企业做口碑营销时，不应该忽略 APP 的力量。普通的抽奖活动对消费者的吸引力一般比较有限。因为大家觉得狼多肉少，自己很难得到奖品，参与了也只是给别人当背景板。假如是带有游戏性质的营销活动，无论企业是否提供物质奖励，产品用户以及非产品用户的消费者可能都会跃跃欲试。原因无他，有趣、好玩，仅此而已。

假如世界上不再有游戏（包括网络游戏、单机游戏和与电子设备无关的户外游戏），人类的生活将是枯燥而单调的。

这是因为：玩游戏可以消遣无聊的时间，让你产生日子过得很有趣味感；玩游戏可以让你找到自己潜在的才能，哪怕你在现实世界中混得很糟糕，在游戏世界未必不能做个让人羡慕的“大神”；玩游戏还能影响社交，让你找到许多平时遇不到的意气相投的朋友。

游戏的力量很惊人，它能给你带来物质奖励所不具备的精神满足感。简单的游戏，比如“连连看”就有“办公室杀手”之称。规则很简单，说起来也没多少可聊的内容，但就是能吸引很多人在不知不觉中消耗大量时间。其他游戏也是如此，能最大限度地激发人们的兴趣。即使你知道玩游戏不能得到奖金（职业游戏人除外），也会心甘情愿地往里面砸钱，不惜投入大量时间和精力。一切只是为了内心的愉悦。

美国口碑传播学家乔纳·伯杰教授很早就注意到了这一点。他认为优秀的游戏机制可以从内部激发人们的兴趣，让他们乐此不疲地参与到某个活动中。如果设计一个能量化众人表现的游戏机制，大家就会为了表现自己而踊跃报名，并且在事后还会炫耀自己的成就感。在这个参与和炫耀的过程中，口碑已经在不知不觉中四处扩散，并深入到每一位游戏参与者的内心。

瑞典著名家具卖场宜家（IKEA）推出了一款名为《IKEA Now》的APP应用软件。当你用智能手机下载这款应用后，可以在APP上“设计自己的家”。消费者可以在该应用上选择卧室、客厅、厨房或者书房，然后按照自己的兴趣爱好在APP上的虚拟房间中摆放宜家的家具。

尽管只是虚拟的房间布置游戏，但许多手机用户乐此不疲。他们不一定都是宜家家具的消费者，但亲手设计自己的家却是大部分人的兴趣点。在现实中，大家受制于财力、时间、人力等因素，无法把房间完全布置成自己最喜欢的个性化风格。但在宜家的APP应用中，我们只需轻轻点击、滑动手指，就能轻松创建出五花八门的自定义家具布局。此外，宜家还通过投票的方式鼓励大家支持自己最喜欢的布局，然后对那些创意优秀的布局者进行奖励。

宜家并不是一家互联网公司，做的是以线下发展为主的实体生意。电子商务非其所长，也不是其主攻方向。但很多消费者缺少时间在线下充分体验宜家的家居产品，于是宜家营销团队想到了手机 APP 应用这种特殊的营销工具。

消费者可以在手机上通过虚拟的家具布局场景来了解宜家的最新产品，并轻松地完成一部分产品体验。尽管他们还没接触到真正的家具，但在用 APP 设计好自己心中理想的家居布局后，消费者也就大致清楚自己需要预定什么样的产品了。这种利用 APP 的个性化定制营销来扩大品牌影响力的策略，进一步提升了宜家的口碑，并且一举打通了会员营销、产品体验与服务体系。

为什么游戏对信息传播的影响力那么大呢？这是因为游戏机制正是传播力六要素中“社交货币”的一种体现。

为此，乔纳·伯杰教授指出：“游戏机制可以从内部激发人们的兴趣。我们都喜欢有成就感，喜欢能够切实证明我们进步的证据，比如解开了一个很难的个人跳棋游戏，或是数独又升了一级，会让我们感觉良好。所以，游戏制造商会激励我们继续努力，尤其是在我们马上就要攻克难关时。人们关心的不仅仅是自己做得怎么样，还在乎和别人比自己的成绩如何。游戏机制是一种‘社交货币’，因为玩得好可以为我们增光。人们谈论游戏，是因为想要炫耀自己的成就，但与此同时他们也谈论了品牌以及他们获得成就的领域。”

大家喜欢用 APP 小游戏来调剂生活，正是因为游戏不仅有趣，还能分出个高低，让人们可以炫耀自己的能力。这会使得游戏参与者更乐于分享关于游戏的一切，包括隐藏在其中的营销信息。

想要利用好游戏机制，关键是量化参与者的表现，让他们很清楚地看到自己的表现如何，以及和其他参与者的差距。产品或创意本身不能反映出这个结果，所以才要借助游戏的形式。

商家可以在自己开发的 APP 小游戏中以图表的方式制作排行榜，让参与游戏的消费者对自己的成绩一目了然。最好能以鲜明的字体和图样表明他们为游戏做出的贡献，这样才能更好地激发他们的参与兴趣。

➡ 帮助用户养成习惯

对大多数微商、社交电商及企业来说，有一个认识误区，就是认为自己有了足量的社群用户，就万事大吉了。其实，仅仅“有了”是完全不够的，如果不能让用户成为“忠实用户”，提升用户的黏性，数量再多也没有意义。尤其是社群构建完成后，如果不能帮助用户形成具有社群特征的行为习惯，那社群就根本无法形成品牌效应，更别说是形成生态圈了。

所以，培养用户习惯是首要解决的大事。而要培养用户习惯，首先要对粉丝进行准确的定位和区分。

1. 社群用户的 5 个层次

我们根据社群用户对品牌的黏性强弱，将用户分为 5 个层次：

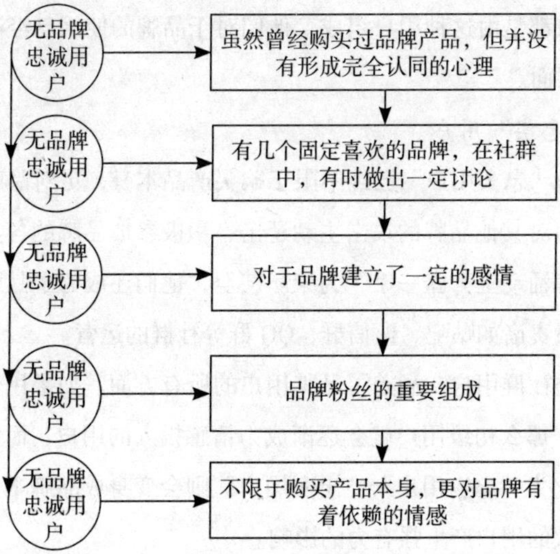
无品牌忠诚用户
虽然曾经购买过品牌产品，但并没有形成完全认同的心理
无品牌忠诚用户
有几个固定喜欢的品牌，在社群中，有时做出一定讨论
无品牌忠诚用户
对于品牌建立了一定的感情
无品牌忠诚用户
品牌粉丝的重要组成
无品牌忠诚用户
不限于购买产品本身，更对品牌有着依赖的情感

（1）无品牌忠诚用户

这类用户，通常来说，他们会看一眼品牌的相关话题，虽然曾经购买过品牌产品，但并没有形成完全认同的心理，他们的关注点主要集中在价格上，如果遇到其他更便宜的品牌就会立刻选择放弃。

（2）习惯购买的准用户

准用户有几个固定喜欢的品牌，在社群中，有时做出一定讨论，还算不上真正的社群用户——如果其他品牌在广告宣传、包装装潢上有着显著特点，那么就会进行品牌转换。尤其是品牌文化的吸引，对这类人有着不可抗拒的魔力。

（3）对品牌较满意的用户

这类用户对于品牌建立了一定的感情，会在接下来的购买时，将该品牌作为首选。不过这种感情具备不稳定性，如果品牌一旦有风险，那么就会选择放弃。

（4）情感投入的用户

这个层次的用户，是品牌粉丝的重要组成，他们已经和品牌培养出了很好的互动关系，在购买产品时绝不会购买其他品牌。小米、苹果的用户，多数都是由这种用户组成，他们对于品牌的使用已经渗透到了生活的各个层面。

（5）“忠实”用户

忠诚的“忠实用户”已经不限于购买产品本身，更对品牌有着依赖的情感。面对其他品牌的攻击主动还击、积极参加品牌的各类活动，以能够在品牌活动上“露一手”为荣。甚至，他们还成为了品牌社群的管理人员，负责诸如贴吧、微信群、QQ 群等社群的运营。

这五类社群用户，涵盖了品牌用户的所有方面。如果用合理的方法进行引导，那么初级用户就会逐渐成为情感投入的用户，而情感投入的用户会进化为“忠实用户”，“忠实用户”则会变身成品牌本身，同样会对其他层次的用户产生强有力的影响。

2. 如何养成用户习惯

那么，该如何以社群帮助用户养成习惯，从而产生强大的品牌忠诚度呢？针对社群用户的五个层次划分，我们有五种应对方法。

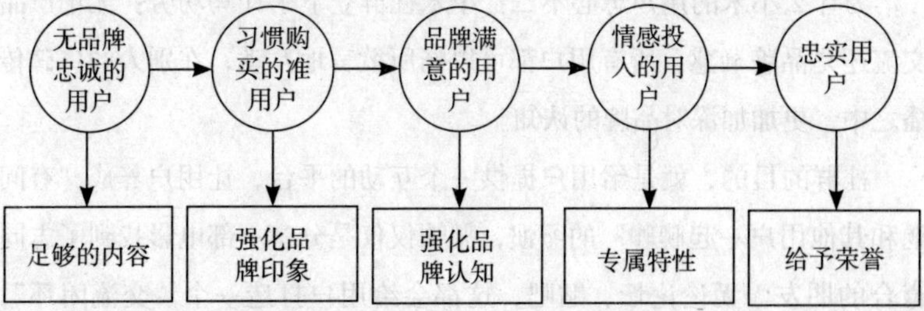

（1）给用户足够的内容：针对无品牌忠诚的用户

初级用户之所以对品牌没有忠诚度，主要就是因为对品牌不够了解。一般来说，当用户购买了产品后，就会自动成为品牌会员，所以，我们不妨定期发送一些新品信息、新品简介等，以此进一步刺激到用户较为敏感的价格心理。当用户对品牌的价格非常满意，同时还能通过各类信息得知其产品线丰富、折扣活动很多，自然就会养成这样一种习惯：定期关注品牌活动。久而久之，用户的消费习惯也会调整，潜移默化间真正加入社群。

（2）借助话题，强化品牌印象：针对习惯购买的准用户

对于已经有了购买习惯的准用户，单纯的品牌价格和新品上架信息，已经不能让他们养成更深一步的习惯。此时，着力推荐品牌的文化概念，例如小米的“主题一键切换”、黄太吉煎饼的“探寻最美老板娘”的话题活动，会给这类用户带来立刻眼前一亮的感觉。不断植入文化气质，能够促使他们对产品的关注，转移到对品牌的关注，并养成闲暇之时就去社群里看一看、逛一逛的习惯，最终被品牌的内涵所俘获。

（3）巧用口碑，强化品牌认知：针对品牌满意的用户

对于品牌较为满意的用户而言，价格、新品、趣味话题活动等，已经不能满足他们的需求。他们更关注的，是品牌的形象健康与否、产品

质量良莠与否，因为这些都关乎自己的形象：如果他自己都觉得品牌有一定风险，那么就不会愿意与其他人进行分享，甚至慢慢地降级成“准用户”。

为什么小米的用户忠心不二？小米社群立下了汗马功劳：无论产品交流还是品牌疑惑，所有用户都可以畅所欲言地互动，在别人的口碑传播之中，更加加深对品牌的认知。

社群的目的，就是给用户提供一个互动的平台，让用户养成“有问题和其他用户一起聊聊”的习惯，哪怕仅仅是分享一部电影找到了志同道合的朋友。无论论坛、贴吧，这都会给用户打造一个“交流闭环”，用户可以在其中满足一切心理需求，这时候他们对于品牌的依赖就会大为增强。

（4）提升用户的“专属特性”：针对情感投入的用户

情感投入的用户，是社群里的中坚力量，直接关系着品牌未来的发展和口碑。此时，虚拟化的交流已经完全不能够满足他们的欲望了，真实生活中的交流、专属节日的 VIP 邀请券、线下活动的参与，才是他们的真正痛点。以小米为例，一年一度的新品发布会，谁可以走进现场？自然是从这些“忠实用户”中选择。而当这些情感投入的用户顺利进入发布会现场之时，又会将这份骄傲和自豪向外扩散，引发其他普通用户的嫉妒。结果，整个社群都会“躁动”起来，也想拥有这样的特权。

（5）给予荣誉：忠实用户

忠实用户是社群的坚定拥护者，他们更在乎精神层面的东西，因此要善于给他们荣誉，以激励他们永久地留在社群中。

3. 维护“忠实用户”

社群用户的最高级别是忠实用户，他们对品牌及产品有着痴迷的喜好。那么，“忠实用户”可以不维护吗？

当然不是。“忠实用户”之所以忠于社群，是因为他们一路伴随着社群的成长，这其中有一些甚至是品牌的最早一批用户，在社群里有着非常高的人气和号召力。如果忽视了他们，久而久之他们就会丧失乐趣，变得消极甚至离开，给整个社群带来负面的影响。豆瓣正是因为如此，所以在改版之后尽管注册人数快速激增，但是人气已经下降了不少，尤其是曾经叱咤豆瓣的“红人”们，已渐渐选择销声匿迹。

该如何维护“忠实用户”，让他们继续保持着非常高的社群习惯？

唯一的方法就是：让部分忠实用户正式进入品牌管理层。这个管理层不一定是真正的企业内部，但却可以给用户带来至高无上的荣耀。这些荣耀可以是永久享有发布会参与权、社群内不同小组的管理权、可以直接进入企业总部与品牌对话的专属权……对于“忠实用户”而言，精神层面的满足，要远远大于物质奖励。

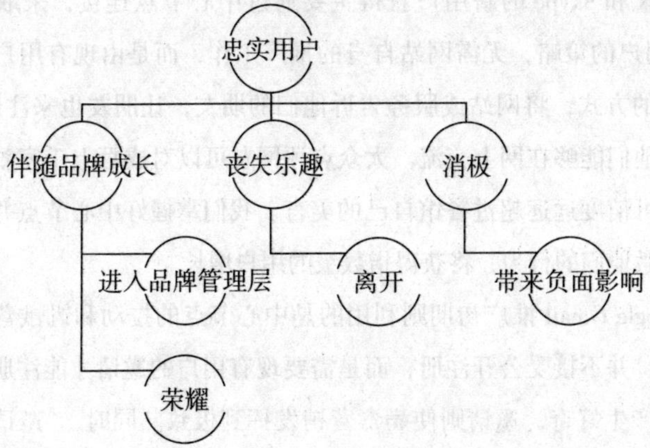

总之，五种不同的社群用户，有了自己不同的兴趣点与话题点，自然就会养成对品牌充满积极意义的“正能量习惯”，从而形成稳固的金字塔形式。此时，即便品牌的新用户增长趋势已经放缓，但依旧可以稳定且长远地发展。

➡ 引爆新用户的秘密

新客户获取的动力引擎，通过不同的营销手段、营销传播的速率、客户获得的速度也是形成鲜明对比的。新模式中，用户以指数级的方式增长，它比传统的营销模式更快捷有力。这种指数级增长来自社会网络、病毒式营销和分销，以及由社会影响导致的扩散模式。Facebook 和 Twitter 的注册用户以每年 500% 的速度增加，而微博获得 1 亿注册用户所需要的时间是 18 个月，微信获得 1 亿注册用户用时 14 个月，这在之前产品的渗透速度中是很难想象的情况。据分析，Google 平均每个用户每年能带来 15 美元的广告收入，Yahoo！的 CPM（每千人次广告费用）是 13 美元，而像 Linkedln 这样高度依赖职业人士和商务网络的社交网站，其 CPM 估计为 75 美元。注册用户的获得也让商业平台获得了巨大的商业评估溢价。

MSN 和 Skype 的新用户获得主要通过中心节点连接，采取让用户"拉"用户的策略，无需网站自身的推广工作，而是由现有用户通过电子邮件的方式，将网站或服务告诉他们的朋友，让朋友也来注册使用，从而使他们能够在网上交流。大众点评网友可以对成百上千家餐馆进行评论，可信度远远超过餐馆自己的美言。我们掌握好中心节点并能够很好地刺激他们的行为，将获得指数级的用户增长。

Google Gmail 推广初期则利用的是中心节点的拉动和饥饿营销的双重功效，并不接受公开注册，而是需要现有用户的邀请才能注册。稀缺使人们产生好奇，邀请则使病毒营销发挥到极致。同时，"邀请"的机制使有共同兴趣爱好的用户聚成一个"圈子"，在这个圈子里用户能互相交流信息，为其他产品或服务的推广埋下伏笔。

美国的 Amy Shuen 曾经深入分析了指数级效应的驱动力，认为一个网络价值的指数级增长和它拥有的节点数有关。

梅特卡夫定律（Metcalfe's Law）告诉我们：如果一个网络中有 n 个人，那么网络对于每个人的价值与网络中其他人的数量成正比。里德法则则认为该定律低估了网络的效应，他认为网络的效应是以 2n 进行增长的，这意味着是拥有 64 个节点或用户的多对多的社交网络，其价值就和寓言中的效果同样惊人。

群体的扩散，总是一开始比较慢，然后当采用者达到一定的数量（即“临界点”）后，扩散过程突然加快，这个过程一直延续，直到系统中有可能采纳创新的人大部分都已采纳了创新，达到饱和点，扩散速度才会逐渐变慢。采纳创新者的数量随时间呈现出 S 形的变化轨迹。

魔漫相机是一款原创将真人拍成幽默漫画的相机，苹果应用平台同步强力推荐。在魔漫世界里，无论你是什么性格，都能看到一个幽默的自己。神奇的是，每拍一次都会拍出意想不到的惊喜。刻画出不同的场景：捧腹大笑的幽默、超萌的甜美、淡淡的清新、奇幻的 cosplay，甚至是和明星同床共枕，会让用户惊喜不断。据报道魔漫相机鼎盛期一天狂涨 325 万新用户。

➡ 没花钱获得爆发式增长的用户数

2013 年 6 月 27 日，安卓版上线时，在一个月之内，魔漫相机的用户就已经突破 100 万，此后保持在日均 20 万左右的增长速度。10 月 22 日，iOS 版上线，两个版本加在一起每天的用户增长量大概是 200 万 ~300 万之间（最高时达到 325 万），总用户数在 2000 万 ~3000 万之间，安卓版本下载量高于苹果版，三天就冲顶中国地区的 App Store 排行榜首。黄光明认为有时刻意的营销是吃力不讨好的，魔漫相机的这次传播是没有花钱的。

说起魔漫相机为什么会火，其原因有以下几点：

1. 寻觅口碑传播，产品快速引爆策略。

从产品功能开始设计引爆策略，获得用户口碑扩散。用户拍照并上传照片便可生成漫画，魔漫相机帮用户完成了 90% 的处理工作，如果需要微调，用户再酌情改变胡子、眼镜、模板等要素即可。许多用户会问魔漫为什么不支持多人形象出现在一张漫画上的功能，以及背景颜色等问题。黄光明的解答是："新产品在上线阶段要考虑两点，一是必须引导用户在碎片化的时间内以最短、最便捷的流程完成操作；二是要让用户对未来的功能有所期待，不能一餐饭把肚子填饱了，给用户以饥饿感。"这能体现魔漫相机产品引爆的策略，"统一以黄色作为主色调是为了突显我们品牌的标志，在功能上崇尚周鸿祎提出的微创新，一步一步地完善产品。"黄光明一直在寻找产品的引爆点，在时机不成熟时他们不会轻易推出新功能。

2. 抓住场景，借势移动终端的基础流行。

魔漫转战线上做漫画微博、小人说。黄光明说之前他们就一直想往线上发展，但囿于智能机普及率、移动互联网网络信号等技术的不成熟，一直没有发挥余地。而随着移动互联网的普及，技术条件日趋成熟，此时选择线上市场便有了最佳的场景。

3. 从社群思维出发，准确抓住用户群的需求。

互联网经济是无聊经济，互联网核心客户群逐渐将线下的自恋、攀比、娱乐等方面的需求通过互联网表达出来。人们就算长得再不美，内心都会有一些自恋，而漫画讲究的是神似，在具象和抽象间找到平衡点（魔漫相机的后台算法弱化了用户的具体形象，只保持五官、神态等基本要素），不认识你的人看到漫画也不知道你是谁，熟悉的朋友瞧瞧便可认出来，这保护了用户的隐私权，让用户在社交网络的传播过程中消除恐惧感并能获得不一样的"自我陶醉"体验。至于为什么在东南亚国家也能如此火爆，其中文化的相似性、中文在东南亚国家的普及和早期用户的口碑传播是关键。

➡ 定制化产品才有不同

为了让社群生态圈的商业价值更快、更好地变现，你需要主动为用户定制产品和价格。

1. 定制社群产品

2012年4月，前新东方老师、网络红人罗永浩，宣布自己进军手机市场，开始独立研发手机；2014年8月，另外一个“门外汉”，相声演员王自健也宣布进军手机市场。无独有偶，2015年3月，传统老牌电器厂商，格力集团也由掌门人董明珠宣布，格力即将推出自己的手机。

为什么越来越多的人，开始投身手机市场？

首先，拉近与用户的距离。如今，智能手机已经成为生活、工作必备，手机已经成为出门必带物品，甚至超越了钱包，仅次于钥匙。因此，通过开发自有手机，能够极快地将品牌与用户之间的距离缩短为零。

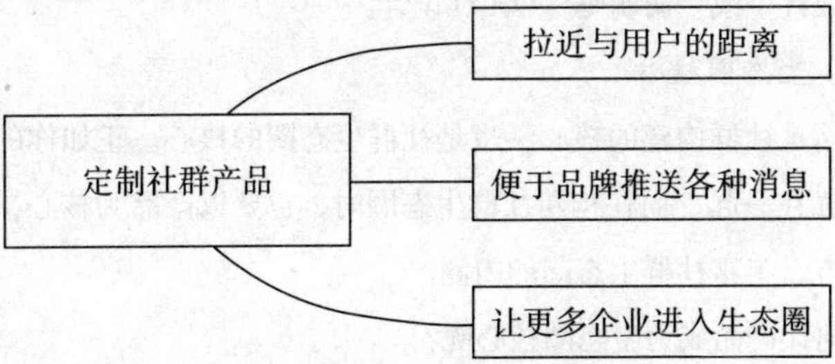

其次，便于品牌推送各种消息。在移动互联网时代，你必须进驻用户的手机，才能让用户看到你。此时，与其辛苦推广自有App，不如直接开发自有手机更加方便。而且手机系统的定制，也能避免你的消息被屏蔽。

最后，让更多企业进入生态圈。当你的用户用上你的手机，借助智能手机“包容万物”的特征，你就能让更多企业通过手机，进入你的社群生态圈，为生态圈创造价值，并获取收益。

之所以分析进军手机行业的益处，并非让你跟风做手机，而是借此讨论定制社群产品的方向。

（1）拉近距离

在定制社群产品时，你必须考虑产品的实用性，让产品能够进入更多使用场景，从而在用户的日常使用中，借助产品拉近距离。

基于场景的多样性，在定制社群产品以拉近距离时，你要考虑的只有两点：便携性和多用性。也就是说，让产品能够跟随用户进入更多场景，或是让产品适用于更多场景。

（2）传达信息

在定制社群产品时，你需要赋予产品更多的内涵。即使它无法像手机一样实时推送，你也应当将社群文化、品牌关怀融入产品设计当中，让用户实时受到“熏陶”。

具体而言，你需要借助产品的外在风格、使用体验、LOGO 设计等元素，体现出你的品牌文化。如文艺风格的小清新设计，或简约不简单的科技设计，或“萌萌哒”LOGO 设计。

（3）生态圈核心

产品是社群构建的核心，也是社群生态圈的核心。正如你的产品将用户聚拢在一起，而在构建社群生态圈时，也要以产品为核心，吸纳更多利益方，丰富社群生态圈的内涵。

如何让产品成为生态圈核心呢？

最典型的案例正是腾讯生态圈的构建。腾讯的起家依靠即时通讯软件 QQ，在近几年的生态圈构建中，腾讯则依靠 QQ 的庞大用户规模，围绕 QQ 建立起腾讯帝国，布局通信、资讯、游戏、视频、音乐多个领域。

这样的布局并非是将所有产品融入 QQ 中，而是让所有产品都用 QQ 号登陆，并在以 QQ 为核心的生态闭环中，自由运转。

在定制社群产品时，你不用让自身的产品具有过于复杂的功能，关键在于让它钉准用户的核心需求，并具有可拓展性。如此一来，你的社群生态圈离不开你的产品作为核心，与此同时，你可以基于产品吸纳更多参与者，让社群生态圈的内涵不断丰富。

2. 定制产品的社群价

品牌的社群活动、社群话题做得再丰富，归根到底都要落实到销售环节。这也是社群经济产生价值的必由之路，而在产品销售中，产品的定价机制十分重要。只是与过去的价格制定来说，现在的定价机制需要更加多元化和艺术化，让价格也能够成为社群的话题之一。

在林林总总的价格模式中，我们常常会看到这样的词汇：促销、最高优惠、限量折扣、限期抢购价……可是它们真的能触动用户吗？

有的时候，用户们甚至会产生怀疑：所谓的促销，是不是仅仅只是虚构一个高价，然后再放出一个常规价格的“促销价”？毕竟这种弄虚作假的举动，已经被频繁曝光。而且，人人都能享受的优惠，用户也没获得什么优惠。

各种打着“促销”名义的价格制定，不仅不能创造很好的话题，给用户带来优惠的感觉，反而会引起不必要的猜测。

因此，在社群生态圈中，想要以销售变现商业价值，你就要学会定制产品社群价。

（1）受众锁定为社群用户

在定制产品社群价之前，你必须要明确，所谓社群价，就是社群用户才能享受的价格。只有明确这一点，你的社群生态圈才具有价值。否则，人人都可享受的优惠，对于用户而言，又有何意义呢？

因此，在定制产品社群价时，你要坚持两个原则：只有社群用户可以享受；所有社群用户都能享受。

（2）赋予社群价文化内涵

社群价并非只是一个优惠价格而已，在你为社群定制价格时，你也要通过这个价格数字传达你的关怀，让社群用户感受到社群价背后的文化内涵。这样一来，你的产品定价，不仅能够满足社群生态圈的需求，甚至能够成为击败竞争对手的手段。

2014 年，魅族推出 MX4 手机，定价 1799 元，但这一定价却直接“惹怒”小米。为何1799能刺痛小米呢？其实，并非因为拉低行业价格。

客观而言，单从产品硬件来看，小米4的1999元更具性价比。然而，在制造工艺、网络制式等方面，魅族MX4却击败小米4，让小米“为发烧而生”的品牌文化受到挑战。与此同时，1799的定价也就体现出性价比优势。

这一定价不仅刺激了原本的魅族用户，更是刺痛了小米用户。毕竟，小米以“为发烧而生”为文化主题，此时，却在产品性价比上输给魅族，这也引起了小米用户的不满。因此，当时在雷军微博评论区，大量小米用户刷着“1799”，表达着自身的不满。

在定制产品社群价时，你必须要找到真正能够刺激社群痛点的数字。

具体而言，定制产品社群价需要从三个方面出发。

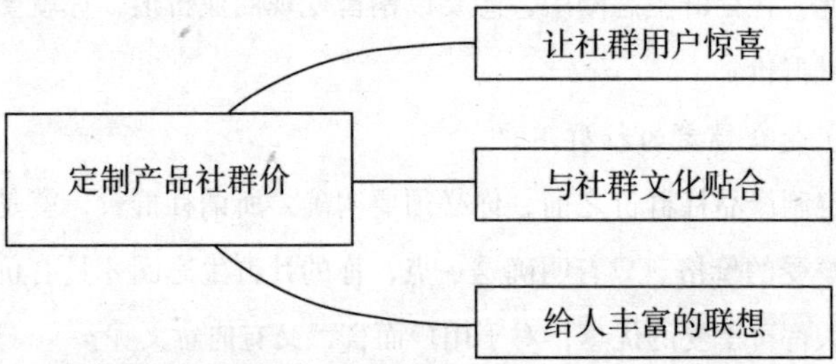

第一，让社群用户惊喜。与标准价格相比，“社群价”必须足够优惠，或是产品配置高于标准，给用户带来“物超所值”的感受。用户感到“占了大便宜”，自然就会在社群内尽可能地炫耀，从而满足内心的兴奋。

第二，与社群文化贴合。初建品牌的年月日、初见团队的人数、第一个社群的用户数量……这些数字，对于品牌来说都是很具有纪念意义的。所以，借助这些富有内涵的数字制定“社群价”，既能让社群用户体会到一种感动，又能够让品牌的形象更加饱满和利于传播。

第三，给人丰富的联想。有的时候，“社群价”的制定不一定那么外露内涵，反而可以透出一种神秘的气质——可以给人带来联想，但官方又没有特别说明。这时候，社群用户也自然会进行大胆的猜测和讨论。而当“社群价”活动正式结束时，品牌再将真正的原因公布于众，从而将由“社群价”引发的话题尽可能延伸。

➡ 给用户极致的体验

互联网时代产品变得简约而不简单。注重用户的感受是用户至上信条的重要原则，而用户的感受很大程度上来源于产品，所以好的产品对于企业来讲很非常重要的。这里所说的产品既包括有形的实物也包括无形的服务。在互联网的时代，产品的设计和推出无论是对于企业来讲还是用户来讲都是越来越重要。

互联网正在不断蚕食传统的市场，并改变着传统的商业模式，消费者在市场经济中的地位越来越高，越来越多的人喜欢更简单的东西，比如无脑的娱乐节目，便利互联网交流平台，更直接地电商平台，更简单的产品说明等等。

通过观察消费者的购买行为，可以发现这样的情况，可以供消费者来选择的产品非常多，但是消费者没有足够的时间和耐心来一一去进行挑选，而多数在网购的时候不断的换浏览的店铺，这几乎没有什么转移成本，这就要求企业在很短的时间内抓住消费者。这就是简约的文化的重要性，简约也是互联网思维的一个特征。这也反映了企业在产品设计上能做出的高度。简约要求企业有三点必须做到，表面上构造简单，使用方便，阐述起来更是几句话把主要功能讲述明白。但是这三点看起来容易，做起来不容易，看起来构造简单，看一眼就知道怎么做的，但是在简单的后面就是不简单。因为要把产品尽量简化，需要做大量的工作，细致的计算，用工用料都要设计，只不过这些都是企业内力的比拼。消费者看到的就是成品。使用便捷，就是指产品容易操作，所谓的傻瓜机就是这样的例子。描述起来要简单，这说的是，当企业要宣传自己的产品或者服务的时，不需要说很多，简短的几句话，就可以把产品或服务介绍得很详细、很明白。

就拿支付宝来举例，支付宝刚推出的时候，页面有四个部分，上面的导航，左面的目录，右面的功能链，中间的内容，这样的布局遵守的是互联网的网页标配，当然也做了一些改进那就是能够更换背景。这样的布局，维持了很长的时间。但是效果并不是很好，支付宝后台的数据显示网页中大部分的内容，客户都没有点击过，而且还有客户抱怨，说在页面中都没有找到想要的东西。那么这些现象都是值得支思考的。

2013 年，支付宝在不断改版的变化中融入了简约的原则，直接把页面简化为两大部分，一部分为账户现状，另一部分为资产动态，这些动作不是仅仅是简约的变化，而是对用户需求的精准把握.并且付诸行动。

支付宝的改进，让支付宝看起来越来越像一个银行账户，反映的就是客户有多少钱，这也是客户最关注的。支付宝在网页最显眼的位置，显示出客户的余额，至于其他的数据，就集中放在一边，如果客户有意愿，也可以看到自己账户明细，账户明细的显示也很简单，就是让客户知道，挣了多少，花了多少，欠了多少，省了多少……很清晰，很明白。

互联网的时代，人们已经开始依靠网络来解决问题，如果企业还是按照以前的思想，和客户讲这个那个，是没有客户愿意听的，客户没时间，更没耐心，所以企业就必须简化，把客户想要的展示出来就可以了，其他的放在背后。

追求完美是现代产品所必须，在产品设计和研发上的投入，是一个企业追求创新力度。在现在的时代，由于环境变化迅速，匠人静神已经变得越来越珍贵，具有这种精神的人的典型就是乔相斯，就是由于他的专注和坚持，创造了苹果的辉煌。

➡ 让每位社群用户都受益

在社群经济的终极阶段，必然是构建出一个完善的社群生态圈。如今，似乎谁都在说生态圈，但生态圈的内涵究竟如何呢?

所谓生态圈，就是指各利益相关者处于同一个价值平台中，利益相关者在扮演自身角色的同时，关注的是平台整体的特性，从而撬动其他参与者的能力，使得该价值平台能够创造更大价值，所有参与者都可以从中获利。

在一个生态圈中，竞争并非不存在，只是生态圈内部更加强调的是，彼此的联动、共赢，以及整体发展的持续性。

因此，在构建社群生态圈时，除了追求自身商业价值的变现，你也要努力让每位用户都能受益。

1. 重视社群用户力量

在构建社群生态圈时，你必须要重视社群用户的力量，如今的用户不再如过去一般处于“弱势”地位。借助社交网络，社群用户真正成为“既能载舟，亦能覆舟”的力量，甚至在传统的娱乐行业也是如此。

2015 年 11 月，明星吴亦凡的经纪人冯丽华，因粉丝们的厌恶，而在压力下离开。继任吴亦凡经纪人的是黄烽，他也同时担任周迅、许晴经纪人，在接受采访时，他就坦言:“周迅的粉丝也不少，粉丝对她是一种欣赏的态度；哪怕跟她本人见面，也就是点个头。亦凡的粉丝数量大，有组织，有力量，还能监督我们的工作。我们不能站在传统的角度来做经纪了。”

确实，经纪人不能站在传统的角度做经纪，明星也同样如此，社群更是如此。你必须正视社群用户的力量，才能真正投入到构建社群生态圈中，而不只是口头说说，将此作为安抚用户的言论。

2. 满足用户需求

在构建社群生态圈，让用户受益时，你必须要满足用户的需求，才能赢得用户的认可。为了满足用户需求，你需要从物质和情感两个方面着手。

（1）给予用户物质满足

物质是用户最直接的需求，也是最简单的满足方式。正如欣赏明星首先从外表开始一样，用户在看待社群时，同样最先关注其物质价值。因此，在满足用户需求时，你需要从物质满足开始。

①产品满足。

产品是满足用户物质需求的最佳载体，也是社群生态圈的核心。因此，在产品研发上，你一定要考虑用户的痛点需求，融入品牌文化和科技，让用户能够为产品尖叫。

与此同时，你也可以借助定制社群产品或社群定制产品，给予社群用户一些小惊喜。但要切记，这只能作为调味品，和“正餐”的参考意见，而不能本末倒置。

②奖励满足。

在社群生态圈中，只有社群用户的热情参与，才能让社群生态圈具有价值，才能吸引更多利益相关者的参与。因此，为了激励用户参与社群活动，你必须建立各种激励机制，以足够诱人的奖励，刺激用户的参与欲望。

其次，给予用户情感满足。

如果社群生态圈的构建完全基于物质满足，这也会让你的生态圈变得脆弱。因为，一旦有竞争者开出更加诱人的物质条件，用户就会迅速“跳槽”。而阻止用户因物质“跳槽”的唯一方法，就是给予用户情感满足，塑造文化壁垒。

3. 社群文化

用户之所以能够被吸引而来，正是因为你满足了他们的兴趣爱好，并给予了他们身份情感认同。然而，这种爱好和认同并非只有你能满足。

因此，在吸引用户入群之后，你需要塑造社群文化，将社群与外界区隔开来，形成社群独有的文化氛围。通过营造社群专有、用户专属的文化氛围，给予用户特殊感和归属感，进而构建社群和生态圈的文化壁垒。

4. 强关系链

在面临更好的工作机会时，很多人选择留下都是因为一个原因：价格的差异，比不上社交关系的价值。说白了，别人开出的价格不够高，怎样算是够高？这个价格需要覆盖你的工作习惯、工作氛围和工作关系。

每个人的心里都有一笔账：给我多少钱，可以说服我换个工作环境？多少钱，可以让我放弃现有工作关系，重新运营职场关系？无疑，后者才是职场人更看重的。

因此，为了让用户成为社群生态圈的“永久居民”，你就需要在社群的日常运营中，通过与用户互动，通过引导用户间互动，建立用户与你、与其他用户的强关系链，让其在享受优质社交体验的同时，提高他们的“跳槽成本”。

满足单一用户的物质和情感需求，并非难事，但在社群生态圈中，你要面对的并非单一用户，而是生态圈里的所有用户。

那么，如何让每位用户都受益呢？

当你能够正视用户力量，学会如何满足单一用户需求时，让所有用户受益其实就是水到渠成的事了。

（1）制定生态圈规则

让所有用户受益，并非让所有用户获得相同的收益，而是让所有用户受益的机会相同。因此，在构建社群生态圈时，你必须明确生态圈规则，让所有用户拥有相同的机会：在对生态圈做出相应贡献之后，可以获得更多的收益；在损害生态圈利益时，也会受到相应的惩罚。

（2）建立自我完善机制

生态圈的构建是一个不断自我完善的过程，在市场的不断变化中，生态圈并非一成不变的。而如何建立自我完善机制，以完善生态圈呢？简单来说，只有两点：

第一，学会放权。在生态圈构建中，不断弱化自身构建者的角色，将自身塑造为维护者或平台方，让用户和其他利益方可以在生态圈内自由发展。直接点说，就是将更多的权力交到用户手中，让他们决定生态圈的完善方向。

第二，重视反馈。当你将自身隐藏在“幕后”时，则要注重用户和其他利益方的反馈，在综合考量中，对生态圈的自我完善做出引导。另外，也要调和用户与其他利益方、与生态圈之间的矛盾。

让每位用户都受益，并非让每位用户得到相同的收益，而是在重视用户力量，了解用户需求之后，制定完善的生态圈规则和自我完善机制，让用户能够享受到与其贡献相匹配的收益。

第六章 社群营销的商业模式变革

➡ 社群新零售的变现模式

零售是什么？通过两个案例分享，第一个是关于基础舆论部分，第二个是关于实操的流程部分；关于理论部分，首先要清楚什么是社群的零售。就是某个细分的用户群用分享的方式给社群的用户提供有竞争力的产品或服务，这就是利用社群的含义。其实通过社群的方式做零售有两个好处，没有租金的成本，不需要太多的物料费用，开一个群的时候，可以把人拉进来之后就开始卖货，第二就是通过社群这个渠道，成交完之后可以为用户提供服务，做好客户关系的管理。这就是利用社群做零售的一个好处。

第三个就是利用社群的方式做零售比较适用于哪些行业，有两个要求，第一点是产品特点要明显。如果你的产品跟淘宝上的产品相比没有任何竞争力，就不适合利用社群做零售；第二点是所聚集的这些人，用户标签足够的精准聚焦，如果做不到精准聚焦是很难产生转化的。比如妈妈群、大学生群。这样用户的属性就非常的聚焦，这对后面做转化有很大的帮助。

用社群做零售，给大家两个建议：首先，运营团队必须具备很强的内容创作能力，一般来说，在社群中呈现的内容包括：文案、海报、语音微课、互动性强的活动等，团队在这方面足够擅长时，可以保证产品在群里面有良好的发展和传播。其次，基于社群的电商，仍然需要在商业模式上创新，多多发挥力量，社群电商是当下非常火的一个概念，目前关于零售的创新，仅仅靠内容是不够的，如何发挥社群里面的场景做一些链接；让用户本身在社群里面创作出新的作品来；在产品创新上注入一些新的发展，这些都是需要考验我们的，所以说通过社群的方式做零售做电商仍然需要升级。

第一点，对于社群团队本身的内容能力要求非常高，因为在社群里做产品的销售转化，不像做天猫淘宝一样的只要显示在一个重要的位置，用户看到点击购买就可以了。社群里没有所谓的位置，只有场景，这个所谓场景就是内容的方式创作出来的，所以对团队本身的内容要求非常高；第二点，要多多发挥用户本身的力量，每个用户都发挥想象，然后帮助社群促进转化，这个空间是非常大的。敢于做社群的零售，我们的产品要非常具有竞争力，用户群也要尽可能精准，同时社群本身只要搞得好，这种获客的成本是非常低的，而且社群本身的互动非常高。互动产生信任，信任带来转化。这是关于做社群零售的基础理论。而社群做零售到底有哪些步骤和环节？

1. 卖东西的，要具有爆款的属性

什么是爆款？经常看到书上讲爆款，爆款战略、爆款思维……什么是真正的爆款，那么多书和文章无非就是讲三个问题：第一点，爆款要满足真需求，尤其是刚需性的产品是爆款第一要素。我们很多人做的东西非常好玩，认为一定可以卖爆，这都是自己主观的预想，而真真正正卖得好的产品，一定是满足了用户某种真实需求的；第二点，要具备足够大的优势，大家喜欢在淘宝上买东西就是喜欢去淘宝比价，去找服务好的产品。但是你的产品在社群里面进行售卖，不具有比天猫上更好的服务，不可能卖出好的东西来；第三点，内容需要性感，这也是我们一直强调，在互联网上卖东西不是卖的具体产品，而是卖的图片。社群也是同样道理，社群里面卖产品也需要有海报，有非常好看的照片。这是我们一直在强调的，对团队的内容要求是非常高的。

2. 寻找铁粉

什么是铁粉？就是愿意在你的群里面花时间，愿意在你的群里面贡献智慧，这就是铁粉，也就是我们的第一批用户，这个很关键。

3. 适用传播

在社群里面做产品销售的时候，要懂得分寸，要适当地拿出吸引的产品，发展给用户，让他们去玩，这种玩法可以让用户直接参与进来；第二是让用户用完了写一些报告，或者晒一下朋友圈、做一些传播、做一些调查问卷等等。

所以在社群传播这层面，最关键的是让用户参与进来，让用户和产品发生链接关系，同时让用户提供一些建议和数据软化放到数据库中来，这一点是非常重要的。

4. 渠道构建

一旦这个产品普通用户用了之后，有一个环节叫适用传播，用户用之后会写一个体验报告，发到朋友圈，分享到其他社群，这个时候很多人问你的产品不错，我作为同类产品的渠道商，能不能帮我联系到商家，其实不单单传播了你的品牌，还有渠道的建立，所以要从分享中寻找渠道；第二点，利用社群的力量定一个渠道合作的策略，定多少货、给多少价格、是什么片区的，要构建渠道的策略。

5. 构建用户群

帮助渠道商构建渠道群，在分享过程中带来新的粉丝拉到群里面，一步步按照社群运营的流程激活他们，做好他们的活跃度和转化，这就是构建用户群的过程，做社群的运营。

6. 做分享式销售

帮渠道商建好用户社群之后，要做一次全国性社群主题的分享，通过分享的方式进行促销，比如卖一款化妆品，有些女孩子是干性的皮肤，有些是油性的皮肤，我们来综合女性皮肤做一款非常有效的护肤品，此时再派一个专家介绍这个结构，最后抛出一个产品，有效的解决我们的皮肤问题，这就会产生一定量的销售。

最后就是拓展新爆款。因为社群卖东西用户本身有尝鲜的感觉，总是卖一款产品的，虽然可以形成一个习惯，但是一个产品用户会觉得没意思，我们这一款新的爆款也要符合三个因素：具有足够的价格优势和服务优势，同时内容性感做一个新爆款的时候，虽然比以前的产品有区别的，但是是同样的价值观，我们要围绕这个价值观拓展新的产品，而不是随随便便拓展新的产品，这是做零售的方法。打着爆款寻找铁粉，当我们的渠道商构建用户群，在用户群做分享式的销售；再一步就是拓展新的爆款，这就是如何利用社区的方式做零售。

➡ 连锁企业营销布局

从 2011 年开始，团购开始流行，当时出现了上千家团购网站，被人戏称为千团大战，这是国内 O2O 的最早形式，随着人们对互联网上消费的意愿越来越高，智能手机上网越来越便利，O2O 模式成为大势所趋，并由此打开了一个万亿元级别的市场。

中国电子商务研究中心调查显示，网购消费只占消费者支出的一小部分，餐馆、理发店、干洗店、服装定制、KTV 这些与生活息息相关的服务消费才是占据最大比重的，而这些服务必须要消费者到实体店去享受。由此可见将线上客源和实体店消费对接蕴含着巨大商机，生活服务类的消费市场或将比 B2C、C2C 的消费市场潜力更大。

纵观目前连锁企业的 O2O 建设，我们可以把 O2O 系统这个完整链条切成 4 个环节：流量，会员，商品，支付，打通这 4 个环节，就是连锁企业的理想化 O2O 方案。

O2O 各环节打通

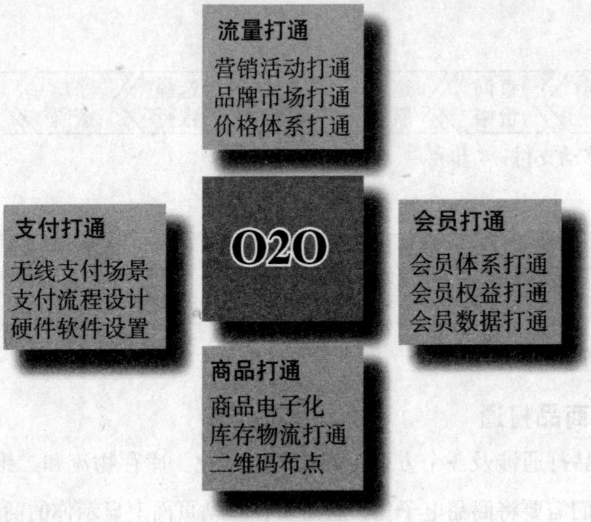

1. 流量打通

流量在现实生活中可以看成人流量，大型购物商圈、地铁口等地都是人流量聚集的地方，在虚拟网络中，流量也是人群聚集的地方，如移动流量最大的就是微信。O2O 流量打通就要求我们把线上、线下的流量打通，如线上的流量可以带到线下来，如线下店等；线下的流量也可以导入到线上，如微信里面。

2. 支付打通

线上和线下支付数据合并，其中移动支付是打通 O2O 闭环的关键环节，是一个突破口。为什么这么说呢？最开始的时候微信没有开通支付功能，我们选择了某航空公司的微信订票业务，首先查询票务信息，只有两班飞机，然后查询价格，并对比价格，最后选择了 A 公司的 365 次航班，如果不付费，航班是不给你保留的，那赶紧付费吧，在微信里怎么付费呢？当初微信没有提供支付功能，航班只好做了一个链接到网站支付页面的功能，我们还是得用传统的支付方式，选银行，再转到银行的验证页面，输入账号密码，好了，终于成功了。航空公司的微信能判断我们支付成功吗？好判断吗？有了微信支付以后呢？我们会省去很多步。

没有移动支付：7 步

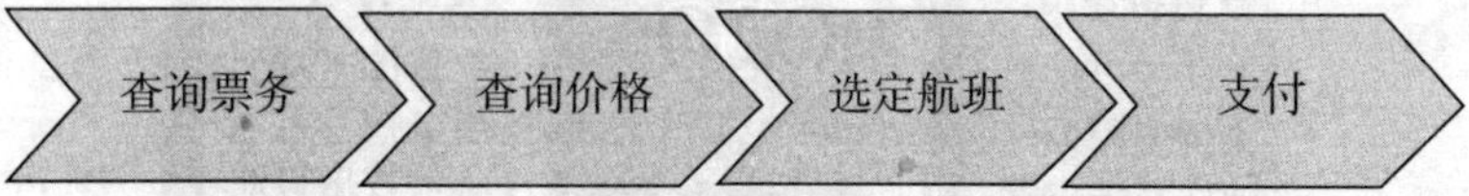

有移动支付：4 步

3. 商品打通

商品打通涉及 3 个方面：商品的电子化、库存物流和二维码布点。首先我们需要将商品电子化，就是要在移动页面上显示你的商品和线下商品一样，即使是无形的按摩服务，也要摆放一张图片，显示它的价格。其次是库存物流的打通，线下店的库存可以被线上使用，线上的订单，线下店可以就近送货。最后是二维码（微信公众账号的二维码或 APP 下载地址二维码）的布点，大部分有线下店的企业都是放在门口或是收银台等让用户可以触手可及又必须能看到的地方。

4. 会员打通

线上会员和线下会员享有相同的权益，具有相同的 ID，线上和线下的信息共享，如优惠条件、积分等，更大的优势是建立会员消费的大数据系统，更好地差异化地服务会员。

马云曾经说，阿里今天的成功实际是过去战略布局的成功。BAT 的 CEO 们都是有战略思维的人，O2O 市场这么大，如何布局如何切入，他们早就悄悄开始了，图 2–18 是 BAT 企业的整体 O2O 布局，这些布局涉及引流、转化、支付、线下资源、反馈 5 部分，而这 5 部分正好形成了 O2O 的一个完整闭环。互联网巨头们战略思路已经不在于单一的产品，而在于整个生态体系的建设。作为传统企业，不可能在这些点上和 BAT

竞争，但可以把 BAT 的产品作为工具。

➡ 社群筹人、筹钱、筹资源

如何利用社群赚钱。现在很多人做社群的初衷除了聚一帮人之外，更多的是商业的变现和转化。

社群的变现方式有八种，社群的变现模式之一是众筹。众筹在生活中大量存在，比如十几个人、二十几个人众筹一个咖啡馆、小餐馆等等，这样的案例生活当中大量存在。

如何利用社群方式变现、众筹？分成两个部分，第一个，理论部分，就是什么是社群的众筹设计，社群众筹到底有哪些作用，社群的众筹适合做哪些事情。有哪些案例，做社群众筹的时候要注意什么问题，这是第一部分。第二部分就是利用社群做众筹的一个详细的步骤，大概分这么几个：首先是社群的含义，什么是社群众筹的含义？社群众筹的意思就是基于社群的信任，社群之间不断发生互动，高频次的互动能够带来信任。既然是信任，进行项目或某个产品的股权众筹，不是简单为了分红，是占有了社群项目的股份，有一定的决策权、管理权，甚至拍板权。这是社群众筹的含义，先有了对社群的信任感，才有了项目股权的众筹。

总结来看，社群众筹有三个作用。第一个是筹钱。为什么做众筹？因为资金不足，所以通过众筹的方式实现。第二个是筹智，在开店的时候，一个人做决策做判断有问题，因为一个人只站在一个角度上。如果一群人参与，在做决策、判断的时候，就会比较完善、全面和深刻。古代有句话叫三个臭皮匠顶个诸葛亮，其实讲的就是筹智的作用。第三个是筹客，筹客怎么理解？就是我是这个店的主人，老板，请客一定会去自己的店，第一有面子，第二也确实能给店创造效益。所以众筹有三个作用，第一，解决资金问题；第二，解决管理问题；第三，解决客源问题。

什么地方众筹比较多？一个是餐馆等实体店。还有创新性产品，创业产品，因为很多人具备这种创造产品、创业的能力。但限于资金有限，没有办法做市场，此时需要发挥社会的力量，筹钱把产品推出市场。所以众筹更多适用在实体店和创业产品上。

做社群众筹有三个建议：第一是做众筹的时候，项目或产品必须要具有想象力，如果只是一个普通项目，通过众筹是解决不了实际问题的。很多项目成败是因为项目本身的商业模式有问题，不具备竞争力、想象力，所以才筹不到钱。同样道理，众筹的资金和贷款、风险投资的资金本质一样，都是一种钱，一种资本。所以众筹的项目产品一定要具有市场竞争力。第二是众筹的深度，它非常依赖项目团队的运营能力。新手团队开餐馆和老手团队运营餐馆，结果肯定是不一样的。这就是团队运营能力的问题。

做一个综合性项目，摆脱不了好的团队配好的项目的基本商业本质。所以如果想把众筹做下去，要靠优质项目和优质团队。众筹也是，众筹改变不了商业模式的本质，所以特别强调项目本身要具有竞争力，项目运营团队也要具有竞争力。

社群众筹的具体细节。第一步，众筹的项目是什么。到底是小而美，还是高大上。宁愿做小而美，不愿意做高大上。因为高大上的用户数量是有限的，而且成本太高。第二个是做项目的股权众筹，还是产品众筹。第二步，找合伙人，先定义合伙人的标准，比如他是什么标签、什么职业、什么年龄、什么收入。第二要定合伙人的规则，符合规则，按照规则行事。第三步，要做一个商业的计划书，或项目计划书。第二部分，按照规则进行规范化、流程化，凸显项目亮点。有了回报的亮点之后，别人才愿意众筹。第四个，众筹项目的回报方案要进行分级设置，而且回报周期，回报金额要足够具体。第五个部分要做众筹的文本，法律文本。因为众筹是需要合规合法进行的，需要做法律上的文件，这样就能保证众筹有效地进行。

准备工作做完之后，发展投资人加入。比如发布众筹意向书，发布股权的代持协议，还有出资证明书等等。怎样发展投资人加入？一般通过分批扩散。第二步要充分发挥社群魅力。第三个就是要进行社群的路演，这样才能形成参与的人不断加入进来。路演其实就是把具体的事项搞明白，流程梳理好。然后开始收集众筹款项，收取款项之后，要签订协议，要给一定回报等等。

众筹是非常有意思的，整个流程也非常正规。而且做众筹的前提就是项目要好，运营团队优质，这样才能产生效果。

➡ 微信怎么做社群生态

很多互联网创业者经常被投资人问到的一个问题是：如果 BAT 也做这个产品，你怎么办？可见 BAT 强大到了让所有创业项目负责人都害怕的地步。针对这一现象，腾讯的 CEO 马化腾表态，腾讯将打造开放平台，只做“连接器和内容生产”。微信是目前最大的连接器，虽然腾讯一直表示微信只做连接，但它也在尝试不同的服务项目。

腾讯利用微信在 O2O 上面的探索，主要有 3 个方向。

1. 微生活：是一个全新专注生活电子商务与 O2O 的解决方案，意在使更多线下与线上用户享受移动互联网的便捷，获得生活实惠和特权。通过把微生活产品植入到各种产品平台中，为用户第一时间提供给力优惠，同时打通用户与企业之间的关系通道，帮助企业建立泛用户体系。2013 年 9 月 24 日，腾讯电商旗下微生活团队正式发布了微生活会员卡 X1 版本，为商家提供了闭环的用户信息管理系统。微生活电子会员卡存储在手机中，可以随时随地享受优惠，更为顾客省去携带多种会员卡、忘带实体会员卡的烦恼。目前由于腾讯投资了大众点评网，此功能已经并入大众点评里面。

2. 微购物：基于腾讯的移动平台优势，为企业提供移动电商 O2O 整体解决方案，从网页内容的更新时间来看，目前该项目停滞。

3. 微信第三方应用，分为服务号、订阅号、企业号，这也是大家常说的微信公众账号，腾讯主要提供平台让企业或者第三方服务商专注于自己的服务或者专业。

微信的服务号比较偏重电子商务功能，每周只能发布一次信息，但微信为其提供电子会员卡、微信支付、自定义菜单、APP 开发接口等功能，企业可以利用这些功能提供电子商务、订单管理、会员管理等服务，如图所示。

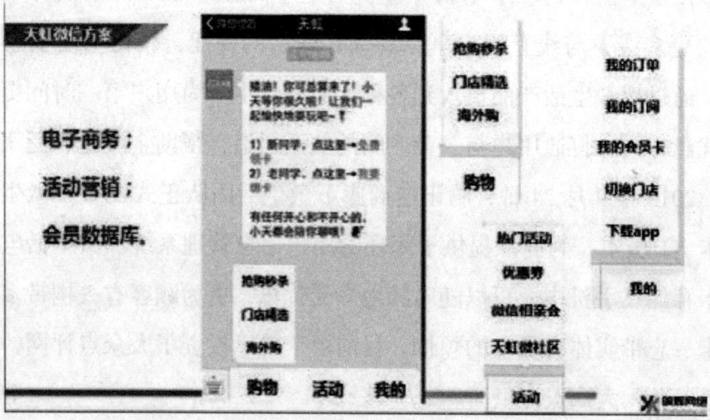

微信订阅号偏重于营销活动，每天可以发布一条消息，也可以自定义菜单。

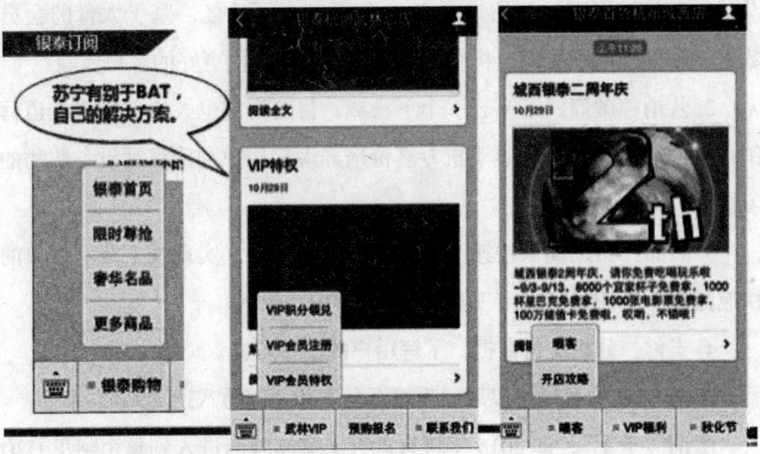

微信企业号是微信为企业用户提供的移动应用入口，可以建立组织与个体间相互认可且稳定的关系，和企业内部的管理系统无缝地连接，如 OA、EPR、CRM 等，这个是内部使用，不具备营销或电子商务的功能，这里我们不再详述。

➡ 阿里巴巴的用户分类

用户的消费需求是多元的，在 PC 时代，低价竞争几乎是电商竞争的主流方式。而在移动互联网时代，低价思维被场景思维所取代。也就是说，用户在什么场景下消费，在不同的场景下，满足用户需求就变得更加多元。阿里也早就注意到了这点，阿里巴巴在 2013 年就开始布局 O2O 业务。阿里 O2O 旨在为企业提供全渠道零售解决方案，阿里通过无线技术和大数据产品，为企业线下零售提供营销、会员互动、订单支持全套解决方案，实现线上线下数据、商品、库存交易、资金贯通的全渠道零售模式，帮助企业实现销售额的增长。同时，阿里 O2O 也帮助传统零售业实现商务电子化。

阿里巴巴 O2O 主要包含以下 4 大块。

1. 会员：淘宝注册用户在 2013 年就超过了 8 亿，基于大量的会员数据，阿里巴巴就可以分析会员的交易信息，提供更好的客户体验。

2. 营销：微商给了马云一个下马威，目前淘宝也大力发展全渠道营销，打通线上线下，通过手机专享价培养淘宝用户利用移动设备购物的习惯。

3. 商品：帮助商家快速上线商品电子化信息，实现线上线下订单的快速流转，利用各种淘宝工具提升商家的工作效率。

4. 支付：分析支付数据，了解用户的消费习惯。

阿里 O2O 的布局可以用“千军万马”和“四通八达”来形容。

所谓“千军”，即 2015 年将有近五千家品牌商进入到整个阿里 O2O 战略范围中，包括线下 10 亿以上销售额、100 家以上门店的公司。所谓“万马（码）”，则指的是二维码计划。阿里巴巴相信未来所有场景里面都会有二维码，品牌、店铺、导购员、会员、支付都有二维码身影，而所有人借助二维码分账功能变成淘宝客。

“四通”指在所有 O2O 场景中，必须打通四个重要环节。第一是流量打通，第二是会员体系打通，第三是支付体系打通，第四是商品打通。“八达”指的是八个重要业务场景里面，阿里巴巴为传统企业思考所有的解决方案。

要加入阿里的 O2O 体系，需要用天猫店铺的主账号进行登录，填写公司信息导入门店的地址信息；品牌商需要创建自己的会员体系，创建会员卡；所有商家必须都接通支付，对门店的 POS 系统进行改造，可以直接扫描支付宝二维码，用支付宝付费。为了帮助企业快速上线，还推出了导购宝，导购宝是给导购员使用的一个智能 APP，帮助企业快速将线下商品以线上店的形式呈现。从目前来看，小猫提货、导购宝的尝试都不是很成功，但相信阿里已经总结了不少经验，会及时调整自己的

O2O 布局。

淘点点是阿里推出的移动餐饮服务平台，类似饿了么和百度外卖，是阿里进入 O2O 的决心之举。淘点点主要提供外卖和点菜两大功能，通过外卖送上门和到店消费来实现，前期推广时也是利用半价的促销方式，不过从目前来看，其平台的商家入驻数量还远远不如百度外卖。2015 年 7 月，阿里重新开启已经被雪藏多年的口碑网，力图采用大众点评 O2O 平台的形式，通过点评来为餐饮 O2O 做支撑。

阿里巴巴除了一些平台类的 O2O 建设以外，还通过入股等方式和线下建立更加紧密的关系，除了入股银泰百货，2015 年 8 月阿里巴巴集团投资约 283 亿元人民币参与苏宁云商的非公开发行，成为苏宁云商的第二大股东，在阿里巴巴的定制化 O2O 的探讨上将更近一步。

➡ 社群进行会员制

什么是会员制，其实很简单，就是把服务按时定价，然后，把社群进行分层次的维护，这就是会员制赚钱的一种方式。

服务进行按时定价是什么意思？比如说我本身画画非常厉害，那想学这个的人可以加入到我们的社群里面来，然后，一年的会员费就是 2000 块钱，然后在一年内可以随时随地的在群里面进行问询，我也会在群里面一个星期讲一次课，大概一年有 54 堂课给大家做分享，这样，你只需交 2000 块钱就可以，而且，我保证让你学会怎么画国画，你花 2000 块钱，而且认识了这么多朋友，那你是否愿意付这 2000 块钱的费用，其实很多人是愿意的。2000 块钱能够学会一个技能，花一年的时间，而且还可以交到这么多的朋友，这个还是很划算的。

社群的分层怎么理解？你会发现，我们很多时候提供的服务很多种，比如说初级的、中级的和高级的，那高级的服务好多小白并不需要，他需要从初级的一点点积累才行。

所以，此时我们需要对不同的人群进行不同的层次划分，而且，不同的层次不同的定价，比如说初级的交2000块钱，那想学到高级阶段的国画水平，交2000块钱肯定不够，你需要交15000块钱，这样的话就发生分层，就可以分层次维护，到15000块钱高层次的里面人数会很少，但是提供的服务会更加的精准，我可能会每个月和你们见面，手把手把手地的教你们怎么提笔、怎么着色等等。

所以说，社群的分层维护指的就是对不同的人群进行不同的维护，给他们提供不同的服务，因为高级所对应的是收费上也更加的高端，人数会少一些，提供的服务也会更加的精准和优化，而交2000块钱只能是享受基础服务。

这是关于会员制的含义，第二个，通过这种机制，把社群资源进行充分的变现，因为每个人都有才华和能力，每个人也都有自己的长处，只是没有意识到自己的长处，或者是说意识到了他的优势，却没有把长处和优势进行变现，我们觉得商业交易是一种非常好的行为，什么意思？就是通过交换的方式把自己的价值传递给别人，帮助别人，同时在这个过程中，也收获到了财富的回报，这种一来一往的交换，对于互帮互助有非常大的好处。

在我们的社会群体里面，尤其在社群里面有非常多的高人，有非常多有需求的人，那为什么不把我们的价值变现给他们，同时给他们带来一些价值，同时，我们也可以得到一些利益上的回报，所以，通过会员制的方式，是有很大的作用。

目前适合通过会员制的方式把社群变现的一般都是一类人，这类人某方面的技能非常强，要么会画画、会唱歌，或善于沟通、读书、思考、演讲等等，总有一项才华，这种才华大部分人所不具备，那么，把这种才华进行服务定价，然后售卖给群里的人，只要交一年度的会员费，然后明年再续费，明年老会员再续到1000块钱就可以了，可以通过这种方式来维护我们的社会圈层，这是一种玩法。

举一些案例，比如有一些妈妈收费社群，由于妈妈群体的人黏性非常强，提供的服务主要是内容的服务，内容包括如何沟通、如何理财、如何教育孩子、如何提升自己的形象气质等等，一年可能只收几百块钱就可以了，这个群里面的这些妈妈慢慢地会成为闺蜜，为什么会做这个事情？因为一个女人从一个男人的女朋友变成男人的老婆，这样的角色转变尤其是成为新妈妈之后，很多人不太适应，导致她们有一种产后抑郁症，须要有这样一个社群来陪伴。

妈妈社群，恰恰是在于给她们提供教育的同时，带来一种陪伴，这种陪伴服务带来的效果是非常赞的。因为大家通过一起学习，成为了好朋友、好闺蜜，大家相互来往，这样意外的收获是很多的，这是一个案例。

还有一个是天马帮，母体是“易观国际”，这是一个聚焦于传统企业转型互联网的企业家社群，主要提供培训和咨询的服务，在这个过程中把这些人串联起来，以会员制的方式，实现商业的变现。

同时，做会员制有一个难点，是价值的可持续性供给，发现很多用户，很多玩社群的朋友，机制正常，但是他的能力在一定时间内是有效的，可能在一年的时候他的能力很多，但是到明年，他的知识、技能没有更新，所以，他的老会员享受服务之后进入到下个层次，但发现传授技能的群主和创始人的能力却一直没有提高，所以导致很多老朋友续费的情况很低，主要是价值的可持续性供给不足导致的。这是第一个建议。

第二个建议，我们认为会员制只适合做成小而美，想做成大的商业模式，其实是有挑战的，所以做的好，赚一两百万是很正常的，但是，做一个千万级、亿万级的生意很难做得好。这是两条建议，给愿意做会员制的朋友提个醒，这非常考验内容的可持续供应。第二，会员制本身给我们带来的价值回报不是太多，应该是一两百万，一个团队要想做很多，运营成本折合下来的这样一个生意，不是特别划算。

这是关于社群的会员制的理论部分，具体怎么做，要从头讲起。

做会员制，首先要清楚我们的业务逻辑，就是用户需要什么，他需要技能的提升，我们能给他提供什么东西。

首先，基础的运营工作，比如我先把你圈起来，再一起互动，进行常规的运营和基准的服务。

其次，如果想学到有效的东西，或有效的资源，我需要提供创新性的提升的东西也就是增值性的运营，这是整个的业务逻辑，把这个弄清楚之后，再落地执行，把需要的人、财、物进行匹配，这是我们的业务逻辑。

➡ 通过分销实现变现

分销模式是非常流行的一个模式，分销简单来说，目前在社群当中利用分销的方式赚钱，就等于是微商，我们对微商并不陌生，但是对于微商的操作逻辑无疑比较陌生，微商能赚到钱的，一定不是简简单单通过朋友圈的转发和分享，而是利用社群本身的产能。

如何利用社群做分销？

首先，利用社群做分销的理论部分。其次，关于利用社群做分销的流程。一个是理论，一个是实操。

社群做分销的定义是什么？利用社群做分销的意思是利用社群维护代理商，以合伙人名义拓展产品渠道，本质是一种 2B（To Business，对企业的产品）的模式，什么意思？我不直接卖给消费者，而是卖给渠道商和代理商，真正的总代理或品牌商才是能赚到大钱的人。渠道商中的每个人通过分享朋友圈的方式把货卖出去，实际情况是，微商的很多货滞销成渠道商的库存，真正赚钱的反而是总代或品牌商。这其实就是传统的代理模式的翻版，比如原来做线下实体代理的时候，我们想做某款手机的北京的总代理，交一大笔的钱，然后构建自己的网络，还要招人，非常的麻烦，而且这个成本是非常之高的。

但是，分销的方式就比较容易，因为只要有了微信这个工具，就可以解决，只要你的通讯录加满5000人，而且是这个产品的标准用户，那么做这个事情就非常简单了。

所以，分销的本质和做传统的代理生意是没有区别的，只是换了阵地，原来是线下实体，现在是在微信和社群里面，本质没有变，只是渠道形式变了。

利用社群的方式做分销到底有什么帮助和好处？

第一：成本低、容易拓展，而且目前缺少这种模式的人非常多，很多家庭妇女或小白或是学生，他们没有经过市面的洗礼和技能，从而会一拥而上，所以这是在帮普通人寻找一个致富的机会。

那这样的模式怎样吸引人？产品首先要具有高毛利，这也是为什么微信或是微商会卖那么多的面膜，因为面膜的成本非常低，不超过1块钱一片，五片才5块钱的成本，结果，一级代理商拿的价格就是70、80，成交价可能卖到198等等，这说明它的毛利不仅仅是百分之多少，是几倍、几十倍的利润，所以对于微信做分销的产品要求就是毛利足够高。

第二：要求是产品频次要高，什么意思？不要卖一个东西，这个产品用完之后三五年再用它，这是没有什么实际价值的。最好你的产品像面膜一样，每周用上两次，最好像吃饭那样，天天要用，那就非常好了，像每天贴的东西、用的东西，这样才是最好的结果。

所以说，对产品要求第一毛利高，第二使用频次要足够高，当然，还有一个要求是适用于小白这样的从业者，比如结婚之后很多妈妈为了在家里照顾孩子没有办法上班，但还想有一份职业实现经济的独立，怎么办？可以做一份分销的生意，做一份微商的生意。

比如很多大学生，大学里面有很多实践的机会，所以分销的方式也适合大学生。

举个典型的例子，韩束、俏十岁等很多微商团队采取这种模式，同样道理，针对微商、社群的做分销的方式，提出两点建议。

1. 目前分销比较适合校园代理和微商，并且活跃度非常高，所以，通过微商和分销的方式产生的量是非常大的。

2. 未来的分销、微商一定是精细化的管理，它本身就是一个生意，发展前景有多大，分销做为几级分销，超过三级就违法了，这样的事情也是走在了法律的边缘，它仅仅是一个生意而已，如果不在产品、品牌、内容、团队上优化的话，是很难实现突破的。

所以做分销的时候不仅是一个生意，也是一个非常牛的持久的商业模式。

但是分销是团队作战，是个人代理商协同作战的效应，而零售更多的是自己的团队和渠道，本身这个不一样，到底是什么不一样？

（1）选爆款。跟零售的爆款有相似之处，但是，分销有深层定义，它要求我们卖的产品是刚需的产品，比如说瘦身，是一个非常刚性的需求，尤其对于比较胖的女性，肉本身是一大痛点，还有爱美这个事情、皮肤好坏也是女人的一大痛点，所以，这款产品是非常火的。再一个必须是刚需的，必须是高毛利的，我们要制造品牌的势能，这也是为什么很多做微商的朋友喜欢找一些名流和明星做代言，其实是让微商品牌的产品具有高逼格。

（2）定机制。一，分销商的分层机制要定好，比如说一级代理拿多少钱，二级代理多少钱，省内多少钱，一定要把机制定好；二，制定分销商的管理办法，制定机制；三，钓鱼上钩，推广的方式有两种，第一种是树标杆、树案例、树大旗，就是要把谁通过代理实现了财富的暴增，进行炒作，然后利用各大媒体宣传。

（3）做推广。通过与我合作，谁又发财了，谁又买新房了，谁又买了一辆玛莎拉蒂，谁又换了一幢别墅，谁又去旅游了等等，这样的方式对于小白来讲是非常具有诱惑力的。

（4）招代理。通过前面的案例、多媒体，基本上推广两种方式，利用社交媒体进行吸引，就是做了之后，在各种的公众号进行大量的推广甚至上报纸去招商；另一种是利用社群课程的方式进行招募，在过去的一两年时间里，听到了大量关于如何做微商、如何提高财富的暴增等等，而这些背后是有一个信息的，就是招代理，所以，每一个人要成为讲课的专家，然后，利用讲课的能力去招代理。

（5）强培训。把代理商聚在一起就要不断地对他们进行培训，培训本身就是利用社群给他们做维护，因为，把他们培训之后，对于社群的维护便正规起来了，这是非常有效率、有价值的组织。

找培训的技巧，也是心灵鸡汤，比如说谁又提了十万块钱的货，谁又成了当地的商业明星，谁又换房子了，谁又买了新车，然后，通过“洗脑”和培训的方式让大家具备这种信息性，还有，给大家灌输这些操作思路，如何定关键词、包装产品、做自己的个人品牌等等，通过培训的方式让大家掌握营销的技巧，所以我们不但要有产品，还要有分销的财富和能力进行实战。

（6）做活动。我们要不断地找代理商做全国的推销活动，搞促销，比如说妇女节快来了，凡是抢到的前 100 名，都有奖励等等，这样的推广在分销的活动中也非常的明显。

最后，找新款。因为微商和分销的产品都是一层层的做，比如说现在卖产品的微商里面，卖护肤品的出现了转移，之前卖面膜的，现在已经不做面膜，现在改卖瘦身产品，结果卖的非常好，这说明卖一款产品是根据市场的需求和饱和度，面膜每个女孩都有，你再去卖面膜，就没有效果了，卖一个瘦身的产品，比如今年产品已经卖的差不多了，那么，明年可能换一个新的产品就出来了。

所以，在卖产品的时候，要不断地寻找新款，这是关于利用社群本身做分销的一个流程，选爆款、定机制、做推广、招代理、强培训、做活动、找新款，只要把这七个步骤利用好，通过微信和社群的方式做分销，一定可以做出业绩来。

➡ 电商的广告植入

有人说社群还可以做广告吗？是的，如果策划的好，利用社群做传播，效果会非常明显。只是很多人还没有意识到利用社群做广告的价值所在。

比如你有成千上万个群，把每个群的主题规定好、划分好。作为一个品牌商，想在群里做广告，在什么样的群里做，这就等于把社群像自媒体一样做了分类，然后做广告模式。

但这个模式效果不太明显，因为社群每天发布的内容太多，导致很多人对广告没有感觉，当作垃圾信息过去了。虽说社群的广告方式有一定市场、一定容量，但效果并不明显。当然有些品牌商还是比较中意这种方式，因为数量大。但做一件事就要做好，把用户的社群关系，价值发挥出来。然后给品牌商实实在在的回报，这才是我们所追求的。

社群利用广告的方式，定义是什么样子？怎么去解释？利用社群做广告的方式是基于精准的用户群，比如都是妈妈、母婴、大学生、财务、职员、法务等等。针对精准的用户群，然后通过设计活动的方式做产品或品牌的推广。这里有几个关键词：第一，用户必须是精准、垂直、细分的。第二，要在社群里面做活动。因为活动可以带来围观、互动、交流。这种交流互动，对于品牌传播是有用的。

社群具备很强的信任感和参与感。原来的传播都是一对多的单点传播方式。社群不是，社群是分散式、裂变式的传播。投资回报率高很多，投入产出比也高很多，这是利用社群做广告的方式所带来的价值。它比较适用于用户群高度垂直的社群，比如一到三岁的妈妈群、某些地方的中产阶级、某些业主、喜欢某一件东西、有共同特点的一帮人。这就非常适合做广告，而且回报率非常高。

社群利用广告方式有两个建议：第一是社群做品牌传播要具有很强的交互性和参与性，让每一个参与的人都能够主动进入第二次的传播和参与当中。第二是让销售发生在社群的外部。怎么理解？不管众筹、分销、还是零售，它的销售是发生在内部的，什么意思？就是把人聚集在一起之后，他们又是生产者，还是消费者。但利用广告的方式，销售是发生在外部的，广告模式是做品牌的传播，真正的转化是在群外产生的。

实战环节，确定好推广的主题，设定好推广的周期。比如接到一个案子之后，要先把产品内容、产品信息、品牌信息规划好，结合当下发生的热点，然后策划主题，围绕主题设定推广中心。这个推广中心跟我们做线下活动的方式很类似，方法是一样的，只是场景不一样。

1. 任务分发

一般是怎么参与的，先拿试用装，凡是参与的人都积极抢红包、抢名额、抢资格。围绕抢的主题，做一个招募帖。凡是有试用资格的人都可以参与到活动中来，有机会获得产品的试用机会。第三个是体验报告，凡是拿到试用装的，要及时试用产品好坏，或者和竞争对手的产品相比有哪些好处，哪些缺点。当然鼓励他们写优点，因为我们是做传播。然后写了报告之后，建议发到各自的朋友圈，假设每一个参与的人大概有 1000 个好友，有 700 个人发，理论上就有 70 万人看到我们的产品和用户体验报告，品牌曝光达到 70 万，这个是很厉害的。

2. 问卷调查

围绕产品问题、品牌等等，设置好 10 个问答选项，然后通过问卷、调查的工具，让参与人填报告，并进行反馈。如果有 700 人统计报告，对于品牌、品牌商来讲，已经有很大的帮助了。因为做一个产品，做一次客户反馈，对于品牌来讲，是意外的收获。

3. 品牌传播

其实就是利用朋友圈晒图的方式。一般会要求品牌商，派一个人到群里面做一次产品的课程分享。这个分享的过程就是线上流程，这个直接落地就行，直接操作，一般讲三四十分钟。然后进入问答，70个群同时直播，这个感觉是无敌的。

对于品牌商的产品在公众号做一轮自媒体的推广传播。社群互动所带来交互裂变式的东西，这种品牌传播的好处是非常广的。研究自媒体推广的粉丝，同时又做传播。接着是销售的转化，很多用户觉得这个产品非常好之后，就会愿意购买。所以传播之后，不但带来品牌的曝光，还带来了直接的销售转化。

4. 渠道拓展

很多女性用户，她不但体验产品，如果产品好的话更会想代理产品，这就是渠道拓展。所以从资料准备到任务分发，体验报告，品牌传播，以及销售转化和渠道拓展，形成的是一个非常完整的链条。不仅是一个传播，带来转化，带来渠道建立，还给品牌商带来一份非常有价值的体验报告。这是利用社群方式做广告的好处，是整个操作流程。总结来看，这个流程其实不难，只要一步步去做，总可以实现。

➡ 聚集项目进行投资

投资就是通过社群的玩法找到好的项目，发现好的创业者，实现长久的收益。

什么是利用社群做投资？含义非常简单，以学习为名义，聚集创业者，然后通过学习的活动筛选出优秀的创业者和活动，这都是利用社群的方式做投资，它是一个学习的社群，把大家放在一起筛选出非常好的创业者和投资项目，背后的资金投进去，就可以把这个事情做出来，然后坐三五年后看这个项目，可能会跑到不错的项目来。

在投资过程中会发现，其实对项目的创始人了解和认识是最难的事情，因为项目本身的模式可以迭代和升级，如果选错人，是项目的一大麻烦，是项目最大的风险。

其实社群是一个非常好的筛选人群的过滤器，因为通过社群的方式可以互动，然后了解这些人的优缺点，发现这些人能否做成一个非常大的社群，不断的尝试和体验就会发现，社群选人是一个非常好的途径。

利用社群做投资，作用是什么？它可以在短时间内，筛选创业者，看到创业者的缺点，社群还具有孵化功能，我们在社群里除了选项目选人之外，还可以做一些突出、知识的分享、路演活动和技术的提升、资源的对接等等，这样一个创业者学习的社群具备了投资的孵化功能。这是它的作用。

它比较适合于市面看到的投资机构或是投资人或是一些孵化器，这个在大学里会看到非常多的创业空间和孵化空间，我们认为，当下认为好的问题它仅仅是一个场所、仅仅做了一个基础的服务功能，而关于创业者怎么提升自己、把项目打造出来所提供的服务，作为孵化器、创业空间还远远不够。

同时提两点建议：首先，如果想做好一个社群，它对个人有要求，要对教育体系和相应的教育理念有深刻的应用和理解，要熟知怎么操作它，具有这个概念，如果对于教育本身理解比较少，那做创业者的社群会遇到很大的难度，因为它本身是教育类的社群组织，创业者如果不具备这种教育理念概念，操盘学习这种创业型的社群是很难的。

所以，如果想做社群，就要好好学习先进的教育理念，比如陪伴式学习、案例教学法、好的翻转课堂等。

我们在学习利用投资的方式做社群的玩法时，要做一定的比较，国外是如何做教育的，中国的教育方式就像这样一种学习方式，我来讲你来听，老师在课堂上讲，学生在下面听，这种教育方式有一定的作用，而且对于初学者的作用是非常明显的，但在未来，如果想培养出独立思考的人，这种方式是很难的。

我们需要不断的陪伴学习，需要翻转课堂、案例教学法、主动的输出，这种学习方式非常有效。

关键是通过这种同组的、同伴式学习，不单自己掌握了学习方法，促进大量的资料，做家务整理，甚至进行了 PPT 进行输出，最关键的是在一起学习还增进了友谊，在这个过程中还学会了复盘的技巧，还对别人的看法有了深入的理解，这个的作用是非常大的，所以要把这种理念反映到学习过程中去。

1. 深刻理解先进的教育理念。

2. 这样的社群玩法，耗费的时间非常长，在整个参与角色学习过程中是非常耗费的事情，而且在学习过程中要不断的和各位去碰撞交流，甚至还要拜访一些人进行实践，这个过程很耗费时间。

但每一份付出都不是凭空而来，每一份付出也都不会白白浪费，付出的时间长，自然就会和同伴的友谊加深，而且，有了学习的深度，角度也就多了。

如何操作社群。

操作社群一般需要这几个步骤。

（1）选题，目的是什么？通过内容的方式做吸引，吸引创业者到我们的群里。

（2）建群，通过内容和选题的方式吸引到一万人，此时就要建群。

（3）交作业，想进群或参加我们的课程学习需要交一份作业，就是你对社群的看法，形成一套自己的方法和特点。

（4）抢板凳，如果需要的名额只有 30 人，所以优中则优，此时就要通过抢板凳的方式来择出 30 人。

在学习过程中学到哪些，要做复盘和总结，复盘非常重要，每个人都要学会复盘，即使我们不做工作，也要在日常生活中养成复盘的习惯，每天晚上睡觉之前想一下做了什么，哪个地方做的好，哪个地方做的不好，把它当成一种习惯，这样，对于各位的成长也会起到非常大的作用。

（5）做活动，学习过程完成了，要做一个活动，加深大家印象，通过线上活动的形式探究每个人的优点和缺点。

这是整个流程，很多人听完流程之后会觉得太复杂，而且跟投资有什么关系？

有个小的框架可以看一下，通过选题做什么内容吸引需要把创业代入项目的创业者到我们的圈子里，所以要引流。

首先，发现项目，缴费的时候，我们对个人的看法一二三，就充分的认识到这个人如何，要看个人的选择和项目的情况，其实就是在等项目。

其次，创业者分组的过程，磨课的过程是一个长期的流程，在这个流程中可以看到它的情况，观察他的情况适不适合做领导、做技术、做市场推广等等，通过磨课的方式呈现出来，那正课是什么？这也是探寻步伐环节，正课是一个非常激烈的过程，以压力测试的方式在激烈的过程中所呈现出来的应激反应如何，在正课时很多人在面对自己、面对别人的反对意见时表现的是无所适从、压力特别大，甚至会出现动粗的情况，第一反应做的不是很淡定，这是创业者本身的心理素质有问题。

所以这种压力测试，正课的测试最能看出这个人的水平，到了后面，基本上到活动之后，我们看到一轮轮的筛选，这个创业者适合做什么，如何把项目完成并做好，这是做了大概的判断，作为投资人会和他聊这个项目不错，到哪一轮，做之前基本上就可以投资了。

所以，通过整个社群的运营，可以产生大量的内容输出，所以在整个过程中是多赢的。

这就是如何利用社群的方式做投资、做长期变现的模式。

抖商运营实战

王 辉 编著

民主与建设出版社

图书在版编目（CIP）数据

新零售实战营销系列 .4，抖商运营实战 / 王辉编著 .
-- 北京 : 民主与建设出版社 , 2020.10（2014.1 重印）
ISBN 978-7-5139-3227-1

Ⅰ . ①新… Ⅱ . ①王… Ⅲ . ①零售业—网络营销
Ⅳ . ① F713.32 ② F713.365.2

中国版本图书馆 CIP 数据核字（2020）第 185709 号

抖商运营实战
DOUSHANG YUNYING SHIZHAN

编　　著　王　辉
责任编辑　刘树民
总 策 划　李建华
封面设计　黄　辉
出版发行　民主与建设出版社有限责任公司
电　　话　（010）59417747　59419778
社　　址　北京市海淀区西三环中路 10 号望海楼 E 座 7 层
邮　　编　100142
印　　刷　三河市天润建兴印务有限公司
版　　次　2020 年 10 月第 1 版
印　　次　2024 年 1 月第 2 次印刷
开　　本　850mm × 1168mm　1/32
印　　张　5 印张
字　　数　125 千字
书　　号　ISBN 978-7-5139-3227-1
定　　价　168.00 元（全 5 册）

注：如有印、装质量问题，请与出版社联系。

前 言

这两年，抖音火了，仿佛在一夜之间，它就以迅雷不及掩耳之势，浸入了我们的生活。截至2020年5月，抖音平台国内日活跃用户量突破4亿，月活用户图片5.2亿，这意味着短视频正慢慢地融入我们的生活。

在这个网络产品和流量聚焦换代的过程中，我们看到很多品牌方和自媒体人和电商也纷纷转战短视频平台，开始入驻抖音并运营抖音号；与此同时，大多数人停止更新“双微”（微博/微信），想要在更具用户黏性的短视频平台上做营销的趋势也越来越盛，可以说，作为一个时代的标志，抖音这款流量质量最高、变现能力极高的媒体工具，正以一种燎原之势，成为与微博、微信并驾齐驱的三驾流量马车之一。而伴随着抖音的迅速走红，许多电商品牌也看到了其所带来的强大流量红利，于是，抖音营销这种全新的营销渠道便逐渐走进了大众的视野。

抖音作为一种崭新的商业模式，抖音营销具有不可比拟的独特优势，它能够持续性地打破内容与销售的边界，形成内容、社交与消费三者合一的局面。也正是因为这样，它成功俘获了众多内容创业者和电商商家的“芳心”，成为了一种炙手可热的新兴营销工具。

如今，在抖音上，许多电商商家纷纷试水，借助短视频和直播，玩起了借势营销，在收获了无数点赞的同时，也为品牌带来了全新的活力、为自己开辟出了一条全新的内容变现之路。比如李子柒、小米手机、COCO 网红奶茶等等，都乘着抖音的巨大流量，狠狠火了一把。

从商业的角度分析，抖音电商的未来大有可为，甚至许多在微信微博都没能做好的社交电商，在抖音上或将会产生奇迹。换言之，作为电商商家，如果短视频和直播运营做得好，那么，在最短的时间产生获巨大收益将不再是梦。

抖音营销究竟有什么魔力呢？试图依靠抖音改变营销困境的电商商家，又该如何去玩转抖音营销呢，商家怎样利用抖音平台去开展营销、推广产品呢？

本书是一本专业的抖商运营工具书，主要针对当下热门的抖音短视频营销，试图从抖音平台的定位、养号、视频制作、内容输出、吸粉变现等多角度，手把手教您玩转抖音电商运营，帮助您迅速掌握抖音营销技巧，抢占短视频和直播时代的千亿红利市场。

本书用图文结合的形式，从多角度、深层次地分析讲解抖音营销的现状及未来趋势，以及抖音电商运营的实用方法，内容丰富、条理清晰，讲解易懂。是抖商从业者和抖音运营者的案头必备图书。

目录

第一章 抖时代的商机

第二章 如何制作爆款视频

第三章　如何打造百万粉丝抖音号

第四章　流量决定你的影响力

第五章　不懂内容运营怎么做电商

第一章

抖时代的商机

➡ 抖音抓住了时代的脉搏

在短视频应用中，当前最为火爆的要属抖音。在人们的日常生活中，我们常常会遇到以下两类场景：

早上起床后，你迅速洗漱出门，在上班路上买了早饭，然后走到公交站台等车。在等车时，你拿出手机打开抖音，开始查看推荐的视频。公交车来了以后，上车并继续浏览抖音上的视频，看到喜欢的视频还会随手点赞，甚至评论几句。

到了公司后，正式上班之前，你一边吃着早饭一边继续刷视频。之后，是紧张的工作。中午午饭时间，你拿出手机，继续刷推荐的视频，看到有意思的视频还会和身边同事分享、讨论。晚上下班回家的路上，你依然会看一下抖音里感兴趣的视频，以此来缓解一天的疲劳。

又或者，你是一位年轻的母亲，每周六的下午，你都会陪女儿去上舞蹈课。这期间，你时不时地拿出手机为女儿拍摄视频。然后，选择其中较为满意的一段上传到抖音，通过一些特效美化后用自己的抖音号发布。

晚上，将女儿哄睡后，你又拿出手机，看到自己发布的视频中有很多点赞和评论，感到非常开心，选择对一些评论进行回复后，你还会顺便再看一下推荐和关注的抖音号上的视频，然后睡去。

不知从何时起，抖音已经成为人们日常生活中常见的一部分。国外科技媒体 TechCrunch 就曾报道，大多数乘坐地铁的中国上班族，眼睛的注意力都很少离开手机上的抖音视频。

1. 抖音到底有多火？我们可以一起来看几组数据：

根据应用分析公司 Quest Mobile 的研究表明，当前以抖音为首的短视频占据了国人近 9% 的在线时间，和 2017 年相比，增长幅度为 5.2%。

据 App Store 2017 年 8 月摄像与录像免费排行榜显示，抖音的排名已经成功超过美颜相机、美拍等众多知名产品，成为第五名。而据 ASO100 的数据显示，自 2017 年以后，抖音的排名有了突飞猛进的发展，2017 年 2 月 14 日，其仅仅名列第 90 名，但是到了 2017 年 3 月 22 日，抖音排名便已经升至第 7 名，到 2017 年 8 月，已经成功进入前 5 名。

2018 年 6 月，在 App Store 的排行榜上，抖音位列免费 App 下载量排名第一，并且抖音是唯一进入前十名的短视频综合平台。

在全球各排行榜中，抖音也已成功进入 19 个国家和地区的榜单前 10 强。

排名	名称	进入的国家和地区	数量
1	抖音	中国、日本、韩国、菲律宾、柬埔寨、老挝、泰国、文莱、新加坡、越南、埃及、突尼斯等	19
2	VUE	厄瓜多尔、洪都拉斯、墨西哥、尼加拉瓜、萨尔瓦多、危地马拉	6
3	快手	中国、韩国、白俄罗斯、乌克兰	4
4	西瓜视频	中国	1

2. 这么火的抖音到底是做什么的?

抖音是一个专注新生代的音乐短视频社区，由北京微播视界科技有限公司开发，正式上线于 2016 年 9 月。有今日头条做后台，抖音可谓是很有潜力，这也是其在上线几个月后便成功爆发、广为传播的一个重要原因。

和小咖秀等流行过的视频应用不同，最初抖音上线的功能便是让用户可在平台上上传自己制作的、时长在 5~15 秒的短视频，然后利用平台提供的一些特效赋予视频更多的展示效果，从而让视频更具有吸引力。以音乐带动内容、用内容强化音乐，是抖音早期成功的一个原因。早期成功的抖音达人基本都是靠音乐秀起家的。尽管后期在放开 60 秒功能后，大量的剧情类和知识类内容得到了展现，但是一个恰当的音乐依然是很多抖音视频火爆的最重要元素。

在生活节奏日益加快、信息化不断加强的现代社会，人们需要一个可以展示自己并打发闲散时间、让自己放松的平台。而抖音，恰到好处地满足了人们的这两个需求。不可否认，抖音正引领着一场短视频的新潮流，仿佛一夜之间，人们便进入了“抖音”时代。

总之，现在是抖音短视频的红利期，如何利用抖音视频这一强大的推进器来提高自身的影响力，提升品牌的传播速度？这才是当前个人以及企业都要思考的问题。

➡ 抖音崛起的秘诀

抖音到底有何魅力，能够在短时间内吸引如此多用户的关注，实现爆发式增长、占据全球市场？除了富有感染力的歌曲和舞蹈这样的表象外，抖音崛起的背后到底蕴藏着哪些深层次原因？下面，我们一起来简单分析抖音崛起的六大秘诀。

1. 准确的定位

找准方向，才能飞得更高。抖音成功的第一步，是其一开始就对自身进行了明确的定位。在用户方面，将目标人群对准了新生代的年轻群体；在功能方面，抖音将自己定位成音乐创意短视频 App 以及交友社区。

视频与音乐的结合方式，增强了作品整体的渲染力、趣味性，赋予了作品更多的“表达”内容，而抖音的这一属性强烈吸引了喜欢新鲜事物、乐于表达自我的年轻群体。同时，这种“表达”，会更加容易引发内容与观众之间的共鸣，从而更加容易产生社交互动，这就有效避免了产品被工具化，使得产品个性更加鲜明。这是抖音能够有效获得用户黏性的一个重要原因。

抖音最初流量的引入多是以美女作为切入点，各种符合大众审美标准的美女，极大地满足了人们的“爱美之心”。由此，吸引了大量早期用户熟悉并入驻抖音平台。而伴随着平台规模的不断扩大，用户量实现了一定的积累，这时，越来越多的生活化场景开始出现在人们眼前，平台的社交属性被激活。

伴随着“记录美好生活”的口号，抖音的内容变得越发生活化，除了帅哥、美女外，越来越多的普通用户也开始尝试将自己制作的小视频发布到抖音上，各种富于生活气息的趣味性视频开始在抖音上流行。

2. 极富创意的内容

当然，抖音上被大量点赞和转发的并不单单是明星拍摄的视频，其中绝大部分视频都是普通人发布的富有创意的趣味短视频。视频的种类更是五花八门，涉及生活的方方面面，有展示生活窍门的、有拍萌宠的、有“晒娃”的……很多视频不仅富于新意，而且具有可复制性，一旦流传开来，立刻会有无数人去录制自己的版本。

3. 线上线下的推广

再好的产品没有营销也不会被大众所熟知，抖音同样如此。抖音之所以能够取得今天的成绩，很大程度上要依赖于运营团队恰到好处的宣传。

当对产品的功能打磨到一定程度，成功度过产品投入期之后，抖音便开始进行市场布局，开展了一系列运营推广工作。除了引进明星资源，利用明星效应扩大产品影响力与知名度外，抖音还进行了大量广告宣传。2017 年 6 月，抖音第一支电视广告正式发布。除此之外，抖音还在移动端开发了爆款短视频 H5《世界名画抖抖抖抖抖起来》，这支优秀的视觉创意 H5 迅速吸引了一大批年轻用户。

与此同时，抖音还相继开展了一系列商业推广活动，先后赞助了

《中国有嘻哈》《天天向上》等多家热门综艺节目，线下也积极举办主题活动。这些营销活动，对于抖音用户的大量增长起到了非常重要的作用。

投放时间	投放节目	投放平台
2017年6月	《高能少年团》	浙江卫视
2017年7月	《中国有嘻哈》	爱奇艺
2017年7月	《我想和你唱》	湖南卫视
2017年8月	《快乐大本营》	湖南卫视
2017年8月	《大学生来了》	爱奇艺
2017年9月	《中餐厅》	芒果TV
2017年9月	《天天向上》	湖南卫视
2017年9月	《明日之子》	腾讯视频
2017年9月	《开心剧乐部》	浙江卫视
2017年10月	《湖南卫视中秋晚会》	湖南卫视
2017年11月	《明星大侦探》	芒果TV
2017年12月	《我们来了》	芒果TV

4. 全球性的战略眼光

长远的战略目光，是一个品牌发展壮大的必要条件。除了境内市场，抖音还将目光对准了境外市场。

在内容打造上，抖音巧妙地使中文版简洁界面与境外当地文化内容相结合。管理上，抖音针对日本、泰国等多个市场设置了专人审核、筛选内容，一旦境内出现一些受用户欢迎的热门内容，这些境外市场的运营人员就会对内容进行分析和判断，看其是否符合境外市场的审美，由此来决定是否进行对外推广。同样，对于境外的一些爆款内容，境内运营人员也会判断其是否适合在境内进行推广，目前在抖音上已经可以看到一些日本用户的优秀内容了。

5. 体现作品的差异性

任何时候，内容都是第一生产力。对于抖音这类App而言，吸引了大量用户的关注并不代表着产品真正成功，市场上昙花一现的产品并不在少数，如何留住用户，保持用户黏性才是产品冷启动之后最需要思考的问题。

6. 头部明星的积极推广

明星的影响力不容小觑。自 2017 年 3 月，抖音视频被岳云鹏在微博上转发从而打响“曝光”第一枪以后，抖音相继与多名明星达成合作。2017 年 4 月，胡彦斌在抖音上发布其新歌《没有选择》，还以此歌作为背景音乐，发起了一个音乐视频挑战活动，达到了非常成功的效果；2017 年 7 月，鹿晗同样在抖音上发布了其新歌《零界点（On Fire）》，获赞量超过一百万……

进入 2018 年以后，借助明星效应更是成为抖音的一条重要营销策略，其先后承接了多名明星的宣传项目，如今的抖音用户在下载 App 后，只要一打开，就会很容易看到首页推荐的一些明星的短视频，他们时不时会在抖音上出现。可以说，明星效应对于抖音的冷启动和迅速爆发起到了极为有效的积极作用。

目前，抖音的用户量已经成功累积到一定高度，抖音的社区氛围也已经初步成型，越来越多的年轻人开始在抖音上进行短视频的创作学习和交流。在这样的情况下，为了维持平台的持续发展，抖音平台在对产品体验不断优化的基础上，也加强了对于内容质量的把控。

此时，抖音上的短视频已经远远不只是音乐舞蹈类的表演，各种搞笑模仿、特技展示、感人故事等内容都成为人们争先追捧的对象。而此时抖音所做的主要工作，就是尽可能地促使用户自行生产内容，同时对这些内容进行筛选，剔除一些影响不好的作品，让一些合适的内容最大限度地展现在用户眼前，使得一些优秀内容的创造者获得有效激励。

7. 把握人性的弱点

波普艺术的倡导者和领袖安迪·沃霍尔有句名言：“每个人都能成名 15 分钟，每个人都能在 15 分钟内出名。”在商业领域，这句话同样适用。只要方式掌握得当，任何一款产品都有成为爆品的潜力。

360 公司创始人周鸿祎在其《极致产品》一书中曾经提到：“一款好的产品，需要对人性做透彻的分析，才能完成其设计。”人性客观存在的弱点，通常体现的正是人们的需求。懒惰，便是人性的弱点之一。

信息化时代，人们的生活压力与日俱增，时间也变得越加碎片化，在这种情况下，碎片化的阅读内容开始被大多数人接纳和喜爱。抖音短视频的出现，恰到好处地迎合了人们的这种需求。据相关调查显示，虽然当前文字和图片类资讯仍然是手机端的主要呈现形式，但是手机用户对于短视频类资讯的接受度却一直在升高，达到了 47%，与图片类资讯已经十分接近。

一方面，和传统的文字、图片阅读方式相比，这种短视频的创作模式显然更加节省时间，同时也具有更多的趣味性；15 秒的内容展示，对于制作者和观看者而言，都不需要投入过多的精力，极大地满足了人们“懒惰”的本性。从某种程度来看，抖音这类短视频的出现是时代发展的必然产物。

另一方面，是好奇心。美国著名心理学专家亚当·奥尔特在其《欲罢不能》一书中指出，不可预见更能令人愉悦。好奇心是一种与生俱来的天性，它就像一把让人欲罢不能的钩子，紧紧钩住了人们的心。15 秒的视频虽然短暂，但是对于用户而言，在视频打开之前无法预料接下来将要看到哪些内容，这种不可预知的惊喜会让你深陷其中。

每天，你打开抖音 App 之后，都无法预测到下一个要播放的视频将是什么类型，是搞笑的还是感人的。很多人经常会发出这样的感慨：“上一秒还笑得直不起腰，下一刻就哭成了泪人。”我们所看到的推荐内容，通常都是由个性化推荐算法决定的，所以我们对于内容很难进行准确预料，而且这些内容往往是根据用户的喜好进行的针对性推荐，因此很容易紧紧抓住人们的眼球，很多人甚至连续看几个小时也不会感到厌烦。

其实，抖音短视频 15 秒的设定也不是毫无依据的。一般情况下，15 秒的时间是不可能对音乐、舞蹈以及故事情节进行完整诠释的，我们只能看到一个小小的片段。而这种小片段往往更容易刺激人们大脑的兴奋点，让人产生一种事情未完的错觉，从而反复观看。心理学家将这种理解称为“蔡格尼克记忆效应”——通常情况下，和已处理完成的事情相比，尚未处理完的事情往往更容易给人们留下深刻印象。在该效应的影响下，人们很容易对抖音产生迷恋心理。

8. 成瘾模式

美国心理学家斯金纳曾经做过一个著名的实验——白色卡奴鸽实验。他选择一部分鸽子让其长期生活在箱子里，并对鸽子进行了“敲击进食杆便可获得食物”的训练。最初，他对鸽子的进食时间进行了设定，固定间隔时间后，鸽子在每次敲击后都可以获得食物。

之后，斯金纳对于投食的时间间隔和数量进行了调整，每次投食的时间和数量不等，这种随机性使得鸽子开始上瘾并失去了理智，它们开始疯狂地敲击进食杆，其中一只鸽子在 14 小时内啄击进食杆的次数多达 87 000 次，而这段时间内真正得到食物的时间只占到 1%。

该实验表明，人们在对奖励进行期待时，大脑中会分泌大量的多巴胺。而奖励的不确定性越大，多巴胺的分泌量就越多，从而让人进入到一种近乎疯狂的期待中。这是一种反馈机制。

我们看到抖音有非常有意思的功能——点赞和评论。当创作者发布一个作品以后，如果观看作品的人对该作品有兴趣，就会为其点赞、评论或者转发。而当创作者收到这种反馈后，就会产生一种巨大的认同感，从而产生一种发自内心的幸福感。

从某种程度上看，抖音的这种点赞、评论机制与鸽子的喂食实验十分类似，人们很难对作品能得到多少个赞和评论进行预测。在这种未知情况下，人们会不自觉地为了获得更多的赞和评论而费尽心思进行创作，而当其获得他人的肯定，获得的赞和评论达到或超出心中的预期，取得极大的快乐和满足后，又会期待下一次获得更多的认可。

在这种心理影响之下，视频创作者会不断挖空心思拍摄各种更有意思的视频来吸引用户，从而取得更多的认同感。

9. 互惠互利原则

所谓互惠，很好理解，就是要给对方制造好处，对方得到好处后同样会以某种方式给你一定的回报。从社会学角度来看，这也是人类的一种本能——公平感。这种社会原理体现在抖音的传播过程中，便是不断地为用户提供好处，然后刺激用户点赞回馈。

每一个抖音短视频的传播、流行都离不开一点，即为用户创造价值。幽默搞笑类视频可以让人身心愉悦，得到心情的放松；生活小窍门可以给人提供切实可行的方法……总之，这些视频都能够为用户带来良好的用户体验，在这样的情况下，用户很容易产生“我欠了你的，要还回去”的心理，点赞、评论、转发就成了其表示感谢的方式，由此，也直接带动了抖音视频的传播与火热。

比如“生活小妙招：瓶子太深可以这样刷”就是一个向人们提供刷深口瓶子小妙招的视频：将擦瓶子的海绵截成两半，里面放入磁铁，然后其中一半放进瓶子里面，一半在瓶子外面，利用磁铁的磁力，瓶子里面就都可以被刷得非常干净。

生活中，不少人在为如何刷深口瓶子犯难，而这个视频提供的方法既简单，又能够切实解决大家的难题。在这样的情况下，用户自然会觉得这条视频为其提供了帮助。用户得到了好处，那么应该怎么还？点赞！这自然是表达感谢最简单的方法！这就是互惠原理。

当然抖音之所以能够引发如此火热的浪潮，除了上面所讲的心理学原理，还有许多原因，比如其内容往往能够激发人们心底爱、暖、柔的一面，能够给人创造轻松、愉悦的氛围等。商业上的成功值得尊重，但我们更要尊重的是成功背后的逻辑。只有了解了抖音流行背后的真正原因，我们才能更好地利用抖音视频的红利期，为自己创造更多的价值。

当然，抖音的崛起不只是以上的原因，可以肯定的是，抖音爆红虽然有一定的偶然性，但其背后的成功因素也并非无迹可寻。没有随随便便的成功，每一个热门产品的产生都是偶然的，也是必然的。

➡ 强大的流量入口

为了获得更大的发展，如今电商有了很多新的变化。在以前，电商概念的范畴很窄，一般指的是淘宝、京东等电子交易平台，这些平台里的流量就是所谓的电商流量。商家如何生存，生存的空间有多大，完全受限于平台的规则，因此竞争非常激烈，而且形式很单一。

2016年以后，电商跑道多了一些新鲜的血液。很多新鲜的电商概念逐渐兴起，比如垂直电商、内容电商、网红电商、社交电商等，而且商家获取流量的方式也越来越多样化。

比如，直播电商进入风口之后，很多微博红人，比如薇娅、李佳琦等逐渐成为这一电商类型的代表人物。他们在直播过程中向自己的粉丝宣传推广产品，粉丝也会积极响应，可见其粉丝忠诚度是相当地高。

“三只松鼠”是垂直电商的代表；罗辑思维是内容电商的代表……这些玩家为电商创造了越来越多的场景，驻扎在这里边的商家也开始各尽其力，采用不同的方式来扩大自己的利润空间。

2017年，天猫购物报告显示，90后和95后已经成为主要的消费群体，因此电商的未来发展就应侧重于了解和满足年轻人的喜好。

到了 2018 年年底，风靡中国的短视频抖音平台与淘宝展开合作，抖音短视频内置淘宝链接，为商家提供了千万级的流量入口。

数据表明，到目前为止，抖音的购物车功能以服装、食品类产品为主，其他产品类别还有美妆、文具、乐器和数码等。举个例子，有一款旗袍仅仅花费 600 多元的成本在抖音上投放广告，就获得 6 万多元的转化，收益率非常高。抖音凭借 4 亿的日活跃量，成为商家们非常眼红的流量宝地。

有的商家非常聪明，在淘宝上进行产品描述时会加上“抖音”关键词，也能获得不错的效果。因此，可以这么说，抖音的火爆态势已经对电商的流量入口产生了巨大的影响，以至于网友中流传着这样一句话：“中国的青年，有一半在快手，有一半在抖音。”

新事物的出现总能在一开始引发公众的不安，而人们对新生事物所产生的恐惧感要远比新事物本身产生的破坏力更大。除却那些争议不谈，只从商业角度来考虑，抖音电商在以后会引起更大的效应，很有可能把微信和微博都没做成功的社交电商做好。

抖音在以后就会成为新的电商流量入口，这是毋庸置疑的，抖音之所以能一跃而上成为各路电商眼里的“香饽饽”，主要源于以下几点。

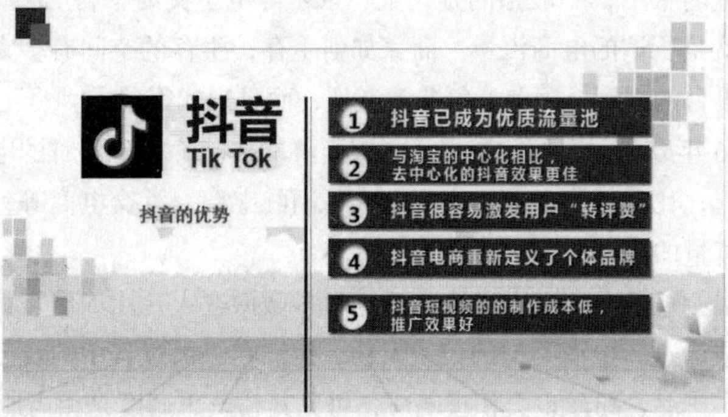
抖音
Tik Tok
抖音的优势
1 抖音已成为优质流量池
2 与淘宝的中心化相比，去中心化的抖音效果更佳
3 抖音很容易激发用户“转评赞”
4 抖音电商重新定义了个体品牌
5 抖音短视频的的制作成本低，推广效果好

如果说抖音是巨大的流量根据地，这种说法一点儿都不为过，因为目前抖音的流量仅次于微信。据统计，目前，抖音的月活已突破 5 亿。一般来说，抖音的用户主要由年轻人组成，用户主要来自一二线城市，他们个性鲜明，喜欢追求酷炫，也喜欢模仿。在内容电商领域，抖音拥

有十足的看点。

抖音之所以能获得如此高的流量，主要是由于其产品机制的形成：一是构建了一个良性生态的 UGC 生产体系；二是运用个性化的推荐算法，使用户快捷地发现自己想要看的内容。

为了使自己的 UGC 内容不断丰富，抖音从产品到运营，在各方面都做了很多努力，一直在创建年轻人喜爱的标签和玩法，并上线了很多特效和丰富的洗耳动听的音乐。而且在抖音短视频内制作视频非常容易，任何一个视频小白都可以很轻松地做出十分炫目、新颖的短视频。

正是凭借这些准备工作，抖音“生产”了一大批素人网红，与此同时，大量 MCN 机构也纷纷入驻，为 UGC 内容的创作提供了动力。

抖音的巨大流量来源于网络红人，同时也对网络红人的内容提供流量支持，智能分发。只要用户的内容足够优秀，抖音便会给予重点关注，推荐给首页的“观众”，从而使其获得更多的流量。

随着网络红人的数量日渐增多，抖音开始为他们配备专门的小编来进行管理，而头部网红也有自己的经纪人，可以为他们处理商业合作方面的事务。

抖音鼓励用户创造内容，打造网络红人，给予红人流量支持来留住他们，进一步通过红人及其生产的内容维系了超高的流量，最终形成了良性生态。

由此可见，抖音的确是巨大的电商流量入口。接下来的这个案例更直观地介绍了抖音电商的巨大魔力。

作为头部情感类 IP，@ 七舅脑爷凭借原创的趣味情感短视频共收获了 3000 万粉丝。2018 年“双 12”期间，@ 七舅脑爷开通了抖音购物车并首次尝试了抖音直播。而这场持续了整整 6 小时、吸引了 33 万人参与的直播，也帮助 @ 七舅脑爷成功完成了超过 1000 万的成交额。

对于这次成功的抖音内容营销试水，@ 七舅脑爷团队总结到：“内容消费转化第一，流量第二。而转化率一看选品匹配度，二看商品特性，三看销售话术。选品要分析粉丝画像；商品性价比，要看团队的谈判能力；另外，抖音不同于淘宝的卖货场景，整体的内容规划、达人话术也很重要。”

可以说，如今的电商商家之所以如此看好抖音这块“风水宝地”，主要就是因为它确实可以带来其他平台无法比拟的流量效应，产生更多的流量转化。

与淘宝相比，去中心化的抖音效果更佳，尽管淘宝造就了很多爆款商家，但在天猫壮大之后，分走了淘宝很多流量，因此淘宝的网店经营变得越来越困难。

商家对此颇有抱怨，不是抱怨流量太少就是觉得推广费用太高，因为要想排名靠前，增加曝光率，就必须增加投入，比如店铺装修、钻石展位、淘宝直通车等都需要花费大量费用。只要你出的价格高，你的店铺就能出现在位置靠前的地方，增加曝光率。因此，除非是淘宝的排名规则发生改变，不然难以改变其中心化的平台属性。

抖音的出现突破了这一规则限制。假设我是投放广告的品牌方，只要确定用户的基本信息，比如地区、年龄、性别、兴趣爱好等，以此为依据来定向投放广告即可，收到的效果也绝不会比直通车差。

目前我们在抖音上看到最多的广告类型是游戏广告，只要某个商家平台与抖音打通数据，就可以收获巨大的流量。基于这种可观的流量，抖音也可以为自己的产品导流。抖音的广告与朋友圈的信息流广告相似，但其优势在于，抖音的广告诉诸于视觉效果，一般不会给用户带来干扰。

小红书、拼多多等电商平台，都想要成为社交电商，不过最后都没有成功，不仅因为自身没有社交基因，也是因为这类产品很难与用户有强关联的互动。

人们在淘宝购物主要是通过自主搜索，用户带来的感受比较单一，主要是展示商品，并以低价触动用户购买，而通过产品、场景和用户进行互动的行为并不常见。

抖音上的内容本身就是信息传播的反映，很容易刺激其他用户进行“转评赞”。与其他电商平台相比，抖音上的体验更加方便快捷。如果你是一名网红，在自己的抖音上推广某种产品，而我是你的粉丝，正好在刷抖音的时候看到了这条广告，对这款产品非常中意，那么我会有两种行为选择：一是立刻点击购买，二是先查看其他网友的评价，再做定夺。当然，前者有很多属于冲动型消费。

不管你做出哪一种选择，这种购物方式对于用户来说都是一种十分新奇的体验。假如你在购买后觉得这款产品十分不错，可能还会向其他好友推荐。

随着智能手机的普及以及其技术功能的成熟，拍摄视频不再是专业摄像机的专项，人们可以随时使用手机拍摄自己喜欢的短视频，不仅画面清晰，同时还能直接通过手机进行简单的编辑制作并上传到抖音上，电商几乎不用花一分钱就可以将自己的商品分享给用户。

同时，抖音都提供了滤镜、特效等功能，能让电商商家在制作短视频时更为方便快捷，其效果也不会比长视频差。因此，很多电商商家更愿意将运营推广转移到抖音上。

虽然基于以上原因，抖音已经爆红成“流量级”电商入口，但如果电商商家不能及时察觉变化，不去主动了解抖音运营，那么就有可能就会被竞争对手淘汰在抖音的流量入口，所以，现阶段抖音就是电商商家实现自己增长点的一个契机。

一旦抖音把电商唤醒，激发出在电商方面的潜能，掌握了将商业和技能打通的方法，抖音会收获更多的可能性，而且这种可能性绝对不比微商在朋友圈的爆发差。如果我们将朋友圈看做社交电商的 1.0 时代，那么，以抖音短视频为代表的短视频平台将会推动进入社交电商 2.0 时代。信息呈现形式由文字转变为视频，这不只是技术方面的进步，也是商业模式的进步。

➡ 抖音，内容电商的搅局者

智能手机普及，移动互联网产品的边界也随之越来越模糊。到了 2018 年年中，内容电商已经到了中场的转折时刻。

2018 年 6 月，Quest Mobile 的数据显示，移动互联网呈现阿里巴巴与腾讯对峙的局面，而在此背景下，各大“派系”的产品用户时长与一年前相比，已经发生了十分微妙的变化：今日头条系的产品在过去一年获得了最多的用户增量，时长占比增加 6%，而与之形成鲜明对比的是，腾讯系的产品用户使用时长却下降 6.6%，比 50% 的“警戒线”还要低。

说得更确切一些，今日头条系的全面胜利，主要得益于头条旗下短视频的流量贡献。因为今日头条增加的用户时长主要来自于旗下的抖

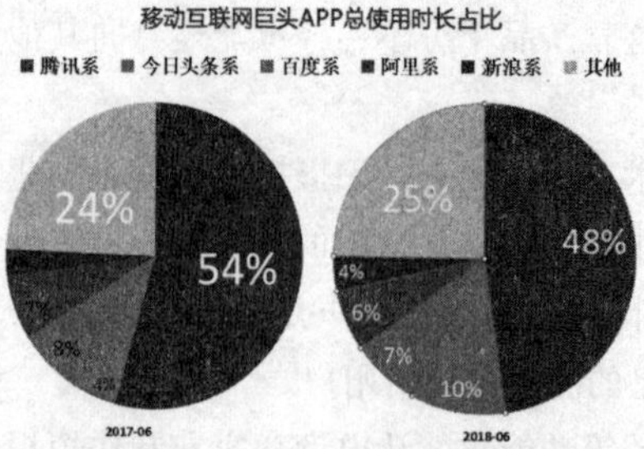

音、火山小视频和西瓜视频，尤其是抖音。抖音成为新型的巨大流量池，也是促成这个市场成绩的基础之一。

从根源上来看，这其实是一场流量上的角逐。阿里巴巴不断地寻找新的流量入口，比如，先后投资小红书和分众传媒；腾讯则一直尝试释放手中的流量价值，使其获得最大化的回报，拼多多在市场上的势如破竹就是最好的例子。

虽然阿里巴巴和腾讯在电商上展开了激烈的竞争，但他们在某些方面是有一致的追求的，那便是增强电商的销售能力，提升销售效率。

可能有人会有疑问：以后算法推荐的技术会越来越高，电商平台能够更加精准地向用户推荐其想要的商品吗？这样一来，内容电商的趋势还会一直存在吗？我们可以通过解构电商消费场景，了解内容的角色来回答这个问题。

要想构成完整的电商消费场景，就必须存在下面这两个要素：用户的需求或动机、用户对场景内产品的信任程度。

1. 用户的需求或动机

换句话说，用户为什么会来到平台？一般而言，我们会把购物行为分为以下三种类型：明确的消费目的、模糊的消费目的、没有明确的消费目的单纯地进来闲逛。

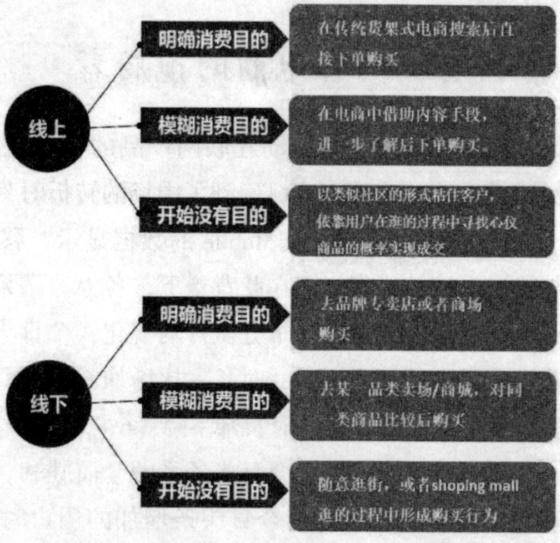

在线上和线下两种途径下，我们都可以发现这三类消费行为的相应表现形式。

在线下场景中，Shoppingmall 主要是为了使用户在逛的过程中发现自己想要买的商品，首先需要满足用户想要逛的心理需求。

这三种需求动机，是在商品经济的发展和繁荣过程中逐步产生的。“逛”的需求在实质上是用户对体验的追求，用户不一定非要购买商品，也可能只是为了满足情感需求——即使暂时无法购买，但看一看总归能享个眼福，这也正是为什么很多男士在汽车论坛的豪车板块流连忘返，我想大家应该能体会其心理状态吧。

在此背景下，拥有多媒体展示样式的内容可以通过模拟线下场景，使电商购物可以触及商品，从而不再出现缺乏真实感、缺失体验的问题，进而满足了用户在网络上逛的需求。

2. 用户对场景内产品的信任程度

讲述完需求的问题之后，我们接下来讲述一下内容是如何使用户对产品产生信任的。用户在做出消费决策的过程中，之所以更为看重视频为主的媒体内容，主要是因为以下几点。

首先，不管是短视频还是直播，在同一消费时长内，记录的客观信息会更多，与图文信息相比，可以更多地呈现出商品的客观属性。

媒体可以尽可能地全面展示商品信息，从而使用户在购买时消除因为信息不对称带来的疑惑。

另外，内容可能会激起用户之前的记忆或者相关的想象，从而刺激用户产生购买欲望，做出购买行为。

作为新型的巨大流量入口，抖音正式进军电商领域，在大号中增加了购物车链接。

具有如此大的用户黏性的热门应用，吸引大量用户在上面流连忘返，现在它要以电商平台的身份进入电商领域，在电商行业引起热议。在几个月的时间里，抖音一直积极地推动自身电商的发展，并且进展很快。

不仅是抖音，其他平台的“内容”和“电商”之间的关系也发生了变化，比如：小红书强调自己是“生活方式社区”；大众点评被爆出“搬运”内容；淘宝在爱逛街频道推出与抖音类似的短视频版块；豆瓣菜单栏的“广播”被“小组”取代，并且出现“市集”菜单；蘑菇街在首页信息流中向用户集中推荐红人社区的内容，而且这个平台有专业编辑进行内容方面的管理。

以上提到的这些平台，正在日益频繁地向外界讲述社区、流量、内容和电商闭环这些元素及其组合姿态。

内容平台融入电商业务，或者是电商平台融入内容，两者之间反映出了行业内的哪些变化？以后还会向什么方向发展呢？

电商为内容平台提供了商品化和货币化的可能，按照零售的思路，以后可能会出现的变化有：商品种类逐渐拓展、用户群体不断增加，商品由标准向非标形态延伸。在发生这些变化时，内容所起到的最大作用便是推动商品的转化率获得提升。

首先，有大量来自不同领域的企业入驻抖音，为抖音提供了各种各样的商品；其次，抖音的用户群体偏年轻，位于城市，他们本身就喜欢记录生活的点点滴滴，遇到新奇有趣的事物就会记录并分享，有时也会展示自己的消费行为。在抖音上，商品种类的拓展和人群泛化趋势已经表现得很明显。

在之前被普遍认为是非标准化的服务，同样借助短视频成为推荐好物的标的，这也为以后服务电商化奠定了基础。

➡ 抓住抖音增长的红利期

一般来说，每个互联网平台刚推出的前两年，就是人们常说的红利期。

但是，大部分平台都不会把红利期三个字挂在网站或 App 的首页。即使互联网平台多次宣称自己正处于红利期，你也不一定会相信。

人们往往已经熟悉了早已出现的一些老平台的玩法，也知道如何通过老平台营销和赚钱。所以，当很多人在面对新平台时，难免都有点抗拒、排斥或瞧不上。

笔者刚开始做抖音时，其中一个账号一个星期就吸引了 1 万新“粉丝”。激动之余，笔者打电话给一位交往多年的好朋友，说：“抖音现在正处于红利期，流量很大，你也尽快开始研究抖音吧！”

这位朋友在电话那头冷冷地说：“我还是建议你要学会专注，人的精力是有限的，你不能什么网络营销方法都研究。我对短视频没兴趣，我现在专注于研究社群营销。”

半年之后，笔者的各个抖音账号，“粉丝”总数已经超过1000万。这位朋友跟笔者见面交流时说：“我很遗憾没有及时做抖音！半年前你打电话给我的时候，我和你是站在同一条起跑线上的，只是那时我还没有意识到红利期的重要性。”

看到这位朋友如此感叹，笔者跟他说：“其实，抖音的红利期才刚刚开始，短视频的红利期也才刚刚开始。抖音是一个注重审美的平台，只要你能够创作出真善美的视频，不断地让自己的作品变得越来越优质，那么红利期将一直与你相随。”

这段话不是安慰，而是实话。如果你的作品不行，再来十次红利期，你依然会错过。相反，只要你不断地打磨自己的作品，让自己的作品质量稳居业界前列，那么红利期就永远存在。

不要忘了，抖音及其他很多短视频平台之所以能够红红火火，最主要的原因就是它们背后强大的推荐算法，真善美的作品，永远都不会过时。

2017年的一天，一位从事外贸工作的青岛小伙偶然在网上看到了一段“搓澡舞”的视频，视频的右下角带着“抖音”的水印。这个有趣的视频一下子引起了他的注意，于是他也决定下载这个App试一下。谁也没有想到的是，就是这么一个看似简单的决定，却让这个年轻小伙子的生活有了翻天覆地的变化，这个年轻小伙子就是“老王欧巴”。

2017年6月，一条有意思的抖音视频突然出现在大众眼中。这是一段非常简单的舞蹈视频，视频中，53岁的父亲和21岁的儿子两代人一起合作完成了一个有意思的舞蹈。镜头前，这名五十多岁的父亲显然有些拘谨，舞技略显生涩，萌态的舞蹈动作与动感的音乐形成了鲜明的对比，也成功吸引了大量观众。

1996年的他，今年仅23岁，只是因为平时生活中大家都喜欢亲切地称他为“老王”，所以他在网络中给自己起了这么一个有意思的网名“老王欧巴”。

此时，抖音刚刚进入成长期，当时抖音上流行的视频内容走的是帅哥、美女的风格，“老王欧巴”并没有随波逐流，而是另辟蹊径地选择了搞笑路线。其实，他当初的想法很简单，只是单纯地觉得这类视频很有趣，他也想尝试一下，看看能否给人们带来一些欢乐。

让他自己也没有想到的是，自己所拍摄的内容能够引起如此大的反响，他拍的第一条抖音视频的点赞量就已经多达十几万。谈到视频创作的灵感，“老王欧巴”在接受媒体采访时曾经表示，自己最初的想法非常简单，他发现拍这个舞蹈视频的大多都是单人跳，于是他就想也许两个人跳会更有趣一些。因为平时他和父亲的感情很好，在大家眼中有些不苟言笑的王爸爸，在生活中其实是个非常风趣幽默的人。作为一名初中老师，王爸爸之前和学生们的关系就非常好，所以当儿子提出一起跳舞的请求时，王爸爸非常配合。于是，一段非常有趣的父子“海藻舞”便这样出现在了大众眼前。

现在来看，“老王欧巴”的成功并非偶然。

一方面，“老王欧巴”最初接触抖音的时候，抖音正处于成长早期，这个时候活跃在抖音上的网红并不是很多，而基于良好的运营推广，此时的抖音正处于用户迅速增长的阶段，可以说，“老王欧巴”正是抓住了抖音的增长红利。

那时抖音上搞笑生活类的创作者并不是很多，而“老王欧巴”的出现恰到好处地填补了抖音平台的这项空白。因此，他早期的每条视频基本上都可以轻松地得到平台的推荐，粉丝增长十分迅速。时势造英雄，可以说“老王欧巴”成功搭载上了抖音流量的顺风车。

另一方面，众所周知，抖音短视频的定位是专为年轻人打造的交友社区，因此，最初活跃在抖音的也大多为年轻一代，但“老王欧巴”却别出心裁地带上了自己的父亲。王爸爸一本正经地配合音乐努力摆动的样子，营造了一种可爱的“反差萌”，让其瞬间圈粉无数。可以说，正是“老王欧巴”这个出乎意料的创意，让他短时间内就收获了大量的粉丝。

第一条视频的意外走红，带给“老王欧巴”的不仅是惊喜，还有持续创作的动力。之后，他又在抖音陆续推出了多个作品，视频内容主要由一些有意思的舞蹈和小段子组成，其中近一半的作品都是由他和父亲一起创作完成的。

轻松幽默的作品形式使其迅速累积了一群忠诚的粉丝，现在他的抖音粉丝已经超过500万，点赞量更是高达4 000多万，俨然成了抖音上名副其实的网红。很难想象，“老王欧巴”仅仅用了一年多的时间就达到了这样的效果，即使是在变化万千的网络时代，这个数字也让人不得不惊叹抖音的影响力。

现在，“老王欧巴”的抖音短视频也多以搞笑为主，电影里的桥段、日常生活中的场景都可能成为其视频创意的灵感来源。除了父亲，有时“老王欧巴”也会叫自己的朋友帮忙一起拍摄，其拍摄地点也不局限于特定地点，无论在哪，只要灵感来了，“老王欧巴”都可以拿出手机随时开拍。

视频的拍摄过程也并不复杂，最快只需要 10 分钟便可以拍好一条短视频，而且并不需要后期制作。最慢的一次，“老王欧巴”也仅仅用了半天时间，主要是由于视频拍摄转换的场景过多，需要去多个地方取景。

虽然现在“老王欧巴”入驻抖音已经有一年多的时间，并且已经成为抖音上名副其实的流量明星，取得了一定知名度，但在“老王欧巴”的眼中，拍视频也只是其一个爱好，是一件能够让自己和大家都开心的事情，并不能称为工作。他认为抖音视频的拍摄不仅让家庭氛围变得更和睦，还因此结识了很多朋友，对于他的作品，“老王欧巴”和他的父亲都非常满意，他曾经表示，拍摄的过程让他们感到非常快乐，还常常笑场，享受这个过程才是最重要的。

诚然，和“老王欧巴”刚接触抖音时相比，现在的抖音已经有了非常大的变化，视频的种类越发多样，这就对创作者的技术和创意提出了更高的要求。不过，在这个需求多样化的多元时代，只要你能够为用户创造价值，能够满足用户的需求，拍出真正富于创意的视频，你就永远不会缺少观众！

➡ 抖音的传播和带货

对于抖音的流量价值，我在前面已经讲过很多，在如今的大环境下，不管是现在，还是未来的一段时间内，抖音“带货力”是不容置疑的，很多电商商家也意识到抖音这个巨大的流量风口，纷纷加入抖音。

或许有人会有这样的疑虑：抖音用户会不会因为抖音短视频的内容而买东西还是未知之数，如何能说抖音具有巨大的“带货力”呢？即使会有用户有够买欲望，但是抖音用户有足够的购买力吗？还有很多电商商家不敢放手做抖音，因为他们担心自己花费大量时间成本、人力成本、资金本等建立起来的抖音号，以及积累起来的粉丝，在自己要卖货的时候起不到任何作用，没有人会愿意买单。

其实，电商商家的这些疑虑是多余的，之所以会说抖音有“带货力”，是有依据的。接下来，我们就从推广营销的角度为大家消除这些疑虑。

小猪佩奇手表，可谓是2018年手表界的一匹黑马，当时创下了一个月卖出14000只的神奇销量，几乎所有的淘宝店中，这款手表的状态都是“预售”，而没有现货。

一家淘宝商家的客服以一句“忙炸了”来评价当时的火爆，这名客服说：“每天光回复就要一万多次，手都不够用啦。”这家原本生意一般的淘宝店，突然因为店里出售的一款小猪佩奇手表而火爆到让人瞠目结舌。而那些买家几乎都是因为看了一个抖音短视频才慕名而来。

该店的掌柜嗅到了这个商机，于是将这个款小猪佩奇的手表置顶与自家店铺的首页，并在商品标题上加上了“抖音同款”“社会人手表”等关键词。就这样，一个月下来，该款小猪佩奇的手表竟然达到了14000多只的销量，这是这家店铺自开店以来从未有过的销售记录。

该店铺还同时上架了社会人大佬套装现货（带手表，6件套），其销量也非常可观。该店铺内的小猪佩奇常常断货，即使每次能及时补货，但所补的货也只够供应前一批的预售订单。通常，一只粉色的小猪佩奇手表的预售等待期需要7天左右的时间。

事实上，不仅仅是这家店铺，淘宝上的其他按店铺也纷纷加入到销售该款手表的行列，且消费者同样需要等待一周到半个月的时间才能拿到货。

到底是什么让这个原本受小朋友喜爱的玩具被众多成人爱上呢？答案就是抖音。现在，你只要在淘宝上搜素“抖音”两个字，就是出现很多的“抖音同款”，抖音同款防晒喷雾、抖音同款饰品项链、抖音同款手表、抖音同款零食……“抖音热门款专区”也出现在了淘宝平台上。各种各样抖音短视频中的商品纷纷出现在淘宝上。其中不乏一些实用的东西。而这些“抖音同款”商品都有不俗的销量。

抖音平台自身的优势以及其用户放松的状态，使得抖音有着巨大的传播力和带货力，这也是抖音为大家喜爱的重要原因之一。要知道，抖音给予用户的是“杀时间”，这是有它的底层逻辑所决定的。而其他的平台往往只能给用户带来“看资讯”、“做任务”等内容。

我之所以会说抖音带来的是“杀时间”，是因为刷抖音的用户大多是冲着好玩有趣的短视频内容、养眼的小哥哥小姐姐、需求安慰治愈等去的。在刷抖音短视频的时候，用户大多是处于放松的、无意识的状态，电商商家如果能把握抖音用户的这种状态，是很容易将自己的广告信息传递给抖音用户，进而提高自己出售商品的机会此外，抖音的以下几个特点同样是其具有强大“带货力”的重要原因。

1. 抖音具有很高的传播价值

短视频的出现顺应了现如今的社交化时代趋势。抖音作为短视频领域的佼佼者更是将短视频的功能发挥得淋漓尽致。用户在抖音上分享短视频，其他用户关注点赞等，为抖音平台聚集了大把的流量，进而大大增加了其“带货”的机会。

作为一个短视频平台，抖音的传播模式是区别于传统传播模式和互联网传播模式的。也就是说，抖音不是传统的一对一或者一对多的传播，而是裂变式的传播。简单地说，所谓的裂变式传播，就是在传播时就像细胞分裂一样，一分二、二分四……一直分裂下去。抖音正是因为这种分裂式的传播方式，迅速扩大其覆盖范围。

例如，假设一个抖音用户A有三个粉丝，这三个粉丝分别是甲、乙、丙，该抖音用户发布的短视频会被同时推荐给甲乙丙三人，这是一对多的第一级传播，这三个粉丝可以自行转发和评论；如果甲和丙两人非常喜欢这个短视频并在自己的平台上转发，那么又会传播到甲和丙各自的粉丝中，这就是多对多的第二级传播，依次类推，A发布的抖音短视频的传播速度可想而知。

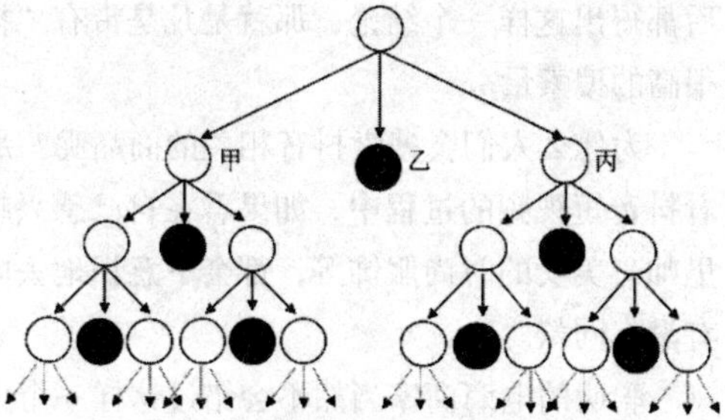

所以，抖音的多级裂变式传播方式，使得抖音具有很强的“带货力”。

2. 抖音可以充分利用用户的碎片时间

抖音短视频的时长一般为 15 秒，时间短是其最大的特点之一。要知道在快节奏的现代生活中，人们有大把的碎片时间却鲜少有大量的固定空闲时间，同时，很少有人愿意花费时间和精力去看一个长达几十分钟的长视频。现代人在日常生活中追求的就是速度，正所谓“天下武功唯快不破”，抖音短视频短短十几秒短、小、精的内容更符合现代人的需求。

很多人说“抖音就是直播的缩短版”，实则不然，前面我提到抖音与直播的对比，抖音的转发、评论、点赞等不会受到时间和场景的限制。同时，因为门槛低，拍摄制作简单，所以用户只要感兴趣，且有新奇的创意，有一定的能力，都能轻松加入，这是做直播不能比拟的。

因此，想通过抖音短视频向用户传递要销售的商品信息是非常容易的，这也是为什么抖音很容易“带货”的又一原因。

3. 抖音用户群具备带货变现的能力

抖音的用户群具备带货变现的能力，主要是由他们的特征的决定的。抖音最初是定位于年轻、时尚的一个音乐短视频平台。其用户群多为城市年轻人，这些人有喜欢时尚、追求潮流，且有较强的购买力。

此外，受教育水平的高低同样对带货变现的能力具有很大的影响，具有较高受教育水平的人更能容易接受新鲜事物以及外来的信息，包括商家的产品信息。

2018 年后，各个电商商家纷纷注意到了抖音这个“带货”的流量风口，纷纷将自己的产品与抖音联系起来，在自己的商品标题中加上“抖音同款”“抖音神器”等关键词，以获取更多的搜索流量。事实证明，借助抖音进行电商销售是明智之举。很多电商商家的后天数据经过分析后都得出这样一个结论，那就是凡是带有“抖音”这个关键词的商品都很高的搜索量。

为什么人们会搜索抖音相关的商品呢？那是因为，很多抖音用户在看抖音短视频的过程中，如果看在自己感兴趣的新奇东西，或是短视频里帅哥美女的时尚服饰等，都会下意识地去电商平台上搜索一番，看看有没有同款。

聪明的电商商家当然不会错过这样一个大好商机，于是便将较为火爆的抖音短视频中出现的商品放到自家店铺中卖。还有一些电商商家更是直接开通了抖音中的购物车功能，很多抖音主播直接将自己短视频中出现的商品挂在短视频左下方的购物车，粉丝通过点击就可以直接进入到该商品的淘宝页面，然后下单。抖音平台购物车与淘宝有机地结合起来，不仅为很多喜欢短视频中的商品却购买无门的人解决了难题，同时也为实现销售变现的目标提供了更为便捷的方式。

在淘宝上搜索了“抖音同款”，各种抖音爆红的商品层出不穷，且都有不俗的销量。电商商家仅仅依靠在商品标题中添加“抖音”这个关键词，就能为自己带来不错的流量。如果电商商家能自己打造一个抖音号，积累粉丝，那么势必能为自己带来更大的销量，甚至可以直接脱离电商平台、摆脱电商平台的各种规则限制，运营自己的抖音号，利用抖音红利期运营进行销售变现。如果电商商家的抖音号能将粉丝沉淀，那么，这些粉丝就是自己的私域流量，会大大增加“带货力”。

因此，在抖音平台上，只要你的短视频内容需策划到位，在用户利用碎片时间刷抖音的时候，短短15秒的真实、有趣、不拖沓的短视频就能将你的商品信息传递出去。如果你的短视频内容足够吸引人，且不让你用户反感，还愁卖不出去货吗?

➡ 抖音流量的公平机制

很多时候，我们也想把握机会。但是，机会来的时候，它不会直接地告诉你“这就是机会”。所以，我们与机会之间，有一个博弈的过程。

笔者热爱视频创作，热爱互联网，所以，最初研究抖音仅仅是因为热爱。很多朋友可能会问:“为什么你当时看得那么准?你当时有想过账号做起来之后如何变现吗?”

说实话，不是因为看得准，而是因为相信。那时候，抖音的推荐算法会变得越来越公平和完美。研究互联网营销十多年，你会明白了一个道理:有时候，算法比人更值得信赖。算法不会欺骗我们，算法趋于公平和完美，因为它会根据大数据的变化而不断地完善自己。

至于变现，事实上，当你的账号做起来之后，很多潜在的合作者会主动帮你思考。

很多人做视频营销，首先考虑的事情就是如何变现。变现的思维没有错，但它会让我们失去年轻时该有的豪情。过于重视变现，会让我们变得畏手畏尾。

不要在还没踏出第一步的时候，就担心未来的一百步。我们无法看得那么长远，我们只能倾注全部的热情走好当下的每一步。在这个过程中，我们的心灵会给我们全新的启发。

追随自己的直觉，我们会发现视频创业之路越走越宽。

很多人错过了淘宝，错过了微博，错过了微商。这都没关系，重要的是不要一直活在这种“我错过了什么”的认知之中。

百度推出了精彩的视频平台，微博推出了很多短视频方面的新功能，腾讯也推出了精彩的微视平台。

所以我们要站起来、走出去，看看互联网上全新的视频世界。

各大短视频平台的推荐算法，让我们可以专注于高质量的视频创作。让我们即使以 0“粉丝”为基础，也可以与“大号”同台竞技，共享流量红利。

互联网创业者经常会遇到这样的问题：团队人力有限，核心成员如果全部投入到内容创作中，那么推广和运营由谁负责？如果全部投入到推广和运营中，那么谁来保证内容的创作和更新？

有的朋友可能会说：“那很简单啊，如果团队里有两个人，那么一个人负责内容，一个人负责推广和运营。”

表面上，这个答案是正确的。实际上，这个方法一旦用于实践，新的问题就会不断涌现。

中小企业的视频营销团队大部分都比较弱小，过于精细的分工会分散精力，让团队的劲儿无法往一处使，效果自然就不会太好。小团队的分工过于精细，会让业绩平平，长期下去无法创造震撼的成果。

但是，如果所有人都专注于内容创作，没有人负责推广和运营，那么优秀的作品也无法获得更多的流量。

这就是长期以来很多企业在实践中遇到的问题。熟悉抖音算法的运营这都了解，只要观众喜欢你的作品，平台就会给你更多的推荐流量。

这个逻辑非常合理，并且创造了无数惊喜。观众的眼睛是雪亮的，他们能够感受到你创作时的用心；平台的算法是公平的，通过数据反馈，它会给你更加合理的推荐流量。

“宝妈大课堂”是一个专注于分享育儿经验的抖音账号。目前，这个账号的综合影响力稳居抖音育儿类账号的前几名。

这个账号一开始由几位宝妈负责。

宝妈们平时要带孩子，每天只有部分时间用于创作内容和管理账号。

这个账号，就是从0“粉丝”开始的，经过半年的沉淀，目前已经拥有超过100万精准的宝妈“粉丝”。

负责这个账号的几位宝妈，一开始也不知道该从哪里下手。经过研究，她们发现从“育儿段子”开始，每天专注于总结育儿心得，并以段子的形式创作视频。

这个团队的执行力非常强，并且一坚持就是半年。

半年里，宝妈们每天除了带娃，就是总结心得、创作段子和制作视频。半年过去，这个账号已经推出了1000多个原创作品，成为宝妈领域名列前茅的“大号”之一。

从这个案例中，我们可以学习到：

1. 要相信自己能够创造“大号”和管理“大号”。

2. 要结合自己的优势，把自己最擅长的东西变成作品。

3. 既然开始了，只要方向正确，就要坚持到“春暖花开”的那一天。

4. 业余时间，同样也可以创作视频，合理利用每天的碎片时间。

5. 当你的账号成为某一领域中排名靠前的“大号”时，只要作品质量有保证，自然而然地就能够吸引很多新“粉丝”。

第二章

如何制作爆款视频

➡ 拍摄短视频需要哪些设备

进行短视频拍摄时，我们一般会选用什么样的设备呢？有的人就用手机随手拍摄；有的企业或自媒体会组织专业的拍摄团队。根据每个播主的需求不同，采用的拍摄设备各有不同。

总体来说，拍摄短视频，人们最常用的设备有三种：手机、相机和摄像机。下面我们简单介绍每种设备的利与弊。

种类	优点	缺点
手机	方便携带，价格实惠，操作简单	像素低，容易出现噪点
单反相机	携带方便，拍摄画质好，手控调节力强，镜头多	便携性差，价格贵，操作性差，拍摄时间短
业务级摄像机	电池蓄电量大，可以长时间使用	体型大，价格昂贵，画质没有相机好，操作性差
家用DV摄像机	小巧方便，清晰度高，稳定性强，操作简单，可以长时间使用	价格偏高

1. 手机

手机的最大特点就是方便携带，我们可以随时随地进行拍摄，遇到精彩的瞬间就可以拍摄下来永久保存。但是，它也有不足之处。因为不是专业的摄像设备，它的拍摄像素低，拍摄质量不高。如果光线不好，拍出来的照片容易出现噪点。而且用手机拍摄的时候会出现手颤抖的情形，造成视频画面剧烈抖动，后期的视频衔接会出现卡顿。

针对手机拍摄视频过程中的种种问题，我们可以用一些“神器”来助阵。

（1）自拍杆

作为一款风靡世界的神器，自拍杆能够帮助你通过遥控器完成多角度拍摄动作，是拍摄短视频过程中的一款主力神器。

握住自拍杆中部，用自拍杆顶端抵住腰部。这样，手、自拍杆和身体就形成一个三角形作为固定支撑，可以在很大程度上保证视频拍摄的稳定性。

拍摄时把手机翻转到自拍杆的下方，这样可以大大增强稳定性。所以，我们只要把手机翻转到自拍杆的下方，就能增强拍摄的稳定性了。当然，采用这个技巧拍摄不适用于自拍，因为会拍到自拍杆。

善用低视角和高视角。所谓高低视角，是指相对人眼平视的视角来说，偏高或偏低的视角。因为我们习惯了平视视角，所以尝试切换一下视角，就会发现画面感很不一样。我们可以利用自拍杆的长度变换视角。

（2）手机稳定器

关于手机稳定器，有一种说法是它源于航拍器。试想一下，由于受到天上气流和螺旋桨震动的影响，航拍器的镜头肯定会抖动。但为什么航拍的画面那么平稳呢？这就是稳定器的功能。

手机稳定器应用了同样的原理，使手机在水平、垂直和前后几个方向上，始终保持在平衡稳定的状态。这样，即使是在手持状态下拍出的画面，也会比较稳定。

相比自拍杆，手机稳定器价位较高，价格从几百元到几千元不等。虽然价格偏高，但稳定器的稳定效果更好。不管是走动还是小跑，稳定器都能让拍摄画面保持清晰、稳定的质感。

（3）航拍机

如果说稳定器是高配工具，那么航拍机就是顶级配置的工具。目前市面上，航拍机价格一般都在上千元。航拍机搭载高清摄像头，操控者

可通过手机App对其进行操控，同时，手机实时展示航拍效果，操控者可以根据需要调整拍摄画面。

关于前面提到的高视角拍摄，如果说用自拍杆实现的是“小鸟视角”，那么用航拍机实现的就是“上天视角”。航拍机可以让整个城市的风貌全部展现在眼前。而在所有的镜头表现手法中，这种视觉冲击力是非常强的。如果你平时爱看电影，就会发现现在的很多电影镜头越来越高、越拉越远，呈现一种“观众视角从主人公身上转移开”的感觉。大多数这样的镜头是用航拍机实现的。

以上就是我们在拍摄时会用到的辅助工具，它们既能帮助我们解决画面晃动的问题，还能让视角多样化、画面效果更好。大家可以根据拍摄需要来选择。

（4）补光灯

想要拍摄出好视频，一定要把握好光线。补光灯可以改变光线，让脸部的肌肤呈现得更加自然。俗话说得好，好光源带给你好容颜，想要拍摄出好容颜就给你的手机配备一个补光灯吧！

（5）三脚架

录制抖音视频的你想要释放双手怎么办？这时候可以使用手机支架。它的作用不言而喻，除了释放拍摄者的双手，将它固定在桌子上还能防摔、防滑。

提及三脚架，大家脑海里可能会出现那种长长的、支撑着单反相机的三脚架，这种三脚架笨重且难携带。其实，自从直播盛行后，就衍生了很多适用于手机的三脚架，如可以放置在桌上的迷你三脚架，还有方便出行携带的折叠三脚架。

三脚架的使用方式很简单，我们只要把手机固定在上面，选择一个最好的拍摄角度和位置就可以了。这样拍摄出来的画面非常稳定。如果所处的位置不能放置三脚架，那该怎么办？很简单，只要把三脚架的脚收在一起，将三脚架当作自拍杆使用就可以了。

2. 单反相机

这里我们主要介绍当下比较流行的单反相机。单反相机是一种中高端摄像设备，用它拍摄出来的视频画质比手机的效果好很多。如果操作得当，有的时候拍摄出来的效果比摄像机还要好。

单反相机的主要优点在于能够通过镜头更加精确地取景，拍摄出来的画面与实际看到的影像几乎是一致的。单反相机具有卓越的手控调节能力，可以根据个人需求来调整光圈、曝光度，以及快门速度等，能够比普通相机取得更加独特的拍摄效果。它的镜头也可以随意更换，从广角到超长焦，只要卡口匹配完全可以随意更换。

但是单反相机的价格比较昂贵，一般人承担不起，而且它的体积较普通相机来说比较大，便携性比较差。它的整体操作性也不强，如果是初学者可能很难掌握拍摄技巧。它没有电动变焦功能，这就使得拍摄过程中会出现变焦不流畅的问题，尤其是它的拍摄时间限制在 30 分钟，会造成拍摄时间过短，视频录制不全等问题。

3. 摄像机

一般的摄像机可以分为业务级摄像机和家用 DV 摄像机两种。

业务级摄像机比较常见于新闻采访或者参加会议活动。它的电池蓄电量大，可以长时间使用，并且自身散热能力强；业务级摄像机具有独立的光圈、快门以及白平衡等设置，拍摄起来很方便但是画质没有单反相机好。业务级摄像机的体型巨大，拍摄者很难长时间手持或者肩扛，它的价格昂贵，普通的摄像机也要两万元左右。

家用 DV 摄像机小巧方便，家庭旅游或者活动拍摄都可以使用，其清晰度和稳定性都很高，方便我们记录生活，尤其是它的操作步骤十分简单，可以满足很多非专业人士的拍摄需求，并且内部存储功能强大，可以长时间进行录制。

无论是哪种拍摄设备都是为了帮助我们完成短视频的录制，选择哪种拍摄设备主要取决于你的具体需求和预算，要根据具体情况而定。

➡ 拍摄短视频的基本操作

抖音是一个短视频软件，抖友可以拍短视频上传到平台上去。商家可以用手机拍摄。

随着抖音的用户越来越多，抖音团队也在不断地优化各种功能。新版抖音在拍摄功能里面新增加了“自动拍摄”功能，取代了以前版本里的“直接开拍”功能。具体，应该怎样去做呢?

打开抖音，单击抖音页面的“+”图标，即可开启拍摄功能。此时，若手机镜头是自拍模式，你就可以看到页面右上角有一个“翻转”图标，单击一下即可开启手机的后置摄像头，再单击一下即可切换到自拍模式。接下来，我们将详细讲解如何拍摄一条抖音短视频。

1. 选择合适的背景音乐

首先，我们要记住一个细节：先选择背景音乐再拍摄，而不是拍完之后再配背景音乐。为什么呢? 我们在刷抖音时，经常可以看到一些视频中人物的动作和背景音乐的节奏结合得非常好，比如歌舞类视频中的动作随着音乐节奏而动，和谐且有动感。视频内容和音乐的匹配度越高，用户的体验就越好。所以，如果先拍视频再配音乐，就需要后期再调整视频和音乐的契合度。但如果先选择音乐，就完全可以随着音乐的节奏去展现视频内容。

在拍摄抖音短视频时，我们需要注意把控内容品质。内容品质越好，喜欢的用户越多，视频就越容易火。配好音乐是拍好抖音视频的第一步，也是非常重要的一步。因此，先选择音乐再拍摄视频，是为了确保作品内容更优质。

下面介绍如何选择音乐。

首先，打开抖音并登录，单击正下方的“+”图标，进入拍摄页面。

单击页面正上方“选择音乐”选项，页面会出现音乐专题页，我们可以随意选择里面的音乐。

单击音乐封面上的“▲”图标即可试听。遇到喜欢的音乐，单击“☆”图标即可收藏。收藏后，所选音乐会显示在“我的收藏”中，之后可被直接使用。我们也可以通过“搜索框”直接搜索音乐。选好音乐后，我们单击“使用”就可以将其添加为背景音乐。

最后，我们看看如果需要剪辑音乐，在抖音里应该怎么操作。选择音乐后，我们可以选择拍摄时长，如“拍60秒”或者“拍15秒”。如果需要选择歌曲中间部分，则可以单击右侧菜单中的“剪音乐”图标，左右拖动。

2. 选择合适的拍摄模式

抖音的拍摄模式有两种：单击拍摄和长按拍摄。

（1）单击拍摄

单击拍摄，就是点击一下红色按钮。点击一下表示开始拍摄；再点击一下表示暂停；又点击一下表示继续。如果不暂停，它就会一直拍，直到自动停止。

（2）长按拍摄

长按拍摄，就是长按红色按钮进行拍摄，松开按钮就会暂停拍摄；继续长按则继续拍摄。长按拍摄与单击拍摄的区别是，长按拍摄时，手指可以上下推动按钮。向上推动可将镜头拉近；向下推动可将镜头拉远。所以，长按拍摄模式比较适合创意类视频的拍摄。

3. 拍摄技巧

选择好合适的拍摄模式，就可以开始拍摄。我们可以先从基本练习入手，通过学习来慢慢提高自己的拍摄能力。基本练习包括3种：静态练习、动态练习、拼接练习。

（1）静态拍摄

所谓静态，是指拍摄的对象不动，这类对象可以是花草树木、湖光山色等。拍摄这类视频相对简单，只需要水平移动手机即可。

（2）动态拍摄

与静态相反，动态指的是拍摄的对象会动，这类对象可以是街上的人群、奔跑的小狗等。动态练习的难点在于，拍摄时要跟随主体移动镜头，同时要保证镜头的平稳移动。

（3）拼接练习

由于在拍摄中间可以暂停，你可以尝试将不同的场景拼接在一起。比如，你可以先拍摄一段关于花儿的视频，暂停拍摄，将镜头移到草丛中继续拍摄。这样就可以把两个场景拼接成一条视频。拼接练习比较复杂，但视频效果很好，我们可以多练习。

4. 预览和保存视频

拍摄完视频，单击右下角“√”图标即可预览。如果效果符合预期，则单击“下一步”按钮。单击屏幕左下角的“草稿”按钮，即可把刚才的视频保存为草稿，等之后选择时间再发布。保存为草稿的视频会显示在个人中

5. 发布视频

选择好合适的时间，就可以发布视频了。发布视频前，我们还可以设置：视频标题、位置（可以是某个具体地点，也可以是城市名）、隐私权限（所有人可见、好友可见或自己可见）。

关于设置视频标题和位置也有一些注意事项，我们在之后会详细讲解。

设置上述内容之后，单击“发布”按钮，就能展示你的第一条抖音视频。

你可以马上按照以上 5 个步骤拍摄一条短视频，注意多使用所学的技能，比如，剪辑音乐、在长按拍摄模式下将镜头拉近或拉远，以及拼接拍摄等，看看效果如何。好的开始是成功的一半。你已经成功地迈出了第一步，继续加油！

➡ 动态短视频的拍摄技巧

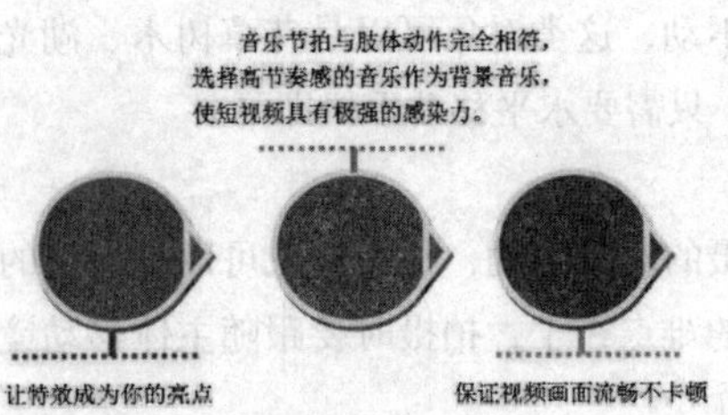
音乐节拍与肢体动作完全相符，
选择高节奏感的音乐作为背景音乐，
使短视频具有极强的感染力。
让特效成为你的亮点
保证视频画面流畅不卡顿

动态的抖音短视频就是运镜类视频，运镜类视频包含很多种，包括当前最热门的“分身术”短视频。这类视频拍起来非常考验拍摄者能力，是非常高难度的一种技巧。手机很难拍出这样拥有高度炫酷水平的视频，因此，很多抖音网红主播在完成短视频的拍摄后，还会在后期进行仔细加工处理，以达到期望效果。

1. 怎样拍好动态短视频呢？

首先，拍好动态短视频仅靠一个人的力量是不够的，需要 1~2 个人

来协助，你才能完成拍摄工作。制作相关短视频，必须要有细致入微的观察和专业团队的指导，这一点对于拍摄工作而言至关重要。

其次，拍摄制作的过程中需要巧妙地应用一些小窍门。

2. 动态抖音短视频拍摄的技巧

以《浪人琵琶》为例，首先，对所要应用到的音乐做到耳熟能详，即了解背景音乐，根据音乐设定所对应的动作，确定肢体的表达形式；其次，敲定背景音乐所对应的肢体动作后，即可以开始视频的录制工作了，选择快速录制有助于最终视频的整合；再次，在拍摄时要切记拿好手机，不能使得手机左右晃动，否则会影响视频效果；最后：在音乐节奏减缓时，可以适当地移动一下手机，要注意幅度不能太大。

01
把握好手机摆动的幅度大小
02
熟悉抖音APP拍摄界面
03
边用手机拍摄，边用手操作
04
拍摄前反复练习操作
05
拍摄完成后，运用专业技术进行后期完善

3. 将照片做成短视频效果

常玩抖音的人不难发现，很多高流量高点击率视频都是为数不多的照片在反复出现。呈现在用户眼前的是循环播放的图片。这是最具有可操作性最简单的一种视频制作方法，表达内容也很明了直观。具有很多其他视频播放无可比拟的优点，那么，究竟怎样才可以使几张照片的播放拥有短视频效果呢？

第一步：使用手机的拍照功能，将你最想传达的景象记录下来，确保视频制作中需要的照片足够；第二步：打开抖音 APP，上传准备好的照片，添加喜欢的背景音乐，即完成操作。

4. 拍摄技巧的补充

除了以上提到的方法外，这两给大家讲一些拍摄视频的小技巧，希望对大家有所帮助。

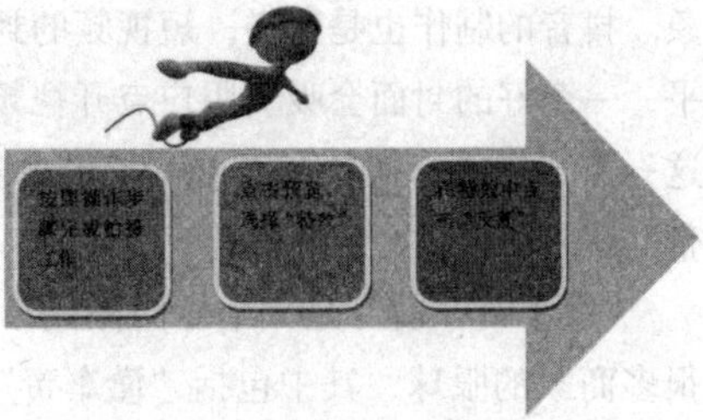

（1）如何使短视频倒序播放

（2）如何在短视频拍摄

过程中随意切换场景

第一步：选取第一个想要拍摄的场景，长按拍摄控件，完成拍摄内容选取后松手；第二步：选取第二个想要拍摄的场景，长按拍摄控件，完成拍摄内容选取后松手；重复以上步骤，直到将多个想要拍摄的内容容纳进来。但需要注意一点，所有场景的拍摄时间不能超过 15 秒。

按照音乐的节奏完成具有一定难度的动作首先需要完全掌握背景音乐的节奏，争取没有生疏的地方，准确无误地了解应该在那个音乐声响起时该做什么动作，其次最重要的一点是在录制短视频的过程中，点击选取“快”或者“极快”，在动作的把控方面才能做到游刃有余。

（3）短视频如何增添屏幕震动效果

屏幕震动效果是通过抖动手机来完成的，在视频拍摄过程中，应当注意有节奏有规律地抖动手机，动作要尽量轻，尽量缓慢。

如何使得拍出的效果忽远忽近?

这个操作相对简单易行，只需调整焦距的远近就可以了。

短视频的拍摄不一定非要一直长按

使用抖音短视频中的倒计时功能，可以自动开始短视频的录制工作，在拍摄界面右侧找到“倒计时 3 秒”，点击后在 3 秒后会自动开始拍摄。

想要制作出 10 万 + 的爆款高点击量抖音短视频，将以上操作挨个反复练习，不断实践，你也会成为以前让自己羡慕的爆款抖音短视频“制作户”。

➡ 如何设置视频封面

人靠衣装，佛靠金装。一个人外在的形象好会给别人留下难忘的印象。抖音的制作也是这样，短视频的封面直接显示了视频内容的高低水平，一个好的封面会吸引用户点开视频观看，很多抖音网红正是利用了这一点，在抖音视频封面上下了很大功夫，以此吸引粉丝关注。“懂车帝”就是一个很好的例子。

“懂车帝”前身是一个专门做汽车咨询的软件，抖音的火爆吸引了很多商家的眼球，其中包括“懂车帝”，自然而然地，也利用起了抖音这个平台，“懂车帝”做过一个高流量高点击率的短视频，题为“15 秒就懂了：自动大灯清洗功能”，主要介绍的是如何运用多功能方向盘进行自动清洗大灯，这样的内容，究竟是凭什么吸引了用户的眼球的呢？答案很简单，就是短视频的封面非常引人入胜。

该短视频的封面显示的是一丰田 SUV 汽车正在自动清洗前大灯，好多用户在第一眼看到这个视频的时候会感到十分好奇，怎么会有这么神奇的事物？在好奇心的驱动下他们会打开视频一探究竟。试问，这样的封面设计有什么理由不火呢？

从中我们可以看出一个好的封面是获取高点击率的关键因素，那么，抖音封面该如何设计呢？

1. 封面设计步骤

（1）选取你准备好的抖音短视频，选定播放的速度，调整视频长度，然后点击“下一步”；

（2）点击底部内容中的“选封面”按钮，滑动手机选取你打算当作封面的视频内容，再点击“完成”，确认完成。

不要以为抖音视频的封面选取操作起来非常简单就对此掉以轻心，为了保证使你的抖音封面足够吸引用户的注意力，你还需要掌握更多的相关技巧。

2. 封面一定要与视频内容相关

想必抖音用户都对此有所了解，封面的选取一定是来自视频内容，而且必须是视频中的最能引人入胜的画面，确保能让其他用户在第一时间对你的视频产生兴趣。

最近很火的哔哩哔哩，是国内知名的视频弹幕网站，被大家称作“B 站”，深受广大年轻群体的喜爱。同样地，抖音也是面向年轻人的视频软件，以音乐 + 视频的方式赢得了广大青年人的喜爱。所以抖音视频在内容和音乐上一定要做到符合年轻人的胃口，以大家喜闻乐见的形式去传播在年轻人当中极受欢迎的内容。

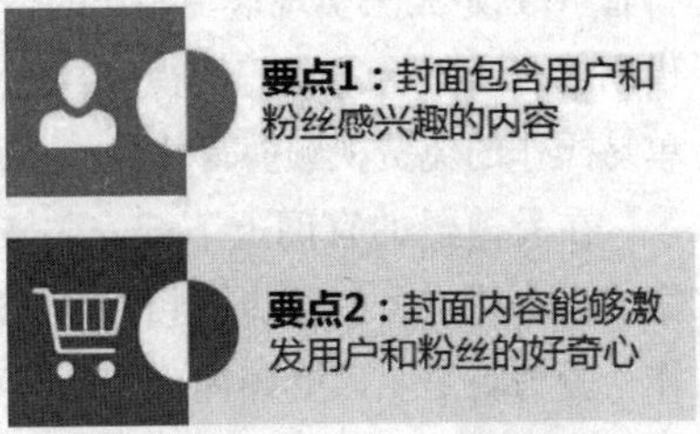

要点1：封面包含用户和粉丝感兴趣的内容
要点2：封面内容能够激发用户和粉丝的好奇心

抖音短视频封面必须包含的两个要点

总而言之，抖音短视频的封面

要满足以下的两个要点：

换句话说，封面是连接抖音用户和粉丝之间的桥梁，既然是这么重要的东西，必须认真对待，选取和短视频内容高度相关的精华片段。

3. 动态或静态封面

一般情况下，我们制作的抖音短视频都是动态的，动态封面具有很强的吸引力，视频要比图片更吸引人的眼球，会博得更多的关注点。

但是也有例外，根据抖音短视频内容的特点，有时也会需要静态的封面，比方说短视频传播的主要是文化、艺术方面的内容，这时就需要静态的封面来呈现了。相对来说大部分用户和粉丝喜欢动态的封面，但庞大的用户体系中，也有人喜欢静态封面，所以动态和静态封面的选取都要根据实际情况来定。下图展示的是静态封面的设计方法。

点击主页面右上方的“...”图标，进入“设置”
02
01
在抖音软件主页面，点击右下角的“我”进入“我的主页”
点击“通用设置与协议”，找到“动态封面”的关闭按钮
03

完成上述步骤后，视频的封面就是静态的。

4. 设计封面的文案

我们还会注意到，那些点击量高的短视频封面都有文案，但是通过抖音 APP 是无法实现这一操作的，他们是怎么做到的呢？在这里，可以借助第三方平台给我们的视频封面加上文案。给大家推荐一款全能的简单易操作的免费视频剪辑软件——爱剪辑。

在爱剪辑的官网上下载安装 APP 后就可以开始给视频封面添加文案了。先将准备好的短视频在爱剪辑里打开，点击字幕特效完成文案制作。爱剪辑是个广受媒体人关注和喜爱的软件，我们可以在上面修饰和美化你的视频。

封面文案制作完成后，再将短视频保存在抖音 APP 中发布，相信通过这些步骤制作出来的短视频一定能够博得很多用户和粉丝的眼球，为我们带来不少粉丝流量。

➡ 利用抖音自带功能美化拍摄

很多更炫、更好玩的短视频是怎样拍摄的呢？下面我们就教你拍出更好玩的抖音视频。

1. 道具

在拍摄视频时，你可能会发现，拍摄图标左边有个“道具”图标。单击“道具”图标会弹出很多道具选项。类目包括热门、最新、装饰、滤镜、搞笑、新奇、原创等。每个类目下面都有大量道具选项供用户选择。我们可以单击左下角的星号来收藏道具，以便下次在选项前的星号收藏夹中找到并直接选择使用。

比如，我们可以看看“星空渐变”这个道具怎么玩。这个视频的拍摄过程其实很简单：在拍摄时做完一个动作，单击屏幕，暂停拍摄，选择一种颜色，再单击以继续拍摄；再做一个动作，再单击暂停，选择下一种颜色。不断重复这个操作，最终呈现的效果就是视频中人物的发色不断变化的效果，让人觉得很神奇。

当然，对于道具的使用和节奏卡拍，我们需要多加练习，才能熟练运用。很多网红在拍摄视频的过程中都会加入道具。这种方法既可以增加视频的趣味性，也可以丰富画面。我们也可以尝试多使用道具。

2. 滤镜

抖音还自带“滤镜”功能。我们可以单击拍摄页面右菜单的第三个图标来选择滤镜。滤镜有多种模式，包括人像、生活、美食、新锐等。每种模式下，都有多种样式可供选择。拍摄时，用手指左右移动，即可切换滤镜模式。

滤镜已经成为当下人们拍照必备的功能，它可以提升整个画面的质感。滤镜功能就像给视频化妆一样，让视频展现了更多样的美。

3. 美化

抖音的“美化”功能图标就在“滤镜”图标下方。美化就是美颜的意思，有磨皮、瘦脸、大眼等类目，每个类目可以在0~100之间调整。大家可以尝试拍摄自己，选择自己最满意的美颜状态。

其实，我们可以从反面来制造一段“自黑”（网络语，意思是自嘲、自毁形象）的剧情。例如，拍摄时将所有美化功能调到100（最大值）。人物出镜拍一段，然后暂停，把其中一个功能调到0，再继续拍摄。重复操作，依次把所有美化功能数值都调到0。视频最终展现的效果，会让人产生一种被“打回现实”的感觉。这种自黑、充满娱乐精神的视频也很受网友的追捧。

4. 特效

在拍摄完一段短视频之后，进入预览页面，左下角第二个图标是“特效”，默认特效是“滤镜特效”，我们还可以选择“转场特效”“分屏特效”“时间特效”。

特效的使用方法很简单。页面上的进度条表示刚才拍摄视频的长度。你可以将视频播到你想加特效的位置，按住想要的特效图标，画面就会出现相应特 效。你按多久，特效就会持续多久。注意一点，特效需要与视频内容相匹配。通常在表示转折、强调、尴尬、震撼的时候加特效比较合适。

在诸多特效里，我们重点讲解一下“时光倒流”特效。我们可以选择在一条川流不息的步行街上拍摄。拍摄过程中，让人物倒着走，尽量走得自然一些。拍摄完成之后，选择“时光倒流”特效，保存。最终呈现的视频效果，就是人物往前走，而其他人都在后退。这种特效拍起来很简单，却创意十足。

5. 运动镜头

运动镜头指的是在拍摄中，摄像头要跟随被拍摄的主体移动，它可以让画面更有动感。结合前面提及的拼接拍摄和本小节介绍的特效功能，我们就能做出大片的视觉效果。我们可以先尝试简单的运动镜头拍摄。

比如，我们可以找一面镜子，让镜头随着人物移动，从镜子左边移动到右边，到镜子边缘时暂停。拍摄多条这样的视频，并为每一条视频中的人物添加一件衣物。把多条视频拼接在一起，最后的成片效果就仿佛是，人物在镜前边飞奔边穿衣。这种拍摄方式在抖音上被称为“镜子飞奔术”，被很多网友采用，成为风靡一时的玩法。

运动镜头对音乐节奏的把控、拍摄镜头的控制，以及转场特效的配合使用，都有较高的要求，我们需要多练习。

➡ 如何给视频配音和加字幕

抖音平台上一直有一种类型的视频很受欢迎，就是有个性的配音和滚动字幕的视频。这类视频通常是声音和文字与特效结合而成的产物，围绕一个主题，利用特效衬托文字进行表达和描述。制作这类视频的方法有很多，大致可以分为两种，一种是使用电脑制作，常用的软件有AE（Adobe After Effects）、Flash；还有一种就是直接用手机制作，常用的软件有 VCore 美册、字说。

相比使用电脑，用手机上的 App 制作文字视频更加方便、简单，推荐大家直接使用手机。下面我们就一起来了解具体的操作过程。

1. 滚动字幕的制作

VCore 美册（以下简称美册）是一款音乐视频制作软件，可以把音乐、图片、文字等制作成一段视频。我们这里需要用到的就是它的文字制作功能。

（1）下载并登录

单击主页下方正中的按钮进入视频编辑分类界面，选择“文字视频”进入文字视频制作界面。

（2）确定文字内容

可以通过语音输入或者识别直接导入音频和视频得到文字内容。这里要注意，语音识别不可能总是准确地识别出每一个字，为了确保文字的正确性，可以提前在文本框中输入语音的内容作为语音识别的参考。在语音输入或识别完成后，单击右上角的“√”图标进入下一步。

（3）编辑文字

因为美册的文字视频功能自带特效，所以特效这一步就可以省略了。但刚刚也讲到语音识别可能会导致出现文字的错误，而且有的视频创作者对文字的字体和颜色也有要求，所以要对文字进行编辑加工。单击暂停初始生成的视频，选择右侧蓝色的修改按钮进入文字编辑初始界面，然后可以单击文本框再单击“直接去编辑页面”按钮进入文字加工界面，进行文字的纠错、颜色的填充和字体的调整工作。

（4）最后的润色加工

最后就是选择文字视频的背景图、背景音乐、语音等元素。在初始生成的视频界面中，可以通过直接选择功能键进行加工。例如视频创作者可以通过单击“主题风格”或“视频背景”按钮来确定视频的背景图片等。具体的加工要根据视频创作者自身的要求来选择使用不同的功能。

2. 配音视频的制作

配音视频的种类有很多，比如给动物进行配音、模仿影视剧片段或搞笑配音等。但无论是什么样的配音视频，都离不开视频和配音两个环节。接下来，我们就来了解一下配音视频的制作过程。

（1）视频的制作

先单击屏幕下方中间的加号进入视频拍摄界面，可以通过直接拍摄，或者上传已有的视频作为素材。上传的视频可以是在其他视频应用中下载的，也可以是已经拍摄好的存储在手机中的视频。不管是什么来源的视频文件，都要在配音之前进行消音处理。如果是下载的视频，还要注意去掉视频中的水印。

然后上传配音用的音频文件，单击右上角“选音乐”选项进入音频文件选择界面。选择“本地音乐”上传已经录制好的配音音频文件。

最后是对配音视频的配音和视频的匹配度的调整，单击“剪音乐”功能可以对视频中音频文件的位置进行调整，达到完美匹配视频的标准。

通过以上三个步骤，一个基本的配音视频就制作完成了。操作熟练之后，视频创作者还可以加入一些新鲜的元素，比如特效、贴纸等来丰富视频的内容，打造更成熟、更吸引人的配音视频。

（2）视频和音频的同步

作为配音视频来说，尤其是影视剧片段的配音视频，必须让视频和音频达到一定程度的同步。这里的同步不是指口型和声音的完全一致，毕竟很多配音视频并不是为了展现专业的配音技巧，而是以视频为基础对音频的二次创作或改编，大多是以搞笑的形式存在。所以，不必特别强调口型和声音的一致性。但是，也要能够做到视频和音频的节奏基本一致，比如人物配音视频，当视频中的人开始讲话或张嘴的时候音频也要同时响起。同样，讲话或张嘴动作结束后音频也要相应停止。再比如，一些有内心潜台词的配音，要配合视频中人或物的动作或姿态。这样，可以把视听相对完整地结合在一起，从而使用户的感受最佳。

（3）确定音频的主题

音频是配音视频的主体部分，是吸引观众的主要因素。在一个配音视频中，视频的作用是提供载体，音频才是亮点。所以音频在与视频达成基本同步的基础上，还是相对独立存在的，一般都会有自己的主题。

不管是什么类型的配音视频，音频都会自带主题。有的音频主题和视频主题类似或相同，如模仿类的配音。还有的是跟视频主题完全不同，如“恶搞”影视剧片段类的配音。为什么配音一定要有主题呢？其实跟我们平时说话和聊天是一个道理，人与人的交流通常是围绕某个或多个主题进行的，这样人们能更好地互相理解。配音视频也是同样的道理，与载体相同的主题，可以让用户在观看视频的同时形成与原作的对比，突出配音的特点。与载体不同的主题，能够构成一种错位的喜感，加强观看的感受。

3. 视频素材的选择

虽然配音视频的主要部分是配音，视频只是起到一个载体的作用。但一个合适的载体会给配音增色不少，所以如何选择一个合适的视频素材对于制作优质的配音视频也非常重要。

一个合适的视频素材应该具备以下两个特点：

（1）有故事情节。必须有故事情节，才能借题发挥，通过配音制造效果和扩大影响。

（2）合适的时长。配音视频是以声音吸引用户，时间太长或太短都不能达到预期的效果。太长容易让人习以为常，太短不容易发现亮点。

➡ 让视频更有创意的剪辑技巧

要想视频获得更高的点赞量，粉丝数上涨得快，视频内容就要有趣、有料。时下最受欢迎的创意视频剪辑技巧，让视频看起来更有创意、更好玩。

1. 如何制作瞬间移动视频

瞬间移动比移形换影稍微简单，它是指视频主角每次跳跃都会转换一个场景，仿佛可以瞬间移动。这种仿佛开启空间任意门的效果，很适合出门旅行时拍摄，比简单的拍照留念更有创意。“瞬间移动”视频要怎么拍呢？

（1）保持人物在镜头里的位置不变，同时保持人物和镜头之间的距离不变。

（2）人物在每个场景中拍摄两次跳跃动作，其中一次用作上次跳跃落下的部分，另一次用作起跳的部分。

（3）跳跃动作尽量保持一致，人尽量跳得高一些，方便后期剪辑。

（4）将视频导入剪辑软件，将每个场景中人物跳跃到最高点时作为剪辑点。如果第一个场景是跳到最高点，则衔接第二个场景的是从最高点落地；如果第二个场景是跳到最高点，则衔接第三个场景的是从最高点落地。

（5）以此类推，剪辑后就可呈现“瞬间移动”的效果。

2. 如何制作倒放视频

相信大家在刷抖音的时候都见过一种比较有趣的视频，这种视频是倒着播放的，比如撕碎的纸片可以还原，摔碎的玻璃杯可以恢复如初等，这种播放效果让很多抖音用户觉得特别和有趣。那么，作为一名抖音新手，如何来制作倒放视频呢？下面简单介绍抖音倒放视频的设置过程。

（1）如果想要拍摄一组倒放视频的效果，首先进入抖音 App 的首页，选择首页下方的“+”按钮。

（2）进入拍摄界面后单击“单击拍摄”按钮，录制你需要的视频。

（3）录制完成后单击“特效”按钮，进入特效界面。

（4）选择特效界面的“时间特效”选项。

（5）进入“时间特效”界面后选择“时光倒流”选项。

（6）单击“保存”按钮，退回到编辑界面。

（7）单击“下一步”选项，进入视频发布界面。

（8）编辑好视频标题之后，单击“发布”按钮就完成了。

3. 如何制作换装视频

快速换装也是抖音上比较流行的一种玩法，主要表现为被拍摄的人物在朝着镜头走动的过程中，身上的衣服一直在变化。“快速换装”视频要怎么拍？具体步骤如下。

（1）如准备 5 套衣服，需要拍摄 5 条视频；对于每套衣服，需要拍一条从座位起身走到镜头前的视频作为素材。

（2）要注意，在每次拍摄过程中，人物行走的速度、步伐的长度，以及展示的手势，应尽可能保持一致，从而保证拼接后的动作连贯性更强。

（3）将视频导入剪辑软件，按照换装步骤依次排序，根据音乐节奏对视频进行剪辑，让人物的距离和动作保持连贯性。

（4）在每次换装效果展示前，加入类似“闪白”的抖音特效，可以让换装的过程不那么突兀。

4. 如何制作慢动作视频

慢动作效果的视频是比较简单的，主要用到了抖音自带的时间特效。这类视频在慢动作的展示下会显得特别细腻。“慢动作”视频一般怎么拍？具体步骤如下。

（1）选择一个合适的滤镜，比如“茶灰”，以提升整个画面的质感，更加凸显视频呈现的效果。

（2）人物用正常速度走过镜头前，并做出相应的动作（记住镜头中间的位置）。

（3）将进度条拖动到最美的动作出现稍微前面的位置，加入“时间特效”中的慢动作，即可完成视频。

慢动作效果剪辑技巧的用法还有很多，比如在拍摄朋友朝你飞奔而来的画面时，你可以通过慢动作效果体现好朋友难得重逢的喜悦；比如在拍摄人物在大自然中行走的画面时，你可以通过慢动作效果展现人与自然更加融合的感觉。

慢动作效果一般在电影中可以用慢镜头来展现。著名导演王家卫就特别喜欢使用慢镜头。慢镜头不仅能体现画面细节的极致质感，也能让动作的表现力更突出。

5. 如何制作合拍视频

除了倒放视频，抖音新增加了合拍视频功能。那么，合拍视频是怎么制作的呢?

（1）打开抖音，登录自己的账号进入首页。单击“+”按钮，进入录制界面。

（2）单击“单击拍摄”按钮，录制需要的视频或者直接上传想要合拍的视频。

（3）录制完第一个视频后，单击“下一步”按钮，进入视频发布界面。

（4）在发布界面，把“谁可以看”的公开状态改为“私密”。

（5）改完状态后，马上单击“发布”按钮将这个视频上传。这时候，由于这个视频的状态是私密的，所以其他人都看不见。

（6）单击主界面的“我”，进入“个人中心”。此时可以看到刚发布的视频右下角是带锁的。

（7）单击刚才的带锁视频进入视频编辑界面，单击右边的“…”图标。

（8）从出现的几个选项中选择“合拍”。

（9）这时候，加载完的视频会出现在屏幕的右侧，此时再次单击“单击拍摄”按钮，进行第二次录制。

（10）第二次录制的视频加载完会显示在屏幕左侧，单击“下一步”按钮，进入发布界面。

（11）在发布界面中，状态选择“公开”，然后单击“发布”按钮，就完成了合拍。

除了上面讲述的方法外，如果你在抖音上看到想要与之合拍的视频，也可以直接单击该视频右侧的分享按钮。然后在出现的列表中选择“合拍”，再拍摄自己的视频与之合拍即可。

抖音记录了很多寻常百姓的生活瞬间，最新版的抖音上线了多种好玩、有趣的视频拍摄功能，播主可以根据自己的爱好进行拍摄。

➡ 适合的剪辑软件很重要

我们在刷抖音的时候，会发现有一些很火的短视频。这些短视频在剪辑手法上相对复杂，效果也更精美；其中有的视频还添加了字幕，能传递更多的信息，用户体验更好，这些都是抖音自带的剪辑拼接功能无法媲美的。要达到上述效果，我们就需要学会使用一些专门用于视频剪辑的软件。

有人会问，操作视频剪辑软件不是都需要用到电脑吗？这不是一件很专业的事情吗？其实，视频的剪辑软件有适用于电脑的，也有适用于手机的。现在大多数人都习惯用手机剪辑视频，手机软件更多样化，功能更多，可以轻松实现很多效果。像剪辑视频这样的操作，完全可以在手机上完成，而且非常简单、快捷。本小节将讲解常用的 3 个手机视频剪辑软件，分别是一闪、小影、VUE。大家可以通过手机里面的应用商店，搜索并下载、安装它们。

1. 一闪

很多人玩抖音时都有这样的需求：加字幕。但是抖音并没有添加字幕的功能，我们可以使用一闪 App 来完成。下面将详细阐述如何给视频添加字幕。

我们打开手机的应用商店，搜索“一闪”，就能看到这款 App 了，单击下载并安装即可。

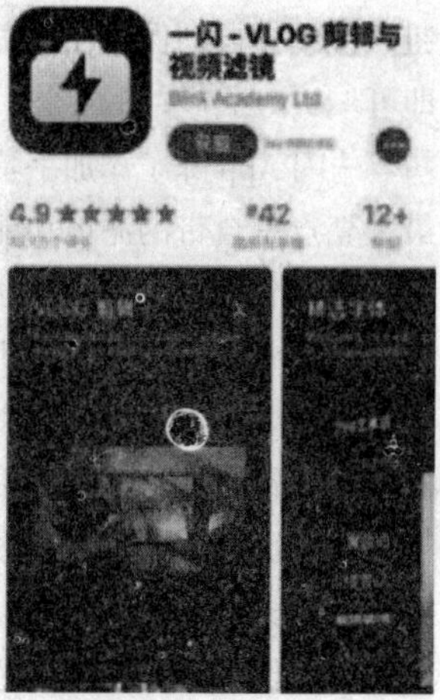

（1）首次打开一闪时，页面会提示需要先完成注册和登录。

（2）单击“注册与登录”按钮，可以看到手机号登录，以及 5 种社交软件的快速登录方式。本书推荐微信登录，这种登录方式更方便、快捷。单击微信图标，同意授权登录，之后就可以开始使用一闪的编辑功能了。

（3）单击下方菜单的“创造”图标，从手机中选择你希望添加字幕的视频，再单击下方的“√”图标，即可进入视频编辑页。

（4）页面下方有一个“+”图标，这就是我们这次主要用到的功能按钮。单击“+”图标，进入输入框，输入你想要添加的字幕内容，最多输入 140 个字。比如输入“你好，我是黑马唐，很开心能在这里和你相遇”。

（5）单击右上角的“完成”按钮，即可回到视频编辑页，刚才输入的文字会显示在视频画面的中间。

（6）按住文字并拖动，可以将文字拖到你想要显示的位置。在按住文字时，你会发现下方出现了编辑、字体、字号、效果等功能选项。

（7）设置好了之后单击“√”图标，回到视频编辑页。

这时，下方视频的时间轴上会出现一个棕黄色的框，这个框表示刚才输入的字幕内容。棕黄色的框在时间轴的长度对应字幕出现在视频中的时长。比如现在棕黄色的框在时间轴上长度为 2 秒，即字幕会在视频开头前 2 秒显示，之后就会消失。

（8）单击棕黄色的框后，页面会出现左右两个箭头，调整字幕出现的时长只需用手指拖动棕黄色的框即可。比如将棕黄色的框向右拖动到 3 秒，这样，视频的前 3 秒就会显示字幕。

（9）用手指滑动下方的视频时间轴，你会发现前 3 秒的视频是无法再添加文字的。超过 3 秒后，“+”再次亮起，表示可以继续添加字幕。

（10）以此类推，添加完所有字幕后，单击右上方的“完成”按钮。视频会自动保存在手机相册中。发布抖音视频时，直接导入该视频即可。

一闪 App 除了添加字幕的功能，还有很多其他功能。而这个 App 的最大亮点是自带的滤镜功能。单击视频编辑页最下方的第三个图标，可以开启滤镜功能，这里的滤镜分为胶片彩色、美食、电影调色、黑白、增强等，每一个类别下有几个不同的小类。这些滤镜都是一键式效果，我们只需要单击一下就可以直接采用滤镜。我们可以多尝试，看看哪种滤镜比较符合自己对画面质量的要求。

编辑页下方的第四个图标表示更强大、更专业的滤镜，有胶片、旧照、即刻拍、LOMO、电影五大类。针对每款滤镜，我们都可以对曝光、对比度、饱和度、色温、色调、暗角、色散、褪色、高光等属性进行精细化调整，这就需要比较专业的知识了。

精细化调整后的滤镜效果会更好，大家可以在对画面有了自己的感觉后，多多尝试。

2. 爱剪辑

爱剪辑是一款针对中国用户使用习惯设计的视频剪辑软件，不需要太多的后期制作专业知识，也能按照自己心里所想的进行视频剪辑制作。

除了相对于传统视频软件较少的对专业知识的要求外，爱剪辑的功能也十分全面，文字特效、字幕、滤镜、过场特效等一应俱全。而且爱剪辑对硬件配置的需求也比较低，普通的电脑也能够驾驭这款剪辑软件，而且在平板电脑上也可以使用。

接下来，我们来学习如何使用这款软件制作抖音视频。

（1）添加视频

可以添加一个视频进行剪辑，也可以添加多个视频混剪。

（2）截取视频片段，控制视频时间

先单击“预览 / 截取原片”按钮进入视频剪辑界面，然后选择开始时间和结束时间进行截取。

（3）添加字幕

在一些抖音视频中，为了让用户更好地接收信息，视频创作者会在视频中加入字幕。单击“字幕特效”标签进入字幕编辑界面，在界面右侧可以双击视频上任意位置创建字幕，然后通过选择字幕的出现、停留、消失等特效完成字幕的制作。

（4）转场特效

在抖音视频中有时候会涉及场景的切换，一般是通过多个视频的混剪来达成的，在视频与视频之间的切换过程中，会使用转场特效。单击“转

场特效”标签进入特效制作界面，在界面右侧选择特效加入的时间，在左侧直接选择特效的种类。

3. 小影

小影是一款智能手机端视频剪辑软件，适合经常使用手机或者计算机操作水平不高的视频创作者。小影的功能包括剪辑视频的时长、滤镜、多段视频混剪等，功能相对比较全面，足以用来进行抖音视频的剪辑。

（1）添加视频，进行编辑

单击“视频剪辑”按钮，选择已有视频进行剪辑，单击“下一步”按钮进入视频剪辑界面。

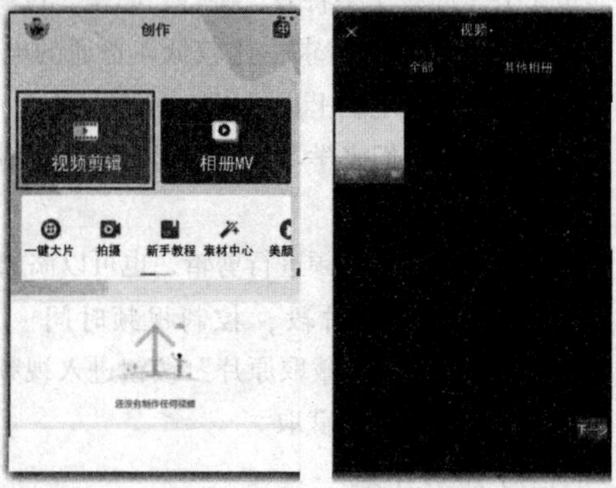

（2）镜头编辑

在“镜头编辑”界面有调整视频的滤镜、比例和背景、变速、分割、修剪等功能，可以调整视频的相关参数。

（3）添加背景音乐

很多抖音视频创作者会在视频中加入背景音乐或配乐来提高视频的质量并烘托气氛。在小影的视频剪辑功能中，可以直接添加配乐。

（4）添加其他元素

在视频中如果要添加字幕、特效、配音等元素，可以在“素材效果”界面找到相应的功能。

用小影 App 制作视频时，若不购买升值服务，我们可能就没办法去除水印。

第三章

如何打造百万粉丝抖音号

百万粉丝级别的大号究竟是如何打造出来的？这是很多人关心的问题，也是很多想要在抖音上进行营销的品牌商想要了解的。接下来，我们就从三个维度来重点阐述如何打造抖音大号。

➡ 避开误区，找准方向

在实际操作中，不少人对于账号定位会有一些错误认知。如果一开始没做好定位，会对账号的后期发展带来很大的、不可逆的伤害。

很多人运营抖音账号出现过这种问题：作品关注度低、粉丝数增长缓慢。如果运营者不及时补救，账号可能就会作废。那么我们应该分别从用户视角、前后端思维、内容为王分析账号。

1. 用户视角

想要不断吸引新粉，巩固老粉，建立紧密的情感联系是一个屡试不爽的方法。人类是情感动物，对于长期出现在生活中的人和事物都会产生一定的依赖性。

人格化账号是指根据自己产品的特性和调性，推断出在潜在粉丝心中的合理形象，从而通过内容细分出人格化性格。比如被粉丝们戏称为史上“最惨官抖”的支付宝官方抖音号，以支付宝员工口吻活用抖音效果展示工作日常，其中一条恶搞马云的“鬼畜”剪辑更让不少粉丝幸灾乐祸，很好地实现了与粉丝的互动。

人格化账号的手法可以使原本脸谱化的品牌或机构变成粉丝身边有血有肉的生活化形象。在抖音的大环境下，这种情感羁绊从用户和产出的视频内容相遇的那一刻开始培养，更加基础牢固，不易崩塌。

2. 前后端思维

什么叫前后端思维呢？我们可以这样理解：前端是内容的曝光量，后端是价值的变现量，前后端思维就是兼顾这两方面的思维。比如一部电影上映，前端就是这部电影的票房成绩，能体现这部电影被多少人喜欢，相当于流量；后端就是电影上映后获得的广告收入、版权收入、周边收入等。

这种思维能帮助我们调整心态，避免急功近利。很多人做抖音号时太心急，总想着抖音号一开设，就会有很多粉丝，运营者能迅速从中获利；做了没几天，就觉得没效果，想放弃。

成功不可能那么简单，一定需要我们付出相应的时间和精力。很多人拍短视频、打造人设定位，为的是快速涨粉、最终变现、增加额外收入。实现目的需要一个过程，只有以好内容为基础，积累足够的优质用户，有良好的转化流程，最终目的才能实现。

我们可以想象，人们经过地铁或电梯上的广告牌时就像刷屏一样。假设每天有 1 万人经过这个广告牌，但有多少人会看、有多少人会喜欢、有多少人会记住、有多少人会购买，这些都无法被计算，充满了不确定性。

运营抖音号也一样。所以，我们能做的就是调整好心态，不急不躁，做好自己的作品，逐步提升自己的视频质量，增加曝光量，让更多的人喜欢。慢慢地，用户自然会留意到视频想传达的价值。当用户有相应需求时，他们会很快想到我们的视频，这样就可以实现用户转化了。

3. 内容为王

市面上有些抖音“教程”仅仅教大家怎么搬运视频，甚至怎么“偷”视频，这是非常不正确的做法。抖音运营者如果懒于做视频而复制别人的视频，这其实已经构成了侵权。一个没有原创内容的账号无法长久发展。

不管是什么类型的账号，只有具备好内容才能长久。做出好内容应遵循 3 个原则。

（1）原创为王

原创是最好的价值体现。随着人们版权意识的增强，原创内容和原创内容的生产者会得到越来越多的认可和尊重。平台也会越来越保护原创内容，打压抄袭或搬运内容的行为。

我们在账号运营的摸索阶段可以模仿别人的创意，或借鉴好的选题，但一定不能直接抄袭或搬运。要想长期发展、做好账号，我们必须有独一无二的内容和定位，这才是账号的价值所在，也是用户选择关注我们的理由。

（2）专业为王

我们在选择一个领域、做好人设定位时，一定要以我们在这个领域的经验为基础，这样才能发挥我们的专业特长。

比如“小熊带你看装修”账号在展示装修效果的同时，还会输出一些干货知识，这些知识包括：如何把门伪装成柜子、如何做卫生间的干湿分离、儿童房更适合什么样的装修风格等。这些内容不仅对用户有参考价值，而且也能体现公司的专业性，能够获得更多用户的认同和信任。

（3）数量为王

在原创和专业的基础上，内容越多，账号价值才会越高。比如，如果“小熊带你看装修”账号的运营者在发了几条视频后觉得没效果，于是开始懈怠，视频发布频率越来越低，这种做法就会导致账号失去长期价值。没有了价值，用户又怎么会愿意关注呢？所以，我们一定要保证视频更新的频率和数量。

4. 定义标签

因为抖音视频的火爆，林俊杰的一首发布于2008年的《醉赤壁》莫名又火了起来。抖音上很多一夜火爆的大号看似无迹可寻，但细细分析，还是能看出一些端倪。

抖音号一般都是个人号，在没有大量推广投入的情况下，靠的完全是作品对于粉丝的吸引力。如何从零到一，带动第一个粉丝入坑，最重要的就是“确认过眼神”——第一印象很多时候决定了粉丝的去留。做出自己的特色，精选内容和音乐，精心拍摄，形成自己的标签，在第一个瞬间抓住粉丝，是所有大号最基础的修养。

有了独具特色的标签，就相当于账号有了专属的皮肤，能让目标人群在茫茫视频流中一眼看到。这种情况在大主题、内容类似的情况下体现得尤为明显。

例如，同样是百万级别美食号主，“野食小哥”通过还原做菜的前期准备、制作和品尝，传递“食物得来不易，好好吃饭”的价值观；“办公室小野”突破厨房场景，利用办公室物品做菜，口号是：“办公室不仅有 KPI，还有诗和远方”；“李子柒”则是回归传统农家场景，身着布衣料理一蔬一食，以“世外桃源”“回归自然”为标签，迎合了部分城市人渴望出走的心理。

这三个大号虽同为美食号主，但个人标签的差异化较大，风格显著，粉丝群体区分明显，能在很短的时间内靠各自的作品吸引大量关注。

如何给你的账户取名

怎样注册抖音个人账号，估计大部分人会有些疑惑：抖音还需要注册？我们都是用第三方账号直接登录啊，比如 QQ、微信等。就算是注册应该也很简单吧，直接用手机接收验证码不就行了？

其实，如果要想自己的抖音号可以获得流量，注册抖音个人账号并没有你们想的那么容易。下面我就来为大家介绍一下注册一个能够从各种渠道导入流量的抖音号的诀窍吧。

1. 为自己的抖音账号取个好名字

抖音账号的名称是你的品牌名称，使其发挥品牌识别作用，《定位》中艾·里斯，杰克·特劳特有一句话说得很好："在定位时代，最重要的事情就是为你的品牌起一个好名字。"抖音同样也是这样。抖音号的名称在你建立抖音品牌的过程中起着十分重要的作用。请记住，一个好的抖音名称可不仅是一个记号，其中还包含了你的抖音品牌的形象价值，对于抖音品牌和产品是否可以一直在市场上占据优势有很大的影响。

所以说，为自己的抖音号取一个好名字，可以帮助抖音品牌更好地被用户和粉丝发现并记忆，也会为以后的抖音运营增加引流的机会。

那么，如何才能为抖音号取一个好名字呢？实际上，这里边是有规律的。

如果你想要让自己的抖音号拥有很强的品牌辨识度，就要在起名字时遵循以下四个规律。

（1）作为一种符号，抖音号一定要像自己的身份证号一样拥有独占性，不能和其他抖音号的名称相同。

（2）就像人名一样，抖音号也是一种识别性符号，自己的抖音号名字应该拥有很大的区分度，能让用户或粉丝知道自己是谁。

（3）抖音号需要表达价值观或者情感诉求。

（4）抖音号的名字一定要容易传播。

2. 怎样评估自己的抖音名称

为抖音号取好名字以后，我们肯定会很疑惑：到底怎样的抖音号名称才是合格的？

在评估抖音号名称时，可以三个特点作为标准。

首先，应注意自己的抖音号是不是简单易记。你取抖音号名字就是为了扩大自己的知名度，让他人记住，又区别于其他抖音号。

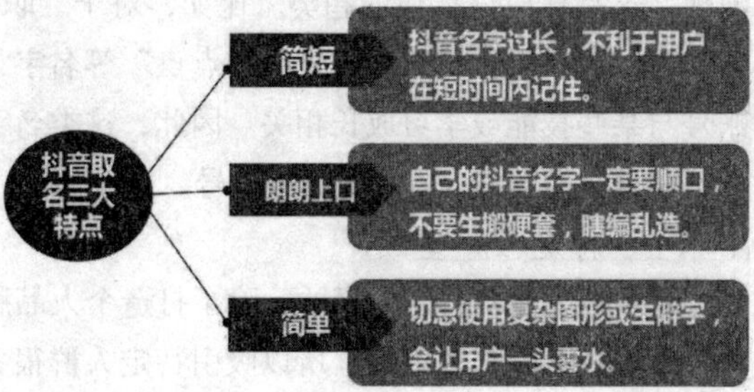

抖音取名三大特点
简短
抖音名字过长，不利于用户在短时间内记住。
朗朗上口
自己的抖音名字一定要顺口，不要生搬硬套，瞎编乱造。
简单
切忌使用复杂图形或生僻字，会让用户一头雾水。

其次，抖音号名称一定要容易理解。什么叫好理解呢？

这要从以下三点来解释。

（1）抖音名称表达的含义一定要符合抖音号的特征。比如，某抖音号发的内容大都是通过运用办公室内的工具来制作各种美食，其名称为“办公室小野”。这个名称就很符合其内容定位。

（2）抖音名称不能有歧义，以免让用户和粉丝在传播的过程中产生混淆而出错。

（3）抖音名称应容易传播，可以使用户和粉丝产生联想。

3. 掌握取好抖音名称的四大技巧

抖音名称必须可以被用户和粉丝轻松地理解并记忆，从而使自己的抖音品牌区别于其他抖音号，获得更大关注。如何做到这一点呢？大家不妨运用以下技巧：

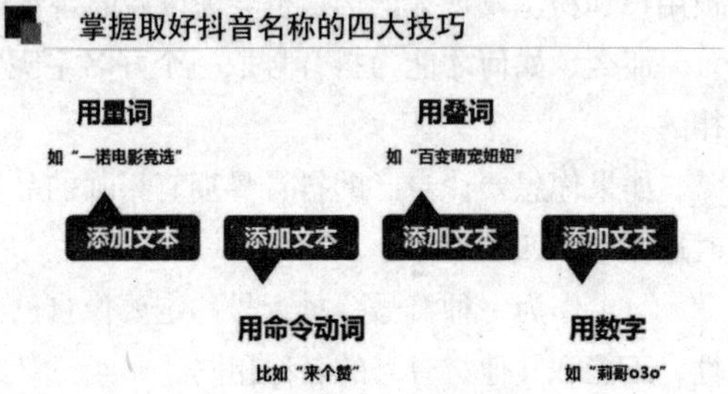

4.7 个类型的好名字

了解了好名字的三大标准，那么，我们应该如何给抖音号起一个好名字呢？下文结合抖音平台流量大、受众广的属性，总结了7个类型的好名字。

（1）学习成长型

面对不断变化的经济和社会环境，很多人都有不断提升自我的需求，大家都希望通过各种方式学习和成长。虽然抖音平台的内容以娱乐内容为主，但你会发现，越来越多的知识类、教学类视频正在不断涌现，这是你应该抓住的趋势。比如，对于“职场训练营”“口才培训师”“跟大白学英语”“每天进步一点点”等名字，人们一看就知道这类账号与某些技能或学习成长相关。因此，这类名字很容易吸引那些渴望学习和自我提升的人去关注相应账号。

（2）特定人群型

大多数人运营抖音的目的，除了打造个人品牌，更多的是为后期卖货、做广告和赚钱做准备，所以吸引特定人群很关键。比如对于“装修游击队”“生活美学家”“文艺青年团”“汪星人俱乐部”等名字，人们很容易知道相应账号与哪些领域相关，其内容是关于哪些方面的。例如，“装修游击队”账号在视频中展示了精装房的效果，若其日后成为行业大号，就可以给装修业务打广告了，或者直接招揽装修业主的订单。

（3）职业昵称型

职业昵称由职业名称和人格化词语组成，可以让用户感知到这个抖音账号好像是一个真实的人。比如，对于“资深文案唐小天”“平面设计小仙女”“美食体验小美”“快递吴彦祖”等名字，人们一看名字就能知道其相对应的职业，并且“小仙女”“小美”等称呼很容易让人产生亲切感。

（4）意见领袖型

意见领袖是在某个领域比较有权威的人。比如，“股市怎么看”“财经有话说”“广告我来讲”等名字，能表现出账号在某个领域的专业度，若结合专业的内容输出，就能让账号显得更专业，对用户的帮助更大。

（5）精选大全型

名字中包含“精选”“大全”等词语，能给用户一种覆盖面广的感觉，并且这种提法也便于受众记忆。这类名字的例子有搞笑精选、段子大全、小成本创业全攻略、职场干货精选等。

（6）时间标签型

今日头条、十点读书、睡前故事、职场早餐等名字，都体现了某个明确的时间段，这样，用户就能根据自己的需求去选择。

（7）号召行动型

比如，“学个单词再睡觉”“一起瘦到90斤”“每天学会一道菜”等名字，就很容易吸引对应领域的用户。如果相应内容能促使用户有所行动，用户对账号的依赖感就会很强。

➡ 如何设置好抖音号

在新媒体中，名字、头像、简介是一个账号关键的三大要素。在大多数情况下，三者会一起出现，也是账号给用户留下的第一印象。这节课将介绍如何选择亮眼的头像和简介。

账号的头像代表个人或公司对外的形象，可以帮助用户更好地记住账号，相当于标识。如果账号的头像是下面这个图，你感觉怎么样？这样的头像不仅不会带来任何好处，还会让用户疑惑这个账号是做什么的。

账号的简介主要起补充说明的作用，因此，我们要把名字中没有表达的含义通过简介表达出来。比如“樊登读书”的简介是：“每年带你读50本书，帮助更多中国人养成阅读习惯。”我们如果只看“樊登读书”的名字，那么可能只知道它是一个关于读书和分享知识的账号。而它的简介能让用户明白，在这里不仅能“读书”，而且每年可以“读50本书”，这个账号要让更多人爱上读书。

我们可以把简介当作广告语，让用户一看到这段话，就能明白账号是做什么的、它所传达的价值观，从而将简介的功能发挥到极致。

1. 选择好的头像

一个好的头像就如同标识一般，可以帮助用户认识我们，所以我们一定不能随便选头像。在选择头像时，我们经常会走进3个误区：用风景图片、用卡通动漫图片和用动植物图片。如果你用这几种类型的图片做头像，用户就不能通过头像了解这个账号是做什么的。

有人会问，摄影师用风景和动植物图片做头像也不行吗？插画师用卡通动漫图片做头像也不行吗？答案是：不行。因为这样的头像无法让用户在第一时间感知你是做什么的，缺少头像应该具有的意义。如果你是摄影师（插画师），那么可以用一张拿着相机（画笔）的个人形象照作为头像，这样不是更好吗？毕竟我们的最终目的是让头像发挥它最大的作用，让用户更快地记住你。一个好的头像应符合以下3个标准。

（1）个人账号应以个人形象图片作为头像，最好再结合职业元素；企业账号应以品牌商标图片作为头像。但如果企业的品牌商标还没有那么众所周知，那么企业也可以用抖音号名字的文字图片做头像。比如“职场干货号”的头像，就是“职场干货”这4个字的图片。此外，商标和名字也可以一起体现在头像中，尽可能地帮助用户认识、记住自己。比如如果“樊登读书”抖音号的头像只是一本书，有些用户就可能会不清楚账号的功能，而在头像上加上“樊登读书”4个字，就能立刻提升头像的辨识度。

（2）要符合整体的风格定位。比如知识分享类的账号，主体风格偏严肃，这样的账号肯定不能用太夸张或搞笑的头像。同理，搞笑类账号肯定不能用以黑、白、灰为主要色调的头像，而应该采用轻松搞笑的风格。头像的选择要符合账号对外的风格定位。

（3）第一印象要让人觉得舒服。不管是面试还是拜访客户，我们都希望给对方留下比较好的第一印象，头像给别人的第一印象也是一样的。第一印象可以不华丽、不酷炫，但一定要让人觉得舒服。有些企业在做活动期间，会把头像改成活动主题的图片。这种做法广告营销味道太浓，用户体验不好，我不建议大家这么做。

2. 如何写好账号简介

为抖音号起一个好名字十分重要，而填写抖音号简介也具备同等的重要性。简介虽然看起来很简单，只有短短一句话，但其代表的意义十分重要。短短一句简介，除了表达抖音号的定位和自己的身份、特征，还对抖音号的内容能否更广泛地传播起着十分关键的作用。因此，在填写抖音号简介时必须谨慎，千万不能马虎大意，随便写一句就放在那里。

一个好简介可以给账号增光添彩，而一个好的简介同样需要符合3个标准。

（1）好理解

简介一定是好理解的，让人一看就知道在说什么。举个反例，有这样一条简介：元气少女能量满满。对于这条简介要表达什么、这个账号是做什么的，很多人并不知道，甚至很多人连元气少女的定义都不清楚，所以这样的简介是没意义的。

（2）够简洁

简介，顾名思义就是简单的介绍，需要具备足够的概括性。好的简介只需简短的一句话就能带给对方足够多的信息。相反，对于太长的简介，别人不容易记住，也抓不住重点。

举个反例，一家装修公司的抖音号简介是这样的："公司主营业务包括半包、全包，提供各种样式的简装和精装，提供各种装修材料的零售和批发，提供各种测绘、检测、装修维护等售后服务。"看了这则简介，你记住了多少信息？这家公司看起来好像业务范围很广，服务内容很多。但是用户什么都记不住，也抓不住重点，不知道公司的特色是什么，毕竟大部分装修公司可能都提供一样的服务。我们不妨将其简介改成：“本地十年装修品牌，每 10 家环保整装就有 8 家是我们做的。”这样既足够简洁，又突出了环保整装是公司最大的卖点的信息。

（3）有价值

简介是用作补充说明的，所以简介本身必须有意义。简介不仅要体现账号的意义，也要考虑能带给用户什么好处。例如，“樊登读书”的账号如果在简介中加入企业的使命和愿景，它的形象就会更高大、更丰富。举个反例，有人想在抖音上教大家学英语，但其账号简介是：“世界 500 强外企总裁秘书”。这样的简介只能说明账号运营人员的职位很高或者能力很强，但并不能让用户感觉这对学习英语有什么帮助。所以，简介一定要说明这个账号能带给用户什么样的价值感。上述简介如果改为：“世界 500 强外企总裁秘书，每天教你最标准的美式发音技巧和场景使用。”这样，用户就能知道，可以通过该账号学习美式发音技巧和各种场景的使用；账号运营人员还是世界 500 强外企的总裁秘书，专业程度肯定很高。这就是简介“有价值”的好处。

如图所示为“健体张宇”的抖音号名称，其简介为“健美运动员、一对一亲自指导、运动营养补给”，与他的抖音号名称十分相符，不仅向用户和粉丝说明了自己的身份和定位，而且最后一小句也包含了一个亮点，增强了对用户和粉丝的吸引力，促使人们关注他。

一个好的抖音号头像，会为粉丝留下良好的第一印象与抖音号名称一样，头像也给他人带来第一印象。如果能设置一个好的头像，用户和粉丝对你的抖音号会更有好感，印象更深刻。要知道，在网络世界里，头像是最直接的视觉语言，所以一定要选择好头像。

那么，该怎样做才能选择出好的头像呢？

3. 如何注册抖音账号

当你妥善地把抖音名称、简介和头像构思好以后，接下来就该正式注册抖音号了。

其实，注册抖音号的流程很简单，大部分人都能掌握。不过，为了使初次玩抖音的人更快入手操作，我还是详细讲解一下注册抖音号的具体步骤。

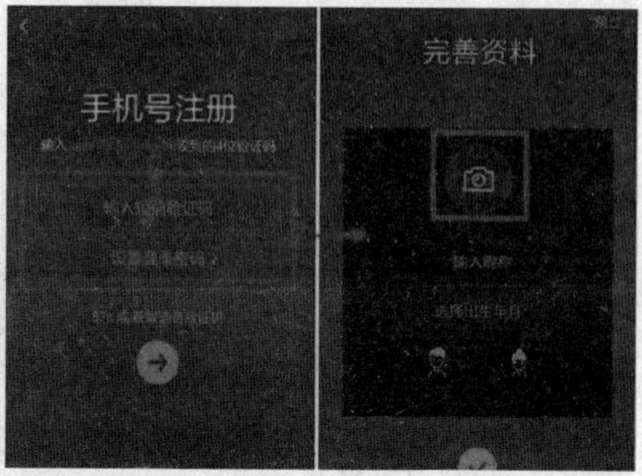

（1）找到手机上的“抖音”APP。

（2）进入抖音界面，点击“我的”菜单；

（3）进入“我的”界面，根据弹出来的提示，输入自己的手机号码进行注册；

（4）先浏览一下“抖音用户协议”，确认以后点击下方的箭头；

（5）进入“手机号注册”页面，输入刚刚收到的短信验证码，并点击下面的箭头；

（6）完善自己的各项信息，包括生日和昵称，都填写完整，然后点击照相机按钮，把早已设置好的头像放进去，最后点击“确定”按钮。

于是，你的个人抖音号注册完成了。你可以返回到个人主页来查看注册信息。

➡ 如何写出吸睛的好文案

前文中我们讲过封面图可以写上视频内容的主题文案，用户看到封面就能知道视频的大概内容。对进入个人主页的用户来说，这样的体验更好。那么，怎样才能让标题更有吸引力呢？

“杰说职场”是一个职场干货号，专注于分享职场相关的干货知识和充满正能量的信息，在短短两个月的时间内，它的粉丝数就涨到 30

多万。这个账号的个人主页看起来非常舒服，视频封面设计干净简洁，风格统一。最关键的是，每个封面都有一个很好的标题文案，能够在第一时间让用户产生浓厚的兴趣。

1. 新闻式标题

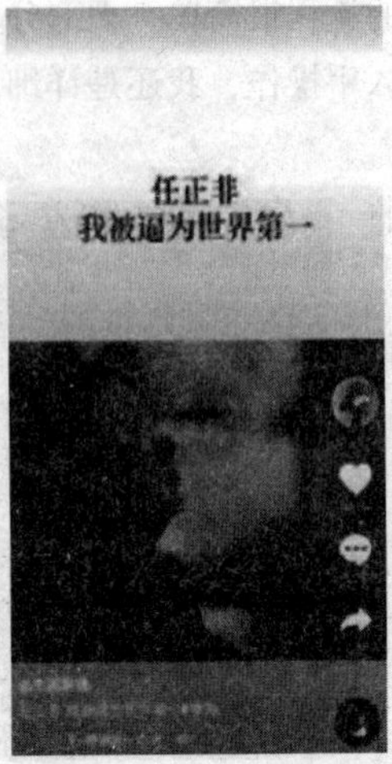

新闻式标题也叫消息式标题，是一种最简单的标题。其特点是有什么说什么，通过一句简单的话，勾起用户的兴趣，让用户愿意点开继续往下看。

比如“杰说职场”里的一个视频标题是，“任正非：我被逼为世界第一”，这个标题简单明了。用户看到就知道，这是一条关于任正非和华为相关的视频。我们可以看到，虽然标题只是一个简简单单的陈述句，但它依旧能勾起读者的浓厚兴趣，该视频点赞数近 30 万，播放量将近 700 万。

比如对于“雷军开始进军厨具行业”这个标题，用户会好奇：“雷军不是做小米手机的吗？怎么做起了厨具？”于是在好奇心的驱使下，用户会点开看看雷军到底要做什么。这条视频在短时间内被很多人转发到群里，甚至在朋友圈刷屏。

直说式标题很简单，能通过一个陈述句直接触达用户的兴趣点，然后让用户自己思考其中的价值，激起他们探寻内容的欲望。使用这类标题时需要注意，标题中一定要出现对用户有用的兴趣点，比如有“任正非”“华为”“雷军”等词语，目标用户瞬间就能对此类视频产生兴趣。“今天天气很好”虽然也是直说式标题，但天气好无法引发用户的好奇心，这就是不合格的标题。

2. 悬念式标题

电影、电视剧通常会有一个悬念式结尾，让观众对后续剧情产生极大的好奇心，观众希望看到结局，所以只能继续关注，这就是悬念的魔力。这种方法同样适用于标题制作。

比如“杰说职场”有个标题是“酒桌上如何敬酒，有这几句话足够了！”，很多人都想学习酒桌礼仪，标题传达的“几句话就能让敬酒更有诚意”这个信息，会让用户产生浓厚的兴趣，想一探究竟是哪几句话。

用户如果看完这条视频之后，发现自己之前是不知道这些信息的，从中学到了知识，就会获得满足感和成就感；用户如果发现自己之前就知道这些信息，就会满足自己的虚荣心。所以，悬念式标题很容易引起用户的关注。这条视频的点赞量 110 多万，播放量 4000 多万。同样，标题“他 26 岁，用不到三年的时间拿到美国的博士学位”，也是通过制造悬念来引发用户的好奇心的。

3. 争议式标题

好的选题一定是能引发用户强烈的互动欲望的。互动欲望主要体现为两种：一种是认同感；另一种是争议性。写标题也是一样的，让标题充满争议性，可以增强用户观看视频的欲望。比如“谷歌最担心的事情已经发生了”，这条视频是“杰说职场”的爆款，点赞数是平时的 100 倍。这条视频为什么会得到这么多点赞数呢？原因是标题制造了争议性。封面传达了“谷歌最担心的事情”这个信息，但是“最担心”存在非常大的争议性，

会引发大家点击观看视频究竟是如何分析的。如果视频分析不符合预期，大家就会在评论区中抛出自己的答案。而视频下方的补充标题很聪明，抛出“华为崛起之势已不可阻挡”，更容易调动大家参与话题讨论的积极性。

比如“这个职场常识 99% 的职场人还不知道”，这也是一个具有争议性的标题，如果用户看完视频之后发现，自己之前真的不知道这个职场常识，就会收获知识，很愿意进行点赞或者转发；如果用户看完视频之后发现，自己本来就知道这个职场常识，就会将自己自动归类为那 1% 的少数人，觉得很有满足感。所以争议式标题起得好，结果都是很不错的。

4. 提问式标题

提问式标题，一般以“如何”“怎么”类型的问句方式呈现，能吸

引用户的注意力，引发用户的思考。如果用户在思考之后没有一个明确的答案，就会很自然地点开视频去寻找答案。

我们来看看“不会说话的人如何提高表达能力”这个标题。大家都知道情商高的人很会说话，能很容易地化解矛盾和尴尬。同时，不会说话也是职场人的痛点之一。很多人在领导、同事甚至亲友面前，不敢自如表达，觉得自己不会说话，生怕说错话得罪人。因此，这样的标题很容易戳中用户的痛点。当用户发现自己没办法回答这个问题时，就会点开视频看看答案到底是什么。

我们再看“职场中如何避免背黑锅”这个标题。很多人（特别是职场新人）把“背黑锅”当作必须吃的亏，但其实这是有方法避免的。用户点开视频就是寻找答案的开始。提问式标题就像抛出诱饵一样地抛出问题，很容易获得用户的吸引和关注。

5. 设问式标题

设问式标题和提问式标题的不同之处在于，设问式标题已经包含了答案，抛出问题就是为了引发用户的思考。比如“如何快速成为有钱人？从不睡觉开始！”有些用户对答案好奇，不理解为什么，就会很自然地点开视频观看。设问式标题就像悬念式标题和提问式标题的结合，给出来的答案要么会引发用户的强烈认同，要么会引发用户的质疑而参与讨论。

6. 命令式标题

命令式标题一般表现为冲突形式。这种冲突与日常行为或人们习以为常的事情有比较大的偏差，甚至是完全对立的，能够给受众制造一种紧张感。这种标题能够引起处于迷茫境况的用户的点击。

比如“公司一旦出现这 5 种迹象，赶紧辞职，留下来没前途”，每个人都希望自己“有前途”，会好奇“没前途”的公司是什么样的。因此，这个标题很可能会引发用户内心的强烈冲突。如果标题中包含了很多人一直以来都有的思维模式，并且这些思维模式是很难改变的，这种标题就能引发用户的关注和转发。

这样的标题形式很常见，而命令式口吻更能引起用户的重视。但要注意，用命令式口吻的标题，一定是合理的、符合事实依据的，不然就变成了谣言。

7. 数字式标题

准确的数字可以让模糊信息变得可量化，增强看点，用户可能会更加迫切地想知道数字对应的是哪些信息。“杰说职场”账号非常善于使用数字式标题，比如“职场中这六句话是大忌”“工资再低，你也要分成七份”。用户看到这些，可能就会特别想了解这些数字背后的内容。这种标题能大大增强用户观看的欲望。

其实，这7种技巧不是只能单独出现的，混合使用，效果会更好。

比如，“不懂5个职场规则容易吃亏”就是“直说式+数字式”标题；又如，“职场上不要跟这6种人深交”就是“命令式+数字式”标题；再如，“如何用半年时间做到管理层”就是“提问式+数字式”标题。

大家结合使用这7种技巧，可以极大程度地增强标题的表达力，从而更能吸引用户的注意力。

➡ 如何让你的账号迅速吸粉

有价值的抖音号都是靠平时养出来的，这个过程也叫“养号”。在养号时，除了做好基本运营以外，还要通过运用某些技巧来提高抖音号的权重。

1. 设定一个标签，并一直用下去

假如我们把抖音当做社区平台，每条短视频就相当于一个个的帖子，只不过抖音的这些帖子表现形式更为直观，且能够获得更好的效果。

很多网友在发抖音短视频时几乎没考虑过定位和内容的大致方向，只要打开他们的主页就会发现，他们发布的内容范围很广，领域很不垂直，几乎包含任何领域的话题。这样的抖音号没有一个可以火起来。这

一点和微博很类似。在微博最火的时候，很多人只是把它当作一个写心情日记的地方，这些人当然没在微博时代火起来。

无论是当年最火的微博，还是现在最火的抖音，如果你没有在一开始选择一个正确的方向，没有设定好的个性标签，并一直用下去，到最后一定会被无情的竞争打压下去。

所谓个性标签，就是指你在用户和粉丝心中树立了一个与众不同的形象，使他们承认你的特殊性。

在设定个性标签时，首先要了解自己的特点和受众范围，同时知道自己要依靠什么样的内容来吸引他们的关注。很多抖音主播粉丝众多，深受粉丝欢迎，他们的个性标签就设置得非常棒。

我们拿“忠哥”举例。“忠哥”在抖音上拥有上千万粉丝，他的个性签名是“怕老婆”。当然，现实生活中有不少怕老婆的人，但“忠哥”把这一特征放在抖音的个性签名上，与其他主播的个性签名十分不同，使其性格特征更鲜明，就凭这个性签名就吸引了众多粉丝。

设定好个性标签以后，你就增加了导入抖音流量的入口。那么，到底该如何做才能设定一个符合自己的个性标签呢？

（1）个性标签要符合自身的形象

假如你的自身形象十分有特色，比如长相有特点，可以使用户和粉丝立刻记住你，无论是美是丑，都尽量在个性标签上添加这些特征。

（2）找到并记录下自己的个性特征

你可以先对自己进行一番自我剖析，找到属于自己的个性特征。假如可以找到比较突出的个性特征，有利于吸引粉丝，就可以设置为个性标签。当然，你不能弄虚作假，个性特征必须是自己真正具备的，不然就是作秀，时间一长，粉丝定会讨厌你。

2. 抖音评论区也可以导流

不要忽视抖音的评论区，这里是需要专门运营的，因为这里可以为你的抖音号导流。那么，如何来导流呢？

我们可以注册若干个小号，寻找与自己的抖音号风格类似、但人气很高的账号，在其发布的内容下面评论。评论的内容也有要求，不能随便发，一般要使用早就设计好的引流话语。

某名为“美动态服饰”的抖音号，其定位为大码女装，该账号拥

有 23.3 万粉丝，总点赞量有 280.4 万。能取得这样的成果，与两位身材微胖的女主角有很大关系。

该抖音号的某条短视频收获了 63.9 万的点赞量。当然，我举的这个例子并不是在评价其内容的好坏，而是着重强调这一点：这条短视频收获了 4000 多条评论，假如评价语当中有很多人问“女主角的同款裙子哪里有卖的?”，你就可以把这个当做切入点。

假如你的抖音号定位同样是大码女装，暂且称它为“大码美装”。你就可以借这条短视频的热门，在评论区留言：“我的店里就有这款裙子，这是今年最火的一个爆款。”很有可能就会有用户和粉丝拗不过好奇心，点击你的头像，来到你的主页浏览。如果看到了自己喜欢的大码美装的视频，成为你的粉丝的可能性就很大，也很有可能向你购买服装。

抖音的评论区是可以进行导流的，而且效果十分出色，简便快捷。当然，还有很多方式可以实现评论区导流。我们来分别介绍一下。

3. 蹭大号评论区的热度来导流

利用大号评论区导流是一个不错的方法，但要想成功可没有那么容易。很多抖音号因为运用的方法和技巧不当，在大号评论区无法通过审核，所以无法实现导流。

在大号评论区导流，一定要懂得使用话术，也就是说在留言时要有技巧，从而成功吸引粉丝。

那么，该如何有效地使用话术呢？首先就要对话术引流进行定位，也就是说明确下面这三点：

在对话术引流进行定位后，接下来就该考虑话术引流的方式了。有一点一定要清楚，大多数人并不喜欢硬性广告，所以你的留言评论不能

01
明确需要引流的目标人群
02
明确目标人群的特性
03
明确引流的方式

打硬广告，推广信息一定要含蓄，尽可能地“软”，不然粉丝很可能会厌烦。

我举个例子大家就明白硬广告与软广告的区别了。比如，同是推广连衣裙，硬广告与软广告就有很大的区别。

硬广告会把推广信息放在第一位，“点击观看我的抖音视频，有同款连衣裙”；而软广告会把对用户和粉丝更有吸引力的内容放在首位，“想要同款连衣裙吗？点击我的抖音号就可以哦！”

毫无疑问，软广告更易被用户和粉丝接受。

真正实现引流并不单纯是指吸引到粉丝，引流的最终结果必须达到预期才可以有很多抖音主播在其他抖音号的热门评论区中吸引了很多粉丝，就以为自己获得了成功，引流可以结束了。其实这种想法是错误的，引流的结束并不是单纯地吸引到粉丝即可，而要等到引流获得预期结果，才能称得上真正的引流成功。

因此，不要在吸引到粉丝以后就得意忘形，应该再接再厉，为粉丝展示优秀的内容，满足其需求。只有当粉丝在看到你的产品内容以后继续表示支持和认可，你的引流才算真正实现了成功。

4. 利用大号为小号导流

利用流量高的大号推广小号，也可以有效地实现导流。当大号把小号的信息发送出去以后，大号的粉丝会看到，其中感兴趣的可能就会点击小号的主页，进而关注小号。

“PS 之光”是一个拥有 130.4 万粉丝的抖音大号，该抖音主播将这个号做大以后，利用这一大号对其他小号进行了推荐，这些小号包括“PPT 之光”“Excel 之光”“收纳之光”等。他在推荐时是这样写的：“还有 @PPT 之光 @Excel 之光 @Word 之光 @ 收纳之光，一起学习。”后来，这些小号也都成为了拥有百万粉丝的大号。

很明显，这些抖音号其实属于一个系统，是企业在聘用专业的运营人员对抖音号进行运营。当“PS 之光”成功成为拥有 130.4 万粉丝的大号以后，其巨大的知名度和超高的粉丝量就为小号推广提供了巨大的便利，进行大号推小号的操作后，果然收到了很好的成效。

既然我们已经知道了大号推小号对吸引粉丝关注十分有效，那么在具体操作过程中应该如何做呢？

5. 小号要与大号存在关联，自身也要具备价值

尽管大号推小号可以取得很好的导流效果，但并非任何一个小号都能有这么“好运”，有些与大号关联性不大，价值微乎其微的小号就不适合被推荐。要知道，成为一个大号并不是那么容易的事情，往往要经历众多困难和艰辛，在建立粉丝资源的过程中耗费了很多心血。假如你推荐的小号质量不高，没有价值，可能会让粉丝失望和不满，失去对你大号的喜爱，这样就非常不划算了。

所以说，关联性和价值是大号推小号的前提。

首先来说关联性。小号与大号是否存在关联性，要看是否符合以下四个标准：

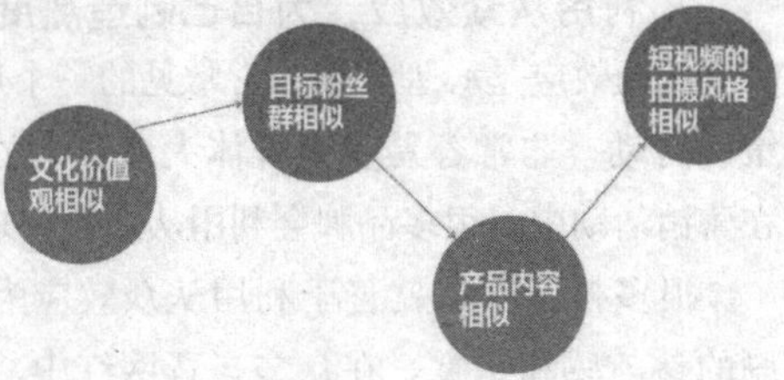

还拿刚才提到的抖音大号“PS之光”为例，它就和那些小号存在很强的关联，因为这些都与办公软件有关，拥有相似的受众群体，产品内容也十分相似，再加上受同一家企业管理，其背后的文化价值观也是一致的，而且短视频的拍摄风格也是相同的，正因为如此，大号才为其他小号成功导流。

其次来说价值。只有自己的小号有价值，才值得被大号推广。一般来说，有价值的小号需要具备以下三个条件。

只有符合以上三个条件，你的小号才算具备真正的价值，值得被大号推广，而且在被大号推广以后能够很轻松地获得巨大的流量。

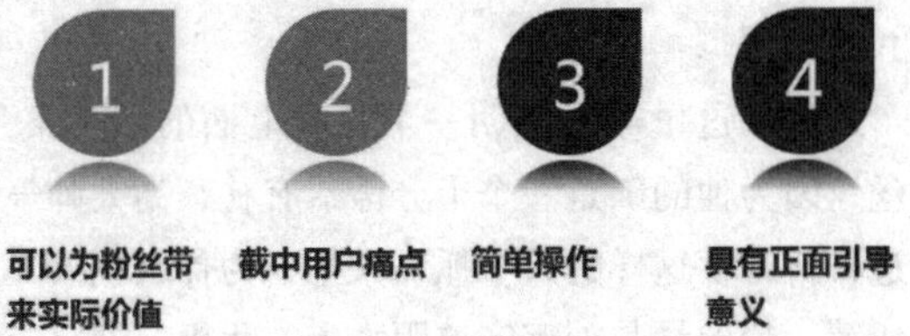

6. 通过大号的首页介绍推广小号

在确认自己的小号符合被推广的标准以后，就可以正式进行大号推广小号了。那么，在具体实操阶段应该如何做呢？

首先要做的是把握好粉丝的关注点和需求点。试想一下，你的粉丝在进入大号主页时，首先会看到什么？肯定是抖音头像、抖音名称、简介和短视频缩放窗口了。因此，推广小号的最佳位置便在简介处。

一般情况下，简介处放置的是你的个性签名，很简单的一两句话就表现了你的形象或主张。粉丝在进入你的主页时，多半会注意到你的简介内容。用户在搜索到的你的信息时，你的简介和头像、名称会一同显示在搜索结果中。

因此，假如你可以利用简介，不妨十分巧妙地在简介里推广自己的小号，应该会取得不错的效果。

7. 利用从众效应，为自己制造热度

从众效应是心理学中非常常见的一个现象，是指一个人的想法、决策和行动，非常容易受到群体大多数人的影响，即所谓的“随大流”。在营销活动中，很多品牌会利用从众效应来增加自己的热度。

很多抖音网红就善于利用从众效应为自己制造声势，营造一种浓厚的参与感和错觉。在众多抖音网红中，刘宇宁是在这一方面做得较好的。

刘宇宁的抖音名称是“摩登兄弟”，在其发布的短视频中，差不多每一个都会有粉丝的身影，特别是女粉丝。为什么他的短视频里有那么多粉丝呢？实际上，这是他为自己营造声势的一种方法，利用的正是用户和粉丝的从众心理，使用户生成这样的一个印象：刘宇宁现在很火，粉丝量很大，尤其是有许多女粉丝。用户接下来会想：既然这么多人成为他的粉丝，喜爱他，这说明他这个人肯定不错，于是便说服自己关注并喜欢他。

我在这里需要声明一下，我上面的话并不是在说刘宇宁欺骗了粉丝，因为他的确是一个十分谦恭有礼、高大帅气且唱歌很动听的人。不过，抖音上这样的人一抓一大把，为什么别人无法获得与刘宇宁相同的成绩，粉丝量与刘宇宁差距太大？我想，刘宇宁利用从众效应的技巧占据了很多优势。

由此我们可以得出一个结论：假如你能洞悉用户的心理状态，利用用户的从众心理为自己营造声势，会对建立健康的抖音号起到推动作用。

➡ 电商品牌如何入驻抖音

抖音已经成为2018年绝对的风口，正所谓有人的地方就有江湖，有流量的地方就有市场。在流量广告价格飞涨的时代，抖音这个免费的流量池自然得到越来越多商家的看重。

商家通过抖音不断吸粉，寻找潜在用户，通过一个又一个15秒的视频与用户直接对话，传达自身品牌的价值，潜移默化中引导粉丝消费，同时通过抖音的有效数据为下一步公司的品牌营销策略提供系统支持。

有一个叫"桃最娘子"的企业抖音号在抖音上线之初，就发布了一条"趣味捣蒜舞"的短视频，很快获得了超过310万的点赞数，店铺迅速爆红。

她是怎么做的呢？首先通过不断"傍"热门话题，为自己引流造势。比如，当时周杰伦在珠海开演唱会，在抖音短视频中桃最娘子表示只要@自己，就能去线下店铺免费领一杯奶茶。最后活动大获成功，当天的营业额提升至平时的150%以上，每天约有200个抖音用户到店消费。

这个效果是常规广告难以达到的可见只要抖音玩得好，分分钟进账10万+完全不是梦。

1. 什么是抖音企业号

简单地说就是在抖音上免费发布短视频，以及商业营销服务的通过企业认证的抖音号。

如今短视频已经站上了风口，存在着巨大的流量变现价值，越来越多的企业参与其中正好也侧面印证了短视频的价值。

企业选择抖音号进行营销引流主要有以下几个原因：

（1）抖音总裁张楠公布的数据显示，截至2020年4月，抖音国内日活跃用户已突破4亿，月活跃用户突破8亿元。现阶段，抖音的流量红利已经达到顶峰，未来会逐渐回落，此时是企业入驻的最佳时间。

（2）人一天 24 小时，除去工作、睡觉的 16 个小时，其实碎片化的时间并不是很多。但是抖音用户的日均在线时长可达 65 分钟，正所谓用户在线时间越长，越有可能接触电商商家的广告。

（3）注册抖音企业号基本不需要任何成本，这对中小企业的成本支出来说是非常有利的。

总之，企业选择抖音无非看重其庞大的流量和可控的成本，如果能批量导流并实现转化，对于企业来说将是巨大的收获。

2. 抖音企业号运营

虽然抖音上的企业号越来越多，但是仔细分析其背后的数据还是能看出一些规律的，这些大数据将为抖音企业号的运营提供一些参考。

（1）粉丝

目前，抖音上共有 2664 个蓝 V 号（包含机构号和企业号，其中企业号占九成），呈现金字塔结构。粉丝超过百万的大号仅占 1.76%，10 万粉的蓝 V 号占比为 20.08%，60.66% 的蓝 V 号粉丝在 1W 以下。

（2）内容传播

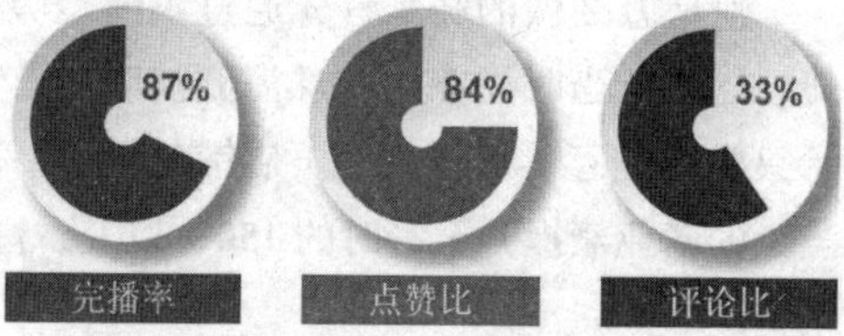

目前，蓝 V 号运营上出现的最大问题是传播力不够，只考虑营销效果而忽略了抖音观众的喜好。简单地说就是“太广告”，企业只顾推广自己的产品，但是观众并不买账。蓝 V 号与个人 KOL 号相比，完播率大概在 87:100，赞比为 84:100，评论比为 33:100，显然有相当的差距。

行业分布众多蓝 V 号中哪类企业入驻率最高？答案是文化、娱乐类，占比达到了 26.26%，最典型的是视频网站优酷，其次是教育培训和 IT 互联网 / 手机应用类，占比均超过了 10%。

（3）互动表现

集均点赞和评论数据是考核互动表现的重要指标。经过统计，互动表现最好的是食品饮料，最差的是家居建材。

食品饮料的受众比较“泛”，前期在内容设计上也比较开放，虽然是素人出镜但是广告内容比较少，非常有利于传播与转化。

服装配饰类、文化娱乐类、游戏类蓝 V 号虽然在点赞上也比较突出，但是评论数据整体偏低，主要原因是这类账户内容一般以穿搭、剪辑类为主，虽然可以吸引用户的眼球，但是很难激发用户留言的冲动。家居建材行业因为内容和目标用户都太专业，抖音短视频的内容整体又过于枯燥，所以无论是点赞还是评论均不太理想。

个人 KOL 号虽然关注度高，但是很多内容是一次性的，用户看完就看完了，不会形成持久的印象。但是企业抖音号不同，它在抖音上的投放不是一次性的，而是一个持续曝光的过程。这样更容易沉淀自己的粉丝，打造自己的品牌效应，从而进行更好地转化，进而降低营销成本。

此外，抖音的用户主要以 80、90 后为主，是未来消费的中流砥柱，只要契合他们的喜好和需求，就可以取得好的品牌转换和营销效果。

如果将在抖音中进行产品营销当成一个生态体系，那么其核心价值可以通过社交价值、用户价值、流量价值三个维度来衡量企业抖音号的营销价值。

从流量价值来看，信息流、KOL 营销、企业号、挑战赛均有流量价值，但是通过信息流导入的流量价值是最高的。从社交价值来看，KOL 营销所产生的社交价值最大，其次是挑战赛。用户价值端，最有价值的便是企业号，它可以形成忠实的粉丝，便于线上流量变现。

申请加 V 的好处是为我们的抖音蓝 V 号背书，让粉丝更信服。如果电商商家正在申请企业抖音号，那么一定要确保填写内容的正确性，包括企业品牌头像和认证名称。抖音平台针对认证后的企业抖音号有一项全昵称搜索置顶的功能，电商商家可以通过此功能将自己认为重点的内容置顶进行二次推荐，相信会给自己的企业号带来更多的流量。

3. 专业的抖音运营团队

想玩转抖音一个人是很难办到的，需要一个团队，有人出脚本、有人出镜、有人拍摄。正所谓“三个臭皮匠赛过诸葛亮”，没有最好的个人但是有最好的团队。

4. 注意发视频的节奏

企业抖音号发布的内容大致可以分为三种类型，第一种，热点性内容；第二种，标签性内容；第三种，广告型内容。

（1）热点型内容

顾名思义是根据时下热点进行策划并拍摄发布，拼的就是手速和创意。这类内容可以灵活操作，只要把握实时热点即可。

（2）标签型内容

短视频上传完成后需要给视频打标签，好的标签可以帮助视频通过算法命中逻辑，直达目标粉丝，起到精准投放的目的。好的视频标签一般在6–8个为宜，太少不利于分发，太多则没有重点，容易淹没在人海里。这类视频保持一个频率即可，但是一定要有自己的节奏，比如一个月、一个季度发布一次。

（3）广告型内容

企业抖音号要想推广产品，吸引和沉淀粉丝是最终达到转换的目的，广告型视频是必不可少的，且要不间断高频投放，只有不断加深粉丝对品牌的印象才能起到广告效果。

虽然广告味太浓会在一定程度上影响短视频的可看性和转发的积极性，但是如果将内容做得生动有趣，依然会有人买单。

企业抖音号的运营也需要以结果为导向，最终落地的是产品的销量。所以，在运营的过程中，电商商家需要不停地总结和学习，总结流量数据让视频影响的客户更精准，学习其他企业抖音号运营经营，通过修炼内功，最终让量变引起质变。

➡ 如何引爆企业号

根据抖音的相关报道显示，在2018年6月份，抖音在我国一天内活跃用户数量达到1.5亿，它的用户数量与日俱增，画像也更加丰富多彩，客户人群也在不断拓宽。抖音于6月1日这一天推出了蓝V企业号，瞬间便引来了用户发布超过7.5万条的良好成绩，并且它的播放量累计高达65亿次。

虽然蓝V企业号前期获得这样的好成绩，但目前为止，它的内容比例还比较低下，处在未知的市场空间，好在它被抖音特意扶持，由此说来，蓝V企业号可以说是一个赚钱盈利的好手段。所以，电商商家不应该错失这样一个好的盈利手段。

短视频在 2018 年 3 月一下子爆红了，瞬间超过了其他综合视频的关注度，从而掀起了一股短视频的潮流风向。

既然现在，短视频已经成为了一种主流。那接下来，我们再看下面关于抖音蓝 V 企业号的 2 个案例，以便学习其中蕴含的知识信息。

【案例 1：绘本装修家】

这是一个装修公司注册的抖音蓝 V 企业号，该账号主要分享的内容都是关于家居实用的小技巧，例如上面发的一条抖音就是介绍说："亲们，我今天闲逛花店的时候，看到好多不错的花架子，但是都挺贵的，不如现在我就地取材亲自动手做一个吧。看！效果出来了，这是用空心砖搭建而成的一个小花坛。"

该短视频非常有实用价值，一经发布，便被点赞 53.6 万个，被播放 1290 万次。

【案例 2：支付宝抖音蓝 V 企业号】

该账号发布的抖音内容大多数是关于用户和员工的短视频，例如，其中有一条是这样的："每天听到最好听的声音居然长的是这般模样！没错，我就是收款到账本人哦！"短视频里的女生先是用很嗲的台湾腔作为开场白，到结尾时，她再换用标准的发音说："现在支付宝到账 1 亿元！"。

结果在短视频下方，粉丝纷纷出来评论说："哇，终于看到漂亮的小姐姐！"、"你的声音最好听了！"、"原来是小姐姐配的音，好听！"、"原来你长的这么美！"等等。

看过上面的 2 个案例，现在我们终于知道蓝 V 企业号的厉害之处了吧。

其实，有很多的企业都想借助抖音这个平台来为自己谋取经济效益，但能做到声名鹊起的企业非常少。除了极少数主要业务是以输出新媒体为主的企业之外，几乎就很难在抖音平台上看到其他做得非常好的企业。

当然了，这也并不能说明抖音忽视企业抖音号，并且不提供企业抖音号非常好的发展空间。而是大多数企业在运营抖音号时，摸不透抖音号相关的技巧和方法，导致找不准自己的定位。在这里，电商商家作为大多数企业中的一员，明显也逃脱不了这样的处境。

所以，如果电商商家想要摆脱掉这样的处境，那么首先应该要做的是，掌握蓝 V 企业号的类型和抖音号的四种运营策略。

1. 蓝 V 企业号的类型

在前面，我们对企业抖音号的现状已经有一个大概的了解。那么，下面我将会继续介绍经过自己总结得出的关于企业抖音号的四种运营策略。

不过在我介绍企业抖音号的四种运营策略之前，我认为，作为电商商家，我们有必要先掌握企业抖音号的类型到底有哪些？

整体来说，关于企业抖音号的类型一共有两种，分别是“过一把瘾就死掉”和“次爆款”。

2. 企业抖音号的四种运营策略

介绍完企业抖音号的类型之后，现在我们继续上面提到的“企业抖音号的四种运营策略”这部分内容，因为这是电商商家的企业抖音号有可能成为“次爆款”类型的关键一步。

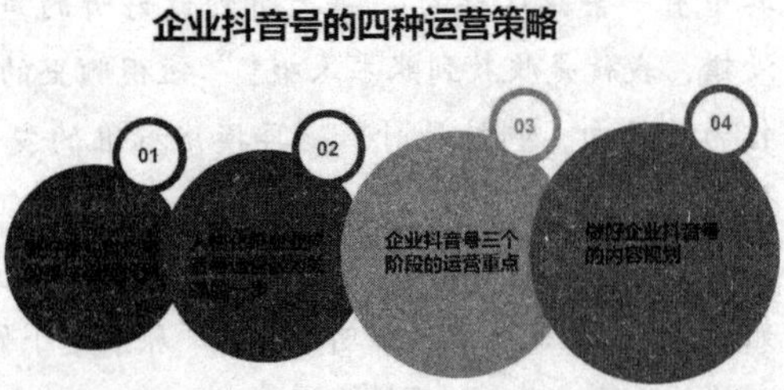

（1）做好企业抖音号的整体运营规划

众所周知，我们在做任何事情之前，首先要做的是做好整体规划，这是最为重要的一步，它是奠基我们后续所有工作的基础。电商商家运营企业抖音号也是这样，在最初注册认证成功之前，就应该要做好企业抖音号的整体运营规划。一般情况下，我们可以通过以下三步骤进行企业抖音号的整体运营规划：

首先，对企业抖音号进行初步的整体规划

着重规划企业抖音号主要的目的是什么，也就是想要实现什么样的目标，是为了提升品牌的口碑，还是为了提高粉丝转化率，抑或是为了提高品牌的曝光率，等等。

其次，在产品实现营销目的后考虑适合的类型

确定我们的企业抖音号是为了实现产品营销的目的后，再考虑应该采用哪种类型的内容，我们可以从偏情感类、人设类和虚拟化类这三种当中选择出适合自己的内容类型。

最后，制定完整的营销策划方案

我们在前二个步骤都完成的前提下，再最终制定出完整的营销策划方案。

（2）人格化是企业抖音号运营最为关键的一步

所谓“人格化”，就是要求企业抖音号要像人一样，它要有昵称、有自己的语言、有思想、有温度和有情感等等。对于企业抖音号来说，人格化在整个运营过程中有着无比重要的地位，可以说是极为关键的一步。

所以，如果电商商家的企业抖音号所发布的短视频内容富有人格化，那么企业抖音号在今后的产品营销中将起着非同凡响的效果，并且还能实现有效传播的目的。

既然知道人格化这么重要，那么我们该怎么去解决企业抖音号的人格化这个问题呢？在这里，我觉得具备有效的数据，会帮助我们很好地解决这个问题。只有具备有效的数据，我们在进行企业抖音号的人格化建设的时候，才能做到更加的精准有效。

同时，企业抖音号一旦有着精准的人格化内容，就能够让我们后期的运营越来越成功，并最终带来很好地营销效果。接下来，我们便可以运用以下四个步骤来解决企业抖音号的人格化问题：

第一：分析我们的目标用户

根据这些有效的数据，详细分析出我们企业抖音号所有目标用户的基本信息，其包括兴趣爱好、性别、年龄和区域等等。

第二：分析我们的目标用户所关注的 KOL 特征

我们可以借助数据，在抖音平台上找出我们的目标用户一起关注的 KOL，通过分析他们所的关注 KOL 特征来帮助我们进一步挖掘目标用户的心理需求。

第三：通过 KOL 特征来创造我们企业抖音号的人格化品牌形象通过我们的目标用户所关注的 KOL 总体特征，来找出与我们的品牌最为符合的 KOL 原型，并且根据它与我们的品牌具有的共同点来塑造我们企业抖音号的品牌形象。

第四：用发布在企业抖音号的高质量的短视频内容来加强人格化创作出高质量的短视频内容，再将这些短视频内容发布到我们企业抖音号上，以此强化它的人格化。通过这种高质量的短视频内容的持续输出，来帮助我们建立更坚固的品牌形象。

（3）企业抖音号三个阶段的运营重点

通常来讲，电商商家的企业抖音号经过运营一段时间之后，都会遇到“瓶颈期”问题。在该时期内，企业抖音号的粉丝数增长特别慢，甚至还会出现掉粉的现象，并且其所发布的短视频内容都没有像当初那样有质量、有创意。面对这个问题，很多电商商家解决的方案就是调换企业抖音号的运营团队，比如更换负责人等。

其实这种解决方案不仅不能让企业抖音号变好转，反而会让它火上浇油。事实上，解决电商商家企业抖音号的“瓶颈期”问题，我们可以采用下面的这种方式，将企业抖音号的运营具体分为以下 3 个阶段：

第一阶段，通过发布爆款短视频内容来实现增长粉丝的目的在该阶段里，我们可以借助抖音平台上的推荐算法，至于该推荐算法，在下一章节中将会做详细地介绍，在这里就不先提及了。

第二阶段，找出核心用户。这里的核心用户，就是指那些互动性强、活跃度高、不会取关和符合我们目标用户要求的用户。我们要找出这部分核心用户，同时在企业抖音号后续的运营中更加强化短视频内容质量，这样做，才能让他们在最短时间内成为我们的“脑残粉”。

一般情况下，我们可以采用以下两种方式找出我们的核心用户：

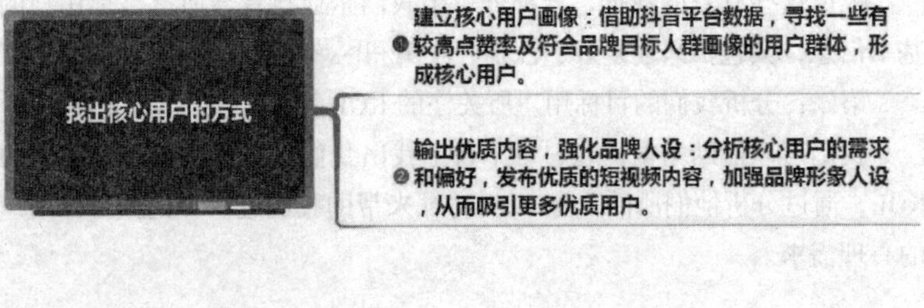
找出核心用户的方式
❶建立核心用户画像：借助抖音平台数据，寻找一些有较高点赞率及符合品牌目标人群画像的用户群体，形成核心用户。
❷输出优质内容，强化品牌人设：分析核心用户的需求和偏好，发布优质的短视频内容，加强品牌形象人设，从而吸引更多优质用户。

第三阶段，采用多个账号和多个平台进行流量转化。凡是企业抖音号或多或少都会出现掉粉和粉丝增长速度过慢的问题，该问题的出现，源于企业抖音号在经营一段时间之后，就开始将短视频的内容融入更多的营销信息，而这对粉丝来说，是极其反感的。

所以，电商商家企业抖音号的短视频内容不能有太重的营销痕迹，否则会导致掉粉，并且这样的短视频是粉丝最不喜欢点赞和转发的。

电商商家想要避免出现这些问题，那么可以借鉴以下3个办法：

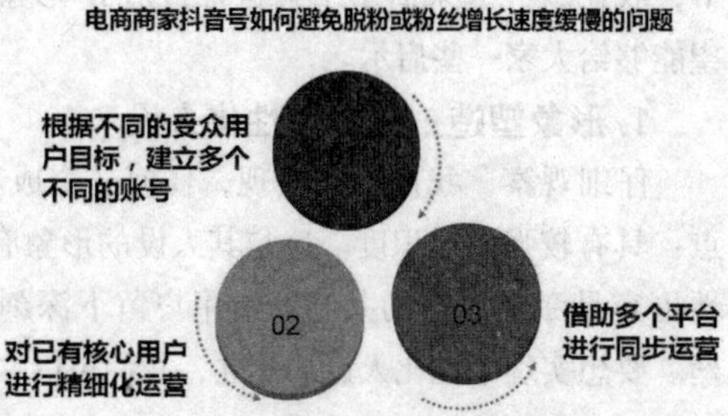
电商商家抖音号如何避免脱粉或粉丝增长速度缓慢的问题
根据不同的受众用户目标，建立多个不同的账号
02
对已有核心用户进行精细化运营
03
借助多个平台进行同步运营

在这一方面上，做得最好的，便是小米了。它在抖音平台上有很多的账号，包括“小米手机”、“小米有品”和“小米商城”等不同的账号，并且小米的这些账号所定位的内容和目标用户都不一样，这就意味着小米的这些账号基本上能覆盖所有不同类型的目标用户。除此之外，小米还在其他平台上都建立了自己的账号。

（4）做好企业抖音号的内容规划

电商商家做企业抖音号短视频内容规划的时候，务必要重视它的关联性和可持续性这两个关键点。

首先，电商商家企业抖音号短视频内容的关联性。也就是说我们在做企业抖音号短视频内容规划的时候，必须要确保短视频内容与自己的品牌有强烈的关联性，这么做，才能达到我们做好企业抖音号的目标。

其次，电商商家企业抖音短视频内容需要有可持续性这就是说我们做短视频内容规划的时候，一定要保证它具备可持续性，只有这样，我们的企业抖音号才不会遭遇内容枯竭的惨状，才能继续运营下去，进而实现引流和营销的目的。通常，像一些知识类或技能类的短视频内容相对具有可持续性。

抖音从诞生到现在，在该平台上的竞争可以说是越演越烈了。所以，电商商家如果不懂规划短视频内容，也不懂运用相关的策略，那在抖音平台上肯定是如履薄冰、寸步难行的。故此，电商商家要想打造出一个爆款抖音号的话，就必须多多学习相关的方法和技巧。

➡ 超级 IP 养成攻略

伴随短视频的火热，这个领域产生了不少超级 IP。这些 IP 的诞生看似偶然，但也并非无迹可寻，无论是“papi 酱”，还是“办公室小野”，任何一个拥有巨大粉丝流量的 IP 都有着独特的成功逻辑。这一节，我们就一起来简单了解抖音打造 IP 形象需要注意的几个地方，希望能够给大家一些启示。

1. 形象塑造：建立个性化人设

仔细观察，我们不难发现，任何一个成功的 IP 都有一个显著的特点：具有较强的辨识度。这与其人设的形象有着密切的关系，鲜明的个性更容易激发用户的共鸣，给用户留下深刻印象，从而获得更多的粉丝。要想实现个性化人设的建立，我们可以尝试从以下几个方面入手：

（1）打造鲜明 IP 形象

形象是一个 IP 的重要特征，IP 形象并不一定是人，也可以是动物甚至是虚拟出来的动漫人物。但无论是什么，这个形象一定要具有自己的鲜明特色，这里的特色不仅是指表面上的形象差异，还包括角色的性格特点。

例如，作为中国的国宝级动物，大熊猫一直深得人们喜爱，虽然市场上以熊猫作为形象的 IP 并不在少数，但是却很少能够给人留下深刻印象，而功夫熊猫却是一个例外。《功夫熊猫》是美国制作的一部以中国功夫为主题的喜剧电影，剧中大熊猫阿宝笨拙可爱的形象深入人心。

那么，为什么阿宝能够有如此大的影响力？这和《功夫熊猫》的题材和定位息息相关，这部以中国古代为

背景的影片，无论是布景、服装还是食物的选择都充满了中国气息，更是将“熊猫”和“功夫”这两个符号有效结合在一起，形象立体鲜明，让人难忘。

一个真正成功的 IP 形象，不仅有丰满的性格，还要能够引发观众的情感共鸣。

（2）发掘网红基因

抖音的火爆也成功带动了一批网红的出现，有网红人物、网红城市、网红食物……这些网红的背后都有一个共同的特点——自带网红基因。所谓网红基因，就是指他们的特色。他们之所以能够被挖掘和迅速传播，就是因为他们与众不同，比如“办公室小野”神奇的创造能力、“代古拉 K”充满感染力的笑容……这些东西大家可以去模仿，但是却很难超越。

所以，要想打造网红 IP 就要学会挖掘与众不同的亮点，对自身的优、劣势进行分析，找到一个可以让大家喜欢你的理由，内容要新奇，脑洞要大，千万不要随波逐流。

2. 内容生产：保证高质量内容的持续产出

内容是短视频永远的核心，要想打造超级 IP，就一定要在视频内容上多下功夫。

（1）打造爆款视频

再厉害的账号也不能保证每条视频都可以成为热门、成为爆款，但是要想成为超级 IP，就一定要打造几个成功的爆款视频。许多账号的走红，就是源自于某个或者某几个成功的视频。这就需要短视频在策划上多下功夫，内容质量不好根本不能爆红。

（2）对视频质量进行严格把控

虽然我们不能保证每个视频都成为爆款，但是在视频内容的打造上任何时候都不能掉以轻心。没有任何一个账号可以依靠一个爆款视频永远赢得用户的“芳心”，再火的明星如果长时间没有优质作品产出也有可能被大众遗忘，因此，要想成为超级 IP，就一定要注意保证优质视频源源不断地产出。

（3）加强互动，引发用户情感共鸣

注意维持用户黏性是一个不可缺少的重要环节。只有增加粉丝参与度，保持与粉丝之间的互动，才能让粉丝对账号保持兴趣。这就需要播主加强对评论区的重视，适当对粉丝评论进行回复，注重粉丝反馈。同时，这也是收集用户信息，做调研的一个好方法。

3. 全方位营销：实现账号的全面推广

要想获得更多的粉丝，离不开好的营销策略。

（1）多渠道发布

相信许多人第一次接触抖音都是源自于在某个平台上看到的带有抖音水印的有趣短视频。事实上，就连抖音第一次正式走入大众视线也和岳云鹏发布在微博上的一条带有抖音水印的短视频有关。因此，在对抖音账号进行宣传时，我们可以将作品发布到多个平台上，比如可以借助微博对抖音视频进行有效营销，带动抖音粉丝的增长。

（2）揣摩平台算法

关于抖音平台的审核推荐机制，前面我们已经进行了详细介绍，这里就不再赘述。需要强调的是，要想让你的视频取得平台最大限度的支持，就一定要对平台的算法进行深入研究。

（3）广告推广

这也是增加视频曝光量的一个有效手段，当然，这里的广告并不单纯局限于抖音平台上的广告投放，还包括其他渠道上的大力推广。播主要结合自己的实际情况，在预算范围内选择最适合自己的方式。

（4）打造周边产品

许多知名 IP 都会推出一系列的周边产品，就连我国知名辣椒酱品牌“老干妈”都曾进军时尚界，推出带有老干妈标识的连帽卫衣，这些周边产品对于 IP 形象的塑造十分有利，同时也可以实现 IP 的巧妙变现。

关于抖音 IP 的打造，就简单介绍到这里，虽然当前抖音平台具有影响力的 IP 越来越多，但是我们要知道 IP 的打造并非易事，需要播主一点一滴去积累，去实践。

➡ 打造“明星账号”的秘籍

曾经有一段时间，大家的朋友圈被一个可爱的动漫小和尚刷屏了，很多人不知道这个有着“世界上最萌的小和尚”之称的 3D 动画形象是抖音上的一个红人。

《一禅小和尚》是一部动画片，以小和尚一禅和师父慧远为主人公。《一禅小和尚》是章回体动画，每一集都是一个温馨有爱的故事，小和尚年少无知正是“十万个为什么”的代名词，总是不停地向师父提问，而师父则是耐心地用自己的智慧和阅历解答一禅的疑问。整部动画作品的剧情都是以这样的方式来呈现的，虽然听起来有点平淡，但实际上这种温情中带着教育意义的作品受到了很多人的追捧。

谈到“一禅小和尚”，不得不提到其出色的IP形象—— 一个暖萌的小和尚。在“一禅小和尚”最初的人设建立上，其原创制作公司大禹可谓煞费苦心。

“一禅小和尚”进驻抖音虽然是在2017年，但其实早在2016年的时候，大禹公司就已经将其作为动画投放到市场了，而且在当时已经引起了很多人的关注。大禹公司在最初提出要做一部寓教于乐的动画片的时候，在人物设计上可以说是费尽心思。因为这不是一部针对幼儿或者动漫爱好者的动画片，而是一部以教育为主题，旨在影响大众的作品。最后经过深思熟虑，才确立了《一禅小和尚》中两个主要人物的形象——暖萌可爱、涉世未深却对外面的世界充满好奇的一禅小和尚，以及饱经沧桑、大智若愚，虽然出世却对红尘理解颇深的慧远老和尚。

小和尚与他的师父，一问一答，一个个看似幼稚可笑的问题，在老和尚的解释里却是对人生的感悟和指导。对于每日忙忙碌碌、疲于奔命的现代人来说，我们时常遇到疑问，却没有时间去寻找答案，我们和一禅小和尚一样，也需要一个师父告诉我们关于人生和未来的道理。

寺院，除了是一个信仰之地以外，在中国人传统的印象中是为寻找出路的人答疑解惑的地方。作为一部以教育为目的的系列动画，以寺院为主要场景，既能体现中国传统文化，又恰到好处地迎合了国人的心理。

一个还未入世的小和尚，赤子之心、懵懂可爱的形象，令人又怜又爱。当人们看到手机中这个大眼睛的可爱小和尚，用稚气的语调传达出一句句值得思考的人生哲理时，心中不禁涌出一股暖流，引发人们强烈的情感共鸣。这就是一禅小和尚的魅力。

“做一个努力的人，好处在于永远不会辜负自己，没辜负今天的早起，也没辜负中午吃的两碗饭，也没辜负晚上……倘若你做出一副不喜欢努力的样子，就算人家想拉你一把，也不知道你的手在哪里。所以越努力，越幸运。”

“一禅小和尚”主要是通过小和尚带有治愈性的语言，以情感传达的方式对粉丝进行“心灵抚慰”，内容打动人心，满足了粉丝的陪伴需求。

事实证明，在IP形象的选择上，“一禅小和尚”踏出了非常成功的一步。

值得一提的是，“一禅小和尚”在进入抖音之后，总是能够保证每周四集以上的更新。在如此高频率的产出之下，并没有放松对于内容质量的严格把关，推出的每一个视频都堪称精品，点赞量最少也在10万以上，这是“一禅小和尚”维系用户的基础。

为了保证高质量的内容产出，“一禅小和尚”团队对每次视频内容的选题都颇下功夫。在保证视频风格的基础上，“一禅小和尚”团队充分开动大脑。基于IP定位的考虑，“一禅小和尚”很难随心所欲地对热点加以利用，但团队却做到了二者的无缝结合，每次借势，都能给人留下非常深刻的印象。

比如周杰伦的新歌《不爱我就拉倒》在推出之际，曾因其魔性的歌词而备受关注，“一禅小和尚”团队就巧妙地对其进行了借用。在师父语重心长地回答了一禅的问题之后，伴随《不爱我就拉倒》的配乐，周杰伦的大头贴突然出现在观众眼前，引发观众会心一笑，同时也进一步加深了观众对于一禅和师父的印象。

为了更好地获得创意，大禹公司还对员工的提升提供了非常宽松的制度，只要员工有好的创意，便可以随时提出，一旦成功，员工便可以得到相应的奖励与提拔。稳定而优秀的人才团队，是大禹公司能够创作诸多优秀短视频的一个重要保障。

现在，“一禅小和尚”已经在平台上闯出了名堂，其所在抖音号“一禅小和尚”已在抖音上成功聚集了4300多万名粉丝，获点赞量更是达到了2亿。

第四章

流量决定你的影响力

如何利用背景音乐为视频引流

本小节重点讲解如何利用背景音乐为视频带来流量。

1. 为什么背景音乐能带来流量

在讲述具体技巧之前，我们需要明白，为什么背景音乐能带来流量。我们将通过 3 个角度，阐述音乐在抖音视频中的特殊地位。

（1）平台角度

请你思考两个问题：“抖音的名字从何而来呢？这个‘音’是不是与音乐有关呢？”抖音的“音”确实与音乐有关。我们看看百度百科对抖音的介绍：“抖音，是一款可以拍摄短视频的音乐创意短视频社交软件，该软件于 2016 年 9 月上线，是一个专注年轻人音乐短视频社区平台。”“音乐”这个关键词，在短短的介绍里出现了两次，由此可见，音乐元素对于抖音的重要性。

我们也不难发现，如果抖音上的一首歌火了，那么这首歌可能瞬间就会传播开来，以至于平台上超过半数的视频的背景音乐都是这首歌，比如《沙漠骆驼》《我爱你 3000 遍》等。

我们经常调侃，厌倦一首歌有两种方法：一种是把它设置成起床闹铃；另一种是单曲循环播放。在抖音上，一首歌在火了之后很容易被争相使用，这可能就会造成用户在抖音上听到这首歌的次数变多。物极必反，用户可能会因为多次听到这首歌而选择跳过视频。但同时，我们也可以看出，抖音在算法和流量上，对具有音乐元素的视频的扶持力度有多大。

（2）内容角度

前文说到，抖音的第一大内容类目是真人出镜类，第二大内容类目就是歌舞类。

真人出镜类其实是一个很宽泛的类目，不管是唱歌、跳舞，还是搞笑，都可以归为真人出镜类的内容。所以，如果我们按照垂直类目来分，很明显，歌舞类就是第一大类。歌曲和舞蹈都离不开音乐。少了音乐，朗朗上口的歌词没有旋律；少了音乐，再好看的动作也会失去韵律。

2. 如何用好背景音乐

既然抖音对音乐元素很重视，并且会给予音乐人或音乐内容大流量的扶持，那么对我们来说，关键就是如何通过音乐获得大流量。

如果我们的账号定位与音乐有关，那么只要输出相关的视频内容，就能轻松地获得抖音的流量扶持。对其他的内容账号来说，能利用音乐元素的方法就是用好背景音乐，给视频带来更多的流量。如何用好背景音乐呢？下面将详细讲解 3 种方法。

（1）DOU 听音乐榜

在首页上单击搜索框，DOU 听音乐榜在搜索页的人气榜单里排第二位。单击该榜单，就能看到详细数据。榜单的歌曲排名是根据使用相应音乐的视频数量、视频播放量和音乐播放量等多维度数据计算出来的。

榜单分为本周榜单和历史榜单。打开榜单页，默认显示本周榜单。第一次上榜、没有出现在历史榜单中的歌曲，会出现在“新歌热门榜”。相对而言，历史榜单就是在过去某个阶段，抖音上最火的歌曲的排名榜，可以理解为“经典热门榜”。

通过 DOU 听音乐榜，我们可以快速而直接地获取热门背景音乐。并且，因为榜单上的音乐的排名是根据每首歌在抖音上的数据计算得来的，所以音乐榜单上的音乐更符合平台调性，同时也更容易被抖音用户接受。

（2）其他热门的音乐平台

网易云音乐、QQ音乐都有类似的音乐榜单。这些平台作为专业的音乐平台，有更加细致的榜单分类，便于我们从中筛选。

网易云音乐中，有“飙升榜”“新歌榜”“热歌榜”等。QQ音乐中，有“流行指数榜”“热歌榜”“新歌榜”等。如果你仔细查看，就会发现网易云音乐还提供了“抖音音乐榜”，我们可以从中获取抖音热门歌曲。通过这些第三方音乐平台，我们能对现在的热门歌曲有一定的了解，在制作抖音视频时，也就有了更多、更好的选择。

（3）直接刷抖音判断

第三种方法比较简单。平时刷抖音时，我们会发现有些背景音乐反复出现。这些音乐就是当前最热门的、流量最大的音乐。我们同样可以将这些音乐用作背景音乐。具体操作如下。

单击抖音首页下方的“+”图标，进入拍摄页面。单击拍摄页面正上方的“选择音乐”，出现如下页面：这里有推荐歌曲和歌单分类，歌单分类包括热歌榜、飙升榜等。如果你有确定的歌曲，就直接搜索并选用；如果没有，你就可以在各种榜单里试听后选择。

顺便提一下，如果你发现了一首很喜欢的音乐，觉得可以将它经常用在自己的作品中，那么记得单击这首音乐右边的“☆”图标。这样，你就可以收藏音乐，并在使用时单击“我的收藏”以快速找到它。

3. 如何用好背景音乐

我们了解了音乐在抖音中的重要性，以及如何选择音乐，现在，我们还有最后一个问题：“如何用好背景音乐？”下文将把4个关键点分享给你。

（1）背景音乐要符合视频调性

在背景音乐的选择上，如果职场干货分享类的内容选用搞笑类音乐，而搞笑娱乐类的内容选用舒缓的轻音乐，显然都是不合适的。背景音乐要符合视频调性，好的背景音乐能给内容锦上添花，随便选择则容易出现适得其反的情况。

（2）不要选择过于热门的歌曲

千万记住，就算是选择热门歌曲，也不要选过于热门的歌曲。比如在10条视频里，超过5条出现了同一首歌，那么我们在短时间内就不要用这首歌了。因为用户可能已经厌倦这首歌，一听到前奏就切换到下一条视频，这会让你错过让用户喜欢你的机会。在遇到非常火的歌曲时，我们可以先收藏，过段时间再使用。

（3）判断歌曲热度及适用的内容形式

如何判断一首歌适用于什么样的内容形式呢？我们可以通过音乐专题页来判断。

首先，我们可以通过一条爆款视频，找到它的背景音乐的专题页。视频左下角有个声音链接，它会在视频播放时滚动出现，单击声音链接，就会出现这首歌的音乐专题页。页面上会显示这首歌的首发视频和原声视频，还有其他使用这首歌的所有视频。所以，在音乐专题页，我们不仅能够通过首发视频找到作者，也可以通过其他视频来学习这首歌曲怎样搭配视频内容。

（4）音乐的节奏和画面的动作对应

我们前面讲到，视频中的动作如果能与背景音乐的节奏点完全契合，视频呈现的效果会更好。从我做过的一些 PPT 类型的抖音视频来看，如果 PPT 翻页时能与音乐的节奏对应，那么这条视频的点赞量相对平时会多出很多。

拍摄抖音视频一般会有两种情况：一种是先选择背景音乐，再拍摄视频；还有一种是做出视频后，再找匹配的背景音乐。相对来说，第一种情况的进展会比较顺利。因为先选择背景音乐，然后设置与节奏匹配的舞蹈动作或剧情，操作更容易，呈现效果更好，制作成本也更低。

对于第二种情况，抖音自带的剪辑功能就无法满足需要了。此时，我们就要用到电脑剪辑软件，比如 PR、会声会影等。同时，我们也需要掌握比较专业的视频处理技巧。

➡ 通过蹭热点，获得更多流量

实时热点是在某个时间段成功刷屏的内容，有可能是一个挑战、一个游戏、一段舞蹈。蹭热点的好处是可以更具有话题性和吸引眼球，也容易给粉丝留下印象。但蹭热点需要有态度、有选择地蹭，只有结合了内容调性，积极地产出才更加具有可挖掘的潜力，才能吸引更多流量。

要想学会利用热点，首先我们要明白什么是热点。通常情况下，热点可以分为以下三种：

首先，常规热点。

常规热点就是指一些可以预见的、会定时出现的热门事件，比如各种节假日以及固定赛事活动等。要借助这些热点，我们可以根据需要提前进行内容选题、预热和拍摄制作，然后等待时机准时发布就可以了。

比如拥有 256 万粉丝的“九耳猫的美术课”，每到节假日便会推出与该节日主题相关的手工制作视频。2018 年国庆节前夕，“九耳猫的美术课”推出了几个国庆节手工制作视频，其中一个制作五角星的视频，点赞量多达 81.9 万。2018 年万圣节期间，该抖音号又推出了两条简单的万圣节手工制作视频，为万圣节期间不知道如何应对孩子幼儿园手工作业的家长提供了很大的帮助。

其次，突发热点。

所谓突发热点，就是指一些不可预见的热点，像各种突发事件等。这类热点来得非常突然，当然，热度消退得也较快。

对于抖音短视频来说，利用突发热点存在较大的难度。我们可以看到微博热搜内容的更新速度往往要比抖音热搜榜快得多，这是因为和图文内容相比，视频内容需要创作的时间相对更长，因此对突发事件做出迅速反应有一定难度。

这时需要前期做好预案，比如遇到明星婚变事件，可以迅速收集明星图片和歌曲，快速配以点评，做成明星图片合集的热点视频。

最后，预判热点。

除了突发热点以及一些固定时间出现的常规热点外，还有一种热点抖音播主也可以考虑加以利用，即一些可以人为进行预判的热点。比如在某部电影、某款游戏上线之前，你预测出这部电影或者这款游戏会成为大家重点关注的话题，那么就可以结合电影或游戏的主题提前策划准备。值得一提的是，如果时机掌握合适，成功抓住这类热点，则有很大概率成为爆款短视频。

学会蹭热点，通过热点话题让更多的人看到我们的视频。热点话题是指抖音中用户参与量比较大的话题。

打开抖音，进入首页，单击右上角的放大镜，进入搜索页。搜索页中有一个“发现精彩”栏目，栏目下有很多视频。每条视频下方都有一个带着“#”号的标题，比如“# 我的手心有惊喜”中，“我的手心有惊喜”就是一个话题。单击话题，话题专题页就会出现。

我们可以看到，这个话题相关视频的播放量有 1000 多万，话题专题页中全是与这个话题有关的视频。这说明如果一个话题火了，网友们就都会参与、模仿。当参与量达到一定规模时，这个话题也会吸引更多的人来看。如果你的视频在这个话题下，展示给用户的机会就会增大，相应地，观看量也会增多。那么，我们怎么通过热搜话题获取更多展示的机会呢？下面介绍两种方式：参与话题和原创话题。

1. 参与话题

我们仍以“# 我的手心有惊喜”这个话题为例。在话题专题页下方，有一个红色的“参与”图标。单击图标，进入拍摄视频的页面，此时，你可以选择直接拍摄视频，也可以选择上传手机中保存的视频。当你进入发布前那一步时，你会发现填写视频标题的地方出现了相应话题，这个话题会以黄色的字体显示，单击标题栏，输入标题和相关信息，单击发布。在这一步，仅是多了系统自动加入的参与话题，其他操作都没有改变。

除了可以在热搜找到各种各样的话题，我们还可以通过“抖音小助手”每天推荐的官方话题参与其中。依次单击主页面下方菜单栏中的“消息”“消息助手”“抖音小助手”，我们就能看到官方话题了。参与方式也一样：单击每个话题后红色的“参加”图标，即可进入相应的话题专题页，接下来按照前面所讲的

2. 原创话题

如果你对网友和系统推荐的话题都不感兴趣，那么可以选择自己原创话题，也就是自己制造话题。怎么制造话题呢？我们平时看微博或者今日头条等平台时，都能看到一些话题。比如前段时间，关于华为的新闻铺天盖地，网友纷纷声援华为，并喊出“中华有为”这样的口号，这就是一个话题。在搜索框中搜索“中华有为”，搜索框下方会出现视频、用户、音乐、话题、地点 5 个分类选项。选择话题页，关于这个话题更

详细的信息就会展示出来。

同样，当我们想在抖音上引发某些话题时，我们可以自行发起话题。怎么发起话题呢？我们仍然按照之前发布视频的步骤进行。在发布前，也就是在需要填写视频标题那个页面，你会发现，因为我们没有事先参与一个话题，所以标题框中没有黄色字样的“#”号和话题内容。这时，如果你在标题框中输入“#”，就会发现页面显示一个话题列表。这里面有你最近关注的话题、抖音的热门话题、抖音官方推荐话题。但由于我们要自己发起话题，所以不用管这个列表。

比如，我们可以输入“# 抖音应该怎么玩”，输入完成后，记得要空一格再输入标题，空格的作用是让话题和标题区分开。如果没有空格，那么整个标题框的内容都会变成话题，显示为黄色；如果有空格，那么后面的标题就会显示为正常的白色字样。

当然，一条视频可以包含多个话题。比如，我们可以在标题框中输入“# 抖音应该怎么玩”，空格后，继续输入“# 抖音应该这么玩”，再空格，最后写标题。

别人看到你的视频时，如果也想参与这个话题，那么可以进入话题专题页来参与。同时，随着越来越多的人看到你参与或者发起的话题视频，你的账号自然而然就会增加观看和关注人数了。

在运用以上两种方式时，我们要注意两点。

（1）视频内容必须和话题内容相关

比如你要参与的话题是“# 我的手心有惊喜”，那么你拍摄或者上传的内容必须与这个话题有切合点或者关联度。你的视频至少应该包含两个元素：手和惊喜。

如果你的视频内容与话题毫无关系，那么，抖音系统可能会识别出你的视频内容与话题不符，从而将你的视频判断为无效参与，你的视频也就无法进入话题专题页中。就算系统没有识别出来，用户看了你的视频也会觉得莫名其妙。好比你跟朋友聊天，朋友突然跟你说：“《流浪地球》很好看，所以今天我想吃火锅了。”对于前后不一致的内容，你肯定也会觉得莫名其妙。

（2）参与的话题内容必须传递正能量

在生活中，我们不难发现，很多快速流传的话题与引发恐惧和焦虑心理有关。这种内容很容易吸引人们的注意力，并在人与人之间快速传播。但是要注意，不管是我们参与的话题，还是发起的话题，我们都不要通过内容引发人们的焦虑和恐惧心理。虽然这种做法可能会引起很多人的关注，但对社会会产生不好的影响，从长远来看，由于抖音官方会限制负能量内容的传播，这种做法对我们自己的账号也不利。

➡ 正确追逐热点事件的方式

在这个信息过剩、注意力稀缺的时代，谁能够成功抢夺用户的注意力，谁就能够赢得更多的机会。因为人们总是习惯于将注意力优先放在那些吸引眼球的热门话题上。对于抖音播主来说，这个理论同样适用，一条短视频要想在短时间内赢得用户的最多关注，最常用的方法就是巧妙利用热点事件为自己引流。

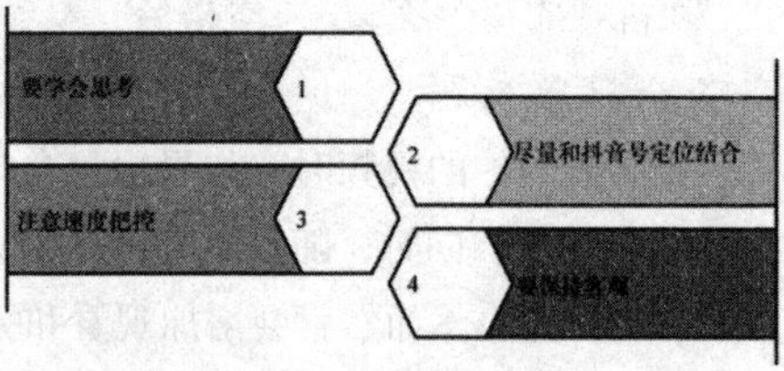

需要强调的是，大家在利用热点为自己的事件引流时一定要注意采取正确的方式，不能只考虑流量，还要考虑风格的塑造，不能单纯为了“蹭热点”而做。那么，到底如何正确地追热点呢？我们可以参考以下 4 条建议。

1. 要学会思考

面对一个热点事件，我们首先应该保持冷静，仔细思考如何对其加以正确利用以将其影响发挥到最大。这就要求我们有足够的创新能力，在结合热点的时候能够充分突出自己的特色，通过绝妙的创意加深用户对我们的认识，而不是盲目跟风。

在这一点上，杜蕾斯和江小白的营销策略就做得非常出色，我们可以从其身上学习经验，应用到短视频的创作之中。真正懂得思考的人，总是有办法创作出更多有新意的短视频作品。

2. 尽量和抖音号定位结合

这一点同样非常重要。要知道，我们之所以选择追热点，是为了让更多用户有机会了解我们的抖音账号，了解我们的品牌，要想办法让用户记住我们，而不是记住热点事件。因此，在与热点相结合时，我们一定要考虑清楚自己的风格，如何将热点事件与自己的视频定位相结合，绝不能仅做复制和粘贴工作。播主如果找不到该事件与自己账号定位相结合的切入点，宁可放弃该热点。

3. 注意速度把控

由于热点事件往往具有一定的时效性，所以在热点的追求上，许多人都存在这样一个观点——追热点一定要及时，特别是对于突发热点事件，通常情况下事件发生的 1 小时内被认为是黄金期。

从某种角度而言，这个观点是正确的。热点刚刚发生的 1~6 个小时内，一般是用户对该事件的兴趣最大的时刻，在这段时间里用户对于事件的进展与发酵往往保持着较大的关注度。而之后，随着时间的推移，用户接收的关于该事件的信息越来越多，新鲜感消失，用户的兴趣也开始逐步丧失。因此，追热点要尽可能及时。

但是需要强调的是，千万不能为了追求速度而放弃质量。对于播主而言，要想在热点发生的 1 小时内，便生产出一个观点明确且符合自身定位风格的短视频，难度不小。建议提前做好预案准备，并预演练习，在发生事件时精力高度集中，迅速反应。

4. 要保持客观

我们知道，很多热点都有一定的争议性，甚至真实性也遭质疑，特别是那些偏娱乐化的热点，事件发展到最后很可能发生较大的反转。

比如，2018 年 11 月一段“快递员在雨中痛哭”的视频在网上流传开。最初有网友爆料称，该快递员冒雨送快递，一车的快递包裹被偷，快递员可能因此背上巨额赔偿。该事件一度登上网络热搜，网上传出一片同情快递员、斥责偷快递包裹的声音。之后，随着事件的发酵，调查结果显示，该快递员当天之所以在雨中哭泣是因为和女朋友发生争执，并没有快递包裹被盗事件发生，而且目前其和女友已经重归于好。

在利用这些事件时，我们一定要尽量保持客观，如果盲目站队，内容带有一定引导性，后面事件发生反转时，会严重影响用户对于我们的好感度。

以上就是抖音播主利用热点事件为自身引流的一些方式和注意事项。需要强调的是，借助热点只是短视频运营的一种方式，借力时一定不要偏离自身定位，要保持严谨。并不是所有热点都可以轻易利用，在借热点之前，播主一定要反复思考，找到最正确的方式，这样才能达到理想的效果。

➡ 精准吸粉的 3 个关键要素

提高视频质量，做好运营的“内功”，再有效借助算法这个“外功”，我们就能够吸引足够多的粉丝。但我们要注意一点，粉丝数量多固然重要，更重要的是质量要高，这样才有利于账号的长期发展及变现。

高质量的粉丝有何特点？其特点是粉丝对账号的忠诚度高、黏性强、互动频繁，会持续关注账号。在后期变现时，这样的粉丝最有可能为商品买单。所以，本节将讲解如何通过 3 个关键要素，精准地吸引高质量的粉丝。这 3 个关键要素分别是：长期价值、从众效应、主动出击。

1. 长期价值

长期价值是指你的视频数量足够多，让用户感觉能长期通过你的账号获取更多的价值。例如，假设有两个账号，其发布的视频内容一样，都是搞笑的短剧，就连演员、演技、画质也一样。但是其中一个账号有 50 条视频，而另一个账号只有 1 条视频。当这两个账号出现在你的面前时，你会关注哪一个呢？显而易见，你肯定会优先选择关注有 50 条视频的账号。因为相比之下，这个账号拥有更多的视频，我们能看出它在不断更新；就算不更新，50 条视频也够我们看一段时间。这就是我们所说的长期价值。

长期价值可体现为用户对账号的期待。账号会持续更新，或者有足够多的作品，用户才有可能关注这个账号。相反，如果账号只有一条视频，就算这条视频做得非常精致、用户很喜欢这条视频，那么用户只需要点赞或下载就足够了，没有必要关注这个账号。所以，在很大程度上，账号的长期价值会影响用户是否关注。

如何提高长期价值？很简单，提高视频的更新频率就可以了。单击每个账号的个人主页，你可以看到，视频作品按照每行 3 条的样式排列，3~4 行的视频就足够铺满手机屏幕。对用户来说，视频至少要铺满手机屏幕，这个账号才算有长期价值，所以我们要尽快做出 9~12 条视频。一个新账号每周更新一条视频，意味至少要用 9 周才能营造长期价值，时间显然太长。如果这个新账号每天更新一条，那么两周就能营造长期价值。我们可以在一开始多准备一些视频作品，提高发布频率，尽快发布 9~12 条视频。之后再降低更新频率，也是没问题的。

2. 从众效应

通俗地讲，从众效应就是“随大流”效应。每个人都或多或少会受到从众效应的影响，而选择更多人选择的选项。比如，在逛淘宝或点外卖时，我们经常会按照销量排序购买商品。这就是从众效应的影响。我们要怎么用好从众效应来获取高质量的粉丝呢？这里提供两条途径。

（1）系统推荐

我们不难发现，系统推荐的视频，大多数是点赞数几十万甚至上百万的视频。虽然我们看不到这些视频的播放量，但一般而言，播放数都是点赞数的 50 ~100 倍。也就是说，如果一条视频点赞数 100 万，那么它的播放量应该在 5000 万 ~1 亿。

系统推荐的视频都有非常高的播放量，我们可以从中发现，用户更喜欢哪一类视频。比如我们要做美食类账号，如果发现系统最近推荐的蛋糕烘焙攻略相关视频特别受欢迎，那么，我们也可以制作相关的视频。

（2）主动挖掘

我们还以美食账号为例，比如拥有 100 多万粉丝的“懒人美食”，主要视频内容是用 30 秒的时间讲解一道菜的做法。现在该账号已有 200 多条视频，也就是有 200 多种美食的做法。我们可以通过观察发现，关于蛋包饭的视频的点赞数相对比较多，最多的达到 117 万，说明相关视频是一个很棒的爆款视频。我们可以推断，在所有美食视频中，用户更喜欢蛋包饭的视频。那么，在同样做美食类账号的情况下，制作一些蛋包饭的视频就能让更多的人喜欢，也就能获取更多高质量的粉丝。

3. 主动出击

就像追求爱情，想获取高质量的粉丝，主动出击往往都会有不错的结果。那么，如何主动出击呢？本书提供两种方式。

（1）关注粉丝的需求

在运营账号的过程中，有些粉丝经常给我们的作品点赞，甚至评论、转发，这些粉丝就是“真爱粉”（网络用语，意思是真心喜爱某个偶像或某个产品的人），我们应该多与他们进行互动。比如，我们可以通过回复评论或者私信，问问他们对什么话题感兴趣。以此话题为方向制作视频，不仅能满足“真爱粉”的需求，让粉丝看到我们对他们的重视，还能让粉丝更愿意传播自己感兴趣的视频，让账号被更多的人知道，从而吸引更多的人关注。

（2）主动“引流”别人的粉丝

前面提到，判断一个视频质量的4个要素，分别是完播、点赞、评论和转发。我们还能看到谁评论了、谁转发了，具体操作是：分别单击这些评论、转发用户的头像，进入他们的个人主页。通过个人主页的喜欢列表，我们就能知道他们的兴趣爱好。

比如，当你看到一个粉丝的喜欢列表里几乎都是美食类视频时，你就能确定，他是美食领域的高质量粉丝。我们可以通过回复评论或者私信把他转化成自己的粉丝。

➡ 增强粉丝黏性的技巧

在吸引大批粉丝后，我们还有一点要注意：粉丝虽然关注了我们，但并不一定会一直观看我们更新的视频。如果他们只关注不看，就会变成“僵尸粉”，与我们失去互动性。这样的粉丝对账号也没有什么价值。所以我们要做的，就是加强粉丝与账号的关联，调动粉丝的积极性，让他们多观看视频，并积极点赞、评论和转发。如何做到这一点？本节将介绍3个简单的互动技巧。

1. 及时跟进

和朋友聊天时有问有答，这样的互动才是有效的、令人舒服的。虽然抖音是网络平台，但用户在抖音上发表评论和私信，也希望能得到回复，而且回复越及时，用户感觉会越好。

用户是在足够信任账号或渴望回应的情况下，才会评论或私信。如果我们没有及时回复，就会让他们的期待落空，他们对我们的依赖程度也会大大降低。相反，如果我们每次都能及时回复，不仅可以回应用户的期待，也会让他们认为自己得到了尊重和重视。

2. 注意语气风格

无论是个人号还是企业号，都有一个固定的风格始终贯穿所有的视频作品，这种风格反映了账号的人设或定位。对于如何找准人设或定位，后面的章节将会详细讲解。

与用户互动时，我们应遵循人设或定位，互动风格要与整个账号的风格保持一致。比如“多余和毛毛姐”是一个以搞笑类视频为主的账号，那么其在回复用户评论时，肯定也以搞笑风格为主。如果毛毛姐的回复风格是一本正经的，用户就会觉得很奇怪。

同样，如果是企业或机构组织类的账号，主体风格一般会偏严肃，回复就不适合太活泼的风格。比如“六安特警”账号的回复就属于严肃的风格，能让用户感受到特警带给我们的安全感。

所以，无论我们运营的是个人号还是企业号，一定要注意，在回复评论或私信时，语气风格要与账号的人设定位保持一致，避免用户产生违和感。

3. 重点优先

对于重要的评论，我们一定要优先回复。在刚开始运营账号时，我们尚且可以做到回复每条用户的评论，但在粉丝越来越多后，评论也会随之增多，一条视频的评论可能有成千上万条。如果对每条评论我们都回复，时间和精力很难保证。这时，我们就要筛选重要的评论，优先回复。那么，哪些评论是重要的评论呢？这里有 4 个参考方向。

（1）和你互动频繁的粉丝的评论

经常给我们的视频点赞或评论的粉丝，就是“真爱粉”，我们要用心维护这群粉丝。运营者要时刻留心观察谁是“真爱粉”。如果你是餐饮店老板，你就应该留意哪些顾客是熟客、哪些顾客是新客。我去过一家饭店，虽然只去过几次，但老板把我喜欢的和忌口的食物记得清清楚楚，作为用户，我的体验就非常好。同样，作为运营者，我们要留心观察哪些粉丝常来点赞或评论，尽量记住他们的名字和头像。当他们评论时，我们要在第一时间回复。照顾好回头客，才会带来更多的新客。

（2）给你提意见的粉丝的评论

有些粉丝不仅喜欢评论，还会提出自己的看法，比如想看什么样的视频、内容有哪些不好的地方。对我们来说，这类粉丝非常重要。在网络上，我们与粉丝彼此没有见过面，但粉丝愿意花时间、精力向我们提出意见，说明他在乎这个账号，希望账号做得更好。如果他不在乎，取消关注就可以了。所以，我们一定要好好珍惜这类粉丝，对他们的需求及时做出反馈。

（3）有名气的人的评论

有名气的人一般分两种：一种是在某领域中大家都听说过的人，这样的人在抖音上也许粉丝不多；另一种是你可能没听说过，但粉丝数达几十万甚至上百万的人。

在运营抖音号的过程中，我们可能会遇到以上两种有名气的人来给视频评论的情况。这些人都有比较大的流量，他们的评论很可能会给我们的账号增光添彩。所以对于这样的评论，我们要重点回复，以表示对他们的重视和尊敬，并让粉丝看到我们和这些人的互动，以提高账号的质量。

（4）有负面情绪的粉丝的评论

这里的负面情绪，不仅体现在粉丝对视频内容的不认同上，还体现在粗俗的评论、伤心或失落的心情表达上。对于这些情况，我们也需要重点回复。就像人们对于明星的态度可能是喜欢或不喜欢，人们对于我们的视频也难免会发出不认同的声音。如果我们不及时回复这些消极的评论，它们就可能会被更多的人看到。要知道，消极情绪比积极情绪蔓延得更快，而且容易让粉丝觉得我们对这些情绪不管不顾。对于不认同的声音，我们要用专业的知识分析表达自己的论点，以理服人。而对于消极的情绪，我们只要适当安抚，传播正能量就可以了。

➡ 如何让你的视频成为热门

在抖音的搜索界面，我们可以看到抖音的一些热搜内容以及热门话题，因为拥有足够的曝光量，所以这里的视频往往更容易受到用户的关注，更容易走红。抖音上优秀的视频数不胜数，到底什么样的视频才能登上热搜榜呢？下面，我们就为大家分享成为热门的小窍门。

1. 完善自己的资料

我们知道，抖音内部有一套非常严格的审核推荐机制，热门视频大多数是经过机器和内部人工双重审核的。相比那些资料简单的账号，资料越详细的优质账号越容易得到推荐的机会。因此，要想增加自己的视频上热门的机会，就一定不要小看个人资料完善这个程序，个人资料填写得越详细越好。要记得绑定手机号、QQ 号、微信号，特别是今日头条账号，这样作品更容易获得推送。

2. 利用好流量池

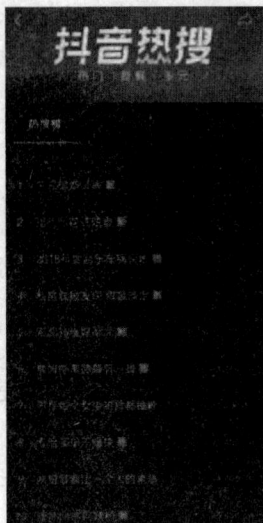

众所周知，抖音里的每一个作品都享有平台提供的流量池，作品的传播效果与其在流量池中的表现息息相关。每个作品在发布后，平台都会为其提供一个大概 0~200 的播放量，然后根据该作品的表现决定是否将其推到下一个流量池。

而评判作品在流量池中的表现的标准主要取决于四个指标：点赞量、评论量、转发量以及完播率。因此，播主想要自己的视频出现在抖音的热门推荐中，就要尽可能地提高这四个指标的数值，尽可能地激发观众去点赞、评论以及转发。比如设计一些互动问题引导观众参与，增加作品的评论量；或者设计一些转折性较强的情节，以引发观众的好奇心来看完视频，保证作品完播率，特别是视频开头的 5 秒非常重要，能否留住用户往往就在这几秒。

这里需要强调的是，播主一定不要刷流量！抖音的火爆也让一些擅长投机取巧的人看到了商机，市场上一些代刷抖音流量的广告宣传不在少数，这种做法是抖音平台严令禁止的，如果因此被封号就得不偿失了。任何时候，作为一名视频内容创作者，如何对自己的视频内容进行打磨才是真正应该思考的问题。

3. 发布原创视频

无论在哪个平台，原创的内容都更容易受到用户的欢迎，抖音也不例外。那些具有个人特色的原创视频，更容易被观众所接受，更容易登上抖音热门。因此，在创作视频时，我们一定要明确自己的目的以及定位，尽可能地发表一些自己创作的视频，而非仅简单地转载视频。

4. 视频内容要有鲜明性

要想登上抖音热门，最关键的还是内容要足够吸引人。无论是才艺展示还是幽默的喜剧表演，只要你的作品足够与众不同，就可以快速登上热门推荐。我们可以通过以下几个方面来增加视频内容的鲜明性，赋予作品足够的吸引力。

（1）背景音乐的选择

好的背景音乐往往富有感染力，更容易让人深入其中，给人带来一种良好的体验，因此对于抖音短视频而言，选择一段合适的音乐也是一件非常重要的事情。

（2）字幕的设计

适当地插入一些字幕，设计一些较为吸引人的内容，可以有效增加视频的影响力，让视频拥有更高的播放量，提升其上热门的可能性。

（3）对内容的精益求精

对于美好的事物，人们往往更加愿意花费时间去了解，因此要想赢得观众的真心赞美，就要注意每一个细节，在内容打造上精益求精，最大限度提升用户体验。

需要强调的是，播主在视频内容的打造上要注意以下几点：

①不要植入硬广告；

②杜绝不良内容，避免武器、暴力、色情、血腥等不良画面出现；

③注意画面质量，要保证画质的清晰度，同时避免视频中出现水印。

5. 积极参与挑战

参与抖音话题挑战活动，是上抖音热门最直接也是最简单的方式之一。抖音上经常会出现一些话题挑战活动，播主可以根据需要，对这些话题进行综合判断、比较，并选择一些具有火爆潜力的话题积极参与。

以上就是成为抖音上热门视频的五个小窍门，需要强调的是，抖音运营是一项长期工作，我们不能奢望一蹴而就，要注意对视频的长期维护。抖音的推荐算法是非常有意思的，一条短视频，有可能刚刚发布时没能登上热门，但是经过一段时间的用户积累，有可能突然爆红。所以对于一些刚开始播放量并不是很高的视频，我们也不要轻易放弃对其的维护与推荐工作，同样要积极地宣传。

➡ 企业账号如何快速涨粉

随着抖音的影响力越来越大，不少企业都开始做企业抖音号。企业抖音号和个人抖音号的玩法是有区别的。本节重点介绍企业抖音号如何快速涨粉。

1. 企业抖音号的发展

如果你在平时比较关注互联网行业报告或者市场大数据，就会发现“95 后”这个群体不太喜欢机构组织型的账号，而更倾向于关注个人 IP 型的账号。

例如，有两个输出保护牙齿干货知识的账号，其中一个是牙科诊所的蓝 V 认证企业号，另一个是牙医“小哥哥”的个人账号，你会选择关注哪个？答案显而易见，绝大多数的人会选择关注牙医“小哥哥”的账号。因为这种个人 IP 型的账号对用户来说，没有距离感，很有亲和力。相反，大家对一个组织或机构的账号难免会产生距离感。所以，企业抖音号给我们的印象就是不好做、不温不火。但是，企业抖音号其实在涨粉上具有很强的潜质，只是需要一定的时间。

例如，喜马拉雅官方抖音号在 2018 年 12 月通过推荐“陈果老师的哲学幸福课”视频，收到近 200 万点赞和超过 6600 万的播放量。而且，喜马拉雅抖音号通过这条视频涨粉超过 300 万，一跃成为粉丝最多的蓝 V 认证企业号之一。

再如，“樊登读书”从 2019 年 2 月开始大力发展抖音矩阵账号。这个矩阵除了“樊登读书”抖音号，还有“樊登读书亲子”“樊登读书职场”等抖音号。这样的矩阵规划，让樊登读书抖音矩阵账号以每月最少 50 万粉丝的速度增长，帮助品牌迅速吸引抖音用户。

我们从以上例子可以看出，企业抖音号在短时间内不温不火很正常，就算是知名企业也不例外，因此，我们不用因为前期流量不大而烦恼。企业抖音号只有用心做好每一条内容，逐渐拉近与受众的距离，之后才会实现爆发性增长，从而带动整体流量。

企业做抖音号，无非有两大需求：一是宣传和推广企业品牌或产品，增加曝光量，加强目标受众的认知；二是通过抖音上的各种变现渠道增加产品销量。其实对企业来说，第一个需求更重要。我们都知道，抖音用户普遍较年轻，35 岁以下的用户超过 90%，这部分用户是推动社会发展的重要群体，同时也是企业潜在的消费群体。企业通过抖音与这些人交流，加深他们对企业的印象，这对品牌的长远发展会起到很大的帮助作用。

2. 企业抖音号的人设定位

前面提过的人设定位，也是运营企业抖音号非常重要的环节。抖音的主流用户不是很喜欢机构组织型的账号，他们更偏爱人格化很强的账号。那么企业号在打造自己的人设定位时，就要往这个思路上发展。

“支付宝”抖音号在抖音上很受欢迎就体现了以上观点。“支付宝”抖音号在各种主流新媒体上展现的，都是一个很搞笑的“支付宝小编”形象，其形象不亚于各种搞笑类账号的形象。用户会觉得，这个账号很接地气，也有喜怒哀乐，和我们一样很平凡，因此，用户与账号不会产生隔阂和距离感。企业抖音号应该如何打造人格化形象呢？我们可以转换一下视角，把自己的企业抖音号当作竞争对手来拆解，主要有以下 4 个步骤。

（1）分析企业在抖音上的用户群的特点，包括年龄、性别、兴趣爱好、活跃时间、社会身份、价值观等，尽可能详细地描绘用户画像。

描绘用户画像是非常关键的一步，却被很多人忽视。虽然抖音日活跃户数达 2.5 亿，但这并不意味着我们账号的用户有那么多。所以我们需要通过用户画像，从这 2.5 亿人中筛选潜在用户或目标用户。用户的年龄、性别能让我们对内容形式有一定的把控；用户的兴趣爱好能让我们在内容上找到契合点；用户的活跃时间就是我们发布视频的有效时间、让流量最大化的时间；我们要根据用户的价值观对内容进行匹配输出。以上这些都是我们可以根据用户画像做到的，能有效帮助企业抖音号的运营。

（2）分析用户群喜欢什么样的内容形式和人设定位，把这些内容作为参考。

比如在发现潜在用户或目标用户喜欢像“支付宝”抖音号这样搞笑的调性时，我们就可以按这个调性，尝试对自己账号的内容形式及人设定位做出调整。

（3）结合企业自身的文化及品牌调性，找到与用户群契合的共同点。这些共同点最重要的是要与企业本身有紧密的联系。

找到契合点是最重要的一步，也是最难的一步。因为很多企业会存在一个误区：盲目迎合用户需求而忘了自身的方向。我们一直强调要契合而不是盲目迎合，企业不可以为了运营抖音号而改变自身的调性，因为企业的核心价值观不会因外界而改变，当然也不会为了迎合用户而改变。当然，运营企业抖音号的出发点是为了获取抖音用户，所以运营者也不能“自嗨”或只发自己想发的东西；而是要具备用户思维，发布一些对用户有价值的内容，并找到企业和用户的契合点，在不影响企业价值观及品牌调性的同时，让用户更愿意接受并喜欢企业号。

（4）按照与用户的契合点，打造企业人格化 IP，并且以这个 IP 为基础，持续输出各种优质内容。

之前讲的关于 IP 打造的知识，企业抖音号同样适用。企业要明白自己是谁、自己是做什么的、能给用户带来什么价值。尤其是第三点，企业一定要告诉用户你的价值点是什么，勾起用户关注你的欲望。企业还要注意体现差异化价值，给用户一个选择的理由。虽然我们的企业抖音号和其他抖音账号可能是同一个领域，甚至有可能发布同样内容形式的视频，但是在 IP 打造上多花工夫，就能让用户发现我们的不同之处。

3. 适合企业抖音号的内容形式

要想持续涨粉，就要保证持续输出优质内容。那么，优质内容具体指哪些内容？企业抖音号应该输出什么样的内容形式才能更好地扩大传播？目前企业抖音号的内容形式主要有以下 3 种。

（1）标签型内容

什么是标签型内容？你可以将其理解为“关键词”。对抖音这样一个新鲜、多元化的平台来说，关键词或标签每时每刻都在变化。同时，对用户而言，这种实时变化也让他们对平台更加着迷。简单来讲，标签型内容就是与各种关键词产生关联性的内容，主要表现为以下 4 点。

第一，和企业品牌或产品名相关。比如海尔的关键词是“家电”“厨电”等，樊登读书的关键词是“读书”“阅读”等。

第二，和企业品牌或产品的使用场景相关。比如海尔的使用场景是客厅、厨房、浴室等，樊登读书的场景是书房、书桌、书店等。

第三，和账号的用户画像相关。比如樊登读书职场号的用户画像是职场“小白”，这类用户想通过学习提高职场竞争力。

第四，和用户喜欢的内容相关。比如樊登读书职场号的用户大多喜欢职场技能或关注个人能力的成长。

以上这些都属于标签型内容，我们可以找到其中的关键词，将这些关键词当作标签来定位我们的内容形式。

（2）热点型内容

企业的媒体运营者都经常会“追热点”。“追热点”有4个标准、3个关键点和两个方向。

4个标准：覆盖人群广、需求量大、有时效性、能引发互动。追热点满足以上4个标准才算合格。

3个关键点：速度快、互动强、有创意。

当然，热点也不能随便追，方式一定要对：热点必须是与自己相关的，必须能带来正能量。搜寻热点有两个方向：一是社会热门事件，我们可以通过各种新闻客户端、微博等平台，了解有哪些重要节日、重要活动，以及正在发生的大事；二是各种平台上的热门事件，我们可以参考各个平台的热门话题、热门音乐、热门内容等。

（3）广告型内容

顾名思义，广告型内容就是通过广告的形式曝光品牌或产品的内容。比如最典型的是汽车类、美食类的账号的内容，这类内容以广告的形式呈现，会很容易打动用户。

不过，绝大部分用户对比较生硬的广告内容会本能地产生排斥感。而采用剧情或软植入的形式的内容，其策划成本相对较高。所以相对于标签型内容和热点型内容，广告型内容较少。

这种内容的主要投放形式，除了直接从账号发布视频，还有开屏广告和平台广告两种。开屏广告是打开App时播放的广告，一般十几秒的平台广告是标题里包含“广告”字样的视频。

4. 企业抖音号涨粉的细节关注

在确定了企业抖音号的内容形式后，我们还需要注意一些细节。

（1）发布时间

在选择视频发布时间时，我们不能随心所欲，对企业抖音号来说更是如此。固定的发布时间不仅会让人产生某种仪式感，更能体现企业抖音号作为权威型账号的规范性。选择视频发布时间可以参考以下两种方式：一是选择竞争对手的发布时间；二是在获取用户画像的使用时间后，选择与粉丝互动密集的时间段。

（2）封面图

视频的封面图一定要干净、简洁。标题的字要足够大，并且清晰明确。

（3）背景音乐

在使用背景音乐上要注意两点：一是不要使用太冷门的歌曲；二是视频内容尽可能配合音乐节奏或特效，以增强视频的体验感。

（4）粉丝互动

企业抖音号运营者在与粉丝互动上要多花心思，尤其是在对待粉丝的评论上，要尽量做到及时反馈，回复得越快越好，这样能让粉丝认为得到了尊重。

第五章 不懂内容运营怎么做电商

➡ 如何做好抖音内容运营

在找到自己的定位后，接下来就是动用一切力量为内容服务。所谓百尺高楼，起于垒土，优质内容永远是吸引关注的第一前提。能够获得百万粉丝关注的抖音大号，其生产的视频内容必定是“品质优良”的。这里的“品质优良”并不单纯指视频的画质、拍摄专业性等，而是指在迎合用户观看习惯的前提下做出与主题、产品调性、特点相符的视频内容。

前文提到抖音的推荐算法，几乎杜绝了刷赞和刷评论的可能性，换句话说，推荐用户观看的视频完全是以内容质量为标准。优质的内容只要持续耕耘，让四个指标：点赞、评论、转发、完播达到一定的标准，抖音就会把它推到目标用户的视频流中。

在抖音上，想要打造火爆的短视频内容，首先必须要懂以下几点：

1. 什么时间段发内容比较好

作为新媒体平台，抖音和微博、微信一样，也有用户活跃时间段。只有了解了用户的活跃时间段，并选择在用户活跃时间段发布短视频内容，才能达到事半功倍的传播效果。曾有专业人士对抖音一天总共 2 万多条短视频的数据进行了深度分析，梳理出了一些关键数据。

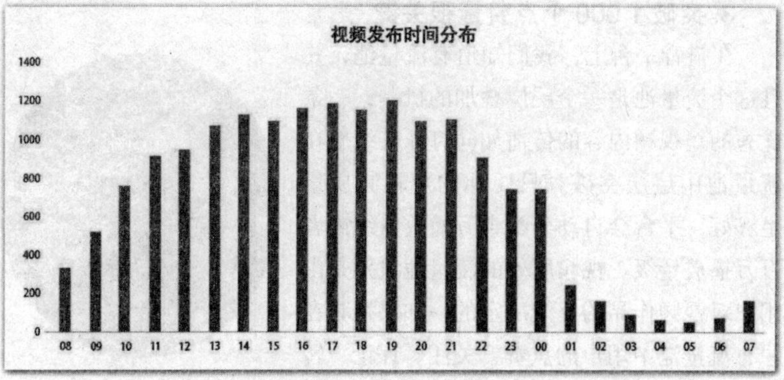

将上图统计的用户发布视频的时间段，结合相应时间段用户的点赞量和转发量，最终得到下图数据，这样可以比较精准地统计出用户的活跃时间分布。

所以抖音用户最为活跃的时间段就是每天的 13 : 00 和 18 : 00。

2. 什么样的内容易于在抖音传播

通过对目前抖音上比较火爆的视频作品进行研究，我们整理出了一些热门短视频的标签。大家可以参考这些视频标签去创作抖音短视频作品，分别是：舞蹈、才艺、模仿、搞笑段子、特色景点、炫技能、励志、搭讪小姐姐 / 小哥哥、整蛊、正能量、挑战。

3. 突破 1 000 个点赞量很关键

在抖音平台上，我们知道有流量池，并且这个流量池是一个层层叠加的机制，一条优秀的短视频内容的传播如同打怪升级般在流量池中层层突破。只要你的短视频质量足够好，平台会自动分配十万播放量级或者百万播放量级。视频所处的流量池级别是由用户对视频作品的反馈决定的，如果视频在原有流量池中用户的点赞、关注、评论、转发等数据达到一定的数值，那么该视频就会被推送到比当前流量池更高一个级别的流量池中。

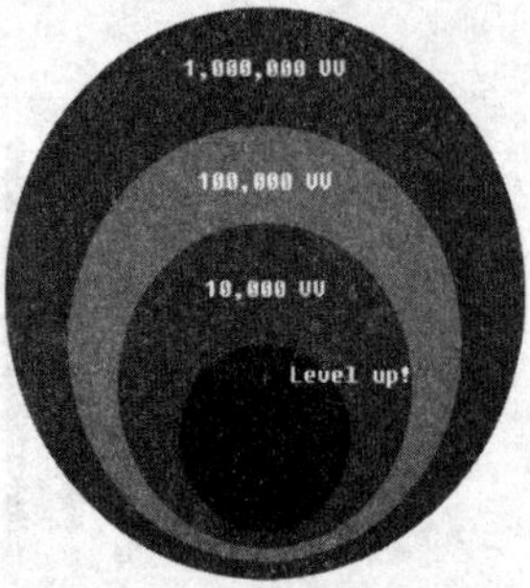

抖音的算法机制，会计算你前面 1 000 个点赞率，如果你的转发量和点赞量（比例）高的话，平台会再推送下一批流量给你，形成一定的潜力效应，能够让视频更易获得传播，因此前面 1 000 个点赞量很关键。

4. 抖音短视频怎么引发二次传播

引发二次传播的核心点，一是利益方面的吸引，这种吸引用户传播的方式有很多，比如微信朋友圈的集赞送奖品、转发有礼等，抖音也有类似的做法，像此前抖音上火了一段时间的“点赞领红包”活动，就是典型的“利益驱动”引发二次传播。

除了利益驱动外，我们还可以从社交货币价值的六个维度做文章，归属感（Affiliation）、交流讨论（Conversation）、实用价值（Utility）、拥护性（Advo-cacy）、信息知识（Information）、身份识别（Identification）。

（1）归属感

在抖音上有很多抖友们自主发起的抖友组织，包括过山车组织、老头观光团、赤赤大军等。这些组织为抖友们在茫茫无尽的信息海洋中带来了归属感，让他们找到了对同一类内容感兴趣的圈子，甚至能够以圈子的形式攻陷抖友的评论区，挖掘抖音的乐趣。

（2）交流讨论

交流讨论是社交媒体最核心的要点，也是抖音视频能够获得二次传播的关键点。抖音视频的交流讨论除了基本的评论外，还新设有“话题挑战”和“音乐专辑”这两个活动互动模式，使得创作内容能以多元化的方式向大众传播，形成更具互动性的二次传播效果。

例如，斗鱼直播平台网红主播“冯提莫”为自己的原创曲目《佛系少女》配上抖音手势舞，并发起了#佛系少女手势舞#的挑战，最终促使首发视频获得430万点赞，共有4 293位抖友参与了话题挑战。更夸张的是随着背景音乐的传播，该《佛系少女》音乐专辑被超过280万人使用作为作品音乐，二次传播效果惊人。

（3）实用价值

实用价值既涵盖了推荐的产品具有实用性，又包括了能够解决人们生活中痛点的奇思妙想。例如，利用生活中常见的日用品制作特效的清洁剂，或者是下面这位抖友分享的哄小孩吃药的妙招，通过挖空旺仔牛奶包装盒换上口服液的方法，让小朋友顺理成章地吃药。小朋友在吃药后一脸疑惑的样子也十分有趣，因此引爆该条内容的同时，也吸引了大批受累于宝宝不愿吃药的父母亲自测试。

（4）拥护性

拥护性主要是指铁杆用户为品牌商品站台，不遗余力地向他人推荐自家品牌或内容。大量热门视频在推荐产品后，会有感兴趣的用户对产品进行测评，对于测评效果好的产品，将通过“抖音同款”“抖音没有骗我”等标签对这些推荐产品自发地做出二次宣传。例如，站内十分火爆的海底捞秘制蘸料，便吸引了上万用户到店尝试。大量用户为秘制蘸料录制传播视频，并在文字区向其他抖友们确认配方的真实性，以“抖音真厉害”“抖音强大”等标签强调这个配方是从抖音获知的，加强了该配方的站内认同感。

（5）信息知识

在这个知识付费的时代，科普类的理论知识、社会经验、生活技巧都能够吸引用户参与学习，并向他人分享自己的知识见解。视频中的相关信息知识，能有助于观看的用户学习及分享，例如美食网红“爱做饭的芋头SAMA”制作的料理视频，往往会吸引一大批用户在评论区主动将美食视频以@的形式，告知身边的好友，形成二次传播。

5. 利用抖音从外部引流

在抖音内部吸引的流量如果还无法满足你的需求，则可以利用抖音的“粉丝+”功能，关联今日头条、西瓜、悟空问答等账号，那么我们的抖音短视频内容就会同步发布在关联的平台上，并且账号之间的粉丝也可以共享。

如果你有一个流量不错的今日头条账号，就可以将具备黏性、信任度的抖音小视频同步发布到自己的今日头条账号上，这样就开拓了新的流量来源。如果你的今日头条账号有认证，还可以通过今日头条账号外来精准投放你的抖音小视频，让更多的受众人群看到。

另外，品牌商录制的魔性的、带有推广性质的抖音视频，虽然目前无法直接分享到其他社交平台，但是仍能将抖音视频保存下来，发送至微博及微信等其他社交平台，收获不错的有效流量。

6. 创意取胜，以源源不断的创意吸引用户

抖音的传播性和低成本决定了它对于创意的高要求。我们经常看到，一夜爆红的原创创意视频隔天立刻就会有用户模仿，抱着自己的原创视频坐等圈粉显然并不科学，这就要求号主在自己擅长的领域保持源源不断的创造性。

号称“宇宙第一网红”的 papi 酱是一个经典例子，以不落俗套的搞笑短视频在微博发家的她，2018 年 1 月在抖音的第一个作品虽然有广告嫌疑，但创意十足，仍然受到粉丝喜爱，首战便获得约 77 万个赞和约 1.5 万条评论的好成绩。在 papi 酱持续的创意内容攻势下，papi 酱在抖音 1 年多的时间共发布 198 个作品，收获 1.2 亿个赞，引来粉丝 3056.1 万人，而且数量仍在不断上涨中。

7. 打造视频的故事效果，让用户身临其境

内容产出除了不断保持创意，在故事内容上也要保持生活气息和合理性。如何让粉丝投入情感并产生同理心，要求号主们构思内容时要基于现实，高于现实。就像抖音的口号：“记录美好生活”，内容太超脱现实或者太贴近现实都是几乎没有亮点的，当然对粉丝就没有吸引力。

而基于生活基础的经过升华的故事内容产出，例如搞笑段子（重庆话吐槽女朋友）、工作故事（日常调戏同事）、情侣问答、智力挑战（“赚了还是亏了 100 元”的经典问题）等，都可以让不同社会角色的人群在观看视频时自我代入，极大地调动了用户的参与性。

➡ 了解抖音平台的推荐算法

想要做好抖音运营，除了提高视频质量、有效优化数据，我们还可以借用很多外部助力，让运营更省力。相信很多人都听过，抖音具有强大的算法，可以帮助你获得大量曝光。那么，这个算法究竟是什么样的呢？本节就来介绍如何利用平台算法快速涨粉。

算法其实并不复杂，从某种程度上讲，它就是规律。了解并运用规律，按照规律优化自己的视频，就能顺势而为，让自己轻松获得更多的粉丝。抖音的算法主要体现在 3 个层面：消除重复、双重审核和兴趣匹配。我们一一解释这 3 种算法是如何发挥作用的。

1. 消除重复

消除重复，顾名思义，就是平台会清除重复的视频。抖音如何判断视频是否“重复”呢？有两种方法：第一，别人发布的视频，你拿来直接发布，你的行为就会被定义为重复发布；第二，相似度极高的视频，比如两个视频只有一小部分画面不一样，就很容易被定为“重复”。你可能会有这样的疑问：“可不可以重复发布自己的视频？”当然可以。在抖音上，你应该见过不少“发第二遍会火”的视频，并且那些视频很可能被发布了两遍以上。

多次发布自己的视频，一般有两种情况：一种是发布者觉得这条视频拍得很好，应该能火，但是第一次发布时没火，于是发第二遍以验证效果；另一种是这条视频在第一次发时就火了，播放量很高，因此获得了很多粉丝关注，于是发布者想再发布一次，获得更多的粉丝关注。

我们可以重复发布自己的视频，但要注意，不能连续重复发，而应尽量隔几条视频再发，这样做能避免让用户认为你没有其他作品。你还需要格外注意一点：不能搬运他人或者其他平台发布过的视频，比如名人访谈视频、电影片段视频。

早期平台监管不严时，很多账号通过搬运视频获得大量粉丝，造成抖音上有很多类似甚至相同的视频，这种行为很不好。抖音平台也会越来越重视保护原创视频内容，对于搬运他人视频的行为，抖音会逐渐加大打击力度。

2. 双重审核

抖音审核分为机器审核和人工审核两种。因为抖音上的视频太多，信息量大，所以绝大部分视频是由机器审核完成的。少部分视频是机器难以判断或需要人工干预的，这时，人工审核才会出现。我们知道，视频发布后会显示“审核中”，这时视频进入机器审核环节。机器审核会通过对视频画面、声音及标题等内容的提取，匹配系统数据库，看是否存在违规的关键词。一些法律不允许出现的内容，冒用抖音官方名义的内容，低俗的内容，有二维码或电话、外部链接的内容，绝对无法通过审核。

我们还要注意的是，当视频播放量达到平常视频播放量的100倍以上，也就是视频成为爆款时，视频将会被再次审核。我的一位学员发布的一条视频在第一次审核时通过了，播放量超过30万。但是当视频进入二次审核时，系统提示视频中出现了“抽烟”画面，这是平台不提倡的。结果这条视频就没有通过二次审核，也就相当于下架了。当机器无法做出准确判断时，人工审核就会干预。不合适的内容也许可以逃过机器审核，但肯定逃不过人工审核。所以，我们在做视频时，千万不要怀有侥幸心理。

3. 兴趣匹配

我们应该都听过今日头条的广告语：“你关心的，才是头条”。我们在App中就能感受到这一点。当打开今日头条App时，每个人看到的新闻都是不一样的，但一定是自己感兴趣的。

抖音作为今日头条的兄弟产品，几乎沿用了今日头条的全部强大算法。当你观看短视频时，点赞、评论、转发这些操作都会证明你对这类视频感兴趣，系统会把你的喜好记录在数据库中。当再次打开抖音时，你会发现，推荐页大部分视频都是自己感兴趣的，仿佛是量身定制的，用户体验非常好。这就是兴趣匹配的体现。我们来做两个简单的小实验，以加深对这个算法的了解。

实验1：找一个你感兴趣的分类，比如搞笑类，用“多余和毛毛姐”这个账号做实验。

点开“多余和毛毛姐”的个人主页，挑选十几条视频看一下。记得看完每个视频，即保证视频的完播。当然，你看到喜欢的视频时，也可以点赞、评论或者转发。完成这些操作后，退出抖音 App，过一会儿再重新打开，你会发现，推荐页的大部分视频都是搞笑类视频。

实验 2：找一个你一点儿都不感兴趣的分类，或者从来没有看过的内容分类，比如健美。

在搜索框中输入“健美”，进入用户分类，你可以看到不少和健美相关的抖音号。这时，不要点开个人主页，也不要看任何相关的视频，直接单击并关注其中一个账号即可。

按理说，我们关注了一个账号，就成了这个账号的粉丝。我们可以退出抖音，过一会儿再登录。你会发现，推荐页没有出现与健美相关的视频。

为什么？因为你没有看过相关的视频，没有给这类视频点赞、评论或者转发，算法判断你可能对这类内容不感兴趣，自然也就不会向你推送这类视频。

兴趣匹配相关算法会让用户感觉 App 很懂自己，用户在 App 上看到的视频都是自己喜欢的。这种算法在提升用户体验的同时，也为视频增加曝光量提供了便利。所以，我们在做视频时，可以根据用户的喜好来做。我们可以观察推荐页的视频，看看哪些是用户点赞数多的，以明白用户喜欢的方向。

除了结合上面讲到的 3 种算法，运营者在发视频时还要注意以下 3 点。

（1）不要直接搬运他人的视频。如果觉得别人做得好，我们可以模仿拍摄一条原创视频。如果对自己拍摄的视频很满意，但播放量不高，我们可以几天后再发一次，以验证效果；如果视频播放量很好，我们想让更多的人看到，也可以几天后再发一次，以提高粉丝量。

（2）在做视频的过程中，不能存在侥幸心理。只要视频中包含可能无法通过审核的内容，我们就要及时调整并优化视频内容。

（3）不管做什么视频，我们都可以根据用户的喜好来做。比如搞笑类抖音号的输出内容，一定是和搞笑相关的，运营者不能想发什么就发什么。

➡ 分析头部竞品的运营策略

在确定了账号的定位之后，我们应该从哪里入手？我们可以先选择一些同类型的优质账号作为学习对象。未来，它们也是我们的竞争对手。俗话说，知己知彼，百战不殆。找到竞争对手，摸清对手的套路，更利于我们的长期发展。

1. 找到同类型账号的 3 个方向

我们可以从以下 3 个方向快速找到同类型账号，它们分别是视频、用户和话题。

在学习这 3 个方法前，我们先做一个准备：找到至少 5 个和自己定位相符的关键词。举个例子，我们要做一个关于生活小技巧的账号，来分享生活中不常见但有用的小妙招。这类内容的关键词有：生活、日常、妙招、窍门、家用、妙用、手工 DIY 等。在设置关键词时，我们要让用户看一眼关键词就知道这个账号与什么内容相关。接下来，我们进入正题。

（1）视频

打开抖音，单击右上角的放大镜图标，在搜索框中分别输入准备好的关键词，搜索结果会按“综合、视频、用户、音乐、话题、地点”6 个类别显示。比如，我们搜索“服装”时，搜索结果就会默认显示“综合”类。单击“视频”，我们就能看到所有关于“服装”的视频了。

搜索结果都和服装饰品相关。我们不仅可以看到这些视频的封面，还能看到视频的标题、发布视频的账号以及点赞数。单击视频封面即可观看视频。在视频观看页中，单击左下角的账号名或账号头像，都可以进入账号的主页。这样，我们就找到了一个同类型账号。

（2）用户

我们还是搜索“服装”这个关键词。选择“用户”类，名字中包含“服装”的所有账号、每个账号的粉丝数和简介就会显示在页面上。粉丝数越多的账号当然越有竞争力，也说明这个账号的内容足够优质。同时，我们也能通过简介了解这个账号的定位。

当然，服装饰品属于一个比较大的类目，它可能包括男装、女装、童装等。大家可以根据自己的具体定位，选择更细化的内容作为参考。

（3）话题

除了通过视频和用户找到同类型账号之外，我们还可以通过话题去寻找。比如搜索“服装”，选择“话题”类，话题专题页就会出现服装话题列表。

页面上会显示很多话题，话题后面的数字代表这个话题相关视频被播放的次数。播放量多，则说明该话题下的内容很多，而且很受用户欢迎。

我们可以选择播放量比较多的话题，比如选择“童装”，单击话题，就能进入这个话题的专题页。

这个专题页显示了所有提到过这个话题的视频作品。但是，这些视频并不是按照播放量排序的，而且只显示视频封面，无法显示标题和点赞数。这时我们需要多花时间去单击查看，最终才能选出同类型账号。

2. 学习竞争对手的运营策略

刚开始玩抖音时，我们找 1~2 个竞争对手就足够了。锁定竞争对手后，我们就要学习如何通过 5 个维度，全方位学习竞争对手的运营策略。这 5 个维度分别是：内容、方向、时间、选题和粉丝反馈。

（1）内容

竞品账号在内容上和我们的差别不大，所以我们就要着重考虑如何打造差异化优势。我们可以从两个角度出发。

第一，内容形式更优化

比如，抖音上最常见的展现形式是“视频 + 字幕 + 热门歌曲”。那么我们如何在这个基础上进行优化，突出差异化优势呢？有 2 个方式可以参考。

首先，真人配音。将内容配合语音呈现，配上字幕，用户的体验感会更好，也更容易记住视频中的内容。

其次，真人出镜。我们前面提过，真人出镜对于账号人设的打造很有帮助。比如，某账号的人设是个 30 多岁的家庭主妇，其主演语言简练清晰、动作大方得体，真人出镜配合生活小技巧的内容输出，整体的和谐度会更高。

第二，挖掘竞争对手没有做的内容，找到突破口

我们要想打造差异化优势，就得挖掘竞争对手没有做过的内容，这

些内容对用户来说可能更有价值。这要求我们在自己的内容领域里有非常丰富的经验，能够找到别人不会轻易发现的内容。

以上 2 个角度可以帮助我们找到内容层面的突破口，打造差异化优势。

（2）方向

这里的方向指的是领域的延伸方向，分为宽泛方向和垂直方向。

我们仍以生活小技巧类账号为例。有一类账号发布的内容包括各种小技巧的分享，像小工具的使用、美食的制作、收纳整理的知识等，这就体现了宽泛的方向。另一类账号只分享各种收纳整理的知识和方法，这就体现了垂直方向。

那么，在这两种方向中，采用哪种比较好呢？其实，两种方向都有利有弊。

采用宽泛方向的好处在于话题点多，运营者不用担心内容枯竭；不好的地方在于，对某些用户来说，内容可能不够集中，比如用户只对整理收纳感兴趣，其他内容对他来说没什么价值，因此，他需要从所有视频中筛选整理收纳的相关视频，这既会增加用户的操作成本，也会让用户的体验更差。

采用垂直方向的好处在于内容更专业，比如账号发布了上百个分享各种收纳整理方法的视频，那么用户会觉得，学收纳整理，看这个账号就够了；不好的地方在于，如果你在这个领域的专业程度不足，那么在产出一定量的作品后，可能面临内容枯竭的危机。

大家要根据自身情况来选择内容输出的方向。

（3）时间

我们需要关注的时间有两个：一是竞品账号发布内容的时间，二是竞品账号用户回复的时间。

一方面，一个靠谱的账号一般不会在任意时间发布视频，而会根据经验选择一个时间段来发布视频。大部分用户刷抖音的时间集中在饭后和睡前。所以在这两个时间段，用户活跃度最高，平台流量也最大。抖音运营者应该选择流量高峰期，所以，我们可以观察竞品账号的发布时间。在两天内发布的视频都附带有具体的发布时间，这可以作为我们的参考。

另一方面，我们同样可以看到视频发布两天内用户评论视频的具体时间。通过观察，我们不难发现，在某个时间段，目标用户会特别活跃。而这也可作为我们发布时间的参考。

（4）选题

选题指的是话题的选择。我们通过话题可以找到竞争对手，反过来，我们也可以观察竞争对手最喜欢参与的话题，从中找到选题。

我们可以观察竞品账号的视频列表，找到标题中带有“#”的话题，单击每个话题，可以看到话题对应的播放量。播放量高的话题，其热度就高，那么我们也可以参与这个话题。

（5）粉丝反馈

粉丝反馈就是视频发布后粉丝给我们的点赞和评论。前面讲到，我们可以通过参考竞争对手获得较多点赞数的视频来寻找好选题。

同样，我们可以在这些视频的评论区中看到用户的期望。比如，如果一个生活技巧分享类账号的评论区中出现了这样的评论：“听说可乐去除污渍很管用，可以跟我们具体说说怎么用吗？”这条评论就反映了用户想看的话题，这时我们要做的就是抓住用户需求，做出相应的视频。

➡ 什么样的内容易成爆款

在模仿和学习了一段时间后，我们应该对如何做内容有了一定的了解。想要快速涨粉，就要打造爆款视频。那么，什么样的内容更容易成为爆款？

我们先来看看什么是爆款。简单而言，爆款就是容易被系统放在推荐页展示的视频，或者是容易获得上百万甚至上千万播放量的视频。

本节将介绍最容易打造爆款的 6 种内容形式。

1. 真人出镜类

真人出镜类内容的范围很广，包括唱歌、跳舞、美食、搞笑、情感、职场、励志等。

大家看到“真人出镜”这个词时，不要有压力。在这里，并不是只有长得漂亮、帅气的人才能出镜。就如毛毛姐、papi 酱等真人出镜类账号，其主演长相普通，但这并不妨碍他们通过塑造好的人设成为网红。

就像前面提到的，我们在打造人设时，可以通过优势、劣势、机会、威胁 4 个维度去考虑。主演长相普通，我们可以用其他优势来弥补，比如毛毛姐的夸张搞笑也能让内容增色。

2. 歌舞类

唱歌和跳舞有什么共同点呢？答案是，两者都有音乐元素。其实抖音一开始的定位更倾向于音乐型平台，虽然现在逐渐发展为娱乐型短视频平台，但音乐元素在抖音中一直很重要。

抖音有“DOU 听音乐榜”，每首音乐还有专属的专题页。我们可以在音乐专题页看到多少人使用这首歌当背景音乐、哪些视频是最热门的、哪些视频是最新拍的。抖音设置了很多类型的个人认证，比如“演员”“优质视频创作者”“抖音人气好物推荐官”等，其头像上都有一个黄色的认证标识。但“抖音音乐人”的标识是一个蓝色的音乐图标，非常醒目、特殊。

可见，抖音平台对具有音乐元素的内容形式给予了特殊待遇。而歌舞类内容与音乐直接相关，因此很容易获取大流量，也会加速相关音乐的传播。

3. 治愈类

治愈类内容包括萌宠和萌娃的相关内容。萌宠包括猫、狗，还有其他形形色色的宠物。萌宠型内容在 2018 年下半年井喷式出现，特别是关于“汪星人”和“喵星人”的视频大量涌现，强势霸屏。比如“会说话的刘二豆”账号，其运营者采用两只猫拟人对话的形式制作了 130 多个视频作品，吸引粉丝 4600 万，视频总点赞数将近 4 亿。

很多人都想养宠物，但因为某些原因无法实现，于是关注萌宠类账号，将观看这类账号的视频作为娱乐消遣，这也是萌宠类内容火爆的原因。

不管是制作萌宠类视频还是萌娃类视频，我们有 2 点需要注意。

（1）不能“自嗨”

之前有学员向我反映，不知道为什么，没人看他拍的抖音视频。我看了他的视频后发现，他拍的是自己孩子学翻身、学走路、学写字的各种日常情景。这就是典型的“自嗨”\[1\]。父母爱自己的孩子，觉得他们很可爱，但是其他人并不一定也这么觉得。而且，如果视频只体现一些日常情景，那就是一种记录，即视频日记。

你可以想象一下，你在街上捡到一本日记本，上面没有名字，里面记录了一个人生活的点点滴滴，你有兴趣看下去吗？大多数人只会对熟人的日记感兴趣。用于满足自嗨心理的内容，只能引起小范围人群的关注。

（2）除了萌，还要有内涵

我们做内容时，需要像打造人设一样，去构思用户关注我们后获得的价值点。比如，“会说话的刘二豆”账号通过给两只猫配音来讲段子，让这两只猫显得很蠢萌、很搞笑，让用户获得欢乐，这就是价值点。比如，“啵啵乐”这只宠物能听懂主人的话，喜欢叼来棉签让主人给它掏耳朵，用户看了会感叹“这只狗成精了吧”，并获得惊喜感，这就是价值点。

如果萌娃类视频不局限于记录孩子的日常生活，还包括孩子学习拼音时发出的怪音，或者孩子在爸爸加班回来后帮爸爸捶背的温暖场景，就能体现附加的价值点。这些价值点不仅能体现视频的内涵，还会吸引更多用户关注。

4. 搞笑类

大多数人刷抖音的时间集中在上下班的路上、饭前饭后、晚上睡觉前……这几乎覆盖了日常生活的所有碎片时间。碎片时间很短，利用这些时间看搞笑的内容能让人放松，所以搞笑类内容总有很多人追捧。

现在，抖音上做这类内容的网红都做得很不错。如果他们想做得更优秀，就需要像段子手一样，具备剧本撰写能力；需要像特效师一样，能在后期制作中熟练加入各种特效音；需要像演员一样，具备出色的表现力。

由此可见，要想做好这类账号并不容易。如果和同类型账号的差别不大，账号就很难快速涨粉。所以，运营者如果没有特别强的能力，就要慎重选择是否做这类内容。

5. 美食类

“吃货”（网络语，意思是美食爱好者）大行其道的时代，零食、外卖已经不能满足用户的欲望。于是，抖音涌现出美食类这样一种高流量的内容形式。

美食类内容主要有两种表现方式：一种是美食制作，比如被誉为抖音上最有礼貌的“麻辣德子”主播，其账号通过介绍各种各样色香味俱全的美食的制作方法，在短时间内积累了2300多万粉丝；还有一种是线下体验，也称为“探店”，主播们去街头巷尾找寻性价比超高的美食，并将其展示在用户眼前。采用这两种表现方式的内容都可能获得大流量。

6. 干货类

抖音上经常会有一些人评论“原来这个东西是这么用的”，这就体现了“知识诅咒”。通俗来讲，“知识诅咒”就是指对于我们自己知道的事物，我们总以为别人也知道，并觉得这些事物对别人没价值，但事实并非如此。我们对生活中的一些小妙招、工作中的一些小感悟习以为常，但它们都可能成为别人眼中有价值的干货。

举个例子，有个视频叫“这才是开抽纸的正确方式”，其内容是同时拍未打开的抽纸袋子的两边，袋子就被打开了。这个视频被很多人关注而成为爆款。其实，很多人都知道这种打开方式，但他们觉得这种打开方式很正常，就没有分享到抖音，也就错过了这波流量。其实，干货类内容做起来很简单，其做法就是把经验拍成视频并分享。这类内容是最容易尝试的。

➡ 玩转抖音的矩阵账号

什么是搭建账号矩阵？简单地说，搭建账号矩阵就是在前期做账号布局时，不仅仅做一个账号，而是同时铺设好几个账号。

1. 搭建账号矩阵的好处

我们先来说说，搭建账号矩阵有什么好处。

（1）覆盖面广

账号矩阵可以实现全方位的用户群覆盖。为什么要这么做呢？因为我们在给每个账号做好定位后，就能知道这个账号可以触达的用户有哪些，但这些用户只是平台用户的一部分。想要触达更多用户，我们就必须搭建账号矩阵。

比如“樊登读书”的抖音账号矩阵涉及职场、亲子、育儿等领域，每个账号覆盖的用户群都不一样。这就确保了“樊登读书”的内容不仅能触达职场用户，也能触达对亲子或育儿感兴趣的用户。“樊登读书”的内容非常丰富，涉及哲学、创业、职场、亲子、沟通、营销等领域。随着运营团队规模的扩大，运营者后期可以继续铺设矩阵，并优化账号的传播效果。

我们可以看出，搭建账号矩阵不仅可以使企业输出的内容价值最大化、内容细分化，还可以让越来越多细分领域的用户关注企业品牌，并优化账号的传播效果。

（2）效率最大

很多企业或机构组织是全国性的，在全国各个省市还设立了分公司或各级代理机构。如果只有一个官方账号，那么企业或机构组织很难在短时间里制造较大的传播力和影响力。如果所有分公司或代理机构同时开设账号，则可以很快实现涨粉目标。比如一家企业只有一个账号，平均一个月涨粉 50 万，一年内涨粉约 500 万 ~600 万。但如果该企业同时开设 10 个账号，每个账号在保证作品质量和数量的情况下，平均每个月都涨粉 50 万，那么该企业几乎一到两个月内就可以收获 500 万粉丝。并且，粉丝在矩阵中各账号分布也有好处。因为单个账号粉丝越多，越难保持粉丝的活跃度。久而久之，这批粉丝容易成为“僵尸粉”（网络用语，意思是虚假粉丝、无效粉丝），严重影响账号质量。

如果矩阵账号涵盖不同的细分领域，那么运营者在对用户的管理及互动方面会更加高效。并且由于平均每个账号的粉丝量在 100 万左右，运营者在进行“粉丝促活”时会相对简单，不会对整个账号矩阵产生过多不良影响。

搭建账号矩阵还有一个好处，就是其中少部分账号需要调整时，重新铺设账号不会影响全矩阵。

2. 搭建账号矩阵的关键问题

在搭建账号矩阵的过程中，我们可能会遇到一些问题。

（1）账号定位冲突

搭建账号矩阵是为了让品牌覆盖面更广、获得更多用户。这就意味着，矩阵中的账号在定位上不能互相冲突，也就是定位不能相似。对企业而言，如果各个账号的定位相似，则意味着账号对应的用户画像也相似，那么不仅会造成粉丝重叠严重，还可能因为这些账号成为竞争对手而互相争抢流量。所以，我们可以通过搭建账号矩阵，让内容输出分类更细化。

比如，樊登读书账号矩阵包括职场、情感、亲子等内容类型账号，不仅使各个账号的内容输出分类更加细化，还能让各个账号分别覆盖对职场、情感以及亲子内容感兴趣的相关人群，让各个账号的覆盖用户更加精准。

搭建账号矩阵有3个优点。一是让所有账号都具有共同的价值点，比如，攀登读书账号矩阵中各个账号的价值点都是推广樊登读书这个品牌；二是各个账号分别输出不同领域的内容，这能让用户感知到各个账号的专业度和更高的输出价值；第三个优点当然也是最重要的一点，即各个账号之间并不产生冲突，更不会因为争抢流量而成为竞争对手。在一个好的账号矩阵中，账号之间没有内容或者价值的冲突，而会相辅相成，共同实现整个账号矩阵的良性发展。

（2）员分配不足

如果只有一个运营人员运营一个账号，并且运营人员不需要写剧本和拍摄，那么一个人是足够的。比如运营“樊登读书”账号只需要对已有视频进行剪辑并加字幕就可以了，因此，一个运营人员足以完成工作。如果这项工作还包括撰写剧本、进行拍摄，那么一个运营人员肯定不够。这时，我们首先要知道抖音矩阵的职能分工，再合理安排人员数量。

一个完善的矩阵运营部门至少包含以下4种职能人员：编剧、摄影师、后期制作者、运营人员。编剧负责策划内容选题、撰写剧本、把控摄影人员的拍摄效果；摄影师负责视频的拍摄以及摄影器材的使用和管理；后期制作者负责对视频进行剪辑、加字幕及特效处理等；运营人员负责视频的上传、内容运营、粉丝维护、流量转化等工作。

此外，如果要为账号打造一个人格化特征很强的IP，那么这个运营部门还要包括演员。但一般情况下，企业没办法做到完整配置人员，因此可以进行适当整合。

比如我们可以找除摄影师之外的其他人员客串演员；摄影师兼任后期制作者，对自己拍摄的素材有更好的后期把控；编剧兼任运营人员，对内容有较好的把控，后期粉丝维护也会更高效。

当然，有些企业可能会把4种职能工作交给一个能力很强的员工，以实现成本最小化。但这种做法的风险很大，如果这个员工离职，企业又没找到接任者，那么账号运营工作就不得不停止了，这对账号发展很不利。

（3）企业认证蓝V账号

蓝V账号认证对企业来说有很多好处。达到认证条件后，企业应尽量认证蓝V账号。

第一，和“官网”类似，企业账号得到平台的认证，会让用户产生更多的信任感。用户评判一个机构或组织靠不靠谱，大多数是通过看这个账号是否有蓝V标志。

第二，名字搜索置顶。拥有蓝V认证标志的企业号，在被搜索时会显示在最上面的醒目位置，不仅便于用户在第一时间查看，而且方便账号引流。比如我们在搜索“职场干货”时，会发现有很多账号都是这个名字。在这种情况下，用户一般会点开第一个账号查看。

第三，蓝V账号可以在后台添加第三方链接，比如企业官网、活动页面，甚至是App下载链接。这能让企业得到足够的曝光机会，对抖音引流特别有帮助。

第四，蓝V账号可以在后台添加电话号码，便于用户直接联系企业客服。

第五，蓝V账号拥有自动回复功能，有利于企业与用户交流。企业工作人员往往无法24小时在线，而自动回复可以作为缓冲手段。我们可以引导用户输入各种关键词来触发回复，以解答用户一些基础问题。同时，根据用户需求设置关键词，也能方便企业账号将粉丝引流到其他平台或账号。

第六，蓝V账号可实现全平台同步认证。在抖音上进行了企业认证的账号，在登录头条系平台（包括头条号、悟空问答、西瓜视频、火山小视频、皮皮虾等）时可实现同步认证，不需重复提交认证资料。

3. 抖音矩阵的3种玩法

在账号矩阵中，各个账号之间的关系是相辅相成的。在这个基础上，我们可以通过3种玩法，来实现账号之间的相互导流。

（1）互相关注

抖音的关注列表其实是一个很好的广告位。想象一下，如果一个明星的抖音号只关注1个其他号，你会不会非常好奇："这个账号到底是什么？这两个账号有什么关系？"同样，如果我们的抖音号已经有了几十万甚至上百万的粉丝量，当我们的关注列表里只有一个账号时，用户也同样会好奇我们关注的账号是什么。

这时，用户可能会单击列表中的头像，进入相应的账号主页。我们可以通过实践前面学过的知识，告诉用户这个账号是谁、在做什么、能为用户带来什么价值，从而吸引用户停留甚至关注，最终实现导流。所以我们要注意，不能随便关注其他账号，我们应关注自己矩阵中的账号或者合作伙伴的账号。通过这种互相关注的方式，我们可以对用户进行更细化的筛选和导流。这种玩法对账号变现或推广有很大帮助。

（2）互相推荐

和"互相关注"玩法类似，"互相推荐"玩法使用的是喜欢列表。想象一下，如果你喜欢一个账号，你是不是也会对这个账号喜欢列表里的内容感兴趣？我们可以在喜欢列表里放入矩阵中其他账号的内容。这样，用户很容易通过喜欢列表进入相应的账号中，从而实现导流。

（3）同屏展示

同屏展示有2种形式。第一种很简单，做法是在发布视频时@其他矩阵账号。这样，矩阵中的其他账号就会在视频页面的下方出现，有利于引起用户的好奇心和兴趣。第二种形式是两个账号合作拍视频。这种形式适合具有IP的账号。两位IP主角同屏出现，可以让彼此的粉丝相互导流。

我们通过以上3种玩法，让账号矩阵的流量最大化，同时实现账号价值的最大化。

➡ 抖音的爆款产品

1. 抖音的"带货能力"

抖音之所以能成为营销行业的新宠儿，是得益于它强大的传播力和无形之中的带货属性。而这两点是由抖音自身的平台基因和用户使用抖音时的状态决定的。抖音的平台基因是基于算法的智能推荐，讲究内容为王，只有优质的短视频内容才能够成为平台热门，才能被推送到广大的用户手中。这就要求广告主的内容首先要以创意为出发点，其次才是品牌信息的露出，相较于过去传统的硬广或硬植入，保证了品牌植入与视频内容的高度结合，自然更易让观众接受。

当用户进入其他平台还停留在“看热点资讯”“做打卡任务”时，抖音上的用户却在欣赏别人的美好生活，或是好玩搞笑，或是漂亮的小姐姐小哥哥，又或是新鲜的事物推荐……而这些恰恰是“杀时间”的重要元素。抖音轻快、趣味的短视频内容，让用户处在一种放松、随机、无意识的状态下。在这种状态下，受众对植入信息会以更自然，甚至好奇的心态去了解这些品牌或产品，比如主动到评论区问东西在哪儿买的、产品还有什么功能之类的，让“种草”“入坑”发生在无形之中。

在抖音上，不少抖友会分享自己从电商平台上购置的“抖音同款”商品，并在留言区写“这是抖音‘骗’我买的第50件商品”之类的，反映了抖音给用户带来的隐形“入坑”感受。而很多商品也出乎意料地火遍全站，但其实我们从抖音的平台基因和为用户营造的观看状态上分析，就会发现这些爆款商品的火爆既是意料之外，也是情理之中。“意料之外”，是因为这些商品并未像传统产品那样在电视、互联网上打任何广告，甚至有些都不是用户日常的刚需用品。“情理之中”，是因为这些产品在站内做到了与有趣内容的高度结合，用户并非为这款产品的功能买单，而是为趣味、好玩，为视频的创意买单。

2. 抖音爆红货品特点分析

最初的抖音内容几乎都由用户生产，以模仿视频为主，魔性的音乐加上酷炫的特效，而用户自制内容中，少不了一些产品的植入和入镜。乍看之下，被抖音带火的商品五花八门，甚至有些稀奇古怪，但如果仔细分析，会发现它们有一些共性。

基本特征：

（1）产品受众锁定年轻消费者

抖音目前已经成为“90后”“00后”彰显自我的舞台，他们喜欢潮流或者炫酷的物品。像戴森吸尘器也很火爆，多样的吸尘器功能很吸引人，但是如果分享到抖音就红不起来，因为吸尘器的目标对象不是年轻人，所以在抖音上面火爆的商品，必须是年轻消费者爱玩的东西。

（2）产品性价比高

当下焦虑的年轻人愿意通过新鲜的东西来找乐子。更有甚者，一些人通过花钱排解焦虑和寂寞。如果是低成本的东西，他们更加随意。在抖音上火爆的商品，均价 100 元以下，都不会太贵，不用花大价钱就能买到好玩的东西，何乐而不为。

（3）有创意、好玩

年轻人喜欢创意，喜欢表达自己，他们使用的商品也必须要有创意、好玩，商品属性可以恶搞，比如明星搞怪面具，适用于任何场景，在接亲的时候，新娘带上恶搞面具，当新郎揭开面纱的时候，出现的是某位明星的样貌，这样惊险而刺激的视频场景只需要一个面具就能实现；商品属性也要新奇，比如可以吃的 iPhone X，包装盒里面装的不是苹果手机，而是巧克力，送给朋友时，打开盒子的体验感从惊喜到失望，让人觉得有趣，这样的商品自身引发的内容就可以支撑一个视频的创意，不需要额外的创意点。

注意，需要推广商品的时候，一开始一定要提炼出商品最厉害的创意属性，引发一波狂潮后，可以持续开发其他的创意点。只要你的创意能满足抖友们的需求，引发讨论和话题，你的商品就会火爆。

（4）实用有价值

如果商品没有新奇好玩的点，那起码要有一定的实用性才能在抖音上大火。比如自拍杆手机壳，充当手机壳的同时还可以变形为自拍杆；又比如切菜神器，切菜再也不用害怕伤到手。这些商品都戳中了抖友们日常生活中的痛点，能让他们获得一定的新技能和好处。抖音上还有很多提升生活技巧的产品，都获得了广泛传播。

（5）猎奇

从心理学角度来讲，大家都喜欢新奇、新鲜、好玩或者可爱的东西。就拿“小猪佩奇社会人手表”来说，它根本没有手表的时间功能，打开手表包装里面居然是奶糖，惊喜总是那么猝不及防，“这既可爱新奇又好玩”。小猪佩奇其实跟“社会人”本身是没有关系的，但在偶然的情况下被捆绑在一起，就建立了某种基于身份的象征意义。有人说，“可能这就是所谓的用童趣来瓦解复杂社会吧。”

3. 抖音爆红商品

我们常说的一个词“网红基因”，在这 30 款爆红产品中都有体现，小猪佩奇手表对应的是“不贵，猎奇”，名创优品香体喷雾对应的是“不贵，实用，效仿性”，自拍杆手机壳则是“实用，好玩”，相对较低的投入成本以及在体验之后的高收获感（这绝对是抓住年轻用户的一个大招），让这些产品很快成了抖音爆款。

随着小猪佩奇的火热，很多人纷纷在淘宝上搜索“小猪佩奇”，希望拥有小猪佩奇同款手表，这也成为从抖音出走到电商的现象级案例。

抖音上出现的爆款商品，比如妖娆花、情侣手模、喷钱水枪等在电商平台上都成了爆款。而机灵的商家会在商品名称上加“抖音同款”关键词进行推广，有的卖家称，突然爆发的订单量，让自己都懵了。

抖音不仅提供了一种新的娱乐形式，也逐渐创造了新的商业形态。从素人网红、爆红商品、音乐、电视剧，再到品牌商，平台上的多元形态、社交氛围，还有很多商业价值可被挖掘。

据了解，抖音正在测试品牌的直播带货功能，可以实现商品的边看边卖。如何把产品花式植入视频，用什么方式炒热自己的产品，这是所有品牌商需要考虑清楚的问题。

➡ 火遍全网的抖音网红店

抖音强大的营销能力随着一款款淘宝爆品被卖断货、一间间网红店排起长队被强有力地论证了，因此也吸引了越来越多的商家对网红店在抖音的运作过程进行分析，希望从中找到打造网红店的秘籍。为此，我们对抖音目前火热的网红店进行了分类总结：

1. 美食 DIY

关于吃，我国自古就有“民以食为天”的说法，对食物的做法、吃法都十分考究。因此怎么令食物更好吃，顾客们对此乐此不疲，小到油碟调料碟的制法，大到鸡、鸭、鱼、鹅的做法火候都体现着我们对美食的不断追求。而很多网红餐饮店，正是凭借着顾客在吃方面的钻研和独门配方，在抖音上广泛传播，吸引了一大批消费者亲身测试，体验前所未有的美食吃法。这类网红店的代表主要有：CoCo 奶茶、海底捞火锅……

【案例】CoCo 奶茶：DIY 独家好喝搭配

创立于 1997 年，是已经有 20 多年历史的全球连锁品牌，CoCo 奶茶是年轻消费者中的经典品牌，它没能赶在 2017 年的奶茶热潮成为喜茶、一点点那样的网红爆品，但却在 2018 年凭借一份用户的秘制菜单火遍抖音，成为抖音最早的一批网红店，重新成为年轻人关注的焦点。

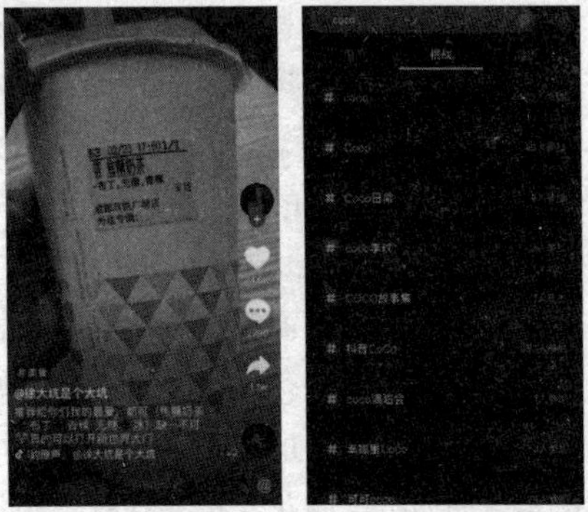

CoCo 奶茶的抖音营销源起于一名普通用户“徐大坑是个大坑”分享的一个 CoCo 奶茶配方，这段短视频在抖音上发布后形成病毒式传播，收获了 20 万个点赞，观看视频的用户纷纷来到最近的 CoCo 奶茶店亲自测试。随后这款隐藏菜单仿佛打开了消费者前往新世界的大门，成了微博在晒、朋友圈在刷的网红饮品，引发全网热议。紧接着，CoCo 奶茶挑战顺势推出，吸引了大批用户参与挑战。此后，网友们围绕 CoCo 奶茶的产品，又陆续研发出了多款 CoCo 隐藏菜单，成为抖友们争相尝试的新品，最终在市场的检验下，两款网红奶茶成为 CoCo 的门面产品。

在奶茶下单时，用户能够自己 DIY，对奶茶饮品进行选择，对奶茶的配料、糖分、冰量进行定制化下单，这正是隐藏菜单得以诞生的基础。用户在对奶茶的搭配中，找到了非常好喝的搭配，便形成了这一个个秘制菜谱、隐藏菜单。其中，经过市场检验后 CoCo 最火的两款饮品是：网红套餐 1：焦糖奶茶 + 布丁 + 青稞 + 无糖 + 冰；网红套餐 2：奶霜草莓奶茶 + 椰果 + 珍珠 + 冰。这两款奶茶都是“剑走偏锋型”，一般焦糖奶茶不会添加青稞，而奶霜草莓奶茶选取的配料也不会这么复杂，在这种复杂搭配下形成的美味饮品，极大地吸引了顾客亲自尝试，体验那种 DIY 独创美食的快感。

CoCo 奶茶隐藏菜单的关键是为顾客提供 DIY 的素材，让顾客在原有饮品的基础上，通过配料的搭配让一杯普通的奶茶变成独家的好喝搭配，让用户在搭配出美味饮品的同时收获那份研究搭配的喜悦感。这种秘制配方恰好满足了抖音里年轻受众追求与众不同的心理需求，通过一杯独家秘制的饮品展现出自己的不同品位，还能在录制抖音后通过分享找到站内有共同嗜好的圈子，而这两点都能直击年轻消费者的内心诉求。

在第一款网红套餐搭配“焦糖奶茶 + 布丁 + 青稞 + 无糖 + 冰”引爆后，围绕 CoCo 奶茶诞生的其他网红套餐陆续涌现抖音，“鲜百双响炮 + 微糖 + 正常冰”“鲜芋青稞醇牛奶 + 红豆 + 去冰”“奶霜草莓奶茶 + 椰果 + 珍珠 + 冰”等独家配方成为顾客们跟风尝试的搭配，顾客在体验中将好喝的菜单发到站内推荐给其他抖友们，自发形成一种研发、跟风尝试、推荐的产出系统。最终，一款“奶霜草莓奶茶 + 椰果 + 珍珠 + 冰”从众多餐单中脱颖而出，成为 CoCo 奶茶的第二款网红爆品，收获了第二波用户流量。

2. 奇趣玩法，不止于吃

除了美食本身吃法讲究外，有一类网红美食店凭借着超出食物味觉之外的奇趣玩法成功吸引了大量顾客购买体验。这类网红店往往在美食之外提供附加的服务，为用户带来有趣的购物体验，这类网红店的代表主要有：答案奶茶、土耳其冰淇淋和摔碗酒。

【案例】摔碗酒：摔碗带来的快感

摔碗酒是西安永兴坊的一种特殊的米酒喝法，与土耳其冰淇淋有些类似的是摔碗酒也并非特定的连锁品牌，但是它确是西安永兴坊的区域特色，在全国也算是独此一处的特色旅游项目。在成为抖音爆品之前，游客们去了永兴坊才知道摔碗酒，而在抖音“一战成名”后，摔碗酒成为西安旅游不得不体验的旅游项目，永兴坊顿时门庭若市，热度一度超过西安特色景点—回民街。

摔碗酒的营销历程是随着西安在抖音上的火热而开始的。最初，西安的蹿红是以“食”闻名，西安作为老牌的旅游城市，兵马俑、回民街、永兴坊、钟楼鼓楼都是游客耳熟能详的城市地标。游客们对于这座千年古都并不陌生，但是对这座城市沉淀多年的特色美食却知之甚少，因此“食”成为西安在抖音上率先发声的阵地。西安人将永兴坊的摔碗酒、醉长安的毛笔酥、回民街的羊肉泡馍、洒金桥的鸭蛋夹馍、小兵马俑 AR 代言的冰峰饮料等打造成了抖音站内的热门内容。最终摔碗酒伴随着一首《西安人的歌》，在壮观的碎碗堆中成为抖音无数条破十万、破百万点赞的内容，唤醒西安抖友们对西安这座城市的依恋，《西安人的歌》也因此成为各大音乐网站的热门曲目。

摔碗酒相传源起于土家族，象征着兄弟间的友谊团结，将碗摔碎，以泯恩仇。如今伴随着清脆的摔碗声，摔碗酒是摔走烦恼，摔走晦气，摔走心中的不愉快，释放压力，摔出豪迈，摔出福气，摔出吉祥象征。摔碗酒的产品设计十分简单，即用户在碎碗堆旁购买一碗酒，然后饮尽，将碗摔在碎碗堆中，而后碎碗形成了壮观的碗堆。

所有摔碗酒的热门视频无一例外都选用了《西安人的歌》这首饱含西安人文风情的城市歌曲，一首城市歌曲作为背景音乐，带给观众的已经不单单是视频内容本身，而是将视频中的事物与西安这座城市挂钩，进而将摔碗酒打造成城市记忆，一个外地游客对西安的城市印象。针对西安这种文化底蕴深厚的旅游城市，这种打造无疑是成功的，一座古老的城市伴随着一首朗朗上口的歌谣焕发了新一代对它全新的认识，而摔碗酒也成为认识这座千年古都的重要环节。我们可以看到这首《西安人的歌》在抖音音乐中被用户不断使用，其中原版音乐已被 38.4 万人使用，是当之无愧的抖音神曲。其中，摔碗酒是这首城市歌曲应用得最多的场景，从侧面也反映出摔碗酒已经成为西安城市印象的一部分。

摔碗酒借助城市的文化宣传获得了巨大成功，但为什么摔碗酒能够代表西安的文化，有资格成为西安城市印象的一部分呢？这就要从摔碗酒与城市文化的本身出发了，摔碗酒的抖音内容中，将摔碗的动作和摔碗后的碎碗堆这两个意象放大，让观众能够直接从摔碗的力度和堆积成山的碎碗堆中感受到西安人的豪爽，是一种摔碗的力量宣泄，而这在繁华的城市中恰恰是最难得的。因此外地的游客热衷于用尽全力地摔碗，摔掉生活中的不愉快，摔掉生活中的苦闷。

3. 网红景点

除了上述三类主要的餐饮类网红店外，抖音站内还涌现了很多吸引用户在假期出游时想要到访的网红景点。这些网红景点各具独特性，需要用户到现场才能够感受和体验，如上海迪士尼乐园酒店、重庆洪崖洞、中国版“天空之境”……

【案例】抖音第一个爆款景点：重庆洪崖洞

重庆洪崖洞民俗风貌区北临嘉陵江，南接解放碑沧白路，区域沿江全长约600米，商业建筑总面积逾60 000平方米，以最具巴渝传统建筑特色的“吊脚楼”风貌为主体，依山就势，通过分层筑台、吊脚、错叠、临崖等山地建筑手法，集合了餐饮、娱乐、休闲、保健、酒店和特色文化购物六大业态，形成了别具一格的“立体式空中步行街”，是重庆最具层次与质感的城市景区商业中心。它在抖音上走红之前，仅仅是当地的一个知名旅游景点，在全国范围内并没有太大的名气。

洪崖洞的走红与重庆的“山城”特点必不可分，在洪崖洞火爆之前，重庆这座拥有巨大海拔差的城市凭借着纵横交错的复杂交通网、楼顶上的公路、楼宇间穿行的轻轨已经成为一座游客眼中的魔幻之都。而洪崖洞由于外形与著名影视作品《千与千寻》中汤婆婆的“洗浴中心”很像，建筑造型魔幻，吸引了众多抖友拍摄。一经抖音站内传播，景点访客的人潮便一发不可收拾，洪崖洞人满为患，抖音视频内容层出不穷，让重庆晋升为抖音首个网红城市。

作为重庆这座山城的地标性建筑物，洪崖洞可谓集重庆山城的特点于一身。依山而建的建筑形式、丰富多样的美食小吃、缓慢的享受型的生活节奏，都在洪崖洞这个集合体中体现了。而洪崖洞对面的崭新写字楼群，也和充满传统特色的洪崖洞形成了鲜明对比，体现了重庆在经济发展进程中兼顾传统、兼容并包的城市气质。且建筑整体造型与《千与千寻》中的魔幻建筑造型相似，让游客看到一座复刻的魔城，吸引力十足。

首先，洪崖洞本身主打《千与千寻》的建筑还原，依托宫崎骏作品的大 IP 流量，迅速吸引 90 后抖友们到现场游玩。其次，洪崖洞的成功营销与重庆这座城市成功的营销宣传是紧密相关的，重庆号称建在山上的城市，由于巨大的城市高度差，重庆拥有许多不可思议的城市设计，让整座城市的格调都尽显魔幻，令来自平原城市的网友们向往不已。而洪崖洞作为重庆的一大标志建筑，与其他景点一同形成重庆旅游的景点套餐，吸引着无数游客到访一睹风采。

第六章 从短视频到直播带货

➡ 抖音如何做营销转化

1. 重视每一个粉丝的互动

前期粉丝少，一定要重视种子用户的积累。要做到认真对待每一个粉丝，让每一个粉丝都能感受到被重视的感觉。对于粉丝的问题、评论，尽量做到一对一回复。积累的种子粉丝越多，后期爆发的机会越大。

平时粉丝留言，不管多忙，笔者都会抽时间回复。有一位粉丝经常对笔者的视频进行评论，观点十分犀利，虽然不开心，但是每次笔者都会回复他。后来这位粉丝私信告诉说："我每一次给你留言，你都会回复我，其他大咖没人回我。我开抖音半年，只关注了两个账号，你是其中之一。"那一刻笔者才感受到重视粉丝的价值。

一位朋友曾经给一位拥有 103 万粉丝的专家账号留言 3 次，咨询相关问题，结果无人回复。朋友内心觉得不被重视，被看不起，于是取消了对这位专家的关注，并且抱怨说这位专家耍大牌。

其实，拥有 103 万粉丝的账号每天收到的留言及评论应该非常之多，但是粉丝不了解，就会误认为不被重视，笔者想很多粉丝也会有类似的经历。当我们的账号粉丝多、留言多时，不论多忙，一定要重视与粉丝的沟通。能主动咨询交流的粉丝，与你的关系一定比那些只关注不沟通的粉丝要牢固。留言回复不过来可以委托专人帮你维护，如果粉丝突破百万，账号已经值得组建团队经营了。

2. 内容根据粉丝需求针对性调整

笔者分享营销知识点时，粉丝就会留言："我是做理发的，怎么用""我是做服装的，怎么用""我是开律师所的""我是维修店"……

很多粉丝的行业不相同，我们在和粉丝交流时要根据粉丝的具体行业、具体问题，针对性回复。当然，这很考验一个抖音博主的专业度，如果不实战、不专业，对产品不熟悉、不了解，就会卡壳、露馅，自然让粉丝觉得你很业余，时间久了自然就懒得关注你了。

3. 转变为永久性粉丝

微信现在已经成了一个必不可少的通信工具。假如你的手机卡丢失，你存储的手机号可能全部就没了，但是微信好友不会丢。所以很多人见面不留电话，也要加上微信。粉丝今天关注了你，明天不关注，就找不到对方了。但是加成微信好友，一般很少会有人再删掉。

建议大家平时把和自己互动的粉丝加成微信好友。现在抖音又推出了多闪聊天软件，目前还在基础发展阶段。多闪和微信的属性不一样，微信倾向于通信，大家加成微信更像是朋友。多闪倾向于社交电商，更像是淘宝的交流软件阿里旺旺。多闪是微信封杀抖音后，抖音不得不推出的应对策略。目前微信的江湖地位还是很难被替代。

不过，在"头腾大战"的环境下，将抖音粉丝转化到微信上要非常慎重和巧妙，否则会被提醒降权，重则限流。一般情况下可采取一些隐蔽的字母或词汇，暗示粉丝自己的微信账号，比如"加我VX""威心"等。

4. 先建立好感和信任，不要急于变现

这是做抖音内容和做抖音转化的核心点。做抖音营销，一定要先建立好感和信任，最后再进行转化变现。

为什么苹果手机店不叫专卖店，而是叫体验店？你会发现一些国产手机的专卖店，只要你进去，就会有推销员跟着你，想买什么手机，想买什么牌子，想要多大内存，想要什么功能，追着你推销。（而苹果手机店，服务员基本不搭理你，任你随意体验。）

在麦当劳、肯德基，你不买东西，就在那里休息或者上厕所，心理

也会很舒服，因为没有压力，而在一些其他的饭店，不去吃饭干坐在那里或者只是上厕所，你自己都会不好意思。

这就是营销的区别。消费者凭什么愿意去你的店里？去的时候，是舒服，还是压抑？营销不等于推销，营销是想办法创造环境，让客户在未见产品之前，早已对你产生好感、期待和信任。

做抖音也是一样。很多账号上来就想卖货，内容全是广告。暂且不说广告视频会被抖音封杀，即使不被封杀限流，也没有多少粉丝愿意整天看广告。我们看电视时，碰到广告就会换台，爱奇艺、优酷等视频网站上，人们宁愿支付会员费用，也不愿意多看广告，大众对广告是很厌恶的。抖音也不希望自己的平台成为广告机器，自然对赤裸裸的营销内容限流封杀。所以，一定要创作优质的内容，先吸引粉丝的兴趣，才能获得粉丝关注，才会有营销转化的机会。

粉丝基数少的时候，千万不要着急卖货。互联网最重要的不是工具，而是用户思维。用户喜欢什么，关心什么，最重要。粉丝可以随时取消对你的关注。如果整天都是广告，内容劣质，账号的掉粉速度是非常惊人的。

2019 年开始抖音对大 V 账号进行严打，很多恶意广告号被限流、封杀。抖音鼓励企业和抖音官方合作，以获得更多的广告收入，这是平台方正常的经营策略。所以，好不容易积攒了足够多的粉丝，进行商业转化的时候更应该小心。

很多人对于粉丝的变现一筹莫展。有一位朋友拥有粉丝 200 多万，但是不知道如何变现产生经济收入。

➡ 抖音的变现方式

波普艺术大师安迪·沃霍尔说：“每个人都可能在 15 分钟内出名。”而抖音告诉我们，要出名 15 秒就够了。抖音的品牌传播价值及营销价值日趋凸显，拥有粉丝就拥有了巨大的财富。

目前，抖音日均播放量已经突破 30 亿人次，春节期间日活峰值一度超过 6000 万人次。2018 年 8 月抖音广告收入每天为 5000 万元。2018 年头条广告收入 180 亿元，2019 年广告营收 600 亿元增长率 233%。

2018 年参与“双十二”的抖音电商账号有 7000 个，官方活动曝光量超过 12 亿人次，参与人数突破了 100 万，促成了天猫淘宝成交单数 120 万单。TOP50 账号完成了 1 亿元 GMV（成交总额）。

2019 年，抖音高调赞助央视春晚。伴随着高流量的涌入，越来越多的行业聚焦于抖音。越来越多的行业开始关心一个问题：怎么通过抖音变现？

1. 电商带货

抖音可以连接淘宝等电商网店，也有自己的抖音小店，可以直接通过视频带货。目前，抖音电商大有超越传统电商趋势，是集直播、社交、短视频于一体的富媒体电商平台。

举几个服装行业的案例。第一个案例是抖音账号“蓝小爸”，这是杭州一个做童装的团队做的。之前是拍老板的女儿，因为经常去韩国、日本拍照，加上老板女儿身体不太好，又不太配合，所以他们找了一个模特，组建了一个相对比较专业的团队来拍这些产品。2018 年 9 月关注的时候他们才有 35 万粉丝，现在已经有 155 万多了。现在他们每个月引流的淘宝销量数据在 10 万件以上。

第二个案例是广州的一个服饰账号，叫作“李李李婉君”，做到第三个月的时候，最高峰日销售额已经高达百万，也是通过抖音直接连接淘宝。

所以，抖音变现的第一个有效方式，就是电商转化。现在做淘宝、天猫、京东等电商平台，一般有 20%~30% 的推广费用，加上退换货率，普通企业现在基本上没钱赚。而抖音的流量很大，日活跃用户 2 亿，月活用户已达 4.5 亿，而淘宝的月活跃用户数只有 4700 万。微信的月活跃用户达到 10 亿，用了 10 年，淘宝用了 15 年，但是抖音用了不到 2 年的时间，月活跃用户就已经高达 4.5 亿，基本上是微信用户数的一半，已经集聚了消费的主流力量。通过抖音为电商引流，或直接在抖音小店成交，是抖音变现的第一方式。

电商带货的技巧非常简单，根本不用拐弯抹角地做内容、做号、做一堆铺垫，千方百计地规避平台规则往这边导流，可以直接通过产品的场景视频，直接吸引潜在粉丝，直接卖货。

更多卖货的抖音视频案例，大家可以关注公众号“蓝狙营销”，后台留言，免费获取。我们分享的很多抖音营销型视频，只需照着操作案例去做，就可以既避免被封号，又能直接卖货。

2. 微商变现

第二个有效的变现方式是微商。抖音信息流可以带来巨大的流量，但是除了鲁班系统、放心购，并不能直接做销售。把顾客引到微信上，就可以进行深度交流，营销成交。

有一个抖音账号叫“锰宝”，之前是微商团队，在抖音火起来之后，开始切入做抖音，结果有 337 万粉丝。老板是一位女士，就在抖音上面教别人怎样化妆。内容比较有趣味性，比较生活化，比较有针对性。微商最难解决的就是流量问题，用抖音这样的方式就把流量问题解决了，而且客户十分精准。然后，她又把这种方式分享给她的代理，生意自然发展很快。

虽然抖音封杀微信，微信也在封杀抖音，但是微信始终是抖音最好的承接载体。如果不被限流，微信就是鱼塘理论的深度运营载体。把粉丝引导到微信里，组建社群，走社群模式，配合一套商业模式，是非常不错的转化方式。

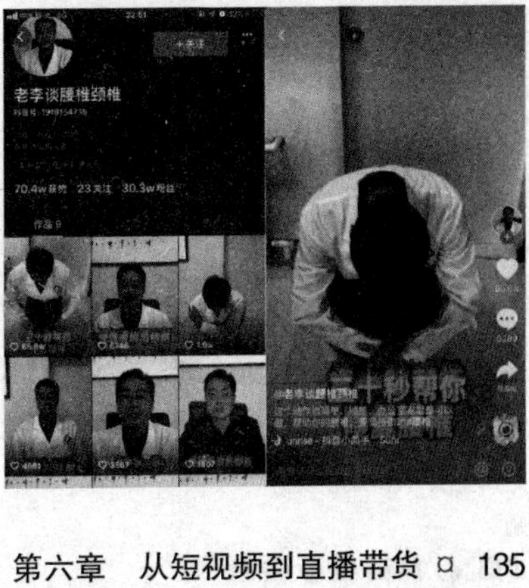

有一个账号叫作“老李谈腰椎颈椎”，主要讲腰椎颈椎问题做哪些动作可以治疗。结果每个月有一两万人加微信，加了微信就卖 99 元的“狗皮膏药”，变现很容易。

很多保健品、医疗号，经常通过这种方式吸引精准人群。什么头疼病、颈椎病、更年期之类的，有的组建抖音矩阵，每个账号一种疾病，针对一类人群，只要内容足够专业，就能大量吸引精准粉丝。随后在微信及社群里，转化为一个实物产品，或者一套易操作教程课件进行营销变现。

有一个做设计的账号叫“七天设计工作室”，通过分享每一个 LOGO 设计的过程，让粉丝感到敬佩，进而产生咨询交流。对方会引导粉丝到微信交流，进行转化，效果很不错。不过，抖音在封杀微信，在留言沟通时，尽量不要提“微信”两个字，可以巧妙暗示。

3. 培训及知识付费

很多教育类账号在抖音平台发展很快，有一个账号叫“周导聊商业”。周导在 2018 年之前做了六七年的培训，之前效果不好，主业是帮企业做企划案，收费是一年 120 万元。后来通过抖音，他快速吸引到 300 多万粉丝，现在每个月开 1~2 场培训，每场每人费用 9800 元，每场人数 1000~2000 人。所以现在每场培训收入有 1000 万 ~2000 万元。这只是三天两夜课程，然后会有 30% 的学员继续上高阶课程，按每人 10 万元的费用，可以想象变现能力多么强大。

紧接着，他又布局了海量的抖音矩阵，复制自己的成熟模式，快速吸引大批量精准粉丝。

不过，2019 年两会期间，抖音对部分培训类账号进行限流，很多账号受影响很大，因此此类账号在内容制作时，尽量不要做出赤裸裸的营销展示。

4. 直播变现

现在有很多的直播平台，包括快手的直播，可以直接带货销售。通过直播平台可以打造红人，以及打赏赚钱。现在有很多颜值比较高、很有才艺的人，通过抖音直播平台吸引了很多粉丝。粉丝有了，后期变现还有很多的玩法。

直播功能是拥有3000粉丝以上，并且开通电商小店后自动开通。粉丝可以在观看直播的过程中向达人赠送抖币，6元能买到42点抖币。达人获得的总收入就是音浪，音浪越高人气也越高。跟其他直播App花钱买礼物并没有什么区别。

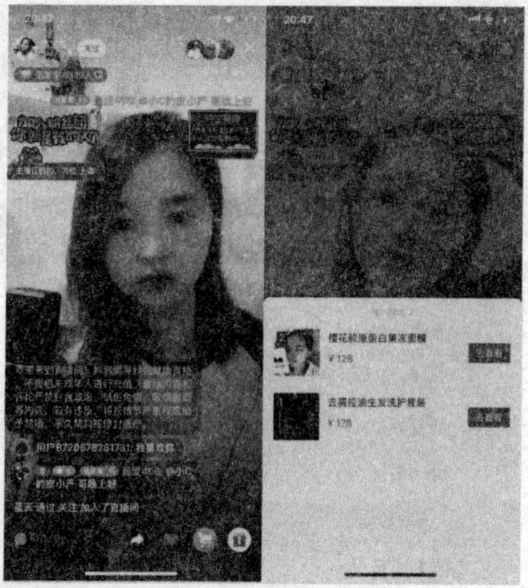

除了粉丝赠抖币，有一技之长的达人还可以通过直播直接卖货，或给自己做其他方面的导流。现在抖音直播还可以和电商小店直接链接，营销转化销量更高。

5. 广告变现

抖音达人接广告或者说为品牌定制内容，是目前抖音号最主要的变现模式。抖音达人可以通过视频贴片、冠名口播、形象代言、互动贴纸、发起挑战等各种巧妙的方式进行品牌合作营销。

成都小甜甜靠一句“请我吃饭就好”火遍全国，没过多久，就接到了小米的代言广告，为小米拍摄了手机宣传视频。该视频点赞数超过128万，评论3.7万条，至少3000万人看到过这个视频，传播效果抵得上千万元的央视广告。

抖音会给平台上的红人配备专门的小编管理，头部的红人有类似经纪人的角色帮他们对接商业合作，但没有透露具体的分成比例，不同粉丝量级的红人分成方式也有不同。此外有红人透露，很多抖音红人活得比明星还滋润。

抖音星图仅是抖音官方的接单平台，网红还可以通过签约的MCN（经纪公司）接单。像代古拉K到目前的145个视频中，就有将近10个广告，如果按照报价单里一个广告50万元左右的报价，那这个IP已经赚了500万元左右了。

每个头部网红背后一般都会有一家经纪公司。粉丝最多的“会说话的刘二豆”，特色是将萌宠人格化，配上萌萌的配音，演绎狗血剧，目前抖音的粉丝达到4520万，其背后的MCN是北京好看文化。

抖音星图头部达人报价表（部分）

名字	粉丝数/万	1-20S 视频报价/万	21-60s 视频/万	接单数
会说话的刘二豆	4166	52	78	1
一禅小和尚	4009	39	58.5	0
七舅脑爷	2777	36.4	54.6	2
黑脸V	2490	78	117	0
papi酱	2261	78	117	1
代古拉K	2211	45.5	68.25	4
山村小杰	1761	17.16	25.74	2
忠哥	1628	39	58.5	0
办公室小野	1328	26	39	0

“一禅小和尚”是报价单里唯一一个虚拟网红，其背后的MCN是大禹科技，旗下还有一个全网粉丝千万的大号“奔波儿灞与灞波儿奔”。除了短视频，这家公司还做游戏自研，从粉丝量和营收角度目前稳居国内MCN的第一梯队。

“七舅脑爷”“代古拉K”和“办公室小野”，背后的MCN是洋葱视频。这家公司厉害的地方是创始人是电商出身，目前公司电商收入占70%，广告仅占30%，有强大的变现能力，也稳居国内电商第一梯队。

那些头部网红背后都是有组织的，抱团作战的优势一方面可以得到组织的培训和大号的带量，另一方面也可以抱团提高与平台方的谈判能力。不过，抖音在和机构合作上较为强势，2018年12月开始达人可以和机构直接合作，对达人零提成，抢夺机构的饭碗。账号粉丝多了，广告合作如何取舍，还得看以后的抖音政策。

6. 实体店引流

实体店利用抖音做引流的案例越来越多。重庆的汇山城火锅店依靠火锅姐小辉辉的舞蹈爆火。一个火锅店的普通员工，因为会跳舞，比较活泼，吸引了大量粉丝去店内看她。小辉辉也已经从一个普通服务员，晋升为联合股东。

➡ 通过广告变现

无论是什么平台，只要有足够的流量，都可以充分利用流量进行广告的推广。这也是为什么抖音网红经常受到广告商追捧的原因，那些拥有海量粉丝的抖音网红，通过广告获取的酬劳甚至超过了很多当红明星。

下面来看一下抖音网红的广告价位表：

序号	昵称	粉丝数（万）	市场价（元）
1	王 ××	137	80000
2	智 ×	105	50000
3	你的男孩 ××	62	40000
4	洁哥是 ××	60.7	35000
5	成 ××	41	20000
6	杨 ××	30	18000
7	Coco××	20	15000
8	健身达人 ××	14.7	13000
9	侯 ××	11	10000

可以看出粉丝量越多，相应的广告价位也就越高。抖音红人在拥有了一定的知名度和粉丝以后，他们第一个变现的方式肯定首选广告。对他们来说，通过广告来获得收入是非常容易操作的一种变现方式。

在抖音最火的时候，广告报价也是相当惊人的，甚至达到过一个粉丝 5 分钱的价格，让很多抖友大赚了一笔。

抖音网红“代古 ××”凭借着甜美的笑容，通过短视频迅速将自己的粉丝数量扩大到了 1700 多万，并迅速让自己成为广告主争相询问和投放的对象之一。经过了解，目前可以知道的是，“代古 ××”一则广告视频的报价已经达到了 40 万元，已经远远超出了很多人的想象。

抖音“骨灰级”玩家，现在粉丝数已经达到了千万级别的“张 ××”，他的广告报价也不菲。

这些抖音网红接的广告有这样一个特点：男网红接的广告都是诸如劲舞团手游、雅诗兰黛等这样的品牌，主要针对的对象是女士。这是因为，男网红的粉丝很大一部分都是女的。因此，广告商正是利用了这一点，来对自己的商品进行宣传。

这些抖音网红不仅仅能够接到线上的视频广告，而且还经常能够接到线下的活动商演。线下没有固定、统一的报价，需要按照实际的情况而定。其中“张 × ×”，他的线下报价已经达到了5、6万元，并且这个报价是不包含差旅等其他费用的。抖音网红粉丝量过千万的，线下报价基本上和明星是一样的。

抖音红人的影响力已经非常之大，正在渐渐地向明星靠拢。当然，他们除了接广告以外，还会有很多商业资源等着他们。

通过广告，抖音网红可以赚得盆满钵满。这是他们迅速将自己的才华转换为财富的重要途径之一。因此，创作者要紧紧抓住这个机会，积极提升自己的粉丝数量，来得到更多的广告资源，使自己能够脱颖而出。

如今，广告变现已经成了抖音最常见的一种变现形式。在抖音平台上，只要你的抖音账号拥有足够庞大的粉丝群，那么你就有可能成为品牌商的宠儿，通过接广告实现轻松盈利。

抖音红人“代古拉 K”就是典型的案例。

2018 年 7 月，抖音红人“代古拉 K”相继接到了 OPPO、VIVO、美图手机、良品铺子等品牌的广告，而“代古拉 K”的经纪公司洋葱视频透露，她每条抖音广告的报价都超过 40 万元。除了“代古拉 K”，抖音上其他粉丝超过千万的红人都接广告接到手软。

1. 抖音网红广告

2018 年 7 月，抖音也推出了网红接单系统——星图平台。星图平台一上线，便有 4 家机构与其签约合作，将其作为自己的官方服务商，专门负责抖音网红在平台上的接单与运营问题。除了这 4 家机构外，另外 21 家获抖音认证的 MCN 机构也同时入驻星图平台。

2. 抖音广告制作实用方法

上面我们讲了抖音网红的广告接单。那么在接下来的内容中，将为大家介绍一些拍摄抖音广告的实用方法。

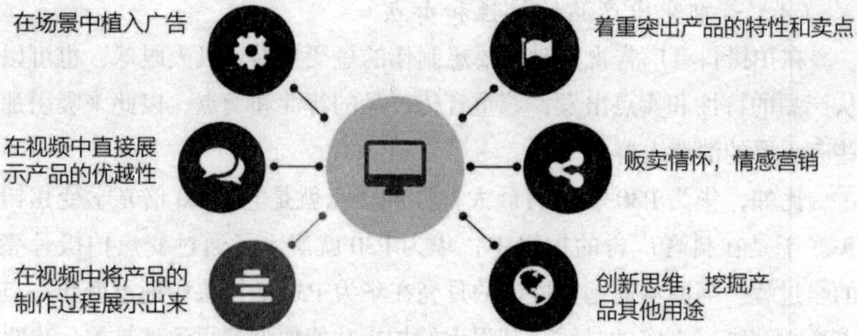
在场景中植入广告
着重突出产品的特性和卖点
在视频中直接展示产品的优越性
贩卖情怀，情感营销
在视频中将产品的制作过程展示出来
创新思维，挖掘产品其他用途

（1）在场景中植入广告

通常，短视频在植入广告时，或多或少都会借助场景，在抖音上曾看到过一条网红作为主角的广告视频，内容是这样的：拍摄场景最初是在门店外，随着画面的缓缓移动，拍摄场景由外转内，然后出现了一位帅气的小哥哥，在门店内不停地换装，且每一件衣服上都能看到 Metersbonwe 的标志。这种在视频中出现品牌商名称或者 LOGO 的做法，便是借助场景植入广告，让人们在观看视频时也能看到品牌商名称与产品。

（2）在视频中直接展示产品

如果产品自身带有较高的话题性，新颖有趣，则可以直接在抖音短视频中展示产品的优越性。

以一条很火的“小白鞋清洗剂”抖音视频为例，在该视频中，首先出现了一双特别脏的小白鞋，然后将这款“小白鞋清洗剂”直接喷洒在其中一只鞋上，再用毛巾轻轻擦拭，鞋子立刻变白了，而另一只没有使用该产品的鞋子则没有任何变化。通过这种在视频中直接展示产品优越性的方式，观众能够更直观地看到产品的神奇功效，从而在内心深处产生认同感，更愿意购买该产品。

（3）在视频中把产品的制作过程展示出来

品牌商家要想借助抖音平台推广自己的产品，在拍摄抖音广告时不妨另辟蹊径，在广告视频中将产品的制作过程展示出来。这样既可以勾起用户的兴趣，也能让用户直观感受到产品的制作过程、环境卫生等情况。例如餐饮类、手工制作类等。

（4）着重突出产品的特性和卖点

在拍摄抖音广告视频时，要想制作的短视频内容吸人眼球，也可以从产品的特性和卖点出发，着重宣传产品的特性和卖点，以此来吸引那些有需要的消费人群。

比如，华为P30手机的最大特性和卖点就是它的50倍光学变焦镜头。于是在抖音广告的拍摄中，华为P30就演示了通过变焦拍摄月亮的全过程。当原本遥远、模糊的月亮在华为P30的镜头中通过变焦一点点变得清晰、真实的时候，其强大的拍摄功能便淋漓尽致地被展示出来了，从而给观众留下深刻印象，有效吸引有需要的人群购买。

（5）贩卖情怀，情感营销

既然是贩卖情怀，情感营销，那么这类广告视频在拍摄时便需要两个人互相配合，用真实的对话去体现人物与产品的真实性，获取用户的好感与同情，增强用户的信任。

例如，抖音上有一个账号名为"农阿姐"的创作者，发布了一条卖柑橘的视频，视频中姐姐望着面前滞销的大量柑橘愁肠百结，含着泪对弟弟说："今年橘子好不容易获得了大丰收，但却没有销路，只能眼睁睁看着这甘甜可口的橘子烂掉。"一旁的弟弟连连安慰哭泣的姐姐，说："没事，还有来年。"

这条视频一经发布后迅速在抖音平台上蹿红，引起了人们的关注，而"农阿姐"家柑橘滞销的问题也得到了妥善解决。

这种贩卖情怀，情感营销的变现方式在人们看来有作秀的嫌疑，因此在制作时要注意把握好度。

（6）创新思维，挖掘产品其他用途

除了以上几种抖音广告的制作方法外，抖音运营者还可以运用创新思维，深入挖掘产品的其他用途。

例如，马桶塞的作用可不仅仅止步于小小的卫生间，它还可以轻松跨界，只需与热水相结合，便可以修复部分车型的凹陷，轻松解决用户的烦恼。类似的创意视频既向用户展示了商品，也让用户加深了视频印象，还可以促进消费转化，可谓一举三得。

3. 提高抖音广告变现能力

衡量抖音广告成功与否的一个关键因素便是这支抖音广告的变现能

力。下面就和大家共同来学习提高抖音广告变现能力的三大方法。

（1）品牌内涵与抖音视频内容必须契合

发布广告视频的最终目的是向用户传递产品信息，有针对性地向目标客户进行推广。基于此，抖音运营者和品牌商家在共同打造抖音广告视频时，内容就一定要与品牌内涵相契合，最好是做到品牌与视频中的场景、剧情融合在一起，只有这样广告植入才会取得一个好的效果。

（2）运用幽默，让广告视频充满笑点

通常，视频中的广告植入过多或者过于明显，会让观众产生厌烦情绪。如此一来，就会降低用户对品牌商家或抖音平台的好感。但广告变现，少不了要植入广告，抖音运营者和品牌商家要如何做才能自然而然地将广告植入到短视频呢？

不妨采用幽默式植入，运用诙谐幽默的方法，让广告充满幽默感和趣味性，最好是能出现一些让用户记忆深刻的笑点，这样就能让观众自然而然地接受广告植入。

（3）为品牌商打造专属抖音广告视频

抖音运营者可以为品牌商家量身定做，打造专属抖音广告视频，将广告视频与抖音红人自身视频区别开，力求趣味化和集中化，以此来赢得用户的好感，提升广告变现的能力。

在这方面，抖音红人“老王欧巴”就做得不错，他将广告视频与自身视频分开，自身创作发布的视频不含任何广告，但如果有品牌商要与之合作就专门拍摄抖音广告视频。而且对于广告视频，“老王欧巴”也会在评论中明确告知用户：广告视频也充满趣味性与看点，同样是精心设计打造的，也非常值得一看。

如此一来，用户可以自行选择视频的类型观看，既不会感到厌烦，也不会影响广告变现的效果。

任何时候，创意都是价值的保障，是平台和商品实现广告变现的关键。好的抖音广告视频必须独具创意，更要与视频内容相贴和，要在符合平台要求的前提下，以最佳的表现形式来突出产品的特性，才会吸引到更多的流量与用户的关注，实现广告变现。

➡“抖音+电商”变现

2018年3月26日晚上，抖音进行了版本更新，增加了关联淘宝的卖货链接。抖音更新版本一经上线，粉丝百万级别的抖音号中都出现了购物车按钮，抖友在观看视频的过程中，只需要点击一下商品推荐链接，就会通过链接跳转到淘宝。

抖音的转化效果是相当明显的，一款旗袍的商家把广告投放到抖音里面，通过链接直接跳转到淘宝。投放的前三天内，投入的费用仅仅为600元，而转化来的营收就达到了6万元。

抖音号为“手工皮具妹~”的抖友，通过录制短视频介绍自己的手艺，得到了众多粉丝的认可。粉丝们纷纷开始询问她是否有实体店铺，得到回应以后，她的生意异常得火爆。

阿里巴巴在近年以来，一直在内容和社交领域发力，那么它就有充足的理由和抖音进行合作，为淘宝和天猫进行合理的引流，让购物方式更加多样化。

通过和阿里的合作，抖音可以减轻管控假货的压力，给平台内容制作提供一个很好的生态环境。

因此，淘宝和抖音的合作是抖音网红的一个非常好的机会。在这个机会之下，抖音网红应迅速占据先机，开创一个新的销售模式，进而占领市场。那么就不难想象通过抖音购物车实现月入几十万元的目标了。

而抖音网红只要开通了购物车功能以后，就可以直接向自己的粉丝推广商品。粉丝喜欢的话，可以直接点击链接跳转到淘宝店铺的页面，进行下单。这样轻轻松松就能完成一个订单，抖音网红的收入来源也就变多了。抖音网红可以通过以下几种途径，来增大卖出的货物量。

途径一：充分利用自身的优势。比如你擅长手绘头像、运营增粉或视频制作的技术等。这些都是可以收费的。你可以通过你的抖音账号向粉丝展示技能或才艺，当粉丝被打动后，你就可以向他们出售手绘头像、定制服务或者是虚拟教程。

当粉丝通过你的账号了解你之后，他们就会相信你的技术，从而选择你的商品。

途径二：展示橱窗变现。在抖音网红开通购物车以后，就可以通过橱窗来展示自己的商品，从而能够吸引精准的用户。这种非常有针对性的设计，操作起来也很简单。比如定位于女士包这个淘宝项目，在橱窗中的展现方式可以选择文字 + 图片或者快闪的模式，内容上可以寻找一些优质的内容，然后进行再加工。

途径三：销售抖音热门道具。当抖音用户观看视频的时候，一旦发现网红有什么好的道具，就会迫不及待想去购买。这就是商机，抖音网红可以迅速上架一些最近比较火的道具。

途径四：抖音用户大多数是年轻人，生活的压力会让这些人感觉到孤单。因此，他们需要找到一种方式进行排解。而很多人选择了养宠物，让宠物陪伴着自己。所以，如果是抖音网红卖一些宠物用品，销量一定会不错的。

开通了购物车功能以后，抖音网红就可以利用这个途径卖自己的商品。很多在抖音上卖货的网红，赚到了大量的钱。这足以说明购物车功能是一个不错的流量变现途径，因此，要抓住这个机会，制定合理的销售方法和计划，这样就能在这个领域获得一份属于自己的收获。

如今，无数的品牌商家纷纷在抖音这个巨大的流量池开通了"电商"功能。这也预示着，抖音短视频电商时代已经到来，电商变现正成为抖音流量变现的最好方式之一。

那么，抖音电商变现的优势在哪里？抖音电商变现应该怎么做呢？

1. 抖音电商变现的优势在哪里

随着行业的不断变化，如今单一的变现模式显然已经无法满足抖音主播们的需求了。而"抖音 + 电商"这一全新模式的出现，刚好天衣无缝地拓宽了抖音视频内容变现的维度。

那么，这种模式的变现能力究竟有多强呢？

"野食小哥"是"抖粉"们都很熟悉的抖音红人，也是"抖音 + 电商"变现模式的探寻者和利益获得者。在 2018 年，他依靠抖音电商获取了爆款红利。

那么，他是如何做到的呢？

抖音有购物车功能，人们在观看视频的过程中可以通过购物车一键直达店铺，下单购买视频中推荐的商品。"野食小哥"正是利用这一点，成为抖音上的网红电商。

比如，“野食小哥”曾经发布过一个用酸菜牛肉酱烹调泡面的视频，两者搭配显得十分美味，引得十几万人在线观看，很多网友被视频中的场景所吸引，产生浓浓的购买欲。然后，他们通过抖音的购物车功能，一键直达店铺，下单购买视频中推荐的酸菜牛肉酱。观众的热烈追捧，让“野食小哥”的店铺成功创下日销售额最高7万元的记录，直到现在这款牛肉酱还是抖音上的爆款食物。

后来，“野食小哥”又通过这样的方法在抖音上售卖小龙虾，销售成绩同样斐然。据数据统计表明，截至2020年5月，已经有数百万人常常观看“野食小哥”的抖音视频，其中数万人通过“野食小哥”的抖音账号直接前往相关店铺成功购买其推荐的商品，而且成交数量还在持续增长中。通过“抖音+电商”的模式，“野食小哥”不仅给大家推荐了很多美食，也给自己带来了丰厚的收益。

在短视频流行的今天，以盛产高质量短视频为主的抖音平台吸引了大量消费能力比较强的城市年轻用户。在抖音App这样相对封闭的环境中，这些用户很容易受到短视频的感染，如果短视频制作比较精良，甚至容易形成“病毒式”传播，用户会纷纷跟风购买短视频中推荐的爆款。

与此同时，很多电商平台也“借”抖音这股东风，给商品打上抖音同款的标签，吸引消费者。据研究表明，很多时候抖音同款、爆款比明星同款更有吸引力。在这样的双重影响之下，抖音的变现能力自然会变得强大。

2. 如何做好抖音电商变现

正如一位抖音用户所描述的：“通过微博和小红书达人的图文，我想到了更好的自己；但通过抖音，我看到了更好的自己。”“抖音+电商”的营销模式不仅给抖音达人们提供了一种全新的变现渠道，也给广大的抖音用户提供了一种全新的购物体验。

那么，作为抖音运营者，我们如何才能在抖音上做好电商变现呢？

以下方法，值得借鉴。

（1）内容创作要有重点

据统计，之所以很多视频无法达到良好的转化率，主要是因为一些网红、达人或商家在做短视频时喜欢直接发淘宝商品介绍，内容都是商品的基本卖点、价格等。虽然简单明了，但是目的性太强，没有观赏性，很难吸引用户。加上抖音的推荐机制是以内容为主导的，所以想要从众多视频中脱颖而出，得到抖音平台的支持以及用户的喜爱，实现商业变现，需要更好、更新颖的内容创作。

其实内容创作并没有想象中那么难，站在用户的角度，多制作一些接地气、生活化、有创意、有趣的短视频即可。

（2）让视频具有极强的说服力

在抖音上做电商其实不需要太高的拍摄技巧，也不需要大量的粉丝，内容的垂直度、精度所铺垫出来的视频感染力、说服力才是更重要的。这是由于上抖音的用户大多是为了消遣而非购物的特性决定的。

如果单纯地介绍产品，再高的拍摄技巧也很难吸引本身没有购买欲的人。可是当视频内容变得生活化或者有创意，没有那么直来直去的介绍时，反而能吸引用户，让他们产生较强的购买欲，转化为消费者。

比如我曾经在抖音上看鲜榨果汁的视频，被里面榨果汁的机器吸引，找到链接买了同款。尽管当时看的视频并没有介绍榨汁机，但短短几十秒就能做出一杯色泽诱人的果汁，不停变化的果汁引得我不得不去关注能榨出这样果汁的机器。

（3）抖音达人亲自试验

在众多推荐商品的视频中，能成功做成爆款的视频往往是抖音达人亲自试验产品，并将过程拍成视频，向广大用户展示效果。

比如我们在上文中提到的“野食小哥”，他的视频都是亲自上阵，将试吃和制作的过程拍下来，全方位展示食物的色、香、味，甚至不需要太高的拍摄技巧，就能产生诱人的效果。因为真实，用户就会有感同身受的感觉，自然容易一边看一边流口水，近而产生购买的欲望。

除此之外，抖音达人亲自试验更有说服力，比如食物经过试吃才能准确描述味道，衣服经过试穿才能知道布料是否舒适。如果你自己都没有试验，说出来的语言必然空洞，就算用再华丽的辞藻，夸得如何天花乱坠，都会因为假、大、空而降低吸引力。

（4）要积极尝试

“千里之行，始于足下”，做抖音短视频也是如此。只有亲自注册账号、自己规划内容、制作视频并且发布给用户检验，才能知道真正的效果。所以抓住抖音的流量红利，积极尝试“抖音 + 电商”的模式吧。

如果实在无从下手，可以多看看其他抖音达人的成功视频，也可以通过抖音平台推出的“电商研习社”学习创作和运营。

3. 抖音电商变现的未来发展趋势

世界上任何事物都是矛盾存在的，抖音虽然通过开通购物车给电商提供更多变现的机会，但是同时也为很多过分商业化的内容提供了滋生的温床，影响抖音的良性发展。

为了更好地解决这一问题，抖音对在平台发布的内容进行大数据分析，盘点出具有不正常导向、同质化严重、没有营养、单纯引导消费者等内容的视频，并于 2019 年 4 月 14 日通过抖音电商小助手发布了“不得再推荐图片轮播、心灵鸡汤讲述类视频、无口播拆箱视频、街头采访 / 售卖不相关商品、提到价格的招揽式好物推荐、低俗或尬演小剧场” 6 种内容的通知，以求内容更加优质。

与此同时，抖音电商小助手还专门发布了针对抖音上卖得比较火的女 / 男装、好物推荐、美妆类商品的《内容优化升级指南》，并对这方面的内容升级做出指导。有兴趣的商家可以通过抖音电商小助手了解。

通过抖音的一系列举措可以发现，抖音为电商变现的发展做出了很多努力。抖音充分挖掘现代电商转化逻辑，确定以优质内容为核心，吸引粉丝追随，进而对品牌产生认同的电商变现模式。在此模式的指导下，抖音的内容也必将出现以下变化，以此来适应抖音电商变现的未来发展趋势。

➡ 粉丝打赏变现

抖音最近开通了直播功能，相比于抖音上其他变现的方式，直播变现更加直接，能够让抖音网红每一刻都能看到自己赚了多少钱，正因为这样，很多抖音网红纷纷加入了直播。

抖音网红“摩登兄弟”刘宇宁，每次直播，他所在的一条街都会被围得水泄不通。大量的粉丝为了看他而涌入直播所在地。以至于很多网友称他：一个人养活一条街。可见抖音直播的火爆程度，在众多粉丝的支持之下，变现也就变得非常容易了。

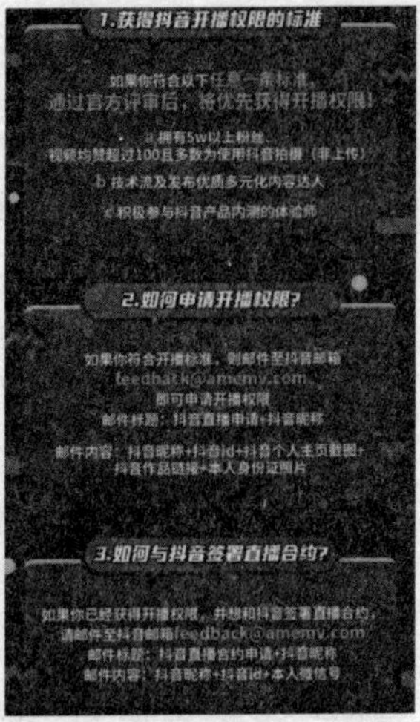

但想要达到刘宇宁这个水平，需要众多粉丝支持，并且还得需要一定的人气。关键自己还得有一技之长，能力出众，只有这样才能火爆起来。

并不是任何一个抖友都可以开通直播的，必须达到官方的一定条件，然后根据官方指定的操作步骤，进行申请。

当你通过了抖音官方的审核以后，就可以开始直播了。刚开始的时候，抖音主播是挣不了多少钱的。这是因为刚开始的时候，主播的分成比例非常小，而平台的分成比例则相对较大。当你与抖音签署直播合约以后，提成的比例会增大，收入也就增加了。

抖音签约有两种途径：第一种途径是主播独立签约；第二种是主播通过抖音公会进行签约。这两种途径都有各自的好处，独立签约分成的比例相对会高一点，而通过抖音公会签约则需要给抖音公会一些分成。独立签约一般没有固定工资，工资的来源主要是礼物分成。抖音公会签约则有一定的固定工资，这对于刚开始做主播，担心前期没有收入的新人来说是非常有诱惑力的，并且签约的手续比较简单，抖音公会还会强力扶持。

想要独立签约的主播可以通过给抖音官方发送申请邮件进行申请，发送的邮件内容为：抖音账号昵称、抖音号和常用的微信号（不是微信昵称）。审核通过以后，抖音官方会加你的微信，然后在微信上与你交谈，并以纸质、电子合同的形式与你签约。

虽然主播的分成比例不是太大，但是凭借着名气和流量还是能取得不错的收入，这样即使提成的比例相对低一点，总体来说收入还是不错的。

粉丝刷礼物是主播的主要收入来源，礼物有非常多的种类，粉丝可以通过充值抖币来获得。一块钱可以兑换 7 个抖币，但是一般并不能一个一个地买，有这样一个兑换标准：6 元钱 42 个抖币；12 元钱 84 个抖币；30 元钱 210 个抖币；60 元钱 420 个抖币；108 元钱 756 个抖币；518 元钱 3626 个抖币。抖音目前最贵的礼物是“为你打 Call”，换算成人民币大约是 100 元钱左右，以后会出现更加贵重的礼物。

抖音网红想要让自己的粉丝多刷礼物，就需要在直播的时候使用一些技巧。

1. 用户画像分析，确定直播内容

想要更多的人观看你的直播，你需要能抓住观看者的口味，这样才会吸引更多的人前来观看。当观看人数变得越来越多，刷礼物的人相对也就会变多，主播的收入随之也跟着增加。

想要找到适合大多数观众的口味，需要对用户进行画像分析，分析观看者的年龄段、心理、观看时间等信息。从统计数据可以知道，抖音 App 的用户中年龄段在 25–29 岁的占 29%，年龄在 30–35 岁的占 35%。也就是说大多数抖音用户是以年轻人为主，这些人具有一定的消费能力。其中男性占 48%，而女性占 52%。超过 6 成的用户集中在一二线城市。通过对数据的分析，可以得出抖音的核心用户是“80 后”和“90 后”的都市白领，没有明显的性别倾向。

主播根据这个数据就可以确定用户对象，并有针对地对直播内容进行设计。这些主要用户大多数都是上班族，平时的休息时间集中在晚上九点以后。他们一般在经过一天的工作后身体会非常累，急需进行放松。因此，主播可以在晚上九点开播，播一些比较放松、搞笑的节目，从而达到使用户放松的目的。比如聊一些家常、讲一些笑话、跟粉丝做游戏等。

2. 在标题中加入热搜词汇

对于大多数观众来说，打开抖音直播，自己却并不知道该看什么。这时，他们会毫不犹豫地点开热搜，然后，去寻找自己感兴趣的标题点开去看。主播就可以利用观看者的这个特点，每天查看一下热搜，最好是记下每一天的热搜词，总结出十天左右的热搜词。接着，在直播的标题中加入热搜词，这样就更能吸引观众来观看你的直播。

3. 对送礼物的粉丝积极感谢

粉丝送出礼物是对主播工作巨大的肯定、欣赏和鼓励，主播一定要重视。如果主播不重视，粉丝就会很难过，接着就会不再积极送礼物，甚至是不再关注主播。因此，当粉丝送出了礼物以后，主播要及时、积极和热情地送出感谢，说一些感谢粉丝的话。温暖粉丝的心，主播才能积累更多的铁粉。铁粉越多，礼物收入也就会越稳定。

4. 直播过程中多提出问题

直播拉近了主播与粉丝之间的距离，通过和粉丝的互动，点燃粉丝的热情，促使粉丝给主播刷出礼物。主播跟粉丝互动最有效的途径就是提问题，然后让粉丝回复。一问一答，自然也就交流起来了。

在粉丝跟主播交流的过程中，主播只要回答的精妙，就会得到粉丝的认可。接着，粉丝就会轻松地给主播刷礼物。

抖音主播想要通过直播获利并不难，只需要掌握一定的技巧，便可轻松收获直播红利。

➡ 抖音直播带货

如今，包括抖音在内的许多短视频平台都上线了直播功能，尽管受到开放条件的限制，抖音的直播功能目前还并没有普及，也没有被很多人注意到，但其作为抖音流量变现模式的一种重要延伸，仍然有着不可忽视的变现能力。并且从长远来看，这种变现方式具有无限的发展潜能。

那么，在本节的内容中，我就和大家一起来聊一聊抖音直播这种抖音网红最强的变现模式。

1. 抖音直播的超强变现能力

相对于短视频而言，抖音直播不需要制作和后期加工，没有时间限制，只要主播会用手机或电脑拍摄，并且累积了一定的粉丝，就能用这种方式进行变现。

2020 年 4 月 1 日，罗永浩在抖音开启了他的直播首秀，此次直播中，罗永浩累计带货 22 件，科技产品、食品饮料、家居用品等全面覆盖。3 小时的直播，支付交易总额超 1.1 亿元，累计观看人数超过 4800

万人，创下抖音直播带货的新纪录。由此可以看出抖音直播强大的变现能力。

2. 开通抖音直播的条件和方式

需要注意的是，虽然抖音直播变现模式操作简单、不受限制并且收入也十分可观，但它并非是人人都能玩的。这是因为，抖音直播功能目前还没有全面开放，具有一定的限制性。

具体来说，在运营抖音的过程中，如果你要想开通直播功能，那么你的抖音账号必须要满足以下三个条件中的任意一条：

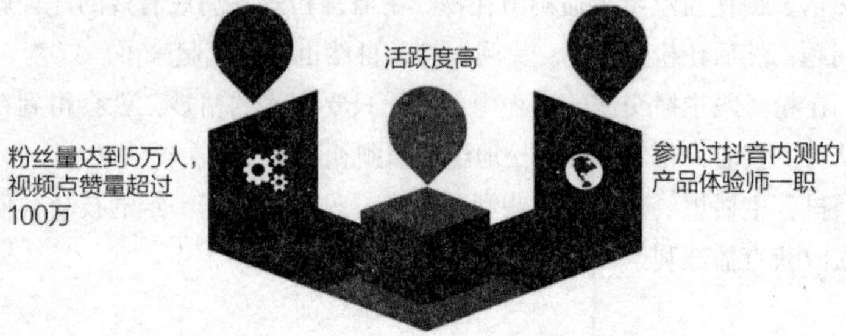
活跃度高
粉丝量达到5万人，视频点赞量超过100万
参加过抖音内测的产品体验师一职

3. 抖音直播变现

无论是为了兴趣还是为了盈利来运营抖音账号，用户与抖音运营者之间都会在不断地磨合中产生一种信任感，并在信任感的基础上积累一定的粉丝，最终实现直播变现。

抖音直播中最直接的变现方式就是直播卖货。有店铺的可以对自己店铺的货品进行推销，没有自己店铺但是具备一定流量的主播则可以与品牌商家合作直播卖货。

比如，抖音上有个叫“囚徒”的主播，直播内容都是制作手工制品的过程，吸引了大量对手工感兴趣的用户关注，并获得了不少打赏。与此同时，有不少用户看到“囚徒”现场制作出来的精美手工制品非常喜欢，想要购买成品，有的想要购买制作这些手工的工具。这让“囚徒”窥探到另一个商机，开始在直播时推销自己的淘宝店铺和微店，成功实现了抖音上的流量变现。